# DROIT CONSTITUTIONNEL ET INSTITUTIONS POLITIQUES

**Philippe Ardant†**
Professeur émérite de l'Université de droit,
d'économie et de sciences sociales – Paris II

**Bertrand Mathieu**
Professeur à l'École de droit
de la Sorbonne – Université Paris 1

# DROIT CONSTITUTIONNEL ET INSTITUTIONS POLITIQUES

35e édition

2023-2024

LGDJ
un savoir-faire de
Lextenso

## Des mêmes auteurs

PHILIPPE ARDANT

Chez le même éditeur

— *La responsabilité de l'État du fait de la fonction juridictionnelle,* 1957.

— *Droit constitutionnel (conseils, exercices),* Corrigés d'examens, 9e éd., 1997.

Chez d'autres éditeurs

— *Décisions du Conseil constitutionnel,* PUF, 2e éd., 1995.

— *Les institutions de la Ve République,* Hachette, 11e éd., 2006.

— *Le Premier ministre en France,* Montchrestien, 1991.

— *Textes sur les droits de l'homme,* PUF, 2e éd., 1993.

BERTRAND MATHIEU

Chez le même éditeur

— *Contentieux constitutionnel des droits fondamentaux* (collab. M. Verpeaux), 2002.

— *Constitution : rien ne bouge et tout change,* 2013.

— *Les grandes décisions de la question prioritaire de constitutionnalité,* (collab. D. Rousseau), 2013.

— *Justice et politique : la déchirure ?,* 2015.

— *Le droit contre la démocratie ?,* 2017. Traduit en hongrois, éditions Századvég, 2018, en espagnol, éditions du Tribunal électoral, Mexico, 2021, en russe, éditions Hopma, Moscou, 2021.

Chez d'autres éditeurs

— *Les « validations » législatives, principes constitutionnels et pratique législative,* Economica, 1987.

— *Les sources du droit du travail,* PUF, 1992.

— *La Cour de justice de la République* (collab. T. Renoux et A. Roux), PUF, 1995.

— *Les normes internationales de la bioéthique* (collab. N. Lenoir), PUF, 2e éd., 2004.

— *Le droit à la vie,* Éditions du Conseil de l'Europe, 2005.

— *Droit de la santé* (collab. A. Laude et D. Tabuteau), PUF, 3e éd., 2012.

— *La bioéthique,* Dalloz, 2009.

— *La loi,* Dalloz, coll. Connaissance du droit, 3e éd., 2010.

— *Question prioritaire de constitutionnalité, La jurisprudence,* LexisNexis, 2013.



1, Parvis de La Défense • 92044 Paris La Défense Cedex
www.lgdj-editions.fr
EAN : 9782275117317
ISSN : 0990-3909
Collection : Manuels

# Avant-propos

Cet ouvrage constitue la trente-cinquième édition du manuel de Philippe Ardant.

Peu de temps avant sa mort, le professeur Ardant m'avait demandé de poursuivre cette œuvre à laquelle il était, légitimement, très attaché.

C'est un honneur, mais aussi une grande responsabilité, qui m'échoit ainsi.

Si l'étude du droit constitutionnel a, successivement, été centrée sur la vie politique et sur les institutions, puis sur les mécanismes juridiques et juridictionnels d'encadrement de la vie politique, c'est à une vision équilibrée des rapports entre le politique et le juridique qu'il convient aujourd'hui de revenir. Or la conception de Philippe Ardant se situe très largement dans la perspective de cet équilibre.

L'analyse de Philippe Ardant témoigne également de sa capacité à tenir conjointement la vision réaliste, qui conduit par exemple à considérer que la démocratie, aussi souhaitable soit-elle, ne constitue pas nécessairement le point d'aboutissement de l'histoire universelle, et la vision humaniste qui rappelle les valeurs dans lesquelles sont, ou doivent être, enracinés les règles et les principes qui gouvernent les États. Le développement de ce que l'on peut appeler la démocratie illibérale représente une nouvelle catégorie de système constitutionnel dont les potentialités sont incertaines. C'est pourquoi cette édition contient de brèves analyses consacrées au système constitutionnel russe.

S'inscrire comme continuateur d'un tel manuel, c'est d'abord en respecter les grands équilibres, veiller à conserver la clarté et le caractère didactique de l'exposé. C'est s'inscrire résolument dans ce chemin tracé qui s'écarte à fois des visions doctrinaires ou trop abstraites du droit et de celles qui ignoreraient la part des principes dans le droit.

Mais le droit constitutionnel est également une discipline vivante. Certaines évolutions, que Philippe Ardant avait relevées, tendent à s'accélérer. Il en est ainsi de la question du rapport entre l'ordre juridique étatique national et les ordres juridiques européens et de celle relative à la montée en puissance du juge, aux côtés, voire face, au pouvoir politique, aujourd'hui, de l'adaptation du droit aux temps de crise.

Ce manuel intègre un chapitre consacré aux droits et libertés fondamentaux constitutionnels. En effet, si l'étude de ces droits n'a pas vocation à aspirer celle de l'ensemble du droit constitutionnel, ils en constituent un versant qui ne peut être, aujourd'hui, ignoré par ceux qui abordent le droit constitutionnel, alors même que des enseignements spécifiques sont consacrés à la matière.

Par ailleurs, la question prioritaire de constitutionnalité place la Constitution au cœur du droit tel qu'il est pratiqué par les professionnels du droit, juges, avocats ou responsables juridiques. Enfin, la V^e^ République est confrontée à de nouveaux défis suite à l'élection et à la réélection d'un président de la République dans un contexte où les deux partis qui avaient jusqu'alors, structuré la vie politique française se sont effondrés lors de l'élection présidentielle de 2017 et plus encore lors de celle de 2022.

Notre vœu est que les lecteurs de Philippe Ardant retrouvent ici son œuvre, non dénaturée mais enrichie au fil d'évolutions sur lesquelles son éclairage nous manque.

B. M.

# Sommaire

# Bibliographie


## Grands ouvrages classiques

Georges Burdeau. – *Traité de science politique*, 10 vol., LGDJ, 1966-1987 (réédition).

Raymond Carré de Malberg. – *Contribution à la théorie générale de l'État*, 2 vol., Dalloz, 1920-1922, réédition 1962.

Léon Duguit. – *Traité de droit constitutionnel*, 5 vol., Cujas, 1921-1929, réédition 1972.

Maurice Duverger. – *Le système constitutionnel français*, PUF, 1996.

Adhémar Esmein. – *Éléments de droit constitutionnel*, 2 vols., Éditions Panthéon-Assas, 1927, réédition 2001.

Maurice Hauriou. – *Précis de droit constitutionnel*, CNRS, 1929, réédition 1965.

Joseph Barthélemy et Paul Duez. – *Traité élémentaire de droit constitutionnel*, Dalloz, 1926, réédition 1985.

Julien Laferrière. – *Manuel de droit constitutionnel*, Domat-Montchrestien, 1947.

Georges Vedel. – *Manuel élémentaire de droit constitutionnel*, Dalloz, 1949, réédition 1984.

## Traités et manuels récents

Julien Boudon. – *Manuel de droit constitutionnel*, PUF, t. 1, 3e éd., 2021 ; t. 2, 4e éd. 2022.

Louis Favoreu *et alii*. – *Droit constitutionnel*, Dalloz, 25e éd., 2023.

Jean Gicquel et Jean-Éric Gicquel. – *Droit constitutionnel et institutions politiques*, LGDJ, 36e éd., 2022.

Francis Hamon et Michel Troper. – *Droit constitutionnel*, LGDJ, 43e éd., 2022.

Olivier Gohin. – *Droit constitutionnel*, LexisNexis, 5e éd., 2022.

Anne-Marie Le Pourhiet. – *Droit constitutionnel*, Economica, 11e éd., 2021.

Pierre Pactet et Ferdinand Mélin-Soucramanien. – *Institutions politiques, Droit constitutionnel*, Armand Colin, 40e éd., 2021.

Hugues Portelli. – *Droit constitutionnel*, Dalloz, 14e éd., 2021.

Frédéric Rouvillois. – *Droit constitutionnel, Fondements et pratiques*, Flammarion, t. 1, 7e éd., 2021 ; *Droit constitutionnel, La Ve République*, Flammarion, t. 2, 6e éd., 2019.

Michel Troper et Dominique Chagnollaud (dir.). – *Traité international de droit constitutionnel*, Dalloz, 2012.

Guillaume Tusseau. – *Droit constitutionnel et institutions politiques*, Le Seuil, 6e éd., 2021.

Élisabeth Zoller et Wanda Mastor. – *Droit constitutionnel*, PUF, 2021.

## Manuels spécialisés

Pierre Avril et Jean Gicquel. – *Droit parlementaire*, LGDJ, Domat, 6e éd., 2021.

Éric Buge. – *Droit de la vie politique*, PUF, 2018.

Guillaume Drago. – *Contentieux constitutionnel français*, PUF, 5e éd., 2020.

Bertrand Mathieu et Michel Verpeaux. – *Contentieux constitutionnel des droits fondamentaux*, LGDJ, 2002.

Stéphane Pierré-Caps. – *Droits constitutionnels étrangers*, PUF, 2e éd., 2015.

Stéphane Pinon. – *Les systèmes constitutionnels dans l'Union européenne, Allemagne, Espagne, Italie et Portugal*, Larcier, 2015.

Marie-Claire Ponthoreau. – *Droit(s) constitutionnel(s) comparé(s)*, Economica, 2e éd., 2021.

Romain Rambaud. – *Le droit des élections et des référendums politiques*, LGDJ, 2019.

Dominique Rousseau, Julien Bonnet, Pierre-Yves Gahdoun. – *Droit du contentieux constitutionnel*, LGDJ, 12e éd., 2020.

## Recueils et commentaires de textes

Anne-Charlène Bezzina, Michel Verpeaux. – *Textes constitutionnels et politiques*, PUF, 2018.

Guy Carcassonne, Marc Guillaume. – *La Constitution*, Points, 16e éd., 2022.

François Luchaire, Gérard Conac et Xavier Prétot. – *La Constitution de la République française*, Economica, 3e éd., 2008.

Thierry Renoux, Michel de Villiers, Xavier Magnon. – *Code constitutionnel*, LexisNexis, 2021.

Stéphane Rials. – *Textes constitutionnels français*, PUF, 2020.

Stéphane Rials et Julien Boudon. – *Textes constitutionnels étrangers*, PUF, 2022.

*Code constitutionnel et des droits fondamentaux*, Dalloz, 2023.

## Recueils de jurisprudence

Conseil constitutionnel. – Recueil des décisions, un tome chaque année depuis 1986.

Louis Favoreu et Loïc Philip et *alii*. – *Les grandes décisions du Conseil constitutionnel*, Dalloz, 20e éd., 2022.

Bertrand Mathieu, Jean-Pierre Machelon, Ferdinand Mélin-Soucramanien, Dominique Rousseau et Xavier Philippe. – *Les grandes délibérations du Conseil constitutionnel*, Dalloz, 2e éd., 2014.

Bertrand Mathieu, Dominique Rousseau. – *Les grandes décisions de la question prioritaire de constitutionnalité*, LGDJ, 2013.

Pierre Bon et Didier Maus. – *Les grandes décisions des cours constitutionnelles européennes*, Dalloz, 2008.

Michel Verpeaux et *alii*. – *Droit constitutionnel, les grandes décisions de la jurisprudence*, PUF, 2017.

Elisabeth Zoller. – *Les grands arrêts de la Cour suprême des États-Unis*, Dalloz, 2010.

## Revues

*Constitutions* (Dalloz, de 2010 à 2020).

*Pouvoirs – Revue française d'études constitutionnelles et politiques* (depuis 1977).

*Revue du droit public et de la science politique* (RDP, depuis 1893).

*Revue française de droit constitutionnel* (depuis 1990).

*L'Année politique.*

*Les cahiers du Conseil constitutionnel* (depuis 1996, puis Titre VII).

## Lexiques

Pierre Avril et Jean Gicquel. – *Lexique de droit constitutionnel*, PUF, 2020.

Guy Carcassonne. – *Petit dictionnaire de droit constitutionnel*, Le Seuil, 2015.

Michel de Villiers et Armel Le Divellec. – *Dictionnaire du droit constitutionnel*, Sirey, 2020.

## Essais

Bertrand Mathieu. – *Constitution : rien ne bouge et tout change*, Lextenso, 2013.

Bertrand Mathieu. – *Le droit contre la démocratie ?*, LGDJ, 2017.

Baptiste Bonnet. – *Repenser les rapports entre les ordres juridiques*, Lextenso, 2013.

## Sites internet

Conseil constitutionnel : www.conseil-constitutionnel.fr

Conseil d'État : www.conseil-etat.fr

Cour de cassation : www.courdecassation.fr

Légifrance : www.legifrance.gouv.fr

Commission de Venise du Conseil de l'Europe : www.venice.coe.int

Association française de droit constitutionnel : www.droitconstitutionnel.org

Association internationale de droit constitutionnel : www.iacl-aidc.org/fr/

# Introduction

**1.** S'il est une constante dans l'histoire de la vie politique, c'est bien son institutionnalisation continue. Du chef absolu des premiers groupes humains, au pouvoir fondé sur son courage, son habileté ou sa sagesse, que de chemin parcouru jusqu'aux Parlements contemporains, légitimés par l'élection et soumis à des règles contraignantes et compliquées.

**2. L'institutionnalisation de la vie politique.** – Institutionnalisation signifie ici mise en place de structures et de mécanismes, organisant et encadrant l'exercice du pouvoir et les luttes que sa conquête, son contrôle, sa défense suscitent. Des règles du jeu se sont peu à peu substituées aux simples rapports de force. Des comportements imités, répétés, auxquels on s'est conformé presque instinctivement, sont devenus des traditions, des coutumes dont le respect devient obligatoire et, un jour, pour plus de sûreté et de certitude, on a inscrit les règles ainsi formées dans des textes dont les constitutions modernes sont le dernier état. Parallèlement, des acteurs se sont affirmés et multipliés, détenteurs d'une parcelle de pouvoir et affectés à des fonctions précises ; de nos jours ce sont les chefs d'État et de Gouvernement, les ministres, les députés, les juges, les organes de conseil. Et les simples citoyens eux-mêmes, appelés à choisir qui parlera en leur nom et parfois associés directement à la décision, par le référendum par exemple, sont devenus acteurs à leur tour. Tout ce qui nous paraît naturel aujourd'hui en Occident : une vie politique organisée, une participation des citoyens au pouvoir, des partis politiques, un pouvoir limité – il est, bien sûr, des exceptions –, est le produit d'une recherche tâtonnante sur le Gouvernement des hommes, où une histoire indécise ne savait pas très bien où elle allait et ne comprenait pas plus ce qu'elle faisait. Des institutions politiques sont nées, et pour définir leurs rapports et la place des citoyens, un droit constitutionnel s'est développé dont l'étude fait l'objet de ce manuel. Mais aujourd'hui, ces institutions connaissent une certaine crise de légitimité.

**3. Le droit et la pratique.** – Par comparaison aux autres branches du droit, la matière est relativement simple : les acteurs ne sont pas si nombreux, les situations où ils peuvent se trouver sont limitées et les règles définissant leurs relations assez peu diversifiées, si on excepte le domaine des droits et libertés fondamentaux où le pouvoir se heurte aux droits des individus. S'agissant du droit constitutionnel et des institutions politiques, plus encore que dans d'autres disciplines juridiques, on ne peut se contenter d'exposer la règle. La pratique, c'est-à-dire la façon dont cette règle est appliquée, contournée ou violée, est aussi et peut-être même plus importante, l'écart entre la théorie et la réalité est ici plus large qu'ailleurs et ce qui compte n'est pas tant de savoir comment un peuple devrait être gouverné à en croire sa Constitution, mais comment il l'est.

En effet, si aujourd'hui des règles s'imposent au pouvoir et le limitent, si sa conquête passe par des procédures et ne découle plus de la seule violence, le contrôle de leur application et la garantie de leur respect sont, sur la surface de la planète, encore loin d'être généralisés. Bien sûr des sanctions sont prévues contre ceux qui ne se plient pas à ses contraintes, mais disproportionnées à l'égard des manquements involontaires, elles sont illusoires pour ceux qui les bafouent dès qu'ils ont pour eux l'appui de l'opinion ou de la force armée. Le droit constitutionnel est, pour partie, un *droit conventionnel* composé de règles du jeu élaborées par ses principaux acteurs ; les tiers, c'est-à-dire les citoyens, ne peuvent le plus souvent s'en réclamer ; le bulletin de vote est la seule sanction dont ils disposent, à supposer qu'ils soient libres de son usage. Si pourtant un juge constitutionnel est de plus en plus fréquemment institué, en dehors de quelques démocraties, la plupart en Occident, il n'est, souvent, qu'une façade, et parfois une caution aux atteintes portées à la Constitution.

De toute façon le juge, lorsqu'il existe – c'est-à-dire dans ces démocraties libérales où le droit constitutionnel a quelque prise sur la réalité –, a pour mission de rapprocher les actes de la lettre du texte et vérifier leur conformité. Aussi les acteurs du jeu politique se servent-ils des mécanismes et procédures constitutionnels comme d'instruments dans la lutte autour du pouvoir. Le droit constitutionnel est donc, aussi, un droit politique (le droit de la politique ?).

**4. Les règles comme instruments de la lutte autour du pouvoir.** – Les acteurs, en effet, ne sont pas seulement soumis au droit, à ses contraintes, ils cherchent à la fois comment s'y conformer et comment s'en servir. Si le droit est impératif lorsqu'il fixe le permis et l'interdit, il habilite aussi à faire, à agir, à poser de nouvelles règles. Rares sont les prescriptions automatiques qui échappent à la volonté des acteurs du jeu politique, comme celle qui en France fait assurer la suppléance du président de la République par le président du Sénat ou, aux États-Unis, impose le 20 janvier pour la prise de ses fonctions par le président. La plupart des procédures constitutionnelles jouent à l'initiative du chef de l'État ou du Gouvernement, des ministres, des parlementaires ou des citoyens. Chacun y recourt en y cherchant des avantages dans la lutte pour le pouvoir. C'est par-là que le droit constitutionnel est largement un droit instrumental : *il met à la disposition des acteurs du jeu politique un arsenal de règles et de procédures dans lequel chacun puise les instruments – on pourrait dire les armes – aptes à renforcer sa position, à « marquer des points », si possible, à faire triompher ses idées et sa politique.* La décision banale de déposer un projet de loi comme celle, moins courante et autrement plus grave, de dissoudre l'Assemblée nationale sont des choix qui s'inscrivent dans une politique, leurs auteurs en attendent des effets, comme le joueur d'échecs déplaçant une pièce cherche à améliorer sa position.

Souvent, en outre, le recours à une procédure ne correspond pas à l'intention du constituant, mais poursuit un but politique autre et exempt de toute préoccupation constitutionnelle ; si elle est pourtant évoquée, ce sera par prétexte et souci des apparences. Les exemples sont légion : Par exemple le Premier ministre utilisera la procédure du vote bloqué (qui permet de triompher rapidement des obstacles à l'adoption d'une loi), non pour surmonter la résistance de l'opposition, mais pour étouffer les états d'âme et les divisions de sa propre majorité en face du texte en discussion. Par exemple, le débat sur le recours direct, sans passer par le vote parlementaire, pour modifier la Constitution française (v. *infra* n° 127) intervient, sous couvert d'objectivité dans le débat politique.

La lettre du texte l'emporte sur son esprit, c'est-à-dire que l'utilisation des procédures constitutionnelles est indépendante de la volonté du constituant qui leur a donné naissance. Les autorités constitutionnelles dans l'exercice de leurs pouvoirs, ne cherchent pas à être fidèles à la pensée du constituant, désireux peut-être d'en réserver l'utilisation à des situations précises ; si ces pouvoirs s'adaptent à d'autres circonstances et si le rapport des forces politiques le permet, elles donneront à l'instrument dont elles disposent une destination que le constituant n'avait pas envisagée et que peut-être il désavouerait. Le droit n'est pas une science exacte, plusieurs interprétations de la règle sont possibles, chaque acteur a tendance à lui donner le sens qui lui convient. Et s'il est prévu un arbitre impartial, il contrôlera la régularité du déroulement de la procédure et non la décision d'y recourir. Le droit ne peut se substituer à la politique mais doit permettre de vérifier que les règles du jeu sont respectées.

L'activité constitutionnelle doit donc faire l'objet d'une lecture à deux degrés. Au premier degré, on constate qu'un mécanisme constitutionnel joue et les conséquences juridiques que cela implique : le président de la République organise un référendum, le peuple sera donc consulté selon les règles prévues. Au second degré, cette procédure est replacée dans son contexte : par ce référendum, le président souhaite-t-il seulement amender la Constitution ou faire approuver une loi ; au contraire, cherche-t-il avant tout à renforcer son autorité par l'approbation populaire d'une de ses initiatives ? Politiquement, les règles du droit constitutionnel ne sont pas neutres, leur utilisation modifie la situation des acteurs dans la lutte autour du pouvoir.

Le droit constitutionnel révèle ainsi une parenté inattendue avec la poésie, ses règles portent en elles des virtualités imprévues. Elles sont chargées de sens qui ont échappé au constituant, comme les poèmes qui, aussitôt achevés, n'appartiennent plus à leur auteur, mais à leur lecteur chez qui ils éveillent des images et des résonances infinies.

Pourtant, doit-on accepter sans réagir la conception d'un droit constitutionnel ainsi réduit à un ensemble de techniques sans âme et sans racines, règles du jeu à la vocation simplement utilitaire ? La Constitution n'a-t-elle pas, quand même, une autre signification ? N'est-ce pas là qu'une Nation, guidée par son histoire, inspirée par ses valeurs, affirme et met en forme une certaine idée du citoyen, de la société, de l'État, de leurs relations ? Implicite toujours, explicite parfois, une conception des droits des individus, de leur protection et des contrepoids nécessaires, sous-tend les dispositions du texte constitutionnel et commande l'aménagement des institutions. En France, par exemple, même si les Constitutions sont pauvres en énoncés de principes, derrière les règles et les procédures apparaissent des valeurs : la liberté, l'égalité, la fraternité, la reconnaissance de la dignité de la personne humaine, la participation du peuple aux décisions le concernant. Une Constitution repose donc sur une série de choix qui trouvent leur fondement dans des valeurs, une éthique, une idéologie. Ainsi une Constitution, aussi purement fonctionnelle que celle de 1787 aux États-Unis, opte pour la république et non la monarchie. Et l'idée même de faire une Constitution signifie l'acceptation de la limitation du pouvoir.

Ces valeurs s'expriment dans la Constitution, notamment, sous forme de droits et de devoirs, dont les citoyens sont titulaires ou auxquels ils sont soumis. Ces droits et ces devoirs constituent, dans la plupart des États démocratiques et libéraux, des règles de droit positif. C'est-à-dire des règles juridiques effectives que les juges interprètent et font respecter. Elles s'appliquent tant dans les relations entre les pouvoirs publics (l'Administration par exemple) et les citoyens qu'entre personnes privées (par ex. dans le cadre d'un contrat). Ainsi, la liberté d'expression ou le droit au respect de la vie privée s'appliquent aussi bien aux relations entre un employeur et un salarié qu'à l'exercice des activités politiques. En ce sens, le droit constitutionnel tend à se rapprocher des autres branches du droit.

# PREMIÈRE PARTIE

# THÉORIE GÉNÉRALE

# Titre 1
# L'État

**5. Bibliographie.** – Georges Burdeau, *L'État*, Le Seuil, 1970 et *Traité de science politique*, t. II (1980) et VI (1987). – Jacques Chevallier, *L'État*, Dalloz, 1998. – Olivier BEAUD, *La puissance de l'État*, PUF, 1994.

**6.** L'État reste la forme normale d'organisation des sociétés politiques. Il fournit le cadre à l'intérieur duquel naissent et jouent les règles et où apparaissent les phénomènes dont l'étude fait l'objet du cours d'institutions politiques et de droit constitutionnel.

Pourtant, il est aujourd'hui concurrencé, sans être remplacé, par des structures politiques différentes. Il en est ainsi de l'Union européenne qui emprunte certains traits à l'État (droits des citoyens, compétences...) sans en avoir toutes les caractéristiques (système non fondé sur le principe de souveraineté).

Qu'est-ce que l'État ? La notion d'État, avec un É majuscule, est difficile à appréhender et, en même temps, la réflexion sur l'État doit être un aboutissement plutôt qu'un point de départ, elle est appelée à couronner des études de droit et de science politique qui peuvent être menées à partir de quelques données élémentaires. Celles-ci seront exposées ici dans une perspective classique, c'est-à-dire retenant ce qui est le plus communément admis, mais en signalant au passage les controverses et les insuffisances qu'elles ont mises en lumière.

## CHAPITRE 1

# La notion d'État

**7.** L'État est à la fois une idée et un fait, une abstraction et une organisation. Il n'a pas de réalité concrète, mais sa présence est sensible dans la vie de tous les jours.

C'est un artifice qui sert de support au pouvoir – *le support abstrait du pouvoir* – ; il permet de fonder le pouvoir en dehors de la personne des gouvernants, le pouvoir est exercé au nom de l'État.

Le terme lui-même connaît plusieurs acceptions :

- L'État, c'est tout d'abord *le pouvoir central* par opposition aux collectivités locales. En France : communes, départements, régions et collectivités d'outre-mer.
- L'État désigne aussi *les gouvernants* pour les différencier des gouvernés, il évoque les pouvoirs publics dans leur ensemble : « *l'État est responsable du maintien de l'ordre* ».

En ce sens, le domaine de l'État s'oppose à celui de « *la société civile* » composé des particuliers et des groupements privés.

- Enfin, on appelle État une *société politique organisée* : l'État français, l'État espagnol, l'État japonais, etc. Ce dernier sens est celui qui est pris en considération ici.

## Section 1
## Les éléments constitutifs de l'État

**8.** Toutes les sociétés humaines ne forment pas un État. Dans l'analyse classique (M. Weber), on considère qu'il n'en est ainsi que lorsque trois éléments sont réunis : un pouvoir de contrainte, s'exerçant sur une population, rassemblée sur un territoire. Au fondement de la structure étatique se trouve le principe de souveraineté.

## §1. Un pouvoir de contrainte

**9.** L'État a le pouvoir de fixer des règles de comportement et d'en imposer le respect. L'idée d'État est liée à celle de droit.

### A. Le pouvoir normatif de l'État

**10.** L'État, en effet, définit un certain nombre de règles de la vie en société, de « *normes* », s'imposant aux particuliers, obligatoires pour eux. *Ces règles s'analysent comme des contraintes.*

L'État n'est pas seul à créer des règles de droit. Le *pouvoir normatif* appartient aussi aux particuliers qui s'engagent par des contrats et aux groupements : sociétés, syndicats, associations, collectivités territoriales, qui imposent des obligations à leurs membres ou à leurs adhérents. Mais ces entités n'ont pas vocation à régir des sociétés politiques, elles n'ont pas une compétence générale, mais une compétence limitée à leur objet social (protection des salariés, de l'environnement...) ou qui leur est attribuée par l'État (gestion administrative d'un territoire).

### B. Le monopole de la force de l'État

**11.** Mais seul l'État a le pouvoir d'exiger, par la force si besoin est, le respect des règles ainsi posées. Si l'État n'a pas le monopole du pouvoir normatif, il a le *monopole de la force*, ou tout au moins de l'usage légitime de la force. Les gouvernants, agissant au nom de l'État, disposent de l'Administration et aussi de la force armée (police, armée, gendarmerie) pour faire appliquer les décisions prises par l'État. La volonté des gouvernés plie devant la contrainte exercée par les autorités étatiques. Ce pouvoir va très loin puisqu'il permet à l'État de déposséder des individus de leurs biens, d'envoyer les citoyens à la mort (en cas de guerre, par exemple) et de donner lui-même la mort, parfois, à ceux qui s'opposent par la violence à l'exercice de sa propre force.

Ce qu'il y a de remarquable, c'est que non seulement l'État peut user de la force pour exécuter ses propres décisions, mais que les particuliers *doivent* recourir à l'État pour obtenir le respect des règles qu'ils ont eux-mêmes fixées dans leurs rapports entre eux. Ils n'ont pas le droit d'user de la force, de « *se faire justice eux-mêmes* ». Les règles posées par eux ne peuvent être sanctionnées que par l'État.

Tout l'effort de l'État moderne a tendu vers la captation à son profit de la violence pour faire admettre que lui seul pouvait l'exercer légitimement, à interdire son usage entre individus. Normalement, pour être *légitime*, ce pouvoir de contrainte doit être accepté par les gouvernés. Ils y renoncent pour le remettre à l'État, c'est une des conditions de la paix civile. Mais ce consentement des gouvernés n'est pas indispensable à l'existence de l'État. L'État peut exercer une violence illégitime, élaborer et appliquer un droit oppressif ne respectant pas les droits de l'homme et des citoyens, il n'en perd pas pour cela son caractère d'État, simplement il n'est pas démocratique mais autoritaire ou dictatorial.

Le monopole de la contrainte, de la force, apparaît comme l'*élément capital* de la définition de l'État. Tout État qui laisse se développer des pouvoirs de contrainte privés, qui lui échappent, abdique. La multiplication de ces atteintes à son autorité entraîne l'*anarchie* et déclenche un processus qui peut aboutir à sa désagrégation (le Liban, à partir de 1972, le Zaïre et le Congo en 1997, la Somalie, l'Irak ou la Lybie aujourd'hui encore).

Dans les sociétés libérales, l'autorité de l'État est menacée de façon plus insidieuse par sa démission devant des formes considérées – à tort – comme plus bénignes d'exercice de la *force privée.* Ainsi, en France, la violence est considérée couramment comme un moyen d'expression et de revendication : barrages sur les routes, destructions de cultures d'organismes génétiquement modifiés ou de récoltes, entrave à la circulation des chemins de fer, séquestration de dirigeants d'entreprises ou de cadres, constitution de milices privées, ZAD (zone à défendre)...

## §2. Une population

**12.** Il ne saurait y avoir d'État sans population. Le pouvoir de donner des ordres s'exerce sur un groupe humain. Pendant un temps, on a considéré que ce groupe humain était *une Nation.* Il y aurait coïncidence entre l'État et la Nation. Cette thèse est difficile à défendre aujourd'hui.

### A. Qu'est-ce qu'une Nation ?

**13.** Il n'y a pas d'acception universelle de l'idée de Nation, et toute une littérature s'est efforcée de préciser ses contours : J. Michelet, E. Renan, Fustel de Coulanges, Th. Mommsen, M. Barrès... Les uns mettent en avant des *éléments objectifs* : les origines, la langue, la religion, une culture, une mémoire et une histoire communes ; d'autres privilégient une *composante volontariste* : la libre décision d'individus choisissant de s'associer pour un destin collectif commun. E. Renan, qui fut l'un des chantres de l'idée nationale, disait de la Nation : « *C'est un vouloir-vivre collectif* », c'est-à-dire une volonté de vivre ensemble, enraciné dans une histoire et des souvenirs communs. À sa suite, beaucoup d'auteurs fondent la Nation à la fois sur des éléments objectifs et volontaristes, précisant parfois qu'elle dépasse le destin personnel de ceux qui la composent, elle unit les générations passées et celles à venir ; soulignant ainsi à quel point elle est tournée vers l'avenir : « la communauté des rêves », disait A. Malraux. C'est peut-être cette référence à un projet commun qui permet le mieux de distinguer les notions voisines de « peuple » et de « nation » ? En simplifiant on pourrait dire que le peuple est un concept *sociologique*, la Nation un concept *politique*, l'État un concept *juridique.*

La Nation est une réalité beaucoup plus charnelle que l'État, elle se prolonge dans l'idée de patrie, de terre des pères. On donne sa vie pour la patrie, pour la France ou l'Allemagne, pas pour l'État.

En même temps, l'idée de Nation a donné naissance aux *nationalismes* orgueilleux et conquérants, qui font de la Nation la valeur suprême et qui se sont affirmés depuis deux siècles dans le sang de dizaines de millions d'hommes. Jamais peut-être les nationalismes n'ont-ils été aussi puissants qu'aujourd'hui.

## B. Nation et État coïncident-ils ?

**14.** Alors que dans le passé (où on se définissait par sa religion plus que par sa Nation) en général la Nation précédait l'État – qu'on songe à l'Allemagne ; mais pas toujours : qu'on songe à la France –, souvent maintenant l'État précède la Nation. Ce fut le cas en Amérique latine au XIXe siècle, c'est celui aujourd'hui de nombre d'États africains dont les frontières ignorent les liens ethniques et nationaux. Des peuples sont donc écartelés entre plusieurs États alors que des États sont multinationaux. La géographie politique porte les traces des conflits de l'époque contemporaine : la Première Guerre mondiale a produit les États multinationaux d'Europe centrale, la colonisation et la décolonisation ont dessiné la carte de l'Afrique, la Seconde Guerre mondiale a longtemps partagé les Allemands entre deux États, ainsi qu'en Asie les Vietnamiens et aujourd'hui encore les Coréens.

**15. La crise de l'État-nation. –** L'État-nation n'est plus aujourd'hui la forme normale de l'État, le modèle qu'il représente est contesté. De l'intérieur beaucoup d'États-nations sont minés par l'affirmation de particularismes régionaux, linguistiques, religieux, voire ethniques, mettant en cause l'identité nationale. Par un mouvement inverse, ces États voient leur capacité de décision limitée par la « mondialisation » dans les domaines macroéconomique et financier par exemple, sans compter l'uniformisation des références culturelles. D'où l'idée de mettre en place des structures inter – ou super – étatiques, dont l'Union européenne est un bon exemple (v. *infra* n° 674).

## C. Et les étrangers ?

**16.** Enfin, dernière observation, le pouvoir de contrainte de l'État ne se limite pas à ses nationaux, mais porte aussi sur les *étrangers* qui vivent dans ses frontières.

On voit donc qu'il n'y a pas de lien nécessaire entre l'État et la Nation.

# §3. Un territoire (« le principe de territorialité »)

**17.** La population est établie sur un territoire, un espace, délimité par des *frontières* ; sans territoire, le pouvoir de l'État, ses compétences, ne pourraient s'exercer. Un État qui perd son territoire n'est plus un État ;

mais il ne se confond pas avec lui, s'il est amputé l'État demeure. Aussi s'agit-il d'un élément *objectif* essentiel de la définition de l'État.

Le territoire peut présenter certaines particularités qui n'ont pas de répercussion nécessaire sur l'État : il peut être constitué par plusieurs entités avec des solutions de continuité : c'est le cas de la France avec les collectivités d'outre-mer, des États-Unis avec l'Alaska. Sa taille peut-être très variable. Il existe des micro-États tels le Lichtenstein, Monaco, le Vatican, ou l'Île Nauru avec ses 6 000 habitants.

Tout État doit défendre son territoire, comme il doit protéger sa population, mais de tout temps, les États se sont efforcés d'élargir leurs frontières – tendance qui n'est pas éteinte aujourd'hui si on en juge, par exemple, par l'âpreté des querelles concernant la propriété des fonds marins ou, en Asie, de certaines îles – et les ambitions territoriales ont été dans l'Histoire l'une des causes essentielles des guerres.

Beaucoup de Constitutions posent le principe de son intangibilité et interdisent aux pouvoirs publics de consentir à des abandons de territoire.

# Section 2
# Les caractères juridiques de l'État

**18.** D'un point de vue juridique, l'État présente deux caractères importants :
- l'État est une organisation dotée de la personnalité morale ;
- l'État est souverain.

## §1. L'État est une organisation dotée de la personnalité morale

**19.** Le pouvoir de l'État s'exerce à travers une *organisation*, l'État est une collectivité organisée. Les formes de cet agencement peuvent varier, mais elles reposent toujours sur une distinction des gouvernants et des gouvernés, sur l'existence d'organes de l'État et sur des règles déterminant les relations entre ces organes et avec les gouvernés. Cette structuration est indispensable pour que l'État puisse exprimer sa volonté et la mettre en œuvre.

On dit que l'État est une *personne morale* (par opposition aux *personnes physiques*), un être fictif. La notion de personnalité morale a été conçue pour donner *une existence et une capacité juridiques* à des groupements d'individus poursuivant un intérêt légitime. L'État partage cette qualité avec d'autres institutions comme les sociétés commerciales, les associations, les départements, les communes, etc. La théorie de la personnalité morale sera étudiée en droit civil.

Le recours à la notion de personnalité morale permet d'expliquer certains aspects du statut de l'État.

- *La personnalité de l'État ne se confond pas avec la personne de ses dirigeants.* Ainsi organisé, l'État est une entité qui se distingue de la personne de ceux qui parlent en son nom. Ce qui implique :
  - que les dirigeants ne sont pas propriétaires de leurs fonctions, ils en sont titulaires, investis, elles peuvent leur être retirées ;
  - que les décisions prises par les autorités étatiques sont réputées prises non par elles personnellement : par E. Macron ou par M. X., préfet de tel département, mais par l'*État*. Le pouvoir est attaché à la fonction et non à la personne de son titulaire. *On obéit à la règle et non à celui qui l'a édictée* ;
  - que le patrimoine des gouvernants est distinct du patrimoine de l'État. L'idée était apparue à Rome. Après avoir disparu, elle a eu beaucoup de mal à s'imposer à nouveau, et elle semble parfois perdue de vue aujourd'hui encore dans certains États. En effet, pendant longtemps, on a eu *une conception patrimoniale de l'État*, le monarque était personnellement propriétaire du pouvoir et des moyens du pouvoir. En conséquence, il l'était aussi du « domaine de la couronne » qui confondait dans la même masse ses biens personnels et ceux qui de nos jours font partie du domaine public (routes, cours d'eaux, édifices publics...). Le Trésor public (c'est-à-dire l'argent de l'État, ses ressources) ne se différenciait pas de la cassette du souverain, de ses fonds personnels.
- La personnalité morale explique aussi que l'*État peut posséder des biens, passer des conventions*, contracter des dettes, engager sa responsabilité. L'État a une existence juridique, comparable à celle des personnes physiques, et qui lui offre les mêmes possibilités d'action.
- Enfin, la personnalité morale *symbolise l'existence de l'État à l'extérieur* et la continuité de la communauté au-delà de la succession des individus qui la composent. Les gouvernants changent, des citoyens meurent, d'autres naissent, l'État demeure.

## §2. L'État est souverain

**20.** Ici réside la caractéristique juridique *essentielle* de l'État. Si l'État partage la personnalité morale avec d'autres groupements, *lui seul possède la souveraineté :* il ne reconnaît aucun pouvoir au-dessus de lui, supérieur ou concurrent.

La notion de souveraineté a été inventée par Jean Bodin au XVIe siècle.

La souveraineté se manifeste de deux façons :

### A. Le pouvoir de l'État est non subordonné

**21.** Il s'agit là de l'aspect *interne* de la souveraineté, tourné vers la communauté.

## 1. Le principe

**22.** Dire que son pouvoir est non subordonné, cela signifie que l'État peut s'organiser comme il l'entend, que sa volonté prédomine sur celles des individus et des groupes et aussi bien qu'il n'est lié par aucune règle, *sa liberté est totale*. Il n'a pas non plus de rivaux. Son pouvoir est *originaire et illimité*, c'est-à-dire qu'il ne le tient que de lui-même et qu'il peut poser des normes sans se soucier d'autres règles *extérieures* à lui. À ce titre, il élabore sa Constitution, il forge les lois, il édicte des règlements. La souveraineté en ce sens est le *pouvoir de poser librement des règles*. Les auteurs allemands disent que l'État a la « compétence de ses compétences », formule heureuse qui met bien en lumière le pouvoir de l'État d'intervenir quand il veut, où il veut, comme il veut.

En outre, on l'a vu, l'État a *le monopole de la contrainte*, à l'égard de ceux qui vivent sur son territoire, lui seul peut utiliser la force publique pour assurer le respect des règles qu'il a posées et des décisions qu'il a prises. Bien plus, les particuliers doivent passer par son intermédiaire pour obtenir la mise en œuvre des droits qu'ils ont les uns vis-à-vis des autres.

## 2. L'État est-il soumis au droit ?

**23.** Ce premier aspect de la souveraineté contient des germes d'absolutisme et apparaît comme dangereux : poussé à l'extrême, il implique que l'État n'est pas soumis au droit. La souveraineté ainsi conçue semble permettre à l'État de tout faire sans tenir compte du bien et des intérêts des individus et de la communauté. Que deviennent les droits de l'homme ? S'imposent-ils à l'État ? *La conception absolue* de la souveraineté a été vivement critiquée par des auteurs qui, pour la combattre, se sont efforcés de justifier et d'imposer la soumission de l'État au droit : comment l'État, s'il est souverain, s'il crée le droit, peut-il être lui-même *soumis au droit* ? Toutes sortes d'explications ont été fournies, en particulier sur la base de l'existence d'un *droit naturel transcendant*, préexistant, constaté et non pas créé par les lois (comme l'est le *droit positif*), fondé sur la raison, idéal et extérieur à l'État, qui s'imposerait à lui (mais alors la souveraineté ne serait plus illimitée et d'autre part quel est le contenu du droit naturel ?). Ou encore à partir de l'idée que l'État consentirait à une *autolimitation* de son pouvoir ; en posant des règles, il accepterait de se lier lui-même : c'est l'adage *patere legem quem fecisti*, on doit respecter la règle qu'on a soi-même posée (mais quelle est la garantie que l'État ne reviendra pas sur cette acceptation, au nom peut-être de la « raison d'État » ? Les citoyens dépendent du bon vouloir des gouvernants).

Quoi qu'il en soit, la notion de souveraineté est irremplaçable pour faire saisir en quoi l'État se différencie des autres groupements, qui eux ne peuvent faire ce qu'ils veulent, qui sont soumis aux règles étatiques.

Ces considérations sur la souveraineté de l'État laissent intact un autre problème qui sera étudié plus tard : qui est titulaire de la souveraineté dans l'État ? La réponse intéresse directement les fondements du régime démocratique.

## B. Le pouvoir de l'État est indépendant

**24.** La souveraineté a aussi un aspect *externe*, tourné vers les autres États, vers la société internationale. L'État n'est soumis à l'égard des autres États à aucune obligation qu'il n'ait librement souscrite : il est *indépendant*, mais ici il connaît des rivaux, il se heurte à la souveraineté des autres États qui sont ses *égaux*. Aussi sa souveraineté peut-elle être *volontairement limitée* par des traités ou par son adhésion à des organismes comme les Nations unies ou l'Union européenne.

Sous cette forme aussi, la notion de souveraineté a été contestée. Si on peut à la rigueur admettre que les États acceptent de limiter leur souveraineté par des traités, celle-ci dès lors n'est plus absolue puisqu'on suppose que les États reconnaissent une règle extérieure à eux selon laquelle « les traités doivent être respectés » : *pacta sunt servanda*.

## C. La souveraineté dans le monde d'aujourd'hui

**25.** L'évolution des sociétés nationales et internationales pose en des termes nouveaux le problème de la souveraineté. On assiste à une *érosion continue* de celle-ci. La mondialisation y contribue.

- Dans *l'ordre interne*, la souveraineté de l'État se heurte à l'affirmation des droits de l'homme, au respect dû à la vie privée, à la délimitation autour de l'individu d'une sphère d'autonomie interdite à l'État ; dans une société démocratique l'État ne pourrait y porter atteinte sans s'exposer à de vives réactions du corps social. En outre, l'aspiration des citoyens à une participation plus active à la gestion de leurs affaires, entraîne le renforcement des collectivités décentralisées, telles qu'en France les communes ou les régions, auxquelles l'État délègue certaines de ses attributions ; dès lors il n'a plus la maîtrise entière du pouvoir normatif. Enfin, et surtout, la mondialisation, et en premier lieu la *globalisation de l'économie et des communications*, enlèvent à l'État une part croissante de sa liberté. Comment pourrait-il prétendre fixer ses impôts, ses droits de douane, la réglementation de l'audiovisuel ou d'Internet... en faisant abstraction de ce qui se passe chez ses voisins et sur le marché mondial ? Au total, la souveraineté interne n'est plus illimitée.
- Dans *l'ordre externe*, les limitations de souveraineté sont encore plus spectaculaires. Le développement des relations internationales et la multiplication des accords, conventions, traités qui en résultent, érodent la conception d'une stricte souveraineté d'États fermés sur eux-mêmes. En voici quelques illustrations parmi les plus marquantes :

- l'un des attributs fondamentaux de la souveraineté : le pouvoir d'assurer en toute indépendance sa sécurité, voire sa survie, se réduit. Depuis la fin de la Seconde Guerre mondiale des alliances militaires ont restreint la liberté de certains États de pourvoir eux-mêmes et seuls à leur défense : à l'Ouest (OTAN), comme pendant longtemps à l'Est (pacte de Varsovie), des troupes ont été placées sous un commandement commun ; en même temps les États vaincus se sont vus interdire la possession d'armes nucléaires (RFA), la constitution de toute armée (Japon) ou la possibilité d'envoyer des forces armées hors du territoire national ;
- durant la Guerre froide, la théorie de la « souveraineté limitée », invoquée par les Soviétiques, leur a permis d'intervenir militairement en Hongrie en 1956 et en Tchécoslovaquie en 1968 ;
- dans les pays en voie de développement les besoins en capitaux et la crise financière chronique ont placé nombre d'États sous la dépendance des organismes internationaux à travers les conditions posées à l'octroi d'une aide. Les exigences du Fonds monétaire international (FMI), en particulier, leur enlèvent leur liberté dans la définition de leur politique budgétaire et, au-delà, économique et sociale. La crise économique qui a frappé l'Europe ces dernières années a conduit également certains États, comme la Grèce, à se soumettre aux conditions fixées à la fois par l'Union européenne et le FMI. En ce sens, le Pacte européen de stabilité budgétaire, signé le 2 mars 2012, impose aux États d'inscrire dans les textes constitutionnels, ou dans un texte d'effet équivalent, des dispositifs limitant le déficit structurel. Si le respect de ces règles relèvera du contrôle des cours constitutionnelles, leur inscription dans les droits nationaux est soumise au contrôle de la Cour de justice de l'Union européenne. Ce sont probablement ces contraintes économiques et financières qui constituent, substantiellement, la plus forte limitation apportée à la souveraineté des États. Ainsi, le 7 septembre 2011, la Cour constitutionnelle allemande a considéré qu'« il y a atteinte au suffrage universel quand un Parlement se dessaisit de sa responsabilité en matière budgétaire d'une façon telle que lui ou le Parlement suivant ne puisse plus exercer sa responsabilité en matière budgétaire ». Mais certains États ont-ils le choix ?
- le principe de la non-ingérence dans les affaires d'un autre État, fondement traditionnel de la société internationale, est ébranlé depuis l'affirmation en 1991, à l'issue de la guerre du Golfe, d'un *devoir d'ingérence humanitaire* lorsque sont en jeu des « valeurs communes de l'humanité ». Principe généreux en même temps que menace redoutable pour la souveraineté, car aucune autorité incontestée n'est habilitée à décider que les conditions autorisant l'ingérence sont réunies. Le principe risque de jouer seulement « du fort au faible ». C'est-à-dire que la communauté internationale, ou certains de ses membres puissants, s'estimera en droit d'intervenir sur le territoire d'États qui n'ont pas les moyens de s'y opposer, pour faire cesser

une situation considérée comme contraire à la dignité, à la santé, à la sécurité de la population. Mais une situation identique n'entraînera aucune action contre des États forts et bien armés qui ne la toléreraient pas (Chine, Russie...). L'intervention de l'OTAN au Kosovo en 1999 montre bien les ambiguïtés de l'ingérence. Les Européens ne pouvaient admettre l'épuration ethnique sur leur continent et les souvenirs fâcheux qu'elle ravivait. En même temps, l'OTAN (et non l'ONU) pouvait-elle se donner mandat d'intervenir et l'aurait-elle fait si la Yougoslavie avait possédé l'arme nucléaire ?

- Et que dire de la guerre d'Irak en 2003 ou de l'intervention en Libye en 2011 et au Mali en 2013 ?
- La convention de Rome a prévu en juillet 1998 la création d'une *Cour pénale internationale* chargée de juger les crimes contre l'humanité. Des citoyens français pourront comparaître devant la Cour, éventuellement le président de la République lui-même, ce qui est évidemment une atteinte à la souveraineté française. Le Conseil constitutionnel a eu à se prononcer sur la compatibilité du statut de la Cour avec la Constitution. Il a estimé en janvier 1999 que la ratification du traité créant la Cour supposait une révision préalable de la Constitution, car la souveraineté nationale était en cause, ce qui fut fait en juillet 1999. On relèvera cependant que la Cour internationale de justice a rappelé dans une décision du 3 février 2012 que « l'immunité de l'État est un des principes fondamentaux de l'ordre juridique international » qui ne saurait souffrir d'exception ;
- de la même manière, la Cour européenne des droits de l'homme (CEDH), par une interprétation extensive de la portée des droits reconnus par la Convention européenne des droits de l'homme (Convention EDH), limite drastiquement la souveraineté des États. En effet, elle ne se borne plus à assurer un système de protection minimum et subsidiaire, mais tend à imposer une interprétation commune de ces droits ; il en est notamment ainsi en matière sexuelle ou familiale. On relèvera qu'un vent de contestation, soulevé par certains États, a agité le spectre d'un gouvernement des juges européens. Ainsi, la Cour suprême britannique, dans une décision du 16 octobre 2013, a décidé qu'il appartient au Parlement britannique de traiter la question du droit de vote des détenus, alors qu'en 2005 la CEDH avait déclaré la loi britannique relative à cette question contraire à la Convention ; la Russie a affirmé la supériorité de ses règles constitutionnelles sur la jurisprudence de la CEDH, avant qu'elle ne soit exclue en 2022 du Conseil de l'Europe ;
- d'un autre point de vue, la Commission de Venise, organe consultatif du Conseil de l'Europe, a été amenée à juger de la compatibilité de la Constitution hongroise, adoptée à une majorité parlementaire de 262 voix contre 44, avec les valeurs communes européennes. De même, la Commission européenne est intervenue pour contester des lois d'application de la Constitution hongroise concernant l'indépendance de la banque centrale et l'indépendance du système

judiciaire. Cette situation pose avec acuité la question de l'autonomie constitutionnelle des États et conduit à réfléchir à une répartition entre les valeurs relevant des identités nationales et celles partagées au niveau européen.

Mais c'est surtout **la construction de l'Europe**, qui bouleverse la conception classique de la souveraineté. Ses conséquences pour la France seront examinées plus loin (v. *infra* n° 674 et s.).

Elle conduit, aujourd'hui, malgré ses indéniables succès, au développement de conflits entre un certain nombre d'États et l'Union européenne. Ces conflits peuvent porter sur des questions de société (par ex. le respect des valeurs nationales traditionnelles) ou sur des questions relatives à la place de la justice dans le système institutionnel. La question est alors de savoir ce que recouvre le concept d'état de droit, soit, dans une conception restrictive, la protection contre l'arbitraire, soit, dans une conception plus large, un certain nombre de principes comme la non-discrimination. Elle porte aussi sur le point de savoir qui est compétent des États ou de l'Union européenne, du pouvoir politique ou des juges pour le décider.

Le conflit entre la Pologne et les instances européennes et, de ce point de vue, emblématique. Le Tribunal constitutionnel polonais a jugé, le 14 juillet 2021, que la Cour de justice de l'Union européenne (CJUE) avait outrepassé ses compétences en ordonnant, en 2020, la suspension de la chambre disciplinaire de la Cour suprême polonais, jugeant, qu'en la matière, le droit européen n'a pas la primauté sur le droit polonais. Le même jour, la CJUE ordonne la suspension immédiate des dispositions relatives à la compétence de cette chambre disciplinaire en considérant que le régime disciplinaire des juges mis en place en 2017 n'est pas conforme au droit de l'Union. Le 7 octobre 2021, le Tribunal constitutionnel polonais déclare contraires à la Constitution trois articles du traité sur l'Union européenne : l'article 1$^{er}$, qui établit l'Union ; l'article 4, § 3, qui pose le principe de coopération loyale entre l'Union et les États membres et l'article 19, qui crée la Cour de justice de l'Union européenne. Le 27 octobre, une ordonnance de la vice-présidente de la CJUE condamne la Pologne à payer une astreinte d'un million d'euros par jour pour ne pas avoir mis fin à l'activité de la chambre disciplinaire de la Cour suprême. Le 8 novembre 2021, la Cour européenne des droits de l'homme condamne la Pologne pour violation du droit à un procès équitable. Le 24 novembre, le Tribunal constitutionnel polonais juge incompatible avec la Constitution l'article 6 de la Convention européenne des droits de l'homme, qui garantit le droit à un procès équitable « par un tribunal indépendant et impartial, établi par la loi ». Le 22 décembre 2021, la Commission européenne lance une procédure d'infraction contre la Pologne à la suite des arrêts du Tribunal constitutionnel contestant la primauté du droit de l'Union.

# CHAPITRE 2

# L'origine de l'État

**26.** Il ne suffit pas de savoir reconnaître l'État, il faut aussi se demander comment il est né, comment les États se sont formés, comment les hommes ont accepté de lui obéir. Les États sont apparus à l'issue d'une lente et longue évolution – il n'y a pas vraiment d'État à Rome ou au Moyen Âge –, sans qu'il soit possible de dater précisément le moment où l'on est en présence d'un véritable État.

La recherche se mêle ici à une réflexion sur l'origine du pouvoir. Celui-ci, initialement, s'est manifesté dans la cellule naturelle qu'est la famille, dans le clan, dans la tribu, mais *toute société soumise à un pouvoir n'est pas un État*. Comment est apparu le phénomène État ?

## Section 1 L'État phénomène volontaire et les théories du contrat social

**27.** Pour certains auteurs, l'État est un phénomène volontaire. Les hommes créent consciemment l'État.

Cette idée s'est construite autour des théories du *Contrat social*, développées au XVII$^{e}$ et au XVIII$^{e}$ siècles en particulier par Th. Hobbes, S. von Pufendorf, J. Locke et J.-J. Rousseau : les hommes se sont associés de façon délibérée, pour des raisons et sous des formes que ces auteurs analysent différemment. La réflexion de J.-J. Rousseau apparaît comme la plus riche. Elle peut se schématiser de la façon suivante :

**28. L'état de nature. –** J.-J. Rousseau s'interroge sur l'origine des sociétés politiques. Il imagine comme ses prédécesseurs qu'au départ les hommes sont dans *l'état de nature*, aucun lien social n'existe entre eux : ils sont *libres et égaux*. Son célèbre ouvrage : *Du contrat social* (1762) s'ouvre par ce postulat « *l'homme est né libre* ». Sans la société organisée, l'homme est libre. Mais cette situation idyllique où les hommes étaient bons, s'est transformée en une société pleine de tares, où les hommes sont « dans des fers », déjà décrite dans le *Discours sur l'inégalité* (1756). La distinction des riches et des pauvres, la propriété privée, la séparation des gouvernants et des gouvernés, du maître et de l'esclave, ont perverti l'homme. La théorie de J.-J. Rousseau est profondément révolutionnaire, surtout dans le contexte de l'époque. Elle prend le contre-pied de l'enseignement du christianisme, pour lequel, du fait du péché originel, l'homme est partagé entre le bien et le mal. Pour J.-J. Rousseau, si on change la société, on rendra l'homme à sa nature, qui est bonne. Son point de départ est assez proche de celui de K. Marx comme le montre cette citation du *Discours* : *« Le premier qui, ayant enclos un terrain, s'avisa de dire : ceci est à moi, et trouva des gens assez simples pour le croire, fut le vrai fondateur de la société civile. »*.

**29. Le Contrat social.** – Par opposition à la société ainsi décrite, J.-J. Rousseau devait dans le *Contrat social* poser les vrais fondements, selon lui, de la société légitime et juste. Celle-ci est formée par une *convention*, par *la volonté unanime des individus libres et égaux* : chacun s'aliène (s'abandonne) à toute la communauté, met en commun sa personne, ses droits (J. Locke), sa liberté individuelle, sa puissance et ses biens « sous la suprême direction de la *volonté générale* ». Ainsi naît un corps moral et collectif, le corps politique ou État, « où chacun s'unissant à tous, n'obéisse pourtant qu'à lui-même ». En son sein, l'individu retrouve sa liberté et l'égalité naturelle : l'égalité car tous ont tout abandonné, la liberté car toute oppression – atteinte à la liberté – pèserait sur l'oppresseur comme sur les autres puisqu'ils sont égaux, personne n'y a donc intérêt.

Une association naît donc d'un pacte, ou d'un accord, par lequel l'individu perd sa liberté, l'abdique et la retrouve inchangée et égale à celle des autres individus avec en plus tous les bienfaits de la vie sociale, ou du « corps politique ». Car la société est gérée par la volonté générale, par la *communion* des citoyens et non par l'addition de leurs volontés individuelles. Cette communion ne peut que vouloir le bien du corps social dans son entier qui coïncide avec celui des individus en particulier. Ainsi est réalisée la liberté civile, très supérieure à la liberté égoïste qui existait avant le contrat social.

**30. Observations.** – Il est bien entendu que le contrat social n'est jamais formalisé dans un accord juridique – et J.-J. Rousseau ne s'appuie pas sur des faits, pour lui c'était plutôt un postulat logique, une parabole, qu'une réalité historique. Il résulte de ce qu'on appellerait aujourd'hui un consensus des hommes sur la nécessité de se soumettre à un pouvoir commun, à une autorité, et fixant aussi les buts de ce pouvoir : la sécurité, la paix, le bonheur de tous. En réalité, si l'âge d'or de l'état de nature est un mythe que toute notre connaissance du lointain passé contredit (et que Th. Hobbes et J. Locke ne défendaient pas), l'idée qu'à un certain stade de l'évolution des sociétés les hommes éprouvent le besoin de se regrouper pour se protéger est, elle, acceptable. Ce qui ne veut pas dire que de cette société découleront tous les bienfaits décrits par

J.-J. Rousseau. En particulier, comment protéger l'individu si dans la pratique la volonté générale viole les droits ? Il ne dispose d'aucun recours.

# Section 2
# L'État phénomène naturel

**31.** D'autres auteurs (se rappelant d'Aristote : « *l'homme est un animal politique* ») estiment que la formation des États est l'aboutissement d'un phénomène naturel : l'État n'est pas le fruit de la volonté humaine, l'œuvre délibérée des hommes, *il s'impose*. De plusieurs façons :

- Au cours des âges, lorsque les circonstances s'y prêtent, une organisation permanente de la société se met en place, sous les auspices et le contrôle d'un homme ou d'une oligarchie pour asseoir son autorité, pour assurer l'ordre, administrer la population, régler la transmission du pouvoir. Une distinction des gouvernants et des gouvernés s'établit ; subie au début peut-être, elle finit par être acceptée. La construction de l'État sera une œuvre lente, longue, fragile car sujette à des retours en arrière : on passera de la famille au clan, puis du village à la Cité (« *polis* »). Les premières préfigurations de l'État sont les minuscules Cités-États grecques entre le VI^e et le IV^e siècle avant Jésus-Christ, qui ont servi à Platon et à Aristote pour théoriser la Cité idéale et qui annoncent l'État moderne. Puis, avec un changement d'échelle, on se rapproche de l'État avec l'Empire romain. La religion tiendra une grande place dans cet embryon d'État jusqu'au jour où le christianisme proclama que la religion n'est plus l'État : « rendez à César ce qui est à César ».
- Ou encore un nouvel État naîtra en quelques jours, par la conquête ou la violence, de la décomposition d'une entité étatique préexistante ou de la décolonisation d'un Empire.

On ne saurait tracer, en tout cas, un modèle unique de l'apparition des États, mais celle-ci passe toujours par un fait fondateur ou une succession d'étapes et ne résulte pas d'un engagement juridique.

# CHAPITRE 3

# Les formes de l'État

**32.** Près de 200 États existent actuellement dans le monde (35 ont une population inférieure à 500 000 habitants). Ils n'ont pas tous la même forme, il existe des variétés différentes d'États *selon leur degré d'unification juridique*. On distingue essentiellement les États unitaires des États composés.

## Section 1
## L'État unitaire

**33.** Dans l'État unitaire, tous les citoyens sont soumis au même et unique pouvoir. Un Parlement unique légifère pour l'ensemble des citoyens, ceux-ci sont soumis à l'autorité d'un seul Gouvernement et d'un droit identique où qu'ils habitent.

L'État unitaire constitue la forme la plus répandue d'État : la Chine, l'Algérie, la Thaïlande, la Pologne... sont des États unitaires. La France aussi où la Constituante, reprenant le principe consacré par la monarchie, a proclamé en 1792 que « *la République est une et indivisible* », coupant court aux tentations fédéralistes inspirées des États-Unis (et qui constituaient plutôt un « départementalisme », c'est-à-dire un renforcement des compétences des départements) ; la peine de mort étant requise contre ceux qui se réclamaient des idées fédéralistes.

En fait, l'originalité de l'État unitaire apparaît surtout lorsqu'on le compare à l'État fédéral (v. *infra* n° 39).

En général, l'État unitaire connaît des *divisions territoriales* ; il existe des relais entre la population et le pouvoir central. En pratique, il est nécessaire à partir d'une certaine superficie et d'une certaine population, de rapprocher l'Administration des citoyens. Ces divisions sont le produit de la *déconcentration* ou de la *décentralisation*. Le plus souvent, les deux coexistent.

**34.** La **déconcentration** consiste à faire exercer des attributions de l'État par des autorités *nommées* par lui et réparties dans des circonscriptions à travers le territoire : Équipement, Impôts... Les fonctionnaires, ou « agents », de l'État, affectés dans les circonscriptions, exécutent les ordres du pouvoir central et prennent des décisions sous son contrôle : ils sont insérés dans une hiérarchie.

**35.** La **décentralisation** consiste à confier des attributions propres à des autorités *élues* à l'échelon local par les citoyens (*décentralisation territoriale* : la commune, la région), ou à des organismes autonomes, à des personnes morales, chargés de gérer des activités d'intérêt public (*décentralisation par service* ou fonctionnelle. En France, par exemple, les Universités ou les Chambres de commerce). Les attributions confiées à ces autorités sont fixées par le législateur et non par la Constitution, *elles peuvent donc être modifiées par une simple loi votée par le Parlement*. Aussi les collectivités décentralisées n'ont-elles pas « la compétence de leurs compétences », leur organisation et leurs attributions sont fixées en dehors d'elles. Lorsqu'elles posent des règles, celles-ci doivent respecter celles imposées par l'État. L'exercice de ces attributions est soumis à un contrôle des autorités de l'État, qui est beaucoup moins contraignant que celui résultant du pouvoir hiérarchique à l'égard des autorités déconcentrées. L'objet de la décentralisation est d'associer les administrés de façon plus étroite aux décisions qui les concernent.

Selon les pays et les époques la décentralisation est plus ou moins poussée, c'est-à-dire que l'État confie aux autorités décentralisées des attributions plus ou moins nombreuses et importantes dont il se dessaisit, qu'il renonce à exercer lui-même directement. La décentralisation est, à travers le « *local government* », une des composantes importantes de la vie publique en Grande-Bretagne.

En France, par un effort séculaire, le pouvoir royal avait construit à la veille de la Révolution un État ultra-centralisé que, curieusement, les *jacobins*, la gauche de l'époque, devaient défendre et chercher à renforcer. Les *Girondins*, puis par la suite la droite, devaient au contraire se faire les avocats de la décentralisation jusqu'au jour où celle-ci devint un des thèmes favoris de la gauche (non communiste). Les socialistes ont réalisé en 1982 une réforme de l'Administration locale - au profit, en particulier, de la région - qui porte la décentralisation à un niveau jamais atteint jusqu'alors en France. Elle a été encore renforcée en 2003. L'article 1 de la Constitution prévoit que l'organisation de la France est décentralisée.

La décentralisation, parée aujourd'hui de toutes les vertus, n'a pourtant pas que des avantages.

- Il n'est pas sûr en effet qu'elle permette toujours d'agir vite et globalement, ou que les régions pauvres deviendront plus riches, si disparaît la péréquation (mise en commun) des ressources qui s'établit à l'échelle nationale. La région ou le département ne sont pas des espaces économiques plus rationnels que l'État.

- Par ailleurs, la multiplication des structures locales (communes, communautés de communes, métropoles, départements, régions) constitue, dans un pays comme la France, un obstacle à la rationalisation administrative et un facteur d'augmentation des dépenses publiques.
- Enfin, les citoyens n'auront pas nécessairement à se louer d'un pouvoir de décision plus proche d'eux, au contraire. Même décentralisé, le pouvoir reste le pouvoir – celui des notables souvent –, avec tout ce qu'il a de menaçant pour l'individu. La distance du pouvoir d'État ménage un certain anonymat du citoyen, garantie d'une égalité de traitement ; la proximité personnalise pour la partialité, l'oppression ou la vengeance, ouvre des tentations pour la corruption.

# Section 2
# Les États composés

**36.** Ici l'État se décompose en plusieurs entités, qui se présentent comme des États dépouillés de certains de leurs attributs et entre lesquelles existent des liens d'union.

Historiquement, plusieurs types de cette forme d'État ont existé (comme les unions personnelles ou les unions réelles, situations ou deux États étaient placés sous l'autorité du même souverain), qui aujourd'hui se réduisent à l'État fédéral, lui-même né de la Confédération.

## §1. La Confédération

**37.** Elle constitue une forme assez rare d'État composé, qui n'est pratiquement plus représentée dans la société internationale d'aujourd'hui. La Confédération suisse, malgré son nom, n'est plus depuis 1848 une Confédération, mais un État fédéral. De même pour l'Argentine depuis 1860. Au moment du Congrès de Vienne en 1815 l'Allemagne était une Confédération associant 41 États. Elle devait durer jusqu'en 1871. De leur côté, les États-Unis ont été une Confédération de 1776 à 1787.

La Confédération est une *association* d'États qui, par *traité*, décident d'exercer par l'intermédiaire d'organes communs un certain nombre de compétences et de tenter d'unifier leur politique dans divers domaines. À l'origine, elle est donc contractuelle et une modification de ses compétences initiales suppose une révision du traité constitutif.

Il n'y a pas de représentation des populations dans un organe, ou Parlement, central et la Confédération n'a pas de rapports directs avec les individus.

En général, des représentants désignés par les États (et non par les citoyens) se réunissent dans une *Diète*, ou Conférence, qui élabore, à l'unanimité en principe, des décisions qui seront réputées prises par les États, mais qui ne pourront être exécutées sur le territoire de chaque État qu'avec son assentiment. Les délégués des États sont mandatés par eux pour défendre un certain point de vue, pour voter dans un sens convenu ; les décisions prises ne s'appliquent qu'après ratification par chaque État.

Aussi, la Confédération n'est-elle pas un simple État - est-elle même un État ? - chaque État membre conserve la plénitude de sa personnalité et sa souveraineté. En revanche, elle est autre chose qu'une simple alliance.

Dans la pratique, ou la Confédération se dissout, ou elle se transforme en État fédéral, comme ce fut le cas aux États-Unis en 1787 et pour l'Allemagne en 1871. Elle n'est donc jusqu'à présent qu'une solution transitoire.

S'il n'existe pas aujourd'hui de véritable Confédération, certaines formes d'organisations internationales s'en rapprochent : Commonwealth, et, dans une moindre mesure, Union européenne.

## §2. L'État fédéral

**38. Bibliographie.** - Stéphane Rials, *Destin du fédéralisme*, LGDJ, 1986. - Maurice Croisat, *Le fédéralisme dans les démocraties contemporaines*, Montchrestien, 1995. - Olivier Beaud, *Théorie de la fédération*, PUF, 2009.

**39.** L'État fédéral est composé par un certain nombre d'entités, dont le nom varie : États fédérés, cantons, *Länder*..., qui ont les apparences d'un État (Constitution, Parlement, Gouvernement, tribunaux), mais qui sont privées de la souveraineté externe (elles n'ont pas de relations directes avec l'étranger), et dont les compétences ne sont pas illimitées, car elles s'exercent dans les règles fixées par la Constitution de l'État fédéral, c'est-à-dire que leur souveraineté interne est elle-même réduite. Les États fédérés ne sont donc pas de véritables États :

- les États fédérés bénéficient d'une autonomie et d'attributions beaucoup plus importantes que celles dont disposent habituellement les collectivités décentralisées.

  Ces attributions ne peuvent être modifiées en dehors d'eux, ce qui ne veut pas nécessairement dire avec leur accord, mais qu'ils doivent être associés aux modifications, si celles-ci sont adoptées malgré leur opposition elles s'imposent cependant à eux ;
- les États fédérés participent en tant que tels au pouvoir central, au contraire des collectivités décentralisées ;
- l'État fédéral exerce des compétences directes sur les individus.

Il n'y a pas de rupture de l'État unitaire décentralisé à l'État fédéral, à travers la variété des aménagements on passe insensiblement de l'un à l'autre (v. le cas de l'Espagne où les provinces sont très autonomes).

En même temps, les États fédéraux ne constituent pas une catégorie homogène. Ils sont très nombreux dans la société internationale contemporaine : États-Unis, Allemagne, Suisse, Russie (et aussi l'Autriche, l'Inde, le Canada, l'Australie, le Brésil...), et l'ingéniosité des auteurs de Constitutions a donné naissance à toutes sortes d'aménagements multipliant ainsi les formes de fédéralisme.

Comment distinguer l'État fédéral de l'État unitaire ?

## A. Origine des États fédéraux

**40.** L'État fédéral apparaît en 1787 aux États-Unis, réalisant une hypothèse classique, et la plus simple, de formation d'un État fédéral : des États préexistants décident de s'unir pour constituer ensemble un État fédéral ; cette origine se retrouve en Allemagne et en Suisse par exemple. Mais l'État fédéral peut associer aussi des composantes sans caractère étatique à l'origine, des provinces, des collectivités, des territoires, simples divisions administratives plus ou moins décentralisées : c'est ainsi qu'ont été édifiés les systèmes fédéraux de certains Dominions britanniques : Canada, Australie, Inde. De même la Communauté française, imaginée par la Constitution de 1958, regroupait dans une sorte de Fédération, autour de la France, ses anciennes colonies qui obtenaient le statut d'État. Enfin, on peut concevoir qu'un État unitaire choisisse de se transformer en État fédéral (dissociation) : l'hypothèse est plus rare : Mexique, Brésil, Belgique depuis 1993 (pour doter Flamands et Wallons d'institutions propres).

### 1. Pourquoi un État adopte-t-il la forme fédérale ?

**41.** On peut répondre de façon synthétique : pour bénéficier des avantages d'un État unique en conservant à chacune de ses composantes son identité.

L'État unique, en effet, est plus rationnel, car il permet de simplifier et de coordonner l'organisation d'administrations indispensables et coûteuses, comme l'armée et la diplomatie, les voies de communication, de faire des « économies d'échelle ». Il efface des frontières gênantes (douane, télécommunications, monnaie, transports...). Il favorise l'apparition d'un vaste marché intérieur facilitant les échanges et le développement économique. Il substitue dans la société internationale un partenaire de taille convenable à des entités trop petites et trop faibles pour jouer un rôle. Il peut arbitrer les conflits qui s'élèvent entre les partenaires.

Par ailleurs, en entrant dans la Fédération, les entités fédérées ne perdent pas leur spécificité. Les habitudes antérieures de vie en commun seront préservées et le fédéralisme, comme la décentralisation, rapproche le pouvoir des citoyens mais en laissant ici entre les mains des autorités fédérées des attributions exercées par le pouvoir central dans l'État unitaire. Ce caractère sera particulièrement adapté aux pays sur le territoire desquels vivent des populations d'origines, de religions, de langues différentes, chacune ayant son histoire propre, génératrice de solidarité, non imbriquées les unes dans les autres, mais installées dans des régions distinctes. Le fédéralisme permet aux minorités de s'auto-administrer largement dans le respect de leurs coutumes. Il suppose en même temps un certain *loyalisme* acceptant les inconvénients (réels, surtout pour les entités fortes et riches) comme les avantages du système. Sinon, ou l'État se décompose, ou il devient unitaire sous le contrôle des forts.

### 2. Comment se crée la Fédération ?

**42.** L'acte fondateur d'un État fédéral est une *Constitution* (et non un traité, comme dans la Confédération). Les entités fédérées y organisent (par une Assemblée constituante) les institutions du nouvel État et répartissent les compétences entre l'Union (c'est-à-dire l'État central) et les États fédérés. Surtout y sont inscrites :

- les garanties juridiques concernant leur autonomie *(principe d'autonomie)*, c'est-à-dire la liberté qui leur est laissée concrètement ;
- les règles leur assurant qu'il ne sera pas touché à leur statut sans leur participation *(principe de participation)*. En particulier, est consacrée *l'égalité* des États fédérés entre eux, quelle que soit leur superficie, leur population ou leur richesse - car elle est la condition à laquelle les petits États ont pris le risque de s'associer avec les plus grands.

Ceci amène deux observations :

- Dans la décentralisation, au contraire, le statut des collectivités décentralisées - et même leur existence - peut être modifié sans qu'elles soient consultées, il n'y a pas de principe de participation et l'autonomie peut être remise en cause à tout moment.
- L'expérience prouve que les garanties juridiques accordées aux entités fédérées sont parfois bien fragiles et que, lorsque des conflits éclatent, les États les plus faibles ont du mal à faire respecter leur point de vue et leurs intérêts.

## B. Organisation interne

**43.** Le territoire de l'État fédéral est constitué par l'ensemble des territoires des États fédérés.

### 1. Organisation des États fédérés

**44.** Chaque État fédéré élabore sa propre Constitution et organise ses pouvoirs publics (Parlement, Gouvernement), ceci dans le respect de la Constitution fédérale. Il peut les modifier comme il l'entend, et quand il veut, dans la même limite. Cette organisation interne variera d'un État fédéré à l'autre au sein de la Fédération. En principe, il n'y a pas de contrôle fédéral sur l'exercice de leurs compétences par les autorités fédérées (exception : l'ex-URSS), les juges peuvent cependant leur imposer le respect des règles fédérales.

### 2. Organisation de l'État fédéral

**45.** L'État fédéral a lui-même, on l'a vu, sa Constitution. Celle-ci peut être modifiée, non à l'unanimité en général mais avec l'accord d'une *majorité* renforcée des États fédérés (variable selon les systèmes : 2/3, 3/4). En d'autres termes, *l'accord initial peut être bouleversé contre la volonté d'un certain nombre d'associés*. Même si de telles mesures ne peuvent être prises sans que tous les intéressés aient défendu leur point de vue (principe de participation), cette situation montre l'abdication considérable de liberté consentie par les États membres lors de leur entrée dans la Fédération. À la limite, on peut interdire à l'un des États membres de sortir de la Fédération (c'est le cas aux États-Unis).

La structure des institutions fédérales se caractérise par l'existence (exception : le Venezuela) d'un Parlement composé de *deux Chambres :* Sénat et Chambre des représentants aux États-Unis, *Bundesrat* et *Bundestag* en Allemagne, *Rajya Sabha* (Chambre des États), *Lok Sabha* (Chambre du peuple), en Inde. L'une de ces Chambres représente *la population* dans son ensemble et chaque État y envoie des délégués en nombre proportionnel à sa population. La seconde est la *Chambre des États,* chaque État y siège sur un pied d'égalité avec les autres, indépendamment de sa population ; ainsi l'Alaska, avec ses 730 000 habitants, a deux sièges au Sénat américain, tout comme l'État de Californie, avec une population de 39 millions de personnes. En pondérant un peu la représentation à la seconde Chambre en fonction de la population, les régimes fédéraux récents tendent à corriger ce que cette égalité peut avoir de choquant en apparence (Allemagne, Canada, Autriche). En apparence seulement, car la règle est liée à l'essence du fédéralisme et symbolise l'égalité théorique des États fédérés.

## C. La répartition des compétences entre l'État fédéral et les États fédérés

**46.** L'État fédéral est caractérisé par *la superposition de deux ordres juridiques :* les citoyens sont soumis à la fois à un droit élaboré par l'État fédéral et à un droit émanant de son État fédéré. Aussi, alors que le droit fédéral s'applique à tous les citoyens, ceux-ci, dans les domaines attribués aux États membres, sont soumis à des règles qui peuvent varier profondément d'un État fédéré à l'autre. En effet *à l'intérieur des domaines qui lui sont reconnus,* chaque entité fédérée apprécie les compétences qu'elle souhaite exercer et la façon de les exercer, c'est-à-dire qu'elle élabore les règles de droit comme elle l'entend. Il peut en résulter de grandes disparités de statut entre les individus selon leur lieu de résidence (il est vrai que la situation est la même, avec des écarts moins marqués, dans les États unitaires du fait de la décentralisation).

D'un système à l'autre, les domaines ouverts à l'intervention des partenaires changent ; la Constitution fixe les règles de la répartition des compétences entre eux, mais les États fédérés n'ont jamais la plénitude de compétences propre à l'État souverain. En entrant dans la Fédération, ils ont dû sacrifier des attributions, les abandonner à l'Union. En contrepartie, l'État fédéral ne peut intervenir dans les domaines attribués aux États fédérés. On note que les États fédérés sont moins libres lorsque l'État fédéral est né par dissociation (v. le Brésil).

## 1. Les « clés » de répartition des compétences

**47.** Il existe *deux clés de répartition des compétences* :

- La Constitution énumère le plus souvent les compétences attribuées à l'État fédéral, toutes les autres matières sont laissées aux États fédérés : c'est le cas aux États-Unis par exemple.
- Parfois, au contraire, la Constitution donne la liste des attributions confiées aux États fédérés, l'État fédéral seul peut intervenir dans les autres domaines : Canada...

Ce second système est peut-être plus favorable à l'État fédéral, car il est compétent pour tous les cas imprévus, les situations que l'évolution de la société peut faire apparaître et qui n'avaient pas été envisagées à l'origine. Mais cet avantage dépend aussi, bien sûr, de l'ampleur des compétences attribuées par la Constitution aux États fédérés.

Enfin, il est fréquent qu'en dehors des domaines réservés, soit à l'État fédéral, soit aux États fédérés, la Constitution prévoit aussi des *compétences concurrentes* : certaines matières sont ouvertes à l'intervention du premier comme des seconds, étant entendu cependant que l'État fédéral a priorité pour y poser des normes (RFA, Suisse, Autriche, Inde). Cette formule est une source de conflits délicats à trancher.

De toute façon, la loi fédérale s'impose aux États dès sa promulgation, elle abroge les lois fédérées contraires : « *le droit fédéral brise le droit des États* » (*Bundesrecht bricht Landesrecht*).

## 2. Les tendances dominantes de la répartition des compétences

**48.** À travers la diversité des systèmes, quelques dominantes se dégagent :

- L'État fédéral a l'armée sous son autorité et il dispose du monopole des relations internationales. La souveraineté externe lui appartient. Les États fédérés ne peuvent passer des traités, adhérer à une organisation internationale, entretenir une représentation diplomatique à l'étranger. Mais il est des exceptions ; ainsi du temps de l'Union soviétique, deux de ses composantes, l'Ukraine et la Biélorussie possédaient un siège à l'ONU et le Québec entretient une « délégation générale » en France.
- Les États fédérés ont un pouvoir de lever des impôts et disposent généralement de compétences plus ou moins étendues dans le domaine du droit privé (statut familial, commerce, banques, assurances). Souvent l'enseignement relève d'eux et parfois les règles de la circulation automobile. Enfin, les États fédérés ont leurs propres tribunaux.

Mais, encore une fois, il n'y a pas ici de règles absolues : en Suisse, le droit civil, et donc de la famille, relève de la fédération.

- L'évolution des systèmes fédéraux va dans le sens d'un renforcement de l'État fédéral au détriment des États membres. La réduction de leur autonomie ne tient pas à des raisons politiques, à une volonté du

Gouvernement central de dessaisir d'une partie de leurs pouvoirs des partenaires devenus encombrants ou incommodes, elle résulte du constat que l'État fédéral est plus à même de résoudre les problèmes économiques et sociaux d'une société moderne, placée dans un environnement international où la concurrence est la loi. En RFA et en Suisse par exemple, la Constitution a été fréquemment révisée pour faire passer des compétences dans le domaine de la Fédération.

Cette tendance n'est pas générale comme le montre l'éclatement de l'URSS et de la Yougoslavie. Le fédéralisme y reposait sur une idéologie et sur le ciment du parti communiste. Leur mise en cause a fait apparaître l'union comme artificielle et chacune de ses composantes a cherché à reprendre sa liberté. Dans des pays comme les États-Unis, l'Allemagne ou l'Inde, des tensions apparaissent régulièrement entre l'État fédéral et les États fédérés, où ces derniers s'efforcent d'accroître leur autonomie, avec succès ces dernières années aux États-Unis.

- La répartition des compétences entre l'Union et ses membres entraîne des conflits d'interprétation de la Constitution dont la solution est confiée à une *Cour suprême*. Celle-ci imposera le respect du droit à l'État fédéral et aux États fédérés. Elle pourra aussi unifier la jurisprudence pour assurer un minimum d'égalité de statut et de traitement entre les citoyens à travers la Fédération. L'existence de cet organe juridictionnel suprême est indispensable à l'équilibre et à la cohésion du système fédéral.
- Les États fédérés peuvent nouer des liens entre eux sans passer par l'État fédéral. C'est ce qu'on appelle le *fédéralisme coopératif*. Certains États fédérés concluront des accords pour réaliser des projets communs, en matière d'éducation, de culture, de télévision, de lutte contre la pollution par exemple. Très développé en Allemagne, le fédéralisme coopératif existe aussi aux États-Unis, au Canada, en Inde. On le trouve au sein de l'Union européenne, où il prend la forme de la *coopération renforcée*, permettant à certains États d'aller par ce moyen plus loin que la collaboration prévue par les traités, mais dans certains domaines seulement et à condition qu'une majorité des États s'y associe (v. les traités d'Amsterdam et de Nice).

## §3. Les États régionaux

**49.** Entre les États fédéraux et les États unitaires, de nombreuses situations intermédiaires peuvent se rencontrer, qui font penser qu'il y a parfois des différences de degré plus que de nature sur une échelle qui irait de l'État le plus unitaire jusqu'à la fédération pure. C'est ainsi que des États, notamment en Europe, ont conçu des modes d'organisation baptisés du nom d'État régional ou État autonomique. Il s'agit principalement de l'Italie puis de l'Espagne et, de manière plus limitée, du Portugal. Ces États reconnaissent une véritable autonomie politique à des entités, régions ou communautés autonomes, qui sont dotées d'un pouvoir normatif autonome, c'est-à-dire qui ne consiste pas seulement à appliquer la loi nationale (v. L. Favoreu et *alii*, Dalloz). Dans ces États, la juridiction constitutionnelle joue un rôle spécifique de protection de la répartition des compétences entre les niveaux territoriaux, telle qu'elle est inscrite dans la Constitution. Mais les États restent unitaires en ce qu'il existe un contrôle sur les actes des collectivités régionales et que celles-ci ne disposent pas d'un pouvoir constituant ou d'auto-organisation. Néanmoins, un État régional peut assez facilement se transformer en État fédéral, comme l'a montré l'évolution de la Belgique, à la fin du XXe siècle.

**50. La question de la place des communautés au sein de l'État. –** Derrière cette aspiration au fédéralisme se dessinent des tentations communautaristes, notamment linguistiques. L'appartenance à la communauté étatique tend alors à devenir seconde, au regard d'une appartenance régionale, linguistique... C'est ainsi l'existence de communautés à facilités linguistiques favorisant (un peu) l'usage du français dans des zones flamandes qui a pu être contesté sur le plan constitutionnel et qui a ouvert une crise politique entraînant en avril et mai 2010 la chute du gouvernement et la dissolution du Parlement, menaçant l'existence même de la Belgique, État fédéral. Par ailleurs, l'appréciation constitutionnelle de l'évolution structurelle des états régionaux est parfois délicate. C'est ainsi que, le 28 juin 2010 (sentence 31/2010), le Tribunal constitutionnel espagnol valide le nouveau statut d'autonomie de la Catalogne mais censure certaines dispositions visant, notamment, le concept de Nation catalane, l'obligation de parler catalan dans les écoles et les administrations ainsi que les dispositions remettant en cause la supériorité de l'État central sur la Catalogne. Ce statut avait été approuvé en septembre 2005 par 80 % des membres du Parlement autonome, puis par les députés nationaux avant de l'être par 74 % des électeurs catalans, sans que la participation ait atteint 50 %. Le 10 juillet 2010, un million de personnes ont défilé à Barcelone pour défendre le statut d'autonomie. Le 23 janvier 2013 le Parlement de la généralité de Catalogne a voté une résolution conférant au peuple catalan « un caractère de sujet politique et juridique souverain ». Le 25 mars 2014, le Tribunal constitutionnel a jugé que « l'autonomie n'est pas la souveraineté », que cette dernière réside dans le peuple espagnol et que dans « le cadre de la Constitution, une communauté autonome, ne peut de manière unilatérale convoquer un référendum d'autodétermination », la Catalogne peut seulement tenter d'obtenir une révision de la constitution espagnole. Malgré cela, le Gouvernement catalan a organisé une consultation en novembre 2014. Alors que la participation a été d'environ 30 %, la transformation de la Catalogne en état indépendant a recueilli 80 % des suffrages exprimés. En 2017, un conflit politique et juridique a opposé les indépendantistes catalans qui ont prononcé unilatéralement l'indépendance de la Catalogne et l'État espagnol qui a poursuivi les auteurs de ce coup de force et suspendu le statut d'autonomie.

# CHAPITRE 4

# L'organisation du pouvoir de l'État : la séparation des pouvoirs

**51. Bibliographie. –** Michel Troper, *La séparation des pouvoirs et l'histoire constitutionnelle française*, LGDJ, 1973.

**52.** Même si on peut en faire remonter la première intuition à l'Antiquité, à Aristote essentiellement, le principe de la séparation des pouvoirs trouve ses racines au XVIII^e siècle dans l'œuvre de J. Locke (*Essai sur le Gouvernement civil*, 1690). Mais c'est Montesquieu qui devait le reprendre, le développer, le systématiser et en définitive y attacher son nom. Dans l'*Esprit des lois* (1748), Montesquieu, qui a découvert la séparation des pouvoirs en étudiant le fonctionnement du système britannique et qui a aussi lu Locke, en fait un principe général d'organisation du pouvoir étatique. À sa suite, la séparation devient une sorte de *dogme* politique auquel, sous la Révolution, la Déclaration des droits de l'homme devait donner une consécration éclatante en proclamant (art. 16) : « *Toute société dans laquelle* (...) *la séparation des pouvoirs* (n'est pas) *déterminée, n'a point de Constitution* », en d'autres termes la Constitution est la mise en forme de la séparation.

Quels sont les fondements de la séparation des pouvoirs ?

Quelle est la nature de ces pouvoirs ?

# Section 1
# Les fondements de la séparation des pouvoirs

**53.** Des justifications théoriques et pratiques se mêlent alors que le principe de la séparation lui-même a été réfuté.

## §1. La séparation des fonctions

**54.** Au départ : une analyse des tâches de l'État. C'est à elle que procèdent Aristote comme J. Locke. Un certain nombre de fonctions du pouvoir, ou de l'État, apparaissent, dont la liste va varier de l'un à l'autre : délibérer, commander, juger, pour Aristote ; faire la loi, exécuter la loi, mener les relations avec l'étranger, pour J. Locke.

De cette constatation banale, on passe à l'idée que si ces fonctions peuvent être exercées par le même organe, comme ce fut le cas pendant presque toute l'histoire, on peut aussi concevoir qu'elles soient confiées à des organes différents : celui qui fait la loi n'est pas celui qui est chargé de l'appliquer, etc. Apparaît alors une *spécialisation des organes dans une fonction définie.* Si Aristote avait entrevu la distinction des tâches, il revient à J. Locke d'avoir compris qu'elles peuvent être exercées par des organes distincts. Montesquieu devait aller plus loin encore.

## §2. Montesquieu et la théorie de la séparation des pouvoirs

**55.** La lecture classique de Montesquieu exposée ci-après dénature quelque peu sa pensée. Au regard du droit constitutionnel c'est sans importance : puisque celui-ci a subi l'influence de cette interprétation infidèle, peu importe en réalité que Montesquieu ait pu vouloir dire autre chose.

**56.** *Le principe* Montesquieu cherche un système de gouvernement qui empêche le pouvoir d'être despotique et garantisse la liberté des citoyens. Il le découvre, ou feint de le découvrir, en Angleterre où il trouverait son fondement, lui semble-t-il, dans une séparation entre les pouvoirs, ou entre les « puissances ».

La théorie de la séparation des pouvoirs repose sur la répartition des fonctions entre des organes *indépendants* les uns des autres, qui forment chacun un *démembrement du pouvoir* : le pouvoir est distribué entre plusieurs organes. Montesquieu propose de distinguer le pouvoir de faire les lois *(législatif)*, celui de les exécuter *(exécutif)*, et celui de juger les crimes et les différends, ou conflits *(judiciaire)*. Ces pouvoirs seront à la fois spécialisés et indépendants :

l'exécutif n'a pas à donner ou à recevoir d'ordres du juge, etc. L'innovation est là : si on souhaite un fonctionnement harmonieux des institutions, les pouvoirs ne doivent pas être concentrés dans les mêmes mains, on se méfie d'un pouvoir trop puissant, on recherche un Gouvernement faible ou modéré.

**57. Sa justification.** – Comment justifier ce principe d'organisation du pouvoir ?

- Il est un premier argument théorique : la souveraineté appartient à la Nation, celle-ci ne peut l'exercer, se gouverner elle-même (sauf le cas exceptionnel de la démocratie directe, v. *infra* n° 210), elle doit donc désigner des représentants. Si l'organe groupant les représentants dispose de la totalité du pouvoir, il risque de confisquer la souveraineté, de s'identifier au souverain. La séparation permet de répartir l'exercice de la souveraineté entre plusieurs organes dont aucun ne peut avoir la prétention de représenter la Nation dans son entier.
- Un argument pratique est beaucoup plus convaincant. En réalité, ce que Montesquieu propose, c'est une recette politique, de bonne politique, destinée à affaiblir un pouvoir dont il se méfie, à réaliser ce « Gouvernement modéré », objet de sa recherche.

Son point de départ est dans ce passage bien connu de l'*Esprit des lois* : « C'est une expérience éternelle que tout homme qui a du pouvoir est porté à en abuser. Il va jusqu'à ce qu'il trouve des limites. Qui le dirait ? La vertu même a besoin de limites. »

Il faut donc limiter le pouvoir si on veut protéger la liberté des citoyens contre la tyrannie, il faut que « le pouvoir arrête le pouvoir ». Montesquieu précisait : « Pour former un Gouvernement modéré, il faut combiner les puissances, les régler, les tempérer, les faire agir, *donner pour ainsi dire un lest à l'une pour la mettre en état de résister à une autre.* » Séparés, « distribués », les pouvoirs vont se limiter les uns les autres parce que les Américains appellent un système de « freins et de contrepoids » (*checks and balances*). Une Constitution organisée autour de la séparation des pouvoirs fait que ces pouvoirs se *limitent mécaniquement* en quelque sorte, « par la force des choses », et non par le seul respect du texte de la Constitution.

- Car la séparation des pouvoirs n'est pas l'*isolement* des pouvoirs qui, à travers des conflits inévitables, aboutirait à la paralysie de l'État. Chaque pouvoir est en quelque sorte infirme, il ne peut agir sans le concours des autres. *Les pouvoirs doivent collaborer*, « par le mouvement nécessaire des choses » ils sont « forcés *d'aller de concert* ». En pratique, en effet, ils ne peuvent agir sans l'assentiment des autres, leurs attributions sont incomplètes (celui qui vote la loi ne peut l'appliquer, celui qui l'applique ne peut la voter), et si chacun dans son domaine peut décider, il peut aussi s'opposer aux décisions de l'autre, c'est la fameuse *faculté d'empêcher* (distinguée de la « faculté de statuer ») à laquelle Montesquieu attachait beaucoup d'importance et qui allait donner naissance au *droit de veto* du roi dans notre première Constitution (1791).

Une conception radicale de la séparation des pouvoirs ne correspond donc pas à la pensée de Montesquieu. L'auteur de l'*Esprit des lois* cherche en effet à sauvegarder la liberté, par des mécanismes souples impliquant des rapports entre les pouvoirs et même une véritable collaboration. C'est pour ne pas l'avoir compris qu'en 1791, l'Assemblée constituante instaura, dans notre première Constitution, une séparation tranchée qui devait se révéler impraticable.

- Enfin, si cette collaboration suppose une certaine *égalité* entre les pouvoirs – si elle n'existait pas où serait l'indépendance – celle-ci n'est pas totale. Le pouvoir législatif, élu directement, en général, par le peuple, est supérieur aux deux autres et Montesquieu estimait l'autorité du pouvoir judiciaire « en quelque façon nulle ». Pour éviter que cette suprématie ne devienne domination, il faudra donner au Gouvernement et au juge des moyens de défense de leur indépendance.

En outre, Montesquieu préconise d'autres formes de démembrement du pouvoir comme le bicaméralisme (Parlement à deux Chambres), ou le développement des « corps intermédiaires », et des limitations procédurales comme la réglementation de la longueur des sessions du Parlement. Ceci toujours dans un souci de garantir la liberté des citoyens, d'empêcher l'instauration d'un pouvoir despotique. C'est une théorie libérale (relative à l'organisation et à l'exercice du pouvoir) plus que démocratique (relative au fondement du pouvoir).

# Section 2
# La nature des pouvoirs

**58.** Finalement, ce n'est pas être infidèle à Montesquieu que d'affirmer que ce qui compte c'est la séparation des pouvoirs, leur nature et leur nombre important peu. La division préconisée dans l'*Esprit des lois* reposait sur une analyse des tâches de l'État, celle-ci peut être reprise sur d'autres bases ou souligner l'importance d'autres fonctions. Ainsi dans la Chine ancienne on distinguait cinq pouvoirs, le pouvoir de contrôle et le pouvoir d'examen (au sens universitaire du terme) s'ajoutant à la trilogie traditionnelle.

Quoi qu'il en soit, la théorie classique distingue trois pouvoirs : le législatif, l'exécutif et le judiciaire dont il faut rechercher les caractères.

## §1. Le pouvoir législatif

**59.** En théorie, *le pouvoir législatif est celui qui pose les règles à portée générale*, celles qui organisent la vie dans la société, c'est-à-dire *les lois* (définition matérielle de la loi). Il est confié au Parlement.

Pendant longtemps, à la suite de J.-J. Rousseau, on a considéré que la loi était l'expression de la volonté générale. La création du Conseil constitutionnel oblige à ajouter : à condition qu'elle soit conforme à la Constitution (v. *infra* n° 967 et s.).

Le législateur – ou tout au moins l'un de ses organes, la « Chambre basse » (v. *infra* n° 289) – est en général élu directement par la Nation et en tire une légitimité dont les autres pouvoirs ne sont pas toujours pourvus. Il en résulte une certaine suprématie théorique du Parlement.

Cependant, en pratique, le Parlement ne pose pas que des règles générales, et, en outre, il n'en a pas le monopole.

- D'une part, il est possible que le Parlement prenne des mesures individuelles. En France, on évoque les lois réintégrant dans l'armée le capitaine Dreyfus, celles accordant une pension au maréchal Foch et, plus près de nous, la dispense des droits de succession des héritiers du général de Gaulle. En Grande-Bretagne et aux États-Unis, il s'agit d'une pratique fréquente présentant la particularité d'intervenir à l'initiative des intéressés eux-mêmes et non des parlementaires *(private bills)*.
- D'autre part, le Gouvernement, organe de l'exécutif, est lui-même amené à prendre, pour permettre l'application de la loi, des décisions à portée générale dans l'exercice de ce qu'on appelle son *pouvoir réglementaire* (v. *infra* n° 877). En France, depuis la Constitution de 1958, il dispose même concurremment avec le Parlement du droit d'élaborer *librement*, c'est-à-dire en dehors de tout lien avec l'exécution d'une loi, des règles à portée générale.
- Le peuple peut lui-même adopter une loi par voie de *référendum*.

Force est donc de dire en définitive que la loi est une décision prise par le Parlement, ou par le peuple, suivant une procédure prévue par la Constitution (définition formelle de la loi).

Si on excepte la Constitution, la loi est la norme supérieure à laquelle les autres normes juridiques doivent se conformer. Seul le législateur peut la modifier ou l'abroger.

Sur la nature même de la loi, plusieurs thèses ont été exposées. On connaît la célèbre définition de Montesquieu « *les lois sont des rapports nécessaires qui résultent de la nature des choses* ». Portalis, l'un des auteurs du Code civil, soutenait lui, que « les lois sont des volontés », opinion inconciliable avec la précédente, comme soulignant la part de l'homme dans leur création et proche des idées de J.-J. Rousseau.

## §2. Le pouvoir exécutif ou pouvoir gouvernemental

**60.** *Le Gouvernement, ou pouvoir exécutif, est chargé de l'exécution des lois.*

Autrefois, l'exécutif était constitué par le monarque qui, dans une évolution commencée en Grande-Bretagne au XVII^e^ siècle, devait perdre le pouvoir de faire seul la loi, puis de participer à son élaboration, mais qui restait chargé de la faire respecter, d'en imposer, par la force au besoin, la mise en œuvre par les citoyens. Il disposait alors de la force armée et à ce titre était chargé aussi de la défense nationale.

L'exécutif est le pouvoir qui a le plus profité de la transformation des sociétés modernes. En même temps qu'il passait du monarque au Gouvernement et aux ministres, il héritait les fonctions nouvelles que le Parlement n'était pas en mesure d'exercer. Ses attributions se sont ainsi élargies et multipliées.

- L'exécutif dispose du *pouvoir réglementaire*. Le Gouvernement, ou *Cabinet*, est chargé à l'origine d'élaborer les mesures d'application des lois, les règlements : décrets, arrêtés, circulaires.
- Le Gouvernement a *autorité sur l'Administration*, et dans les sociétés actuelles, celle-ci comprend un ensemble de services publics très ramifiés, puissants, aux nombreux personnels et aux budgets considérables, elle joue un rôle essentiel dans la vie de la Nation.

Directement ou par son intermédiaire, le Gouvernement prend des mesures individuelles (par opposition aux règlements) : nominations de hauts fonctionnaires, permis de construire, classement d'un site...

- Sa maîtrise de la force armée a étendu aussi les attributions du Gouvernement dans le domaine du maintien de l'*ordre public*, la police est placée sous sa responsabilité.

**61.** *Le pouvoir gouvernemental.* Avec le temps, le Gouvernement est sorti du rôle assez subordonné de préposé à l'exécution des lois, pour devenir en fait dans les démocraties libérales contemporaines le *pouvoir dominant*. Aujourd'hui, on évoque couramment la primauté de l'exécutif, soulignant ainsi le renforcement général du rôle du Gouvernement. Il apparaît de moins en moins comme l'exécutant des volontés du Parlement. Son rôle politique propre s'est considérablement accru du fait en particulier des impératifs de technicité et de rapidité inhérents à toute action dans nos sociétés. Parler de *pouvoir gouvernemental* est plus exact que de parler de pouvoir exécutif (expression qui met l'accent sur le caractère subordonné du rôle du Gouvernement).

## §3. Le pouvoir judiciaire (ou juridictionnel)

**62.** En général, on parle de « pouvoir judiciaire » alors que l'expression « pouvoir juridictionnel » est mieux adaptée dans les pays où, comme en France, la fonction de justice est divisée entre plusieurs ordres de juridictions : les juridictions judiciaires, les juridictions administratives et la juridiction constitutionnelle.

*Le pouvoir juridictionnel veille à ce que l'application des lois soit régulière*, le juge « dit le droit » – on dit qu'il est « la bouche de la loi », mais pas seulement, il « fait » aussi du droit – dans les cas concrets qui lui sont soumis, en ce sens lui aussi assure l'exécution des lois.

# Section 3
# Les limites à la séparation des pouvoirs : la séparation aujourd'hui

**63.** Déjà J.-J. Rousseau n'admettait pas que l'exercice de la souveraineté soit démembré entre des pouvoirs indépendants. S'il accepte à la rigueur une séparation des fonctions, puisque le Gouvernement ne peut être confié à la généralité des citoyens et doit donc être distinct du législatif, il insiste sur le fait que s'il est en même temps subordonné à celui-ci (et donc non indépendant), ce n'est pas alors un véritable pouvoir.

Mais c'est surtout la pratique dans les sociétés contemporaines qui a fait apparaître ses limites.

Montesquieu insistait sur la spécialisation des pouvoirs et sur leur indépendance. Or celles-ci ne sont pas toujours assurées, là où pourtant on se réclame de la séparation. Déjà d'ailleurs Montesquieu avait quelque peu sollicité les institutions anglaises pour les besoins de sa démonstration.

**64.** *Les atteintes à la séparation.* Il n'y a pas, il ne peut y avoir de séparation parfaite. En réalité, *aucun régime politique n'a entièrement respecté la séparation*, les pouvoirs ne restent pas cantonnés dans le domaine qui leur est assigné. Partout le Gouvernement a été amené à prendre des décisions empiétant sur les attributions du Parlement. Le *pouvoir réglementaire* n'a pas seulement consisté à élaborer les décisions permettant à la loi d'être appliquée, mais s'est détaché de toute référence à la loi et est devenu autonome. En France, *la pratique des décrets-lois* sous la III$^{e}$ et la IV$^{e}$ République a officialisé ce phénomène : le Parlement a délégué à l'exécutif, à certaines conditions, le pouvoir de faire des lois, par-là il a remis une partie de son pouvoir législatif au Gouvernement. Par la suite la Constitution de 1958, en distinguant un domaine réservé à la loi d'un autre où l'exécutif peut poser des règles générales, a marqué une nouvelle étape dans cette évolution ; les limites de la séparation ont été déplacées puisque le pouvoir exécutif peut poser lui-même *directement* des règles à portée générale (v. *infra* n° 877). Des remarques identiques, quoique moins nombreuses, peuvent être faites à propos d'empiétements, consacrés par la Constitution, du Parlement sur l'exécutif : ainsi aux États-Unis pour l'intervention du Sénat dans la nomination des hauts fonctionnaires et en France s'agissant de la validation par la loi d'actes irréguliers.

De plus, le rôle du Parlement s'est transformé, *aujourd'hui il décide moins qu'il ne contrôle.* Il surveille l'action du Gouvernement. La complexité des problèmes, leur technicité, leur urgence parfois, ne permettent plus au Parlement d'agir lui-même.

Enfin, le législateur empiète sur *la justice* lorsque, par une loi d'amnistie, il abolit les jugements et les peines prononcés par les tribunaux.

**65.** *La question de l'indépendance de la justice.* En France, sous l'Ancien régime, les Parlements, c'est-à-dire les juridictions supérieures, se sont posées en rival du pouvoir monarchique, paralysant parfois des réformes nécessaires. Ainsi la Révolution de 1789 s'est opérée autant contre le pouvoir judiciaire que contre le Roi. D'où l'hostilité rémanente des régimes républicains à la reconnaissance d'un véritable pouvoir judiciaire. Cependant, son indépendance est une garantie fondamentale pour les citoyens. Elle est plus essentielle encore dans les périodes où, comme en France sous la plus grande partie de la V^e^ République, le législatif et l'exécutif sont contrôlés par la même majorité (le « fait majoritaire », v. *infra* n° 657). Le pouvoir juridictionnel incarne alors la division du pouvoir, protectrice de l'individu et garantie du respect du Droit par l'État. La meilleure défense de l'individu contre le pouvoir tient à la possibilité de saisir un juge « constitutionnel » d'une loi par laquelle le Parlement aurait violé la Constitution, et un juge « administratif » des décisions de l'exécutif, à tous les échelons de l'Administration, contraires aux règles de droit en vigueur (en France, le recours pour excès de pouvoir joue ce rôle).

Pourtant, de plus en plus dans les démocraties contemporaines, la justice se hausse au niveau d'un véritable pouvoir. À travers les Cours constitutionnelles d'abord, comme on le verra (v. *infra* n° 451 et s.), et aussi grâce à l'indépendance dont elle a appris à faire preuve à l'égard des pouvoirs politique, économique et social (v. *infra* n° 986). Cette montée en puissance est liée à la place toujours plus grande du droit dans les sociétés démocratiques contemporaines, dont le juge se fait le gardien de plus en plus sollicité et vigilant. L'accent mis aujourd'hui sur les droits et libertés renforce encore le rôle et les responsabilités du juge. À tel point que dans un régime démocratique à majorité stable et où il existe une concordance de vue et d'action entre le Gouvernement et la majorité parlementaire, on peut estimer que la véritable séparation des pouvoirs s'opère entre le pouvoir politique et le pouvoir juridictionnel. Il convient cependant de veiller à ce que le juge ne se substitue pas au pouvoir politique, notamment en ce qui concerne l'appréciation de l'intérêt général. De la même manière indépendance ne veut pas dire autonomie et comme le relevait Montesquieu un pouvoir qu'aucun autre pouvoir n'arrête est par nature dangereux.

**66.** Ces observations ne tiennent pas compte du *développement du phénomène partisan*, là réside la mise en cause fondamentale du principe de séparation. Le jeu politique ne met pas seulement en présence les organes institués par la Constitution, il repose sur les *partis politiques*. Que devient la séparation des pouvoirs lorsque le Gouvernement n'est que l'émanation du parti, ou de la coalition de partis, majoritaire au Parlement ? Peut-on parler alors d'indépendance et même de contrôle ? En réalité, le pouvoir est alors concentré entre les mains du parti majoritaire au Parlement, et même de ses principaux dirigeants, lesquels n'ont pas toujours reçu une investiture populaire. Le législatif et l'exécutif ne sont plus séparés, ils sont *solidaires*. L'étude des institutions britanniques et françaises actuelles permettra de revenir sur cette situation et de montrer que, contrairement aux craintes de Montesquieu, une telle concentration des pouvoirs n'engendre pas nécessairement la tyrannie et que subsiste, en particulier, un contrôle par l'opposition qui pourra en appeler à l'opinion. Il n'en reste pas moins que la *séparation est alors une fiction*.

Par ailleurs, aujourd'hui – comme l'avait entrevu Montesquieu – *la décentralisation* (ou le fédéralisme) constitue une autre forme de séparation.

# Titre 2
# La Constitution

**67. Bibliographie.** – Georges Burdeau, *Traité de science politique*, LGDJ, t. IV, 1984. – Carl Schmitt, *Théorie de la Constitution*, trad. française, PUF, 1993.

**68.** Tous les États du monde ont une Constitution. L'un des premiers gestes d'un nouvel État est de se donner, avec un drapeau, un hymne et une monnaie, une Constitution.

Pourquoi ? La Constitution présente à la fois une valeur symbolique, une valeur philosophique, une valeur juridique.

## Section 1
## La Constitution a une signification symbolique

**69.** La Constitution est un symbole avant d'être une loi. Souvent elle apparaît comme *l'acte fondateur d'un État* (par ex. aux États-Unis ou dans les États africains nés de la décolonisation), consacrant la naissance et l'entrée d'un nouveau membre dans la société internationale.

Son symbolisme ne se limite pas à l'apparition de l'État. Il se manifeste aussi à l'occasion d'un changement de régime. Elle est alors *l'acte fondateur d'un régime*. Les nouveaux maîtres d'un pays veulent souligner leur *rupture* avec le régime précédent et marquent, par l'élaboration de la Constitution, le début d'une étape dans la vie de la Nation, l'entrée dans une ère nouvelle. Elle est à la fois rupture avec le passé et projection vers l'avenir, souvent elle prendra figure de manifeste répudiant certains principes pour exalter des valeurs autres. Une suite de Constitutions jalonne ainsi l'histoire des peuples à l'humeur politique frondeuse ou instable. Les vainqueurs des luttes politiques et des guerres civiles légitiment par elle leur pouvoir. Ainsi la France a vécu depuis 1791 sous 11 Constitutions (la plus durable, celle de la IIIe République, ayant été appliquée pendant 65 ans, celle de 1791 – la première de nos Constitutions écrites – pendant 21 mois). Cela sans compter les retouches, les projets votés qui n'ont pas eu le temps d'être mis en vigueur, celui qui a été repoussé par le peuple (1946), ceux débattus sans résultat... Ailleurs on peut citer l'exemple du Venezuela qui a eu 25 Constitutions entre l'indépendance en 1811 et 1962.

Dans certaines circonstances, les peuples aspirent à l'élaboration d'une Constitution qui, mettant fin à une période d'incertitude ou de désordres, symbolise le retour à la normale, organise le pouvoir, fixe les règles de son fonctionnement, apporte la sécurité sur le plan interne et la respectabilité sur la scène mondiale.

## Section 2
## La Constitution a une portée philosophique : l'État de droit

**70. Bibliographie.** – Jacques Chevallier, *L'État de droit*, Montchrestien, 2010.

**71.** Sur le plan de la philosophie politique, en effet, se donner une Constitution, c'est admettre que le pouvoir n'est pas illimité, ses détenteurs – peuple et gouvernants – acceptent de lui fixer des bornes. L'idée de *limitation du pouvoir* est à l'origine de l'élaboration des Constitutions. On passe d'un pouvoir arbitraire, auquel tout est permis, à ce qu'on appelle un *État de droit* (un État qui accepte d'être limité par le droit et de le respecter), par opposition à l'État de fait, ou *de police*, antérieur.

Mais l'expression État de droit est équivoque, car tout État est un « État de droit », puisqu'il n'y a pas d'État sans droit. Le fait que l'État se reconnaisse comme soumis au droit, aux règles qu'il édicte, n'est pas à lui seul une garantie pour les citoyens, encore faut-il savoir de quel droit il s'agit : l'Allemagne nazie était-elle un véritable État de droit ? Non, car il faut tenir compte du *contenu du droit*, de ses objectifs, des moyens mis à la disposition des individus pour faire respecter le droit, de l'indépendance de la justice... De ce point de vue, il convient de distinguer l'État de droit formel, qui se borne à assurer le respect de la hiérarchie des normes juridiques, quel que soit leur contenu, et des procédés formels de démocratie et l'État de droit matériel. Ainsi l'État de droit renvoie à un discours idéologique porteur d'effets légitimants (Chevallier). Le droit tend à prendre en charge nombre de questions relevant de la morale (Carbonnier). Il en résulte que la fonction du juge, en tant que gardien de ces valeurs, tend à être sacralisée (Chevallier). Cette notion d'État de droit dépasse le cadre de l'État comme en témoigne, par exemple, le rôle joué par la Cour européenne des droits de l'homme qui impose aux États, parties à la Convention européenne de sauvegarde des droits de l'homme, un système de valeurs et des préceptes moraux, par exemple en matière de liberté d'expression, de religion ou en matière sexuelle.

C'est après la Seconde Guerre mondiale que la Constitution intègre des dispositions substantielles relatives à la protection des droits fondamentaux qui fixent les buts de l'activité de l'État et prédéterminent partiellement le contenu des normes. Cette définition substantielle de l'État de droit constitue incontestablement une limite de la portée du principe démocratique. En effet, le droit n'est plus seulement légitime parce qu'il exprime la volonté du peuple qui s'est majoritairement exprimé, mais aussi parce qu'il est conforme aux buts et aux principes fixés dans la Constitution. Ces buts sont par ailleurs essentiellement explicités et adaptés aux évolutions sociales par le juge, indépendamment de toute intervention directe ou indirecte du peuple.

## Section 3
## La Constitution met en place un système juridique

**72.** Dans le prolongement de l'idée précédente, une Constitution apparaît comme un ensemble de règles juridiques organisant la vie politique et sociale ainsi que le pouvoir et s'imposant à lui, *l'obligeant à respecter certaines formes*, à utiliser des procédures convenues, prévoyant la participation des citoyens au choix des gouvernants, à l'élaboration de certaines décisions, etc. Les Constitutions modernes ne sont pas faites de pièces et de morceaux disparates, de dispositions sans lien entre elles. Elles forment au contraire un ensemble organisé en *système* (au sens propre) plus ou moins raffiné, dont les éléments réagissent les uns sur les autres, dont les organes sont interdépendants comme ceux du corps humain ou d'un moteur d'automobile.

Ce qui ne veut pas dire que le pouvoir accepte toujours ces règles et que la Constitution soit toujours respectée. Beaucoup de Constitutions, dans le tiers-monde en particulier, ne sont que des façades. Sachant l'importance que lui attache la communauté internationale, une Constitution est élaborée, mais la vie politique, le fonctionnement du pouvoir s'organisent en dehors d'elle sur la base des rapports de force. Les plus féroces dictatures offrent souvent ainsi dans leurs textes constitutionnels le visage d'une paisible démocratie. Les opposants, s'ils existent et peuvent s'exprimer, se réclameront alors de la Constitution contre le pouvoir, lutteront pour le respect de la Constitution.

*Le pouvoir constituant*, c'est-à-dire celui qui a compétence pour élaborer la constitution, crée, à travers la Constitution, les *pouvoirs constitués*, organes chargés d'exercer le pouvoir essentiellement politique, administratif et juridictionnel. Ce pouvoir constituant est exercé directement ou par délégation (au Parlement, notamment) par le titulaire du pouvoir souverain au sein de l'État. Dans une démocratie, c'est le peuple.

**73.** Sur ces bases, on peut retenir la *définition provisoire* suivante de la Constitution :

« *La Constitution est l'acte solennel soumettant le pouvoir étatique à des règles limitant sa liberté pour le choix des gouvernants, l'organisation et le fonctionnement des institutions, ainsi que dans ses relations avec les citoyens et fixant un certain nombre de valeurs fondamentales* ».

Dans son acception actuelle, une Constitution est l'acte qui organise les pouvoirs publics et détermine les droits fondamentaux des citoyens. Cette conception se trouve, dès 1789, inscrite à l'article 16 de la Déclaration des droits de l'homme.

# CHAPITRE 1

# La notion de Constitution

**74.** Qu'entend-on par Constitution ? Il faut dépasser, préciser, la définition élémentaire qui vient d'être donnée. Auparavant, un bref regard sur l'origine des Constitutions permettra de dégager des éléments qui éclairent l'importance de la matière.

## Section 1
## Les origines des Constitutions

**75.** L'apparition des Constitutions est-elle un phénomène ancien, est-il au contraire récent ? De quand datent la, ou les premières Constitutions ? Il y a là un point d'histoire à régler avant d'aller plus avant.

**76. Des coutumes aux Constitutions écrites. –** Depuis un très lointain passé, en l'absence de textes, il n'y en avait pas moins des règles qui s'imposaient au pouvoir.

L'organisation de la société, le statut des institutions sont alors fixés par la *coutume*, une *Constitution peut être coutumière*, c'est-à-dire ne pas être enfermée dans un écrit. Au cours des temps, on a pris l'habitude de se comporter d'une certaine façon en certaines circonstances, des règles naissent un peu au hasard qui s'accumulent et régissent les institutions, une Constitution coutumière se met peu à peu en place.

Parallèlement, des textes se sont ajoutés à la Constitution coutumière : il en est ainsi par exemple des Chartes qui, en Grande-Bretagne depuis le XIe siècle, ne prétendent pas organiser le pouvoir dans son intégralité, mais posent des règles particulières traduisant le rapport des forces entre le pouvoir royal et ceux qui lui résistent : barons, Église. Ceux-ci passaient avec le pouvoir royal un accord aux termes duquel leur étaient reconnus des droits et des privilèges. Mais non seulement la coutume subsistait à côté de ces textes, mais elle réglait très largement, à titre principal, le fonctionnement du pouvoir. Des éléments écrits et coutumiers coexistent alors dans la Constitution.

Les premières Constitutions d'ensemble inscrites dans des textes, dont l'existence nous est connue, sont celles des *Cités grecques* entre le VII^e et le VI^e siècle avant Jésus-Christ. Par suite, à *Rome*, des textes régirent le fonctionnement des institutions politiques de façon parfois très détaillée.

Puis, après un hiatus de plusieurs siècles, car l'Histoire a connu et connaîtra encore des phases de régression, à la fin du XVIII^e siècle sont élaborées les premières Constitutions nationales modernes : aux *États-Unis* tout d'abord, à partir de 1776 pour aboutir à la Constitution fédérale de 1787, puis en Pologne le 3 mai 1791 et en France le *3 septembre 1791*. Vinrent ensuite la Suède en 1809, le Venezuela en 1811, l'Espagne en 1812, etc. Peu à peu, l'idée qu'un État se devait d'avoir une Constitution écrite s'imposa et les textes se multiplièrent en *vagues* successives : sous l'impulsion des révolutions de 1830 et 1848 d'abord, après les deux guerres mondiales ensuite, avec la décolonisation à partir de 1958, enfin avec l'effondrement du communisme en Europe de l'Est à partir de 1990. Le mouvement n'a d'ailleurs pas pris fin, tous les ans de nouvelles Constitutions voient le jour, soit dans des États nouveaux, soit dans les États anciens qui souhaitent moderniser leurs institutions.

**77. Caractères des Constitutions contemporaines. –** L'innovation des Constitutions écrites de la fin du XVIII^e siècle aux États-Unis et en France, c'est qu'elles ont vocation à *régler entièrement* le statut des institutions et qu'elles supplantent la coutume. *Elles sont volontaristes, abstraites et générales.* C'est-à-dire qu'elles sont rédigées *a priori*, pour fournir des solutions (procédures, principes à respecter) à tous les problèmes que peuvent poser dans l'avenir l'organisation et le fonctionnement du pouvoir étatique.

De ce qui vient d'être évoqué, il faut retenir qu'aujourd'hui :

- La Constitution est un symbole.
- La Constitution, dans une société démocratique, est *librement voulue*, élaborée par les citoyens ou leurs représentants, ceux-ci y fixent les règles de la vie en commun, les principes d'organisation du pouvoir.
- La Constitution est *la norme, la règle suprême*. Il n'y a pas d'autre règle au-dessus d'elle.
- Charte fondamentale de la Nation, la Constitution est *faite pour durer*, elle s'impose aux citoyens comme aux organes du pouvoir, il sera difficile de la changer. On doit, bien sûr, prévoir la possibilité de la modifier pour l'améliorer, l'adapter à l'évolution de la société, mais la procédure de révision doit garantir l'acceptation de ces retouches par les citoyens, éviter qu'elles ne soient imposées de façon arbitraire par le pouvoir.

# Section 2
# La Constitution sans l'État ?

## §1. Constitution et société politique

**78.** La définition originelle du terme dans le champ qui nous intéresse renvoie à Aristote, selon lequel, la Constitution c'est le gouvernement d'une communauté politique. C'est cet aspect que l'on retiendra ici. Il est donc nécessaire de s'interroger sur le point de savoir si l'État constitue la seule forme de communauté politique concevable. Avec E. Zoller (*Droit constitutionnel*, PUF), on peut répondre négativement. En effet, si l'on admet qu'une communauté politique regroupe un certain nombre d'individus réunis sur un territoire et dotés d'un système de gouvernement, dans la France féodale, la Bourgogne pouvait être considérée comme une communauté politique. En fait, l'État serait la forme moderne de communauté politique, et de cette identification résulterait celle entre Constitution et État. Il convient cependant de ne pas assimiler tout groupe d'individus soumis à certaines règles communes à une communauté politique. Ainsi, une association ou un syndicat ne sont pas une communauté politique, essentiellement parce qu'ils sont soumis au principe de spécialité en ce qui concerne tant leur objet que leur compétence. De la même manière, et pour se rapprocher du droit constitutionnel, une collectivité territoriale n'est pas une communauté politique, lorsqu'elle est soumise au principe de spécialité et ne tire son existence et ses compétences que de la reconnaissance et de l'habilitation étatiques. De la même manière, malgré la prétention de la Cour européenne des droits de l'homme à ériger la convention de Rome en « instrument constitutionnel de l'ordre public européen » (CEDH, *Loizidou*, 23 mars 1995), cet ordre juridique ne peut être un ordre constitutionnel car il est marqué par le principe de spécialité (essentiellement la protection des droits de l'homme).

Cependant, il convient d'observer que l'organisation que l'on pourrait appeler « post-moderne » des communautés politiques devient plus complexe et se manifeste par le développement d'ordres juridiques qui ne sont plus toujours hiérarchisés, mais imbriqués les uns dans les autres. Ainsi, les classifications traditionnelles et les outils habituels du droit constitutionnel ont du mal à saisir certaines réalités telles que celles de l'organisation régionale de certains États (Italie ou Espagne) ou de l'Union européenne.

## §2. L'Union européenne : un ordre juridique constitutionnel ?

**79.** Alors même que la Cour de justice des Communautés européennes avait, dès 1986 (23 avril, *Parti écologiste « Les Verts »*), qualifié le traité de Rome de « Charte constitutionnelle d'une communauté de droit », il convient de savoir si l'ordre juridique communautaire relève du champ du droit constitutionnel. Une réponse affirmative pourrait être justifiée par l'appréhension de l'Union européenne comme un État fédéral en formation. Cependant, tel ne semble pas être le cas. En effet, l'Union européenne ne détient pas de pouvoir souverain ; son existence, ses compétences, son organisation sont conditionnées par une volonté supérieure, celle des États. Il est cependant possible, au-delà de l'échec du premier projet de Constitution européenne, de considérer que l'Union européenne est dotée d'un embryon de Constitution matérielle. En effet, l'Union européenne s'est vue attribuer des compétences qui relèvent par nature des États, des compétences régaliennes, par exemple le fait de battre monnaie, et ces abandons de compétences relevant de la souveraineté nationale ont exigé la modification des Constitutions nationales.

Le processus de développement de la construction européenne traduit une dissociation volontaire entre l'élaboration d'une Constitution et l'évolution vers une structure étatique. L'utilisation du terme « Constitution » ne renvoie pas au modèle étatique ; mais il viserait à marquer symboliquement la reconnaissance d'une communauté politique qui s'affirme en tant que telle et dont la Constitution est l'attribut. En bref, si l'Europe n'a pas encore de véritable « Constitution », sa transformation en une société politique et en un ordre juridique doté de règles d'organisation, de fonctionnement et d'un système de valeurs communes en font incontestablement un objet du droit constitutionnel contemporain.

## Section 3
## Formes de la Constitution

**80.** Pour approfondir l'étude de la Constitution, on peut se placer de deux points de vue :
- un point de vue *matériel*,
- un point de vue *formel*.

Tout acte peut en effet être envisagé de ces points de vue.

- *Le point de vue matériel* s'attache à l'objet de l'acte, à son *contenu*, à sa matière, au fond. Par exemple, d'un point de vue matériel, le budget de l'État est une décision autorisant les recettes et les dépenses de l'État, il fournit aux services publics les moyens qui leur permettent de recouvrer les impôts et d'engager des dépenses. Autre exemple, la dissolution consiste à mettre fin aux fonctions des députés et à les renvoyer devant leurs électeurs par l'organisation d'une nouvelle consultation électorale.
- *Le point de vue formel* s'attache à la procédure suivie, aux *caractères extérieurs* de l'acte, à ses formes. En France le budget de l'État est

une loi votée par le Parlement dans un délai de soixante-dix jours après que l'Assemblée nationale a été saisie du projet élaboré par le Gouvernement. La dissolution de l'Assemblée nationale est une décision prise sous forme de décret par le président de la République après avis du Premier ministre et des présidents des assemblées.

Cette distinction n'est pas propre au droit constitutionnel, elle doit être bien assimilée car elle sera d'un usage constant tout au long des études juridiques.

Dans sa forme la Constitution – au sens large – d'un pays met en œuvre un ensemble de règles d'origine très diverses qui se combinent les unes avec les autres et peuvent parfois entrer en conflit.

*Tout le droit constitutionnel ne se trouve pas dans la Constitution.*

## §1. La Constitution écrite, les lois organiques et les règlements des assemblées

### A. La Constitution écrite

**81.** La Constitution écrite donne lieu à l'établissement d'un document écrit. Elle est la forme moderne de Constitution.

- L'écrit donne des facilités de preuve, des garanties de certitude, de protection contre l'arbitraire, de *sécurité*, si ce n'est toujours de clarté. La clarté est-elle d'ailleurs toujours une vertu pour les Constitutions ? Napoléon disait : « Une Constitution doit être courte et obscure », soulignant par-là toutes les facilités que le pouvoir trouve dans un texte ni trop précis ni trop contraignant, laissant une large part à l'interprétation des gouvernants. La préoccupation n'est pas la même pour les citoyens. La clarté et la précision leur sont au contraire des garanties. Ici encore, le juste milieu est préférable : les textes trop minutieux et détaillés risquent de se retourner contre l'autorité de la Constitution si les entraves mises à l'exercice du pouvoir se révèlent si intolérables qu'elles ne puissent être fidèlement respectées. Il ne faut pas laisser aux gouvernants le choix entre la paralysie et la violation de la Constitution.
- Le caractère écrit donne aussi d'autres garanties qui tiennent à ce qu'est déterminé l'*organe* compétent pour la *modifier* et définie la *procédure* qui devra être suivie. Les citoyens sont assurés d'une certaine stabilité des règles constitutionnelles et surtout que les gouvernants ne pourront les corriger à leur gré.

Comme on le verra (v. *infra* n° 109), cette garantie sera d'autant plus forte que la Constitution sera plus *rigide*, c'est-à-dire plus difficile à réviser.

## B. Les lois organiques

### 1. Le principe

**82.** La Constitution, au sens étroit, ne peut régler tout ce qui concerne les Pouvoirs publics. En dehors des inconvénients signalés ci-dessus, la minutie des détails risquerait de compromettre la majesté du texte et sa pérennité.

À côté de la Constitution, on trouve donc souvent des lois qui la complètent, la précisent, la prolongent.

Les *lois organiques* prévues par la Constitution française de 1958 en fournissent une bonne illustration. Sur beaucoup de points en effet, la Constitution prévoit que des lois spéciales, dites lois organiques, interviendront pour la compléter, pour développer les règles d'organisation et de fonctionnement des pouvoirs publics. Il ne s'agit pas exactement d'une innovation dans notre histoire constitutionnelle puisque dès la II^e^, puis sous la IV^e^ République, le législateur avait été habilité à prendre des lois de cette nature.

### 2. Le statut des lois organiques dans la Constitution de 1958

**83.** La Constitution française prévoit les *domaines* dans lesquels une loi organique doit, ou peut, intervenir. Cette énumération est *limitative*, c'est-à-dire que *le Parlement ne peut voter une loi organique que si elle se rapporte à l'une de ces matières*.

Celles-ci sont toujours importantes : procédure de désignation du président de la République, organisation et fonctionnement du Conseil constitutionnel, statut des magistrats, composition et fonctionnement de la Cour de justice de la République, fixation de la liste des emplois auxquels il est pourvu en conseil des ministres, etc.

- Par ailleurs *sur le plan de la procédure*, si elle se déroule sans solennité particulière, les lois organiques obéissent cependant à des règles propres (art. 46), les formes sont ici plus sévères que pour les lois ordinaires :
  - l'initiative d'une loi organique peut venir du Gouvernement (projet) ou des parlementaires (proposition). Rien d'original en cela ;
  - le projet, ou la proposition, de loi organique doit être déposé devant l'une des Chambres au moins 15 jours avant que ne commence sa discussion. On impose par-là au législateur un *délai de réflexion* et on ouvre aussi au pays la possibilité de faire connaître son sentiment sur le texte soumis aux parlementaires. En présence d'une décision importante, on veut éviter les votes de surprise, mal préparés et permettre au pays, à la presse, d'être prévenus et de peser sur le débat ;
  - si les deux Chambres ne parviennent pas à un accord, l'Assemblée nationale peut, à la demande du Gouvernement, adopter le texte en dernière lecture (après un dernier examen) à **la majorité absolue** de ses membres. Cette disposition assure la primauté de l'Assemblée

nationale sur le Sénat : l'opposition de celui-ci ne permet pas de faire échouer une loi organique. Mais, la décision étant grave, la loi doit être votée à la majorité absolue des membres composant l'Assemblée nationale et non des votants (là est une des différences avec les lois ordinaires) ;

- à cette suprématie de l'Assemblée nationale, il est *deux exceptions*. En premier lieu, toute loi organique concernant le Sénat doit être votée dans les mêmes termes par les deux assemblées, c'est-à-dire qu'en fait, *l'accord du Sénat est obligatoire pour toute loi organique portant atteinte à son statut*. À défaut de son assentiment, ce statut peut seulement être modifié par une révision constitutionnelle ; il y a là une garantie considérable pour le Sénat (d'autant que, comme on le verra, la révision de la Constitution exige elle aussi l'accord du Sénat). En second lieu, depuis la révision constitutionnelle du 23 juin 1992, la loi organique concernant le droit de vote et d'éligibilité des étrangers, citoyens de l'Union européenne, résidant en France, doit elle aussi être approuvée dans les mêmes termes par les deux Chambres (v. *infra* n° 122) ;
- *le Conseil constitutionnel doit obligatoirement examiner la loi organique* avant sa promulgation. Cela signifie qu'après avoir été votée par le Parlement, la loi organique ne peut entrer immédiatement en application. Elle sera contrôlée par un organisme - le Conseil constitutionnel, qui sera étudié plus tard - chargé de vérifier qu'elle est bien conforme à la Constitution, que son objet et la procédure suivis sont réguliers et qui, au cas contraire, pourra s'opposer à sa mise en vigueur. *La loi organique ne doit pas réaliser une révision constitutionnelle déguisée*, on ne doit pas utiliser cette procédure dans l'intention de tourner la Constitution.

- Ainsi élaborées, les lois organiques ne font pas partie de la Constitution au sens strict puisqu'elles sont des documents distincts de celle-ci. Mais elles contribuent incontestablement à la construction de l'édifice constitutionnel. On considère qu'elles élèvent un échelon intermédiaire dans la hiérarchie des normes (v. *infra* n° 136), entre la Constitution et la loi ordinaire. Cela signifie que, si les lois organiques sont inférieures à la Constitution et doivent la respecter, les lois ordinaires ne peuvent les modifier ou comporter des dispositions qui leur soient contraires.

## C. Le règlement des assemblées

**84.** Les assemblées parlementaires mettent en œuvre beaucoup de règles inscrites dans la Constitution : elles discutent et votent la loi, déclarent la guerre, autorisent la ratification des traités, participent parfois à la nomination du Gouvernement, etc., ces attributions varient selon les systèmes constitutionnels.

Là encore, la Constitution ne peut entrer dans les détails et elle se contente de poser des principes généraux qui doivent être précisés pour permettre un fonctionnement satisfaisant de ces institutions. Aussi les assemblées ont-elles pris l'habitude de fixer elles-mêmes leurs règles de fonctionnement interne dans un *règlement intérieur*.

Cette pratique comporte un risque semblable à celui déjà évoqué pour les lois organiques. Au lieu de préciser ou d'interpréter la Constitution, les règlements peuvent en effet la déformer, la solliciter dans un sens qui soit favorable à l'assemblée, et même aller à l'encontre de ses dispositions. Sous la IIIe République en particulier, les Chambres utilisèrent de façon abusive leur pouvoir de fixer de façon autonome leur propre règlement, violant par-là l'obligation de respecter la Constitution.

Aussi la **Ve République** a-t-elle innové ici en obligeant les assemblées à *soumettre leur règlement*, et les modifications apportées à celui-ci, avant toute application, au *Conseil constitutionnel* qui jugera de leur conformité à la Constitution. Le Conseil peut s'opposer - et il l'a fait - à ce qu'un règlement inconstitutionnel soit mis en œuvre. Il en a été ainsi pour un projet de modification, pour le moins surprenant, permettant à un groupe parlementaire de se doter de deux présidents afin de respecter la parité homme-femme (décis. n° 2013-664-DC).

Les règlements sont des documents essentiels pour la compréhension du fonctionnement des assemblées et à ce titre ils intéressent directement le droit constitutionnel.

Pourtant le règlement n'a pas valeur constitutionnelle, ni même législative, il n'est voté que par une seule Chambre. Juridiquement, il a nature de *résolution* (nom donné aux délibérations adoptées par une seule assemblée).

## §2. Constitution coutumière et coutume constitutionnelle

**85.** Toutes les règles constitutionnelles ne sont pas nécessairement écrites. Dans certains cas, les textes écrits sont peu nombreux et d'objet limité, la plupart des règles sont d'origine coutumière : on parlera alors de Constitution coutumière. En sens inverse, dans les États où la Constitution écrite a vocation à régler l'ensemble de la matière constitutionnelle, une coutume non écrite peut-elle se former qui ait valeur de règle constitutionnelle ?

### A. Les Constitutions coutumières

**86.** Dans le passé, toutes les Constitutions étaient coutumières, c'est-à-dire formées par une accumulation de coutumes. Ainsi en France, avant la Révolution, le fonctionnement des institutions était fixé par les lois fondamentales du royaume, non écrites. La Constitution était le fruit de traditions, d'usages, de principes respectés pendant des générations. L'histoire, la religion, les mœurs, ont contribué à la lente élaboration des Constitutions coutumières ? Les « *précédents* » s'accumulaient et au bout d'un certain temps l'idée s'imposait qu'on ne pouvait procéder différemment, qu'en telle circonstance *tel comportement était obligatoire.* On commence par prendre une habitude, après quoi on suit une tradition et on finit par se voir imposer le respect d'une coutume.

À l'heure actuelle, il n'existe plus que quelques Constitutions coutumières. La plus célèbre est celle de la Grande-Bretagne ; on peut aussi citer l'Arabie saoudite. Mais il ne s'agit pas de Constitutions coutumières à l'état pur. On découvre toujours un certain nombre de textes écrits régissant tel ou tel aspect de l'organisation et du fonctionnement des institutions. C'est le cas en Grande-Bretagne où ils se multiplient.

- La Constitution coutumière n'est pas réfléchie, *n'est pas choisie,* elle n'est pas la mise en œuvre d'un système rationnel dont on a pesé les avantages et les inconvénients. Elle se crée au jour le jour, morceaux par morceaux c'est-à-dire règles après règles, au gré des circonstances.

On fait valoir que ce type de Constitution présente l'intérêt d'être en harmonie avec la société qui l'a sécrétée, elle n'est pas artificielle ; elle est le fruit de son expérience, elle se modèle d'elle-même sur l'évolution de la vie nationale ; elle est respectée spontanément.

- En contrepartie, elle est *imprécise,* souvent difficile à discerner et elle laisse *sans solution incontestable* beaucoup de cas imprévus (la Constitution écrite aussi, mais si elle est bien faite on peut espérer qu'ils seront peu nombreux et on aura toujours la possibilité de compléter la Constitution dans les formes prévues pour cette hypothèse).
- Au surplus, la Constitution coutumière n'est *guère démocratique* dans ses conditions d'élaboration. Elle est le fruit du comportement, des choix, adoptés par les couches supérieures de la classe dirigeante, de ceux qui gravitent à proximité du pouvoir, le peuple n'y est en rien associé. Mais en même temps on peut faire valoir qu'à la différence de la loi écrite, la coutume est hors de portée de la volonté d'un homme ou d'une Assemblée et qu'à ce titre elle est meilleure protectrice des garanties du citoyen. *La coutume limite le pouvoir quel qu'il soit,* alors que le pouvoir peut toujours changer la loi écrite selon sa fantaisie ou ses humeurs ; une majorité résolue parviendra toujours à surmonter les obstacles mis par le constituant à la révision de son œuvre.

Quoi qu'il en soit, ce type de Constitution n'est plus adapté à l'État démocratique moderne et aux changements qui caractérisent les sociétés contemporaines.

## B. La coutume constitutionnelle

**87. Bibliographie.** – Paul Amselek, « Le rôle de la pratique dans la formation du droit », *RDP* 1983, p. 1421. – Pierre Avril, *Les conventions de la Constitution*, PUF, 1997.

L'existence d'une Constitution écrite élimine-t-elle toute possibilité d'apparition de coutumes constitutionnelles ?

## 1. En quoi consisterait la coutume constitutionnelle ?

**88.** À côté des règles constitutionnelles écrites, peut-on admettre que naissent peu à peu, par une succession de *précédents*, des règles coutumières dotées de la même valeur obligatoire que les premières ? Dans quels cas, dans quels domaines ces règles pourraient-elles apparaître ?

- La coutume interviendrait d'abord pour compléter la Constitution, on parle alors de coutume *praeter legem*. Quel que soit, en effet, le soin avec lequel les Constitutions sont élaborées, leur application fait apparaître des lacunes, des problèmes auxquels aucune solution n'est prévue. La coutume peut combler ces vides. Elle sera d'autant plus riche que le texte sera bref et sibyllin, c'est ce qui expliquerait le rôle important qu'elle aurait joué sous la III^e^ République, où l'on s'est beaucoup référé d'ailleurs à ce qui se passait sous la monarchie de Juillet. Ainsi nombre d'auteurs qualifient de coutumier le statut du président du Conseil entre 1875 et 1934 (v. *infra* n° 571). D'autres font valoir qu'aux États-Unis, s'est imposée peu à peu, à partir de Washington, une coutume selon laquelle le président ne pourrait remplir plus de deux mandats. Dans ces exemples, la Constitution écrite était muette sur les règles à appliquer.
- Pourquoi ne pas aller plus loin et soutenir que la coutume peut contredire la Constitution, annuler une règle posée par elle (coutume *contra legem*) ? Une disposition constitutionnelle serait abrogée par un usage contraire répété. L'histoire fournit maints exemples de violations de la Constitution devenues si habituelles qu'on finit par les considérer comme normales. Substituent-elles une nouvelle règle constitutionnelle non écrite à celle voulue par le constituant ? On évoque à ce propos la pratique des décrets-lois sous la III^e^ et la IV^e^ République, par laquelle le Parlement déléguait au Gouvernement, en violation de la Constitution, le droit de faire la loi. Ou encore la désuétude du droit de dissolution, pourtant prévu par la Constitution, à partir de l'engagement de Jules Grévy, en 1879, de ne pas y recourir.

## 2. Existe-t-il une coutume constitutionnelle en France ?

**89.** En France aujourd'hui, la question n'a qu'un intérêt pratique limité. Elle ne se pose pas pour la coutume *contra legem*. Celle-ci serait un « **monstre juridique** ». La Constitution ne peut être modifiée qu'en suivant les procédures prévues à cet effet par le texte de 1958. À quoi servirait d'avoir choisi des règles compliquées pour réviser la Constitution s'il suffit de violations renouvelées pour arriver au même résultat ?

En revanche, on peut s'interroger sur certains comportements ou « usages » : ainsi l'habitude prise depuis la III^e^ République par les Gouvernements de démissionner au lendemain des élections législatives et, depuis le début de la V^e^ République, d'une élection présidentielle. De même la règle selon laquelle un Gouvernement démissionnaire est chargé de l'« expédition des affaires courantes » jusqu'à la nomination de son successeur. Ou encore l'usage qui invite le nouveau président de la République à abandonner ses mandats électifs (député, maire...). S'agit-il de coutumes *praeter legem* ?

Pour en décider, il faut se demander si l'existence de la coutume est consacrée dans un document officiel lui reconnaissant une force obligatoire, ou si, en pratique, des règles sont appliquées au titre de coutumes devant être respectées. Le résultat de cette recherche est négatif.

- Sur un plan général, la Constitution actuelle, pas plus que ses devancières, n'évoque l'existence d'une coutume constitutionnelle *praeter legem*. Celle-ci n'est pas mentionnée non plus dans des lois organiques ou dans tout autre texte, ayant valeur impérative, intervenu en matière constitutionnelle. La prétendue coutume ne peut se fonder sur aucune norme expresse reconnaissant son existence.
- L'existence d'une coutume est-elle alors « constatée » par une autorité habilitée à appliquer, à faire respecter, le droit ? À l'examen, il apparaît que les juges et le Conseil constitutionnel n'ont jamais eu recours à la notion de coutume constitutionnelle pour trancher un litige. Tout au plus peut-on relever que le Conseil a évoqué la « coutume parlementaire » (décis. 15 janvier 1960, restée isolée) et qu'il lui est arrivé, de manière tout à fait exceptionnelle de se référer à des « principes à valeur constitutionnelle » non fondés sur des textes (le principe de la continuité du service public) et assez proches de règles coutumières (v. *infra* n° 972).

Sous cette réserve, ni le constituant, ni le législateur, ni le juge n'ont consacré en France l'existence d'une coutume constitutionnelle, comprise comme une règle non écrite obligatoire. Même l'assentiment des citoyens à des comportements non expressément inscrits dans la Constitution ne saurait leur conférer une valeur constitutionnelle. Il sera toujours possible – l'expérience le montre (pour la dissolution en particulier à laquelle E. Faure n'a pas hésité à recourir en 1955, contre l'usage observé depuis 1877) – de rompre avec ce qui n'est en réalité qu'une *pratique*. Il n'existe pas de coutume constitutionnelle en droit français.

## §3. La pratique constitutionnelle

**90.** Une Constitution n'est pas un texte mort, elle s'applique, elle produit des effets, elle vit. P.-P. Royer-Collard écrivait en 1820 : « *les Constitutions ne sont pas des tentes dressées pour le sommeil ; les Gouvernements sont placés sous la loi universelle de la création et sont condamnés au travail.* » À l'usage, le schéma tracé va jouer, se déformer, s'adapter aux mouvements de la société et *aux variations du rapport entre les forces politiques*.

### A. Le principe

**91.** Apparaissent ainsi des *pratiques*. Elles ne créent pas d'obligation, n'ont pas de valeur juridique, mais seulement une valeur politique en ce sens que rompre avec elles est susceptible de troubler l'opinion publique, qui s'interrogera sur les raisons pour lesquelles on a jugé bon de déroger à un comportement considéré comme normal. Mais elles ne sont pas véritablement contraignantes.

L'existence des pratiques est une simple constatation, laissant de côté la question de leur conformité à la Constitution. Elles la respecteront, comme elles peuvent parfois la violer.

- Les pratiques sont présentes dans tous les aspects de l'action des pouvoirs publics. Elles peuvent concerner leurs relations avec les citoyens, comme par exemple en France l'usage de fixer les élections le dimanche. D'autres touchent à l'organisation du travail du Gouvernement : l'habitude de réunir le conseil des ministres le mercredi matin. Une pratique pourra aussi consister dans le choix systématique d'une procédure lorsque la Constitution ouvre une option entre plusieurs possibilités : aux États-Unis, la révision constitutionnelle a toujours été ratifiée (sauf une fois) par les législatures (Parlements) des États et non par des Conventions d'État spécialement convoquées (v. *infra* n° 464).

Parfois, les pratiques apparaissent comme l'abandon d'un pouvoir qu'une autorité tient de la Constitution : sous la IIIe République, le président n'a jamais utilisé son droit de demander une seconde lecture de la loi votée par le Parlement.

- Mais les pratiques les plus importantes concernent la façon dont une autorité envisage son rôle. Elles seront donc liées soit à la personnalité d'un homme, soit au contexte politique. Tel chef de l'État effacé n'usera pas de ses prérogatives, tel autre au contraire les utilisera pleinement. Ainsi l'attitude des présidents de la Ve République a créé une pratique qui leur donne la responsabilité directe de la politique étrangère – à l'image d'ailleurs de ce qui se passe dans la plupart des États, où le chef de l'exécutif est en fait en charge des relations extérieures.

Entre les coutumes et les simples pratiques on rencontre une catégorie intermédiaire de normes : les « Conventions de la Constitution » (v. P. Avril, *Les Conventions de la Constitution*, 1997). L'expression est reprise de la Grande-Bretagne où elle a le sens étroit de « règles coutumières » (v. *infra* n° 361) et où elles ne viennent pas compléter la Constitution, mais *où elles sont la Constitution*. Ailleurs plus largement l'expression désigne des règles non écrites, des modalités d'application de la Constitution, sur lesquelles les acteurs du jeu politique se mettent d'accord, qui font l'objet d'un consensus, qu'ils s'engagent à respecter. Ces conventions, à supposer qu'elles existent comme telles, sont rares sous la Ve République, on peut citer le droit pour le président de la République (hors cohabitation) de mettre fin aux fonctions du Premier ministre.

## B. Constitution théorique et Constitution réelle

**92.** Ces réflexions sur la pratique constitutionnelle ramènent à l'idée que l'usage fait apparaître progressivement une *Constitution réelle*, matérielle (c'est-à-dire comprenant des règles qui ne se trouvent pas dans la

Constitution écrite), qui se détache insensiblement de la Constitution écrite formelle originaire. Il y a dans tous les pays, sous tous les régimes, un *décalage*, fruit d'usages et de pratiques, entre la Constitution officielle et la mise en œuvre quotidienne, concrète de cette même Constitution. Cet écart est variable selon l'âge de la Constitution, la précision de ses dispositions, le type de régime, les péripéties de la vie nationale, le rapport des forces politiques. Ainsi, on a pu parler à propos de certains États issus de la dissociation de l'Union soviétique de « constitutions d'imitation » en ce qu'elles reprennent les principes démocratiques sans vraiment les appliquer (v. I. Krostev et S. Holmes, *Le moment illiberal*, Fayard, 2019).

Il y a une *usure normale* des Constitutions. S'attacher à les faire fonctionner comme l'avaient voulu leurs rédacteurs amènes parfois à une diminution de l'efficacité des institutions, à leur incapacité à répondre aux problèmes de l'heure, et ainsi peut-être à une crise politique grave. Des ajustements se font avec le temps sans qu'intervienne une révision constitutionnelle, ou que celle-ci viendra entériner un jour. Les pratiques jouent alors un rôle utile. La Constitution américaine a plus de deux cents ans, comment pourrait-elle encore fonctionner dans le respect scrupuleux de la volonté des Pères fondateurs ?

Souvent c'est la volonté des hommes qui éloigne la Constitution réelle de ses dispositions écrites. C'était le cas de la France sous la plus grande partie de la III$^{e}$ République (où le régime avait perdu son caractère parlementaire, pour devenir son contraire : un régime d'assemblée), c'était aussi le cas de la Chine pendant la révolution culturelle, enfin la situation est courante dans les États du tiers-monde, où des institutions d'apparence très démocratiques peuvent recouvrir des régimes profondément oligarchiques et autoritaires.

C'est pourquoi l'étude de la Constitution elle-même donne des indications insuffisantes sur la nature du régime politique dans un État donné. Le droit constitutionnel au sens strict, c'est-à-dire l'étude des Constitutions, doit être enrichi par l'apport de la science politique. Il faut dépasser la façade constitutionnelle pour s'interroger sur les données concrètes de la vie politique, sur la réalité du pouvoir, sur le jeu des institutions, sur les vrais rapports des gouvernants et des gouvernés, sur les mœurs, la psychologie de la population. Comme l'écrivait A. France : « *Nous ne dépendons point des Constitutions, ni des chartes, mais de l'instinct et des mœurs.* » De son côté, Ch. de Gaulle disait : « Une Constitution, c'est un esprit, des institutions et une pratique. ».

## Section 4
## Contenu de la Constitution

**93.** Que trouve-t-on dans les Constitutions ?

La diversité est reine, fruit de la souveraine liberté des constituants. Pour eux, il n'est pas de canevas obligatoire et les principes, comme les procédures, sont laissés à leur imagination. Même s'ils connaissent des modèles, bien souvent ils les oublieront, ou dissimuleront leurs emprunts, car la Constitution a une place trop forte dans la symbolique nationale pour porter une marque étrangère. Pourtant, un fonds commun aux Constitutions existe. Toutes ont un objet identique : aménager l'organisation et le fonctionnement du pouvoir ainsi que les relations des gouvernants et des gouvernés. Les variations sur ces thèmes imposés, le ton, les mouvements, les instruments donneront à chaque Constitution son originalité.

Il ne faut pas oublier aussi qu'elle est un ensemble cohérent de principes et rouages s'articulant les uns avec les autres.

## §1. Les Déclarations des droits

**94.** Une constatation s'impose : la plupart des Constitutions actuelles s'ouvrent par une Déclaration des droits, ou par un *Préambule* – parfois même on trouve les deux. Ces textes formulent la philosophie politique du régime, les valeurs dont il se réclame, et énoncent les droits et libertés des citoyens que le pouvoir s'engage à respecter. Souvent ces dispositions sont renforcées par d'autres, insérées sous la forme d'un chapitre spécial à l'intérieur même de la Constitution.

Les déclarations sont apparues avec les premières Constitutions écrites à la fin du XVIIIe siècle, la plus célèbre étant la *Déclaration des droits de l'homme et du citoyen de 1789* qui fut ensuite placée en tête de notre première Constitution, celle de 1791.

Dans les Constitutions actuelles, on trouve donc toute une série de dispositions qui consacrent la liberté de pensée, d'expression, d'aller et venir, la sûreté (c'est-à-dire la liberté personnelle contre les arrestations et internements arbitraires), l'égalité entre les citoyens, etc. Ainsi est formulé un embryon de *statut du citoyen* dont la valeur symbolique est peut-être plus importante encore que celle attachée aux dispositions concernant les institutions politiques et les procédures. Les contemporains de la Révolution française ont été sensibles à cet aspect plus qu'à l'agencement des pouvoirs réalisé par la Constitution. La *proclamation* des Droits à la fin du XVIIIe siècle a véritablement revêtu un caractère révolutionnaire. En même temps, on a sous-estimé alors la nécessité de *garantir*, c'est-à-dire de protéger, ces droits.

On reviendra sommairement dans ce manuel sur l'étude des droits et libertés (v. *infra* n° 162 et s.).

## §2. Les règles d'organisation et les procédures de fonctionnement des institutions

**95.** Ces dispositions concerneront par exemple : la désignation du chef de l'État, l'élection des députés, la création d'une Cour chargée de veiller au respect de la Constitution, les relations entre les Chambres, la révision de la Constitution, etc.

À l'examen, il apparaît que des degrés existent dans le caractère contraignant de ces règles et procédures :

- Certaines sont *impératives :* lorsque se produit la situation pour laquelle elles sont prévues, elles s'appliquent automatiquement sans possibilité de choix et sans marge d'adaptation. Ainsi, en France, le projet de budget doit être déposé sur le bureau de l'Assemblée nationale et celle-ci dispose de quarante jours pour l'examiner.
- D'autres, tout en restant impératives, *laissent quelque liberté* sur les modalités de leur mise en œuvre, le choix du moment par exemple. Ainsi, toujours en France, en cas de vacance de la présidence de la République, les élections présidentielles doivent être organisées dans un délai de vingt à trente-cinq jours après l'ouverture de la vacance.
- D'autres sont *alternatives :* le choix est laissé entre deux ou plusieurs procédures : la Constitution de 1958 prévoit que, pour achever la procédure de révision de la Constitution engagée par lui, le président de la République peut soit réunir les deux Chambres en Congrès, soit recourir au référendum (v. *infra* n° 125).
- D'autres enfin sont de simples pouvoirs, leur titulaire est libre de les utiliser ou non : l'article 12 de la Constitution de la V$^{e}$ République donne au président compétence pour prononcer la dissolution de l'Assemblée nationale. C'est en fait une *faculté* qui lui est donnée.

Dans une Constitution, les différents types de règles se combinent en donnant plus ou moins de souplesse au jeu des institutions et finalement plus ou moins de liberté aux titulaires des pouvoirs.

## §3. Dispositions diverses

**96.** Les Constitutions peuvent contenir aussi toute une série de dispositions d'importance et de valeur inégales. On profite du caractère solennel du texte, de son autorité juridique exceptionnelle, de sa pérennité, de son rayonnement international, pour préciser certains attributs de l'État, proclamer des principes variés.

On peut y trouver : le nom de l'État (ex. : la « République de Chine », Taïwan, qui s'oppose à la « République populaire de Chine ») ; la forme du régime : monarchie, république ; le drapeau : ses couleurs, signes, dimensions ; la devise nationale ; la capitale de l'État ; l'hymne national. Et encore la langue et la religion officielles.

On peut également y trouver des références historiques (par ex. la Couronne de Saint Étienne en Hongrie) et l'affirmation de valeurs (par ex. le principe de dignité en Allemagne, et le caractère laïc de la République en France).

# CHAPITRE 2

# L'élaboration de la Constitution, sa révision, son abrogation

**97.** L'élaboration de la Constitution est à rapprocher de sa révision et de son abrogation.

Qu'elle soit *élaborée* ici à la naissance d'un nouvel État ou au lendemain d'une révolution, ou tout simplement – mais c'est plus rare – après la prise de conscience de l'inadaptation, ou de l'échec, des institutions précédentes, la Constitution est l'aboutissement d'une procédure spécifique. Des règles techniques, destinées à assurer la solidité et la cohésion du texte, s'y combinent avec les préoccupations politiques de ceux qui ont pris l'initiative de sa rédaction.

Quand il s'agit de *retoucher* la Constitution, c'est-à-dire de la modifier sur certains points sans bouleverser son schéma général, on est en présence d'une *révision* de la Constitution, qui doit se dérouler en suivant les règles inscrites à cet effet dans la Constitution elle-même.

Enfin, *l'abrogation* de la Constitution est un phénomène qui ne relève que rarement du droit, mais intervient le plus souvent par la force à l'issue d'un coup d'État ou d'une révolution.

## Section 1
## La rédaction de la Constitution

**98.** Avant même de s'interroger sur la procédure à suivre pour rédiger la Constitution, il faut se demander qui, quel organe, est compétent pour élaborer et approuver la Constitution.

- La nécessité d'une Constitution apparaît très souvent dans une situation de vide juridique. Qu'il s'agisse d'un État nouveau ou d'un mouvement qui a renversé les institutions anciennes, on ne peut se référer à aucun texte, à aucune coutume nationale, pour savoir qui est compétent pour élaborer une Constitution, le détenteur de cette compétence n'est pas défini à l'avance. S'agit-il du groupe révolutionnaire triomphant ? Est-ce le peuple ? Directement ou par ses représentants élus ? Il faut définir en qui réside *le pouvoir constituant originaire*. Celui-ci est libre de ses choix, *il est souverain*.
- En théorie, la situation est beaucoup plus simple lorsque la Constitution précédente elle-même a prévu quel serait le titulaire du pouvoir constituant : on parle alors de *pouvoir constituant dérivé, ou institué* – c'est-à-dire qu'il tient son pouvoir de la Constitution, il lui est attribué par elle. *Sa liberté est limitée* par ses prescriptions. Mais, dans la pratique, il est rare qu'une nouvelle Constitution soit élaborée dans les formes prévues par sa devancière. Le pouvoir constituant dérivé est surtout mis en œuvre à l'occasion d'une révision de la Constitution.

Le titulaire du pouvoir constituant originaire n'est pas le même selon que la société est démocratique ou non.

## §1. L'élaboration non démocratique : la charte octroyée

**99.** Dans les sociétés non démocratiques, le titulaire du pouvoir constituant originaire est le chef, monarque ou dictateur, ou encore le groupe d'individus qui détient le pouvoir.

C'est le système de la *Charte octroyée*. Le monarque décide unilatéralement de donner une Constitution à ses sujets, sans réunir d'assemblée constituante et sans ratification populaire. Il en rédige lui-même le texte et, reconnaissant qu'il organise et limite ses pouvoirs, s'engage à le respecter. La monarchie n'est plus absolue, la Charte institue une *monarchie limitée*. L'exemple de Constitution de cette nature est la Charte octroyée en 1814 par Louis XVIII. Ou encore les Constitutions des États allemands au XIX$^{e}$, portugaise de 1826, espagnole de 1834.

Le terme *charte* est choisi pour écarter celui de « constitution » qui suggère l'accord de représentants élus. La Charte octroyée, élaborée de façon non démocratique, peut instaurer un système démocratique.

La formule de la Charte octroyée n'a pas entièrement disparu dans le monde contemporain. Après un coup d'État, il est concevable que les vainqueurs élaborent une Constitution, de leur propre initiative et sans consultation populaire.

## §2. L'élaboration mixte : la charte négociée

**100.** Ici, le pouvoir constituant originaire est partagé entre le monarque (ou dictateur) et le peuple.

La Constitution résulte d'un accord, d'*un pacte*, entre le monarque et les représentants de la Nation. L'hypothèse est assez rare et se rencontre parfois lors d'un changement de dynastie ou lors de l'accession d'un nouveau monarque sur le Trône. Des exemples de cette sorte de contrat existent sous une forme imparfaite en Angleterre (Acte d'établissement de 1701) et sous une forme classique en France avec la Charte de 1830 : votée par les Chambres elle est acceptée par le roi ; celui-ci se considère comme appelé sur le trône par le peuple. De même en Belgique la même année. En sens inverse en 1852 Louis Napoléon élabora la Constitution en respectant cinq conditions énoncées dans sa proclamation du 2 décembre 1851 et approuvées par référendum populaire le 20.

## §3. L'élaboration démocratique

**101.** Dans une société démocratique, le pouvoir constituant originaire appartient au peuple : *lui seul peut se donner une nouvelle Constitution.*

Trois procédés d'élaboration démocratique peuvent être utilisés qui se combinent souvent.

### A. L'Assemblée constituante

**102.** Une Assemblée est élue par le peuple, elle a pour tâche d'élaborer la Constitution. Cette Assemblée est généralement *unique* alors que le Parlement institué par elle sera peut-être composé de deux Chambres.

Le plus souvent, c'est un Gouvernement provisoire de fait qui assure la transition entre deux régimes et deux Constitutions. Il lui appartient de convoquer le corps électoral pour qu'il désigne l'Assemblée constituante.

#### 1. Une Assemblée souveraine, ou non souveraine

**103.** Les pouvoirs de l'Assemblée dans l'élaboration de la Constitution *ne sont pas nécessairement illimités*. Dans certains cas elle sera *souveraine*, c'est-à-dire qu'elle rédige, débat et vote le projet de Constitution, celui-ci étant considéré comme *approuvé définitivement après son vote*. Cette formule fut adoptée en France en 1791, 1848 et 1875. Dans d'autres hypothèses, l'Assemblée a des *pouvoirs limités*, elle établit un texte qui sera *soumis par la suite à l'approbation de la Nation* (1946 en France).

#### 2. Une Assemblée exclusivement, ou non exclusivement constituante

**104.** Dans certains cas, l'Assemblée a pour *unique attribution la rédaction de la Constitution*. Elle n'a aucune autre compétence. Elle n'a donc pas à intervenir dans les affaires de la Nation pendant la durée de ses travaux, en particulier elle n'a pas à légiférer.

L'exemple-type de ces Assemblées spécialisées est la *Convention de Philadelphie* qui rédigea la Constitution des États-Unis en 1787.

Dans d'autres cas, *l'Assemblée cumulera pouvoir constituant et pouvoir législatif.* En raison des circonstances, on estime plus simple d'élire une seule Assemblée qui exercera à la fois le pouvoir constituant et le pouvoir législatif : la rédaction de la Constitution n'est plus alors qu'un aspect de son rôle. Elle se comporte comme un Parlement, votant la loi, contrôlant le Gouvernement, autorisant la ratification de traités et, en même temps, elle élabore la Constitution.

Dans la *tradition française,* les Assemblées constituantes se rattachent à cette seconde catégorie. Dès la Révolution, ce fut le cas de l'Assemblée nationale et de la Convention, puis par la suite des Assemblées de 1848, 1875, 1945-1946.

## B. La convention « citoyenne »

**105.** La crise du système représentatif et la tentation de développer, en réponse, des instruments de démocratie participative (v. *infra* n° 195) a conduit à préconiser l'élaboration de la Constitution par une Convention composée de citoyens tirés au sort ou désignés par les divers courants d'opinion, voire les différentes communautés, et censés constituer une photographie de la « société civile » dans sa diversité. Cette procédure se distingue de celle faisant appel à une assemblée constituante en ce que ses membres ne sont pas élus selon une procédure relevant de la démocratie représentative. Ainsi au Chili, une assemblée constituante de cent cinquante-quatre citoyens, majoritairement inexpérimentés, a préparé pendant 12 mois un nouveau projet de Constitution. Fort de trois cent trente-huit articles, il faisait du Chili un « État social et démocratique de droit », « plurinational, interculturel et écologique », reconnaissant l'existence de divers peuples et certains droits nouveaux comme le « droit à l'avortement ». Mais les Chiliens ont rejeté, le 4 septembre 2022, le projet de constitution à une forte majorité (61,9 %).

## C. L'approbation populaire

**106.** Pour donner plus d'autorité à la Constitution, le texte est soumis pour approbation au peuple.

Cette procédure peut être utilisée dans des perspectives différentes :

- Le texte a été élaboré par une Assemblée constituante élue, ou par une convention « citoyenne », mais celle-ci n'était pas souveraine, on a voulu en effet que la Constitution apparaisse comme l'œuvre du peuple lui-même, l'assemblée n'a rédigé qu'un projet proposé à l'approbation des citoyens. L'instrument de l'approbation populaire est le *référendum.* La Constitution de 1946 a été approuvée par cette voie, renouant avec la pratique inaugurée pour l'élaboration de la Constitution de 1793.
- Le projet a été rédigé par l'exécutif : Gouvernement ou chef de l'État, assisté le cas échéant d'un comité d'experts. C'est la voie suivie en 1993 en Russie par B. Eltsine. Un projet de constitution élaboré par lui

et par ses conseillers fut soumis au peuple, directement sans débat parlementaire. La procédure fut la même en France en 1958.

Pourtant, *il est difficilement concevable aujourd'hui qu'une Constitution soit mise en vigueur sans avoir été soumise au suffrage populaire.*

# Section 2
# La révision de la Constitution

**107. Bibliographie. –** Comité de réflexion et de proposition sur la modernisation et le rééquilibrage des institutions de la Ve République, présidé par Édouard BALLADUR, *Une Ve République plus démocratique*, Fayard, 2008.

**108.** Par définition, en Occident la Constitution se présente comme une œuvre durable destinée à braver le temps : les constituants de 1791 avaient le sentiment de travailler pour l'éternité. À l'expérience pourtant, on constate qu'elle ne résiste pas indéfiniment à l'évolution de la société, il n'est pas de Constitution qui puisse être définitive.

Il faudra donc lui apporter des retouches, des compléments, des adaptations. Les constituants eux-mêmes doivent avoir la sagesse de le prévoir et insérer dans leur œuvre les procédures qui permettront de réparer ses imperfections et l'usure du temps. Paradoxalement, c'est la possibilité de révision qui assure la longévité d'une Constitution.

La révision de la Constitution sera entreprise en suivant les règles et les procédures prévues par la Constitution en vigueur, celle-ci est modifiée par la mise en œuvre de la procédure qu'elle renferme à cet effet. Il ne s'agit donc pas ici d'une manifestation du pouvoir constituant originaire mais de la mise en œuvre du *pouvoir constituant dérivé*, évoqué plus haut.

## §1. Un problème de principe : Constitution souple ou Constitution rigide ?

**109.** La distinction est fondée sur la plus ou moins grande *facilité* avec laquelle la Constitution peut être révisée. Mais il n'y a pas d'opposition radicale, on constate seulement que des Constitutions sont plus souples que d'autres.

Ainsi, soit on fait confiance au législateur : constitution souple ; soit on souhaite opérer une séparation entre le pouvoir du souverain (pouvoir constituant) et celui du législateur (pouvoir constitué) : constitution rigide.

### A. Les Constitutions souples

**110.** *En principe une Constitution est dite « souple »*, lorsqu'elle peut être modifiée comme le serait une simple loi, par la procédure législative ordinaire. Ceci implique qu'il n'y a *pas de suprématie de la Constitution sur la loi.*

### 1. Les Constitutions écrites souples

**111.** Le cas extrême est celui où une Constitution écrite ne prévoit pas de procédure spéciale de révision. La Constitution chinoise de 1978 laissait l'Assemblée nationale populaire libre d'amender la Constitution. En France, les Chartes de 1814 et de 1830 abandonnaient ce pouvoir au roi, qui pouvait reprendre ce qu'il avait donné.

Mais la référence à la souplesse est relative et n'est pas réservée aux Constitutions modifiables par une simple loi. On dira ainsi qu'une Constitution dont la révision doit être approuvée par les Chambres à la majorité des deux tiers est *plus souple* qu'une autre pour laquelle la majorité exigée est des trois quarts ; de même si la révision est impossible dans les cinq premières années de la promulgation de la Constitution, celle-ci est *moins souple* qu'une autre révisable sans condition de délai...

### 2. Les Constitutions coutumières sont-elles des Constitutions souples ?

**112.** On qualifie généralement de souples les Constitutions coutumières et l'on donne l'exemple de la Grande-Bretagne où, la Constitution peut être entièrement changée par le Parlement votant une simple loi. Le Parlement pourrait parfaitement donner demain aux Britanniques une Constitution écrite (souple ou rigide). En droit l'analyse est tout à fait exacte, mais en même temps, politiquement, il ne sera pas toujours facile de rompre avec une tradition séculaire à laquelle le peuple est peut-être très attaché, il faudra des circonstances assez particulières pour que la révision par la loi soit acceptée sans tensions ; ce fut le cas, par exemple, en 1999 pour la réforme de la Chambre des lords (v. *infra* n° 392). Cela donne une certaine rigidité aux Constitutions coutumières.

## B. Les Constitutions rigides

**113.** Une Constitution est dite « *rigide* » lorsqu'une procédure spéciale est prévue pour la révision, plus difficile que celle suivie pour l'élaboration de la loi ordinaire. Les Constitutions rigides sont apparues à la fin du XVIIIe siècle avec les Constitutions des États américains qui ont précédé la rédaction de la Constitution fédérale.

À la notion de Constitution rigide se rattache *une conséquence* importante : le législateur ne pouvant modifier librement la Constitution ne peut non plus voter des lois ordinaires qui lui seraient contraires. Il y aurait alors révision *déguisée* de la Constitution.

## §2. L'initiative de la révision

**114.** Qui a compétence pour *proposer* une révision de la Constitution ? À travers les Constitutions apparaît une grande diversité de solutions, *cette compétence pouvant être partagée entre plusieurs organes*. Il est préférable d'ailleurs qu'une seule autorité n'en ait pas le monopole car elle pourrait bloquer une révision pourtant nécessaire.

### A. L'initiative gouvernementale

**115.** Quoi de plus légitime que de confier au Gouvernement l'initiative de la révision constitutionnelle ? N'a-t-il pas une vue d'ensemble du fonctionnement des institutions et n'est-il pas ainsi le plus en mesure d'être à l'origine des améliorations nécessaires ?

Il existe pourtant certaines réticences à confier ce pouvoir au Gouvernement, *surtout s'il doit en avoir le monopole*. Il pourra, en effet, figer un système qui lui est profitable en refusant les modifications utiles et souhaitées par le peuple et ses élus. La tradition républicaine française incite le constituant à partager le pouvoir de révision entre le Gouvernement et le Parlement.

### B. L'initiative parlementaire

**116.** Les parlementaires, représentants de la Nation, sont eux aussi tout désignés pour avoir l'initiative de la révision. Les mêmes préventions ne jouent pas à leur égard et les Constitutions leur octroient généralement ce pouvoir. Toute une gamme de possibilités s'offre pour organiser leur initiative. Celle-ci pourra venir « de l'une » des deux Chambres à l'exclusion de l'autre (par ex. le Sénat du Second Empire), des deux Chambres ensemble (par ex. aux États-Unis : la Chambre des représentants et le Sénat), soit encore de l'une *ou* de l'autre Chambre (ainsi dans la Constitution française de 1958).

La pratique montre cependant qu'il est très difficile qu'une révision constitutionnelle aboutisse si elle n'a pas l'accord du Gouvernement.

### C. L'initiative populaire

**117.** Les citoyens peuvent prendre eux-mêmes l'initiative de demander une révision de la Constitution. L'hypothèse est assez rare, elle a existé pourtant en France sous l'empire de la Constitution de 1793 : les assemblées primaires de citoyens pouvaient demander la convocation d'une Convention (ou Assemblée constituante). En Suisse et dans certains États fédérés d'Amérique du Nord l'initiative peut venir de la population. La procédure s'ouvre alors par une *pétition*, portant un nombre minimum de signatures prévu par la Constitution, qui oblige les assemblées à *examiner* le projet de révision ou à le soumettre au référendum.

## §3. La procédure de révision

**118.** Il s'agit de concilier la nécessité de protéger la Constitution contre les retouches abusives avec le souci de ne pas empêcher les modifications indispensables. Selon que l'on préfère mettre l'accent sur l'un ou l'autre aspect les procédures varient, la révision étant rendue plus ou moins difficile.

### A. L'organe compétent

**119.** Celui qui prend l'initiative de la révision n'est pas toujours compétent pour la mener à son terme. On peut confier le soin de réaliser la révision à divers organes :

- au *Parlement*, ou à une de ses Chambres. Cette voie est la plus répandue, elle est traditionnelle en France ;
- à une *Assemblée ad hoc* (spéciale) : aux États-Unis on peut avoir recours ainsi à une Assemblée spécialement élue pour réviser la Constitution : la Convention. Une règle identique était retenue par notre Constitution de 1848 ;
- au *peuple* : le projet de révision (préparé par le Parlement, le Gouvernement ou une Convention) est soumis au peuple par référendum pour adoption.

### B. Les formes de la procédure de révision

**120.** Comment procédera l'organe choisi pour modifier la Constitution ? Là aussi, en l'absence de règles universelles, il existe une grande richesse de solutions possibles. Voici quelques exemples :

- lorsque le Parlement est compétent pour réaliser la révision, il peut être prévu qu'au lieu de se prononcer séparément, les Chambres doivent *siéger en commun*, ce qui donne plus de solennité à leur mission, et transforme aussi les données de majorité : l'opposition à la réforme de la Chambre la moins nombreuse, qui l'aurait fait échouer si l'accord séparé de chaque Chambre était indispensable, pourra être tournée si la Chambre la plus nombreuse lui est largement favorable. En France, où cette procédure a été fréquemment retenue, la réunion des deux Chambres qui portait autrefois le nom d'Assemblée nationale, s'appelle depuis 1958 le *Congrès* ;
- *adoption de la révision en termes identiques par les deux Chambres* : l'opposition d'une Chambre rend la révision impossible. C'est la formule retenue par la Constitution de la V$^{e}$ République ;
- *nécessité de votes renouvelés* : après un premier vote, on doit laisser s'écouler un certain délai avant de se prononcer à nouveau sur le projet de révision. Les esprits pourront ainsi prendre du recul, la réflexion pourra s'approfondir, elle permettra de mesurer la gravité de la décision à prendre, d'en peser les modalités. Cette solution avait été

retenue par la Constitution française de 1848 où trois délibérations consécutives à un mois d'intervalle étaient nécessaires ;
- *exigence d'une majorité aggravée* : cette condition est la plus répandue. La révision ne pourra être votée qu'à la majorité absolue (et non relative) des *membres* du Parlement ou de l'*Assemblée constituante* (et non des *votants*) ; ou encore à la majorité des deux tiers, des trois cinquièmes, etc., la Constitution de 1848 en France fixait la majorité aux trois quarts ;
- il est possible enfin que les formes procédurales *varient selon les dispositions constitutionnelles à amender*. Pour certains articles considérés comme plus importants, la majorité exigée sera plus élevée ou encore le recours au référendum sera obligatoire. Dans certains cas, l'accord de l'organe concerné par la révision sera requis ; ainsi aux États-Unis, la représentation des États fédérés au Sénat ne peut être modifiée sans leur consentement.

## C. Les limites à la révision

**121.** Limitation de temps : la révision peut être rendue impossible pendant certaines périodes. Soit que la Constitution prévoie qu'en tout état de cause elle ne pourra être modifiée pendant un certain délai après son adoption (France 1848, Portugal 1976), soit qu'on interdise la révision dans des circonstances où sa régularité serait sujette à caution : ainsi actuellement en France pendant l'intérim de la présidence de la République et lorsqu'il est porté atteinte à l'intégrité du territoire.
- *La supraconstitutionnalité* : certaines dispositions de la Constitution peuvent être *exclues* de toute révision, on cherche à leur conférer une valeur supraconstitutionnelle. On veut par-là mettre hors d'atteinte du constituant les principes fondateurs de la société, en matière de droits de l'homme par exemple. Ainsi la Constitution de 1958 prévoit qu'il ne peut être porté atteinte à « la forme républicaine du Gouvernement » (art. 89). De même, les Constitutions allemandes et portugaises actuelles suggèrent la supraconstitutionnalité de certaines de leurs dispositions. Pourtant *l'idée même d'une supraconstitutionnalité est inacceptable* : le peuple est souverain et le pouvoir constituant qui émane de lui n'est pas lié par des règles supraconstitutionnelles. En France, la situation est claire depuis que le Conseil constitutionnel, dans sa décision du 2 septembre 1992 (Maastricht II), a estimé que l'existence de normes supraconstitutionnelles serait contraire au principe de la souveraineté du pouvoir constituant : *« Considérant que... le pouvoir constituant est souverain »*, il est donc illimité.

# §4. Le système français actuel

**122.** Les dispositions de la Constitution de 1958 sur la révision ont été utilisées une vingtaine de fois, depuis le début de la V^e^ République.

Dix-sept tentatives se sont terminées par un *succès*.

**Les révisions réussies**

**En 1960 :** dispositions (art. 85) concernant la Communauté française (c'est-à-dire les liens avec les ex-possessions d'outre-mer).
**En 1962 :** procédure d'élection du président de la République.
**En 1963 :** régime des sessions parlementaires.
**En 1974 :** règles de saisine du Conseil constitutionnel.
**En 1976 :** modalités de l'élection du président.
**En 1992 :** révision rendue nécessaire par la construction de l'Union européenne à la suite du traité de Maastricht.
**27 juillet 1993 :** concernant le Conseil supérieur de la magistrature et organisant la responsabilité pénale des ministres.
**25 novembre 1993 :** révision relative aux traités internationaux en matière de droit d'asile.
**4 août 1995 :** révision la plus étendue, elle institue en particulier une session parlementaire unique, élargit le champ du référendum et modifie le régime de l'inviolabilité des parlementaires.
**22 février 1996 :** financement de la Sécurité sociale.
**20 juillet 1998 :** évolution du statut de la Nouvelle-Calédonie.
**25 janvier 1999 :** révision destinée à permettre la ratification du traité d'Amsterdam.
**8 juillet 1999 :** introduction de la parité hommes-femmes, art. 3 ; reconnaissance de la juridiction de la Cour pénale internationale, art. 53-2.
**2 octobre 2000 :** substitution du quinquennat au mandat de 7 ans du président de la République adopté jusqu'alors, art. 6.
**25 mars 2003 :** mandat d'arrêt européen.
**28 mars 2003 :** organisation de la décentralisation.
**1er mars 2005 :** entrée dans l'Union européenne, ainsi que Charte de l'environnement.
**23 février 2007 :** « cristallisation » du corps électoral de la Nouvelle-Calédonie, statut pénal du président de la République et interdiction de la peine de mort.
**21 juillet 2008 :** révision d'ensemble : renforcement des pouvoirs du Parlement, question prioritaire de constitutionnalité, défenseur des droits fondamentaux, réforme du Conseil supérieur de la magistrature.

Toutes n'ont pas le même sens et la même importance. Les quatre plus importantes sont celles de *1962 introduisant l'élection du président au suffrage universel direct*, celle de 1974 ouvrant la saisine du Conseil constitutionnel aux parlementaires celle de 1992 parce qu'elle introduit pour la première fois l'Europe dans la Constitution (v. *infra* n° 674 et s.) et celle de 2000 relative au quinquennat. Mais la seule réforme d'ensemble est celle de 2008.

Si l'on tente de dresser une typologie de ces révisions, en les regroupant selon leurs objectifs, on peut distinguer :

- celles rendues nécessaires par l'*évolution des relations internationales* : disparition de la Communauté, construction de l'Europe, droit d'asile, mandat d'arrêt européen ;

- celles correspondant à des *retouches techniques* :
  - minimes : régime des sessions parlementaires, modalités d'élection du président (1976), inviolabilité des parlementaires, extension du champ du référendum, financement de la Sécurité sociale...,
  - plus importantes : statut du Conseil supérieur de la magistrature, responsabilité pénale des ministres, parité, statut pénal du président de la République ;
- celles apportant des *modifications profondes aux institutions* : élection du président au suffrage direct, extension de la saisine du Conseil constitutionnel, quinquennat, décentralisation, Charte de l'environnement ;
- celle traduisant une révision de la Constitution à la suite d'une réflexion d'ensemble.

La procédure de révision tombée en sommeil – à une exception près – depuis 1976, a connu un renouveau spectaculaire depuis 1992 : dix-sept révisions adoptées en quinze ans ! On est tombé dans l'excès inverse ; c'est beaucoup, c'est trop. Ainsi le président Hollande a engagé, en 2013, une procédure visant à modifier la composition du Conseil supérieur de la magistrature, alors que la dernière réforme datait de 2008. Les institutions ont besoin de stabilité.

Deux voies ont été utilisées pour modifier la Constitution, situation qui a donné naissance à l'une des plus belles querelles constitutionnelles qui ait agité les milieux politiques et juridiques depuis 1958.

## A. La procédure de l'article 89

**123.** La Constitution comporte un titre XVI intitulé *« De la révision »* formé d'un article unique, l'article 89.

Celui-ci prévoit deux procédures différentes, *selon l'autorité qui a pris l'initiative de la révision.*

### 1. Révision à l'initiative des parlementaires

**124.** Les deux Chambres sont ici placées sur un pied d'égalité, chaque député ou chaque sénateur peut prendre l'initiative d'une révision. Si l'Assemblée à laquelle il appartient débat de cette proposition et l'approuve, la procédure de révision est engagée.

La *« proposition »* de révision approuvée par la Chambre sera transmise pour discussion à l'autre Chambre. Son adoption suppose que les deux Chambres se mettent d'accord sur un *texte identique*, le vote étant acquis sans règle particulière de majorité (majorité simple des suffrages exprimés). **L'opposition d'une des deux Chambres suffit à faire échouer la proposition.** La procédure ne se termine pas là : le texte adopté *doit* ensuite être soumis au peuple par *référendum.*

Le président de la République et le Gouvernement n'ont aucune possibilité d'intervenir dans la procédure, en cas de désaccord ils pourraient seulement faire campagne contre elle et appeler les parlementaires amis à un vote hostile. En particulier, ils seraient obligés d'organiser un référendum après l'approbation par les Chambres d'un texte identique. *En théorie* donc, la révision est possible contre la volonté de l'exécutif.

Cette voie n'a guère été utilisée et n'a jamais abouti. Le Gouvernement, en effet, a eu longtemps la maîtrise de l'ordre du jour, c'est-à-dire de faire venir en discussion au Parlement les propositions qu'il veut, et d'*« enterrer »* définitivement les autres. *En pratique*, il apparaît comme à peu près impossible qu'un texte soit adopté contre la volonté du Gouvernement. Si les propositions de révision ont été assez nombreuses, aucune n'a été inscrite à l'ordre du jour de l'Assemblée, deux l'ont été au Sénat, sans succès.

## 2. Révision à l'initiative du président de la République

**125.** Le président de la République peut lui aussi engager – sur proposition du Premier ministre – une procédure de révision ; on parle alors de *« projet »* de révision. En principe donc, c'est le Premier ministre qui est à l'origine de la procédure. Cette condition a été longtemps assez formelle, en ce sens que, du fait des relations établies jusqu'en 1986 entre les deux hommes, si la demande était bien faite par le Premier ministre, l'initiative venait en réalité du président. La situation change lorsque le président et le Premier ministre sont issus de formations politiques adverses (hypothèse de la *cohabitation*. V. *infra* n° 745). Le président ne peut contraindre alors le Premier ministre à lui adresser une proposition de révision. Réciproquement, le président n'étant pas obligé de suivre la proposition de son Premier ministre, celui-ci devra, s'il souhaite quand même entreprendre une révision, susciter une initiative parlementaire (le président peut lui aussi susciter une proposition parlementaire si le Premier ministre est opposé à la révision, mais il y a peu de chances que celle-ci soit inscrite à l'ordre du jour, c'est-à-dire débattue (v. *infra* n° 900) et *a fortiori* adoptée par les deux Chambres contre la volonté du Gouvernement). *L'initiative est donc bien partagée entre les deux hommes, elle suppose l'accord de l'un et de l'autre.*

Quoi qu'il en soit, si le président de la République entreprend une révision constitutionnelle, il a le *choix* entre *deux attitudes* :

- il peut utiliser la procédure qui vient d'être décrite pour l'initiative parlementaire (vote des deux Chambres + référendum). Dans l'esprit des constituants de 1958, il s'agissait là de la voie normale. Pourtant elle a été utilisée pour la première et unique fois en septembre 2000 ;
- il peut aussi recourir à une procédure *différente* : après le vote par chacune des assemblées d'un texte identique, le projet est soumis pour approbation aux deux Chambres réunies en *Congrès*, c'est-à-dire que l'Assemblée nationale et le Sénat tiennent une séance commune (réunie à Versailles pour ne pas privilégier l'une et pour disposer d'une salle assez grande). Le projet est approuvé s'il obtient au moins les trois cinquièmes des suffrages *exprimés*. Aucun débat n'est organisé, et aucun amendement au texte voté par les deux assemblées n'est recevable, les groupes (v. *infra* n° 868) peuvent seulement présenter en dix

minutes des explications de vote. Si cette voie est suivie, *il n'y a pas lieu de recourir au référendum.*

Le président, lorsqu'il s'entend avec le Premier ministre, est ainsi maître de cette procédure. Non seulement il a le choix entre les deux voies indiquées, mais la procédure ne lui échappe pas après avoir été engagée, elle ne se déroule pas d'elle-même, le président peut la suspendre quand il veut : après le vote d'une Chambre, après une navette (v. *infra* n° 906), après le vote des deux Chambres... G. Pompidou en 1973, V. Giscard d'Estaing en 1974 ont usé de ce pouvoir. De même il peut faire traîner la convocation du Congrès, voire y renoncer, même après l'avoir convoqué (J. Chirac en janvier 2000 pour la réforme du CSM) (v. *infra* n° 987). *La révision ne va donc à son terme que si le président le veut bien.* Mais le Parlement peut reprendre une proposition qui n'a pas abouti. Elle ne devient pas caduque du fait de l'écoulement du temps et du renouvellement des assemblées. Ainsi, en décembre 2012, le Sénat a examiné une proposition de loi constitutionnelle relative au droit de vote des étrangers adoptée par l'Assemblée nationale en mai 2000.

## 3. Observations

**126.** Ce système suscite trois sortes d'observations :

- *Sur la procédure* tout d'abord : pourquoi avoir retenu un système aussi compliqué ? Deux explications peuvent être avancées :
  - Le recours au référendum a été rendu *obligatoire au cas d'initiative parlementaire pour faire arbitrer par le peuple un différend* qui pourrait s'élever entre l'exécutif et le Parlement à propos de la révision. Écarté de la procédure, le chef de l'État pourra faire appel devant le peuple. En outre, il paraît naturel que le peuple soit consulté, au moins sur les modifications importantes, puisque la Constitution a été initialement approuvée par lui. À l'origine la voie du référendum était considérée comme la procédure normale.
  - Cependant, il n'est pas apparu opportun d'exiger dans toutes les hypothèses le recours à la formule longue, lourde et coûteuse du référendum, en particulier lorsque la révision porte sur *des aspects de technique constitutionnelle* ou qu'il y a urgence. Aussi bien, une seule des révisions engagées sur la base de l'article 89 par le président a donné lieu jusqu'à présent à référendum (septembre 2000).
  - Il pourrait être pertinent, de ce point de vue, de distinguer, dans la Constitution, ce qui relèverait nécessairement du référendum – les questions les plus importantes : la souveraineté nationale, les droits de l'homme, les principes essentiels relatifs aux compétences et aux nominations des organes de l'État, notamment le président de la République – et ce qui peut relever de la procédure parlementaire du Congrès.

On ajoutera que *la révision est impossible* lorsqu'il est porté atteinte à l'intégrité du territoire ou pendant l'intérim de la présidence de la République. Bien que la Constitution ne le précise pas, la situation est la même lorsque s'applique l'article 16 (v. *infra* n° 756).

- *Sur le fond* d'autre part :

L'aspect le plus important de ces procédures est qu'***une révision ne peut aboutir sans l'accord des deux Chambres.***

- Sur l'attitude du Sénat enfin : opposition et marchandage :
  - L'assentiment de l'Assemblée nationale n'a pas jusqu'à présent fait de difficulté. *Le problème peut venir du Sénat*. Ce sera le cas lorsque l'opposition y est majoritaire. Cette situation s'est réalisée pendant l'*été 1984* et le Sénat a fait échouer la révision constitutionnelle entreprise par F. Mitterrand. Le Sénat n'était pas opposé à la modification de l'article 11 de la Constitution suggérée par le chef de l'État, pour permettre le recours au référendum sur les projets de lois concernant les garanties des libertés publiques. Il avait lui-même pris une initiative dans le même sens peu de temps auparavant. Mais F. Mitterrand ayant annoncé qu'après l'adoption du projet de révision par les Chambres il le soumettrait au référendum, les Sénateurs ont considéré qu'en écartant la voie habituelle du Congrès, le président de la République posait à travers ce « référendum sur le référendum » une question de confiance au pays et, qu'il cherchait à restaurer son image, très dégradée à l'époque. Il y avait là à leurs yeux, une sorte de *détournement de procédure* auquel ils ont refusé de se prêter ; c'est pourquoi le Sénat, quoique d'accord sur le fond, repoussa le projet, mettant ainsi fin à la procédure.
  - De nouveau en 1990, lors de la tentative de création d'un contrôle de la constitutionnalité par voie d'exception, l'opposition du Sénat a empêché la révision (v. *infra* n° 967), plus ici encore pour des motifs politiques que par un désaccord de fond.
  - Par la suite, en 1992, le Sénat profita de la révision pour renforcer sa position en face de l'Assemblée. Alors que la Constitution n'imposait un vote dans les mêmes termes par les deux Chambres que pour une seule catégorie de lois organiques, celles « relatives » au Sénat (v. *supra* n° 83), ce dernier subordonna son accord à la révision, à la création d'une nouvelle catégorie de lois organiques pour lesquelles ses pouvoirs seraient les mêmes que ceux de l'Assemblée : les lois aménageant le droit de vote en France des ressortissants de l'Union européenne.
  - En 1993, le Sénat a profondément modifié le texte concernant le Conseil supérieur de la magistrature, tel qu'il avait été adopté par l'Assemblée ; celle-ci s'inclina pour ne pas compromettre la réforme.
  - Enfin, en 2003, le Sénat a obtenu que les projets de lois, ayant pour objet principal l'organisation des collectivités territoriales et ceux relatifs aux instances représentatives des Français de l'étranger, lui soient soumis en priorité avant que l'Assemblée nationale n'en débatte.

*Le Sénat dispose donc d'un droit de veto en matière constitutionnelle*, qui lui permet de bloquer toute possibilité de révision. À moins que, de façon plus habile, il ne subordonne son adhésion à l'adoption de dispositions renforçant sa place au sein des institutions. Dans ces conditions, on comprend que le président de la République puisse être tenté parfois de passer par la voie de l'article 11.

C'est faute de majorité au Congrès que F. Hollande a dû renoncer à l'ensemble de ses projets de révision constitutionnelle. Un certain nombre de textes ont été présentés en conseil des ministres concernant la suppression de la Cour de justice de la République, la réforme du Conseil supérieur de la magistrature, des règles relatives au cumul des fonctions de membre du Gouvernement, la fin du mandat de membre de droit du Conseil constitutionnel des anciens présidents de la République, les conditions de la négociation sociale (2013), l'adoption de la Charte européenne des langues régionales ou minoritaires (2015), ainsi que l'état d'urgence et la déchéance de nationalité (2016), sans parler du « serpent de mer » relatif au droit de vote des étrangers aux élections locales.

En 2021, un projet de révision constitutionnelle visant, notamment, à inscrire la protection de l'environnement dans l'article 1 de la Constitution, n'a pas abouti faute de consensus entre députés et sénateurs, il a alors été retiré de l'ordre du jour par le Premier ministre.

En 2023, une proposition de loi constitutionnelle a été adoptée par le Sénat visant à inscrire dans la Constitution la liberté de la femme de recourir à l'I.V. G.

## B. L'utilisation contestée de la procédure de l'article 11

**127.** À deux reprises, en 1962 et en 1969, le général de Gaulle a utilisé l'article 11 de la Constitution pour obtenir la révision du texte de 1958.

Que disait l'article 11 (il a été modifié depuis par la révision de 1995) ?

« *Le président de la République, sur proposition du Gouvernement pendant la durée des sessions, ou sur proposition conjointe des deux Assemblées, publiées au Journal officiel, peut soumettre au référendum tout projet de loi portant sur l'organisation des pouvoirs publics* (...) *ou tendant à autoriser la ratification d'un traité qui, sans être contraire à la Constitution, aurait des incidences sur le fonctionnement des institutions* ».

Dans quelles circonstances le président de la République a-t-il été amené à invoquer cet article, quelles raisons l'ont guidé, l'utilisation de l'article 11 était-elle régulière ?

### 1. Les faits

**128.** En 1962, le général de Gaulle, après avoir réglé le problème algérien, souhaitait rehausser le statut et l'autorité du président de la République – il pensait à ses successeurs – en le faisant *élire au suffrage universel direct*, alors que la Constitution prévoyait seulement la désignation par un collège électoral restreint (v. *infra* n° 700). Pour cela, il décidait de passer par la voie d'un référendum de l'article 11. Cette réforme et la procédure choisie devaient susciter une très vive controverse, ponctuée par une *motion de censure* (v. *infra* n° 939) renversant le Gouvernement Pompidou, la dissolution de l'Assemblée nationale par le général de Gaulle en réponse à la rébellion des députés, un large succès au référendum de révision (62,29 % de oui) et des élections triomphales, pour les partis qui avaient fait campagne pour le oui, lors du renouvellement de l'Assemblée dissoute. Et un camouflet pour les autres : PS, PC...

Le contexte est différent en 1969. L'autorité de Ch. de Gaulle sort ébranlée des événements de 1968. Le référendum par lequel il cherche à réviser les dispositions de la Constitution sur l'organisation régionale et le statut du Sénat n'est qu'un prétexte, Ch. de Gaulle veut ressourcer son autorité et sa légitimité dans un succès populaire au référendum. Or celui-ci est un échec (le non l'emporte par 12 000 000 de voix contre 10 900 000) et Ch. de Gaulle, comme il l'avait annoncé, démissionne.

## 2. Les raisons du recours à l'article 11

**129.** Pourquoi Ch. de Gaulle a-t-il recours à l'article 11 plutôt qu'à l'article 89 ? La réponse est simple : l'article 89 suppose l'accord des deux Chambres sur la révision et Ch. de Gaulle était certain de leur opposition. En 1962, la majorité des parlementaires étaient défavorables à l'élection du chef de l'État au suffrage universel direct ; en 1969, le Sénat n'avait nullement l'intention d'approuver une réforme qui entraînait sa disparition – en outre, ce que Ch. de Gaulle recherchait alors, c'était le soutien du peuple à sa personne et à sa politique.

La procédure de l'article 11 permettait de court-circuiter les Chambres.

## 3. La constitutionnalité du recours à l'article 11

**130.** Cette utilisation du référendum législatif pour réviser la Constitution a fait l'objet de nombreuses controverses tant juridiques que politiques.

L'article 11 C concerne le référendum. Le référendum est une procédure qui permet de faire adopter directement un texte par le peuple. Alors que l'article 89 C concerne les lois constitutionnelles, l'article 11 C vise les lois ordinaires. En 1962, le recours à la procédure de l'article 11 pour réviser la Constitution a été jugé contraire à la Constitution par de nombreux juristes. En effet, la Constitution prévoit en son article 89 une procédure et une seule pour sa révision. Si la décision du président de la République de recourir au référendum dans cette hypothèse peut en effet être considérée comme inconstitutionnelle, il n'en reste pas moins que le vote du peuple couvre, au cas par cas, l'irrégularité ainsi commise.

**131.** En effet, le recours au référendum manifeste l'idée selon laquelle le peuple, quelle que soit la valeur juridique de la procédure suivie pour l'interroger, manifeste une puissance suprême qui n'est autre que celle du souverain. Les décisions du Conseil constitutionnel, l'une (décis. n° 62-20 DC) portant sur un référendum constituant, l'autre (décis. n° 92-313 DC) sur un référendum législatif, marquent à trente ans d'intervalle et au-delà de quelques différences de rédaction, une conception identique de la souveraineté du peuple. En 1962, comme en 1992, le

Conseil constitutionnel considère qu'il est incompétent pour apprécier la constitutionnalité des lois adoptées par référendum, qu'il s'agisse d'une loi ordinaire ou d'une loi constitutionnelle. Son argumentation est, pour l'essentiel, appuyée sur une raison de fond, dont la substance est identique dans les deux décisions : « *au regard de l'équilibre des pouvoirs établis par la Constitution (...) les lois adoptées par le Peuple français à la suite d'un référendum (...) constituent l'expression directe de la souveraineté nationale* ». Lorsqu'il modifie la Constitution par la voie du référendum de l'article 11, le peuple fait acte de souveraineté et œuvre de constituant. En revanche, lorsqu'il adopte une loi, conformément à la procédure et au domaine de compétence de l'article 11 et dans le respect des principes constitutionnels, il fait œuvre de législateur. Toutefois, cette distinction n'entraîne pas de conséquences au regard du régime contentieux de l'acte édicté. En effet, l'acte adopté par voie référendaire, fût-il législatif, ne peut être contrôlé, car le Conseil constitutionnel n'a pas compétence pour censurer une violation de la Constitution par le peuple.

En revanche, le Conseil d'État distingue le référendum législatif de l'article 11 et le référendum constitutionnel de l'article 89 (arrêt du 30 octobre 1998, *Sarran*).

## 4. Avenir de l'article 11

**132.** F. Mitterrand a, dans une interview donnée en 1985 à la revue *Pouvoirs* (n° 45, p. 138), estimé que « *l'usage établi et approuvé par le peuple* » permettait de considérer que l'article 11 pouvait être utilisé, concurremment avec l'article 89, « *à propos de textes peu nombreux et simples dans leur rédaction* ».

Et il faut bien reconnaître que l'article 11 serait utile pour sortir d'une situation bloquée par l'opposition du Parlement, ou d'une de ses Chambres, alors qu'une réforme s'impose. Il permettrait de se tourner vers le peuple en passant par-dessus la tête des assemblées.

La question est cependant loin d'être tranchée. Elle a été à nouveau débattue à l'occasion du projet de réforme constitutionnel engagé par le président Macron en 2018. D'une part, il convient de relever que si le Constituant l'avait voulu il lui était facile de prévoir un tel contrôle de la constitutionnalité du projet de réforme constitutionnelle avant sa soumission au référendum, ce qui empêcherait la révision de la Constitution par cette procédure, sans mettre en cause la volonté souverainement exprimée du Peuple, à l'occasion de l'une des révisions de l'article 11. Ce qui n'a pas été fait, alors que des amendements ont été déposés en ce sens. Par ailleurs un contrôle du Conseil constitutionnel est prévu pour les référendums d'initiative partagée (v. *infra* n° 235), alors que tel n'est pas le cas pour les autres procédures. On doit considérer qu'en toute hypothèse, ni le Conseil d'État ni le Conseil constitutionnel n'ont reçu de la Constitution compétence pour contrôler la décision du président de la République. En réalité la responsabilité du président de la République pour en avoir appelé directement au Peuple, si l'on estime qu'une telle décision viole la Constitution ne pourrait être engagée que devant la Cour de justice. C'est une responsabilité exclusivement politique. Pourtant le Conseil constitutionnel pourrait annuler le décret de convocation des électeurs en vue de réviser la Constitution à l'enseigne de l'article 11. Le Conseil a en effet admis la contestation devant lui par tout électeur de ce décret (décis. 24 mars 2005 et 25 mai 2005). En principe cet examen devrait porter sur la régularité formelle de la convocation des électeurs mais le pas ne serait pas juridiquement insurmontable, bien que politiquement contestable, consistant à examiner au fond le grief tiré de l'inconstitutionnalité du projet de loi annexé à ce décret. Par ailleurs, le Conseil d'État a distingué le référendum législatif de l'article 11 et le référendum constitutionnel de l'article 89 (CE, 30 oct. 1998, *Sarran*), laissant ainsi entendre qu'il considérait que l'on ne pouvait réviser la Constitution selon la première de ces procédures. On ajoutera que le Conseil d'État, dans un avis du 29 août 2019, indique que « le Conseil constitutionnel pourrait sans doute, même s'il ne s'est pas encore expressément prononcé sur ce point, contrôler, au travers des recours qu'il admet contre les décrets qui organisent un référendum en application de l'article 11 C, que la question posée entre dans le champ de cet article et se trouve formulée dans des conditions qui garantissent la clarté et la sincérité du scrutin ». Si tel était le cas, la voie de la révision de la Constitution par la procédure de l'article 11 serait fermée, non par la Constitution elle-même, mais par le juge. Le débat sur cette question a ressurgi à l'occasion de l'élection présidentielle de 2022, alors que l'une des candidates, M. Le Pen, a proposé de recourir à cette procédure pour l'adoption de dispositions susceptibles d'être contraires à la Constitution. Au-delà des polémiques auxquelles a donné lieu cette proposition et des prises de position hostiles de nombreux juristes, il s'agit d'une question importante relative à la répartition des pouvoirs entre le président de la République et le juge constitutionnel.

## C. Vers une VI^e^ République ou une V^e^ République rénovée ?

**133.** Le courant « révisionniste », important dans les débuts du régime et qui souhaitait un bouleversement profond du système, a disparu jusqu'à ces dernières années. La gauche, en particulier, très contestataire à l'origine, s'est ralliée aux institutions et ses dernières réserves sont tombées après l'élection de F. Mitterrand en 1981, puis au cours de ses deux mandats présidentiels.

L'ardeur réformatrice n'a pas cessé pour cela, au contraire. De manière récurrente, certains acteurs politiques préconisent l'instauration d'une VI^e^ République. Mais aucun accord ne semble pouvoir se dégager avant longtemps sur ce que pourraient être les grands axes d'une nouvelle Constitution. La VI^e^ République n'est pas pour demain et c'est bien ainsi. En ce sens, le comité Balladur, chargé par le président de la République de faire des propositions concernant la modernisation des institutions a proposé, en 2007, une réforme en profondeur visant, notamment, à renforcer les droits du Parlement, sans affaiblir l'exécutif. Ces propositions ont été largement reprises dans la loi constitutionnelle. La réforme du 23 juillet 2008 reste dans l'épure des institutions de la V$^{e}$ République. De même, les projets de révision du président Hollande (réforme du Conseil supérieur de la magistrature, de la composition du Conseil constitutionnel, du statut pénal des ministres et du chef de l'État), ne reviennent pas sur les « fondamentaux » d'une Constitution qui a fait ses preuves. Ainsi, en avril 2008, présentant le projet de réforme constitutionnelle, le Premier ministre a précisé qu'« il ne s'agissait ni de revenir à la IV$^{e}$ République ni de passer à la VI$^{e}$ ».

# Section 3
# L'abrogation de la Constitution

**134.** La décision d'abroger une Constitution est un événement exceptionnel. On la rencontre parfois, car elle peut avoir une valeur symbolique mais, si le pouvoir prend la peine de prononcer l'abrogation de la Constitution, celle-ci généralement n'intervient pas dans les règles, en respectant le *principe du parallélisme* des formes, c'est-à-dire en suivant la procédure même prévue pour l'élaboration d'une Constitution : réunion d'une Assemblée, référendum, etc. En France seules trois Constitutions ont été abrogées dans les formes (celles de 1852, 1875 et 1946).

En revanche, il arrive que l'application de la Constitution soit « *suspendue* » pour la durée d'une grave crise intérieure ou extérieure. Les autorités exercent alors un pouvoir dictatorial sans tenir compte des dispositions constitutionnelles. Ainsi en France en 1793, ouvrant la porte à la Terreur, ou au Brésil en 1930. En principe la crise passée, on devrait revenir à l'application de la Constitution. C'est rarement le cas.

Le plus souvent ce sera un *coup d'État*, où le pouvoir est conquis par la tête, par un homme (Bonaparte en Brumaire an VIII) ou par une Assemblée (le tiers état en 1789, l'Assemblée législative en 1791), ou une *révolution*, où le pouvoir est renversé par la base, par le peuple (1848 et 1870 en France), qui abrogera en fait l'ancienne Constitution.

Ajoutons qu'en France les régimes politiques ne survivent pas aux guerres étrangères perdues (1814, 1815, 1940) ou sur le point de l'être (1870, 1958), et entraînent la Constitution dans leur chute.

# CHAPITRE 3

# Autorité de la Constitution

**135.** Dans la plupart des États modernes, la Constitution est l'acte qui possède la plus haute autorité. À ce titre, des procédures sont prévues pour la faire respecter.

## Section 1
## La hiérarchie des normes

**136.** Un système juridique est un ensemble organisé de règles de droit, de *normes*, régissant une société donnée. Il comprend des règles relevant du droit public et d'autres appartenant au droit privé. Toutes ces règles ne sont pas sur le même plan, toutes n'ont pas la même valeur. Des subordinations apparaissent nécessairement en ce sens que des liens s'établissent entre elles, où des règles commandent à d'autres, leur sont supérieures, ne peuvent être violées par ceux qui élaborent les normes subordonnées. Exemples : un maire ne pourrait modifier la durée hebdomadaire du travail sur le territoire de sa commune en contravention avec la réglementation nationale ; en rédigeant son testament, un père de famille ne peut déshériter entièrement sa femme et ses enfants en écartant la loi sur les successions, etc.

On dit que les règles de droit, les normes, sont *hiérarchisées*. On peut ainsi établir un classement des normes selon leur degré d'autorité, distinguant des normes supérieures qui commanderont, s'imposeront à celles qui leur sont inférieures, ou subordonnées, dans la hiérarchie. Chaque norme doit être conforme ou compatible, avec toutes celles qui lui sont supérieures.

Comment se présente ce classement ?

## §1. La théorie de la hiérarchie pyramidale des normes

**137.** Les normes supérieures étant moins nombreuses que les normes subordonnées, la hiérarchie des normes peut être représentée par l'image d'une « pyramide », à laquelle le juriste autrichien H. Kelsen a attaché son nom : « *l'ordre juridique n'est pas un système de normes juridiques placées au même rang, mais un édifice à plusieurs étages superposés, une pyramide, ou une hiérarchie, formée d'un certain nombre d'étages ou couches de normes successives.* »

Dans le système de la *hiérarchie pyramidale des normes*, on trouve au sommet de la hiérarchie la « norme-mère » (*Grundnorm*), celle qui commande tout le système juridique, à laquelle sont subordonnées directement ou indirectement toutes les autres. Au-dessous d'elle se situent d'autres normes, placées sur le même plan, qui à leur tour commandent à d'autres, lesquelles elles-mêmes s'imposent à celles qui les suivent et ainsi de suite. À chaque degré le nombre des normes s'accroît et par-là s'élargit la base de la pyramide. Au fur et à mesure que l'on descend dans la hiérarchie, le pouvoir discrétionnaire, c'est-à-dire la liberté de celui qui élabore les normes, diminue. On constate aussi que plus une norme est élevée dans la hiérarchie, plus elle est générale et *abstraite*.

## §2. Le problème de la norme suprême

**138.** L'image de la pyramide laisse de côté une question essentielle : *quelle est la norme supérieure ?* Beau thème de réflexion où se sont illustrés depuis des générations les spécialistes de la philosophie du droit. Existe-t-il un *droit naturel*, c'est-à-dire *universel*, informulé et préexistant à tout texte écrit, tiré de la volonté divine ou de la nature humaine, qui s'imposerait aux auteurs des Constitutions et des autres règles de droit ? Le droit n'est-il au contraire qu'une création de l'État et n'existerait-il de droit que celui créé par l'État ? C'est la théorie du *positivisme juridique* (v. *supra* n° 23). En fait, le conflit entre droit naturel et positivisme peut être réduit, à défaut d'être résolu, si l'on considère que les normes constitutionnelles sont enracinées dans un système de valeurs (par ex. la dignité humaine ou l'égalité entre les hommes) auxquelles elles donnent valeur juridique.

Aujourd'hui, la place centrale de la Constitution est contestée au profit de normes internationales, ou européennes. Il n'en reste pas moins que la place de ces normes dans la hiérarchie de l'ordre juridique est fixée par la Constitution. Ainsi, si le juge français fait prévaloir les dispositions de la Convention européenne des droits de l'homme sur la loi nationale, c'est en application d'une disposition de la Constitution (art. 55 C). De même, si le Conseil constitutionnel n'examine pas, en principe, la constitutionnalité des lois qui transposent des directives communautaires (édictées par les institutions de l'Union européenne) dans le droit français, c'est en vertu d'une autre disposition de la Constitution (art. 88-1 C). Cependant l'existence de plusieurs ordres juridiques, par exemple l'ordre juridique national et l'ordre juridique de l'Union européenne, conduit à ce que la hiérarchie des normes puisse être différente dans chacun des ordres juridiques. Ainsi dans l'ordre juridique communautaire, le droit communautaire prévaut sur l'ensemble des droits nationaux, y compris la Constitution, alors que dans l'ordre juridique national, est reconnue la primauté de la Constitution sur le droit communautaire. Les conflits qui pourraient naître de cette situation sont le plus souvent évités par les juges qui interprètent les différentes normes en cause de manière à les rendre compatibles. C'est pourquoi l'on a pu considérer que le réseau se substituait, pour partie, à la pyramide (v. F. Ost et M. Delmas-Marty).

L'une des pistes qui permettrait d'éviter des conflits toujours possibles entre les normes fondamentales des différents ordres juridiques serait de distinguer aux niveaux européens (Union européenne et Convention européenne des droits de l'homme) les principes communs et les principes relevant de l'identité constitutionnelle des États afin d'opérer une forme de répartition des compétences entre les ordres juridiques, s'agissant en particulier des droits et libertés fondamentaux.

Il faut enfin noter que les juges, notamment la Cour européenne des droits de l'homme, font parfois référence à des normes dépourvues de caractère juridique
(par ex. des résolutions d'organisations gouvernementales ou des avis d'organisations non gouvernementales) pour interpréter les normes juridiques.

## Section 2
## La garantie de la suprématie de la Constitution : le contrôle de constitutionnalité des lois

**139. Bibliographie.** – Michel Fromont, *Justice constitutionnelle comparée*, Dalloz, 2013. – Louis Favoreu, Wanda Mastor, *Les Cours constitutionnelles*, Dalloz, 2011. – Pierre Bon, Didier Maus, *Les grandes décisions des cours constitutionnelles européennes*, Dalloz, 2008.

**140.** La valeur symbolique et la place de la Constitution dans la hiérarchie des normes donnent une acuité particulière à la question de sa protection. Sa suprématie tient aux défenses dont on a voulu l'entourer. Comment protéger la Constitution des entreprises des ambitieux et des habiles que l'importance des enjeux ne manque pas de susciter ? Et des erreurs des incompétents ?

Les menaces peuvent venir d'à peu près tous les acteurs du jeu politique et les atteintes portées à la Constitution sont inégalement franches et graves. Elles posent la question de l'*efficacité* de la Constitution.

**141. La violation de la Constitution par l'exécutif.** – Le pouvoir exécutif : chef de l'État, Premier ministre, Gouvernement, par mauvaise volonté, méconnaissance ou fausse interprétation, peut ne pas tenir compte de la Constitution.

- Le plus souvent, la violation de la Constitution sera *bénigne*, elle apparaîtra lors de l'émission d'une règle mineure sans bouleverser l'équilibre institutionnel : un décret pris en conseil des ministres n'est pas signé par les ministres intéressés, un ministre nomme directement un fonctionnaire alors que le conseil des ministres devait approuver cette désignation. Dans ces hypothèses, le système juridique lui-même a généralement prévu des procédures permettant de vérifier la conformité des décisions courantes de l'exécutif aux normes supérieures. Les moyens de faire constater l'illégalité sont relativement simples. Les tribunaux seront saisis, leur rôle est de faire respecter l'ensemble des règles juridiques, dont la Constitution. En France, pour obliger les administrations à observer la Constitution (et la loi), on utilise une procédure originale très efficace : « *le recours pour un excès de pouvoir* », qui sera étudié en Droit administratif.
- La violation sera parfois plus *grave* sans être encore dramatique : par exemple, le président annonce un référendum avant d'avoir été saisi par le Premier ministre. Ces comportements bouleversent les équilibres ou les mécanismes voulus par le constituant sans qu'une sanction juridique soit toujours organisée pour faire prévaloir le droit.
- Mais les choses peuvent prendre un tour plus *inquiétant*. La violation de la Constitution par le pouvoir exécutif se manifestera dans l'empiétement sur les compétences du Parlement, sa mise en sommeil, le non-respect de la volonté du corps électoral (Algérie 1992), l'atteinte à l'indépendance de la justice, par le coup d'État, larvé ou au grand jour : la Constitution est écartée, bafouée. Un pouvoir personnel se substitue aux institutions organisées par les textes. Que faire ?

Ici il serait dérisoire de s'en prendre aux actes, de vouloir les annuler, ce sont les personnes qu'il faut sanctionner. La Constitution elle-même peut prévoir des sanctions contre les gouvernants qui ne la respectent pas. Ils seront déférés devant les tribunaux et souvent une juridiction spéciale est prévue à cet effet : une *Haute Cour* connaîtra des violations de la Constitution qualifiées de manquements graves aux devoirs de la fonction et pourra destituer le chef de l'État.

Cette protection juridique se révélant généralement inadaptée, la sanction pourra donc être politique : les citoyens, lors des plus prochaines élections, tireront la leçon du non-respect de la Constitution en refusant leurs suffrages aux fautifs. Mais ce désaveu populaire suppose que les élections ne soient pas reportées et soient libres...

**142. La violation de la Constitution par le législateur.** – Le législateur peut lui aussi violer la Constitution.

- Les coups d'État sont parfois l'œuvre du Parlement – la France en offre des exemples (1792, 1799, 1830), la Russie en 1993 – et pour lui il n'existe pas de Haute Cour. Ici comme s'agissant des violations opérées par l'exécutif, les citoyens qui défendraient la Constitution par les armes trouveraient une justification à leur insurrection dans le droit de résistance à l'oppression (v. la Déclaration des droits de l'homme de 1789).

- Le plus fréquent, c'est que le législateur passe outre à la volonté du constituant et vote des lois qui ne respectent pas les règles et les procédures posées par lui. *La loi n'est pas conforme à la Constitution.*

*A priori* la situation paraît sans originalité et relever des mêmes voies de droit - du type recours pour excès de pouvoir - qui permettent d'imposer le respect de la Constitution à l'exécutif dans son activité normative. La conformité de la loi à la Constitution sera assurée par *un contrôle de la constitutionnalité des lois*.

Celui-ci garantira le respect de la volonté du constituant et par-là la suprématie de la Constitution. En son absence, le législateur apparaît comme supérieur au constituant, ou au mieux son égal, puisque ce que l'un a fait l'autre peut le défaire, il n'y a plus de prééminence hiérarchique de la Constitution sur la loi.

**143.** Le contrôle des actes du législateur est tout à fait logique. On doit pouvoir soit faire annuler une loi inconstitutionnelle (on verra plus loin qu'on parlera alors de *contrôle par voie d'action*), soit faire écarter l'application de la loi dans un cas précis (*contrôle par voie d'exception*).

Sauf aux États-Unis (v. *infra* n° 451), il a fallu attendre les années 1920 (Tchécoslovaquie, puis Autriche) pour voir se généraliser progressivement ce contrôle.

Deux *objections* résument les réticences à l'égard du contrôle :

**144.** La première tient à la nature même de la loi. Qu'est-ce qu'une loi, en effet ? La réponse classique consiste à dire que la loi est l'expression de la volonté générale (comprendre : du peuple, de l'ensemble des citoyens). La loi est votée par le Parlement composé de représentants du peuple, ceux-ci expriment sa volonté. Or *le peuple est souverain*, parlant par l'intermédiaire de ses représentants *il pourrait* tout faire et en particulier *ne pas respecter la Constitution*.

Si rigoureuse qu'elle soit, cette argumentation ne tient pas compte du fait que la Constitution est elle aussi l'expression de la volonté générale. La Nation s'est donné une Charte durable, de façon solennelle, manifestant par-là que ses représentants devraient la respecter, que leur volonté ne pourrait valablement s'exprimer que dans les formes et conditions qu'elle prévoit.

De plus, le contrôle apparaît comme absolument nécessaire dans les systèmes majoritaires, lorsque le Parlement et le Gouvernement sont entre les mains du, ou des mêmes partis pour la durée de la législature. Il est une *protection contre les abus de majorité*.

**145.** En outre, en France, comme dans de nombreux autres pays, l'argument de la souveraineté de la loi n'a plus beaucoup de sens à partir du moment où n'importe quel juge peut écarter l'application d'une loi qu'il estime incompatible avec une norme internationale, notamment européenne.

## §1. L'absence de contrôle de la constitutionnalité : l'exemple de la France jusqu'en 1958

**146.** Devant les objections de principe au contrôle de la constitutionnalité, certains systèmes juridiques ne prévoient aucune procédure de contrôle. La meilleure illustration de cette situation a été longtemps fournie par la *France.*

La tradition française, en effet, a été durablement *défavorable* au contrôle de la constitutionnalité. Quand par exception elle en acceptait le principe, sa mise en œuvre était entourée de tant de conditions que son efficacité était illusoire. À ceci deux explications :

- la première est le respect singulier attaché à l'œuvre du législateur, *le mythe de la loi*, évoqué ci-dessus. Il apparaît comme intolérable que les décisions du Parlement, exprimant la volonté de la Nation, puissent être contrôlées par un organe qui lui soit extérieur ;
- la seconde est la faiblesse du *pouvoir juridictionnel*, liée à notre conception de la séparation des pouvoirs. Assez logiquement, la plupart des systèmes juridiques confient à un juge le pouvoir de contrôler les lois. En France, cette solution avait moins de chances d'être acceptée qu'ailleurs car la considération dont bénéficie le législateur y contraste avec l'abaissement où est tenu le juge. Les révolutionnaires de 1789 manifestèrent une profonde méfiance à l'égard du pouvoir judiciaire. Le comportement des Parlements d'Ancien Régime – qui étaient des tribunaux – avait laissé de mauvais souvenirs. Par leur esprit de caste, l'attachement à leurs privilèges et intérêts, ils s'étaient en partie discrédités. En même temps ils avaient souvent entravé la mise en œuvre des décisions du pouvoir royal ; *jamais peut-être la justice n'a été en France aussi indépendante du pouvoir qu'à la fin de l'Ancien Régime.* Mais ces empiétements créaient des précédents menaçants pour les nouvelles institutions. Aussi fit-on tout pour réduire le prestige de la justice et l'idée d'accorder aux juges le contrôle du législateur était inconcevable. Et cette prévention devait durer jusqu'au milieu du XXe siècle. Avant 1958, les expériences de contrôle de la constitutionnalité furent limitées et dérisoires, elles contribuèrent même à renforcer les réserves qu'inspirait le principe.

**147.** Dès avant, puis sous la Révolution, le problème du contrôle de la loi fut aperçu par Sieyès – qui dénonçait l'idée d'une constitution « abandonnée à elle-même » dès sa naissance – et quelques autres. Sieyès proposa, lors de l'élaboration de la Constitution de l'an III, la création d'un organe politique « *la jurie constitutionnaire* » à laquelle la Nation confierait la tâche d'annuler les actes contraires à la Constitution. Suggestion repoussée avec indignation : ce serait un « pouvoir monstrueux » (Thibaudeau), le Parlement voulait-il se donner un maître ?

Une fausse solution fut ensuite apportée par les *Sénats conservateurs* des Ier et IIe Empires. Sieyès fit en effet inscrire dans la Constitution de l'an VIII l'idée que le Sénat serait - entre autres attributions - chargé de « conserver », la Constitution, c'est-à-dire de la protéger, et la Constitution du 14 janvier 1852 reprit ensuite le même principe.

Ce fut un échec.

Le Sénat était un *organe politique* qui ne possédait pas l'indépendance nécessaire à sa tâche. Ses membres étaient nommés par le Gouvernement ou cooptés sur sa proposition, ils n'allaient pas le censurer.

Surtout, les faiblesses essentielles du système de l'an VIII tenaient en ce que le Sénat ne pouvait se saisir lui-même d'une atteinte à la Constitution, et les particuliers ne pouvaient porter plainte devant lui. La procédure ne pouvait être mise en mouvement que par le Gouvernement et le Tribunal contrôlés par l'Empereur. Le Sénat de l'an VIII ne fut jamais saisi.

En l'an XII, puis en 1852, on rendit obligatoire l'examen par le Sénat de *toutes* les lois, sans grande efficacité. Sous le Second Empire, une seule loi, de peu de portée, fut annulée.

**148.** La Constitution de 1875, dans sa brièveté, était muette sur un contrôle de la constitutionnalité que le régime précédent n'avait pas rehaussé. En 1925, un vif débat sur la question resta sans suite.

Lors de l'élaboration de la Constitution de 1946, le climat était différent et les temps favorables aux innovations constitutionnelles. On avait mesuré les inconvénients, sous la IIIe République et sous le régime de Vichy, de l'absence de contrôle. Aussi la Constitution organisait-elle une procédure de contrôle, mais celle-ci en réalité n'assurait qu'un pseudo-contrôle de la constitutionnalité. Les réserves à l'égard de l'intervention des tribunaux subsistaient, le contrôle était exercé par un *organe politique* : le *Comité Constitutionnel.*

*L'inefficacité de cette procédure fut à peu près totale.* En pratique, il s'agissait surtout de protéger le Conseil de la République contre l'Assemblée nationale et la seule fois où le Comité fut saisi, en 1948, le litige portait sur une disposition du règlement de l'Assemblée nationale qui limitait la liberté de ce Conseil. En outre, les dispositions du Préambule de la Constitution, où étaient inscrites *les libertés des citoyens, n'entraient pas dans le champ du contrôle.* (Sur le contrôle de constitutionnalité en droit positif français, v. *infra* n° 947).

## §2. Les différentes formes de contrôle de la constitutionnalité

**149.** Dans les systèmes qui ont décidé d'instituer un véritable contrôle de la constitutionnalité, son aménagement suppose une série de choix concernant tant l'organe compétent que la procédure du contrôle.

## A. L'organe compétent

**150.** Le contrôle de la constitutionnalité des lois a *un aspect politique*. Les contrôleurs ne pourront jamais s'abstraire complètement du contexte : statuer sur la constitutionnalité d'une loi c'est apprécier la régularité d'une décision prise par la majorité du Parlement, être exposé à constater que celle-ci s'est trompée, qu'elle a violé la Constitution, constatation qui pourra faire l'objet d'une exploitation politique contre cette majorité, contre ceux qui ont approuvé la loi.

Conscient de cette situation, le constituant pourra aller au bout de sa logique et confier le contrôle *à un organe politique*. Ou, au contraire, il s'efforcera de dépolitiser autant que possible le conflit, recherchera un organe indépendant et remettra le contrôle *à un juge*.

### 1. Le contrôle par un organe politique

**151.** L'accent n'est pas mis alors sur l'indépendance des contrôleurs et sur leur compétence, sur leur aptitude à trancher des litiges aux aspects juridiques subtils. L'organe de contrôle est conçu de manière à ménager la susceptibilité des auteurs de la loi. *Le Parlement* (et à travers lui les partis politiques) *sera associé à la désignation de ses membres* et le Gouvernement – à l'origine souvent du texte contesté – parfois aussi.

La formule donne satisfaction au législateur en le garantissant que son œuvre ne pourra être défaite que par les contrôleurs choisis par lui et donc peu portés à adopter une attitude systématiquement critique.

C'est là en même temps la faiblesse essentielle du système. L'organe de contrôle ne *dispose pas d'une indépendance suffisante* à l'égard des auteurs de la loi : tenant ses pouvoirs d'eux, *il ne leur est pas véritablement extérieur*, il dépend trop d'eux, il apparaît comme leur obligé ou même leur subordonné.

En outre, il n'est pas sûr que l'organe politique se limitera toujours à statuer en droit. Il ne vérifiera pas uniquement la conformité de la loi à la Constitution, il sera tenté de glisser vers l'*appréciation de l'opportunité de la mesure envisagée*, de toute façon il s'expose à en être accusé. Le sort de la loi ne sera plus lié à sa constitutionnalité mais à la conformité de son contenu aux choix politiques des censeurs.

Ceci explique que cette forme de contrôle n'a jamais pris une grande extension. En France, l'expérience des Sénats napoléoniens et du Comité constitutionnel de 1946, illustre bien les limites du système. Pourtant, comme on va le voir, les frontières avec le contrôle par un organe juridictionnel peuvent devenir assez floues.

### 2. Le contrôle par un organe juridictionnel

**152.** Une autre voie consiste à confier le contrôle à une juridiction, à des juges qui statueront en droit. Le problème de la constitutionnalité est alors considéré comme *technique* – la loi est-elle conforme à la Constitution ? La solution est demandée à des techniciens du droit. Le législateur sera peut-être plus réticent devant cette forme de contrôle où il perd toute autorité sur les censeurs, en revanche elle sera bien acceptée par les citoyens qui voient dans l'intervention du juge une garantie de compétence, d'impartialité, en un mot de crédibilité du contrôle.

La juridiction peut être, *soit un tribunal quelconque* inséré dans la hiérarchie juridictionnelle ordinaire et statuant sur toutes sortes d'autres affaires (système américain), *soit une institution spécialement créée* à cet effet et à laquelle on confère le statut d'une juridiction, c'est-à-dire essentiellement l'indépendance à l'égard du pouvoir (système autrichien, 1920).

En effet, si la supériorité du système repose certes sur la compétence juridique de l'organe de contrôle, elle tient avant tout à son indépendance. Encore faut-il alors que cette indépendance soit assurée. Les régimes démocratiques s'y efforcent, mais les conditions dans lesquelles s'exerce le contrôle de la constitutionnalité risquent de la mettre à l'épreuve. *À ce niveau, tout est politique.*

## B. La procédure de contrôle

**153.** Trois questions principales se posent : qui pourra saisir l'organe de contrôle ? Quand pourra-t-on le saisir ? Que lui demandera-t-on ?

### 1. La saisine

**154.** À qui sera confié le pouvoir de déclencher le contrôle de la constitutionnalité de la loi, qui pourra « *saisir* » l'organe compétent ?

La solution la plus démocratique consiste à ouvrir au maximum cette compétence en la remettant *à tout citoyen*. Chacun a droit au respect de la Constitution et doit pouvoir défendre lui-même ce droit. Est-il sûr pourtant que ce libéralisme soit le plus adéquat ? Toute loi est d'une façon ou l'autre susceptible de porter atteinte aux intérêts ou aux sentiments de certains citoyens, aussi l'organe de contrôle risque-t-il d'être assailli de recours contre la loi, qui le submergeront sans grand profit puisque la quasi-totalité de ses décisions constateront la conformité de la loi à la Constitution. La facilité des recours affaiblit l'autorité, la majesté, de la loi et risque en outre de paralyser le système.

Aussi, en règle générale, l'accès au contrôle est-il ouvert à un nombre restreint de personnes.

En sens inverse, une *limitation trop étroite* de la saisine risque de compromettre aussi l'efficacité du contrôle. La confier, soit aux parlementaires, soit aux présidents des assemblées, ou encore au chef de l'État ou au Gouvernement, n'est-ce pas prendre le risque de les voir intervenir, non pas pour la défense de la Constitution, mais en fonction de leur appréciation de l'opportunité politique (*ai-je intérêt à mettre en échec cette loi ?*). Ce sont des hommes politiques dont la vocation n'est pas de défendre la Constitution mais d'atteindre certains objectifs politiques. Bien sûr on peut donner la saisine concurremment à plusieurs autorités, mais il arrivera qu'aucune n'ait intérêt à déclencher le contrôle. Pour éviter la mise en application d'une loi inconstitutionnelle, il faudra donc *trouver une formule permettant à l'opposition*, à la minorité parlementaire, de saisir l'organe de contrôle.

Enfin, on peut imaginer que les *tribunaux* eux-mêmes, lorsqu'ils s'interrogent sur la constitutionnalité d'une loi dont l'application commande la solution d'un litige, puissent saisir l'organe chargé du contrôle pour lui demander de trancher sur la conformité de la loi à la Constitution. Cette possibilité existe par exemple en Allemagne, en Espagne et en Italie et depuis le 1er mars 2010 en France ; elle fait échapper la saisine aux considérations politiques et constitue une garantie efficace pour les citoyens.

## 2. Le moment de la saisine

**155.** Quand pourra-t-on faire vérifier la conformité de la loi à la Constitution ? Il existe deux possibilités : avant ou après que la loi ne soit entrée en vigueur. On parle de *contrôle a priori* ou de *contrôle a posteriori*.

- *Le contrôle a priori* intervient avant que la loi ne soit promulguée. Il apparaît alors comme une étape de la procédure législative et l'organe de contrôle joue un peu le rôle d'une Chambre spécialisée dans une dernière vérification de la loi sous l'angle de sa conformité à la Constitution. À l'image de l'ultime contrôle de finition sur une chaîne de montage de véhicules automobiles.

C'est un contrôle en général *abstrait*, en ce sens qu'il se produit hors de tout litige précis, de toute application concrète de la loi.

Ce système à l'avantage de *rétablir la constitutionnalité au cours même de la procédure législative*, il dissipe les incertitudes et évite que l'ordre juridique ne soit altéré par la mise en vigueur d'une loi inconstitutionnelle et, peut-être, bouleversé ensuite par son annulation (résultant d'un contrôle *a posteriori*).

Dans le contrôle *a priori, la saisine est en général étroite*. Mais on peut concevoir que le contrôle soit automatique (cas du Sénat du Second Empire) et *relève d'un organe spécialisé.*

- *Le contrôle a posteriori* intervient alors que la loi est déjà appliquée, il ne tend pas à empêcher la mise en vigueur d'une loi inconstitutionnelle, mais à s'opposer à son application dans un cas précis ou, plus largement à la détruire pour l'avenir. Dans son principe il est plus traumatisant que le contrôle *a priori* puisqu'*il remet en cause une loi intégrée dans l'ordre juridique*. Pourtant, pour des raisons sur lesquelles on reviendra, il se combine souvent avec une saisine large.

## 3. L'objet de la saisine

**156.** Les auteurs de la saisine peuvent demander l'annulation pure et simple de la loi (contrôle par voie d'action), soit la question de la constitutionnalité de la loi est posée à l'occasion de son application dans une affaire déterminée (contrôle par voie d'exception).

**157. Le contrôle par voie d'action.** – Ici, l'auteur du recours demande que si la loi est reconnue non conforme à la Constitution, elle soit privée de tout effet. C'est-à-dire que, dans le contrôle *a priori*, elle ne puisse être promulguée et, dans le contrôle *a posteriori*, qu'elle soit annulée et considérée comme n'ayant jamais existé.

Lorsque le contrôle est *a posteriori* la situation risque d'être inextricable si l'annulation intervient des années après la mise en vigueur de la loi. Se pose en effet le problème de l'attitude à adopter à l'égard de toutes ses applications antérieures. *Va-t-on les remettre en cause ?* S'agissant par exemple d'une loi créant un impôt, devra-t-on rembourser toutes les sommes perçues au titre de cet impôt ? Si la loi réformait le régime de l'adoption, annulera-t-on toutes les adoptions réalisées sous son empire (on notera que la situation est la même lorsqu'un décret, par exemple, est annulé à l'issue d'un recours pour excès de pouvoir) ?

Aussi le contrôle par voie d'action est-il en général enfermé dans des conditions assez strictes : la saisine sera étroite et les citoyens en seront le plus souvent exclus ; le contrôle sera confié, non pas au juge ordinaire, mais à un organe spécial. Par ailleurs, le juge pourra moduler dans le temps les effets d'une déclaration d'inconstitutionnalité.

En dépit de ces difficultés pratiques, le contrôle par voie d'action a le mérite d'aboutir à une situation claire, la loi inconstitutionnelle est éliminée de l'ordre juridique.

**158. Le contrôle par voie d'exception.** – La question de la constitutionnalité de la loi n'est pas posée à titre principal – il ne s'agit pas d'un « procès fait à la loi » –, elle est soulevée indirectement à l'occasion d'un litige portant sur l'application de la loi au plaignant.

Exemple : des gendarmes demandent à un automobiliste d'ouvrir le coffre de son véhicule pour vérifier s'il ne transporte pas de la drogue. Une loi a autorisé les représentants de l'ordre à procéder à ces vérifications. L'automobiliste refuse, procès-verbal est dressé. Devant le juge, l'automobiliste déclare qu'il ne veut pas se plier à l'application d'une loi qu'il estime inconstitutionnelle : il soutient qu'elle porte atteinte à sa liberté et à sa propriété garanties par la Déclaration des droits. Il soulève l'*exception d'inconstitutionnalité*. Le juge, lorsque le système juridique le permet, examinera cette demande ou en renverra l'examen à une juridiction plus élevée et, s'il est donné raison au requérant, les poursuites seront abandonnées.

**159. Procédure.** – Différentes modalités sont concevables : soit que le juge saisi *tranche lui-même* la question de constitutionnalité, soit que, suspendant le cours du procès, il en renvoie la solution à un organe spécial (*question préjudicielle*) chargé de trancher ce genre de problèmes.

L'exception se présente comme un moyen de défense offert aux citoyens, la *saisine sera large* : toute personne poursuivie devant un juge peut soulever l'exception si elle estime qu'on veut lui appliquer une loi inconstitutionnelle.

**160. Effets.** – Soit la décision rendue ne vaut pas *erga omnes*, c'est-à-dire à l'égard de tous, comme dans le contrôle par voie d'action. *La loi n'est pas annulée*, elle subsiste, son application est simplement écartée dans le litige considéré (*effet relatif de la chose jugée*). Les personnes touchées par la suite saisiront un juge devant lequel elles soulèveront à leur tour une exception d'inconstitutionnalité pour faire écarter l'application de la loi. Les requérants pourront d'ailleurs invoquer « *le précédent* » constitué par le premier jugement, mais le nouveau juge n'est pas lié par la décision de son collègue. C'est en général le cas lorsque c'est un juge ordinaire qui se prononce sur la constitutionnalité. Soit le juge abrogera la loi, c'est-à-dire l'annulera pour l'avenir. Dans ce cas, l'intervention d'un juge spécialisé, d'une juridiction constitutionnelle, est en général requise. C'est la procédure retenue, en France, par la loi constitutionnelle du 23 juillet 2008.

Ainsi l'atteinte à l'autorité de la loi sera moins éclatante.

Les systèmes de contrôle de la constitutionnalité des lois combinent les solutions techniques exposées : le contrôle peut être confié à la fois aux juges ordinaires et à un organe spécial ; le contrôle *a priori* peut céder la place à un contrôle *a posteriori* une fois la promulgation intervenue ; enfin, des pays comme l'Espagne, l'Italie et l'Allemagne, pratiquent à la fois contrôle par voie d'action et par voie d'exception, *on parle alors de systèmes mixtes*.

# Titre 3
# Les droits et libertés fondamentaux

**161. Bibliographie. –** Bertrand Mathieu, Michel Verpeaux, *Contentieux constitutionnel des droits fondamentaux*, LGDJ, 2002 ; Simone Veil (dir.), *Redécouvrir le Préambule*, La Documentation française, 2009.

**162.** Les droits fondamentaux occupent dans le droit constitutionnel contemporain une place prépondérante. À tel point que l'on peut considérer que le système juridique dans son ensemble se reconstruit autour des droits fondamentaux. La notion de droits fondamentaux est cependant assez imprécise et élastique pour qu'il convienne d'apporter quelques éléments de définition, avant de dresser une rapide typologie de ces droits et de conduire quelques rapides développements sur leur contenu et leur portée.

En France, la Déclaration de 1789 fonde les exigences de l'État de droit matériel, en définissant, dans son article 16, la Constitution comme un texte organisant la séparation des pouvoirs et garantissant les droits. Or, la garantie des droits exige que de tels droits soient reconnus par la Constitution elle-même, il s'agit en l'espèce des droits affirmés dans les autres articles de cette Déclaration. En ce sens également, ce texte établit un lien évident entre les droits naturels et préexistants qu'il proclame et le contrôle de l'action du législateur et de l'exécutif dans son Préambule.

Mais les droits fondamentaux sont devenus plus qu'un ensemble de règles fixées par la Constitution, ils incarnent l'un des fondements sur lesquels doit se construire et s'appuyer le pouvoir. La formulation des phrases liminaires de la Déclaration de 1789 et du Préambule de 1946 exprime d'ailleurs cette idée. L'article 1er de la Constitution allemande relève de la même logique en affirmant que « *le peuple allemand reconnaît à l'être humain des droits inviolables et inaliénables comme fondement de toute communauté humaine, de la paix et de la justice dans le monde* ».

Ces droits fondamentaux irriguent l'ensemble du système juridique, le droit privé comme le droit public.

C'est alors la figure du juge qui prend une place prépondérante dans l'ordre institutionnel. C'est pour l'essentiel à lui qu'il appartient d'appliquer ces droits fondamentaux pour en fixer la portée et, le cas échéant, les concilier.

# CHAPITRE 1

# Éléments de définition

**163.** La première question est celle qui conduit à s'interroger sur les critères qui déterminent la fondamentalité des droits. Dans un deuxième temps, il convient de prendre en compte quelques éléments de terminologie.

## Section 1
## La notion de « droits fondamentaux »

**164.** Les droits fondamentaux sont, en principe, ceux qui sont inscrits dans un texte constitutionnel ou un texte international dont l'objet est de dresser la liste de ces droits. Ces principes sont ainsi protégés en vertu d'une norme juridique supérieure, en fonction de la place qu'occupe cette norme dans la hiérarchie des normes juridiques et des instruments de protection, notamment juridictionnels, dont est assortie cette norme. En ce sens, la fondamentalité d'un droit n'est pas nécessairement liée à la fondamentalité que représente ce droit dans un système de valeur. Ainsi, la participation des travailleurs à la détermination de leurs conditions de travail est un droit fondamental au même titre que le respect de la dignité de la personne humaine, alors qu'il n'occupe pas la même place au sein de ce système de valeurs (v. L. Favoreu (dir.), *Droit constitutionnel*, p. 879-881). Ces droits et libertés inscrits dans la Constitution devraient avoir une portée plus grande car ils pourront être invoqués par un justiciable à l'encontre d'une disposition législative, à l'occasion d'un litige (v. *infra* n° 966).

# Section 2
# Libertés et droits, aspects terminologiques

**165.** La terminologie employée varie à la fois en fonction d'évolutions doctrinales, et il faut bien l'avouer, parfois en fonction d'effets de mode. Plusieurs types de distinction peuvent être retenus, exprimant à la fois la diversité du concept et l'étendue du champ qu'il couvre.

## §1. Droits de l'homme et droits fondamentaux

**166.** La notion de « droits de l'homme », que l'on trouve déjà dans la Déclaration de 1789, s'installe dans le langage commun, dès après la Seconde Guerre mondiale dans le sillage de la Déclaration universelle de l'ONU de 1948. Elle est également utilisée dans des systèmes régionaux, comme en témoignent la Convention européenne de 1950 et la Déclaration interaméricaine des droits et devoirs de l'homme de 1948. L'évolution du système de valeur qui vise à placer l'individu comme fin du droit renforce le poids de cette notion de « droits de l'homme ». Cette conception individualiste des droits de l'homme, issue dans son acception universaliste de la Déclaration de 1948, est cependant essentiellement issue des États occidentaux. Cette notion de « droits de l'homme » présente le mérite essentiel de placer l'individu et la personne humaine au centre du droit. C'est cependant la formulation de « droits fondamentaux » issue du droit allemand qui est aujourd'hui le plus largement employée. La notion de « droits fondamentaux » a le mérite d'être plus large. Ce faisant, elle est susceptible de conduire à un affaiblissement de la protection de l'individu et de la personne en intégrant d'autres objets, d'autres considérations, ou d'autres objectifs, d'autant plus que la notion de « droits fondamentaux » est assez empirique, alors que celle de « droits de l'homme » s'appuie sur une conception métaphysique de l'homme. Le concept de « droit fondamental » intègre plusieurs strates de droit. Il s'agit, tout d'abord, des droits de l'individu qui, dans une logique libérale, visent essentiellement à protéger la sphère d'autonomie, puis des droits sociaux, ou droits de l'homme situé, selon l'expression de J. Rivero. Enfin, un troisième niveau, récemment émergent, est constitué par les droits de la personne humaine. Aujourd'hui, et c'est peut-être ce qui contribue à expliquer le succès de l'expression « droits fondamentaux », cette conception des droits de l'homme, profondément ancrée dans la reconnaissance de la spécificité de l'homme et la primauté de l'individu, est concurrencée par d'autres systèmes. Il en est ainsi, par exemple, de l'humanité ou des générations futures, de l'environnement, voire des animaux, dont certains voudraient faire non seulement des intérêts protégés, mais aussi des titulaires de droits.

La charte constitutionnelle de l'environnement adossée à la Constitution française traduit bien cette évolution. Non seulement elle vise à protéger l'homme, sa santé, au travers de son environnement, mais elle s'attache à la protection de la diversité biologique et fait de la préservation de l'environnement l'un des intérêts fondamentaux de la Nation. L'inscription dans l'article 1 de la Constitution (v. *supra* n° 126) de la formule selon laquelle la France « garantit la préservation de l'environnement et la diversité biologique... », pourrait conduire à une remise en cause de l'équilibre prévu par l'article 6 de la Charte qui exige la conciliation de la protection de l'environnement, du développement économique et du progrès social, en faisant prévaloir, en toute hypothèse, la première de ces exigences.

## §2. Droits fondamentaux et libertés fondamentales

**167.** La différence entre droits et libertés recouvre essentiellement la différence entre l'affirmation des principes relatifs à l'autonomie des individus ou libertés classiques et les droits de créance, c'est-à-dire les obligations pesant sur l'État en matière sociale.

La nécessité de la conjonction entre droits et libertés se manifeste notamment par le fait que la reconnaissance des libertés ne se borne pas au simple constat officiel de leur existence, mais s'accompagne du droit à ces libertés, c'est-à-dire du droit à leur respect. En fait, il existe des libertés qui ne sont pas des droits, par exemple, la faculté de se suicider, des libertés qui sont des droits ce qui est le cas le plus général pour les libertés fondamentales, comme la liberté d'aller et de venir, ou le droit de grève, et des droits qui ne sont pas des libertés, comme le droit à la santé.

# CHAPITRE 2

# Les typologies des droits et libertés fondamentaux

**168.** Le système des droits et libertés fondamentaux est devenu de plus en plus complexe au fur et à mesure du développement de la jurisprudence. En fait, il s'agit plus d'établir des typologies qu'une typologie. Les principes de classement répondent davantage à des systèmes d'utilisation différents de ces principes. Ces typologies se retrouvent tant dans les différents droits constitutionnels que dans les droits européens des droits fondamentaux.

## Section 1 Typologie tenant à la nature des droits et libertés : les droits consubstantiels

**169.** Les menaces que font peser sur l'homme de nouvelles sciences et de nouvelles technologies, relatives à la bioéthique, à l'environnement et à l'information, notamment, et le développement d'un ordre juridique fondé sur les droits fondamentaux contribuent à une certaine renaissance du droit naturel. Ces deux facteurs, apparemment hétérogènes, conduisent à rechercher un fondement à un ordre juridique qui se veut articulé en fonction de la protection de l'humain. Or, en droit constitutionnel français, une telle démarche trouve dans les textes fondamentaux de l'ordre constitutionnel un appui certain. Elle conduit en fait à une redécouverte de la logique de ces textes qui reconnaissent, parmi les droits qu'ils affirment, des droits spécifiques en ce qu'ils sont consubstantiels à l'homme.

Ainsi, parmi les droits et libertés fondamentaux, trois principes tiennent, au sein du système juridique, une place particulière : le principe de dignité, le principe de liberté et le principe d'égalité. Ce sont des attributs de l'homme, liés à son appartenance à l'humanité. Tout en étant distincts, de portée différente et même susceptibles de s'affronter lorsque, par exemple, la liberté d'un individu menace les intérêts d'un autre individu, ceux de l'espèce humaine, ou ceux propres à protéger la dignité de l'homme, en général, ils sont étroitement liés les uns aux autres. La dignité de l'homme suppose sa liberté et l'égale condition des membres de l'humanité.

S'il existe des principes consubstantiels à l'homme, tous les principes constitutionnels relatifs aux droits et libertés fondamentaux ne possèdent pas cette qualité. Ainsi, les principes politiques économiques et sociaux proclamés par le Préambule de 1946 ne sont considérés que comme particulièrement nécessaires à notre temps. Ces droits devraient donc pouvoir faire l'objet de réévaluations périodiques.

**170.** Sans que soit établie une véritable hiérarchie entre les droits fondamentaux, certains principes deviennent des principes majeurs, des « principes matriciels » en ce qu'ils engendrent d'autres droits de portée et de valeur différentes.

En quelque sorte, le juge constitutionnel a opéré une reconstruction du système des droits fondamentaux. Parmi les principes constitutionnels, il en détermine certains qui forment le soubassement du système des droits fondamentaux. Dans un deuxième temps, il rattache à ces principes matriciels d'autres principes qui en sont le corollaire ou en développent la portée.

Ainsi, la dignité est la matrice d'un certain nombre de garanties, qui formellement sont légales, mais dont la protection est nécessaire pour assurer le respect du principe lui-même (v. décis. n° 94-343-344 DC, 27 juillet 1994). Il en est ainsi notamment du respect de l'être humain dès le commencement de sa vie et de l'inviolabilité, de l'intégrité et de l'absence de caractère patrimonial du corps humain.

S'agissant de la liberté individuelle, les articles 1, 2 et 4 expriment le principe général de liberté auquel est rattaché l'ensemble des libertés individuelles ou publiques qu'elles soient expressément reconnues par la Constitution comme la liberté d'expression (art. 11 de la Déclaration de 1789) ou qu'elles soient dégagées par le juge constitutionnel (par ex. la liberté d'aller et de venir).

Cette conception ontologique des droits fondamentaux, issue de l'humanisme, est aujourd'hui concurrencée par l'affirmation de droits et de devoirs qui visent à protéger non plus l'individu, mais des entités abstraites (la biodiversité, les générations futures...). Ainsi, dans sa décision n° 2019-823 QPC, le Conseil fonde sa décision sur le préambule de la Charte de l'environnement aux termes duquel: « l'avenir et l'existence même de l'humanité sont indissociables de son milieu naturel... l'environnement est le patrimoine commun des êtres humains... la préservation de l'environnement doit être recherchée au même titre que les autres intérêts fondamentaux de la Nation... afin d'assurer un développement durable, les choix destinés à répondre aux besoins du présent ne doivent pas compromettre la capacité des générations futures et des autres peuples à satisfaire leurs propres besoins ». Il juge qu'il en découle que la protection de l'environnement, patrimoine commun des êtres humains, constitue un objectif de valeur constitutionnelle.

# Section 2
# Typologie relative au titulaire ou au débiteur du droit ou de la liberté fondamentale : droits subjectifs et droits objectifs

**171.** La question des titulaires et des débiteurs des droits et libertés fondamentaux implique de distinguer les droits subjectifs, c'est-à-dire ceux dont sont titulaires les sujets de droit, des droits objectifs, c'est-à-dire ceux dont la réalisation pèse sur les autorités publiques.

**La liste des objectifs à valeur constitutionnelle** est encore ouverte et leur fonction reste partiellement imprécise.

Il paraît possible pour l'essentiel de classer ces objectifs en deux catégories. Certains représentent des démembrements de l'intérêt général auquel ils se rattachent. D'autres caractérisent des droits constitutionnels en matière sociale et économique. Relève de la première catégorie, la préservation de l'ordre public (décis. n° 80-127 DC, 19 et 20 janvier 1980). L'objectif de continuité des services publics (décis. n° 79-105 DC, 25 juillet 1979) est également lié à des exigences d'intérêt général. Un raisonnement identique peut être conduit en ce qui concerne la poursuite des auteurs d'infractions (décis. n° 99-411 DC, 16 juin 1999). La seconde catégorie d'objectifs constitutionnels est celle qui se rapporte à des droits sociaux ou économiques. Il s'agit notamment du droit à la santé, issu directement du 11<sup>e</sup> alinéa du Préambule de 1946 et du droit à un logement décent (décis. n° 94-359 DC, 19 janvier 1995). On pourrait admettre qu'un même sort soit réservé au droit à l'emploi affirmé par le 5<sup>e</sup> alinéa du Préambule de 1946.

Il ne faut pas pour autant considérer que ces objectifs sont dénués d'effectivité. Ils permettent au juge constitutionnel de censurer un législateur qui prendrait des mesures qui iraient à l'encontre de tels objectifs.

Traduisant la prise en compte d'intérêts, pour l'essentiel, collectifs, ces objectifs de valeur constitutionnelle permettent en fait d'introduire dans le droit constitutionnel français l'équivalent de la clause générale que l'on rencontre, notamment, dans le droit de la Convention européenne des droits de l'homme et selon laquelle des restrictions peuvent être apportées aux droits et libertés classiques pour des motifs tenant à la protection de l'ordre public, de la morale, de la santé publique, des droits et libertés d'autrui. Le Conseil constitutionnel a implicitement reconnu l'existence d'un ordre public objectif, ou ordre public matériel. Il en est ainsi dans la décision relative à l'interdiction du voile intégral (décis. n° 2010-613 DC) et de la décision par laquelle le Conseil constitutionnel reconnaît l'existence d'un ordre public économique (décis. n° 2011-126 QPC), sans toutefois lui reconnaître valeur constitutionnelle. Dans sa décision n° 2010-70 QPC, le Conseil reconnaît l'existence d'un nouvel objectif constitutionnel : la lutte contre l'évasion fiscale. En revanche, certains de ces droits, notamment en matière sociale, devraient pouvoir être invoqués par un justiciable à l'occasion d'un litige devant un juge et à l'encontre d'une disposition législative qui lui est appliquée ou qui conditionne l'issue du litige (v. *infra* nº 966).

**Les droits subjectifs** sont des droits dont chaque citoyen peut exiger le respect à l'encontre d'une autorité publique ou d'un particulier et dont il peut se prévaloir devant un juge.

Parmi les droits subjectifs, figurent de manière évidente les grandes libertés classiques et l'ensemble des droits d'essence libérale : la liberté d'aller et de venir, la sûreté, la propriété, la liberté de pensée, d'expression... Mais on peut également rattacher à cette catégorie certains droits sociaux-libertés, comme le droit de grève, la liberté syndicale ou le droit à participation.

On relèvera que le phénomène d'individualisation des droits fondamentaux conduit à une mutation de droits, présentant un caractère objectif et s'inscrivant dans des valeurs, en droits subjectifs. Ainsi conçue, au regard du texte qui en est la matrice (Préambule de 1946) comme une valeur porteuse d'un interdit (celui de dégrader ou d'asservir autrui), la dignité est entendue comme un attribut de l'individu, la capacité de défendre son identité, librement définie. Il est assez probable que la fraternité subisse le même sort. Reconnue par le Conseil constitutionnel (décis. nº 2018-717/718 QPC) comme un principe de valeur constitutionnelle, la fraternité est devenue une contrainte pesant sur le législateur, celle de ne pas sanctionner un comportement fraternel et une liberté reconnue aux individus, celle de se montrer fraternel. Elle pourrait dériver vers le droit d'exiger de la société ou d'autrui un comportement fraternel.

## Section 3
## Typologie relative à l'objet des droits et libertés fondamentaux : les droits substantiels et les droits-garanties

**172.** Un certain nombre de droits fondamentaux sont des droits substantiels. Ils visent à reconnaître à l'individu, soit un espace de liberté (notamment, ensemble des principes issus du principe matriciel de liberté), soit un statut en tant qu'individu ou en tant que membre du corps social (en particulier, dignité, égalité), soit des droits de créance (droits sociaux). D'autres droits sont des droits-garanties. Ils n'offrent à l'individu aucun champ nouveau ou spécifique de liberté, ou aucun droit à prestation. Ils visent à lui donner les instruments propres à assurer une protection effective de ses droits. Ces droits-garanties doivent être considérés comme des droits subjectifs, ce qui conditionne leur effectivité. En effet, un individu peut en faire valoir directement le respect devant un juge.

De ces droits-garanties, relèvent, d'une part, des garanties générales, d'autre part, des garanties plus étendues, mais plus spécifiques, relatives à la matière répressive.

Concernant la première catégorie, deux droits jouent un rôle tout à fait essentiel. D'une part, le droit au recours, principalement mis en œuvre devant un juge mais qui peut comprendre d'autres types de recours, comme le recours administratif et les droits de la défense. D'autre part, le principe de sécurité juridique qui vise à assurer, par la qualité et la prévisibilité du système normatif, la protection de l'ensemble des droits fondamentaux.

En matière pénale, un certain nombre de droits relèvent de la sûreté. Il en est ainsi, notamment, du principe de la légalité des délits et des peines et de celui de la non-rétroactivité des lois répressives, issus tous deux de l'article 8 de la Déclaration des droits de l'homme et du citoyen. La présomption d'innocence, ou la proportionnalité des peines, affirmées par les articles 8 et 9 de la Déclaration de 1789, relèvent également de la même catégorie.

## Section 4
## Typologie tenant à la valeur des droits et libertés fondamentaux

**173.** La question de l'existence d'une hiérarchie entre les droits fondamentaux est l'une des questions les plus essentielles et les plus obscures du contentieux constitutionnel. Cette question est obscure car le Conseil se refuse à admettre l'idée même d'une hiérarchie entre les droits et libertés fondamentaux dont il a la charge d'assurer le respect, alors même que la conciliation qu'il est conduit à opérer, au moyen du principe de proportionnalité, entre des droits et libertés antagonistes relativement à leur mise en œuvre, manifeste une certaine hiérarchisation entre ces droits et libertés.

La structuration des droits fondamentaux implique nécessairement et en principe, leur absence de caractère absolu. Il est en effet dans la nature des droits et libertés fondamentaux d'être conciliables entre eux. Un système juridique imposant des principes « indérogeables », mais susceptibles par ailleurs d'entrer en conflit dans l'hypothèse de leur concrétisation, aboutirait nécessairement à un blocage.

La limitation des droits et des libertés fondamentaux peut être opérée, soit pour concilier ces droits avec d'autres droits et libertés fondamentaux, soit au nom d'exigences d'intérêt général.

# Titre 4
# Le citoyen et la souveraineté

**174.** Le citoyen est celui qui est appelé à participer aux affaires de la cité.

De Rome à la fin du XVIIIe siècle, il n'y a pas eu de citoyens – exception faite des cantons helvétiques – il n'y a eu que des sujets. Pendant toute cette période les hommes ont été gouvernés par des monarchies ou des oligarchies, situations dans lesquelles la quasi-totalité des individus était exclue de la conduite des affaires de la cité. Le pouvoir était concentré dans les mains d'un ou de quelques hommes.

Qu'est-ce qu'une monarchie ? Qu'est-ce qu'une oligarchie ?

**175.** *La monarchie* est susceptible d'un grand nombre de variantes selon l'origine du pouvoir, les règles auxquelles celui-ci se reconnaît soumis, la façon dont il est exercé.

Au sens étroit, *la monarchie* est caractérisée par la transmission héréditaire du pouvoir et par le fait que le plus souvent le monarque doit respecter un certain nombre de règles. Pendant longtemps, la monarchie a été *absolue*, l'exercice du pouvoir par le roi n'était pas partagé, ni soumis à contrôle et la violation des règles n'était sanctionnée que par Dieu. Dans des cas extrêmes d'abus flagrants du pouvoir, on considérait cependant que les sujets étaient déliés du devoir d'obéissance. Jusqu'à la Révolution, la monarchie française était ainsi soumise, outre les lois divines, aux « lois fondamentales du royaume », règles non écrites que le roi avait le devoir d'observer ; il devait aussi gouverner pour le « *bien commun* », son pouvoir n'était donc pas arbitraire ni véritablement absolu. Peu à peu ce type de gouvernement a évolué vers la monarchie *limitée* dans laquelle des organes, émanations du peuple, sont associés à l'exercice du pouvoir et le contrôlent. Dans la plupart des monarchies contemporaines, des Constitutions ont précisé les formes de l'exercice du pouvoir et dépouillé le monarque de la quasi-totalité de ses prérogatives. Il reste le symbole de l'unité nationale, n'a plus de pouvoirs propres de décision, il peut constituer un recours en cas de crise grave. La façade monarchique n'empêche pas le régime d'être démocratique : sept États sur les vingt-sept qui forment l'Union européenne sont des monarchies. Monaco est une monarchie dans laquelle la souveraineté appartient au prince.

La *tyrannie* peut se réclamer elle aussi d'une origine ancienne, et le terme n'a pas toujours mérité le caractère péjoratif qu'il a acquis aujourd'hui. Le tyran ne doit son pouvoir qu'à lui-même et à ceux qui l'ont aidé à le conquérir, par la force ou la ruse sans souci des règles juridiques. *Pouvoir de fait,* il s'exerce librement, arbitrairement même. Pour désigner ce type de gouvernement on parlera aussi de *despotisme,* dictature ou *césarisme.* Des nuances séparent ces manifestations du pouvoir personnel selon leur souci des formes et du droit, la base populaire sur laquelle elles reposent, le sort réservé aux opposants, les caprices du prince - puisqu'on parle aussi de *principat.*

Tous les degrés existent dans l'arbitraire du pouvoir et celui-ci n'est pas nécessairement obtus et réactionnaire puisqu'on a loué un temps le despotisme « éclairé » où des monarques philosophes exerçaient un pouvoir solitaire, guidés par la recherche du bien de leur peuple (Frédéric II, Catherine II...).

Toutes ces formes de pouvoir personnel n'existent que rarement à l'état pur. En réalité le chef s'appuie généralement sur un groupe plus ou moins large d'individus, avec lequel il partage le pouvoir, et on est en présence alors d'une oligarchie.

**176.** *L'oligarchie :* étymologiquement, il s'agit du régime où le pouvoir appartient à un petit nombre. Situation intermédiaire entre la monarchie et la démocratie. L'importance du groupe qui détient le pouvoir peut beaucoup varier, mais il reste toujours *largement minoritaire.* Il tiendra son pouvoir de la naissance (par ex. l'*aristocratie*), de ses fonctions (prêtres, militaires, savants...), de sa fidélité à un chef ou à un parti, de sa puissance économique... La république de Venise en a longtemps été le modèle. La plupart des pays du tiers-monde sont aujourd'hui des oligarchies de même que les régimes marxistes où le pouvoir personnel ne s'est pas installé. La tendance des oligarchies à confisquer le pouvoir se manifeste d'ailleurs aussi dans les démocraties libérales. Toute oligarchie exerce son autorité dans l'intérêt du groupe au pouvoir d'une façon qui n'est pas nécessairement arbitraire et elle s'efforce de se perpétuer.

S'il est un trait commun à la monarchie absolue et à l'oligarchie, c'est que *la distinction des gouvernants et des gouvernés y est très tranchée.* Les seconds sont à la fois exclus du choix des premiers et de tout moyen de contrôle sur eux, soumis à leur bon vouloir et à leur sens de la mesure, ils sont des sujets passifs.

En même temps, en pratique au moins, ces formes de pouvoir sont souvent *légitimes* dans la mesure où les gouvernés, les sujets, ne les mettent pas en cause. Le consentement du peuple au gouvernement monarchique ou oligarchique est acquis. L'institution est admise avec ses mécanismes de dévolution et d'exercice du pouvoir. S'il est contesté au moment de son installation, le nouveau gouvernement cède rapidement au penchant qui porte tout pouvoir à se légitimer.

Il a fallu attendre le XVIII^e siècle pour que prennent de l'ampleur les théories philosophiques qui contestent ces formes de gouvernement, avec un succès incomplet, puisque, on l'a vu, beaucoup existent aujourd'hui encore. Un courant d'idées s'est alors développé, soutenant qu'il fallait non seulement limiter les pouvoirs des gouvernants mais faire désigner ceux-ci par le peuple et associer les individus au fonctionnement du pouvoir politique. Les hommes devaient passer de l'état de sujets à celui de *citoyens*. En France, c'est seulement en 1830 que le mot « sujets » disparut des documents officiels.

Le citoyen introduit avec lui la démocratie : pas de citoyen sans démocratie, pas de démocratie sans citoyen.

Mais le citoyen n'est pas apparu d'un seul coup aux États-Unis en 1776 ou à Paris en 1789. Déjà au cours des siècles précédents, dans certaines sociétés, les sujets avaient acquis progressivement des éléments de statut qui limitaient leur dénuement en face du pouvoir : éléments de dialogue, éléments de participation et surtout éléments de protection contre l'arbitraire. Des germes de démocratie existaient dans la société monarchique, qui devaient s'épanouir à la fin du XVIII^e siècle dans certaines nations occidentales.

Cette affirmation du citoyen sera retracée en premier lieu.

En deuxième lieu, on décrira les fondements de la forme de démocratie qui prévaut dans le monde aujourd'hui : la démocratie libérale.

En troisième lieu, après ces considérations théoriques, on verra les procédés concrets par lesquels le citoyen participe au pouvoir.

# CHAPITRE 1

# La démocratie

**177. Bibliographie.** – Raymond Aron, *Démocratie et totalitarisme*, Gallimard, 1965. – Pierre Rosanvallon, *La légitimité démocratique*, Le Seuil, 2008 ; AFDC, *Représentation et représentativité*, 2008 ; *Nouvelles questions sur la démocratie*, 2010. – Marcel Gauchet, *L'avènement de la démocratie* (3 vol.), Gallimard. – Bertrand Mathieu, *Le droit contre la démocratie ?*, LGDJ, 2017.

**178.** La démocratie est un régime idéal qui ne fonctionne nulle part conformément aux modèles échafaudés par les théoriciens. Ceux-ci imaginent des hommes naturellement vertueux, capables de se gouverner pour leur bien à tous, vision démentie chaque jour. Si l'homme n'est pas naturellement bon – et le christianisme enseigne que marqué par le péché originel il est partagé entre le bien et le mal –, le présupposé initial s'effondre et tâtonnements et échecs accompagneront logiquement la démocratie au long de son histoire. Mais, même s'il s'agit d'une utopie, celle-ci a sa grandeur et elle imprègne profondément les luttes politiques de notre temps.

Il est d'innombrables définitions de la démocratie. On en retiendra trois parmi les plus connues. Celle de W. Churchill tout d'abord qui est d'ailleurs une appréciation plus qu'une définition : « *La démocratie est le pire des régimes, à l'exception de tous les autres* ». La plus classique, la plus sentimentale aussi, mais qui n'est pas la moins claire, celle de Lincoln : « *la démocratie est le gouvernement du peuple, par le peuple et pour le peuple* ». La plus cynique enfin, celle de Nietzsche : « *la démocratie c'est la revanche des esclaves* ».

Synthétiquement, on peut dire que la démocratie est le régime politique où ni un individu ni un groupe ne s'approprie le pouvoir, ses titulaires sont désignés par le peuple, par voie d'élections périodiques et sont contrôlés par lui. Conséquence : l'opposition d'aujourd'hui a vocation à gouverner demain.

La démocratie est essentiellement un mode de légitimation du pouvoir.

*Ces procédures ne sont pas tout.* Il faut tenir compte de ce qu'un pouvoir régulièrement élu fait de son pouvoir et de l'existence d'une culture démocratique.

Si tout le monde, ou presque, se réclame aujourd'hui de la démocratie, celle-ci n'est pas, loin de là, le droit commun des régimes politiques. Il existe peut-être une trentaine de *véritables* démocraties aujourd'hui à travers le monde. Les frontières de la démocratie coïncident à peu près avec celles du développement économique : on les trouve pour la plupart en Europe et en Amérique du Nord quatre ou cinq seulement en Asie (Japon, Taïwan, Corée du Sud, Inde), trois ou quatre en germe en Afrique. Ainsi, en Chine, le président Xi Jinping a déclaré devant le Collège d'Europe à Bruges que la République populaire a déjà expérimenté plusieurs systèmes politiques sans succès, y compris la démocratie, avant d'estimer que copier les modèles politiques étrangers pourrait s'avérer catastrophique pour la Chine (*Le Figaro*, 4 avr. 2014)... Et tout n'est pas parfait dans les régimes démocratiques eux-mêmes : le peuple s'y gouverne moins lui-même, qu'il n'est gouverné par une étroite majorité, voire par une minorité.

# Section 1
# Genèse du modèle démocratique

**179.** Il faut remonter à l'Antiquité gréco-romaine pour retrouver les idées qui sont à la base du principe démocratique. À cette époque, d'ailleurs, celui-ci ne connut que des applications restreintes. Après un hiatus de plusieurs siècles apparurent en Europe occidentale, au deuxième millénaire, des manifestations isolées de démocratie, sans fondement ou justifications théoriques, mais résultant des *variations du rapport de force* entre certaines catégories sociales et le pouvoir. Au XVII^e^ siècle, et surtout au XVIII^e^, le mouvement des idées allait faire apparaître un nouveau système de valeurs, qui devait concourir puissamment aux premières réalisations de démocratie à l'échelle d'un pays.

## §1. L'Antiquité

**180.** On se contentera ici de quelques repères.

Le régime dominant de l'Antiquité a été l'aristocratie, qui est une forme d'oligarchie. C'est vers 600 avant Jésus-Christ que Solon a donné sa première Constitution à *Athènes* et instauré un embryon de démocratie qui allait durer, avec des éclipses, plus de deux siècles. Pour la première fois dans l'histoire, dans les petites cités grecques, *le pouvoir n'est pas aux plus forts*, ou aux plus riches, il s'ouvre à d'autres couches sociales. Mais le système ne fonctionnait pas de façon idyllique, ainsi Athènes connut une agitation politique désordonnée.

À *Rome*, le même mouvement devait se manifester un peu plus tard, au début du V^e^ siècle avant J.-C., époque où la plèbe prend le pouvoir et instaure un régime de participation populaire aux décisions. L'Empire au bout de quatre siècles allait emporter ce régime, mais certains de ses aspects devaient se retrouver dans l'Empire d'Occident entre le II^e^ et le VI^e^ siècles.

De quelle forme de démocratie s'agissait-il alors ?

Les réalisations démocratiques étaient *assez limitées* dans la mesure où elles avaient surtout pour effet d'associer à l'aristocratie une partie du peuple – ce qu'on appellerait maintenant les classes moyennes – qui restait largement minoritaire. À Athènes sous Périclès (v^e siècle av. J.-C.) les citoyens étaient environ 40 000 sur 400 000 habitants. L'existence de l'esclavage conférait toujours à la société un caractère très inégalitaire. Le mécanisme de la démocratie directe imposant l'absence de représentation, était lié à l'esclavage. En effet les fonctions administratives étaient confiées à des esclaves (P. Ismard, *La démocratie contre les experts*, Le Seuil, 2015). À Rome, le caractère démocratique du régime était plus marqué. Au iii^e siècle avant J.-C., le nombre des citoyens est estimé à 1 million, tous votent et peuvent participer à l'élaboration des lois. En 28 avant J.-C., ils sont 1 700 000. Mais les suffrages des riches n'avaient pas le même poids que ceux des pauvres et l'accès aux charges de l'État était réservé par un système censitaire – c'est-à-dire fondé sur le montant d'impôt payé – aux citoyens les plus fortunés. En outre, si le vote des lois et les assemblées où était rendue la justice étaient précédés de débats publics et contradictoires, où chacun s'exprimait en toute liberté, le nombre des participants à ces réunions était par la force des choses assez restreint et plus encore celui des intervenants. C'est bien *une minorité qui dirige la Cité*. Plus loin de nous dans l'espace, en Chine, la désignation des autorités locales s'est faite depuis toujours, de façon démocratique par des élections à plusieurs degrés.

En dépit de ses faiblesses, la démocratie antique n'en conserve pas moins une valeur exemplaire considérable, sur le plan des idées surtout. Hérodote, Platon et Aristote sont à la base de la réflexion de la philosophie politique contemporaine.

## §2. L'Europe occidentale

**181.** La première manifestation de démocratie en Europe occidentale est peut-être l'apparition des *Communes* il y a neuf siècles. Des villes, des bourgs, se développent, organisent des foires et marchés, instituent des corporations, acquièrent une certaine autonomie par rapport au pouvoir seigneurial, s'affranchissant de sa tutelle par des « chartes » de liberté. Les habitants élisent eux-mêmes les autorités qui les administreront, ils organisent leur justice, leur milice et leurs finances. Ce phénomène tient au développement de la *bourgeoisie dont l'activité n'est plus liée à la terre* mais à l'artisanat et au négoce, distendant par-là les liens qui mettaient les hommes sous la dépendance du seigneur propriétaire de la terre et leur valaient en contrepartie sa protection.

Là encore, il ne faudrait pas exagérer le caractère démocratique du phénomène. Il porte sur des entités assez étroites, sur des expériences de micro-démocratie, qui à l'analyse ont une forte coloration oligarchique. Les campagnes restent à l'écart du mouvement, et les bourgeois accaparent le pouvoir, quand ce ne sont pas quelques familles bourgeoises ; *l'ensemble de la population n'est pas associé à la conduite des affaires publiques*. Ces formes d'auto-administration n'en manifestent pas moins une évolution vers la démocratie.

Et *les femmes* participent au Moyen Âge à la gestion des affaires de la Cité ; c'est au XVIe siècle, avec le retour en force du droit romain, que leur statut civique va à nouveau se dégrader.

Par ailleurs, il s'agit de la réalisation *spontanée* d'une aspiration plus ou moins claire à la maîtrise de leurs affaires par les bourgeois des villes et non de la mise en forme d'une réflexion théorique consciente sur l'origine et l'exercice du pouvoir.

À la fin du XIIIe et au XIVe siècle, la bourgeoisie pour la première fois va sortir du cadre municipal pour être associée à des décisions concernant la vie de la Nation. Le roi qui jusqu'alors réunissait de temps en temps le haut clergé et la noblesse va inviter des bourgeois à ces réunions. En France, la formule s'étiolera. En Angleterre au contraire, le Parlement britannique renforce peu à peu ses pouvoirs et son évolution sera à l'origine du régime démocratique actuel.

## A. En France

**182.** Le roi avait pris l'habitude de convoquer de temps en temps et *séparément* des représentants des trois ordres (clergé, noblesse, tiers état – expression apparue au XVe siècle et qui désigne la bourgeoisie), en général au niveau des provinces, lorsqu'en 1302 Philippe le Bel transforma cette tradition et convoqua *en même temps* les trois ordres pour les premiers états généraux du royaume.

L'innovation n'est pas la conséquence du choix délibéré d'un monarque soucieux d'associer la Nation à l'exercice du pouvoir. Des raisons purement circonstancielles guidaient Philippe le Bel : il recherchait l'appui de la Nation dans sa lutte contre le pape Boniface VIII.

Aussi bien cette amorce de participation allait-elle être pratiquement sans lendemain. Contrairement au processus engagé à la même époque en Angleterre, les états généraux du royaume ne purent pas s'affirmer, ils ne parvinrent pas à s'institutionnaliser. Jamais ils n'obtinrent cette conquête essentielle qu'aurait été la périodicité de leurs réunions. Convoquées irrégulièrement, au gré des désirs du roi, leurs assises devinrent de plus en plus rares : 13 réunions au XIVe siècle, 8 au XVe, 5 au XVIe, une seule au XVIIe (1614), 1789 enfin, soit 28 en près de 500 ans.

En même temps, les états généraux ne purent pas sortir de leur *rôle consultatif*, ils remettaient au roi des *cahiers de doléances* et à la fin de la session le roi prenait, ou ne prenait pas, les mesures souhaitées dans les cahiers. Pourtant, ces assemblées avaient un pouvoir redoutable qui aurait pu devenir un moyen de pression considérable sur le pouvoir royal : *le consentement à l'impôt* ; seuls les états généraux pouvaient autoriser le roi à lever des impôts, lui consentir des subsides. Mais ils ne surent pas utiliser cette arme.

Comment expliquer l'échec des états généraux ?

- Les trois ordres se réunissaient en même temps, mais *ne siégeaient pas en commun* et ne pouvaient présenter un front uni devant un pouvoir royal habile à jouer de leurs divisions. Lorsqu'en 1789, première

réunion depuis 1614, les ordres décidèrent de siéger ensemble, la décision est véritablement révolutionnaire.
- La noblesse fit constamment cause commune avec le roi.
- Le roi réunissait les états généraux lorsqu'il avait besoin de leur soutien en cas de crise, pour faire voter de nouveaux impôts quand les caisses étaient vides, puis ces circonstances passées il oubliait ses promesses et ne réunissait plus les états.

## B. En Angleterre : la naissance du régime parlementaire

**183.** Les états généraux ne sont pas propres à la France. Toute l'Europe à l'ouest de la Russie a connu entre le XII$^{e}$ et le XIV$^{e}$ siècles, la pratique de réunions féodales analogues où le roi cherchait l'appui des seigneurs et du clergé (Cortès espagnoles, diètes allemandes et polonaises). En Angleterre, le phénomène allait conduire au gouvernement représentatif et à la démocratie.
- Le premier Parlement britannique s'est réuni en 1265, *l'Angleterre est véritablement « mater parlementarium »*, la mère des Parlements. Mais, la réunion en 1295 par Édouard I$^{er}$ de ce qu'on a appelé « le Parlement modèle », marque une date plus importante dans l'histoire, car aux grands féodaux composant le « Conseil du roi » sont associés des représentants du bas clergé, des villes et des campagnes.

Dès l'origine, le Parlement britannique devait hériter du Conseil du roi deux pouvoirs dont il allait jouer habilement :
  - Consentir à l'impôt : en germe dans la Grande Charte de 1215, ce pouvoir est consacré à la fin du XIII$^{e}$ siècle.
  - Consentir aux levées de troupes : conséquence du consentement à l'impôt – car il faut bien payer les soldats – ce pouvoir sera confirmé à titre distinct en 1689.
- Dès qu'il a obtenu satisfaction le roi dissout le Parlement. Cependant progressivement, une négociation s'ouvrit. Le Parlement demanda au monarque de prendre telle décision et le roi céda à cette « pétition » car il avait besoin d'argent ou de troupes. Il arriva ensuite un jour où le Parlement n'attendit plus que le roi lui présente un projet de loi, mais prit lui-même l'initiative d'en préparer un pour le soumettre à l'approbation du roi. Insensiblement, le Parlement se trouve alors associé au pouvoir législatif, deux procédures législatives coexistent : les lois (ordonnances) prises par le roi seul et les lois adoptées par « le roi en son Parlement ». Ce marchandage est achevé dès le milieu du XV$^{e}$ siècle, et le roi doit parfois consentir à des choses désagréables, par exemple se séparer d'un ministre à la demande du Parlement. Depuis 1707 en Grande-Bretagne, aucun roi ne s'est opposé à une loi votée par le Parlement.
- Parallèlement le Parlement luttait pour obtenir la périodicité de ses sessions. Négligé à la fin du XV$^{e}$ siècle, pour plus de cent ans, par les

Tudors, il devait être ranimé par les maladresses des Stuarts au XVII^e siècle. En 1641 il obtient sa convocation tous les trois ans.

En 1649, l'affrontement tourne à l'avantage du Parlement, le conflit étant marqué par l'exécution de Charles I^er et l'établissement par O. Cromwell d'une république fort peu démocratique. Une nouvelle révolution en 1688 amena le Parlement à négocier l'installation de la dynastie d'Orange contre un *Bill* des droits (1689), où le roi renonce au pouvoir d'ordonnance, c'est-à-dire à légiférer seul. *La loi doit être votée par le Parlement, la royauté constitutionnelle* est établie.

Le XVIII^e siècle voit le triomphe du Parlement qui a acquis, outre le vote de la loi, le contrôle des ministres et la périodicité de ses réunions. Les ministres deviennent plus dépendants de lui que du roi. *La monarchie est ainsi étroitement limitée,* le parlementarisme britannique préfigure les régimes démocratiques qui vont apparaître. Le contraste avec la France est remarquable : la monarchie française a évolué vers le pouvoir absolu alors qu'en Grande-Bretagne le roi a été dépouillé progressivement de ses attributions. Mais en Grande-Bretagne encore aujourd'hui les individus sont appelés des « sujets » et non des « citoyens ».

## C. Les révolutions des XVIII^e et XIX^e siècles

**184.** L'impulsion décisive au mouvement, qui devait faire de la démocratie l'archétype des régimes politiques, fut donnée par la philosophie du XVIII^e siècle et par les révolutions de la fin du XVIII^e et du XIX^e siècle.

*La philosophie du XVIII^e siècle est à elle seule une révolution* dans la mesure où elle met en cause les idées reçues sur l'origine du pouvoir, la place de l'homme dans la société, les buts de celle-ci, les hiérarchies sociales, les privilèges... Les institutions sont ainsi passées au crible de la raison, de l'expérience, de la science, de façon corrosive. La *philosophie des Lumières* développe ses thèmes autour de la nature, de la recherche de la vérité et du bonheur, formule l'idée de progrès. Elle réunit des esprits très différents, comme Montesquieu, D. Diderot, J.-J. Rousseau, d'Alembert, les Encyclopédistes, les Anglais I. Paine et J. Bentham, etc. Leur réflexion les amène à des conclusions divergentes mais tous ont en commun ce que l'on peut appeler l'« esprit du siècle » qui renouvelle l'étude des phénomènes sociaux et politiques. Ce courant d'idées va nourrir l'idéal démocratique – à l'époque on ne distingue pas toujours bien libéralisme et démocratie –, saper les fondements de la société monarchique et entraîner la disparition de l'Ancien Régime.

Mais les philosophes du XVIII^e siècle ne faisaient pas de politique, ils ne s'engageaient pas, à la différence des écrivains du XIX^e : A. de Lamartine, F.-R. Chateaubriand, B. Constant, V. Hugo...

- Deux révolutions au XVIII^e siècle s'inspirent largement de ces idées :
  - *La Révolution américaine* (1776). Au départ, au contraire de ce qui se passera en France à partir de 1789, la révolution américaine n'est *pas dominée par une idéologie*, il s'agit d'une *simple révolte de colons* contre la mère patrie. Après le succès de l'insurrection, les

Américains ont cherché à créer un nouveau type de société plus ouverte, plus tolérante, plus égalitaire, dont l'un des objectifs est le bonheur des individus. Le Gouvernement, c'est-à-dire l'État, est établi pour protéger les droits naturels des citoyens et leur permettre de s'épanouir. Le nouvel État rompt aussi avec la forme monarchique pour adopter la république. L'expérience a un écho considérable en Europe et prend valeur de symbole, même si la société américaine de l'époque est en fait rien moins qu'égalitaire.

- *La Révolution française.* Le retentissement de la Révolution française fut plus grand encore. L'abolition de la monarchie, l'exécution de Louis XVI traduisent le rejet de l'ordre monarchique ancien. Une brèche est ouverte à travers laquelle la démocratie va s'insérer pour apparaître bientôt comme *plus légitime que la monarchie.* La Déclaration des droits de l'homme et du citoyen, votée dès 1789, s'affirme en même temps comme le manifeste de la place nouvelle de l'individu dans la société. Sont alors formulés des thèmes, consacrés des symboles, expérimentées des institutions et des procédures, qui vont animer tout le débat politique et constitutionnel au XIX^e^ siècle, peser sur les mentalités comme sur les comportements, et dont l'influence se fait toujours sentir aujourd'hui.

Les esprits sont profondément bouleversés en Europe et en Amérique par ce qui se passe en France à partir de 1789. Tout l'ordre ancien est mis en cause et, même s'il parvient un temps à se reconstituer, jamais plus les choses ne seront tout à fait comme avant.

- *Les révolutions du XIX^e^ siècle.* Les idées nouvelles font leur chemin. Elles suscitent des polémiques, des discours, des libelles, des conflits et des complots. Et aussi des révolutions : 1830 en France et en Belgique, 1848 un peu partout en Europe occidentale, 1871 en France encore avec la Commune.

Un élément nouveau apparaît vers le milieu du siècle : le mouvement ne met pas seulement en question l'ordre monarchique, il ne se fonde plus sur des idéologies universelles, le *prolétariat* conteste à son tour les nouvelles classes dirigeantes bourgeoises qui se sont substituées à la noblesse et à ses alliés. Cette mise en cause radicale de *l'ensemble* de l'ordre social, sur lequel on a vécu jusqu'alors, porte en germe une nouvelle conception de la démocratie, non plus libérale et bourgeoise, mais prolétarienne et marxiste.

À la fin du XIX^e^ et au début du XX^e^ siècle l'Europe occidentale se libéralise. Avec des exceptions : l'Allemagne, l'Autriche, l'Italie..., des retours en arrière parfois, la démocratie libérale est le modèle de gouvernement vers lequel tendent la plupart des régimes.

Après la Seconde Guerre mondiale, la démocratie est considérée à peu près universellement comme le régime idéal. Toutes les Constitutions la proclament à travers le suffrage universel, les limitations au pouvoir de l'État et en y ajoutant les droits de l'homme... On sait ce qu'il fallait penser de cette unanimité.

# Section 2
# La démocratie libérale

## §1. Les principes

**185.** La démocratie libérale est un système qui met en œuvre deux principes : le principe démocratique - qui renvoie à la souveraineté du peuple, comme instrument de légitimation du pouvoir - et le principe libéral - qui implique la limitation du pouvoir (séparation des pouvoirs et droits fondamentaux). Si ces deux concepts sont liés dans l'histoire des démocraties occidentales, ils ne le sont pas nécessairement. Ainsi Montesquieu n'établit pas de lien entre la limitation du pouvoir (libéralisme) et la démocratie. Par ailleurs, aujourd'hui, certains États (Russie, Hongrie...) se réfèrent à la notion de démocratie non libérale. Elle renvoie à un système où la volonté du peuple, qui se manifeste par l'élection de représentants ou le référendum, prévaut sur les instruments de limitation du pouvoir (v. *infra* n° 525).

La démocratie libérale est une construction *cohérente*, née de l'expérience. Il ne s'agit pas d'un système artificiel préétabli, d'une théorie *a priori*, elle s'est construite progressivement. Ce n'est pas non plus une doctrine globale et définitive, elle s'adapte et sait qu'elle ne réalisera jamais la perfection.

### A. La primauté de l'individu

**186.** *L'individu est au centre de la société*, les autres principes découlent de celui-ci. Les sociétés humaines sont faites pour permettre l'épanouissement, le bonheur de l'individu. Chaque homme a une identité propre qui doit être protégée, c'est là l'héritage de la philosophie grecque et du christianisme. La parabole évangélique du Bon Pasteur, où le berger quitte son troupeau pour se mettre à la recherche de la brebis perdue, est une remarquable illustration de la conception de la valeur de la personne humaine - elle est incompréhensible pour un marxiste ou un musulman. Par ailleurs, la société fait confiance à l'individu, le citoyen n'a pas de compte à lui rendre.

- Tous les individus sont *égaux* par naissance, en droit.
- Les *groupements* : familles, associations, syndicats, partis... apparaissent comme des dangers contre lesquels le citoyen doit être protégé.
- Le libre jeu des intérêts personnels va dans le sens des intérêts de la communauté. L'État assure seulement les conditions qui permettront à l'individu de s'épanouir. Il doit intervenir le moins possible, au risque de troubler les équilibres naturels de la vie en société. *Le libéralisme est méfiant à l'égard de l'État.*

## B. La liberté et les libertés

**187.** La confiance placée dans l'individu explique que l'organisation de la société soit dominée par le principe de la liberté des citoyens. Cette liberté est *naturelle* à l'homme. En écho au *Contrat social*, la Déclaration de 1789 proclame : « *les hommes naissent libres.* » La liberté est donc un donné.

La conception libérale de la liberté est très large puisque la Déclaration des droits de l'homme précise : « *Tout ce qui n'est pas défendu par la loi ne peut être empêché et nul ne peut être contraint de faire ce qu'elle n'ordonne pas* ». Ainsi est formulé un des principes-clés de l'ordre libéral : *tout ce qui n'est pas interdit est permis.*

De ce principe abstrait se déduit toute une série de manifestations concrètes, dont la liste forme celle des droits de l'homme :

- La liberté politique : droit de choisir les gouvernants, de devenir soi-même un gouvernant, de participer aux décisions, de contrôler l'exercice du pouvoir.
- Les libertés individuelles :
  - *La sûreté* : elle est la revendication la plus aiguë à la veille de la Révolution française. L'individu souhaite être protégé contre l'arbitraire dans sa personne et ses biens ; il ne doit pas pouvoir être arrêté ou détenu irrégulièrement, des procédures protectrices doivent être instituées.
  - *Liberté d'aller et venir* : possibilité pour l'individu de se déplacer sans entrave sur le territoire national ou à l'étranger. De fixer son domicile où bon lui semble et d'émigrer au besoin.
  - *Liberté de pensée*, de croyance, de religion, d'exprimer ses opinions. Liberté de la presse aussi et surtout, car elle est la clé et la sauvegarde de toutes les autres.
  - *Liberté de se réunir* avec qui on l'entend, etc.
- La liberté de l'économie : Les principes du libéralisme politique se retrouvent dans le domaine économique : liberté, égalité, *concurrence*, c'est-à-dire pluralisme. Avec lui les *moyens de production* sont entre les mains des particuliers, l'*entreprise privée* est considérée comme incomparable, *le libre jeu du marché* assure le développement de l'économie, en bref le capitalisme est facteur de prospérité et d'épanouissement individuel.

Mais la liberté ne saurait être indéfinie : la liberté des citoyens s'arrête là où commence celle de l'autre. L'article 4 de la Déclaration des droits le disait déjà : « *La liberté consiste à pouvoir faire tout ce qui ne nuit pas à autrui* ».

L'attachement à ses libertés caractérise le citoyen de la société libérale. L'opinion publique et la presse jouent un rôle important dans leur protection.

- L'individu et le citoyen n'ont pas seulement des droits-libertés, ils ont aussi des *devoirs*. Ceux-ci sont évoqués ou formulés dans les textes américains et dans les Déclarations de la Révolution française : devoir de respecter les lois et les droits des autres citoyens, devoir d'aimer et servir la patrie, de la défendre (1848...).

### C. Le pluralisme

**188.** La liberté suppose *le choix* : la société sera donc pluraliste. Ce pluralisme est une exigence qui relève d'une authentique démocratie, qu'elle se proclame, ou non, libérale. D'où le multipartisme, la pluralité associative, scolaire, religieuse... Ni monopole, ni censure, toutes les opinions doivent pouvoir s'exprimer. Le libéralisme est hostile à tout embrigadement, les décisions doivent être prises en commun et adoptées à la majorité, c'est *le « principe de majorité »*.

Parmi ses conséquences on peut citer :

- l'existence d'une *opposition*, avec un statut formel ou implicite ;
- la remise en jeu régulière du pouvoir dans des *élections libres* où le vote est secret ;
- l'opposition à vocation à gouverner demain, les forces politiques sont appelées à se succéder au pouvoir. *L'alternance* au pouvoir caractérise les démocraties libérales : Grande-Bretagne, États-Unis, France, Allemagne, Pays-Bas, Grèce, Italie, Espagne...
- le pluralisme combiné à la liberté fait de la démocratie libérale un *régime fragile et vulnérable*. Ses adversaires peuvent utiliser ses règles du jeu pour tenter de la renverser. On connaît la célèbre formule « *Je vous réclame la liberté au nom de vos principes, je vous la refuse au nom des miens* », injustement reprochée à Jules Simon qui avait déclaré : « *Je ne suis pas de ceux qui disent...* ». En même temps la démocratie libérale ne doit pas céder à la tentation du : « *pas de liberté pour les ennemis de la liberté* ».

## §2. Transformation et déformation contemporaines de la démocratie libérale

**189.** Avec le temps certains principes du libéralisme se sont assouplis et il n'a pas toujours su empêcher l'apparition de nouvelles oligarchies.

### A. Le renouvellement des libertés

**190.** L'évolution ici a consisté à tenter de corriger les inégalités de fait que pouvait faire apparaître l'exercice des libertés.

*L'intervention de l'État* est aujourd'hui admise dans le domaine des libertés. On s'est aperçu que la réalisation effective des libertés exigeait que l'État joue un rôle actif.

- *L'État organise l'exercice des libertés*, il ne se contente plus de les proclamer. Il faut éviter que l'utilisation des libertés ne se retourne contre la communauté ou nuise à la liberté des autres.

- L'État doit parfois offrir les *moyens matériels et financiers* nécessaires à la réalisation des libertés : subvention à la presse, aux syndicats, aux partis, aux écoles privées...
- L'État a multiplié les *garanties des libertés* : le juge est proclamé gardien des libertés ; des médiateurs sont chargés de les protéger ; des Déclarations des droits sont élaborées dans l'ordre international, telle la Convention européenne des droits de l'homme (1950).

La liste des droits et libertés s'est beaucoup enrichie :

- Les droits des *groupes* sont maintenant reconnus : familles, syndicats, associations, voire droits des minorités, linguistiques, sexuelles...
- Des *droits économiques et sociaux* sont apparus et se sont multipliés : droit à la sécurité sociale, à l'éducation, droit de grève...

## B. La permanence des oligarchies

**191.** La démocratie libérale a l'ambition de mettre le pouvoir entre les mains de tous. Elle condamne toute société où il est confisqué par un individu ou par une minorité. Pourtant elle n'a pu empêcher que se développent de nouvelles formes d'oligarchies.

**192. La technocratie.** – La technocratie est née d'une réaction antiparlementaire. Les problèmes du Gouvernement de la société sont devenus trop complexes pour être réglés par ces amateurs que sont les représentants du peuple. Il faut faire appel à des experts, à des techniciens.

En soi le procédé n'est pas condamnable, il le devient lorsque les représentants abandonnent aux experts la décision. Ces derniers, non élus, ne bénéficient d'aucune légitimité démocratique.

**193. La bureaucratie.** – Avec la bureaucratie, c'est l'appareil administratif, l'Administration, les bureaux qui prennent leur autonomie à l'égard des dirigeants régulièrement élus. C'est en quelque sorte le pouvoir des fonctionnaires, des hauts fonctionnaires, substitué à celui des élus. Souvent d'ailleurs plus par leur passivité, leur mauvaise volonté, leur lenteur, la complexité des procédures, que par leur action. Ils retardent ou font échouer les réformes les plus utiles si celles-ci ne correspondent pas à leurs vœux. Les bureaux sont d'autant plus forts qu'ils ont pour eux la durée en face de ministres et de parlementaires qui changent.

La bureaucratie est une des plaies de la démocratie, mais elle n'est pas propre aux sociétés libérales.

**194. L'épistocratie.** – Ce concept dégagé par Alexandre Viala (*Demain, l'épistocratie ?*, Mare et Martin, 2020) traduit une situation dans laquelle le pouvoir scientifique tend à se substituer au pouvoir politique pour prendre un certain nombre de décisions. La situation est particulièrement topique, lorsque s'agissant de questions comme celles relatives à la bioéthique (v. B. Mathieu, *La Bioéthique*, Dalloz, 2000), le gouvernement et le Parlement s'abritent derrière les avis du Comité national d'éthique. S'il est logique que le pouvoir politique se réfère à l'avis des scientifiques pour prendre un certain nombre de décisions pour lesquelles la science représente un paramètre pertinent, tout autre est la situation où le pouvoir politique transfert, de fait, ses compétences aux détenteurs du pouvoir scientifique en érigeant la science au rang de source normative. Cette situation se manifeste à l'occasion de la crise sanitaire de 2020. Ainsi, le président de la République appuie sa décision de ne pas reporter le premier tour des élections municipales de mars 2020 sur l'avis du comité scientifique placé auprès de lui. Or, si le risque de contamination dans le cadre d'une épidémie est un critère important, l'équilibre entre ces exigences et l'acte électoral relève d'une décision éminemment politique.

**195. La démocratie participative : une nouvelle forme de démocratie ? –** La référence à la notion de démocratie participative ou à celle de démocratie continue, telles que défendues notamment par le philosophe allemand J. Habermas, pour expliquer ce nouveau mécanisme de formation du droit et le fonder sur une légitimité renouvelée, manifeste en fait la conjonction des exigences de l'État de droit matériel et celles d'un droit procédural, dans lequel la procédure délibérative occupe une place essentielle. La légitimité d'un tel processus est essentiellement procédurale et la procédure a pour objet de déboucher sur un consensus qui n'est souvent qu'artificiel. Par ailleurs, certaines théories, comme la théorie réaliste de l'interprétation brillamment défendue par M. Troper, et qui tend, en la simplifiant à l'extrême, à considérer que les principes posés par les textes juridiques n'ont de signification que celle que leur donne le juge en les appliquant indépendamment de toute signification consubstantielle et préalable, s'inscrivent assez bien dans cette démarche. C'est ainsi une légitimité de l'expert ou du juge qui tend à se substituer à la légitimité démocratique pour marquer le développement d'une certaine forme d'oligarchie. Plus concrètement, le rejet du projet de Constitution européenne, élaboré selon une procédure qui associait des mécanismes de démocratie participative, démontre les limites de l'exercice. Le peuple qui a accès aux forums de discussion sur internet n'est pas nécessairement représentatif de l'électeur. La démocratie participative, si elle est bien adaptée à des décisions locales, représente, dès qu'elle s'inscrit dans un champ plus vaste (national) le pouvoir d'une élite, celle des « sachants » et des groupes de pression qui sont, de fait, seuls à participer réellement aux procédures de décision. Par ailleurs, il faut bien se demander si, aujourd'hui de plus en plus, dans des démocraties occidentales – en France en particulier –, *le pouvoir n'appartient pas à la rue*. Le Parlement peut être mis en échec par des manifestations, où des centaines de milliers de personnes descendent dans la rue, contestant telle ou telle décision, dans un calme parfois relatif. Les manifestants expriment-ils la volonté de la majorité des citoyens ? La rue a-t-elle plus de légitimité que les élus ? Le pouvoir peut-il être à la merci de foules peut-être abusées ou manipulées ? Et même si leur colère ou leurs revendications sont justifiées, ne devrait-on pas les satisfaire seulement par la voie des procédures préétablies ? Comme l'ont montré, notamment, les révolutions arabes et du Maghreb de 2011, la circulation de l'information par internet ou des instruments de communication instantanée, développent de nouvelles formes de prise de décision. Mais ces mouvements ne correspondent pas nécessairement à la volonté du peuple, comme l'ont montré les élections qui ont suivi ces révolutions (en Égypte notamment).

Aujourd'hui, l'aventure démocratique prend bien des visages. En Ukraine a été élu (avril 2019) un humoriste, acteur d'une série télévisée politique qui franchit ainsi le mur qui sépare la fiction de la réalité, sans expérience ni programme. C'est la démocratie médiatique qui est à l'œuvre. En Algérie, le peuple a mis fin au régime en place depuis l'indépendance, empêchant le président en exercice de se représenter et en le contraignant même à abréger son mandat (printemps 2019). En France, le mouvement des « gilets jaunes » (2018-2019) marque un rejet du système politique par une partie de la population. La réponse apportée par le recours au « Grand débat » représente un succès stratégique et participatif (près de 2 millions de participants). Ce débat marque cependant les limites de la démocratie participative alors que les contributeurs appartiennent pour l'essentiel à la France aisée, éduquée et proche idéologiquement du pouvoir et qu'aucune suite concrète n'a été apportée à ce débat.

**196.** Il y a là un grand défi pour les démocraties.

Sur un plan plus théorique, la démocratie libérale opère la synthèse de deux principes : la souveraineté du peuple et la protection des droits fondamentaux. Or, ces deux exigences peuvent entrer en conflit et cela pose de redoutables questions (v. *infra* n° 523 à propos de la démocratie illibérale). Le peuple souverain a-t-il la faculté de porter atteinte aux droits fondamentaux, par exemple en supprimant toute référence à ces droits dans la Constitution ? Quelle est la légitimité de l'organe qui se reconnaît le pouvoir de protéger ces mêmes droits à l'encontre du peuple ? Ces questions renvoient à celle du contrôle des lois constitutionnelles. Le juge constitutionnel français fait prévaloir le principe de la souveraineté démocratique. La protection des droits fondamentaux renvoie à la très ancienne question des rapports entre le droit naturel et le souverain, qui est en fait celle de savoir si le souverain peut être soumis à un droit naturel qui préexiste à sa volonté et à toute construction juridique. Dans un système non fondé sur la religion, qui est apte à définir ce droit naturel ? En ce sens, les juges de la Cour européenne des droits de l'homme s'érigent en quelque sorte en « grands prêtres » face à la souveraineté étatique.

## CHAPITRE 2

# La participation du citoyen au pouvoir

**197.** La démocratie est caractérisée par la participation des citoyens à la gestion des affaires de la Cité, au pouvoir. Pourquoi cette participation ? La réponse n'est pas très évidente puisque, des millénaires durant, les hommes ont subi sans malaise ni révolte un pouvoir extérieur à eux, la démocratie n'est pas naturelle à l'homme. L'histoire montre comment elle s'est enracinée, il reste à se demander comment la justifier, comment fonder la souveraineté des citoyens.

La participation d'autre part adopte des modalités, des procédures, des techniques différentes. L'étude de sa mise en pratique doit compléter celle de son fondement théorique.

## Section 1
## Le titulaire de la souveraineté

**198.** À qui appartient dans l'État le pouvoir de commandement, quel est le détenteur de la souveraineté, le souverain ? D'où tient-il son pouvoir ?

Double interrogation derrière laquelle se dessine le problème de la *légitimité*. Qu'est-ce qu'un pouvoir légitime ? En droit la légitimité s'apprécie à la façon dont le pouvoir a été transmis. Sera considéré comme illégitime le gouvernant qui tiendra son pouvoir d'une investiture irrégulière. Vue trop étroite et formelle des choses cependant, car la raison suggère que la légitimité peut se perdre par la façon dont le pouvoir est exercé, par ses actes. Juridiquement légitime, un pouvoir peut être politiquement illégitime. Et la réciproque est vraie. Un pouvoir illégal n'est pas toujours un pouvoir illégitime.

Sur quelles bases fonder la légitimité ?

## §1. Les théories théocratiques

**199.** Elles dominent l'histoire jusqu'à la fin du XVIII^e^ siècle, leur influence est limitée aujourd'hui, bien qu'elles marquent un retour dans certaines parties du monde.

Ces théories donnent au pouvoir une origine divine. On les trouve plus ou moins formulées dans l'Égypte pharaonique – où le roi était Dieu – comme dans la Chine des Chang, au deuxième millénaire avant Jésus-Christ – où le roi était considéré comme « le fils du Ciel ». Il faut faire aussi une place à l'*islam* dans lequel le pouvoir vient de Dieu. Le premier titulaire du pouvoir dans la Communauté, le prophète Mahomet, fut choisi directement par Dieu. Ses successeurs tiennent eux-mêmes leur pouvoir de Dieu, mais ils sont choisis par la Communauté qui les autorise à exercer le pouvoir. Le Khalife passe avec la Communauté un contrat (Beia) par lequel celle-ci échange son autorisation et sa fidélité contre une promesse de gouverner avec piété et justice. Le pouvoir exercé par le Khalife est de nature exécutive, administrative et judiciaire, mais non législative car Dieu a donné dans le Coran, et à travers la Sunna, la Loi (Charia) parfaite et immuable.

Mais ce sont surtout les théologiens catholiques qui se sont efforcés de justifier le pouvoir royal par référence à la divinité.

Tout pouvoir vient de Dieu. Celui-ci, en créant la société, *a voulu qu'une autorité s'exerce sur la communauté*, sans elle la société ne serait pas viable. Les théologiens sont d'accord là-dessus, ils se séparent lorsqu'il s'agit d'expliquer comment le pouvoir est attribué à son titulaire. Pour les uns, celui-ci tient directement son pouvoir de Dieu, et le sacre du monarque en France marquait cette origine divine : c'est la *théorie du droit divin surnaturel*. Pour d'autres ce sont les gouvernés, inspirés par la Providence, qui choisissent le détenteur du pouvoir : c'est la *théorie du droit divin providentiel*. D'autres encore estiment que le pouvoir est remis par Dieu à la Communauté, celle-ci en transmet *l'exercice* aux gouvernants : c'est la *théorie du droit divin populaire*.

## §2. La distinction de la souveraineté nationale et de la souveraineté populaire

**200.** Lors de la Révolution française on s'est efforcé de donner un fondement juridique à la souveraineté, tenant non plus à la religion ou à la tradition, mais résidant désormais dans la collectivité des citoyens. Deux expressions, à l'origine indifféremment utilisées : souveraineté du peuple et souveraineté de la Nation, ont fini par être distinguées sous la monarchie de Juillet pour donner naissance à deux conceptions distinctes, systématisées (de façon contestable d'ailleurs) au début du XX^e^ siècle par le grand juriste R. Carré de Malberg. Chacune aboutit à des conséquences opposées. Mais au départ l'une et l'autre avaient un même objet : distinguer l'État de la personne royale, le souverain des gouvernants. *La souveraineté n'est plus en haut, elle est en bas.*

Exceptions faites des textes de 1791 et 1793 nos Constitutions n'ont jamais véritablement tranché entre ces deux conceptions. Même si leur influence sur notre droit constitutionnel est limitée, le débat théorique doit être retracé et ses implications pratiques précisées.

## A. La théorie de la souveraineté nationale

**201.** Le principe de la souveraineté nationale a été formulé à l'article 3 de la Déclaration de 1789 : « *Le principe de toute souveraineté réside essentiellement dans la Nation. Nul corps, nul individu ne peut exercer d'autorité qui n'en émane expressément.* »

### 1. Le principe

**202.** Au sein de l'État (v. *supra* n° 20), la souveraineté appartient à la *Nation*. Celle-ci forme une entité distincte de ceux qui la composent. Titulaire de la souveraineté, elle est dotée de volonté propre, qu'expriment ses représentants. Le pouvoir de commandement lui appartient et non à un individu (roi) ou à un groupe d'individus.

### 2. Ses conséquences

#### a. La souveraineté est une et inaliénable

**203.** Constitution de 1791, article I, titre III : « la souveraineté est *une, indivisible, inaliénable et imprescriptible. Elle appartient à la Nation, aucune section du peuple, ni aucun individu, ne peut s'en attribuer l'exercice.* »

Si on laisse de côté l'impossibilité pour la Nation d'abandonner sa souveraineté au profit d'un individu – et sous la monarchie en 1791 le propos était déjà révolutionnaire : le roi n'est pas « le souverain » – d'un groupe d'individus ou d'une puissance étrangère, la formule postule l'unité de la Nation dont la conséquence ici est que la souveraineté n'appartient pas pour partie à chaque citoyen. *Elle n'est pas atomisée, il n'y a pas n millions de cosouverains.*

#### b. La souveraineté s'exerce par l'intermédiaire de représentants

**204.** La Nation étant une abstraction, sa volonté doit être exprimée par des individus qui parleront en son nom. La Constitution de 1791 déclarait à propos des pouvoirs de la Nation : elle « *ne peut les exercer que par délégation* ». Le fondement constitutionnel du *régime représentatif* était posé, la France lui est restée fidèle.

La Nation choisit donc ses représentants. Ceux-ci *ne sont pas propriétaires de la souveraineté*, s'ils *l'exercent* c'est par représentation de la Nation. Normalement, l'élection permettra la désignation des représentants, mais rien n'empêche que la Constitution – expression de la volonté de la Nation – ne confie l'*exercice* de la souveraineté à un monarque, ce fut d'ailleurs le cas en 1791, la souveraineté nationale est compatible avec la monarchie.

### c. La théorie de l'électorat-fonction

**205.** Le choix des représentants n'est pas une manifestation de la souveraineté individuelle des citoyens-électeurs, ceux-ci exercent une *fonction*, ils agissent au nom de la Nation.

L'idée d'*électorat-fonction* a des prolongements multiples :

- Elle justifie tout d'abord que tous les citoyens ne soient pas nécessairement électeurs, c'est-à-dire le *suffrage restreint*. La Nation peut décider que seules certaines catégories de citoyens désignent ses représentants. En 1789 l'idée était plutôt rassurante pour la bourgeoisie.
- Si l'électorat est une fonction, on peut concevoir que ses titulaires ne soient pas libres de l'exercer ou non et que le vote soit *obligatoire*. Ils ne disposent pas d'une faculté à laquelle ils peuvent renoncer.
- Il n'existe pas de lien entre l'électeur et le représentant (comme c'était le cas lors des états généraux de l'Ancien Régime). *Ce dernier ne représente pas ses électeurs mais la Nation dans sa totalité*, on y reviendra (v. *infra* n° 218).

## B. La théorie de la souveraineté populaire

**206.** À son origine on trouve J.-J. Rousseau et le *Contrat social*. Son rayonnement a été et est encore considérable en raison de sa simplicité et de son accord avec le sentiment égalitaire. Pourtant elle porte en elle un absolutisme qui peut la rendre dangereuse pour les citoyens.

Dans notre histoire constitutionnelle, le principe de la souveraineté populaire a été proclamé deux fois :

- Dans la Constitution de 1793 : « *la souveraineté réside dans le peuple* » (art. 25).
- Dans la Constitution de l'An III : « l'universalité des citoyens français est le souverain » (art. 2).

### 1. Le principe

**207.** La souveraineté appartiendrait au peuple, c'est-à-dire à tous les citoyens, et – caractère essentiel – elle serait *fractionnée* entre eux, elle serait « atomisée ». Chaque citoyen serait donc détenteur d'une parcelle de souveraineté. J.-J. Rousseau explicitait sa pensée ainsi : « Supposons que l'État soit composé de dix mille citoyens. Chaque membre de l'État n'a pour sa part que la dix millième partie de l'autorité souveraine ». En même temps J.-J. Rousseau – qui n'en est pas à une contradiction près – écrivait que : « *le souverain ne peut être considéré que collectivement et en corps* », ce qui s'oppose, semble-t-il, à tout fractionnement de la souveraineté !

Cette conception est certainement plus concrète, plus compréhensible, que celle qui fait résider la souveraineté dans une Nation. En revanche, elle pose un problème que, en dépit de son habileté, J.-J. Rousseau n'a pas résolu de façon satisfaisante : si chaque citoyen est souverain, comment peut-il être soumis à la volonté des autres citoyens sans son consentement ? Car si on ne veut pas que l'État soit paralysé, il faut bien que les décisions soient prises à la majorité. Ceux qui forment la minorité sont contraints par la majorité à respecter les décisions auxquelles ils se sont opposés. Que devient leur souveraineté ?

## 2. Ses conséquences

**208.** La souveraineté populaire conduit à des résultats très différents de ceux produits par la théorie rivale.

- Si tous les citoyens sont cosouverains, il faut recueillir l'avis *personnel* de chacun d'eux sur les décisions à prendre. Au lieu d'impliquer la démocratie représentative, la souveraineté populaire est *favorable à la démocratie directe*, le peuple s'exprime librement, par le référendum par exemple, sans avoir besoin de désigner des délégués. Comment en effet savoir si ce qu'expriment ceux-ci correspond à la volonté du souverain ? La volonté ne se délègue pas.
- Pour des raisons pratiques évidentes, le peuple est cependant obligé d'élire des *délégués* (et non des représentants). L'électorat est *un droit*. Tous les citoyens en sont titulaires ; en sont exclus en revanche ceux qui ne possèdent pas la citoyenneté : enfants, étrangers, condamnés à certaines peines, malades mentaux. À ces exceptions près, *le suffrage est universel*. Les citoyens étant libres d'exercer leur droit ou non, *le vote est facultatif*.
- Toute idée de représentation étant écartée, les liens entre l'électeur et l'élu sont très étroits. Les délégués sont munis d'instructions précises, ils sont investis d'un *mandat impératif*. Si l'élu ne respecte pas ce mandat, il pourra être révoqué par le corps électoral. Les élus ici ne découvrent pas la volonté nationale, ne la formulent pas, ils exposent la volonté de leurs électeurs (au contraire de la représentation).
- La théorie de la souveraineté populaire risque d'instaurer une *dictature de la majorité*. La théorie de J.-J. Rousseau postule en effet (v. le *Contrat social*) que la minorité s'en remet à la majorité, elle reconnaît qu'elle s'est trompée sur la volonté générale alors que la majorité a su la découvrir et, en même temps, cette minorité a tout abandonné à la communauté : vie, bonheur, biens, libertés, elle s'est privée de tout moyen de défense contre la majorité, celle-ci peut devenir oppressive sans rencontrer de limites ou d'opposition. Il n'y a pas lieu, par exemple, d'inscrire dans la Constitution une Déclaration des droits.

De nos jours, le débat souveraineté nationale-souveraineté populaire est de plus en plus formel et la distinction est devenue inutile. Au point qu'en 1946 les constituants ont été si embarrassés pour trancher entre les deux interprétations de la souveraineté qu'en définitive ils ont refusé de choisir. « *La souveraineté nationale appartient au peuple français* » peut-on lire dans le texte adopté par les Français en octobre 1946 et aussi dans la Constitution de 1958. Formule de compromis qui ne résout rien, puisque nous venons de voir à quel point les deux théories étaient incompatibles.

# Section 2
# Les systèmes de participation

**209.** Que la souveraineté appartienne à la Nation ou au peuple, peu importe, la question est de savoir comment les gouvernés vont l'exercer ? Différents systèmes cherchent à associer les citoyens à l'exercice du pouvoir.

## §1. La démocratie directe

### A. Définition

**210.** Il s'agit d'un système idéal, qui répond le mieux à l'aspiration populaire, dans lequel les gouvernés sont eux-mêmes gouvernants. *Le peuple se gouverne directement lui-même par la participation de tous les citoyens.* En corps il fait la loi, prend les décisions gouvernementales comme la désignation des fonctionnaires, la conclusion des contrats et des traités, c'est aussi lui qui rend la justice.

### B. Applications

**211.** La mise en œuvre de ce système pose des problèmes matériels tels qu'il ne serait utilisable, à l'extrême rigueur, que dans de micro-États où le nombre des citoyens serait réduit. Il faut pouvoir en effet réunir le peuple dans un même lieu suffisamment vaste, il faut lui fournir une information complète, il faut enfin que les affaires à traiter ne soient pas trop nombreuses pour éviter que les citoyens ne soient mobilisés en permanence. Si l'assemblée se tient sur la place publique, il est préférable aussi que le temps soit beau...

L'histoire fournit pourtant quelques exemples de démocratie directe, encore appelée *Gouvernement direct*. À Athènes, l'assemblée des citoyens, ou ecclésia, se tenait chaque jour sur la colline du Pnyx. Elle fonctionne encore actuellement dans *trois cantons suisses :* Glaris, Unterwald, Appenzell. Même s'il s'agit plus de survivances, proches du folklore, que d'un véritable système de gouvernement, leur étude permet de mesurer les limites de la formule. Dans ces cantons, peuplés de quelques dizaines de milliers d'habitants (70 000 pour les deux demi-cantons d'Appenzell), l'assemblée des citoyens (*Landsgemeinde*) se réunit une fois par an au printemps. Elle vote le budget, procède à quelques nominations et approuve des lois préparées par des fonctionnaires. En pratique, l'absentéisme est considérable, les débats sont superficiels, les décisions importantes seront votées sur-le-champ alors que la discussion traînera sur des questions mineures, enfin le vote fait à mains levées n'est donc pas secret et le décompte des suffrages est approximatif. La logique du système est unanimitaire à la J.-J. Rousseau. Derrière ce simulacre de démocratie se cache le pouvoir des fonctionnaires élus qui ont pour eux la continuité et la compétence. Les mêmes remarques sont valables pour les « assemblées de ville » qui se tiennent dans certains États aux États-Unis.

### C. Avenir

**212.** Est-ce à dire que la démocratie directe soit un rêve sans avenir ? Ce n'est plus vrai aujourd'hui. Le développement des médias rend concevable ce qui hier était utopie. Il lève en effet en partie les obstacles matériels qui cantonnaient la démocratie directe dans des circonscriptions exiguës. Par *internet*, les réseaux sociaux, la radio et la télévision, les débats se déroulent sur la place publique, les citoyens n'ont plus l'excuse de ne pas être informés. Les individus, ou tout du moins la « frange éclairée » de la société, aspirent à participer aux décisions qui les concernent. L'expression diffuse d'un tel pouvoir se prête, cependant, à bien des manipulations, faute de transparence (d'où vient l'information, dans quel but est-elle diffusée, pour quels intérêts, qui est derrière tel ou tel groupe de pression... ?).

## §2. La démocratie représentative

**213.** À l'opposé du Gouvernement direct, on trouve la démocratie représentative : le corps électoral désigne, les représentants décident.

La Nation n'exerce pas directement la souveraineté, elle en *délègue l'exercice* à des représentants élus, mais elle en reste titulaire, n'en perdant que la jouissance. La représentation « *médiatise* » la relation entre l'individu-citoyen et le pouvoir, qui passe par « l'intermédiaire » des représentants. Le gouvernement représentatif, né en Grande-Bretagne au XVIII$^{e}$ siècle, est la forme la plus courante de gouvernement.

### A. Raisons d'être

**214.** La théorie de la souveraineté nationale justifie la représentation : aucun individu ne peut exercer la souveraineté que par une délégation de la Nation. Des arguments pratiques et politiques ont été avancés pour compléter cette affirmation.

#### 1. Sur le plan pratique

**215.** La représentation est une nécessité de bon sens. Devant *l'impossibilité* matérielle de la démocratie directe, il faut se résoudre à ce que quelques-uns parlent et agissent au nom du peuple. Tout le problème est de savoir comment le peuple les désignera et les contrôlera.

### 2. Sur le plan politique

**216.** Une profonde *méfiance* à l'égard du peuple et de la démocratie directe est à l'origine du régime représentatif. Cette suspicion n'a pas été le propre uniquement des partis conservateurs.

Il n'est pas *souhaitable*, a-t-on soutenu, que le peuple se gouverne lui-même car il ne dispose pas des qualités requises. L'exercice du pouvoir demande une compétence, une technicité, une formation et des dispositions, une prudence, des loisirs, que le peuple ne possède pas. Cette vue très aristocratique de la société, défendue par des esprits comme Montesquieu, reconnaît en revanche au peuple un mérite : il est tout à fait apte à choisir des hommes, à désigner des représentants. Montesquieu affirmait : « *Le peuple est admirable pour choisir ceux à qui il doit confier quelque partie de son autorité* ».

Un autre argument de nature politique a renforcé les craintes à l'égard du Gouvernement direct. Celui-ci tend à conférer *une force irrésistible au point de vue de la majorité* qui peut être tentée d'exercer sa dictature sur la minorité. Qui ne ressent pas que la même décision n'a pas la même autorité selon qu'elle est prise par le peuple directement ou par une Assemblée ? La majorité des citoyens saura-t-elle respecter les droits et les intérêts de ses adversaires... ? En revanche, une Assemblée de représentants est présumée avoir plus de mesure, être plus raisonnable, moins démagogue, respecter mieux les libertés de la minorité que le peuple lui-même. Une distance s'établit où s'essoufflent les passions.

## B. Théorie de la représentation

**217.** Le *mandat* représentatif n'a rien de commun avec le mandat du droit civil.

### 1. Le mandat représentatif

**218.** Rappelons le principe : la Nation conserve la souveraineté dont elle délègue *l'exercice* aux représentants. Les assemblées qu'ils composent seront réputées agir pour la Nation elle-même.

Cette fiction entraîne deux caractéristiques importantes :

- Le représentant est *libre* de ses décisions. Les électeurs ne lui tracent pas de programme ; ils s'en remettent à lui pour discerner les meilleures solutions. *L'investiture donnée à l'élu est générale*, il n'a d'autre engagement que d'agir en conscience et, si ses opinions viennent à changer, ses électeurs ne peuvent le révoquer. La différence est nette avec le droit civil où le mandataire reçoit des ordres de son mandant, lui doit des comptes et peut être démis par lui. Ici il n'en est rien, il n'y a pas de *contrat* entre les électeurs et l'élu. Avec cette nuance cependant qu'au terme de ses fonctions l'élu peut se représenter devant ses électeurs ; en sollicitant de nouveau leurs suffrages, il s'expose à une sanction politique de sa gestion : sa non-réélection.

- Le caractère essentiel de la représentation en droit public tient au fait que *l'élu représente la Nation en son entier et non ses électeurs*, c'est là un corollaire du principe de la souveraineté nationale.

Certes, le territoire est divisé en circonscriptions, mais l'élu dispose d'une *investiture collective*. Il n'a pas de lien particulier avec les électeurs de sa circonscription. Il est l'élu de ceux qui ont voté comme de ceux qui se sont abstenus, de ceux qui ont voté pour lui comme de ceux qui ont voté contre lui, *des autres circonscriptions au même titre que de la sienne*. Selon la formule consacrée : il n'est pas élu *par* la circonscription mais *dans* la circonscription. La division du territoire en circonscriptions répond à une nécessité technique et n'a pas de portée politique puisque, on le sait, la souveraineté est indivisible.

Là encore la différence avec le droit civil est patente, puisque le mandat y crée par définition un lien entre le mandant et le mandataire.

La fiction du mandat collectif des parlementaires a soulevé nombre de difficultés dans notre histoire. En 1871, la perte des départements d'Alsace et de Lorraine ne s'opposait pas en droit strict à ce que les élus de ces circonscriptions continuent de siéger à l'Assemblée nationale. Ceux-ci pourtant présentèrent leur démission qui logiquement fut refusée à l'appel de V. Hugo disant : « *Nous, les représentants du reste de la France, nous sommes transitoires ; eux seuls sont nécessaires. La France peut se passer de nous, pas d'eux. À nous elle peut donner des successeurs, à eux, non.* » Mais ils préférèrent renoncer à siéger pour ne pas cautionner par leur vote la ratification du traité de Francfort qui les séparait de la France. La question se posa dans les mêmes termes en 1962 après la signature des accords d'Évian pour les parlementaires élus dans les départements algériens. La procédure fut plus brutale : en dépit des protestations de nombreux députés, il fut mis fin au mandat de ces élus par ordonnance du 3 juillet 1962.

Ces subtilités théoriques échappent largement aux électeurs et aux parlementaires. Ces derniers ont pris l'habitude de se comporter non pas tant en représentants de leur circonscription, mais comme *leur défenseur naturel*. Pour des raisons essentiellement électorales, ils multiplient les liens avec leurs électeurs. De leur côté, les citoyens considèrent l'élu comme « leur » député et attendent de lui qu'il prenne en main fermement leurs intérêts. Combien de députés sont prêts à sacrifier l'intérêt de leurs électeurs à l'intérêt général ? L'analyse de la représentation faite ci-dessus ne rend donc pas compte de la situation concrète dans la France d'aujourd'hui. Au surplus, le Conseil constitutionnel lui-même est hésitant. Dans une décision des 1-2 juillet 1986 (décis. n° 86-208 DC) il a qualifié le député comme étant l'« élu d'une circonscription », qui doit entretenir des « liens étroits » avec les électeurs, alors que dans une autre décision du 15 mars 1999 (décis. n° 99-410 DC) il a proclamé que chaque parlementaire « *représente au Parlement la Nation tout entière et non la population de sa circonscription* ».

## 2. La prohibition du mandat impératif en France

**219.** Le mandat impératif s'oppose au mandat représentatif.

Dans le mandat impératif le mandant trace précisément sa conduite au mandataire. La théorie du mandat en droit civil est alors transposée dans le domaine politique en ce sens que *les électeurs donnent des instructions à l'élu*, lui dictent ses votes, exigent qu'il rende des comptes et le révoquent s'ils en sont mécontents. Il s'établit ainsi un lien étroit entre l'élu et les électeurs de la circonscription, le premier perd toute initiative, devenant l'exécutant des vœux des seconds. Cette forme de mandat avait la faveur de J.-J. Rousseau et la France d'Ancien Régime l'a pratiquée pour la désignation des délégués aux états généraux.

*La Révolution devait consacrer le passage du mandat impératif au mandat représentatif.* Le règlement de convocation des états généraux du 24 janvier 1789 prohibait tout mandat. Cependant beaucoup de députés avaient reçu instruction de donner une Constitution au pays. Aussi le 17 juin se déclarèrent-ils réunis en « Assemblée nationale constituante ». Mais les cahiers de doléances, remis par les électeurs à leurs délégués aux États, exprimant des vues contradictoires sur le contenu de la Constitution, le roi déclara que ces dispositions impératives étaient inconstitutionnelles et elles furent proclamées nulles le 8 juillet par l'Assemblée elle-même. Le mandat impératif est écarté, le mandat représentatif est né.

Exclu des institutions françaises en 1789, le mandat impératif a été prohibé par la Constitution de 1791 (« *il ne pourra être donné aucun mandat aux représentants* ») et la loi organique sur l'élection des députés du 20 novembre 1875 était encore plus catégorique : « *Tout mandat impératif est nul et de nul effet* ».

Issue du principe de la souveraineté nationale, la prohibition a aussi pour but de protéger la liberté et la dignité de l'élu : il n'a pas d'ordres à recevoir. En outre, le mandat impératif n'est plus compatible avec le fonctionnement des Parlements modernes. Il est nécessaire de laisser de l'initiative aux députés pour éviter qu'ils ne reviennent constamment devant leurs électeurs pour demander leurs instructions.

**220.** *La prohibition du mandat impératif est en fait assez largement remise en cause* par les conditions actuelles de la vie politique.

- Lors des élections, tout d'abord les candidats font connaître leur programme, diffusent des *professions de foi* où ils s'engagent à prendre en charge après leur élection un certain nombre de revendications locales (et nationales). On sait le crédit qu'on peut accorder à ces déclarations, il n'en reste pas moins que le candidat se présente d'entrée de jeu aux électeurs comme leur défenseur statutaire dans l'assemblée où il siégera. On doit dire d'ailleurs que si le candidat affirmait qu'il ne se guidera que sur l'intérêt général sans souci de la situation locale, ce courage serait proprement suicidaire.
- Les relations de l'élu et de son parti posent aussi un problème. C'est le parti beaucoup plus que les électeurs qui choisit les élus : en présentant tel candidat dans une circonscription « sûre », on est certain de le faire

élire ou réélire. Ceci est particulièrement net, comme on le verra plus loin, dans les systèmes de représentation proportionnelle. Redevable de son siège à son parti, l'élu recherchera moins la volonté de la Nation qu'il n'appliquera les consignes du parti. Ce qu'il gagne en indépendance à l'égard de ses électeurs, il le perd en dépendance envers son parti. Lors des scrutins il sera assujetti à la discipline de vote qui l'emportera sur ses scrupules de conscience. D'ailleurs, certaines formations politiques, de gauche en particulier, ne sont pas opposées à la reconnaissance du mandat impératif qu'elles justifient par une exigence d'honnêteté à l'égard du corps électoral (et en réalité du parti).

## §3. La démocratie semi-directe

**221.** Elle consiste à introduire des éléments de démocratie directe dans le régime représentatif. Le peuple ne débat pas lui-même mais il intervient directement dans certaines décisions (peu nombreuses en pratique) ; les représentants partagent une partie du pouvoir avec le peuple. On est alors en présence d'un régime mixte dont la dominante est encore représentative, c'est pourquoi on parle aussi de régime semi-représentatif.

On ne peut présenter qu'une vue d'ensemble des techniques à travers lesquelles l'imagination des juristes s'est donné libre cours. La plus importante et la plus utilisée est le référendum, mais on commencera par exposer deux procédures plus exceptionnelles.

### A. Le veto populaire

**222.** ***Avec le veto populaire,*** *le peuple a le droit, et le moyen, de s'opposer à la mise en vigueur d'une loi votée par le Parlement*. La Constitution prévoit que les lois ne pourront être appliquées que passé un certain délai après avoir été votées (Suisse : 90 jours). On donne ainsi aux citoyens la possibilité de profiter d'un laps de temps pour examiner la loi et éventuellement s'insurger contre elle. Si un nombre déterminé de citoyens dépose une pétition en ce sens, la loi devra être soumise au référendum, tous les citoyens seront appelés à se prononcer sur elle. À l'expiration du délai, si aucune procédure de référendum n'a été engagée, la loi ne peut plus être contestée. Jusque-là le peuple dispose d'une *faculté d'empêcher*. L'application de la loi en est retardée, il faut donc prévoir des aménagements pour les cas d'urgence (délai abrégé, mise en œuvre à titre provisoire).

### B. L'initiative populaire

**223.** *Les citoyens obligent le Parlement à légiférer* dans un domaine déterminé. Ici aussi la procédure aura pour origine une pétition signée par un nombre minimum, fixé à l'avance, d'électeurs. Elle est susceptible de modalités variées : le Parlement peut être laissé libre de rédiger lui-même le texte dont il aura à débattre, la pétition ne fixant que son objet ;

au contraire les Chambres pourront être invitées à discuter d'un projet annexé à la pétition ; certaines constitutions vont jusqu'à prévoir qu'au cas de rejet du projet par le Parlement, un référendum devra être organisé, le peuple pourra ainsi désavouer ses représentants. De même, ceux-ci peuvent être entièrement court-circuités si le système permet de soumettre *directement* le projet au référendum ou de demander aux citoyens d'abroger une loi *en vigueur*.

Le principe représentatif est assez malmené par cette technique, puisqu'elle force les parlementaires à agir peut-être contre leur gré et qu'elle peut même les laisser à l'écart de l'élaboration de la loi.

## C. Le référendum

**224. Bibliographie.** – « Le référendum », *Pouvoirs* 1996, n° 77.

**225.** Le référendum consiste à soumettre un texte à l'approbation de l'ensemble des citoyens (on doit parler alors de « *votation* » et non d'« élection »).

### 1. Les formes de référendum

#### a. Les types de référendum

**226.** En théorie on distingue plusieurs types de référendum, la technique est la même, la signification change.

- *Référendum constituant, référendum législatif* : selon que le texte soumis au peuple est de nature constitutionnelle ou législative.
- *Référendum obligatoire, référendum facultatif* : selon que la réforme envisagée doit nécessairement être soumise au peuple (ainsi, en France, depuis la révision du 1er mars 2005, toute nouvelle adhésion à l'Union européenne, doit faire l'objet d'un référendum, sauf en cas de vote au Parlement à la majorité des trois cinquièmes) ou qu'elle aurait aussi bien pu être discutée par le Parlement et faire l'objet d'une loi ordinaire.
- *Référendum de ratification* (le plus fréquent) : on demande au peuple d'adopter définitivement un texte déjà voté par le Parlement ; il s'oppose au *référendum abrogatif* par lequel le peuple met fin à l'application d'un texte. La ratification peut porter sur un traité.
- *Référendum de consultation* : l'avis du peuple est sollicité sur le sens d'une réforme. Ce fut le cas en octobre 1945 lorsqu'on demanda aux Français s'ils voulaient revenir aux institutions de 1875 ou élaborer une nouvelle Constitution.
- *Référendum d'arbitrage* : en cas de conflit entre les pouvoirs publics, on demande au peuple de trancher.

### b. Distinction du référendum et du plébiscite

**227.** La distinction n'est pas toujours aisée car la procédure utilisée est la même ; ce sont des éléments extérieurs à l'opération référendaire qui permettront de considérer qu'on est en présence d'un plébiscite.

En principe dans le plébiscite il ne s'agit pas tant de se prononcer sur un texte que d'inviter le peuple à accorder plus ou moins implicitement sa confiance à un *homme*, de le confirmer dans son pouvoir. La façon de poser la question, le déroulement de la campagne – en particulier la liberté et l'égalité d'expression des opinions, les pressions éventuelles sur les électeurs, les arguments développés, les conditions de dépouillement du scrutin –, permettent de déterminer si on est en présence d'un référendum ou d'un plébiscite. Si la consultation apparaît comme un procédé destiné à asseoir un pouvoir personnel, son caractère plébiscitaire ne fera pas de doute. Dans les régimes où le pouvoir est personnalisé, tous les référendums s'exposent à l'accusation de plébiscite. Mais si les vaincus ont eu assez de liberté pour crier hautement au plébiscite, n'est-ce pas qu'il s'agissait vraiment d'un référendum ? On ne perd pas un plébiscite ; l'échec du général Pinochet au Chili le 5 octobre 1988 est exceptionnel et montre au moins que son régime n'était pas totalement dictatorial.

### c. L'initiative du référendum peut appartenir :

**228.** À l'exécutif : chef de l'État ou Gouvernement. Ainsi l'exécutif n'est pas soumis à la bonne volonté du Parlement.

- Aux citoyens : ici encore sur la base d'une pétition signée par un nombre minimum de citoyens. C'est le cas en Suisse (100 000 signatures pour le référendum constituant), en Italie (500 000 signatures).
- Au législateur : l'hypothèse est plus rare (ex. : la Hongrie et la Slovénie) car le référendum dessaisit le Parlement de son pouvoir naturel de faire la loi, c'est un *acte de défiance* à son égard. Cependant, il peut servir à la minorité du Parlement à en appeler au peuple : au Danemark, une demande présentée par un tiers des membres du *Folketing* peut déclencher un référendum et le peuple arbitre parfois en faveur de la minorité.

## 2. La pratique du référendum à l'étranger

**229.** Si certains pays sont très réservés à son égard, d'autres y recourent volontiers. Parmi les systèmes les plus réticents on peut classer :

- *La Grande-Bretagne*, qui lui a été longtemps hostile, par *fidélité au principe représentatif*. Une première brèche a été ouverte dans cette tradition en 1973 lorsqu'un référendum ne concernant que l'Ulster a été organisé. Plus significatif encore de l'évolution des esprits est le référendum, général celui-ci, qui eut lieu le 5 juin 1975 à propos de l'entrée de la Grande-Bretagne dans le Marché commun et où la réponse fut positive. Des référendums sur le renforcement de leur autonomie ont été organisés en 1997 en Écosse et au pays de Galles, en Irlande du Nord en 1998.

- *La Belgique* ne connaît pas le référendum (sauf en 1950 sur le retour du roi) car – et la réserve est valable pour d'autres États fédéraux (États-Unis, Allemagne, mais pas le Canada) – il risquerait de faire apparaître une opposition radicale entre Flamands et Wallons, mettant en cause la cohésion nationale.
- *L'Allemagne.* La Constitution de Weimar en 1919 le permettait et on l'accuse d'avoir favorisé la montée du nazisme. Aussi s'il figure dans la Constitution de 1949, il ne concerne que la restructuration du territoire fédéral, il n'a pourtant pas été utilisé en 1990 pour la réunification. On le trouve dans la Constitution de certains *Länder*.
- *La Scandinavie* où il est peu utilisé. Le Danemark y a eu recours pour la ratification du traité de Maastricht et l'entrée dans l'euro.

**230.** Dans d'autres États, il est au contraire d'utilisation courante :

- **La Suisse** constitue probablement l'exemple le plus remarquable de mise en œuvre du référendum. Celui-ci est possible en matière constitutionnelle comme en matière législative. Il existe au niveau national comme dans les cantons, l'initiative peut venir de ces derniers ou des citoyens ; le référendum est parfois obligatoire, il peut être abrogatif. On se contentera ici de souligner quelques traits intéressants :

  *Aspects techniques :*

  *En matière constitutionnelle* : le référendum est obligatoire pour toute révision constitutionnelle, mais l'initiative peut venir de 100 000 citoyens, leurs signatures doivent être recueillies en dix-huit mois. Le Parlement peut opposer un contre-projet, offrant ainsi un choix aux électeurs. Si le contre-projet donne satisfaction aux promoteurs de l'initiative, il n'y a pas lieu à référendum.

- *En matière législative* : 50 000 citoyens peuvent demander qu'un projet de loi soit soumis à référendum. La promulgation est alors suspendue pendant trois mois.

  *Aspects politiques :*

Les Suisses peuvent se prononcer par référendum sur les réformes institutionnelles, les choix politiques, *les problèmes de société.* C'est cette dernière utilisation qui retient le plus l'attention. On se prononcera sur l'immigration, la suppression de l'armée, la construction d'un garage souterrain, la rénovation d'un quartier, les manipulations génétiques, la politique nucléaire ou la construction de mosquées (2009)...

Depuis 2000, plus de 150 initiatives référendaires ont été lancées, dont 81 visent à amender la constitution fédérale, 48 concernent des dispositions législatives ; pour le reste, il s'agit de votations populaires obligatoires concernant des modifications constitutionnelles proposées par le Parlement.

La fréquence du référendum national d'*initiative populaire* entraîne une certaine saturation du corps électoral et *un abstentionnisme élevé* (autour de 42 % en moyenne ces dernières années). Est-il bon qu'un texte soit adopté, comme cela arrive, par 20 % du corps électoral ? C'est ce qui explique que dans d'autres pays (Pologne, Italie) le résultat n'est acquis que si une *participation minimum* a été atteinte : 50 % du corps électoral par exemple.

Mais alors les adversaires de la réforme, s'ils se savent minoritaires, ont intérêt à préconiser l'abstention. Supposons un corps électoral de 50 millions d'électeurs, 25 millions de votants au minimum sont nécessaires pour que la réforme soit adoptée, c'est ce qui arrivera si, par exemple, il y a 18 millions de « oui » et 10 millions de « non ». Si les partisans du « non » réussissent à persuader beaucoup de leurs amis de s'abstenir au lieu de voter « non » et que celui-ci n'obtienne que six millions de voix, la réforme échoue faute d'atteindre le quorum de 25 millions de votants.

Le référendum d'initiative populaire joue en Suisse dans un sens moins conservateur qu'on ne le dit généralement. La plupart du temps il trouve son origine dans de petits partis ou des groupements minoritaires qui, d'une part, se font connaître par la publicité que l'initiative donne à leurs thèses et à leurs revendications, mais, d'autre part, posent de vrais problèmes ignorés par le Parlement, ouvrent un débat public et font ainsi avancer les solutions (même si en général le référendum est un échec, neuf fois sur dix environ) (v. *infra* n° 505). Les référendums portent essentiellement sur le système gouvernemental, les relations avec l'Union européenne, les transports, la sécurité sociale, l'environnement et la santé. On relèvera cependant que référendum et démagogie ne vont pas toujours de pair. Ainsi le 11 mars 2012, les Suisses ont refusé un allongement des congés de quatre semaines à six semaines.

- **Aux États-Unis**, le référendum n'existe pas à l'échelle nationale, alors qu'il est d'usage courant dans beaucoup d'États fédérés (39), surtout dans l'Ouest, les États riverains de l'Atlantique étant plus fidèles à la tradition britannique favorable au système représentatif (v. *infra* n° 436).
- **En Italie**, coexistent et se combinent le référendum constituant et le référendum législatif, le référendum consultatif et le référendum abrogatif (mais non de ratification).

*Le référendum constituant* est inscrit dans la Constitution du 27 décembre 1947. Une loi de révision *peut* être soumise au référendum si elle a été adoptée par les Chambres sans réunir la majorité des deux tiers de leurs membres. Elle doit alors obtenir la majorité des suffrages exprimés pour pouvoir être promulguée. Le référendum doit être demandé par 500 000 électeurs ou un cinquième des membres d'une des Chambres, ou cinq conseils régionaux. Rare, il a été utilisé le 7 octobre 2001.

Devant l'hostilité du Parlement, le *référendum législatif*, prévu lui aussi dans la Constitution de 1947, a dû attendre le 25 mai 1970 pour que soit promulguée la loi déterminant ses modalités. C'est un référendum *abrogatif*, d'initiative populaire (500 000 électeurs ou cinq conseils régionaux), portant non pas sur l'adoption d'une loi mais sur sa suppression. Il n'est valable que si la majorité des électeurs a participé au vote. Pendant longtemps, jusqu'en 1986, ces consultations ont régulièrement échoué. Après quelques succès ensuite, la tendance s'est à nouveau inversée en 1997, où une série de consultations s'est soldée par des échecs faute de participation suffisante et encore le 28 mai 2000 (sept référendums le même jour).

Quant au *référendum consultatif*, il concerne la modification des circonscriptions territoriales.

## 3. Le référendum en France

### a. L'histoire

**231.** La tradition française est hostile au référendum, elle semble se méfier du peuple. Pratiqué pendant la Révolution et les Empires, il disparut ensuite pour réapparaître au lendemain de la Seconde Guerre mondiale.

- Plusieurs facteurs ont joué contre le référendum.
  - L'attachement au *régime représentatif* tout d'abord. Sous la Révolution, comme en 1875, le caractère représentatif du régime a été affirmé et une interprétation stricte en a été donnée, peu conciliable avec le recours à un procédé de démocratie directe. Sous la III$^{e}$ République, des propositions tendant à consulter les citoyens sur la séparation de l'Église et de l'État ou, en 1901, sur la liberté d'association, n'eurent pas de suite.
  - *Les souvenirs des plébiscites napoléoniens*, par ailleurs, ont terni longtemps l'image du référendum dans l'opinion et plus encore dans la classe politique. Passant par-dessus la tête des assemblées, ils ont été interprétés comme des coups de force contre les représentants élus de la Nation : « vous voyez bien que le peuple est avec moi ».
  - *Pour les partis politiques* il s'y ajoute le fait que le vote ne leur permet pas de mesurer leur force. L'influence de la position personnelle des élus dans leur circonscription est ramenée à peu de chose, le rôle des partis, de leurs états-majors surtout, est beaucoup plus réduit que dans les élections classiques. Ces raisons, pas tellement honorables, sont généralement inavouées et on préfère agiter l'épouvantail du pouvoir personnel et du plébiscite.
  - On peut ajouter un autre argument, qui n'est pas propre à la France, tenant au principe même du référendum. C'est une procédure du *« tout ou rien »*, le peuple n'a que la possibilité d'accepter ou de rejeter le projet qui lui est présenté. Aucun amendement n'est possible, pas plus qu'une dissociation des dispositions acceptables et de celles qui ne le sont pas. *Il ne crée pas un véritable dialogue* avec le peuple auquel il pose un ultimatum brutal. La démocratie requiert plus de nuances.
- Pourtant le référendum n'est pas absent de notre histoire constitutionnelle : 22 référendums nationaux ont été organisés depuis 1791.

En particulier le *référendum constituant* est d'usage relativement courant. Les Constitutions de 1793 et de l'an III, les Constitutions impériales, la Constitution de 1946, celle de 1958 comme la révision constitutionnelle de 1962, ont été approuvées par référendum. La même procédure a servi aussi à abroger en 1945 la Constitution de 1875. En matière législative, notre tradition est beaucoup plus réticente et jusqu'à la V$^{e}$ République le *référendum législatif* n'a pas eu cours, sauf en l'an III. Cependant sous la III$^{e}$ République, en France, l'instauration, souhaitée par certains, du référendum a été considérée comme un moyen pour remettre en cause la souveraineté, usurpée, du Parlement.

### b. Le système actuel

**232.** Dans la Constitution de 1958 (art. 3), le référendum est une procédure exceptionnelle. Une distinction est faite entre :

- le *référendum constituant* prévu à l'article 89 pour la révision de la Constitution, dont il a déjà été traité (v. *supra* n° 123 et s.). Il a été utilisé pour la première fois le 24 septembre 2000 ;
- le *référendum de consultation* : il découle implicitement de l'article 53 de la Constitution, il permet de rechercher le consentement de la population d'*une partie du territoire* sur son maintien dans la République ou sur l'accès à l'indépendance. Il a été utilisé à sept reprises entre 1962 et 1987 (Algérie, Djibouti, Mayotte...) et enfin en 1998 pour la Nouvelle-Calédonie (sur la base d'un article 76 nouveau, modifiant la composition traditionnelle du corps électoral de façon discriminatoire et parfaitement contestable). En 2021, pour la troisième et dernière fois, en application de l'accord de Nouméa, constitutionnalisé au titre XIII de la Constitution, les électeurs ont rejeté l'accession à l'indépendance, rendant ainsi caduques ces dispositions constitutionnelles. Enfin, en 2010, concernant le statut de Mayotte et de la Guyane ;
- le *référendum décisionnel local*, introduit aux articles 72 et 73 en 2003. Il a été utilisé en Corse, Guadeloupe, Martinique ;
- le *référendum législatif* prévu à l'article 11 qui a déjà été évoqué (v. *supra* n° 127) et sera principalement envisagé ici.

**233. L'objet du référendum législatif. –** L'article 11 prévoit quatre hypothèses dans lesquelles un référendum législatif *peut* (ou *doit*) être organisé :

- pour les projets de lois portant sur l'organisation des pouvoirs publics (v. *supra* n° 130) ;
- pour les *projets* de lois portant sur des *réformes relatives à la politique économique, sociale ou environnementale de la Nation* et aux services publics qui y participent (et donc à eux seuls, à l'exclusion des autres : défense, justice...). La formule retenue est fort imprécise et a été très critiquée à ce titre. Qu'englobe-t-elle ? Si elle n'autorise pas les référendums sur les problèmes de société (peine de mort, avortement, par exemple), la frontière n'est pas très nette. Ainsi cette question a été débattue à propos de la loi autorisant le mariage entre personnes de même sexe (2013). Si cette question a pu être considérée comme « sociétale », elle est aussi sociale au regard des dispositions du Préambule de 1946 relatives à la famille. Le référendum donne à l'exécutif un instrument lui permettant de passer par-dessus la tête d'un Parlement et d'une classe politique dont l'opposition conservatrice, ou corporatiste, bloquerait une réforme indispensable, en s'adressant directement au peuple ;

- pour la ratification d'un *traité* dont les dispositions auraient des incidences sur le fonctionnement des institutions (comme ce fut le cas, par exemple, pour le traité de Maastricht) ;
- pour tout projet de loi autorisant la ratification de l'adhésion d'un État à l'Union européenne. Le référendum est alors *obligatoire*, sauf vote du Parlement à la majorité des trois cinquièmes.

Le projet de loi constitutionnelle soumis à l'examen du Conseil d'État en juin 2019 avait prévu l'extension du champ du référendum aux « réformes relatives aux questions de société ». Si elle avait été adoptée, cette modification aurait élargi considérablement le champ du référendum. On pense, notamment, aux questions intéressant la famille, la fin de vie, la bioéthique...

Le domaine du référendum législatif est donc strictement délimité, *n'importe quel projet de loi ne peut être soumis au référendum.*

Rappelons qu'une loi référendaire n'est pas hiérarchiquement supérieure à une loi ordinaire, elle peut être modifiée par les Chambres, mais elle ne peut faire l'objet d'un contrôle de constitutionnalité.

**234. L'initiative du référendum législatif.** – *Elle appartient au président de la République sur proposition du Gouvernement ou des deux Chambres conjointement.*

- Le Gouvernement ne peut demander l'organisation de la consultation que *pendant la durée d'une session parlementaire*, les représentants élus de la Nation auront ainsi une tribune pour faire connaître au pays leur sentiment sur cette initiative et aussi pour tenter de renverser le Gouvernement par la censure, s'ils ne sont pas d'accord.

Le Gouvernement doit faire alors, *avant que le président de la République n'ait pris sa décision*, une « déclaration » devant chaque Chambre qui sera suivie d'un débat. Ce débat ne se clôt pas par un vote (ce qui évite que les électeurs ne désavouent ensuite leurs élus, si ceux-ci ont été défavorables au référendum et que le Gouvernement, passant outre, ne l'organise quand même), mais pourra être à l'origine du dépôt d'une motion de censure. Les parlementaires ont ainsi obtenu le droit à un dialogue avec le Gouvernement, lorsque le référendum intervient à l'initiative de celui-ci.

**Les référendums nationaux en France depuis 1958**

| | Inscrits | Votants | Exprimés | Oui | Non |
|---|---|---|---|---|---|
| 28 septembre 1958 Approbation de la Constitution | 26 603 464 | 22 506 850 | 22 293 301 | 17 668 790 | 4 624 521 |
| 8 janvier 1961 Politique algérienne (art. 11) | 27 184 408 | 20 791 426 | 20 196 547 | 15 200 073 | 4 996 474 |

| | | | | | |
|---|---|---|---|---|---|
| 8 avril 1962 Accords d'Évian (art. 11) | 26 991 743 | 20 401 906 | 19 303 668 | 17 508 607 | 1 795 061 |
| 28 octobre 1962 Élection du président au suffrage universel direct (art. 11) | 27 582 113 | 21 301 816 | 20 742 058 | 12 809 363 | 7 943 233 |
| 27 avril 1969 Régions et Sénat (art. 11) | 28 656 494 | 23 091 019 | 22 458 888 | 10 515 655 | 11 943 233 |
| 23 août 1972 Élargissement du Marché commun (art. 11) | 29 312 637 | 17 693 567 | 15 622 328 | 10 601 645 | 5 026 583 |
| 6 novembre 1988 Statut de la Nlle-Calédonie (art. 11) | 38 025 823 | 14 028 705 | 12 371 046 | 9 896 498 | 2 474 548 |
| 20 septembre 1992 Maastricht (art. 11) | 38 305 534 | 27 786 574 | 26 695 951 | 13 162 992 | 12 623 582 |
| 24 septembre 2000 Quinquennat (art. 89) | 39 941 192 | 12 058 688 | 10 118 348 | 7 407 697 | 2 710 651 |
| 29 mai 2005 Constitution européenne (art. 11) | 41 789 202 | 28 588 300 | 28 257 778 | 12 808 270 | 15 449 508 |

- Le président dispose du pouvoir discrétionnaire d'accepter ou de refuser le référendum qui lui est demandé par le Gouvernement ou par les Chambres, c'est l'un de ses « pouvoirs propres » (v. *infra* n° 749).
- *Les assemblées n'ont pas exactement l'initiative du référendum législatif*, puisque celui-ci ne peut être organisé, à leur demande, que sur un *projet de loi*, c'est-à-dire sur un texte élaboré par le Gouvernement. En outre, le Gouvernement dispose de la possibilité d'empêcher que les Chambres ne demandent un référendum, en refusant l'inscription d'une proposition en ce sens à leur ordre du jour, mais depuis la révision de 1995 son opposition peut être contournée (v. *infra* n° 872).

L'initiative parlementaire est assez peu plausible, les élus n'ayant guère de goût pour une procédure qui les dessaisit d'une de leurs attributions. Elle fut cependant tentée, sans succès, par le Sénat à propos de la liberté de l'enseignement en juin 1984 (s'agissait-il vraiment de l'« organisation des pouvoirs publics » ?) et par l'opposition de droite à l'Assemblée nationale en avril 1985, sur la loi électorale introduisant la représentation proportionnelle.

**235. Le référendum d'initiative partagée et le référendum local –** La procédure du référendum partagé, inscrite dans la Constitution en 2008, mais dont la mise en œuvre était conditionnée par l'adoption d'une loi organique qui n'interviendra que cinq ans plus tard (LO n° 2013-6114), permet à un cinquième des membres du Parlement de déposer une proposition de loi référendaire portant sur les mêmes objets que les référendums d'initiative gouvernementale et parlementaire, notamment, des réformes relatives à la politique économique, sociale ou environnementale de la Nation. La proposition est soumise au contrôle du Conseil constitutionnel qui veille, en particulier, à ce que la proposition ait bien un tel objet, qu'elle respecte la Constitution et qu'elle n'ait pas pour objet l'abrogation d'une disposition législative promulguée depuis moins d'un an. Si le Conseil constitutionnel donne son « feu vert », un processus de recueil des signatures des citoyens est engagé, il dure 9 mois et environ 4,8 millions de signatures sont requises. À supposer que ce chiffre soit atteint, le président de la République n'est obligé de soumettre la proposition au référendum que dans l'hypothèse où, dans un délai de 6 mois postérieurement à la validation par le Conseil constitutionnel des signatures, la proposition de loi n'a pas été examinée par les deux assemblées. Des verrous sont présents à toutes les étapes, un nombre de signatures considérables (10 % du corps électoral) et le fait qu'un simple examen de la proposition par les assemblées permette d'éviter le vote des citoyens par la voie référendaire. À cette course d'obstacles procédurale s'ajoute une jurisprudence très rigoureuse du Conseil constitutionnel. Seule une proposition, visant à faire de l'exploitation d'aéroport de Paris un service public national a franchi les grilles de la rue de Montpensier, sans cependant prospérer faute du nombre requis de signatures, quatre autres ont été « retoquées » par le Conseil constitutionnel. Notamment, deux propositions relatives à la fixation de l'âge de la retraite à 62 ans, ont été rejetées, le Conseil ayant jugé que leur objet ne visait qu'au maintien d'une disposition existante (décision 2023-4 RIP) et à une modification du taux d'une taxe existante (décision 2023-5 RIP) et qu'elle ne constituaient donc pas une réforme au sens de l'article 11 de la Constitution. Ainsi, non seulement la proposition ne peut contenir une disposition qui serait contraire à la Constitution, mais encore il doit s'agir d'une modification substantielle du droit existant à la date à laquelle le Conseil est saisi.

La mise en place d'un référendum local obéit à la même logique : des électeurs peuvent faire en sorte qu'un sujet soit débattu par l'assemblée locale. Il ne s'agit pas de faire de ces instruments de démocratie directe une alternative, même limitée, à la démocratie représentative, dans l'esprit de l'article 3 de la Constitution (« la souveraineté nationale appartient au peuple qui l'exerce par ses représentants et par la voie du référendum »), mais une faculté offerte à un certain nombre de citoyens de solliciter les institutions représentatives.

**236. La pratique du référendum. –** Dans la pratique de la Ve République, le référendum ne correspond pas toujours à une procédure d'adoption de la loi ou de ratification des traités. Il est devenu souvent un moyen pour le président de rechercher un soutien populaire à sa personne et à sa politique.

Cette transformation de l'usage du référendum est l'œuvre de De Gaulle. Le général était acquis à une utilisation régulière du référendum car il y trouvait un moyen pour le président de la République *de poser la question de confiance au peuple*, démarche non prévue par la Constitution de la part d'un président irresponsable politiquement, c'est-à-dire qui ne peut être renversé par le Parlement ou par le peuple pendant son mandat. Le pouvoir use, la légitimité reçue du peuple lors de l'élection s'éloigne, s'érode, au cours du long mandat présidentiel de sept ans à l'époque, le référendum sert alors à confirmer l'investiture initiale, à donner au président un « second souffle ».

- Cinq référendums furent ainsi organisés par **de Gaulle**. À des degrés divers, tous furent de véritables « appels au peuple », le général engageait la responsabilité politique du chef de l'État devant les électeurs, mettait sa démission dans la balance, et lorsque le pays ne le soutint plus – en 1969 –, logique avec sa conception du référendum, il se retira. Conçu comme une procédure de mise en cause devant le peuple de la responsabilité politique du chef de l'État, le référendum présentait des apparences plébiscitaires que les adversaires du général ne manquèrent pas de dénoncer. Pourtant les électeurs restaient libres de leur vote et les pressions – réelles – exercées sur eux étaient en définitive si peu insupportables qu'ils désavouèrent un jour de Gaulle. En même temps, de Gaulle n'aurait pas pu mener sa politique algérienne, l'imposer aux pieds-noirs et à l'armée, sans s'assurer le soutien du peuple par le recours au référendum. En outre il a été jusqu'à maintenant le seul président à engager *clairement* sa responsabilité lors des référendums.
- **G. Pompidou** organisa en 1972 une consultation sur l'élargissement de la CEE. Son succès fut mitigé et n'apporta pas au président la nouvelle légitimité souhaitée : 40 % d'abstentions, 7 % de bulletins nuls, 68 % de « oui » (soit 36 % seulement des inscrits).
- **F. Mitterrand**, rencontrant de grosses difficultés au début de l'été 1984, a cherché à élargir par une révision l'article 11 aux projets de lois portant sur les garanties des libertés publiques et à tirer profit, lui aussi, d'un référendum favorable (de l'art. 89) pour restaurer son image. Le Sénat fit échouer cette révision (v. *supra* n° 126).

En 1988, à l'initiative de M. Rocard, le président a organisé un référendum, sur le statut de la Nouvelle-Calédonie cette fois. Cette consultation est la plus conforme à l'esprit de la Constitution, celle où la manœuvre politique a été la moins patente, celle où le Premier ministre s'est le plus engagé et à laquelle le président s'est le moins intéressé, mais les électeurs se sont peu mobilisés.

Un autre référendum a été organisé en 1992 sur la *ratification des accords de Maastricht*. Le résultat a été incertain puisque la ratification n'a été acquise qu'à une majorité de 51,04 % des suffrages exprimés.

Le référendum constituant du 24 septembre 2000, sur l'*adoption du quinquennat*, ne peut être considéré comme un succès. Si le « oui » l'a emporté, la participation a à peine dépassé les 30 % et les bulletins nuls ont atteint le chiffre impressionnant de 16 % des votants.

Enfin, le référendum du 29 mai 2005, *sur la Constitution européenne*, s'est traduit par un échec : 55 % de « non », alors qu'il y a eu 70 % de votants.

En avril 2019, pour la première fois, 248 députés et sénateurs appartenant à l'opposition ont déposé une proposition de loi référendaire interdisant de procéder à la privatisation d'Aéroport de Paris, alors que le Parlement s'apprêtait à voter une loi autorisant une telle privatisation. Le Conseil constitutionnel (décis. n° 2019-1 RIP, 9 mai 2019) valide cette procédure. Cette décision est contestée, car elle tourne l'esprit de la procédure en permettant de faire obstacle à une décision en cours, cependant c'est très logiquement que le Conseil se prononce en ce sens alors que le vote de la loi est postérieur à la mise en œuvre de la procédure référendaire. Néanmoins, comme le constate le Conseil constitutionnel, le 26 mars 2020 (décis. n° 2019-1-8 RIP), cette proposition bien qu'elle réunisse plus d'un million de signatures, n'aboutit pas car elle n'est pas soutenue par un dixième des électeurs inscrits sur les listes électorales. Cet échec démontre le caractère vain de cette procédure, d'autant plus que les textes applicables ne prévoient pas l'organisation de débats publics. Une proposition présentée par 95 députés et 105 sénateurs visant à garantir « un accès universel à un service hospitalier de qualité » a été censurée par le Conseil constitutionnel (décis. n° 2021-2 RIP) car ses dispositions méconnaissaient le pouvoir réglementaire du Premier ministre, la procédure de recueil des signatures n'a donc pas été engagée.

**237. L'avenir du référendum législatif en France. –** Pourquoi cette utilisation si réticente du référendum depuis trente ans ?

- Il est certain tout d'abord que le libellé de l'article 11 est très restrictif et ne permet pas, comme en Suisse, *que le pays puisse être consulté sur les problèmes de société* (v. *supra* n° 233). Par ailleurs l'usage fait du référendum a profondément transformé sa signification. Soit, on l'a vu, que le président et le Gouvernement recherchent à travers lui une adhésion à leur politique, soit que les partis, et les électeurs, saisissent l'occasion pour manifester leur mauvaise humeur, leur défiance, à l'égard de l'exécutif. Cela a été très clair en 2005, où les oppositions à la Constitution européenne, se sont conjuguées avec les frustrations, les peurs et les mécontentements de tous bords, pour rejeter le projet gouvernemental.
- Le référendum du *24 septembre 2000* était un *référendum constituant* de l'article 89 C.

Sur un plan général, le référendum devient *profondément risqué pour l'exécutif*. L'ont montré celui dont le succès fut acquis de justesse en France en 1992 (aucun référendum n'a d'ailleurs été organisé sur le traité d'Amsterdam), l'échec de celui de 2005, ceux qui échouèrent en 1992 au Danemark, au

Canada, au Panama et en Suisse et encore en Irlande en juin 2001, aux Pays-Bas en 2005. Les Gouvernements s'exposent à provoquer contre eux une coalition disparate qui les mettra en minorité ; aux « non » à la question posée s'additionnent les « non » au pouvoir qui la pose (v. la Corse en juillet 2003). Pourtant, le référendum peut être un moyen de revivifier la démocratie en établissant un lien direct entre le vote des citoyens et la décision politique.

Les revendications du mouvement des « gilets jaunes » et portant sur le référendum d'initiative citoyenne (RIC) marquent la nécessité d'instiller des mécanismes de démocratie directe dans le système de démocratie représentative. On peut d'abord imaginer que, surmontant leur répugnance, les présidents de la République en appellent au référendum pour les révisions importantes de la Constitution ou pour les projets de loi relatifs aux « questions de société » les plus débattues. Par ailleurs, la procédure du référendum d'initiative partagée, dont la complexité marque la volonté de le rendre inapplicable, doit être révisée. Enfin, l'on peut imaginer la constitutionnalisation de la procédure du « RIC » pour les questions d'intérêt local.

## Section 3
## Les techniques de démocratie représentative

**238.** Une fois acquis le principe de la participation du peuple au pouvoir et précisées les limites de la démocratie directe ou semi-directe, il reste à s'interroger sur la façon dont sera mise en œuvre la démocratie représentative. Deux problèmes principaux se posent : comment seront choisis les représentants chargés de parler au nom du peuple ? Comment vont-ils travailler ? Il n'est pas concevable qu'ils s'expriment de façon isolée, les représentants doivent se regrouper, former des assemblées où les problèmes seront débattus et les décisions prises.

### §1. La désignation des gouvernants : l'élection

**239.** L'élection est la voie la plus fréquemment empruntée pour associer le citoyen au pouvoir, mais elle coexiste avec d'autres procédés de désignation des gouvernants, pas toujours démocratiques.

- *L'hérédité* a été historiquement le moyen le plus courant, et même le seul souvent, d'accéder au pouvoir. Si de nos jours les liens du sang ne donnent plus qu'exceptionnellement vocation juridique au pouvoir, on sait qu'en fait ils jouent un rôle important dans l'accès aux hautes fonctions publiques ou privées.
- *La cooptation* : les gouvernants eux-mêmes choisissent leurs collègues ou leurs successeurs. Toute intervention des citoyens est écartée dans

la dévolution du pouvoir, celui-ci est confisqué par un groupe ou une caste, la cooptation est la technique favorite des oligarchies.

- *Le tirage au sort* : les charges de l'État sont tirées au sort entre les citoyens. Sans doute est-ce le plus démocratique de tous les procédés de désignation des gouvernants. Certes Athènes l'a connu mais quel régime politique prendrait aujourd'hui le risque de jouer ainsi, jusqu'à ses conséquences extrêmes, le jeu de l'égalité entre les citoyens proclamé dans la Constitution ?

*L'élection* a aujourd'hui à peu près éliminé *en droit* ces procédés, ou les a réduits à un rôle mineur, elle fonde la démocratie représentative. Seule l'élection légitime véritablement le pouvoir. Elle est devenue un *rite* démocratique, la période électorale est un des *temps forts* de la vie politique.

Quels que soient ses défauts, qu'elle soit une « trahison », une « duperie », un instrument inadéquat de sélection des gouvernants, l'élection n'en reste pas moins une grande conquête dans la voie de la démocratie.

Écoutons Ch. Péguy : « ... *des hommes ont vécu sans nombre, héroïquement, saintement, des hommes ont souffert, des hommes sont morts, tout un peuple a vécu pour que le dernier des imbéciles ait le droit d'accomplir cette formalité truquée. Ce fut un terrible, un laborieux, un redoutable enfantement. Ce ne fut pas toujours du dernier grotesque* (...). *Ces élections sont dérisoires. Mais il y a une élection.* » (*Notre jeunesse*, La Pléiade, t. I, 517).

Comment justifier l'élection ? Il est dommage que la question soit si rarement posée. Si on a retenu ce procédé de sélection des gouvernants, c'est parce qu'on fait confiance au citoyen pour choisir par une démarche rationnelle, prenant en compte son propre intérêt et celui de la communauté, les plus aptes à gouverner la Cité. Il s'en faut de beaucoup que la réalité coïncide avec cette vision idéale. Au premier degré jouent des facteurs extérieurs auxquels la raison est tout à fait étrangère : l'apparence, la voix, le nom, le charme, le don de sympathie du candidat, sont des facteurs déterminants, et au second degré l'histoire personnelle de l'électeur, ses relations familiales ou professionnelles, etc. Des impulsions, des passions commandent les préférences électorales plus que la réflexion, les choix politiques sont rarement rationnels. Vaste problème – trop vaste pour n'être pas seulement évoqué ici – qui rejoint celui de la liberté. En définitive d'ailleurs, l'important n'est-il pas le large consensus dont l'élection bénéficie comme le meilleur moyen que l'on ait trouvé pour désigner les gouvernants ?

## A. Le droit de suffrage

**240.** Le droit de suffrage permet de donner son opinion sur le choix d'un homme (élection) ou sur une décision (référendum).

L'histoire du droit de suffrage s'analyse comme une évolution du suffrage restreint vers le suffrage universel. Mais le suffrage n'est jamais véritablement universel et, à supposer qu'il s'en rapproche, encore faut-il que le suffrage soit égal. Les résistances de toutes sortes qui se sont manifestées à l'égard du suffrage universel égal n'ont pas toutes disparu de nos jours.

## 1. Du suffrage restreint au suffrage universel

**241.** Le suffrage universel a été long à devenir un principe unanimement accepté et son histoire n'est pas linéaire, le droit de participer au vote était par exemple plus largement ouvert en France et en Angleterre au XV^e^ siècle qu'à la fin du XVIII^e^. Il a fallu attendre *la guerre de 1914* pour qu'il devienne le droit commun des sociétés occidentales.

### a. Le suffrage restreint

**242.** Avec le suffrage restreint le droit de vote est réservé aux individus possédant une certaine fortune ou présentant certaines capacités.

**243. Le suffrage censitaire. –** Il institue une limitation du droit de suffrage par l'argent ou la fortune. Particulièrement choquante pour nous aujourd'hui, cette sélection n'était pas ressentie comme telle aux XVIII^e^ et XIX^e^ siècles où le suffrage censitaire était généralisé. Son principe consiste à réserver le droit de vote – *l'électorat* – à ceux qui justifient le paiement d'un certain montant d'impôt, *le cens électoral*. Pour être *éligible*, il fallait payer un cens encore plus élevé. On peut être électeur, ou éligible, au niveau local sans l'être au niveau national.

Des justifications théoriques ont été avancées. La fortune allant souvent de pair avec l'instruction, le suffrage censitaire attribue le droit de vote aux citoyens *éclairés*. De même, n'est-il pas préférable de remettre le pouvoir de suffrage à des citoyens *responsables*, à des propriétaires ? Ceux qui votent sont à la fois ceux qui paient le plus d'impôt et ceux qui ont le plus d'intérêt à la prospérité générale, ils seront portés à élire les candidats les plus sages, les meilleurs gestionnaires. L'Encyclopédie elle-même proclamait « *c'est la propriété qui fait le citoyen.* »

En France, en dépit de l'affirmation de la Déclaration des droits de l'homme selon laquelle « *tous les citoyens ont le droit de concourir personnellement...* » à la formation de la volonté générale, la qualité d'électeur ne fut accordée en 1791 qu'aux individus payant un impôt équivalent à trois journées de travail. Une distinction était ainsi tracée entre *les citoyens actifs et les citoyens passifs*. En 1792 la Convention eut beau la supprimer et proclamer le suffrage universel, celui-ci connaissait encore quelques restrictions. Il a fallu attendre 1848 pour que la pratique coïncide avec la proclamation constitutionnelle ; jusque-là la France a vécu dans un régime de suffrage censitaire. Le cens eut même tendance à s'élever après 1791. Alors qu'il y avait environ 4 millions d'électeurs sous la Constituante, soit 16 % de la population, sous la Restauration le cens étant passé de 3 francs en moyenne à 300, le nombre d'électeurs fut réduit à 90 000 soit 0,30 % de la population française.

En Angleterre à la même époque le cens est à peu près équivalent : 10 livres, soit 250 francs-or. En 1831 on estimait que 4 % de la population avait le droit de vote et les Anglais durent attendre le suffrage universel jusqu'en 1918. Aux États-Unis, le système des taxes électorales, les *poll-taxes* a duré jusqu'au XXIV^e^ amendement à la Constitution en 1963.

Cette distinction d'un *pays légal* – qui pouvait voter – et d'un *pays réel* – comprenant aussi ceux qui ne votent pas – a profité incontestablement aux classes bourgeoises. Celles-ci se sont attribué le monopole de la désignation des représentants alors que les plus défavorisés étaient écartés des élections. En France ces restrictions finirent par être mal supportées. Charles X fut renversé en 1830 pour avoir proposé un système encore plus restrictif et la Révolution de 1848 fut pour une bonne part provoquée par le refus de Louis-Philippe d'élargir le corps électoral.

La question rebondit aujourd'hui dans les institutions internationales où les puissances riches s'insurgent contre l'obligation qu'on veut leur imposer de financer des mesures ou des opérations qui sont votées, contre leur avis, par une majorité de pays qui ne contribuent que faiblement, ou pas du tout, à leur financement.

**244. Le suffrage capacitaire. –** La sélection ici n'est plus fondée sur la fortune mais sur l'instruction. Le suffrage est réservé aux titulaires de certains *diplômes*, ou de certaines *fonctions*.

Si dans son principe il se rapproche du suffrage censitaire par son souci de réserver le droit de vote à une minorité de citoyens qualifiés, le suffrage capacitaire n'a pas connu la même extension et apparaît surtout comme *un correctif du premier*. Le diplôme après l'argent devient une valeur bourgeoise. En France, sous la monarchie de Juillet, les membres de l'Institut et les anciens officiers, par exemple, accédèrent à l'électorat.

Dans certains pays, le droit de suffrage requiert plus simplement la connaissance de la lecture et de l'écriture (France, Constitution de l'An III), ou encore la capacité à expliquer un passage de la Constitution. Aux États-Unis une formule de suffrage capacitaire fut imaginée pour tourner le XV$^{e}$ amendement à la Constitution qui interdisait les restrictions du droit de vote fondées sur la race ou sur la couleur. Certains États, désireux de restreindre le *suffrage des Noirs*, insérèrent dans leur législation électorale la clause dite « du grand-père ». Les citoyens qui ne pouvaient prouver qu'ils descendaient de quelqu'un qui était électeur en 1867 – époque où les Noirs ne votaient pas – devaient, pour obtenir le droit de vote, passer un examen démontrant qu'ils savaient lire et écrire. La Cour suprême déclara en 1915 que cette restriction était inconstitutionnelle.

## b. Les limites du suffrage universel

**245.** On pourrait penser qu'on est en présence d'un système de suffrage universel lorsque l'électorat ne dépend d'aucun cens, examen, diplôme ou fonction. Pourtant le suffrage *n'est jamais entièrement universel* : en France il y a environ 41 millions d'électeurs sur 62 millions d'habitants, soit 70 % seulement de la population. Il existe toute une série de limitations matérielles ou juridiques de portée variable selon les pays, qui montrent que le suffrage ne *peut* jamais être universel. Certaines ont été, ou sont encore, au cœur de débats politiques aigus. En outre, tous les citoyens ne s'inscrivent pas sur les listes électorales, manifestant ainsi leur peu d'intérêt pour cette forme de participation à la vie politique. On évaluait en 1995 en France leur nombre à 7,3 % du corps électoral potentiel, soit près de 3 millions de citoyens !

**246. Le vote des femmes.** – L'un des moindres paradoxes de la matière n'est-il pas qu'on ait considéré le suffrage comme universel alors même que les femmes ne pouvaient voter ? En réalité, pendant longtemps, le problème ne se posait même pas, on n'avait pas idée que les femmes puissent voter. Elles n'avaient pas à se mêler de la vie publique qui était une affaire d'hommes. Pourtant au Moyen Âge en France, les femmes pouvaient participer aux assemblées électorales.

Les femmes elles-mêmes acceptaient sans trop de révolte cette situation. Madame de Staël écrivait au début du XIXe siècle : « *on a raison d'exclure les femmes des affaires publiques et civiles ; rien n'est plus opposé à leur vocation naturelle que tout ce qui leur donnerait des rapports de rivalité avec les hommes et la gloire elle-même ne saurait être pour une femme qu'un deuil éclatant du bonheur.* »

À partir du moment où les femmes étaient civilement incapables (s'agissant par exemple de l'exercice d'une profession ou en matière contractuelle) il n'était pas illogique que le droit de vote ne leur soit pas attribué. Inadmissible au regard des conceptions qui sont les nôtres aujourd'hui, la première situation engendrait la seconde.

Le premier État à avoir donné le droit de vote aux femmes est le Wyoming aux États-Unis en 1869. La Finlande l'adoptait en 1906, la Grande-Bretagne en 1918, les États-Unis l'ont généralisé en 1920. La France fut en 1944 (avec l'Italie en 1945) le dernier grand État du monde à l'accepter. En Suisse, aucun canton n'exclut plus les femmes. Le Koweït a levé en 2004, pour l'avenir, l'exclusion des femmes du droit de vote.

**247. L'introduction de la parité en France.** – Ce n'est pas un problème d'électorat mais d'éligibilité effective des femmes. Depuis quelques années l'idée était régulièrement avancée, en France, de réserver un quota aux femmes dans les assemblées, pour y accroître la représentation féminine. Pendant un temps on avait proposé de fixer à 20 ou 25 % la proportion de femmes sur les listes de candidats et en 1982 on avait tenté de réaliser cette réforme par la voie législative. Le Conseil constitutionnel devait estimer que toute distinction entre les candidats en raison de leur sexe était contraire au principe d'égalité et donc inconstitutionnelle. Les partisans de la réforme n'ont pas désarmé et ont fait campagne, avec succès en 1999, pour que le principe de la parité entre les hommes et les femmes soit inscrit dans la Constitution, la règle est aujourd'hui la suivante : pour les scrutins de liste (v. *infra* n° 271) la différence du nombre de candidats de chaque sexe ne peut être supérieure à un, une alternance est imposée pour que toutes les femmes ne se retrouvent pas en fin de liste. Pour les scrutins uninominaux (v. *infra* n° 271), des pénalités financières (réduction des subventions) ont été créées pour que chaque parti soit incité à présenter autant de candidates et de candidats. Le résultat n'a guère été probant aux législatives de 2002 : 71 femmes sont devenues députés, soit 9 de plus qu'en 1997 ! En revanche, elles sont 224 en 2021.

Sur le plan des principes, l'innovation apparaît comme critiquable, mais elle a eu pour effet positif de contribuer à combler un réel déficit de participation des femmes à la vie politique. Elle peut même être considérée, comme a pu le dire une élue à l'Assemblée nationale, « *insultante pour les femmes* ». Elle laisse entendre qu'elles ne seraient pas en mesure de se faire élire sur leurs seules capacités. Et il est vrai qu'il faut laisser l'électeur libre de choisir les meilleurs pour le représenter, sans considération de sexe, d'âge, de couleur, de religion...

L'introduction de tels dispositifs en matière de responsabilités professionnelles et sociales, telle que permise par la loi constitutionnelle du 23 juillet 2008, remet en cause plus gravement encore le principe d'égalité « à la française » en permettant de faire prévaloir le « genre » sur les capacités et les talents, ce à quoi s'était opposé le Conseil constitutionnel (décis. nº 2007-551 DC).

**248. La majorité électorale. –** Un minimum de maturité, de conscience civique et politique, est indispensable pour pouvoir prétendre à participer aux élections. Aussi dans tous les pays existe-t-il un âge minimum au-dessous duquel les enfants et les adolescents ne sont pas électeurs.

Normalement, la majorité politique coïncide avec la majorité civile. On constate depuis quelque temps une tendance à l'abaissement de l'âge requis pour être électeur, ce qui entraîne un rajeunissement du corps électoral ; en Iran : 15 ans.

Les jeunes citoyens mettent parfois peu d'empressement à s'inscrire sur les listes électorales, aussi cette inscription est-elle devenue automatique en France depuis 1997, lorsque l'âge de 18 ans est atteint. Cette mesure est contestable : une acquisition de la citoyenneté-électorat devrait découler d'une démarche responsable ; rien ne prouve d'autre part que les nouveaux inscrits prendront part au vote, ce qui augmentera le pourcentage des abstentions avec les conséquences importantes qui en découlent souvent (v. *infra* nº 898).

Le vote des jeunes électeurs se répartit à peu près comme celui de leurs aînés entre les partis politiques.

En outre, en France, en cas d'égalité de voix c'est le plus âgé qui est élu ; au scrutin de liste, la liste dont la moyenne d'âge est la plus élevée.

**249. La nationalité. –** Les *étrangers* n'ont pas en général le droit de vote aux élections politiques : le « citoyen » c'est le « national ». Le droit de suffrage, droit civique, est réservé aux nationaux. Il n'en a pas toujours été ainsi puisque pendant la Révolution, en France, certains étrangers purent participer aux élections. *L'exclusion des étrangers est partiellement remise en cause aujourd'hui*. Un mouvement en faveur de leur participation aux élections professionnelles, ou locales, a obtenu des résultats concrets non négligeables dans les États d'Europe occidentale (en Scandinavie en particulier). En France, l'idée d'admettre les étrangers aux élections municipales est aussi accueillie avec faveur dans certains milieux, de gauche en particulier. Fondée sur des préoccupations éthiques – droit pour les travailleurs émigrés de participer à la gestion d'une société qu'ils enrichissent par leur travail – cette revendication n'est pas exclusive de toute arrière-pensée politique, les partis supputant le profit qu'ils pourraient tirer d'un élargissement du corps électoral.

Le *traité de Maastricht*, instituant une « citoyenneté européenne », prévoit la participation aux élections municipales des étrangers originaires de l'Union et résidant en France. *La révision de 1992 a constitutionnalisé ce droit*. Une loi organique, du 25 mai 1998 a entériné cette ouverture. Les étrangers, citoyens de l'Union, sont ainsi *éligibles* dans les conseils municipaux mais ils ne pourront intervenir dans les élections sénatoriales (v. *infra* n° 858), ni être maires ou adjoints. Si le droit de vote est accordé de façon si parcimonieuse, c'est en partie parce qu'on craint que les individus qui ont conservé des liens avec un État étranger, dont ils ont la nationalité, ne soient pas assez libres dans l'exercice de leur droit de suffrage, qu'ils soient sensibles à des influences ou pressions venues de l'extérieur. En outre dans certaines communes les étrangers peuvent être majoritaires, ou proches de l'être. De toute façon, les étrangers ont fait preuve de peu d'empressement pour se faire inscrire sur les listes électorales. Il n'en reste pas moins que, pour les élections politiques, le lien entre la citoyenneté et le droit de suffrage est une conséquence de la démocratie.

La révision de 2003 a fait une distinction condamnable entre les Français en Nouvelle-Calédonie, en exigeant dix ans de résidence pour voter. Mais la Cour de Strasbourg l'a admis en raison des « nécessités locales ».

**250. Le passé judiciaire. –** Les individus qui ont été condamnés pour des infractions graves sont souvent privés du droit de vote, ils en sont « indignes ». Considérés comme de *mauvais citoyens*, ils sont exclus du corps électoral. Un temps ou à vie.

*En France*, depuis 1994, le principe est que *seule une décision de justice peut priver du droit de vote*; cette sanction n'est donc pas automatique, le juge apprécie au cas par cas si le justiciable la mérite. Par exemple, 8 879 personnes ont été exclues du corps électoral au total pour l'année 1998. L'amnistie, en effaçant la condamnation, relève de l'incapacité électorale.

**251. Les malades mentaux. –** Un minimum de discernement devrait être requis pour exercer le droit de suffrage. Cependant, depuis 2019, les majeurs en tutelle peuvent voter.

### c. Critique du suffrage universel

**252.** Longtemps on a considéré que la démocratie se réalisait dans le suffrage universel. Il répondait à une aspiration de dignité pour l'homme, pour le citoyen, et on lui attribuait des vertus quasi miraculeuses pour le choix de ceux qui seront chargés de la conduite des affaires de la Cité, la sagesse de leurs décisions et le développement de la prospérité et de la justice sociale. Le suffrage universel a pris valeur de *mythe*.

Avec le recul du temps, on s'aperçoit qu'il a joué un rôle *d'intégration* de l'individu à la société, au système politique, au détriment des forces de contestation. Les revendications ont dû passer par son canal d'autant plus nécessairement qu'il apparaissait comme la voie d'expression normale et légitime des volontés de la Nation. Combiné au régime représentatif son effet a été *conservateur*, il a fait désavouer les minorités agissantes par les masses populaires (longtemps paysannes) éprises de stabilité. *Jamais en France le suffrage universel n'a changé le régime.* Il favorise les notables dont il sert à son tour à *légitimer* le pouvoir.

En même temps, le mythe du suffrage universel repose sur le principe de l'égale dignité d'individus fondamentalement inégaux par leurs connaissances, leurs aptitudes intellectuelles, leur souci de l'intérêt général. En théorie que l'électeur soit illettré, inculte ou stupide importe peu, si son choix individuel lors de l'élection peut être mauvais ou absurde, le corps électoral en masse ne se trompe pas, une décision est bonne puisqu'elle a été prise dans des formes démocratiques. En ce sens plus le suffrage est universel, meilleures seraient les décisions prises. Pourtant la démocratie suppose un minimum d'éducation et de conscience politiques sans lesquelles ses procédures peuvent dissimuler tous les despotismes. Le phénomène est patent dans les sociétés en voie de développement. Les élections y constituent souvent une parodie de consultation démocratique en raison du manque de maturité, de formation, de liberté du corps électoral. Démagogie, manœuvres, pressions s'y ajoutent pour conférer aux gouvernants les apparences d'une assise populaire précieuse sur la scène internationale. Comment oublier que le suffrage universel a légitimé Hitler, Staline, Mao..., pour ne parler que des morts.

On a aussi fait remarquer que dans les régimes représentatifs occidentaux, la volonté nationale telle qu'elle est censée s'exprimer à travers des votes du Parlement est souvent la résultante du choix d'une faible minorité. Le représentant n'est souvent l'élu que d'une petite partie des habitants de sa circonscription : il faut tenir compte de ceux qui n'ont pas le droit de vote, de ceux qui ne l'exercent pas et de ceux dont les suffrages se sont portés sur ses adversaires. De plus, les circonscriptions sont parfois très inégales et le nombre des électeurs y variera dans de grandes proportions. Enfin au Parlement les décisions sont prises souvent à quelques voix de majorité. Au total bien des lois sont approuvées par des élus qui ont été investis par 20 %, et même moins, de la population. On pourra parler alors de la « minorité gouvernante ».

Enfin il ne faudrait pas oublier que le suffrage universel n'est pas admis partout (Arabie Saoudite, Libye).

Les limites et les dangers du suffrage universel n'en condamnent pas le principe, en faveur d'un retour au suffrage restreint. Leur connaissance permet seulement de souligner qu'il n'est pas une potion magique permettant de réaliser l'idéal démocratique.

On relèvera enfin que la procédure du tirage au sort pour désigner les représentants du Peuple, parfois suggérée, serait profondément contraire au principe démocratique qui implique le choix de l'électeur entre plusieurs projets politiques qui lui sont soumis.

## 2. Du suffrage inégal au suffrage égal

**253.** En bonne logique démocratique, le poids de chaque citoyen doit être égal à celui de chacun des autres citoyens lors de l'élection. « One man, one vote » : *un homme, une voix* ; le principe ainsi formulé par les Anglo-Saxons a une portée universelle. Pourtant il a été remis en cause directement en droit ou indirectement dans les faits.

### a. Les inégalités juridiques

**254.** Elles peuvent prendre deux formes :

- *Le vote multiple* qui permet au même individu de voter dans plusieurs endroits : au lieu de son domicile, de son activité professionnelle, là où il est contribuable. Cette formule est assez rare. Un citoyen français ne peut être inscrit dans plusieurs circonscriptions.
- *Le vote plural* : l'électeur dispose de plusieurs voix. Ce système permet par exemple de favoriser les citoyens les plus fortunés, ceux qui possèdent certains diplômes, ou les chefs de famille nombreuse. C'est sous cette dernière forme, celle du *suffrage familial*, qu'il a été le plus souvent proposé : le chef de famille disposerait d'autant de voix qu'il y a de personnes à son foyer.

Le vote plural n'a jamais été admis en France et le Conseil constitutionnel, dans une décision du 17 janvier 1979, l'a déclaré inconstitutionnel. Il a existé en Grande-Bretagne jusqu'en 1948.

### b. Les inégalités de fait

**255.** Si chaque électeur ne dispose que d'une voix, celle-ci peut en pratique avoir un poids très variable d'un électeur à l'autre.

*L'inégalité des circonscriptions* explique cette différence.

Peu d'élections en effet se déroulent - comme le référendum en général ou, en France, les élections au Parlement européen (avant 2004) - à l'échelle du territoire national considéré comme une seule circonscription. Normalement le territoire est divisé en circonscriptions qui désignent un ou plusieurs élus.

Le découpage des circonscriptions doit tendre à réaliser l'égalité de la représentation en ce sens que tous les élus doivent représenter un nombre aussi égal que possible d'habitants (et non d'électeurs). Cet idéal n'est pas réalisable en pratique, ne serait-ce qu'en raison des variations naturelles de population. Quel que soit le soin apporté au découpage, les inégalités sont inéluctables et ont tendance à s'aggraver avec le temps. Un élu pourra donc être désigné par 2, 3, 4 fois plus d'habitants qu'un autre. Ainsi, lors des élections législatives de 2002 en France, la 12e circonscription du Val d'Oise avec 188 200 électeurs et la 2e de la Lozère avec ses 34 374 électeurs, envoyèrent chacune un député au Palais Bourbon.

L'un des aspects de cette situation est que les électeurs ruraux sont généralement favorisés par rapport aux circonscriptions urbaines.

En Grande-Bretagne, jusqu'en 1884 existaient des « *bourgs pourris* » ou « bourgs de poche », circonscriptions vidées d'une grande partie de leurs électeurs par l'exode rural. Manchester avec 450 000 habitants n'avait pas de représentant alors que des bourgs avec 20 habitants en avaient un ! Les candidats fortunés en achetant les voix d'un petit nombre d'électeurs pouvaient assurer leur élection.

Des *adaptations périodiques* du nombre et des limites des circonscriptions sont donc indispensables. Ces modifications sont souvent détournées de leur but, l'autorité compétente pour y procéder - Gouvernement ou Parlement - en usant dans un sens qui lui est favorable, créant d'autres inégalités. En France le Conseil constitutionnel s'est efforcé d'imposer des règles précises à ce découpage. À l'intérieur d'un même département, l'inégalité de population entre les circonscriptions ne devrait pas dépasser 20 % ; or dans 62 départements, cette règle n'est pas respectée.

La loi constitutionnelle du 23 juillet 2008 prévoit l'intervention d'une commission indépendante pour veiller au respect de l'équilibre dans le découpage des circonscriptions, qui résulte d'une exigence constitutionnelle (CC, décis. n° 2008-563 DC).

La forme la plus connue de ce détournement de procédure est le « *Gerrymandering* », (contraction du nom du gouverneur du Massachusetts qui y recourut en 1812 et du nom anglais de la « salamandre », dont certaines circonscriptions prenaient la forme). On peut en donner un exemple simple. Supposons deux circonscriptions, la première (I) groupe 50 000 électeurs dont 30 000 votent régulièrement pour le parti A et 20 000 pour le parti B ; dans la seconde (II), sur les 80 000 électeurs 20 000 votent pour A et 60 000 pour B. Il apparaît aussi que dans la circonscription II les électeurs du parti B sont majoritaires dans tous les bureaux de vote, mais que leur force est écrasante dans certains villages ou dans certains quartiers. En détachant de II une partie de son territoire où vivent 20 000 électeurs dont 17 000 votent pour B et 3 000 pour A, et en le rattachant à I, on permet au parti B d'enlever le siège de I (A : 30 000 + 3 000 = 33 000, B : 20 000 + 17 000 = 37 000) sans perdre celui de II. On peut aussi priver, de cette façon, de représentation des minorités (raciales ou religieuses) dont l'implantation est localisée.

## B. L'organisation du scrutin

**256.** Intervenant à date fixe, ou organisée de façon inopinée, tout scrutin soulève un certain nombre de problèmes techniques. On se référera ici le plus souvent aux élections au Parlement, mais la plupart des développements sont valables pour toutes les élections.

### 1. Les candidatures

#### a. La liberté des candidatures : les solutions françaises

**257.** En principe la candidature est libre, mais en pratique une série de limitations font que tout le monde ne peut pas être candidat.

### α. *Les inéligibilités*

**258.** Les restrictions à l'électorat se doublent de restrictions à l'éligibilité. On retrouve les conditions d'âge, de résidence, d'absence de condamnation, etc. auxquelles s'ajoutent des interdictions spécifiques destinées à garantir la sincérité et la tranquillité du scrutin : le préfet, le chef de la région militaire, le premier président de la cour d'appel... sont inéligibles dans la circonscription où ils exercent leurs fonctions. La liste des *inéligibles* varie selon le type de consultation : nationale, cantonale, municipale...

Si un candidat inéligible parvenait à se faire élire, son élection serait *invalidée* par le juge. La ratification populaire ne couvre pas l'inéligibilité.

### β. *Les incompatibilités*

**259.** Des incompatibilités peuvent s'opposer à ce que l'élu exerce son mandat. Aucun empêchement légal n'existe à sa candidature, mais, s'il est élu, ses fonctions électives ne sont pas conciliables avec des activités qu'il exerce d'autre part. Des conflits pourraient apparaître entre les intérêts divers dont il a la charge, il est préférable que d'emblée il choisisse pour se consacrer à la défense de certains seulement. En France, la liste des incompatibilités est dressée pour chaque type d'élection par le Code électoral. Ainsi on ne peut être à la fois député et sénateur, un député ne peut non plus avoir une activité rémunérée par un Gouvernement étranger, un parlementaire ne peut être administrateur d'une entreprise subventionnée par l'État, un préfet ne peut siéger dans un conseil municipal. Parmi les fonctionnaires, les seuls pratiquement à pouvoir cumuler leurs fonctions et un mandat parlementaire sont les professeurs de l'enseignement supérieur. Une conception trop extensive des incompatibilités pourrait conduire à une professionnalisation de la vie politique.

En France, la loi organique n° 2014-125 du 14 février 2014 pose le principe de l'interdiction du cumul des fonctions d'exécutif local (par ex. président et vice-président de conseil régional, maire...) avec le mandat de député ou de sénateur. Cette même loi ajoute à la liste des fonctions incompatibles celles de dirigeants de certaines entreprises privées ou établissements publics ; mais ces dispositions ne s'appliqueront aux parlementaires qu'à compter d'un renouvellement de l'assemblée à laquelle ils appartiennent, suivant le 31 mars 2017. Au-delà, un véritable renouvellement de la classe politique pourrait résulter d'une limitation du nombre de mandats successifs (par ex. trois, soit quinze ans pour les députés, dix-huit ans pour les maires et les sénateurs).

L'incompatibilité oblige l'élu à choisir entre ses fonctions, ce qui pour un fonctionnaire par exemple pourra se traduire par une mise en congé. L'élu dispose pour cela d'un certain délai à l'expiration duquel s'il n'a pas manifesté sa volonté, l'élu pourra être déclaré démissionnaire d'office de son mandat électif.

#### b. L'acte de candidature

**260.** Faut-il astreindre les candidats à une formalité qui officialise leur candidature ? Pourquoi serait-il nécessaire de faire acte de candidature pour être élu ?

Là encore il n'y a pas de règle générale. La loi peut prévoir qu'une candidature devra être déposée dans telles formes, dans tel délai, peut-être même avec dépôt d'une caution de tel montant (pour éviter les candidatures fantaisistes). Ces règles clarifient la situation et permettent une meilleure organisation de la campagne.

### 2. La campagne électorale

**261.** On doit assurer l'égalité entre les candidats et la régularité de leur affrontement. La campagne se déroule selon des règles préfixes et les pouvoirs publics, tout en restant neutres, garantissent son bon déroulement.

#### a. Le financement de la campagne électorale

**262.** Une campagne aux élections nationales, et même locales, coûte cher. Les voyages, affiches, tracts, réunions publiques, bulletins électoraux, frais de l'équipe qui entoure le candidat, constituent des charges très lourdes. Celui qui dispose des moyens financiers les plus importants est favorisé. Comment rétablir l'égalité des chances ?

Aux États-Unis, en Allemagne et en Italie des règles plafonnent le montant des dépenses électorales, organisent un financement public des campagnes ou des partis (calculé d'après le nombre de voix ou de sièges obtenus), pouvant aller jusqu'à 50 % des ressources de ces derniers, autorisant des déductions fiscales pour les dons des particuliers...

En France des lois de 1988, 1990 et du 19 janvier 1995 ont tenté de moraliser, en particulier par l'introduction d'un financement public, les campagnes des élections présidentielles, législatives et européennes (v. *infra* n° 708 et n° 855).

#### b. La neutralité du pouvoir et le problème de la radio et de la télévision

**263.** En démocratie les pouvoirs publics doivent rester neutres en face de l'opération électorale. La pratique montre cependant que le Gouvernement dispose de multiples procédés plus ou moins occultes pour aider les candidats proches de lui. L'Administration, ses hommes et ses moyens matériels, peuvent leur apporter un concours appréciable et discret. Cela se fait partout avec plus ou moins d'ampleur et de scrupules.

Une difficulté supplémentaire apparaît dans les pays où la *radio et la télévision* sont en tout ou en partie entre les mains de l'État. En France, des textes organisent l'égalité (ou l'équité) des candidats devant la radio et la télévision pendant les campagnes électorales nationales. Pour les élections présidentielles le respect de ce principe est placé sous la surveillance très pointilleuse d'une *Commission nationale de contrôle,* dont la compétence se combine avec celle de l'Autorité de régulation de la communication audiovisuelle et numérique (ARCOM).

Aux États-Unis, les candidats achètent des heures d'antenne et la limitation des fonds qu'ils peuvent utiliser aboutit à un équilibre relatif entre eux.

Il n'en reste pas moins que l'Internet et les réseaux sociaux contribuent à limiter la portée de telles règles.

## 3. Le déroulement du scrutin

**264.** Le vote est libre, encore faut-il assurer la régularité et la sincérité du scrutin.

### a. Vote facultatif et vote obligatoire

**265.** L'abstentionnisme est le refus par le citoyen d'exercer son droit de vote. S'il est important, il produit un effet indirect : il met en cause la représentativité de l'élu ou la légitimité de la décision (référendum).

En réaction, plusieurs pays (Belgique, Italie, Pays-Bas, Australie, Brésil) ont institué le *vote obligatoire* et il est périodiquement question d'y recourir en France. Cette mesure se révèle assez efficace mais laisse toujours subsister un abstentionnisme résiduel (24,9 % en Italie en 2001). En effet, le refus de voter ne peut être sanctionné trop lourdement, aussi l'amende prévue ne gêne-t-elle pas ceux décidés à ne pas voter. Tant que la participation électorale s'établit à un niveau satisfaisant, il n'y a pas de raison de rendre le vote obligatoire. Par ailleurs, rendre le vote obligatoire vise plus à traiter les symptômes de la désaffection des électeurs que ses causes.

### b. Vote public et vote secret

**266.** Le secret est la *garantie de la liberté* du vote. Pourtant les arguments avancés en faveur du vote public ne sont pas déshonorants. Un citoyen libre n'a pas à dissimuler ses opinions, il assume ses responsabilités en votant publiquement, il manifeste la fermeté de son caractère ; Montesquieu y était favorable. Ces belles idées, ne résistent pas à l'évocation des pressions, des tentations, voire des représailles auxquelles le vote public expose l'électeur. Aussi ne le rencontre-t-on que dans les sociétés autoritaires.

La tradition française est favorable au vote secret, le principe a été constitutionnalisé en l'an III : « *Toutes les élections se font au scrutin secret.* » Encore fallait-il que les électeurs sachent lire et écrire !

Le secret est garanti par le passage dans l'*isoloir*, l'obligation d'utiliser une *enveloppe*, l'annulation des bulletins portant un signe de reconnaissance. Le respect des formes assurant le secret est obligatoire.

### c. La sincérité du scrutin

**267.** Il faut éviter les pressions et les fraudes.

- Les formes de *pressions* sont multiples. Si la contrainte physique ou l'achat de suffrages sont rares dans les sociétés démocratiques, la contrainte morale peut s'exercer au sein des familles ou de certaines communautés. Le secret du vote garantit assez bien contre leur efficacité (on ne peut savoir pour qui en définitive l'électeur a voté), mais elles existent cependant si l'on en croit la jurisprudence, les maisons de retraite sont l'un de leurs lieux de prédilection.
- Les *fraudes* peuvent avoir des origines très diverses : urnes à double fond, urnes chargées, substitutions d'urnes ; bulletins maculés, votes irréguliers... Souvent elles sont commises au moment du dépouillement. Le fait que si le vote est secret, le scrutin lui-même et le dépouillement se déroulent en public, avec des représentants des différents candidats, est une garantie. Mais, faute de vigilance, elle sera parfois insuffisante.
- La fraude et les erreurs donnent naissance à ce qu'on appelle le *contentieux électoral*. Ceux qui contestent la régularité d'une élection peuvent demander son annulation *à un juge*. Pour certaines assemblées cependant, c'est l'assemblée élue qui se prononce elle-même sur la régularité de l'élection de ses membres. Ce fut le cas en France jusqu'en 1958 pour les assemblées parlementaires. Ce contrôle politique, s'il peut se justifier au nom de l'indépendance du Parlement, donne souvent des résultats inadmissibles : la majorité en profite pour invalider ses adversaires. Depuis 1958, le Conseil constitutionnel est compétent pour vérifier les pouvoirs des parlementaires.

## C. Les systèmes électoraux

**268.** Comment désigner l'élu ou les élus ?

Le choix d'un système électoral n'est pas neutre, il s'agit d'un choix politique. De même les aménagements techniques qui lui sont apportés, de temps en temps, ici ou là, ne doivent pas faire illusion, le plus souvent ils ne cherchent pas à donner une représentation plus fidèle des courants d'opinion, ils visent avant tout à conserver, et si possible accroître, la représentation, c'est-à-dire la puissance de ceux qui les décident. Traditionnellement **en France**, le système électoral est *défini par la loi* et non par la Constitution (comme c'est le cas en Belgique ou en Espagne). Aussi la majorité parlementaire s'efforce-t-elle d'introduire les procédés techniques qui lui seront les plus favorables aux prochaines élections. Normalement « les sortants » sont favorisés par le système électoral. Le Gouvernement peut faire procéder à des exercices de simulation à l'aide d'ordinateurs et à partir des résultats des élections passées. Il teste ainsi l'effet éventuel d'une série de modifications techniques sur la représentation. Pour les hommes politiques français, le bon système électoral est celui qui leur fait gagner les élections.

Un système électoral est donc constitué par un ensemble de modalités techniques à travers lesquelles sont poursuivis des objectifs politiques.

Les choix essentiels portent sur le scrutin direct ou le scrutin indirect, le scrutin uninominal ou le scrutin de liste, le système majoritaire ou la répartition proportionnelle.

## 1. Scrutin direct et scrutin indirect

### a. Principe

**269.** Dans le *scrutin direct*, l'élu est désigné sans intermédiaire par les électeurs.

Dans le *scrutin indirect*, l'élu est désigné par des électeurs qui ont eux-mêmes été élus pour procéder à son élection, *le suffrage reste universel*. Mais ce n'est pas le corps électoral dans son ensemble qui choisit son représentant : un collège électoral restreint – qui peut avoir d'autres attributions – issu d'un premier scrutin choisit à son tour l'élu. On dit aussi que l'élection est à *deux*, ou à *plusieurs degrés* (un premier collège électoral en effet, peut en désigner un deuxième, qui lui-même en élira un troisième, qui à son tour, etc.).

Le scrutin indirect a été largement utilisé autrefois à une époque où les communications étaient difficiles. L'électeur de base déléguait ainsi son droit de suffrage à quelqu'un qu'il connaissait bien, qui était proche de lui, à qui il faisait confiance.

### b. Conséquences

**270.** Selon que l'on adopte un mode de scrutin direct ou indirect, on modifiera l'image de la Nation donnée par ses représentants. Le suffrage indirect favorise généralement les candidats modérés, les notables. Le filtrage qu'il opère a pour but de dégager une élite à la fois plus capable et plus pondérée.

En même temps, le scrutin indirect ne confère pas autant d'autorité. L'origine du pouvoir est plus lointaine. C'est l'une des faiblesses du Sénat en France et cela explique aussi que le général de Gaulle ait souhaité en 1962 tenir ses pouvoirs directement du peuple.

Le scrutin indirect est, ou a été, utilisé dans certains régimes marxistes (Chine, Cuba jusqu'en 1992) pour la désignation des délégués aux assemblées à l'échelon national, sans que leurs théoriciens se soucient d'en éclairer la justification. On ne peut écarter les explications avancées en Occident au début du XIXe siècle : faible formation civique des masses, volonté de favoriser les notables sûrs.

De nos jours, le scrutin indirect ne subsiste plus en France dans les élections politiques que pour *la désignation des sénateurs*. Ceux-ci sont choisis par les représentants élus des collectivités locales.

## 2. Scrutin uninominal et scrutin de liste

### a. Principes et modalités

**271.** Le *scrutin uninominal* est celui dans lequel on ne vote que pour un seul candidat : chaque bulletin ne porte qu'un nom. Alors même qu'il ne s'agit pas d'élections nationales, la loi organique n° 2013-402 du 17 mai 2013 relative à l'élection des conseillers municipaux, des conseillers communautaires et des conseillers départementaux prévoit pour les élections départementales un scrutin original, qui sacrifie à une conception très fondamentaliste de la parité, en prévoyant la constitution d'un binôme de candidats (un homme et une femme).

Au contraire, dans le *scrutin de liste*, l'électeur vote pour plusieurs candidats, sur le bulletin figurent plusieurs noms.

Le scrutin de liste est susceptible de plusieurs modalités :

- Le vote pour une *liste incomplète* : il n'est pas toujours indispensable que le bulletin comporte autant de noms qu'il y a de sièges à pourvoir, ainsi en France pour les élections aux conseils municipaux dans les communes de moins de 1 000 habitants. La solution contraire prévaut pour les autres communes où les listes doivent être déposées complètes.
- Le *panachage* qui s'oppose aux *« listes bloquées »*. Le panachage permet aux électeurs de composer leur bulletin de vote à partir de noms figurant sur les différentes listes de candidats. Ils ne sont pas obligés de voter pour une de ces listes dans son intégralité : cette substitution de noms est possible aux élections municipales en France dans les communes de moins de 1 000 habitants.
- Le *vote préférentiel* permet dans un système de représentation proportionnelle de modifier l'ordre de présentation des candidats sur la liste. L'électeur peut faire figurer en tête de liste, à une place où ils ont le plus de chance d'être élus, les candidats auxquels vont ses préférences.

Comme le panachage, le vote préférentiel donne à l'électeur une *marge de liberté* par rapport aux partis politiques qui ont établi les listes. Aussi les partis n'y sont-ils pas très favorables et leurs réticences, ajoutées aux complications de dépouillement qu'ils entraînent, expliquent que ces techniques n'aient qu'une diffusion limitée.

Le choix entre scrutin de liste et scrutin uninominal dépend techniquement à la fois du nombre de personnes qu'on veut élire (l'élection du président de la République se fait nécessairement au scrutin uninominal) et de l'étendue de la circonscription de base. Les circonscriptions très peuplées invitent au scrutin de liste, alors que le scrutin uninominal correspondra à des circonscriptions étroites.

*En France, le scrutin uninominal a dominé le système des élections législatives sous la plus grande partie de la III^e^ République* – la circonscription de base étant l'arrondissement, c'est-à-dire une subdivision du département – *ainsi que de la V^e^.*

### b. Conséquences

**272.** Quelles sont les conséquences politiques du choix pour le scrutin uninominal ou pour le scrutin de liste ?

Le premier effet du scrutin uninominal tient au *lien personnel* qui s'établit entre l'électeur et l'élu. L'électeur vote pour *le* candidat auquel vont ses préférences. Au contraire, dans le scrutin de liste, lié le plus souvent à une grande circonscription, la liste doit être acceptée dans sa totalité. Le panachage est rarement autorisé et si la représentation, ou répartition, proportionnelle (RP) s'applique, les « têtes de liste » choisies parmi les notables du parti passeront automatiquement.

Par ailleurs, alors qu'au scrutin de liste on vote *pour des idées*, le scrutin uninominal entraîne des affrontements de personnes.

## 3. Scrutin majoritaire et répartition proportionnelle

**273. Bibliographie. –** Denys de Béchillon, « Pour un débat renouvelé sur la représentation proportionnelle », *Mélanges Marceau Long. Le service public*, Dalloz, 2016 ; Christophe Boutin et Frédéric Rouvillois ; *La proportionnelle*, La nouvelle librairie éditions, 2022

**274.** La règle de la majorité veut que le candidat qui obtient le plus de voix soit déclaré élu. En apparence simple elle est pourtant susceptible de plusieurs interprétations : doit-on considérer comme élu celui qui a obtenu le plus grand nombre de suffrages, même s'il n'a pas recueilli la *majorité absolue* des votes, soit la moitié plus un ; il sera alors élu à la *majorité relative* ? Faut-il au contraire renouveler la consultation jusqu'à ce qu'un candidat ait obtenu cette majorité absolue ? L'autorité de l'élu souffrira s'il tient son mandat d'une minorité du corps électoral, mais l'organisation de l'élection sera simplifiée s'il n'est pas nécessaire d'organiser des scrutins de *ballottage*. Aussi fréquemment essaie-t-on de concilier ces deux préoccupations en exigeant la majorité absolue au premier tour de scrutin et en organisant ensuite un second tour à l'issue duquel la majorité relative suffira. Solution adoptée en France pour la désignation des députés.

Le problème se complique avec *le scrutin de liste*. La liste qui obtient la majorité (absolue ou relative, selon les cas) des suffrages peut être considérée comme élue en entier. Mais on peut aussi souhaiter répartir les sièges entre les listes en présence en proportion des voix obtenues par chacune d'elles : on parlera alors de **répartition proportionnelle**.

Certains pays ont mis au point *des systèmes mixtes* combinant scrutin majoritaire et répartition proportionnelle : Italie, Écosse, pays de Galles. Le plus connu est *le système allemand* où les électeurs votent deux fois sur un même bulletin divisé en deux parties. Le premier vote au scrutin majoritaire désigne le député de la circonscription, le second permet de corriger à la réparation proportionnelle, dans le cadre plus large du *Land*, le résultat du premier.

### a. La technique de la répartition proportionnelle (RP)

**275.** La mise en œuvre la plus large de la RP s'opère dans le cadre national. Le territoire forme une unique circonscription à l'intérieur de laquelle tous les suffrages sont recensés, on divise leur total par le nombre de sièges à pourvoir, on obtient ainsi le nombre de voix correspondant à l'attribution d'un siège. Les voix recueillies par chaque parti sont à leur tour divisées par ce chiffre pour calculer combien de sièges lui reviennent. Ce système lent et compliqué était utilisé en France avant 2004, il l'est toujours, au Danemark, Luxembourg et Pays-Bas, pour les élections au Parlement européen. On y recourt en Israël pour la *Knesset* (Parlement), où seuls participent à la répartition les partis qui ont obtenu au moins 1,50 % des suffrages.

En général, le territoire est découpé en circonscriptions et le calcul des sièges peut s'opérer selon différentes méthodes. Lesquelles ?

**276. La détermination du quotient.** – On détermine *un quotient électoral* à l'échelon de la *circonscription*. Le quotient est obtenu comme ci-dessus, c'est-à-dire en divisant le nombre de suffrages exprimés par le nombre de sièges à pourvoir dans la circonscription. Le nombre de sièges attribués à chaque liste est défini en divisant le total de ses voix par le quotient électoral.

Cette première opération est la plus simple. Mais il est rare que l'opération puisse s'arrêter là.

**277. La répartition des restes.** – Tous les sièges ne peuvent pas, le plus souvent, être répartis par la seule application du quotient, celle-ci fait apparaître des restes, des sièges sont en suspens.

*Exemple* : 5 sièges à pourvoir

| | |
|---|---|
| Liste A : | 23 000 voix |
| Liste B : | 67 000 voix |
| Liste C : | 44 000 voix |
| Liste D : | 16 000 voix |

Total des suffrages : 150 000

– Quotient : 150 000 : 5 = 30 000

*Répartition des sièges au quotient :*

Reste

À 23 000 voix : 0 siège 23 000

B 67 000 voix : 2 sièges 7 000

C 44 000 voix : 1 siège 14 000

D 16 000 voix : 0 siège 16 000

Il reste donc deux sièges à pourvoir. Comment va-t-on les attribuer ?

Une première possibilité consiste à procéder à une répartition des restes à l'échelon national : on fait le total des sièges non attribués à travers les circonscriptions ainsi que le compte des voix qui n'ont pas correspondu à l'attribution d'un siège. Un nouveau quotient est ainsi défini qui permet de répartir les sièges restants entre les partis en présence. Exemple : 1 000 000 de voix à travers le pays n'ont pas été prises en compte pour l'attribution d'un siège et 40 sièges restent à pourvoir.

Le quotient national est donc de $\frac{1\,000\,000}{40} = 25\,000$ voix.

Un parti A avec 300 000 voix non utilisées recevra $\frac{300\,000}{25\,000} = 12$ sièges,

un parti B avec 125 000 voix 5 sièges, etc. Cette méthode incite les partis (à commencer par les plus petits) à multiplier les candidatures à travers le pays afin de se présenter en force dans cette seconde répartition.

*Sur le plan local*, trois systèmes principaux peuvent être utilisés :

- *Méthode des plus forts restes* : Le siège (ou les sièges) est attribué à la liste (ou aux listes) qui a le plus de voix inemployées.

Si l'on reprend *l'exemple précédent*, la liste A recevra 1 siège (reste 23 000 voix) et le dernier siège sera attribué à la liste qui présente ensuite le plus fort reste, c'est-à-dire D (reste 16 000 voix).

*La méthode des plus forts restes favorise les petits partis.*

- *Méthode de la plus forte moyenne* : On attribue fictivement un siège supplémentaire, au-delà de ceux déjà obtenus au quotient, tour à tour à chacune des listes en présence pour calculer la moyenne des suffrages recueillis par chaque élu. Le siège en suspens est attribué à la liste qui, recevant ce siège, a le meilleur rapport entre ses élus et ses voix. Reprenons l'exemple précédent :

Suffrages : 150 000. Sièges : 5. Q = 30 000

Au quotient B obtient 2 sièges, C 1 siège, A et D 0. Restent deux sièges à pourvoir. On les attribue tour à tour. Après le premier on recommence l'opération pour le second en tenant compte de l'affectation du premier :

| | 1^er^ siège | 2^e^ siège |
|---|---|---|
| Liste A | 23 000 : 0 + 1 = **23 000** | 23 000 : 1 + 1 = 11 500 |
| B | 67 000 : 2 + 1 = 22 333 | 22 333 : 2 + 1 = **22 333** |
| C | 44 000 : 1 + 1 = 22 000 | 22 000 : 1 + 1 = 22 000 |
| D | 16 000 : 0 + 1 = 16 000 | 16 000 : 0 + 1 = 16 000 |

Le quatrième siège ira à la liste A et le cinquième à la liste B.

La répartition au plus fort reste était :

À = 1 B = 2 C = 1 D = 1

La répartition à la plus forte moyenne donne :

À = 1 B = 3 C = 1 D = 0

*Le système de la plus forte moyenne est favorable aux grands partis.*

- *Le système d'Hondt*, d'après le nom d'un mathématicien belge. Ce système est assez fréquemment utilisé car il évite les deux stades de répartition, au quotient et pour les restes.

On commence par diviser les suffrages obtenus par chaque liste par 1, 2, 3, 4, 5... jusqu'à concurrence du nombre de sièges à pourvoir. Ensuite on classe les quotients obtenus par ordre décroissant jusqu'au nombre de sièges mis en compétition, chaque parti reçoit autant de sièges qu'il a de quotients présents dans ce classement.

En utilisant toujours l'exemple précédent, on procéderait de la façon suivante :

1re opération : division du nombre de voix par un, puis par deux, par trois, par quatre, enfin par cinq (nombre de sièges à pourvoir).

| A | B | C | D |
|---|---|---|---|
| 23 000 | 67 000 | 44 000 | 16 000 |
| 11 500 | 33 500 | 22 000 | 8 000 |
| 7 666 | 22 333 | 14 666 | 5 333 |
| 5 750 | 16 750 | 11 000 | 4 000 |
| 4 600 | 13 400 | 8 800 | 3 200 |

2e opération : classement des 5 meilleurs quotients.

67 000, 44 000, 33 500, 23 000, 22 333

À : 1 siège (23 000), B : 3 sièges (67 000, 33 000, 22 333),

C : 1 siège (44 000), D : 0 siège.

Le système d'Hondt donne les mêmes résultats que le calcul à la plus forte moyenne.

## b. Portée politique du choix entre scrutin majoritaire et représentation proportionnelle

**278.** Le choix entre le scrutin majoritaire et la représentation proportionnelle est la décision majeure d'organisation du système électoral. Selon que l'on opte pour l'un ou pour l'autre, les conséquences politiques, directes ou indirectes, sont très différentes.

Mais ces effets ne sont pas mécaniques, ce serait trop simple. Des règles identiques auront une influence différente selon l'histoire de la société où elles s'appliquent, les mœurs politiques, la vivacité des antagonismes, l'enracinement de la démocratie... On mettra en valeur ici les effets les plus courants, signalant au passage des résultats atypiques dans tel ou tel pays.

### α. *Le scrutin majoritaire*

**279.** Ses effets ne sont pas les mêmes selon qu'il est à un seul ou à deux tours. On le montrera au passage.

**280. Effets sur la représentation. –** Nul ne conteste que le scrutin majoritaire soit *injuste*, aussi est-il parfois condamné au nom d'une certaine éthique de la représentation, d'une conception de la morale démocratique. En effet, les voix des candidats battus sont perdues et certains courants d'opinion ne trouvent pas dans les assemblées une place correspondant à leur force dans le pays. Il en a été ainsi en France pour le Front national (devenu le Rassemblement national) jusqu'en 2022. Il est possible que des partis ayant une audience minime mais non négligeable n'obtiennent même aucun siège au Parlement. Le phénomène sera accentué par la tendance très répandue de ne permettre la participation au ballottage qu'aux formations qui ont recueilli un certain pourcentage des suffrages au premier tour (5 %, 12,5 %, etc.), en conséquence des distorsions considérables peuvent apparaître.

Le scrutin majoritaire à deux tours a pour effet de renforcer la représentation *du parti arrivé en tête au premier tour du scrutin*. C'est ce qu'on appelle « *la prime à la majorité* ». En France en 1981, les socialistes qui avaient obtenu 37 % des voix au premier tour ont eu finalement 285 sièges, soit 58 % des sièges de l'Assemblée nationale. En 1993 la droite, avec 44 % des suffrages au premier tour, emporte 485 sièges au second, soit 84 %. En revanche des formations importantes seront très défavorisées, surtout si elles ne peuvent conclure d'alliances. Le Front national avec 2 865 000 voix au premier tour en 2002 (11,11 %) n'obtient aucun siège au second, alors que les communistes avec 1 210 000 voix (4,70 %) en recueillent en définitive 21, grâce à leur accord avec le Parti socialiste.

En outre, du fait du découpage du territoire en circonscriptions, il se trouve parfois que le parti majoritaire en voix dans le pays soit minoritaire en sièges au Parlement. Cette situation s'est produite aux États-Unis, en Grande-Bretagne et en France.

**281. Effets sur le système de partis. –** Le scrutin majoritaire est simplificateur. Ce résultat est très brutal lorsqu'il n'y a qu'un seul tour (on le vérifiera lorsqu'on étudiera le système britannique) : il aboutit à l'apparition d'un *système bipartiste* car, faute de possibilités d'alliances, ou de désistements, les électeurs mettent de côté leurs désaccords de détail pour *voter utile*, c'est-à-dire en faveur du parti dont ils se sentent le plus proche et qui a des chances d'enlever le siège. Un regroupement partisan se produit.

Le scrutin majoritaire à deux tours favorise, lui, un multipartisme limité. Il permet en effet des accords et des marchandages avant l'élection et entre les deux tours, on négocie les retraits et les désistements. Mais il est surtout bénéfique pour les partis du centre entre lesquels les alliances sont possibles sans trop de concessions ou d'acrobaties. Les extrêmes, de droite ou de gauche, seront en revanche isolés et donc sous-représentés. Cependant dans les pays où deux conceptions idéologiques s'affrontent, à travers une droite et une gauche, la constitution d'un centre sera difficile. C'est le cas de la France depuis 1958.

En outre, les alliances du second tour, souvent annoncées avant le premier, font que les élus ne sont pas seulement les élus de leur parti mais aussi des électeurs du parti avec lesquels l'alliance a été conclue. Cela pèse sur leur comportement pendant la législature dans la perspective de leur réélection. Un élu PS doit tenir compte, par exemple, du fait qu'il doit son élection aux voix de la France insoumise dans le cadre de l'alliance NUPES.

**282. Effets sur le fonctionnement des institutions.** – Le mérite essentiel du scrutin majoritaire est de faciliter l'apparition d'une majorité au sein du Parlement, ou d'une assemblée locale, et de donner ainsi une assise solide à l'exécutif : *le pays peut être gouverné pendant une législature de façon stable,* et le pouvoir dispose du temps nécessaire à la mise en œuvre d'une politique.

Ce point de vue doit être nuancé.

- Il est surtout vrai pour le scrutin majoritaire à un tour. En Grande-Bretagne, le parti qui a remporté les élections exerce le pouvoir pendant cinq ans.
- Le scrutin à deux tours donne des effets beaucoup plus contrastés et ne garantit pas de majorité stable. Il fut en effet celui de la III$^{e}$ République qui n'est pas précisément un exemple de régime stable. Certes, la prime à la majorité renforce la représentation du parti arrivé en tête, mais pas nécessairement au point de lui permettre d'obtenir plus de la moitié des sièges au Parlement. Les majorités cohérentes qu'a connues la V$^{e}$ République jusqu'en 2022 sont probablement moins dues au scrutin majoritaire qu'à la *bipolarisation* de l'opinion publique et de la vie politique, c'est-à-dire leur organisation autour d'un pôle de droite et d'un pôle de gauche. La bipolarisation elle-même n'est pas d'abord liée au scrutin majoritaire mais aux modalités de l'élection présidentielle qui laisse en présence au second tour deux seulement des candidats (v. *infra* n° 707).

### β. *La représentation proportionnelle*

**283. Effets sur la représentation.** – Alors que le scrutin majoritaire uninominal est un « *miroir brisé* » la représentation proportionnelle donne une « *photographie* » plus fidèle du pays, les minorités ne sont pas étouffées, elles sont représentées là où se prennent les décisions : *la justice est respectée,* la démocratie est mieux réalisée puisque même les petits courants de l'opinion pourront se faire entendre, participer, être associés aux débats du Parlement.

- L'argument est très fort mais il n'est pas entièrement convaincant. Tous les courants de pensée, pour commencer, ne peuvent être représentés. Il faut qu'ils aient une certaine consistance, les groupuscules ne recueilleront pas assez de suffrages pour prendre part à la répartition des sièges. Et le système encourage la multiplication de ces groupuscules que séparent quelques nuances. De plus, *la théorie* du régime représentatif n'a pas pour idéal un système électoral par l'intermédiaire duquel toutes les opinions et tous les intérêts auraient leur porte-parole dans les assemblées. Le représentant parle au nom du corps électoral dans son ensemble, il exprime la volonté nationale. La recherche d'un Parlement reflet exact, par sa composition, de la société est, dans cette perspective, un faux problème.

- Bien loin d'ailleurs de faciliter la réalisation de l'idéal démocratique, la représentation proportionnelle aboutit à sa *perversion*, en *transférant le choix des élus du peuple aux partis* : ce choix relève des dirigeants nationaux et locaux des partis au lieu d'appartenir aux électeurs. En effet, à l'analyse il apparaît que lors de l'élection, le peuple attribue un contingent de sièges à chaque parti et les titulaires de ces sièges sont désignés par le parti. Ceci, parce qu'il est relativement facile de prévoir de façon approximative, à partir des résultats des scrutins précédents et des sondages, le nombre *minimum* de mandats sur lesquels dans chaque circonscription un parti pourra compter à l'issue de la consultation électorale à venir. La marge d'erreur est faible et chaque parti aura tendance en conséquence à se considérer comme propriétaire d'un certain nombre de sièges. La personnalité des candidats n'aura que peu d'influence sur le résultat du scrutin, aussi les partis présentent-ils *« en rang utile »* sur leurs listes, les candidats qu'ils veulent voir élus, les autres font de la figuration. Les dirigeants du parti, présentés en tête sur les listes, n'ont aucun souci à se faire, leur élection est assurée. Le peuple est simplement appelé à ratifier ces désignations, il est dépossédé de son pouvoir de choisir lui-même la personne de son représentant. À cela on objectera que voter pour un parti c'est voter pour des idées, ce qui n'est pas moins démocratique que de voter pour un homme.
- La RP restreint la *liberté de l'élu* à l'égard de son parti au point de faire peser sur lui un véritable mandat impératif dont *la discipline de vote* est le symbole et l'instrument, le parti dicte leurs votes aux élus. La RP renforce la cohésion, la rigidité, le monolithisme des partis. La réélection de l'élu tiendra moins à ses mérites propres qu'aux gages de fidélité donnés à son parti. Loyal, il trouvera place en rang utile sur une liste, rebelle, ou suspect, sa candidature sera écartée, ou figurera trop loin sur la liste pour qu'il soit en position d'être élu. Tout acte, toute velléité d'indiscipline, peut lui coûter sa réélection.

Dans ces conditions, la RP rend difficile le renouvellement des élites. En contrepartie, elle permet à des hommes politiques de premier plan de siéger au Parlement, sans être exposés aux aléas du scrutin majoritaire. La qualité de la représentation peut y gagner.

Le problème est donc complexe. Mais comment s'étonner de ce que – toutes considérations tactiques à part – les partis structurés ne soient pas des adversaires farouches d'un système qui facilite leur cohésion ?

De leur côté, les petits partis (en France, par ex. les Verts et le Parti communiste) militent ardemment pour la RP qui leur permettrait d'accroître leur représentation dans les assemblées.

**284. Effets sur les partis. –** Le *système de partis* est très influencé par la représentation proportionnelle. Elle incite, en effet, les courants d'opinion, même très minoritaires, à s'institutionnaliser dans des partis politiques qui espèrent recueillir suffisamment de suffrages pour participer à la répartition des sièges. Elle peut aboutir à une *pulvérisation* de la représentation entre une multitude de partis.

**285. Effets sur le fonctionnement des institutions. –** La multiplication des formations politiques rend difficile la conquête par un seul parti de la majorité des sièges. Le Gouvernement devra donc s'appuyer sur une coalition et celle-ci sera souvent instable. L'alliance des extrêmes étant normalement exclue, le rôle des partis centristes est déterminant. Ou bien ils seront assez puissants pour former entre eux une majorité de gouvernement, ou bien un appui au centre sera nécessaire à la droite ou à la gauche pour exercer le pouvoir. La formation d'une majorité est délicate, sa survie incertaine. En effet, lors de la campagne électorale, les partis, pour affirmer leur identité sont obligés de se différencier de leurs voisins sur l'échiquier politique par des positions tranchées. Les rapprochements nécessaires en seront rendus malaisés et ils resteront toujours suspendus à une remise en cause de l'accord intervenu. Plusieurs majorités sont possibles, des coalitions tendent à se succéder qui se décomposent de l'intérieur, avec elles disparaît la stabilité indispensable à l'action du législateur. L'influence des petits partis du centre est sans commune mesure avec l'importance de leur représentation au Parlement et ils pèsent plus sur la conduite des affaires de la Nation que des formations politiques beaucoup plus représentatives. Ce fut le cas sous la IV^e^ République de partis comme l'UDSR ou des Indépendants et Paysans. Les Gouvernements ne sont pas homogènes et le centre monnaye son soutien en exigeant des portefeuilles ministériels nombreux et importants.

Première constatation : *la représentation proportionnelle, plus que le scrutin majoritaire, peut rendre difficile la cohésion et la stabilité gouvernementales.*

En outre, la RP fait perdre une partie de son utilité au *droit de dissolution*. En règle générale, les élections faisant suite à la dissolution ne modifieront pas en substance le rapport des forces à l'intérieur de l'Assemblée. Un déplacement d'un faible pourcentage des voix entraîne avec la RP une redistribution des cartes bien moindre qu'avec le scrutin majoritaire.

Enfin, *l'alternance* au pouvoir n'aura pas la même portée que dans les régimes bipolaires nés du scrutin majoritaire. Elle sera plus difficile et son amplitude sera plus limitée, elle ne pourra trop s'éloigner d'un centre nécessaire à la constitution de toute majorité.

## D. Scrutin majoritaire et répartition proportionnelle en France

**286.** Dans aucun pays d'Europe occidentale le système électoral n'a été autant modifié qu'en France. La Grande-Bretagne applique les mêmes règles depuis toujours, la Belgique depuis 1899, l'Allemagne depuis 1949.

À travers tant de changements, l'histoire du système électoral français est dominée, pour l'élection des députés en particulier, par le scrutin majoritaire à deux tours. Celui-ci n'est pas parfait et, de temps en temps, lorsque ses inconvénients deviennent trop apparents, ou qu'il défavorise par trop certaines forces politiques dynamiques, ou que plus simplement on veut faire du neuf, l'adoption de la RP est réclamée par une partie de la classe politique. Une fois installé, le nouveau système révèle à son tour ses défauts et l'on revient au scrutin majoritaire.

À trois reprises seulement la RP a été retenue pour l'élection des députés.

- *Pendant deux législatures sous la IIIe République, de 1919 à 1927*, un scrutin de liste départemental fut institué qui combinait scrutin majoritaire et RP. Si une liste obtenait la majorité absolue, elle enlevait tous les sièges, sinon ceux-ci étaient répartis à la RP entre les listes.
- *Sous la IVe République*, on revint à la RP et elle caractérisa le système électoral du régime. Les députés étaient élus dans les départements et la répartition des restes se faisait à la plus forte moyenne. En 1951, la technique de la RP fut modifiée par la création de la possibilité d'*apparentements* qui ressuscitait la formule de 1919 par l'introduction d'un élément de scrutin majoritaire. Les listes pouvaient s'allier, et les suffrages qui se portaient sur les listes ainsi apparentées étaient décomptés ensemble ; s'ils atteignaient la majorité absolue, ces listes emportaient tous les sièges, la répartition entre elles se faisant ensuite à la RP à la plus forte moyenne. Faute d'apparentements, ou si les listes groupées - ou une liste isolée - n'obtenaient pas la majorité absolue, les sièges étaient attribués à la répartition proportionnelle, les listes apparentées étant d'abord considérées comme une seule liste, puis, pour procéder à la répartition entre elles des sièges leur revenant, on appliquait ici encore la RP à la plus forte moyenne.
- Le général de Gaulle était fermement attaché au scrutin majoritaire et avec *la Ve République* on retrouva donc le scrutin uninominal à deux tours, qui a été la règle pour toutes les élections législatives de 1958 à 1981. La question de la RP revint pourtant à plusieurs reprises à l'ordre du jour. De Gaulle n'a cependant pas souhaité inscrire le mode de scrutin dans la Constitution, ce qui aurait rendu plus difficile sa modification.

Cette question divise toujours la classe politique, la ligne de partage entre partisans et adversaires traversant la majorité et l'opposition. En gros, on peut dire que Les Républicains, par fidélité à la tradition gaulliste, sont très attachés au scrutin majoritaire, alors qu'au contraire, le RN, et les petits partis (PC, radicaux de gauche, écologistes, Modem, MPF...), sont très favorables à la RP. Au sein du PS l'unanimité n'existe pas, chacun se détermine suivant sa situation personnelle dans sa circonscription, des considérations tactiques et, parfois, des raisons d'éthique électorale ou d'efficacité institutionnelle.

- La tradition électorale de la Ve République a été interrompue par *la loi du 10 juillet 1985* qui instituait pour l'élection des députés la représentation proportionnelle départementale avec répartition des restes à la plus forte moyenne. Ce sont essentiellement des préoccupations tactiques qui ont amené le PS alors majoritaire à l'Assemblée nationale, à revenir à ce système. La rupture de l'alliance avec le PC rendait en effet hypothétique un accord de désistement automatique au second tour avec celui-ci, alors que les sondages montraient que, réduits à leurs propres forces, les socialistes risquaient des pertes sévères lors des élections de mars 1986. L'important était pour eux de sauver le maximum de sièges. Grâce à cette réforme, ils y sont parvenus.

La loi de 1985 n'aura pas vécu longtemps. Elle a été abrogée par une *loi du 11 juillet 1986* restaurant le scrutin majoritaire. J. Chirac en imposant cette loi (il voulait aussi éliminer le FN) a fait preuve de précipitation sur le plan tactique. Si la RP avait été appliquée lors des élections de 1988, la droite (y compris le FN) aurait vraisemblablement été majoritaire à l'Assemblée d'une dizaine de sièges.

En 2007, le comité Balladur avait proposé l'instauration d'un système de scrutin proportionnel correctif (c'est-à-dire favorisant les partis sous-représentés au regard des voix obtenues) pour l'élection de 10 à 20 % des députés. Dans le cadre de la réforme institutionnelle engagée par le président Macron en 2019, il était prévu que 20 % des députés seraient élus au scrutin proportionnel. Ce projet est resté lettre morte à ce jour.

En Europe, l'Espagne, la Belgique, la Scandinavie, l'Allemagne (où le système combine RP et scrutin majoritaire) utilisent la représentation proportionnelle, mais non la Grande-Bretagne et l'Italie, cette dernière ayant adopté en 1993 un système mixte à dominante majoritaire. En France, en 2022, les élections législatives, au scrutin majoritaire, ont produit une représentation des partis à l'Assemblée nationale assez proche de celle qui aurait résulté d'une élection à la représentation proportionnelle du fait de l'affaiblissement des deux grands partis de droite et de gauche.

## §2. Les assemblées

**287.** Les élus de la Nation se réunissent en assemblée, une ou plusieurs assemblées, qui forment ce qu'on appelle en général le *Parlement*. Cette institution est dotée par la Constitution de pouvoirs plus ou moins importants, parmi lesquels le vote des lois, qui en font l'un des rouages essentiels du pouvoir.

Le nombre des membres de ces assemblées varie d'un système constitutionnel à l'autre, de quelques dizaines à plusieurs milliers, sans être en proportion directe avec l'importance de la population. Le Parlement français compte plus d'élus que le Congrès américain pour une population cinq fois moindre. Multiplier les élus les rapproche du peuple, peut renforcer leurs liens avec les électeurs, mais ne facilite pas le travail de l'assemblée. Les Parlements les plus larges ne sont pas les plus puissants ni les plus efficaces.

L'organisation des assemblées pose un problème délicat et controversé : le Parlement doit-il comporter une ou plusieurs Chambres, quels sont les avantages et les inconvénients du *monocaméralisme* (une seule Chambre) et du *bicaméralisme* (deux Chambres) ? On peut concevoir qu'existe un plus grand nombre de Chambres, l'hypothèse est assez exceptionnelle et ne transforme pas le débat.

## A. Les formes du bicaméralisme

**288.** Le bicaméralisme n'est pas lié à un type de régime politique, on le trouve en Russie comme aux États-Unis, on le rencontrait dans l'empire d'Éthiopie, il fonctionne aux Pays-Bas. Seuls les pays en voie de développement ne l'adoptent qu'exceptionnellement (exemples récents : le Maroc et l'Algérie). Aussi n'y a-t-il pas « un » mais « des » bicaméralismes.

### 1. Le bicaméralisme aristocratique

**289.** Historiquement, il en constitue la forme la plus ancienne. Son illustration classique est la *Chambre des lords* britannique. Initialement n'existait en Grande-Bretagne qu'une seule assemblée composée de féodaux et de la haute hiérarchie de l'Église. Ils furent peu à peu rejoints par les délégués d'autres catégories sociales plus populaires : bourgeois des villes, notables non nobles, en bref par ce qui allait former le tiers état en France. Dès le milieu du XIVe siècle, les nouveaux arrivants se séparèrent des représentants de l'aristocratie pour se réunir à part : la *Chambre des communes* était née et avec elle le bicaméralisme. Une *Chambre basse*, élue et populaire, s'était constituée en face d'une *Chambre haute*, nommée ou héréditaire, et aristocratique. Ces dénominations ont subsisté alors même que la Chambre basse allait obtenir des pouvoirs beaucoup plus importants que ceux de son homologue.

Le recrutement de la Chambre haute n'est pas resté exclusivement aristocratique. Ce bicaméralisme a évolué vers une représentation où l'origine noble, l'hérédité (considérés comme une garantie d'indépendance contre le pouvoir royal), les hautes charges religieuses, n'ouvraient pas seules les portes de la Chambre. Les *Chambres des pairs* de la Restauration, même si leur recrutement était entre les mains du roi, étaient ouvertes aux notables, à ceux qui s'étaient illustrés dans les arts, les lettres, les sciences ou sur les champs de bataille. Plus éclectique, leur composition n'était pas pour autant populaire. On passe de l'hérédité au mérite.

La démocratisation a été fatale à cette forme de bicaméralisme. Presque seule subsiste la Chambre des lords en déclin continu depuis le début de ce siècle (v. *infra* n° 392).

### 2. Le bicaméralisme fédéral

**290.** Dans les États fédéraux le Parlement est bicaméral. On concilie ainsi l'aspiration des États fédérés à une représentation égalitaire avec le désir d'assurer l'égalité de représentation des citoyens (v. *supra* n° 43).

### 3. Le bicaméralisme sociologique

**291.** Ici on attend de la seconde Chambre qu'elle complète la première, le bicaméralisme influant, en les améliorant, sur les décisions du Parlement. Le bicaméralisme ne se justifie que si les deux Chambres ne sont pas le reflet l'une de l'autre, sinon il est superflu, on s'efforcera donc de donner à la seconde Chambre une base sociologique différente de celle de la première. Ce résultat ne sera obtenu que si chaque Chambre a son mode de désignation propre, caractérisé :

- Par *des aménagements techniques*. Les circonscriptions ne seront pas les mêmes, le mode de scrutin sera différent. Ainsi pour le Sénat français le découpage du territoire et le scrutin à plusieurs degrés favorisent les zones rurales ainsi que les notables.

Il est aussi possible de prévoir que le rythme des élections ne sera pas identique pour les deux Chambres, plus long généralement pour la seconde et se faisant par tranches et non pas globalement.

La modification des conditions d'éligibilité peut avoir le même effet : la candidature sera réservée à des citoyens plus âgés, ainsi pour le Sénat français actuel (24 ans). Parfois la seconde Chambre se rapprochera d'une Chambre aristocratique. Surtout si une partie de ses membres y sont nommés et à vie, et non pas élus et soumis à renouvellement. Tel était le cas en France du Sénat de 1875 où figuraient 75 sénateurs inamovibles nommés par l'Assemblée nationale (réunion des deux Chambres). Enfin les effectifs des Chambres ne seront pas, en général, identiques.

- Par *le recours à un corps électoral différent*. Un autre procédé est celui préconisé par Proudhon qui connut une certaine faveur après la première guerre mondiale. Il consiste à faire désigner la seconde Chambre par les *groupes sociaux et économiques*. La Nation est composée non seulement de citoyens abstraits mais d'individus qui adhèrent à des groupements, des syndicats, des organisations professionnelles. La seconde Chambre permet d'assurer la représentation des *individus situés* dans leurs activités sociales et leur vie professionnelle. Ils pourront ainsi exprimer leurs préoccupations et défendre leurs *intérêts* dans une perspective plus concrète.

Dans ce but, les régimes proches du fascisme, qu'il s'agisse du Portugal de Salazar ou de l'Italie de Mussolini, ont créé *des chambres corporatives* (composées de représentants des organisations professionnelles). En France, le Conseil économique, social et environnemental se rattache à ce courant, mais il ne constitue pas une assemblée parlementaire et n'a qu'un rôle consultatif. En Italie, le projet de réforme constitutionnel de 2015 supprime le Conseil national pour l'économie et le travail.

En 1969, le général de Gaulle avait envisagé de remplacer le Sénat par une Assemblée où siégeraient, à côté d'élus politiques, des représentants des collectivités locales et des groupements économiques et sociaux. Cet hybride du Sénat et du Conseil économique et social, imaginé peut-être plus pour punir le Sénat de son opposition persistante aux desseins du général que comme l'aboutissement d'une réflexion théorique sur les institutions, fut repoussé par le référendum (v. *supra* n° 128).

En définitive le bicaméralisme sociologique correspond surtout à un choix délibéré du système bicaméral considéré comme préférable au monocamérisme, mais entraînant pour sa mise en place le recours à un certain nombre d'artifices destinés à éviter que la seconde Chambre ne soit la reproduction exacte de la première.

Pourquoi alors le bicaméralisme ?

## B. Le bicaméralisme en question

**292.** Le débat sur l'opportunité du bicaméralisme, sur sa légitimité aussi, est ancien et toujours ouvert.

La controverse porte d'ailleurs avant tout sur l'existence d'une seconde Chambre dans les États unitaires – et accessoirement sur ses pouvoirs : doit-on conférer à la seconde Chambre les mêmes attributions qu'à l'autre Assemblée ? Personne ne remet en cause le bicaméralisme fédéral et ne propose non plus de réactiver le bicaméralisme aristocratique condamné partout sauf – et pour combien de temps ? – en Grande-Bretagne. Est-il utile d'instituer une seconde Chambre dans les États unitaires ?

En 1875 le bicaméralisme apparaît comme une solution de compromis, gage donné par les républicains à leurs adversaires en contrepartie de la proclamation de la République.

Depuis lors, comme on le verra (v. *infra* n° 294), le bicaméralisme est largement accepté dans notre pays.

### 1. Critique du bicaméralisme

**293.** Un argument *technique* est présenté tout d'abord : l'existence d'une seconde Chambre est *un facteur de complexité*. En effet, ou les deux Chambres sont d'accord et le bicaméralisme est inutile, ou elles ne le sont pas et il y a conflit et perte de temps : double examen, navette pour tenter de parvenir à un accord, alors que la procédure est déjà lente. Les circonstances obligent parfois à agir vite, le Parlement ne sera-t-il pas réduit à l'inefficacité par l'allongement des débats ?

L'argument n'est pas déterminant. Il suffit d'aménager la technique législative, d'organiser des procédures d'urgence, pour éviter blocages et retards. L'expérience prouve qu'un Parlement bicaméral peut décider très rapidement, dans la journée au besoin.

Aussi la *critique essentielle* n'est-elle pas là mais dans l'accusation portée contre le caractère *antidémocratique* de la seconde Chambre. Un péché originel pèse sur le bicaméralisme. La seule représentation démocratique serait issue du suffrage universel direct. Toutes les autres procédures de désignation seraient contestables. Et il faut bien reconnaître qu'à l'origine (fédéralisme à part) les bicaméralismes étaient destinés à garantir à l'aristocratie une représentation propre et séparée. La Chambre des lords, les Chambres des pairs, les Sénats d'Empire procédaient de la méfiance à l'égard du suffrage populaire.

Et ces assemblées auraient bien joué le rôle qu'on attendait d'elles. Leur comportement est accusé de *conservatisme systématique*. Comment ne pas évoquer l'attitude du Sénat de la III^e^ République qui s'est opposé successivement au vote des femmes, à l'impôt sur le revenu, en 1936 au Front populaire ? On comprend la boutade de V. Hugo : « *Défense de déposer un Sénat le long de la Constitution* » (ce qui ne l'a pas empêché d'accepter, deux ans plus tard, d'être nommé sénateur à vie).

## 2. Justification du bicaméralisme

**294.** Que peut invoquer le bicaméralisme pour sa défense ?

- Sur le plan de la confection de la loi, la seconde Chambre joue le rôle *d'un organe de réflexion*. De deux façons : elle améliore la rédaction, la qualité du texte ; elle peut aussi en modifier le contenu en écartant des dispositions inopportunes qu'on risque de regretter, elle évite les décisions précipitées. Ce qui a été délibéré par deux assemblées vaut mieux que ce qui l'a été par une seule. En France, on se félicite souvent du travail de mise au point des textes effectué par le Sénat.
- Sur le plan de la démocratie, on doit convenir qu'*il n'existe pas de Chambre idéale*. À travers le monde, le statut des assemblées parlementaires, leur mode de désignation, les conditions d'éligibilité varient. Chaque pays résout à sa manière sa recherche de la démocratie ; aucun modèle rigide ne s'impose, excluant du cercle des Parlements démocratiques les assemblées qui ne s'y conformeraient pas. De toute façon, la représentativité de la seconde Chambre ne peut être appréciée avec les mêmes critères que celle de la première, *on veut représenter autre chose*.

À côté d'une Chambre élue au suffrage direct, au rythme de renouvellement assez rapide, qui fera écho aux variations conjoncturelles de l'opinion, éventuellement aux modes, aux engouements, aux foucades, pourquoi ne pas *prévoir une autre Chambre, plus stable, plus réfléchie, qui défendra, elle, les valeurs permanentes et les intérêts profonds de la Nation* au-delà des circonstances ? Moins sensible aux entraînements elle situera son action dans une perspective historique de longue durée.

- Il n'est pas vrai de dire, d'autre part, que la seconde Chambre est toujours plus conservatrice que la Chambre basse. Ceux qui l'affirment ont une singulière tendance – finalement habituelle dans les débats politiques – à oublier toutes les occasions où la seconde Chambre a représenté la résistance à un pouvoir réactionnaire ou conservateur. Ce fut le cas, en particulier, lors des crises boulangiste et dreyfusarde, ainsi que sous la présidence du général de Gaulle où le Sénat fut plus « à gauche » que l'Assemblée nationale. En Grande-Bretagne, les Lords ont parfois été plus progressistes que les Communes.

En même temps la seconde Chambre peut être un rempart *contre le despotisme*. Cela, il est vrai, uniquement dans les régimes multipartistes – les autres, sauf s'ils sont fédéraux, n'ont d'ailleurs cure d'instituer une seconde

Chambre. Un système monocaméral favorise l'apparition de la souveraineté parlementaire (lorsqu'il n'introduit pas le pouvoir personnel : Napoléon III en 1852, Franco, Hitler sont issus du monocaméralisme). Si l'Assemblée unique est tentée par le despotisme, elle ne trouvera guère d'obstacles sur son chemin, elle pourra étouffer sa minorité et investir un Gouvernement à sa dévotion. Un régime d'Assemblée peut s'installer et on sait qu'il a mauvaise réputation. L'existence d'une seconde Chambre, autrement composée, au mandat plus long, dont l'accord, ou tout au moins la participation, est indispensable pour adopter les lois, est de nature à contrarier les velléités despotiques. Une méfiance atavique envers le pouvoir incite à le diviser, Montesquieu avait compris déjà que « *le pouvoir arrête le pouvoir* ». L'exemple de la Terreur montre que cette crainte n'est pas vaine. *La seconde assemblée est un frein*, un recours, pour les temps difficiles ou troublés. À ce titre, elle a sa place dans les institutions démocratiques. Peut-on oublier d'ailleurs que la deuxième Chambre a été introduite en France, par la Constitution de l'an III, en réaction justement contre le régime conventionnel (monocaméral) et la Terreur. En dehors des situations aussi extrêmes, la seconde Chambre peut constituer un utile contre-pouvoir lorsque la Chambre basse et le Gouvernement sont contrôlés par le même parti. Les bouleversements que ce dernier tenterait d'apporter à la société, sans considération pour les sentiments, les intérêts, les droits peut-être, de la minorité, se heurteraient à la résistance d'une autre Chambre où il ne serait pas majoritaire.

## C. Le bicaméralisme aujourd'hui

**295.** Aujourd'hui, la situation a changé. Après les Scandinaves, optant, au lendemain de la Seconde Guerre mondiale, pour la Chambre unique, le Portugal (1976) et la Grèce (1975) se sont, à leur tour, donnés des institutions monocamérales. Et il est vrai que la démocratie s'est enracinée, que la crainte du despotisme s'est éloignée et que la *diffusion du contrôle de la constitutionnalité fournit des armes efficaces* pour maintenir la majorité parlementaire dans les chemins du droit.

En revanche, l'Espagne, par exemple, a adopté en 1977 un régime bicaméral. En Afrique, plusieurs Constitutions ont fait de même : Gabon, Tchad, Madagascar. De leur côté, la plupart des pays d'Europe centrale y ont eu recours au lendemain de la décommunisation. La diversification de la représentation apparaît comme un atout en face de l'hétérogénéité des populations et un contrepoids contre l'hégémonie de la première Chambre.

En même temps, ce bicaméralisme récent est, en général, inégalitaire. Des attributions propres, non parallèles, sont confiées à la seconde Chambre. Étant entendu qu'une suprématie est reconnue à la première, on n'exige pas un accord entre les deux assemblées pour qu'une loi soit adoptée, on veut faire disparaître la possibilité d'un veto paralysant. C'est ainsi qu'en Italie, le projet de réforme constitutionnelle vise à réduire les pouvoirs législatifs du Sénat et à lui retirer la faculté de renverser le Gouvernement. En France, l'existence d'une majorité politique à l'Assemblée nationale a fait du Sénat le seul organe politique susceptible de s'opposer au gouvernement.

# DEUXIÈME PARTIE

# LES RÉGIMES POLITIQUES

**296. Bibliographie.** – Georges Burdeau, *Traité de science politique*, LGDJ, t. V, 1985.

**297.** La notion de régime politique est complexe et fait appel aux règles d'organisation et de fonctionnement des institutions définies par la Constitution, au système de partis, à la pratique de la vie politique en même temps qu'à l'idéologie et aux mœurs politiques. Mais, pour l'essentiel, un régime politique se définit par les relations qui s'établissent entre les institutions politiques.

Des parentés apparaissent entre les régimes politiques qui permettent d'élaborer des classifications, sans cependant qu'il en existe une qui soit unanimement acceptée. Selon que l'accent est mis sur tel ou tel caractère, le critère de classification varie et on peut ainsi distinguer les régimes monarchiques des régimes républicains, les régimes de parti unique des régimes multipartistes, le régime parlementaire du régime présidentiel, régimes marxistes, fascistes, libéraux, etc., ces subdivisions ne s'excluent d'ailleurs pas et au contraire se combinent.

La distinction retenue ici sera celle des régimes libéraux et des régimes autoritaires, à l'intérieur de laquelle on trouvera des classifications fondées sur d'autres critères.

# Titre 1
# Les régimes libéraux

**298. Bibliographie.** – Yves Mény, Yves Surel, *Politique comparée. Les démocraties : Allemagne, États-Unis, France, Grande-Bretagne, Italie*, Montchrestien, 8^e éd., 2009. – Philippe Lauvaux, *Les grandes démocraties contemporaines*, PUF, 3^e éd., 2004. – Jean-Louis Quermonne, *Les régimes politiques occidentaux*, Le Seuil, 5^e éd., 2006. – Stéphane Pinon, *Les systèmes constitutionnels dans l'Union européenne*, Larcier, 2015.

**299.** Les régimes libéraux sont ceux qui s'efforcent de réaliser la démocratie libérale telle qu'elle a été définie précédemment par la place de l'individu dans la société, la liberté, le pluralisme, une certaine conception du rôle de l'État...

À l'intérieur même des régimes libéraux, une classification est possible à l'aide de l'un des instruments d'analyse-clés du droit constitutionnel : la séparation des pouvoirs.

En effet, la séparation des pouvoirs reçoit des interprétations variées à travers le degré de collaboration qui s'établit entre pouvoir exécutif et pouvoir législatif et la suprématie que l'un peut exercer sur l'autre.

- On trouve ainsi des régimes où le Gouvernement est responsable devant le Parlement, c'est-à-dire doit avoir la confiance du Parlement, mais n'est pas entièrement soumis à lui et dispose de moyens de pression à son égard : c'est le *régime parlementaire*.
- Dans d'autres pays, l'exécutif est indépendant des assemblées, définit sa politique librement et ne peut être démis par elles, les assemblées étant elles-mêmes indépendantes de l'exécutif : on est alors en présence d'un *régime présidentiel*.
- Dans certains cas enfin, le Gouvernement est entièrement soumis au législatif : on parle alors de *régime d'assemblée*.

Cette classification en trois types de régimes est exagérément schématique et présente surtout une utilité didactique. En effet, d'une part, il est rare qu'un régime fonctionne exactement comme le voudrait la théorie tracée dans les manuels. Aussi vaut-il mieux parler de « dominante » parlementaire ou présidentielle, et on rencontre en outre toute une série de situations intermédiaires mêlant les traits de l'un et l'autre type de régime. D'autre part, on l'a dit, des facteurs extérieurs au droit constitutionnel interviennent qui peuvent modifier les relations entre le législatif et l'exécutif : le système de partis par exemple. C'est ce dernier qui explique qu'un régime de type parlementaire comme le régime britannique se rapproche à l'analyse du régime américain qui, lui, est de type présidentiel.

Enfin, quelle que soit la dominante du régime : présidentielle, parlementaire... une *collaboration s'institue nécessairement* entre les pouvoirs. L'isolement des pouvoirs n'est pas viable. Ils doivent œuvrer dans le même sens, ce qui suppose un minimum de communication et de dialogue entre eux.

## CHAPITRE 1

# Les régimes parlementaires

**300. Bibliographie.** – Dominique Turpin, *Le régime parlementaire*, Dalloz, 1997.

**301.** Le régime parlementaire est d'origine aristocratique et, même s'il a précédé la démocratie, pendant longtemps on a estimé que la démocratie se réalisait dans le régime parlementaire.

Après une théorie générale du régime parlementaire, on étudiera les exemples de la Grande-Bretagne et de la République Fédérale d'Allemagne.

## Section 1 Théorie du régime parlementaire

**302.** Le régime parlementaire est l'ancêtre des régimes démocratiques. Son succès a été exceptionnel puisqu'il est aujourd'hui le plus répandu dans les États libéraux où il constitue en quelque sorte le régime de droit commun : Grande-Bretagne, Allemagne, Italie, Espagne, Japon, États scandinaves... Deux exceptions notables : les États-Unis et la Suisse ne l'ont pas adopté. La contrepartie de ce succès est qu'en deux siècles, il a reçu tant d'interprétations qu'il n'est pas possible d'en donner une présentation à la fois simple et toujours exacte : il existe *des* régimes parlementaires, une *famille parlementaire*, plus qu'un régime parlementaire type.

Tout d'abord on doit préciser ce qu'il n'est pas : un régime où il y a un Parlement. La terminologie tend un piège, l'existence d'un Parlement est une condition certes mais non suffisante.

Pour préciser dès maintenant les idées, on peut en proposer la définition suivante : *Le régime parlementaire est caractérisé par la collaboration de l'exécutif et du législatif, le premier étant indépendant mais responsable devant le second.*

*L'idée de responsabilité politique du Gouvernement* devant le Parlement est au cœur du régime parlementaire.

## §1. La responsabilité politique du Gouvernement

**303. Le principe. –** Le Gouvernement définit librement sa politique, mais il ne peut la mettre en œuvre, et rester au pouvoir, que s'il a la confiance du Parlement. Il est *responsable* de son action devant les élus de la Nation. Au cas de désaccord entre le législatif et l'exécutif sur cette action, le premier (et en général seule la Chambre basse ; exceptions : la Belgique et l'Italie) peut renverser le second en l'obligeant à démissionner. Ce résultat peut être obtenu par l'intermédiaire de deux procédures :

- *le refus de la confiance, à la suite de l'initiative du Gouvernement* qui « engage sa responsabilité » devant le Parlement en posant « ***la question de confiance*** ». Un vote négatif en réponse entraîne sa chute.

Dans la pratique le rôle de cette procédure est le suivant : le Gouvernement pose la question de confiance pour éprouver sa majorité, s'assurer de son soutien, tenter de la ressouder lorsqu'elle semble se déliter, la mettre en face de ses responsabilités, ou encore faire avancer la discussion d'une loi, donner à cette majorité le choix entre la confirmation de son appui et l'ouverture d'une crise. Elle apparaît comme un moyen de pression du Gouvernement sur sa majorité, qui parfois tourne mal ;

- *le vote d'une* « **motion de censure** » dont les parlementaires prennent eux-mêmes l'initiative. Si le texte de la motion est adopté, le Gouvernement doit se retirer. En déposant la motion de censure, des parlementaires signifient au Gouvernement leur désaccord, ils tentent de le renverser.

Cette procédure met moins en cause la régularité, ou la légalité de l'action gouvernementale que son opportunité. Des parlementaires estiment qu'il n'est pas souhaitable de s'engager, ou de persévérer, dans la voie tracée par l'exécutif, ils veulent le sanctionner, ou encore ils refusent une décision qu'on leur demande d'approuver, le conflit est si grave qu'ils cherchent un nouveau partenaire. Si c'est impossible car l'opposition est trop faible et que la motion ne recueille pas la majorité, ils auront pris l'opinion à témoin de ce qu'ils désapprouvent la politique de l'exécutif ou telle mesure préconisée par lui.

**304. Ses origines. –** La responsabilité politique du Gouvernement est apparue en *Grande-Bretagne* à la fin du XVIII^e^ siècle. Elle est née alors de la transformation d'une procédure pratiquée depuis le XIV^e^ siècle (1376) : *l'impeachment*. Celui-ci permettait à la Chambre des communes de traduire devant la Chambre des lords un ministre accusé d'une *infraction pénale* (crime ou délit). L'idée est que les détenteurs d'une fonction publique ne relèvent pas des tribunaux ordinaires. La peine encourue va de la simple amende à la mort.

Au XVII^e^ siècle insensiblement la mise en cause de la responsabilité des ministres *va s'élargir à leur activité politique*. Par son statut, le chef de l'État, le roi, ne pouvant être responsable (v. *infra* n° 308) de l'action de l'exécutif, il faut bien que quelqu'un en réponde : ce sera un ministre (qui n'a pas les mêmes raisons d'être irresponsable), le Premier ministre, le Gouvernement en son entier. Le Parlement mécontent du comportement d'un ministre, d'une de ses décisions ou de son influence, entreprend contre lui une procédure d'*impeachment*. De façon plus subtile, les membres du Parlement manifestent par-là parfois leur irritation contre le roi, qui est irresponsable : en sanctionnant un de ses conseillers ils lui signifient leur désaccord. Le ministre peut échapper à la sanction en prenant les devants et en démissionnant.

Parallèlement à cette évolution, on *passe de la responsabilité individuelle à la responsabilité collective*. Le Cabinet (Gouvernement) s'affirme comme un organe collégial, avec un Premier ministre à sa tête, dont les membres sont *solidaires* : ils ne sont plus les conseillers particuliers du roi, toute critique sur la politique menée par l'un des ministres rejaillit sur les autres. Aussi pour éviter que la responsabilité du Cabinet ne soit mise en cause par la procédure désagréable de l'*impeachment*, le Cabinet en vint à démissionner lorsque le Parlement lui manifestait qu'il n'avait plus sa confiance. Amorcée avec le départ de Walpole en 1742, cette coutume est consacrée lorsqu'en 1782 Lord North se retire avec tout son Gouvernement. La motion de censure remplace alors l'*impeachment* et celui-ci tombe rapidement en désuétude. *On était ainsi passé de la sanction d'une faute pénale à la sanction d'un désaccord politique*, la responsabilité politique du Gouvernement est institutionnalisée et avec elle le régime parlementaire, dont les traits essentiels seront fixés dans leur ensemble vers 1830 seulement.

En même temps on est passé de la mise en cause d'*un ministre* à l'engagement de la responsabilité du Cabinet en entier. Ce qui présente l'inconvénient pour le Parlement de ne pouvoir exiger le départ d'un seul ministre, il renversera l'ensemble du Gouvernement si son chef refuse de se séparer du ministre contesté.

**305. La transformation de la responsabilité politique. –** La règle à l'origine était que le Gouvernement soit responsable *à la fois* devant le roi – chef de l'État – et devant le Parlement. Pour caractériser cette situation, on dit que le régime *parlementaire est* **dualiste**. Par la suite, la perte d'autorité du monarque, le déclin de ses pouvoirs, ont rendu cette subordination insupportable. Le droit de mettre fin aux fonctions du Gouvernement était disproportionné par rapport aux minces attributions que le chef de l'État exerçait encore et à sa place dans les institutions. Aussi le principe de la responsabilité du Gouvernement devant le *seul* Parlement a-t-il eu tendance à s'imposer au XIX<sup>e</sup> siècle. *Le régime parlementaire devient alors* **moniste**. Cette évolution portait en germe une perversion grave du régime pouvant entraîner un changement radical de sa nature : la dépendance du Gouvernement à l'égard du Parlement devenait si forte que sa liberté risquait de disparaître, il n'était plus alors que l'exécutant fidèle de sa volonté, pour ne pas déplaire il renonçait à toute initiative et le système glissait vers le *régime d'assemblée*. Devant cette situation l'idée s'imposa qu'il fallait renforcer les bases du régime pour lui maintenir son caractère parlementaire, en particulier en rendant plus difficile la mise en cause de la responsabilité du Gouvernement. Au lendemain de la

Première Guerre mondiale, on s'engagea ainsi dans la voie de la *rationalisation du parlementarisme* pour assurer sa survie.

## A. Le parlementarisme dualiste

**306.** Le Gouvernement est responsable devant le Parlement et devant le chef de l'État. On l'appelle aussi « *Parlementarisme orléaniste* » car le régime parlementaire, amorcé en France dès le règne de Louis XVIII, s'est développé sous cette forme pendant la monarchie de Juillet (où le roi Louis Philippe était issu de la famille d'Orléans). Il constitue le Parlementarisme classique, le schéma sur lequel il est construit se retrouve dans le Parlementarisme moniste mais les attributions des organes ne sont pas alors les mêmes et leurs relations en sont modifiées.

### 1. L'exécutif bicéphale

**307.** Dans la plupart des régimes parlementaires, l'exécutif possède deux composantes : un chef d'État et un Cabinet (ou Gouvernement). Dans le régime parlementaire dualiste, cette distinction correspond à une répartition effective des tâches de l'exécutif entre ces deux organes, l'un et l'autre sont des acteurs essentiels de la vie politique.

#### a. Le chef de l'État

##### α. *Statut*

**308.** Le chef de l'État est l'héritier de l'ancien monarque absolu. Le régime parlementaire est, en effet, apparu dans des monarchies et la plupart des monarchies actuelles vivent sous ce régime. À ce titre il est normalement le chef de l'exécutif. Roi ou président, il est *irresponsable politiquement*, ce qui signifie que le Parlement ne peut lui manifester sa défiance en le déposant ou en le contraignant à démissionner. Si le chef de l'exécutif ne dépend pas du Parlement, c'est parce qu'à l'origine la responsabilité reposait sur l'idée de faute et qu'on considérait qu'il n'était pas convenable d'accuser le monarque de faute, d'où l'adage « le roi ne peut mal faire ». Il est bien certain qu'avec un président élu par le Parlement, hypothèse courante aujourd'hui, l'indépendance du chef de l'État à l'égard de celui-ci est en fait plus difficile à réaliser.

##### β. *Attributions*

**309.** Les attributions du chef de l'État sont étendues et varient selon les pays : il peut dissoudre une Chambre, avoir l'initiative des lois, les promulguer, adresser des messages au Parlement, commander les armées, nommer des juges et des hauts fonctionnaires, etc. *Mais en pratique il ne les exerce pas toutes et en délègue une partie au Cabinet*. Cependant, il en est une au moins qu'il conserve toujours dans le régime dualiste, le droit de dissolution. En cas de conflit avec le Parlement, il peut ainsi en appeler au pays en provoquant des élections.

Surtout le chef de l'État *nomme le Cabinet*, c'est-à-dire le Gouvernement, les ministres, et il peut parallèlement le démettre. La caractéristique essentielle de la situation du chef de l'État dans le régime parlementaire dualiste est là : *le Gouvernement est responsable devant lui*, il ne peut rester au pouvoir s'il n'a pas sa confiance. Ce régime ne fonctionne correctement que si le Cabinet accepte d'être soumis au roi ou au président.

#### γ. *Le contreseing*

**310.** Conséquence de l'irresponsabilité du chef de l'État, la plupart de ses décisions sont *contresignées* par un ministre, c'est-à-dire que pour pouvoir être exécutées elles doivent porter la signature d'un membre du Gouvernement qui en assume par-là la responsabilité. Alors qu'il était apparu sous l'Ancien Régime dans le but d'authentifier la signature du monarque, le contreseing a pris une valeur symbolique, il souligne que *le chef de l'État ne peut agir seul.*

### b. Le Cabinet (ou Gouvernement)

**311.** Le Cabinet est formé de l'ensemble des ministres. C'est un organe collégial, nommé par le chef de l'État, dont les membres sont solidaires c'est-à-dire que ses décisions sont prises collectivement, ensemble, et engagent tous les ministres. Cette règle, simple pour les Cabinets homogènes, est beaucoup plus rude pour les Cabinets de coalition.

Le Cabinet assure la liaison entre le chef de l'État et le Parlement. Il dispose à la fois de pouvoirs délégués et de pouvoirs propres.

- Les *pouvoirs délégués* sont ceux appartenant au chef de l'État dont celui-ci se dessaisit à son profit : procéder à certaines nominations par exemple.
- Les *pouvoirs propres* lui sont expressément confiés par la Constitution, il en est le titulaire direct : engager sa responsabilité devant le Parlement par exemple. À ce titre, le Cabinet constitue un véritable pouvoir autonome, il n'est pas uniquement l'instrument du chef de l'État.

Au contraire de ce dernier, *le Cabinet est responsable devant le Parlement*, autour de lui s'organise la collaboration entre l'exécutif et le législatif, mais, rappelons-le, dans le régime parlementaire dualiste il doit avoir la confiance à la fois du chef de l'État et du Parlement.

## 2. L'évolution du parlementarisme dualiste

**312.** À l'origine le régime parlementaire ne pouvait être que dualiste. Apparu dans des monarchies : Grande-Bretagne, France, Belgique (la Constitution belge de 1831 est la première constitution écrite instituant un vrai régime parlementaire, elle fait figure de modèle), il marque une étape entre l'absolutisme royal et la souveraineté du peuple. *Il ouvre l'ère de la monarchie limitée.* Le pouvoir royal est obligé de composer mais il est assez fort pour occuper une place éminente en face des représentants du peuple. On est encore proche de l'époque où les états généraux avaient un rôle de conseil et où le roi conservait le pouvoir de décision. La double dépendance du Cabinet va sauvegarder la susceptibilité de l'un et consacrer l'autorité croissante des autres ; le Cabinet apparaît comme un rouage fondamental du système avec un rôle d'intermédiaire, d'amortisseur, de médiateur, il conseille et protège le monarque et devient en même temps l'interlocuteur privilégié du Parlement.

**313. La mise en cause du dualisme. –** Cet aménagement du pouvoir va apparaître au bout d'un certain temps comme anachronique. Le mouvement des idées, les progrès de la démocratie, les maladresses et les insuffisances de certains monarques (« un grand monarque est un hasard heureux » et, de plus, au début du XVIIIe siècle en Grande-Bretagne les rois ne parlent pas anglais et laissent le Cabinet se réunir hors de leur présence : 1717) minent le prestige de l'institution monarchique, le dialogue du pouvoir royal et des représentants change de ton. Forts de la légitimité que leur assure l'investiture populaire, les parlementaires supportent mal d'avoir à composer avec un interlocuteur dont la propre légitimité est contestée. En outre, le statut de ce dernier comporte une faiblesse qui le rend vulnérable : *le chef de l'État ne peut rien faire sans l'accord du Cabinet donné par le contreseing*. Les ministres largement choisis dans le Parlement et se considérant eux-mêmes comme des élus de la Nation, vont négocier leur consentement aux décisions proposées. Des ministres soutenus par le Parlement disposent d'arguments convaincants pour mettre en échec le pouvoir royal. Aussi peu à peu les attributions du monarque vont-elles être de plus en plus nombreuses à passer entre les mains du Cabinet. Même si le premier en est le titulaire nominal, il ne les exerce plus et sa signature sur les actes officiels n'a plus d'importance que formelle. Le chef de l'État paie la rançon de son irresponsabilité, son privilège devenu sa faiblesse se retourne contre lui, *le pouvoir va de pair avec la responsabilité*. À l'issue de cette évolution, en réalité c'est le chef de l'État qui contresigne les décisions du Cabinet. Le parlementarisme est devenu moniste.

Pendant longtemps on a estimé qu'il s'agissait d'une évolution irréversible, que le régime dualiste, lié à l'histoire, était transitoire, bref que le régime parlementaire ne pouvait être que moniste. L'apparition des institutions de la Ve République a conduit à reconsidérer ces certitudes.

**314. La Constitution française de 1958 traduit-elle un renouveau du dualisme ? –** La Constitution de 1958 réaffirme, et là n'est pas la surprise, la responsabilité du Gouvernement devant le Parlement seul. Mais en même temps, elle renforce l'autorité et le rôle du chef de l'État au point que le Cabinet va devenir aussi responsable *en fait* devant lui. Depuis 1958 en effet, un seul Gouvernement a été renversé par le Parlement (G. Pompidou en octobre 1962), alors que les Premiers ministres se sont retirés plusieurs fois à la demande du chef de l'État en l'absence de tout conflit grave avec le Parlement : ainsi, en 1972, J. Chaban-Delmas a-t-il été invité à démissionner par G. Pompidou au lendemain d'un vote où l'Assemblée nationale lui accordait largement sa confiance. Seul,

J. Chirac est parti de son plein gré en 1976. Si la façade du régime est moniste, son fonctionnement est dualiste. La dépendance du Cabinet à l'égard du chef de l'État est même si accusée qu'on peut parler de « *monisme inversé* » (exception faite, on le verra, des périodes de cohabitation : 1986-1988, 1993-1995 et 1997-2002).

Le parlementarisme dualiste avait disparu au XIXe siècle à cause de la crise de légitimité que traversait l'institution du chef de l'État, ici en raison de la distance apparue entre le monarque héréditaire et les représentants élus de la Nation et là du fait que l'élection par le Parlement s'était substituée au sacre et désignait un président de la République. À partir du moment où le chef de l'État est lui aussi élu au suffrage universel direct, sa légitimité est comparable à celle des représentants, si elle ne lui est pas supérieure, dans la mesure où il est l'élu direct du peuple sans même l'artifice du découpage en circonscriptions. Les raisons par lesquelles on avait expliqué le passage du dualisme au monisme se retrouvent alors pour justifier le mouvement inverse. Au surplus, l'évolution est conforme à la tendance au renforcement de l'exécutif dans les sociétés contemporaines et à son corollaire l'accentuation de la personnalisation du pouvoir. Le chef de l'État retrouve un rôle réel et il est normal qu'il ait autorité sur le Cabinet et qu'il soit le véritable chef de l'exécutif. Le Gouvernement est alors l'organe de communication entre le Parlement et le chef de l'État et responsable devant l'un et l'autre. La question se pose cependant de savoir si ce *néo-dualisme* n'est pas porté lui-même à évoluer vers le régime présidentiel dans lequel le Cabinet n'est responsable que devant le chef de l'État.

En tout cas, le parlementarisme dualiste n'est pas condamné à être une curiosité historique.

## B. Le parlementarisme moniste

**315.** Il est donc né de la transformation du rôle du chef de l'État, caractérisé par son effacement progressif. Le schéma institutionnel du régime reste en apparence identique mais il recouvre des réalités différentes. Le bicéphalisme de l'exécutif est déséquilibré en faveur du Cabinet.

### 1. L'affaiblissement de l'exécutif

**316.** À des degrés divers *le chef de l'État* apparaît comme une « potiche », un élément décoratif, dans l'édifice constitutionnel. Il joue un rôle protocolaire, honorifique, s'il ne se contente pas exactement d'« inaugurer les chrysanthèmes », pour reprendre l'expression consacrée, il est tout au plus un arbitre chargé de veiller au jeu régulier des mécanismes constitutionnels, il exerce une *magistrature morale*. Symbole de l'unité nationale, il sera parfois aussi le dernier recours en cas de crise grave. « **Il règne mais ne gouverne pas** », ses attributions sont réduites et il les exerce prudemment, ses interventions dans les affaires de l'État sont modérées, faites de conseils discrets et de suggestions feutrées. Son influence tient beaucoup à sa personnalité et souvent il sera choisi parce qu'il n'en a pas. Pourtant à force d'adresse, de patience, d'ambition dissimulée et de caractère maîtrisé, il arrivera peut-être à un rôle politique non négligeable. Mais c'est à lui qu'il le doit et non à sa fonction, faute de pouvoir être le chef il peut exercer un rôle d'éminence grise.

S'il apparaît encore lors de la désignation du Cabinet, c'est moins pour choisir que pour entériner une désignation qui lui échappe. Les ministres sont en fait élus par le Parlement, le président de la République les nomme, rôle de simple enregistrement.

*Le Cabinet* dans ces conditions ne dépend plus lui-même du chef de l'État. S'il a recueilli une bonne partie des attributions que celui-ci a cessé d'exercer (dont la dissolution), il n'est plus responsable devant lui mais uniquement devant le Parlement, d'où le nom de « parlementarisme moniste ». *Le Cabinet est essentiellement lié à la majorité de l'Assemblée,* les Anglais disent qu'il est devenu un « comité de la majorité », il n'a besoin que de la confiance du Parlement et même de sa majorité. Cela ne contribue pas, on le comprend, à l'affermissement du prestige et de l'autorité de cette seconde branche de l'exécutif.

En outre, alors que dans le parlementarisme dualiste des ministres sont parfois choisis hors du Parlement, dans le régime moniste ils sont presque toujours issus de lui.

## 2. Signification de l'évolution

**317.** Le régime moniste est devenu la règle dans les systèmes parlementaires. On le rencontre en Italie, en Espagne, en Allemagne... Mais, comme on le verra, il a évolué de façon différente, en France et en Grande-Bretagne par exemple, sous l'influence surtout du régime des partis.

### a. Dangers du monisme

**318.** Le danger du régime moniste tient dans son potentiel de concentration des pouvoirs aux mains du Parlement. Pour qu'il y ait régime parlementaire le Gouvernement doit être indépendant des assemblées. Sa responsabilité ne doit pas compromettre son autonomie. Or ici le Parlement, détenteur par définition du pouvoir législatif, peut en arriver à contrôler si étroitement l'exécutif que celui-ci perd toute indépendance, pour devenir le « commis » du législateur. Les formes de cet assujettissement sont multiples : on peut donner l'exemple de la III$^{e}$ République en France où les Chambres, maîtresses de leur ordre du jour, discutaient les textes qui leur convenaient et pouvaient repousser indéfiniment l'étude des projets gouvernementaux. *À ce stade le Parlement gouverne,* une confusion des pouvoirs s'opère en sa faveur, la séparation est bafouée. On est en présence d'un régime d'assemblée. Le phénomène n'atteint sa perfection que lorsque l'exécutif perd le droit de dissolution ou à partir du moment où les pressions exercées sur lui l'amènent à y renoncer. Il a sacrifié alors son ultime moyen de s'affirmer.

### b. Le régime peut-il rester parlementaire ?

**319.** L'évolution vers le régime d'Assemblée n'est pas inéluctable, si certaines conditions sauvegardant une marge d'indépendance de l'exécutif sont réunies, la suprématie du législatif sur l'exécutif n'empêche pas le régime de rester parlementaire. On doit admettre en effet que l'égalité absolue des pouvoirs n'est pas indispensable – à supposer qu'elle soit possible –, l'une des lois de la politique n'est-elle pas que deux pouvoirs ne peuvent fonctionner durablement sur un pied d'égalité ?

Il en est ainsi dans l'hypothèse où le Cabinet n'est pas l'exécutant docile des volontés du Parlement. Il définit sa politique et s'il ne peut la mettre en œuvre contre la volonté du Parlement, celui-ci ne peut pas non plus lui imposer sa propre volonté, substituer son initiative à la sienne. Il est étroitement contrôlé mais il ne reçoit pas d'ordres. Leurs relations restent des relations de *collaboration (et non de subordination)* dans l'esprit du régime parlementaire. Les conflits éventuels seront tranchés par un vote sur la confiance. Battu, le Cabinet n'a pas à appliquer une autre politique dictée par les Chambres, il s'en va. Par là il ne s'incline pas devant la volonté du législateur, il constate qu'il n'a plus sa confiance pour mettre en œuvre sa politique et en tire la leçon en démissionnant. Sa position sera encore plus forte s'il a su, ou pu, conserver son droit de dissolution dont la seule menace le fera, peut-être, respecter. Lorsqu'il en est ainsi, le Gouvernement n'apparaît pas comme un exécutant, un simple délégué du Parlement.

À vrai dire, une telle situation ne peut qu'être exceptionnelle et sera en tout état de cause fragile. Le Parlement est porté à peser sur le Gouvernement à l'égard duquel il dispose d'une sorte de droit de vie et de mort. Si cependant des élections se dégage une majorité stable, reconnaissant l'autorité d'un chef qui assumera la direction du Gouvernement, pourquoi le régime ne resterait-il pas parlementaire ? Si, au contraire, la majorité se cherche, éclate, se recompose pour un temps, les Gouvernements se succéderont ; préoccupés de durer ils songeront plus à ne pas déplaire aux élus qu'à gouverner, on entre alors dans le régime d'assemblée – à supposer que les députés soient capables de décision.

*L'instabilité gouvernementale est la plaie des régimes monistes*, elle menace de leur faire perdre leur caractère parlementaire.

## C. La rationalisation du parlementarisme

**320.** Au lendemain de la Première Guerre mondiale, le régime parlementaire apparaît, en dépit de ses faiblesses et en particulier de sa difficulté à assurer la stabilité de l'exécutif, comme l'idéal des régimes politiques. De nouvelles constitutions voient le jour où ses mécanismes sont précisés et structurés. Ces constitutions s'insèrent dans ce que le Doyen B. Mirkine-Guetzévitch a appelé « *la rationalisation du parlementarisme* ». On les a qualifiées de « Constitutions de professeurs » car elles sont élaborées par des juristes mettant en forme leurs théories sur l'organisation du pouvoir. L'Europe centrale sera leur terrain privilégié. Mais ce n'est que progressivement qu'on prendra conscience de la nécessité de renforcer, par des procédures constitutionnelles, l'exécutif en face du Parlement. Il y a donc deux phases dans la rationalisation.

## 1. La mise par écrit de règles jusqu'alors coutumières ou dégagées par la pratique

**321.** Au début du XX$^{e}$ siècle, les Constitutions mettent par écrit des règles coutumières ou nées de la pratique des régimes parlementaires existants. Elles sont plus complètes que leurs devancières.

Les textes du XIX$^{e}$ siècle, en effet, étaient souvent peu explicites sur les procédures de collaboration entre les pouvoirs, celle de formation du Cabinet ou d'engagement de sa responsabilité : en France, par exemple, la loi constitutionnelle du 25 février 1875 indiquait seulement : « *les ministres sont solidairement responsables devant les Chambres de la politique générale du Gouvernement.* » La responsabilité du Cabinet était consacrée sans précision sur la façon dont elle pouvait être engagée, sur la majorité requise pour accorder ou refuser la confiance... Ces lacunes devaient être comblées de manière empirique, mais, il faut le constater, *dans un sens systématiquement favorable au Parlement*, compromettant par-là l'un des équilibres majeurs du régime parlementaire.

C'est dans ce fond de règles que les auteurs des nouvelles constitutions ont puisé, en s'inspirant d'ailleurs moins des coutumes britanniques que de la pratique française, adoptant en passant des mécanismes qui avaient déjà montré leurs inconvénients, au premier rang desquels l'instabilité de l'exécutif. Ils y étaient d'autant plus portés, que bon nombre des nouveaux régimes succédaient à des pouvoirs autoritaires, l'exécutif leur apparaissait comme une menace pour la démocratie, il devait être contenu. La rationalisation tenait ainsi compte de l'histoire, mais elle consacrait la suprématie du Parlement. En réalité, ce qu'on recherchait, c'est à contraindre le *Parlement* à décider, à exercer ses compétences. Pourtant, déjà, certaines constitutions, à l'exemple de celle de l'Allemagne de Weimar (1919), s'étaient préoccupées de procédures permettant au *Gouvernement* de conserver une marge d'autonomie et de se défendre contre les « embuscades parlementaires » où il risquait de se voir renverser à l'improviste.

## 2. Le renforcement de l'exécutif et la recherche de sa stabilité

**322.** Le mouvement de rationalisation du parlementarisme s'est poursuivi après la Seconde Guerre mondiale en donnant cette fois *la priorité au renforcement de l'exécutif*. On tirait de l'histoire une autre leçon. La réflexion sur les institutions montrait en effet qu'un bon Gouvernement suppose que le Cabinet ne soit pas un simple exécutant des volontés du Parlement, mais qu'il puisse définir une politique et disposer de la durée nécessaire à sa mise en œuvre. On tente d'atteindre cet objectif par une démarche rationnelle, volontariste, en imaginant de nouvelles procédures.

La Loi fondamentale de la RFA (1949), les constitutions françaises de 1946 et de 1958 illustrent bien cette tentative.

L'idée qui domine la plupart des nouvelles techniques de rationalisation du parlementarisme est que la décision de renverser le Gouvernement est grave et que ce caractère commande qu'elle soit prise à l'issue d'une procédure empêchant les votes hâtifs et inconsidérés.

Les deux techniques auxquelles recourt le plus fréquemment le parlementarisme rationalisé sont les suivantes :

- exiger un scrutin portant de façon précise et explicite sur la confiance. On veut éviter les crises ouvertes par surprise à l'occasion d'un vote anodin. Un délai devra, en outre, de préférence, être imposé entre la demande de scrutin et son déroulement, les parlementaires pouvant ainsi se concerter et le Gouvernement s'organiser ;
- considérer que les députés qui se sont abstenus dans le vote sur la confiance ont implicitement préféré le maintien du Gouvernement à sa chute. Ils sont décomptés comme étant favorables à l'exécutif. Ainsi dans la constitution grecque de 1975 (art. 84) : « *Aucune motion de censure ne peut être adoptée, si elle n'est pas votée à la majorité absolue du nombre total des députés.* » On soulignera qu'un vote de défiance à la majorité relative n'a donc pas pour effet de renverser le Gouvernement. Non seulement celui-ci peut ne pas démissionner mais il ne *doit* pas se retirer. La confiance n'est valablement refusée qu'à la majorité absolue des membres de la Chambre.

Parallèlement, au moment de la désignation du chef du Gouvernement, on s'efforce de le faire investir par la Chambre avec une majorité renforcée et on s'attache à restaurer le droit de dissolution.

Enfin, la procédure législative elle-même est aménagée pour permettre au Gouvernement de conserver la maîtrise de sa politique. Par exemple l'initiative financière des députés (le droit de proposer des dépenses ou des recettes) sera limitée ou supprimée, la durée des sessions encadrée.

## 3. L'échec du parlementarisme rationalisé

**323.** En définitive, le parlementarisme rationalisé s'est révélé un échec. Le régime des partis était resté en dehors des aménagements constitutionnels et les querelles partisanes, dans les pays où les formations politiques sont multiples, se règlent au détriment du Gouvernement. Bien plus celui-ci se considère comme obligé de démissionner même lorsque la confiance lui est refusée en dehors des formes constitutionnelles, il n'a pas assez d'autorité, pour exiger le respect des procédures prévues et d'autre part le Parlement peut lui enlever les moyens de sa politique (refus de ses projets de lois) sans lui retirer expressément sa confiance. D'ailleurs, dans la pratique, il est exceptionnel qu'un Gouvernement soit renversé dans les formes : en Italie, de 1948 à 2000, sur 59 Gouvernements, un seul a été régulièrement renversé ; depuis la guerre, deux seulement en Grande-Bretagne et en Allemagne.

L'échec était manifeste – en France en particulier – au moment où était rédigée la Constitution française de 1958. Pourtant des procédures de rationalisation y ont été inscrites. On ne peut mettre à leur actif la stabilité dont bénéficie l'exécutif depuis lors. Celle-ci tient, on le verra, à d'autres facteurs, en particulier au fait que le Gouvernement a trouvé le plus souvent un appui fidèle auprès de la majorité de l'Assemblée nationale. Cependant elles ne sont pas inutiles lorsqu'il n'y a pas de majorité stable, ou que celle-ci se révèle indocile.

## §2. La collaboration des pouvoirs

**324.** Dans le régime parlementaire, le *dialogue* compte peut-être plus que l'*équilibre* entre les pouvoirs. Enfermé dans ses prérogatives, chacun ne pourrait pas grand-chose ; si chacun tire dans son sens, le char de l'État risque d'être paralysé. Des contacts, des relations s'établissent naturellement, les pouvoirs collaborent car seule la séparation souple est viable.

Tout d'abord l'exécutif dispose d'une arme qui est la contrepartie de la responsabilité politique : la dissolution.

### A. La dissolution

**325. Bibliographie.** – Philippe Lauvaux, *La dissolution des assemblées parlementaires*, Economica, 1983.

**326.** Il peut paraître paradoxal de traiter de la dissolution sous la rubrique de la collaboration des pouvoirs puisqu'elle sanctionne plutôt en principe l'échec de tout dialogue. Cependant sa menace est utilisée parfois comme un aiguillon à une coopération réticente.

#### 1. Théorie du droit de dissolution

##### a. Définition

**327.** La dissolution est le droit appartenant à l'exécutif de mettre fin, avant son terme normal, au mandat des représentants de la Nation et de provoquer ainsi l'élection anticipée d'une nouvelle Assemblée. Lorsqu'un conflit s'élève entre les pouvoirs, le Cabinet (ou le chef de l'État), dont l'existence est entre les mains du Parlement, peut, de son côté, renvoyer les représentants devant leurs électeurs. La Nation arbitre, le conflit n'est pas réglé par l'affirmation de la suprématie d'un pouvoir sur l'autre, mais par le peuple souverain.

Seule la *Chambre basse*, peut en général, être dissoute (avec des exceptions, par exemple en Belgique et aux Pays-Bas) ; la restriction est logique dans la mesure où la dissolution s'analyse en théorie comme la contrepartie du droit, réservé le plus souvent à cette Chambre, de renverser le Gouvernement.

Ainsi comprise la dissolution apparaît comme un rouage essentiel du régime parlementaire, elle sauvegarde l'équilibre entre les pouvoirs. Disposant de cette « arme absolue » (O. Duhamel), le Cabinet est assuré, s'il le veut, de ne pas devenir un simple exécutant des décisions du Parlement. *On ne la trouve que dans les régimes parlementaires.*

## b. La légitimité du droit de dissolution

**328.** La légitimité du droit de dissolution a été mise en cause. Lorsqu'elle est entre les mains d'un chef de l'État non issu du suffrage universel (roi), ou choisi par le Parlement (président) la dissolution apparaît en effet comme choquante, comme contraire à la démocratie, puisqu'elle met fin à un mandat confié directement à ses élus par la Nation. Elle est particulièrement contestée dans la forme dite de « *la dissolution royale* », la plus ancienne, où le chef de l'État la décide de sa propre initiative, de façon discrétionnaire et même contre l'avis d'un Gouvernement soutenu par la majorité de la Chambre. Le roi, ou le président, en appelle par son intermédiaire au peuple, car il estime que la Chambre et le Cabinet ne sont plus représentatifs. Et parfois il sera désavoué par le peuple (ainsi en France en 1877).

### α. *Les réticences en France à l'égard de la dissolution*

**329.** En France la dissolution a été utilisée 18 fois depuis 1815 (dont 11 fois jusqu'en 1846). Beaucoup de ces utilisations ont été contestables et ont renforcé la réserve à son égard. Déjà en 1799 Bonaparte devait réaliser à travers elle un véritable coup d'État, pratique renouvelée par Charles X en 1830 et Louis Napoléon en 1851. Mais c'est surtout *la dissolution du 26 juin 1877, décidée par Mac-Mahon,* dans des conditions sur lesquelles on reviendra (v. *infra* n° 574), qui devait discréditer durablement cette prérogative depuis lors considérée longtemps comme anti-républicaine. Aucun président de la République n'osa plus s'en servir jusqu'à ce que E. Faure la propose au président Coty le 2 décembre 1955.

### β. *Ces réticences sont-elles fondées ?*

**330.** La prévention traditionnelle en France à l'égard de la dissolution est très irrationnelle et finalement peu démocratique. Elle est répandue dans les milieux de gauche et la classe politique plus qu'à droite et chez les citoyens. En effet on a présenté depuis 1877 la dissolution comme une forme de coup d'État organisé par l'exécutif contre les députés. Or s'il s'agit de demander au peuple de trancher un différend grave apparu entre l'exécutif et le législatif, en quoi donner la parole aux citoyens serait-il contraire à la démocratie ? Le peuple réaffirme qu'il est le souverain. Cette prévention participe de la même tendance qui fait mettre en accusation le référendum sous prétexte qu'il peut se transformer en plébiscite. Pourtant l'expérience devrait dissiper les inquiétudes : en 1877, et en 1997, les citoyens ont désavoué le chef de l'État et en 1955 les élections furent loin d'instaurer un pouvoir personnel. En réalité, il s'agit d'un bon alibi pour couvrir l'affirmation de la souveraineté parlementaire. Les citoyens ne s'y sont pas trompés, confortés par l'antiparlementarisme latent dans notre pays, ils ne manifestent pas à l'égard de la dissolution les mêmes réticences.

### c. Les conditions mises à l'exercice du droit de dissolution

**331.** Certains régimes parlementaires l'ont purement et simplement supprimée : Norvège, Autriche, Israël.

Sans aller aussi loin, la mise en cause de sa légitimité a entraîné ailleurs la multiplication des *conditions restrictives* entourant son exercice. Les parlementaires qui élaborent la Constitution et sont peu favorables à cette procédure, font en sorte que la dissolution soit très difficile.

Puisqu'elle est un moyen d'équilibre entre les pouvoirs on pourrait imaginer que la dissolution soit inconditionnée, l'exécutif étant libre de son utilisation. Ses liens avec la responsabilité politique du Gouvernement justifient cependant sa soumission à des règles analogues à celles qui entourent la mise en œuvre de cette responsabilité (conditions, délais). À partir de là, de façon contestable, certaines constitutions, sans supprimer un droit toujours considéré comme inhérent au régime parlementaire, l'ont entouré de conditions si restrictives qu'elles le rendent à peu près inutilisable. La Constitution française de 1946 en est un bon exemple, la dissolution de 1955 n'a été qu'un accident (v. *infra* n° 618).

## 2. Les utilisations du droit de dissolution

**332.** La dissolution n'est pas toujours utilisée, dans l'esprit du régime parlementaire, pour trancher un conflit entre le Parlement et le Gouvernement. Les procédures constitutionnelles, on le sait, sont des instruments dont le détenteur use à sa convenance ; le droit de dissolution n'échappe pas à cette règle et connaît donc des utilisations variées.

### a. La recherche d'une majorité parlementaire

**333.** Dans la perspective classique du régime parlementaire, l'exécutif recourt à la dissolution afin d'obtenir une majorité disposée à le soutenir. Cette recherche peut prendre plusieurs voies.

#### α. *Menacer de dissoudre pour consolider la coalition majoritaire*

**334.** La simple menace de la dissolution est souvent considérée comme de nature à ressouder une majorité formée par une coalition de partis, dont l'unité se désagrège. La perspective des fatigues d'une campagne électorale et l'incertitude sur ses résultats inciteraient les parlementaires à maintenir leur soutien au Gouvernement plutôt que d'ouvrir une crise.

Cette opinion est largement répandue en France. Chacun apprécie les mérites de la dissolution à partir de sa propre histoire, les Français les surestiment. Ils sont impressionnés par le contraste entre l'instabilité des

III$^{e}$ et IV$^{e}$ Républiques, pendant lesquelles le recours à la dissolution, sans être tout à fait exclu, était peu envisageable, et la stabilité de la V$^{e}$ où aucun doute ne pèse sur la détermination du chef de l'État à s'en servir. Ils en concluent que l'épée de Damoclès de la dissolution rend sages les députés, garantit la cohésion de la majorité et la stabilité des Gouvernements.

Des expériences étrangères ébranlent ces idées reçues. Au Danemark et en Belgique par exemple, pays où la dissolution est facile, sa menace n'évite pas l'éclatement des coalitions et les crises à répétition ; le retour anticipé devant les électeurs est courant, démonstration de l'échec de la menace. Cela s'explique si on considère que certains partis jusqu'alors dans la majorité peuvent précipiter la crise et la dissolution, quand ils voient dans les élections l'occasion de renforcer leur représentation à la Chambre.

La menace de la dissolution est cependant susceptible de consolider la coalition majoritaire dans deux hypothèses :

- en cas de multipartisme, lorsque les élections risquant de leur être défavorables, les états-majors des partis de la coalition majoritaire accepteront un « replâtrage » provisoire, en attendant des temps meilleurs,
- dans un système bipartiste où les contestataires au sein du parti majoritaire hésiteront à provoquer son éclatement sachant que leur parti leur refusera son parrainage lors des élections provoquées par la dissolution et que leurs chances d'être réélus en seront compromises.

### β. *Dissoudre pour faire arbitrer par le peuple un conflit (existant ou éventuel) entre l'exécutif et le Parlement*

**335.** La dissolution peut être utilisée pour sortir d'une crise en cours, consommée ou inéluctable : l'opposition est devenue majoritaire au Parlement, le Gouvernement va être, ou est déjà, renversé, l'exécutif prononce alors la dissolution pour tenter de retrouver sa majorité disparue.

Ses espoirs sont souvent déçus. Le corps électoral est plus stable dans ses options que les parlementaires et l'expérience prouve que la nouvelle Assemblée a de grandes chances – surtout si le scrutin est à la proportionnelle – d'être l'image à peine déformée de la précédente. Il n'y a ni vainqueur, ni vaincus, la dissolution n'aura servi à rien, le problème d'une majorité de gouvernement reste entier. Cependant en France, F. Mitterrand a, par deux fois, en 1981 et en 1988, cherché avec succès, au lendemain de son élection à la présidence, à profiter de l'« état de grâce » qui suit l'élection présidentielle et prononcé la dissolution de l'Assemblée nationale, *sans attendre un conflit entre son Gouvernement et la majorité de droite en place à la Chambre basse.* Felipe Gonzalez a agi de même en Espagne le 1$^{er}$ octobre 1989.

### γ. *Dissoudre pour tirer parti d'une conjoncture favorable*

**336.** L'exécutif peut décider de dissoudre en dehors de tout conflit avec sa majorité. Constatant que la conjoncture est favorable au parti ou à la coalition majoritaire, il provoquera des élections anticipées. Si les sondages sont bons, les élections partielles triomphales, pourquoi attendre la fin de la législature pour renouveler l'Assemblée ? En organisant le scrutin rapidement, le Gouvernement saisit sa chance de voir ses partisans revenir plus nombreux dans la nouvelle Assemblée.

Cette pratique de la dissolution est habituelle en Grande-Bretagne : il est rare que la Chambre des communes parvienne à son terme normal. Cependant cet usage a été proscrit (v. *infra* n° 395).

De même, en France, J. Chirac a cru, à tort, la conjoncture favorable lorsqu'en 1997 il a décidé de dissoudre l'Assemblée.

## b. La consultation de la Nation

**337.** Dans d'autres utilisations de la dissolution les préoccupations de majorité parlementaire sont secondaires : les citoyens sont appelés à trancher par leur vote *un problème d'intérêt national*. Les électeurs répondent indirectement à une question plus qu'ils ne choisissent un élu.

### α. *La dissolution référendum*

**338.** La dissolution sert alors de substitut au référendum. Le Gouvernement peut souhaiter avant de prendre une décision grave et controversée : signature d'un traité, adhésion à un accord international, réorientation de la politique économique, réforme législative d'envergure..., connaître le vœu du corps électoral. Il prononce la dissolution. La campagne électorale n'aura qu'un enjeu, elle sera centrée sur les solutions possibles au problème, l'équipe victorieuse sera investie d'un mandat précisant le sens dans lequel le problème doit être réglé. Les dissolutions du début du siècle en Grande-Bretagne sur le statut des Lords relèvent de cette utilisation (v. *infra* n° 391).

### β. *La dissolution, arme contre les crises extra-parlementaires*

**339.** Lorsque la vie du pays est perturbée par une agitation politique ou sociale, qui se développe hors de l'enceinte du Parlement et échappe aux procédures habituelles de solution des conflits : grève générale prolongée, désordre dans la rue, on peut essayer de la faire cesser en se replaçant sur le terrain institutionnel par l'organisation d'élections anticipées. *La dissolution du 30 mai 1968*, par laquelle le général de Gaulle a réussi à se rendre maître d'une situation que lui et son Gouvernement ne contrôlaient plus, en est une illustration. De même celle décidée en Grande-Bretagne par E. Heath en 1974 lors de la grève des mineurs. En 2012, en Grèce, dans une situation de grave crise économique et politique, deux dissolutions successives ont été prononcées faute pour la première de déboucher sur la constitution d'une majorité de gouvernement.

### γ. *La dissolution question de confiance*

**340.** Un nouveau Premier ministre, ou un nouveau Gouvernement, nommé en cours de législature dissout pour savoir s'il a le soutien du pays. Elle est assez fréquente en Grande-Bretagne.

Sur le plan démocratique, ces utilisations sont inattaquables.

## B. Les moyens d'action réciproques des pouvoirs

**341.** Fondé sur l'équilibre, le dialogue, la collaboration, le régime parlementaire met entre les mains des partenaires des moyens moins brutaux que la mise en cause de la responsabilité ou la dissolution.

### 1. Les moyens d'action de l'exécutif sur le législatif

**342.** Le Gouvernement dispose de tout un éventail de moyens.

- Le Gouvernement a le droit d'*élaborer des* ***projets de loi***. Il peut prendre l'initiative d'une loi et partage donc ce pouvoir avec les parlementaires. La grande majorité des lois sont aujourd'hui d'origine gouvernementale.
- Le droit d'*assister aux réunions des Chambres*. Les ministres ont un droit d'entrée aux séances des assemblées. En Grande-Bretagne il faut cependant qu'ils soient membres de la Chambre : un ministre Lord ne peut représenter le Gouvernement aux Communes.

Les ministres ne restent pas simplement spectateurs lors des débats. Ils interviennent, argumentent, défendent leurs dossiers, usent de leur autorité pour orienter la discussion dans le sens souhaité par le Gouvernement. Leur connaissance des affaires les amène à jouer les premiers rôles.

- Le Gouvernement dispose aussi parfois du pouvoir de déterminer la *durée des sessions* parlementaires. Passé un certain délai, il pourra en prononcer la clôture. Le privilège n'est pas mineur, il permet de mesurer le temps durant lequel l'exécutif sera soumis au contrôle direct des représentants de la Nation. En dehors des sessions, le Gouvernement a les mains beaucoup plus libres pour agir. En sens inverse, en cas de nécessité il aura le pouvoir de convoquer une session extraordinaire.

### 2. Les moyens d'action du législatif sur l'exécutif

**343.** Ils sont eux aussi variables d'un régime parlementaire à l'autre.

- Les parlementaires ont le droit de *poser des questions* aux ministres, d'interpeller le Gouvernement. La présence des membres de l'exécutif aux séances permet aux représentants de s'informer sur l'action et les projets du Cabinet. Une fois ceux-ci ainsi exposés au grand jour, les députés pourront les combattre, les faire amender ou les soutenir ; leur contrôle s'exercera et ils alerteront l'opinion publique, portant le débat devant la Nation.
- Ce contrôle est renforcé par la pratique des *commissions parlementaires*. Celles-ci sont de deux sortes :

Dans chacun des grands domaines de l'activité gouvernementale, économie, relations extérieures, culture, etc., la plupart des assemblées créent des commissions permanentes, composées de parlementaires qui surveillent l'action du Gouvernement, convoquent pour audition les ministres intéressés, effectuent un premier examen des textes législatifs, donnent lors du débat leur avis sur telle réforme projetée ou sur les chapitres du budget... Le but recherché est de préparer le travail du Parlement en spécialisant certains parlementaires dans un domaine défini ou sur un dossier donné. Le Gouvernement trouve en face de lui des interlocuteurs mieux armés pour le contrôler.

Dans d'autres hypothèses, le Parlement organise une *commission d'enquête* à propos *d'un* problème, d'une affaire ou d'un scandale déterminé. Le recours à une telle Commission n'est pas lié à la procédure législative, un mandat limité lui est fixé, lorsque la Commission aura achevé son travail et rédigé son rapport elle sera dissoute.

En définitive dans le régime parlementaire, le Parlement fait la loi et contrôle l'action du Gouvernement, ce qui dans les deux cas entraîne une collaboration entre les deux pouvoirs. L'évolution des régimes parlementaires, on le verra en particulier à propos de la France, a beaucoup réduit le rôle législatif du Parlement, celui-ci de nos jours contrôle plus qu'il ne légifère. Il s'agit d'autre part moins d'un contrôle sanction (au sens de pénalisation des erreurs ou des fautes) que d'un contrôle sur les orientations de la politique gouvernementale.

Tels sont les traits principaux du régime parlementaire. Ils seront plus ou moins accusés selon les pays. L'histoire, les mœurs politiques et le régime des partis surtout, mais aussi la personnalité d'un homme, l'influence des oligarchies, les circonstances de la vie nationale, renforceront tel aspect et atténueront tel autre. Il faut se rappeler *qu'il existe des régimes parlementaires* et non un archétype partout fidèlement reproduit.

# Section 2
# Le régime britannique

**344. Bibliographie.** – Aurélien Antoine, *Droit constitutionnel britannique*, LGDJ, 2017. – Monica Charlot, *Institutions et forces politiques du Royaume-Uni*, Masson, 1995. – Jacques Leruez, *Le système politique britannique depuis 1945*, Armand Colin, 1994. – « Le Royaume-Uni de Tony Blair », *Pouvoirs* 2000, n° 93.

**345.** Le régime britannique est le moins euclidien des régimes politiques. Les institutions de l'Angleterre sont à l'image de ses jardins : nulle perspective bien ordonnée, nulle allée rectiligne, comme tracée au cordeau, ni plantations régulières, ni arbustes taillés, mais un aimable désordre apparent, des méandres et des ouvertures découvrant brusquement des vestiges du passé, une fantaisie raisonnable rendant presque vulgaire toute recherche de symétrie. Le résultat est pourtant cohérent, le système fonctionne, admiré il est parfois imité. Mais l'acclimatation loin des brouillards britanniques et de la mentalité anglaise se révèle difficile. Les institutions britanniques s'étiolent généralement lorsqu'on veut les transplanter hors de leur terre d'origine, comme ces oiseaux des îles qui, amenés en Europe, perdent tout éclat – et meurent. Seuls quelques pays du Commonwealth, à population britannique dominante, sont parvenus à les faire fonctionner avec succès.

On tient d'ailleurs là le premier caractère du régime britannique : *il n'est pas la mise en forme d'une théorie*, il n'est pas le fruit d'une réflexion sur le gouvernement des hommes. À aucun moment les Anglais n'ont cherché à construire un système ou un régime de type défini, parlementaire ou autre : leurs institutions se sont construites au jour le jour, au gré des circonstances, c'est-à-dire de la rencontre de situations inédites en face desquelles il fallait bien définir un comportement et celui-ci dépendait largement des variations du rapport des forces à l'intérieur de la société : le pouvoir passant du roi au Parlement, puis du Parlement au Cabinet ou au parti majoritaire, sans jamais de réforme d'ensemble. Les institutions britanniques sont un *produit de l'histoire*. C'est en lisant Montesquieu que les Britanniques ont découvert qu'ils avaient une Constitution, peu leur importe encore aujourd'hui qu'elle soit parlementaire ou pas.

Cette Constitution, on le sait, n'est *pas écrite*, elle tient à des usages, des pratiques, des précédents, à une coutume, et aussi, après tant de siècles, à quelques textes dont certains prestigieux - comme la Grande Charte de 1215 ou le *Bill of Rights* de 1689 - qui n'ont pas d'autre valeur que la loi et peuvent être modifiés ou abrogés par le Parlement suivant la procédure législative ordinaire. Mais les Anglais abrogent sans excès, ils préfèrent conserver les institutions ou les règles, quitte à les vider de leur substance, à oublier de les utiliser, à leur donner un sens sans rapport avec leurs origines. De toute façon, à peu près rien de ce qui est important n'est écrit. La vie politique est ainsi emplie de survivances d'un passé respecté, statues immobiles ou automates qui ponctuent un paysage à l'animation duquel ils ne participent guère. Mais en même temps elle n'est *pas figée* : l'absence de Constitution écrite facilite les adaptations, un certain refus de la rigueur, de la logique, est le prix de la recherche de l'harmonie et de l'efficacité. Cela, pourtant, n'est plus tout à fait vrai, *la Constitution est de plus en plus écrite*. Une évolution se fait jour, les textes écrits à valeur constitutionnelle se multiplient : lois de dévolution concernant l'Écosse, l'Irlande du Nord et le pays de Galles en 1998 ; *Human Rights Act* de la même année (qui a conduit à incorporer au droit britannique la Convention européenne des droits de l'homme), réforme de la Chambre des lords en 1999.

Si lié qu'il soit à son histoire, à l'insularité, aux guerres religieuses ou autres, au climat, au pragmatisme des marchands anglais, le système britannique refusant tout modèle est devenu modèle à son insu. L'expérience institutionnelle britannique est sans équivalent dans toute la période qui va du XIe à la fin du XVIIIe siècle. Elle a donné naissance progressivement au premier régime politique moderne, au premier régime démocratique, à la première forme de parlementarisme. On sait comment les libertés individuelles ont été proclamées et protégées pour la première fois en Angleterre, comment le Parlement s'est affirmé en face du pouvoir royal, comment la souveraineté est passée aux mains du peuple.

Ceci explique le *prestige* du régime politique britannique, l'admiration que lui vouent à la suite de Montesquieu tant de spécialistes du droit constitutionnel et d'hommes politiques.

En même temps cela suggère – puisque toute logique est absente, toute construction rejetée – qu'il n'est pas facile d'exposer clairement les grandes lignes du système, pour nous déconcertant, et encore moins de comprendre l'esprit du régime.

## §1. Les forces politiques, le bipartisme, le système électoral

**346.** On serait tenté d'insister sur le fait que la première des forces politiques ce sont les Anglais – ou plutôt les Britanniques – eux-mêmes. Ils sont les auteurs de leurs institutions autant qu'ils sont façonnés par leur histoire. Et on ne peut guère comprendre les premières comme la seconde sans évoquer leur traditionalisme (Balfour disait : « *il vaut mieux faire une chose stupide qui a toujours été faite, qu'une chose intelligente qui ne l'a jamais été* »), leur attachement à la liberté, leur pragmatisme, leur goût de l'amateurisme, leur acceptation des inégalités et enfin leur orgueil d'être britanniques. De ces traits découle une conception de la vie politique très différente de celle qui a cours en France, les rapports entre les acteurs ne sont pas les mêmes, la Grande-Bretagne n'a pas connu de crise intérieure grave depuis la fin du XVII$^{e}$ siècle, la lutte pour le pouvoir est vive mais moins passionnelle, la politique n'est pas loin d'être un jeu...

Tout cela mériterait d'être développé. Ici on se contentera d'étudier le système des partis dont la connaissance est indispensable pour comprendre comment fonctionnent les institutions.

### A. Les partis

**347. Les partis britanniques sont des machines à conquérir le pouvoir**. Là encore la Grande-Bretagne a ouvert la voie, les premiers partis politiques organisés sont nés chez elle dans une évolution commencée au XVII$^{e}$ siècle, mais il s'agit alors de factions et il faudra attendre le troisième tiers du XIX$^{e}$ siècle pour voir apparaître des partis modernes.

#### 1. Le bipartisme

**348.** La caractéristique essentielle du système de partis britannique est qu'*il met en présence deux grands partis*. Même si d'autres partis sont présents dans la vie politique, obtiennent quelques sièges aux élections et parviennent parfois à négocier leur appui à l'un de leurs rivaux, il n'y a jamais que deux partis qui retiennent sérieusement l'attention du corps électoral (J. H. Laski). Les chiffres ont longtemps confirmé cette affirmation : en 1945 87,6 % des suffrages exprimés étaient allés aux deux grands partis et 96,1 % en 1955. La proportion devait un peu diminuer depuis, elle était encore de 72,4 % en 2001 et de 76 % en 2019, alors que le parti libéral-démocrate est crédité de 11,4 %.

La division du Parlement britannique entre deux courants remonte au lendemain de la révolution de 1648. Les *Tories* et les *Wighs* s'opposent d'abord pour des raisons religieuses. Les premiers, plus attachés au roi, sont des anglicans marqués par la tradition catholique, les seconds sont proches du puritanisme et s'efforcent de limiter l'absolutisme royal. Simples clans à l'origine, regroupements par affinités, sans réunions régulières, sans prolongements en dehors du Parlement – c'est-à-dire, sans organisation des électeurs, ni attribution d'étiquettes ou d'investitures lors des élections, c'est seulement à partir de 1867 qu'ils se préoccupent d'y désigner des candidats – ils devaient se structurer, s'institutionnaliser en même temps que se développait le parlementarisme. Au départ on ne trouve à la base de la distinction ni opposition de classe dans leur recrutement ni affrontement d'intérêts économiques, et le clivage n'a guère de signification hors de l'enceinte du Parlement. Le *two party system* n'est pas le produit de l'infrastructure économique et sociale.

Au cours du XIXe siècle, les Tories sont devenus les *conservateurs* et les Whigs, les *libéraux*. Leur lutte domine la vie politique britannique jusqu'à l'apparition au début du XXe siècle des *travaillistes*. Ceux-ci, à la différence des deux autres formations, ont une base économique spécifique puisque l'apparition du parti travailliste (*Labour Party*) résulte d'une initiative des syndicats, les *Trade unions*. Le succès du nouveau parti fut rapide et de 1906 à 1935 la Grande-Bretagne a vécu sous un régime tripartiste. De 1922 à 1935 l'instabilité gouvernementale s'installa : la Grande-Bretagne connaît neuf Gouvernements en treize ans. *Depuis 1935 les libéraux sont hors du jeu pour le pouvoir.* Les conservateurs et les travaillistes alternent au Gouvernement. Tous deux sont des partis de masse avec des bases sociales et régionales différentes.

On a pu considérer que c'est le gouvernement d'un parti sous le contrôle de l'opposition et l'arbitrage de l'électorat (J. Gicquel).

## 2. Conservateurs et travaillistes

### a. Le parti conservateur

#### α. *Les adhérents*

**349.** Le parti conservateur se refuse à être un parti de classe, sa clientèle se recrute dans toutes les couches de la société britannique et la proportion d'employés est importante dans son électorat. Mais plus les attaches avec le parti se renforcent, plus son recrutement social s'élève. Parmi ses adhérents (250 000 environ), les classes moyennes sont mieux représentées que dans son électorat et, lorsqu'on arrive au groupe parlementaire et aux membres du Cabinet, les liens avec l'*establishment* l'emportent (la moitié des parlementaires sortent d'Oxford ou de Cambridge, contre un quart chez les travaillistes). Il est bien implanté dans le Sud, prospère, du pays, mais n'est plus représenté en Écosse et au pays de Galles.

### β. *L'organisation*

**350.** L'organisation du parti est assez souple, il tient une conférence annuelle qui ne joue qu'un rôle limité (consultatif) et, en cours d'année, les organisations locales se contentent de diffuser les informations et de préparer les élections. L'organe essentiel du parti au Parlement est le *Comité de 1922* (année de sa création) où siègent tous ses députés, à l'exclusion des membres du Gouvernement si le parti est au pouvoir.

Depuis 1965 ce sont les membres du parti aux Communes qui élisent son *leader*, procédure significative de la prédominance de la représentation parlementaire du parti sur sa base militante. Une fois élu, le leader règne sur son parti. Cependant depuis 1975 il peut, en théorie, être soumis tous les ans à réélection et il est arrivé qu'il soit éliminé ou que, mis dans une situation délicate, il soit contraint à se retirer : M. Thatcher en 1990. Son leader actuel est Rishi Sunak. Les conservateurs ont gagné les élections de 1979, 1983, 1987 et 1992. Ils ont perdu celles de 1997, subissant leur plus lourde défaite depuis 1906 (165 sièges contre 336 auparavant) et encore celles de 2001 (166 sièges) et de 2005 (197 sièges). En 2010, ils obtiennent 305 sièges, sans parvenir cependant à obtenir une majorité absolue à la Chambre des communes. À la suite des élections de 2015, ils obtiennent la majorité absolue avec 330 sièges. Ils la perdent lors des élections de 2017 qui ont lieu à la suite de la dissolution de la Chambre des communes par T. May (317 sièges). Ils gagnent à nouveau celles de 2019 en obtenant 365 sièges.

### γ. *La doctrine*

**351.** Le parti conservateur n'a pas véritablement d'idéologie, mais il est attaché à certains principes. Pragmatiste, il révère le sens du devoir et il a une vision assez hiérarchisée et élitiste de la société. Hostile à l'État-providence, il cantonnerait volontiers l'État dans un rôle de maintien de l'ordre et il est opposé à la multiplication de ses interventions dans la vie économique et sociale (nationalisations en particulier). En politique étrangère, les conservateurs sont des nationalistes assez nostalgiques de la puissance et de la gloire de l'Empire britannique. Dans leur majorité ils sont sceptiques à l'égard de l'Europe et hostiles à l'euro. Ce qu'ils proposent correspond assez exactement aux aspirations et aux valeurs de la classe moyenne.

## b. Le parti travailliste

### α. *Les adhérents*

**352.** Le parti travailliste se veut un parti de masse et revendique 5 millions d'adhérents qui viennent à lui de deux façons :

- *à travers les syndicats*. On a vu en effet que les syndicats sont à l'origine du Labour, mais il faut savoir que tous les syndicats ne sont pas affiliés au parti travailliste, moins de 50 % le sont (en particulier ceux de « cols blancs » ne le sont pas toujours) et que l'adhésion au parti résulte du paiement d'une cotisation politique distincte de la cotisation syndicale et qui peut être refusée. Par routine plus que par conviction, de nombreux syndiqués se retrouvent membres du parti. Ils sont environ 4 500 000 dans ce cas. Le parti y puise sa base ouvrière ;

- *à travers des adhésions directes* (400 000 environ) venant en particulier d'intellectuels, des minorités religieuses, des non-croyants, et peu des agriculteurs (qui ne représentent plus que 1 % de la population active). Le parti a fait une percée en 1997 dans les classes moyennes.

#### β. *L'organisation*

**353.** On retrouve la même distinction que chez les Tories entre les organes parlementaires et les organes nationaux, mais ici les premiers ont plus de mal à s'imposer en face des seconds. Le *Parliamentary Labour Party* (PLP) est composé de tous les députés membres du parti, ministres compris. Lorsque le parti est dans l'opposition il élit en son sein le *Parliamentary Committee* (Cabinet-fantôme). La procédure de désignation du *leader*, est différente de celle des Tories. Les syndicats représentent 33 % de son collège électoral, les députés 33 % et les adhérents au parti 33 % aussi.

L'autorité du leader travailliste sur la formation est moins grande que celle de son rival conservateur. Il doit compter en effet avec l'appareil du parti en dehors du Parlement dont le comité exécutif national (NEC) et la conférence générale annuelle sont les institutions essentielles. Les syndicats sont très puissants au sein de ces organes et imposent leur contrôle sur le parti qu'ils financent largement et qui est un instrument indispensable à leur action politique. En même temps, ils sont très divisés et les luttes de tendance affaiblissent le parti. Son leader, T. Blair qui vient de la droite du parti a été remplacé par G. Brown à l'été 2007. Les travaillistes ont obtenu 356 sièges aux Communes en 2005, 258 en 2010 et 262 en 2017. Le leader actuel, Keir Starmer, considéré comme centriste et plutôt pro-européen a succédé à J. Corbyn, beaucoup plus marqué à gauche.

#### γ. *La doctrine*

**354.** Le parti travailliste est un parti de gauche réformiste, peut-être est-il plus exact de dire du *centre-gauche*. Ses véritables options sont dans l'ensemble *sociales-démocrates*. Il est autant attaché aux institutions que son adversaire, il souhaite un État fort, il se propose de créer une économie dynamique, une société juste, solidaire, de participation et de sécurité, une démocratie ouverte et un environnement sain. Il cherche à améliorer la condition des catégories défavorisées et met l'accent sur l'égalité. Mais s'il se veut le parti de la classe ouvrière, il n'a pas – conformément au tempérament britannique et à ses origines syndicales – de base doctrinale rigide, il est avant tout pragmatiste et poursuit des objectifs concrets. Sur la politique étrangère il ne se différencie guère du parti conservateur – sauf peut-être par son neutralisme. De fait, dans ce domaine, les lignes de partage traversent les deux partis (par ex. au sujet de l'Europe) ; ce qui explique que, si la discipline de vote y est forte – plus que chez les conservateurs –, sur un certain nombre de problèmes mettant en cause la conscience de chacun, liberté de vote est laissée aux parlementaires.

Cette présentation des deux grands partis britanniques entraîne une observation :

*Les deux partis ne sont pas homogènes*, des courants se développent en leur sein.

La situation est d'ailleurs courante dans les systèmes bipartistes, les partis ne peuvent pas y être homogènes. S'ils étaient édifiés chacun sur une classe, une région, une religion, une langue, des affrontements dramatiques seraient inéluctables, l'État, le régime et la Nation n'y survivraient pas. Aussi le plus souvent les partis sont-ils des coalitions d'intérêts différents – intérêts représentés dans chaque parti –, attachés à une idéologie au moins implicite commune, partageant le consensus sur les institutions et les règles du jeu politique. Leur programme est obligatoirement « fourre-tout » pour attirer la clientèle la plus large possible.

## 3. Les autres partis

**355.** Le bipartisme est *imparfait*. À côté des conservateurs et des travaillistes, on trouve d'autres partis *qui n'ont pas vocation à exercer le pouvoir*, mais dont l'appoint peut être indispensable pour constituer une majorité. En dehors des écologistes, groupusculaires (166 000 voix en 2001), et du Parti communiste qui ne joue aucun rôle politique, on peut distinguer :

- *Les partis nationalistes, écossais, gallois, irlandais*, qui ont une implantation régionale. Sans pourtant être majoritaires dans leur propre région (sauf en ce qui concerne le parti écossais), ils remportent un nombre non négligeable de sièges aux Communes (30 en 2005) et entrent souvent dans une coalition majoritaire avec l'un des deux grands partis.
- *Le parti libéral démocrate*. Il est né en 1988 de la fusion de deux partis :

• Le parti libéral

Sa glorieuse histoire a été interrompue par la poussée travailliste. En 1951, il ne recueille plus que 2,5 % des voix et six sièges. Entre 1977 et 1978, il apporta son soutien aux travaillistes, renouant le *pacte lib-lab* déjà mis en œuvre cinquante ans auparavant. Son électorat s'est ensuite tassé, et il lui a fallu compter avec la concurrence d'un nouveau parti dont il finira par se rapprocher : le parti social-démocrate.

• Le parti libéral démocrate (PLD)

En 1981, quatre personnalités de l'aile droite du Labour en désaccord avec leur parti fondèrent le parti social-démocrate (PSD). Ils se présentaient comme les gardiens de la tradition sociale-démocrate des travaillistes.

Dès l'origine, le PSD s'est rapproché des libéraux et a soutenu des candidats communs aux élections partielles (l'« Alliance »). Avec succès souvent et beaucoup d'observateurs voyaient remis en cause le monopole des « deux grands » et s'interrogeaient sur l'avenir du bipartisme.

En 1988, les deux partis ont fusionné en prenant le nom de *parti libéral-démocrate* (PLD). C'est un parti contestataire, catalyseur des mécontentements, tourné vers les classes moyennes, favorables à la hausse des retraites et de l'impôt sur le revenu. C'est le plus pro-européen des partis britanniques.

En 2005, le parti libéral démocrate obtenait certes un résultat honorable avec 23 % des suffrages, mais ce chiffre était insuffisant, à cause du système électoral, pour lui assurer une représentation parlementaire significative, quoiqu'en progrès par rapport à 2001 (62 sièges). Il en est de même en 2010, où avec 23 % des voix il obtient 57 sièges. Il n'a plus que 11 sièges à la suite des élections de 2019. Il n'a pas de bastion, il arrive souvent en deuxième position dans une circonscription, situation que le système électoral ne lui permet pas de traduire en sièges.

Ce parti est traditionnellement ouvert à une collaboration avec les travaillistes. Il s'est néanmoins allié en 2010 avec le parti conservateur pour former un gouvernement de coalition.

Le PLD ne bénéficie pas des droits et privilèges accordés au grand parti opposant (v. *infra* n° 360).

Les élections locales du printemps 2013 ont traduit la montée en puissance d'un parti de droite « populiste », l'Ukip (UK independence party). Néanmoins, le mode de scrutin bride sa percée aux élections nationales. Il n'a plus de députés depuis les élections de 2017.

Aujourd'hui, comme dans d'autres pays, la France notamment, le Royaume-Uni se trouve face à une situation politique nouvelle. À l'occasion des élections de mai, émerge un parti antieuropéen, le *United Kingdom Independence Party* (UKIP) qui devient la troisième force du pays. Le second phénomène tient à la place occupée par les indépendantistes écossais (*Scottish National Party* - SNP), malgré sa défaite au référendum sur l'indépendance de l'Écosse (45 % des suffrages exprimés pour l'indépendance). Lors des élections du printemps 2019, le parti conservateur a obtenu la majorité absolue des sièges (43,6 % des voix et 365 sièges), le parti travailliste a obtenu 32,4 % des voix et 202 sièges, l'UKIP, 12,6 % et 1 siège, le PLD 11,4 % et 11 sièges. Les indépendantistes écossais ont obtenu 45 % des voix et 48 sièges en Écosse. Enfin le référendum sur le « Brexit » (c'est-à-dire le retrait de la Grande-Bretagne de l'Union européenne) a divisé les deux grands partis et créé un « électrochoc » qui ne sera pas sans conséquence sur la vie politique britannique et l'unité même du pays. Les résultats de ce référendum constituent par ailleurs une cinglante défaite pour le Premier ministre David Cameron qui devra démissionner.

## B. Le système électoral

**356.** Le bipartisme est favorisé et entretenu par le système électoral.

## 1. Le principe

**357.** Depuis le XIXe siècle, la Grande-Bretagne pratique le *scrutin uninominal à un tour*, dit aussi scrutin à la pluralité des voix, qui est le plus simple qu'on puisse imaginer : *le candidat qui a obtenu le plus de voix est élu*. Peu importe le nombre de candidats, la majorité relative suffit, il n'y a donc pas lieu d'organiser un second tour. S'il n'y a qu'un seul candidat, il est proclamé élu, sans scrutin.

## 2. Conséquences : le *two-party system*

**358.** Le scrutin uninominal à un tour produit des *effets extrêmement brutaux*. Toute entente entre les candidats est exclue, comme tout accord de désistement mutuel et toute négociation entre partis au niveau national en vue du scrutin de ballottage. Seuls les grands partis ont des chances de se comporter honorablement et leur force est accrue par le fait que l'électeur qui cherche à *voter utile*, passera sur des désaccords de détail ou même importants, pour donner sa voix au mieux placé des partis dont il se sent proche.

- Ce système électoral s'oppose à la multiplication des partis nationaux, il *favorise la constitution de deux grands partis et entretient le bipartisme lorsqu'il s'est établi*. Si le parti travailliste a réussi à devenir une force politique de premier plan c'est grâce à la forte implantation des syndicats et à la clientèle qu'ils lui ont apportée.

Les Britanniques sont très attachés à ce système qui sacrifie la justice à l'efficacité.

Les petits partis en effet sont laminés ; aux élections de 2001 on a calculé qu'un député du parti libéral démocrate correspondait à 92 000 voix alors qu'un travailliste était élu avec 26 000 voix en moyenne. Une proportion appréciable des électeurs britanniques se reconnaît dans le parti libéral démocrate, en dépit de ses échecs elle continue à voter pour lui, comment n'aurait-elle pas le sentiment d'une injustice ?

- Par ailleurs, dans la majorité des circonscriptions la présence de tiers-candidats fait que l'élu n'obtient pas la moitié des suffrages. *Aussi le parti majoritaire au Parlement n'a-t-il qu'exceptionnellement obtenu la majorité des suffrages dans le pays :* 4 fois depuis le début du XXe siècle, la dernière en 1935. Depuis la fin de la Seconde Guerre mondiale, le pourcentage des voix obtenu par lui a varié de 37,9 à 49,7. En 2005, les travaillistes ont conservé le pouvoir avec 36,2 % des voix pour 356 sièges sur 646.
- En outre, il peut arriver que le parti qui l'emporte en voix sur son rival soit *minoritaire en sièges* au Parlement. Ce fut le cas pour les travaillistes en 1951 et pour les conservateurs en février 1974 (il y eut deux élections législatives la même année, février et octobre).
- Enfin, il peut se produire *qu'aucun parti n'ait la majorité aux Communes (hung Parliament)*. Un appui doit alors être trouvé auprès des petits partis pour pouvoir gouverner durablement. Depuis 1885 il y eut

32 années pendant lesquelles aucun parti ne disposait de la majorité absolue à la Chambre basse. Cette situation ne s'est rencontrée que deux fois depuis la Seconde Guerre mondiale. D'abord en 1974, puis en 2010. C'est dans ce dernier cas le parti libéral-démocrate qui est en mesure d'arbitrer en s'alliant avec l'un des deux grands partis. C'est ainsi que les conservateurs sont restés au pouvoir en conservant une majorité relative de 47 % des sièges (305) avec 36 % des suffrages exprimés.

Le parti libéral-démocrate (lib-dem) profite de cette situation pour demander une modification du mode de scrutin. Il a proposé un mode de scrutin dit alternatif qui consiste à classer les candidats par ordre de préférence et à restituer les voix au candidat moins bien placé sur ceux qui restent en lice, et ainsi de suite, jusqu'à ce qu'une majorité se dégage. Le référendum qui s'est déroulé le 6 mai 2011 a constitué une défaite pour le parti lib-dem et les électeurs ont choisi à une très large majorité de conserver le scrutin majoritaire à un tour. Mais le *two-party system* semble durablement menacé (v. *supra* n° 355).

## C. Signification du bipartisme

**359. La désignation du Premier ministre. –** Lors des élections, les Britanniques désignent non seulement leurs députés aux Communes mais choisissent en même temps le Gouvernement, le Premier ministre et une politique. Les électeurs ne se prononcent pas tant sur le programme de M. X candidat conservateur de la circonscription ou de M. Y candidat travailliste, que sur le programme de R. Sunak ou de K. Starmer et pour que l'un des deux soit Premier ministre. En 2019, ce sont les adhérents du parti conservateur qui ont élu leur chef, et ainsi, indirectement, le Premier ministre à la suite de la démission de T. May. La situation est à la fois claire et démocratique : un parti est investi du pouvoir pour la durée de la législature, *le pays est gouverné par un parti*. L'état-major de ce parti majoritaire occupera les postes du Cabinet et son *leader deviendra Premier ministre*. On peut dire qu'*en pratique* **les électeurs choisissent indirectement le Premier ministre**, le monarque n'ayant que la possibilité de désigner le chef du parti vainqueur. Une fois désigné, celui-ci a les mains à peu près libres à l'égard de son parti. Il peut mettre son programme en application, sans avoir à se soucier non plus de démarches ou de compromis constants avec d'autres partis, il est assuré d'une continuité sans surprise. Cette situation est remise en cause en 2010. Le choix du Premier ministre dépend alors d'une négociation entre les partis et le chef du Gouvernement sera conduit à négocier la politique qu'il conduira. Cette situation qui devient assez commune en Europe (Espagne, Portugal, Pays-Bas, mais aussi dans une certaine mesure, Allemagne ou Italie.)

**360. La situation de l'opposition. –** L'autre parti de son côté se prépare à prendre la relève, car l'alternance est une des caractéristiques de la vie politique. Depuis 1945 conservateurs et travaillistes ont été respectivement 35 et 27 ans au pouvoir. Le parti dans l'opposition sait qu'il deviendra majorité et que son leader a de grandes chances d'être un jour Premier ministre. L'opposition bénéficie d'un véritable statut qui lui permet de s'informer et de s'exprimer. Au Parlement par exemple elle répondra par une « adresse » au discours du Trône, ou, par le dépôt d'une « motion d'ajournement », elle provoquera un débat sur une affaire importante et urgente.

*Le chef de l'opposition* a le titre de « Leader de l'opposition de Sa Majesté », il dispose de certains avantages matériels, le Premier ministre le consulte parfois sur les problèmes nationaux graves et la reine doit le choisir comme Premier ministre si son parti gagne les élections.

Dans la perspective de la succession au pouvoir, l'opposition constitue un *shadow-Cabinet* (ou **Cabinet-fantôme**). Cette pratique consiste à faire assister le leader du parti dans l'opposition par une équipe, désignée par lui chez les conservateurs et élue par les députés chez les travaillistes, qui organise l'action au Parlement, choisit les orateurs, définit le sens de leurs interventions. Chaque membre du Cabinet-fantôme est spécialisé dans les problèmes d'un département ministériel et intervient pour présenter le point de vue de l'opposition après les discours du ministre en fonction. Ainsi le Cabinet-fantôme apparaît comme une équipe de remplacement prête en cas de succès électoral à assumer les responsabilités du Gouvernement. Dans la pratique, les membres du Cabinet-fantôme ne deviennent pas automatiquement ministres lors d'un changement de majorité mais ils forment le fond du nouveau Cabinet.

## §2. Les institutions

**361.** La Grande-Bretagne est une monarchie où le monarque ne gouverne pas car ses pouvoirs sont passés entre les mains du Cabinet, et où le bicaméralisme du Parlement est fortement déséquilibré.

En l'absence de dispositions écrites étoffées, la plupart des règles de fonctionnement des institutions découlent des *conventions de la constitution*, c'est-à-dire des comportements existant depuis des décades, ou des siècles, scrupuleusement respectées et considérées comme ayant valeur constitutionnelle. Ces conventions ne sont pas inférieures au droit écrit lorsqu'il existe et ne sont pas non plus figées, elles s'enrichissent, s'adaptent aux circonstances. Elles concernent principalement les pouvoirs de la couronne et les relations entre les institutions. Leur ensemble forme la Constitution coutumière britannique.

### A. La monarchie

**362.** Le monarque anglais d'aujourd'hui n'est que le lointain reflet de son ancêtre d'il y a quelques siècles. Même si la monarchie a été moins absolue en Grande-Bretagne qu'en Europe continentale, le rôle du monarque a beaucoup changé. Mais l'institution de la *couronne* a survécu alors qu'elle disparaissait presque partout à travers le monde : il y a encore un siècle la monarchie était le droit commun des régimes politiques.

## 1. Dévolution de la couronne

**363.** La couronne britannique est une institution juridique distincte de son titulaire (comme par ex. Peugeot est distincte de son P.-D. G.).

Les règles d'accession au trône sont fixées depuis 1701 par les règles d'hérédité dans la famille royale des Windsor (qui se sont appelés Hanovre jusqu'à 1917). Le *Succession to the Crown Act* de 2013 met fin à la primogéniture masculine et abroge les dispositions selon lesquelles le mariage avec un ou une catholique met fin aux prétentions successorales. Ce qui a nécessité une réforme de l'Acte d'établissement de 1701 et l'accord, obtenu le 30 octobre 2011, des États du Commonwealth.

Roi d'Angleterre depuis 2022, Charles III, qui a succédé à sa mère, la reine Elisabeth II qui a régné de 1952 à 2022, règne sur l'Écosse, le pays de Galles, l'Irlande du Nord et certains Dominions dont les Parlements doivent donner leur consentement lors de l'accession au trône. Le roi est en même temps « chef du Commonwealth ». Il doit être en communion avec l'Église d'Angleterre dont il est aussi le chef (le « gouverneur suprême »). Cette règle a pour effet d'écarter les catholiques.

## 2. Pouvoirs du monarque

**364.** À l'origine, les prérogatives du monarque étaient considérables. L'histoire constitutionnelle de la Grande-Bretagne a été celle de leur grignotage au profit du Parlement ou du Cabinet. À la fin du règne de Victoria (1901) le transfert est achevé. Déjà en 1867, W. Bagehot, célèbre constitutionnaliste britannique, écrivait « le monarque détient le droit d'être consulté, le droit d'encourager, et le droit de mettre en garde », cela reste vrai aujourd'hui et exclut, en principe, tout pouvoir de décision.

### a. La prérogative royale

**365.** Par « prérogative royale », on désigne les pouvoirs et privilèges attachés à la couronne sans autorisation législative expresse, c'est-à-dire fondés sur la coutume. En principe, le souverain en use discrétionnairement et ne peut être rendu responsable de ses actes. Cette irresponsabilité, fondée sur le principe que « le roi ne peut mal faire », explique qu'en pratique ce soit le Cabinet qui, lui, est responsable, qui exerce ces attributions. « *Le roi règne mais ne gouverne pas.* »

- *Formellement*, les pouvoirs du monarque sont encore étendus, mais il n'en est plus que le *titulaire nominal*, ils sont exercés en fait par le Cabinet, le roi intervenant pour ratifier leur utilisation. Par exemple, le Discours du trône qui ouvre la session parlementaire, et constitue le programme législatif du Cabinet, est rédigé par le Premier ministre, le roi se contente de le lire, à la première personne, devant les Lords.

Parmi ces pouvoirs formels, on peut relever : le droit de convoquer, proroger ou dissoudre le Parlement, de nommer le Premier ministre, de promulguer la loi (en utilisant la formule « le roy le veult ») ; de commander les armées ; de nommer les hauts fonctionnaires ; de conclure les traités ; de faire la guerre et la paix ; d'exercer le droit de grâce... La coutume a supprimé toute possibilité pour le monarque de refuser de prendre la décision qui lui est demandée par le Cabinet.

- *Les prérogatives réelles* du roi sont en réalité limitées et concernent son statut personnel plus que ses pouvoirs : il n'est tenu par le droit écrit que si cela est prévu, ce qui lui vaut des avantages en matière fiscale (restreints depuis 1993) et successorale (et d'utiliser des automobiles sans immatriculation...).
- Cependant, la reine a opposé son veto à un projet de loi transférant le pouvoir d'autoriser les frappes militaires en Irak de la reine au Parlement. Le porte-parole de Buckingham a déclaré que c'est « une convention établie de longue date que le consentement de la Reine soit demandé par le Parlement sur les projets qui affectent les intérêts de la Couronne ; la Reine n'a refusé son consentement à aucun projet de loi avant d'y être invitée par le Premier ministre ». (Chronique P. Astié, D. Breillat, C. Lageot, *Pouvoirs* 2013, n° 146, p. 156).

### b. Le Conseil privé

**366.** Il s'agit d'une survivance du passé, au rôle purement formel.

Les conseillers personnels du roi forment le Conseil privé de la couronne. C'est un organisme très large, environ quatre cents personnes nommées à vie, en fait par le Cabinet : ministres, anciens ministres, dignitaires de l'Église, personnalités politiques et de l'Administration, magistrats, hommes d'affaires, personnalités du Commonwealth...

Le rôle du Conseil a décru au fur et à mesure que le Parlement et le Cabinet s'affirmaient, il est aujourd'hui à la fois théorique et juridiquement essentiel. Son intervention est en effet obligatoire pour entériner des décisions prises par le Parlement ou par le Cabinet (« le roi en son Conseil ») : convocation ou dissolution du Parlement, lois, nominations des ministres et de hauts fonctionnaires, déclaration de guerre... et surtout les *orders in Council* (sorte de décrets-lois élaborés par le Cabinet). Ces décisions sont approuvées sans débat, lors de séances - une douzaine par an - tenues en présence de la reine, qui durent quelques minutes et où l'on se tient debout, le quorum étant de trois membres...

Le Conseil privé, par son comité judiciaire, a aussi un rôle judiciaire comme juge d'appel des décisions rendues en dernier ressort par les tribunaux des Dominions qui reconnaissent sa juridiction.

## 3. Autorité du monarque

**367.** Les pouvoirs réels du monarque sont donc assez dérisoires. Le roi n'intervient pas dans les affaires publiques. Cette règle est la garantie de la pérennité de la couronne. Le roi n'a pratiquement pas d'initiative – puisque même le choix du Premier ministre lui échappe aujourd'hui – il n'a qu'un rôle mécanique d'enregistrement et de publication des décisions prises par d'autres.

Est-ce à dire que le monarque n'ait qu'un rôle décoratif ?

Le penser serait méconnaître l'attachement des Anglais à la monarchie, sa valeur symbolique et l'influence que le souverain peut parfois exercer.

- Le roi est tout d'abord *le symbole de l'unité nationale, il incarne le génie de la Nation*, il constitue en pratique le seul lien qui subsiste avec les États du Commonwealth. Ce rôle international n'est pas négligeable, il prolonge les traditions glorieuses de l'Empire britannique.

  À l'intérieur même de la Grande-Bretagne, malgré le comportement souvent peu apprécié de la « *family* », le souverain fixe un besoin diffus d'attachement personnel partagé par la majorité des citoyens, milieux populaires compris. La dignité avec laquelle Elisabeth II a rempli son rôle a renforcé cette allégeance et le respect pour la couronne. Sa qualité de chef de l'Église d'Angleterre joue dans le même sens.
- Très bien informé – tous les documents importants lui sont communiqués (dans des boîtes rouges) et il reçoit le Premier ministre tous les mardis à 18 h 30 – le monarque dispose aussi d'une *magistrature d'arbitrage et d'influence* dont l'importance varie en fonction de sa personnalité. Cette influence doit rester discrète, sinon l'institution monarchique donnerait l'impression d'abandonner son impartialité et en serait compromise. Il n'en reste pas moins qu'il a été révélé que la reine avait exercé 39 fois un droit de veto sur des projets de loi (autorisation de frappes militaires, loi sur les droits des homosexuels..., v. *Le Figaro* 16 janv. 2013).

## B. Le Gouvernement et le Cabinet

**368.** Le Cabinet est issu du conseil privé. À la fin du XVII^e siècle, le roi réunissait un groupe restreint de ses conseillers privés, appelé un moment la « cabale ». Peu à peu – car comme pour toutes les institutions britanniques cela ne découle pas d'une décision datée avec précision, mais d'une évolution insensible du comportement, susceptible de retours provisoires en arrière, qui finit par constituer une coutume – le Cabinet a pris son indépendance à l'égard du roi, a exercé ses attributions en dehors de sa présence et a fini par devenir une équipe responsable devant le Parlement. L'une des raisons de ce transfert réside dans l'irresponsabilité du monarque, celui-ci ne pouvant être inquiété d'aucune façon pour ses actes, pour éviter que la majesté de sa charge en soit atteinte. À la fin du XVIII^e siècle, les Anglais sont tombés d'accord là-dessus – sans décision formelle – et en même temps il était inconcevable que le pouvoir, le Gouvernement, soit irresponsable.

## 1. Le personnel gouvernemental

**369.** La structure gouvernementale est complexe, on y trouve des personnalités d'origine diverse et aux pouvoirs variés.

### a. Le Premier ministre

**370.** C'est avec R. Walpole, qui fut en fonction pendant vingt-trois ans dans le premier tiers du XVIII^e siècle, que l'on peut parler de Premier ministre.

Précédemment, le roi apparaît comme le chef du Gouvernement. Mais le titre n'est consacré officiellement qu'en 1905.

**Les Premiers ministres britanniques depuis la Seconde Guerre mondiale**

| | |
|---|---|
| Clement Attlee (Travailliste) | 1945 |
| Winston Churchill (Conservateur) | 1951 |
| Anthony Eden (Conservateur) | 1955 |
| Harold Macmillan (Conservateur) | 1957 |
| Alec Douglas-Home (Conservateur) | 1963 |
| Harold Wilson (Travailliste) | 1964 |
| Edward Heath (Conservateur) | 1970 |
| Harold Wilson (Travailliste) | 1974 |
| James Callaghan (Travailliste) | 1976 |
| Margaret Thatcher (Conservateur) | 1979 |
| John Major (Conservateur) | 1990 |
| Tony Blair (Travailliste) | 1997 |
| Gordon Brown (Travailliste) | 2007 |
| David Cameron (Conservateur) | 2010 |
| Theresa May (Conservateur) | 2016 |
| Boris Johnson (Conservateur) | 2019 |
| Liz Truss (Conservateur) | 2022 |
| Rushi Sunak (Conservateur) | 2022 |

Le Premier ministre est désigné par le roi. En pratique, il doit être membre de la Chambre des communes. En effet, depuis 1894, c'est *le leader du parti majoritaire*, celui qui a gagné les élections, qui est choisi. Mais jusqu'à une date récente, le monarque avait un pouvoir d'appréciation si la vacance s'ouvrait en cours de fonction (décès, démission) : le choix entre plusieurs personnalités était alors possible ; aujourd'hui, la succession du leader est réglée par son parti et la reine n'a plus de possibilité de choix. À l'analyse, il apparaît donc comme désigné par les électeurs et, en premier lieu, par les dirigeants de son parti et certainement pas par le Parlement.

Théoriquement, comme son nom l'indique, il n'est que le « premier de ses pairs » (*primus inter pares*) et telle fut d'ailleurs sa situation à l'origine. Mais, en pratique, il est le véritable chef du Cabinet, à la fois car les élections se sont faites sur son nom et en raison de sa qualité de leader du parti dominant. Il est essentiellement responsable devant celui-ci et ne peut être mis en minorité aux Communes que si son parti l'abandonne.

Il dispose d'une résidence à Londres au 10 Downing Street et d'une autre à la campagne, les Chequers.

Ses pouvoirs de fait sont considérables. Il compose lui-même son Cabinet, désignant les ministres (avec l'accord de la reine) et créant au besoin de nouveaux ministères. Il préside les réunions du Cabinet (auxquelles la reine n'assiste pas), en fixe l'ordre du jour, oriente ses débats, contrôle la mise en œuvre de la politique définie ; il est aussi le véritable chef des armées et de la diplomatie. Mais il a moins de pouvoir sur le Parlement que son homologue français.

Le Premier ministre cumule ses fonctions avec celles de Premier lord de la Trésorerie qui en font un ministre des Finances et de l'Économie. Toutefois, il est assisté du chancelier de l'Échiquier qui est le véritable ministre des Finances. Le Premier ministre est aussi ministre du *Civil Service* (fonction publique), ce qui en fait le chef de l'Administration. À ce titre il dispose d'importants pouvoirs de nomination. Enfin il *peut dissoudre les Communes* (v. *infra* n° 376).

Mais il n'existe pas de « Premier ministère », c'est-à-dire que les services sur lesquels s'appuie le Premier ministre sont assez réduits et s'apparentent aux Cabinets ministériels français. C'est une faiblesse, car le Premier ministre doit se tourner vers le secrétariat du Cabinet ou vers ses collègues pour faire étudier les dossiers techniques.

### b. Les ministres et les secrétaires d'État

**371.** Les uns et les autres sont placés à la tête d'un département ministériel, leur titre dépendant de l'ancienneté de ce département. Les ministères les plus anciens et les plus importants s'appellent les *offices* (ex. le *Foreign Office*), leur chef un secrétaire d'État.

Secrétaires d'État et ministres sont choisis par le Premier ministre, ce qui renforce le caractère d'équipe du Cabinet et l'autorité de son chef.

Initialement, les membres du Gouvernement ne pouvaient être pris parmi les parlementaires. On craignait que le roi ne s'assure par des nominations judicieuses, une trop grande influence sur le Parlement. À la fin du XVII$^{e}$ siècle, Guillaume d'Orange, pour se concilier les bonnes grâces du Parlement, devait renverser la règle en choisissant les ministres en son sein. Aujourd'hui, secrétaires d'État et ministres sont tous parlementaires et en grande majorité issus de la Chambre des communes. Cette pratique est d'ailleurs en quelque sorte imposée par la règle qui veut qu'un ministre n'ait accès qu'à la Chambre dont il fait partie : un non-parlementaire ne peut représenter le Cabinet devant le Parlement, un lord devant les Communes ; c'est pourquoi aussi, on l'a vu, le Premier ministre ne peut être un lord. Depuis 1937, cependant, on a fait obligation au Premier ministre de choisir au moins trois lords comme ministres. Par ailleurs, pour limiter les inconvénients de cette situation, les secrétaires d'État et les ministres sont souvent flanqués d'une sorte d'adjoint, issu de l'autre Chambre, qui pourra y prendre séance et représenter le Gouvernement.

Les ministres sont placés sous l'autorité du Premier ministre qui peut modifier leur affectation, se substituer à eux (ce qui est fréquent dans le domaine des affaires étrangères), les obliger à démissionner.

### c. Les autres membres de l'exécutif

**372.** Leur présence se justifie par la tradition ou par la transformation du rôle de l'exécutif.

1. Les détenteurs de fonctions traditionnelles : lord du Sceau privé, lord Président du conseil privé (qui, comme son nom l'indique, préside en outre le conseil privé), *Sollicitor General, Attorney General*, etc., pour ces deux derniers le titre correspond à des fonctions précises et importantes.

2. Les secrétaires parlementaires (*junior Ministers*). Ils assistent un ministre pour une partie de ses attributions.

La structure gouvernementale englobe au total une centaine de personnes – 140, si l'on ajoute les *secrétaires parlementaires privés*, jeunes députés faisant la liaison entre un ministre et les Communes – ce qui est beaucoup trop large pour permettre un travail efficace. D'ailleurs toutes ces personnalités ne se retrouvent pas normalement en réunion plénière. Cette ampleur s'explique par l'*absence auprès des ministres d'un Cabinet ministériel, au sens français du terme*, qui pousse à la multiplication des portefeuilles pour contrôler l'Administration. Chaque ministre est à la tête de ce qui constituerait une « direction » en France. Par ailleurs, cela fournit au Premier ministre un solide appui dans son parti, puisqu'un tiers environ de ses députés appartient au Gouvernement.

## 2. Le Cabinet

**373.** Le Cabinet est une émanation du Gouvernement, tous les ministres n'en font pas partie. Il est le centre de l'organisation gouvernementale. Organe collégial, placé sous l'autorité du Premier ministre, ses membres sont solidaires, c'est-à-dire que les décisions prises en commun les engagent tous, leur responsabilité est collective (et englobe même les ministres non-membres du Cabinet qui n'ont donc pas participé à la décision). Cette responsabilité est théorique – le Cabinet est sûr de l'appui des Communes –, elle ne joue donc que devant la Nation lors des élections.

### a. Composition

**374.** Ses membres sont choisis par le Premier ministre et démis par lui, et si les titulaires des fonctions les plus en vue s'y retrouvent toujours (chancelier de l'Échiquier, secrétaire d'État au *Foreign Office*, secrétaire d'État à l'Intérieur...), leur liste varie d'une législature à l'autre autour d'une vingtaine de personnes (22 dans le Cabinet Johnson). Le Premier ministre y appelle généralement les chefs des différentes tendances de son parti et les ministres responsables des secteurs de la vie nationale les plus importants au regard de la conjoncture.

### b. Attributions

**375.** Le Premier ministre et le Cabinet ont hérité en pratique à peu près tous les pouvoirs reconnus au roi aux origines du régime parlementaire. Du fait du système électoral, ils les tiennent non de la volonté du monarque, du Parlement ou des partis, mais du peuple, ce qui fonde leur autorité. Le Cabinet débat, décide, coordonne la politique de la Nation et surveille sa mise en œuvre.

#### α. *Attributions exécutives*

**376.** Le Cabinet détient les attributions traditionnelles de l'exécutif. En dehors de la définition des grandes lignes et des mesures d'exécution de la politique nationale, il a autorité sur l'Administration (le *Civil Service*), et procède aux nominations des hauts fonctionnaires - ce qui permet aussi de récompenser les fidélités politiques -, donne des directives et contrôle la façon dont elles sont appliquées.

Il dispose d'un pouvoir réglementaire qui prend la forme des « ordres en conseil privé » (v. *supra* n° 366).

Le droit de *dissolution* appartient au Premier ministre. La dissolution est très fréquente en Grande-Bretagne, mais elle n'intervient que rarement pour faire arbitrer par le peuple un conflit entre le Cabinet et le Parlement. Habituellement, la dissolution est prononcée parce que le Premier ministre choisit, à l'approche de la fin de la législature, le moment qui lui paraît le plus favorable - ou le moins défavorable - aux intérêts de son parti, pour provoquer des élections. Les Communes ne parviennent presque jamais au terme de leur mandat, elles sont dissoutes avant (16 élections entre 1945 et 2010, 13 dissolutions).

#### β. *Attributions législatives*

**377.** Le Cabinet a l'initiative des lois. Assuré du soutien de sa majorité, il peut faire adopter les textes qu'il désire et ne risque pas d'en voir l'économie bouleversée dans le cours du débat. Le Parlement n'a plus qu'un rôle formel de ratification des projets rédigés par le Cabinet.

Cette intervention dans le processus législatif est particulièrement marquée dans le domaine budgétaire et financier. *Le projet de budget* est préparé par la Trésorerie et *seul le Cabinet a la possibilité de proposer des dépenses ou des recettes*. Dans ces conditions, le débat budgétaire est réduit à sa plus simple expression. Il est d'ailleurs enfermé dans un délai très bref (25 jours) à l'issue duquel les Communes (la Chambre des lords ne joue plus aucun rôle ici) doivent voter sans discuter les crédits demandés et non encore adoptés. Seules sont débattues les mesures contestées par l'opposition. Le système est beaucoup plus favorable au Gouvernement qu'en France.

Le Cabinet peut en outre se voir *déléguer par le Parlement une partie de son pouvoir législatif*. Une loi d'habilitation autorise le Cabinet à exercer la législation déléguée. Cette délégation législative est fréquente. Elle s'explique par la concentration des pouvoirs exécutif et législatif entre les mains du même parti : quand cela paraît préférable, on choisit la voie des *orders in Council* (v. *supra* n° 366) plutôt que des lois parlementaires.

Dans la pratique il semble pourtant que le Cabinet ne soit plus tout à fait le moteur de la vie politique. En effet :

- les premiers ministres constituent parfois un Cabinet restreint *(inner Cabinet)* dont le rôle peut être déterminant pour certaines décisions ;
- existent aussi des *Comités du Cabinet*, organes assez mystérieux, leur liste a été rendue publique en 1994 seulement (la vie politique n'est pas toujours très transparente ici), permanents ou *ad hoc*, créés à l'initiative du Premier ministre, où des fonctionnaires peuvent siéger à côté des ministres, qui examinent les dossiers avant la réunion plénière du Cabinet, le déchargeant ainsi d'une partie de ses tâches.

### c. La responsabilité politique

**378.** En théorie, les Communes peuvent refuser leur confiance au Gouvernement.

Mais le bipartisme corrige ici les mécanismes du parlementarisme. Le Cabinet est issu du parti majoritaire aux Communes, son chef est le leader de ce parti, les ministres des membres de son état-major. Sous les réserves exposées (v. *supra* n° 352), la discipline de parti se retrouve dans les scrutins importants (le principe est : liberté dans les débats, mais discipline dans les votes) et même si sa politique est considérée comme désastreuse (Chamberlain en 1940, Eden lors de l'affaire de Suez en 1956), pendant la durée de la législature le Cabinet n'a pas normalement à craindre de conflit avec les Communes mettant en péril son existence - ce qui n'exclut pas des désaccords sur des questions secondaires.

- En effet il est fréquent depuis toujours que des projets gouvernementaux soient repoussés et que le Cabinet soit ainsi mis en minorité. Déjà entre 1850 et 1865, le Gouvernement fut battu aux Communes en moyenne dix fois par session, la majorité des parlementaires de son parti votant même parfois contre lui. Dans les années 1970, le Cabinet travailliste de J. Callaghan, ne put, à plusieurs reprises, obtenir une majorité sur des questions souvent importantes ; des députés de la gauche du parti contestaient ainsi sa direction modérée. M. Thatcher, de son côté, dut faire face à plusieurs reprises à la rébellion des députés conservateurs dont la discipline de vote est moins rigide. Mais une mise en minorité n'entraîne pas automatiquement le départ de l'équipe gouvernementale. En effet, *le Premier ministre peut considérer qu'un échec devant les Communes ne l'oblige pas à démissionner*, il peut estimer qu'il n'a pas perdu la confiance de la Chambre, qu'il s'agit d'un désaccord ponctuel.

- Pour qu'il en soit autrement il faudrait qu'il fasse connaître *avant un vote* son intention de se retirer s'il n'a pas la confiance des Communes. En principe, c'est le Cabinet lui-même qui apprécie s'il a toujours le soutien des députés.
- Enfin, les députés peuvent prendre l'initiative d'une *motion de censure*.

*Il est donc exceptionnel que la responsabilité du Cabinet soit mise en cause par les Communes*. Depuis 1895, deux Cabinets britanniques seulement ont été renversés par les Communes : R. MacDonald en 1924 et J. Callaghan, à la suite d'une motion de censure votée par 311 voix contre 310, en 1979.

*Une crise n'est possible que dans deux circonstances :*

- si le Cabinet ne s'appuie pas sur un parti majoritaire aux Communes mais a besoin du soutien d'un petit parti, qui peut un jour lui faire défaut : R. MacDonald 1924, J. Callaghan 1979 ;
- si une division apparaît au sein du parti majoritaire, une opposition résolue se manifestant contre le Premier ministre.

Dans ces deux cas d'ailleurs, le Premier ministre n'attendra pas en général un scrutin de défiance, il prononcera la *dissolution*.

Les mécanismes de la responsabilité politique ne jouent donc pratiquement jamais. Le Premier ministre et son Gouvernement sont responsables devant la Nation lors des élections.

En réalité, le Premier ministre est essentiellement responsable devant son parti qui peut le désavouer (H. Macmillan, 1963) ou le conduire à démissionner (T. Blair, 2007). Ainsi, en septembre 2008, le Congrès du Parti travailliste a eu lieu dans un climat difficile pour le Premier ministre G. Brown « remis en selle » dans le contexte de la crise économique de 2009. De même, en juillet 2022, à la suite, notamment, de comportements personnels jugés « déplacés » (participation à des événements festifs durant l'épidémie de Covid) et dans un contexte économique difficile, Boris Johnson a été poussé à la démission de ses fonctions à la tête du parti conservateur, prélude à sa démission des fonctions de Premier ministre.

## C. Le Parlement

**379.** Dans le vocabulaire politique britannique, le Parlement est constitué de trois éléments : le roi, les Communes et la Chambre des lords. En ce sens, le Parlement et la Couronne sont deux organes titulaires en commun de la souveraineté. Mais l'expression est utilisée habituellement pour désigner les deux Chambres. Le Parlement siège au Palais de Westminster.

## 1. La Chambre des communes

**380.** Elle comprend 646 membres, âgés de plus de 21 ans, élus pour cinq ans, au scrutin uninominal majoritaire à un tour. Ils portent le titre de « *member of parliament* » (MP).

### a. Organisation

#### α. *Le speaker*

**381.** Les Communes sont présidées par le speaker. Son titre vient de ce qu'autrefois il représentait les Communes auprès du roi, il lui rendait compte des débats, il « parlait » en leur nom et avait pour mission de défendre leurs privilèges. La tradition marque encore largement sa fonction : il siège parfois en robe et en perruque, il se déplace précédé d'un homme d'armes portant la masse.

Il est désigné dans ses fonctions par les Communes pour la durée de la législature. Habituellement, il est renouvelé dans sa charge s'il le désire, même si la majorité de la Chambre a changé ; il n'appartient pas nécessairement au parti majoritaire. L'actuel speaker est le député travailliste Lindsay Hoyle. L'usage veut (avec de rares exceptions) qu'aucun candidat ne lui soit opposé quand il se représente aux élections de sa circonscription.

Le speaker dispose d'une autorité considérable. Bien qu'il soit un élu, comme les autres MP, son comportement doit être totalement impartial et indépendant, il ne vote que lorsqu'il y a partage des voix, et alors dans le sens favorable au Gouvernement (ainsi le 22 juillet 1993 lors des débats sur le traité de Maastricht).

Le rôle du speaker est assez écrasant. Il est responsable en effet de l'organisation et du déroulement des débats. Il donne la parole aux intervenants. Il accepte ou refuse les amendements, clôt les débats, interprète les règles non écrites de fonctionnement des Communes. Il désigne les présidents de Commissions et répartit les projets et propositions de lois entre celles-ci.

#### β. *Les Commissions*

**382.** Pour faciliter le travail parlementaire, on a institué plusieurs types de Commissions, différentes de celles qui existent en France. La Grande-Bretagne en effet est très attachée au principe de l'unité du Parlement, une section de celui-ci ne peut s'exposer à être accusée de s'emparer d'une partie de la souveraineté. D'où des réticences devant la création de Commissions véritablement permanentes.

– *Législatives*

• La Commission de la Chambre entière se réunit en séance spéciale, distincte des séances publiques, pour étudier certains projets. Tous les parlementaires intéressés peuvent prendre séance, le débat est plus informel et la présidence est confiée non pas au speaker – à l'origine cette procédure avait été instituée, car on n'avait pas confiance dans son indépendance – mais à un *chairman*.

Cette procédure est très lourde, aussi n'y recourt-on que de façon peu fréquente.

• Les Commissions permanentes (*Standing Committees*)

Depuis 1882, ont été créées aux Communes des Commissions quasi-permanentes, composées de cinquante membres au maximum, désignés par un comité spécial, en tenant compte à la fois de la qualification des MP et de la composition des Communes (pour en être, en quelque sorte, une reproduction à échelle réduite, mêlant majorité et opposition). Leur présidence est toujours confiée à un parlementaire de la majorité.

Ces Commissions sont au nombre de dix (dont deux pour l'Écosse) désignées par des lettres : A, B, C... et elles présentent la caractéristique de n'être pas spécialisées et de n'avoir pas de personnel fixe. Cependant, il existe un noyau permanent de vingt MP nommés pour la durée de la session, auquel viennent se joindre trente parlementaires choisis en fonction de chaque projet. *Ainsi une Commission différente est constituée pour chaque texte :* si dix *bills* sont confiés à la Commission A, cette dernière changera dix fois de composition, en d'autres termes ce ne sont pas exactement les mêmes MP qui siégeront pour l'étude de chaque bill. On voit que la portée de la permanence est limitée.

Si les Commissions ne sont pas spécialisées, c'est pour éviter qu'elles ne gênent, par un contrôle trop rigoureux, l'action de tel ou tel ministre. Leur rôle est d'ailleurs en définitive peu déterminant. La situation majoritaire du parti au pouvoir réduit la portée des amendements qui peuvent être admis, et l'examen exceptionnellement minutieux des textes auquel il est procédé apparaît à beaucoup comme une perte de temps.

*– De contrôle : les Select Committees*

Là encore la tradition n'est pas favorable à la création de Commissions de contrôle spécialisées. Lorsque cependant il en fut créé dans le passé, elles étaient provisoires et chargées d'enquêtes ponctuelles.

Depuis 1979, ont été créés seize « *Select Committees* » quasi permanents, dont les compétences correspondent à celles d'un ou de plusieurs ministères. Comprenant de dix à vingt membres, leur composition s'efforce aussi de reproduire l'image de la Chambre, mais leur présidence peut être confiée à l'opposition. Leur rôle est d'examiner et d'enquêter sur les dépenses, la gestion et la politique des départements ministériels. La discussion y est plus libre, non partisane, les jeunes « *backbenchers* » (ce terme désigne, pour les distinguer des *frontbenchers*, les simples MP de base) tentent de s'y faire connaître. Chaque Commission est libre de ses investigations, elle entend des hauts fonctionnaires et, sur autorisation de la Chambre, les ministres ; elle conclut ses travaux par un rapport qui peut être à l'origine d'un texte législatif. Ces Commissions semblent s'être acclimatées, même si elles heurtent encore des habitudes ; elles font un travail utile.

## b. Fonctionnement

### α. *Les séances*

**383.** L'ordre du jour est fixé par le « leader » de la Chambre, membre du Cabinet chargé des relations avec elle, c'est-à-dire par l'exécutif.

Le fonctionnement de la Chambre est entouré d'un certain cérémonial. Les séances qui ont lieu l'après-midi, du lundi au vendredi, commencent par la lecture d'un psaume suivie d'une courte prière ; elles ne peuvent se tenir que s'il y a au moins quarante MP présents. Les parlementaires se répartissent dans la fort incommode salle des Communes (détruite pendant la guerre, elle a été reconstruite à l'identique) et si tous les membres voulaient prendre séance en même temps tous n'y trouveraient pas place (450 sièges seulement). Ils sont disposés en longueur de part et d'autre du speaker, la majorité étant à sa droite, l'opposition à sa gauche. En d'autres termes, en Grande-Bretagne, le pouvoir est toujours à droite. Le premier rang de chaque côté est réservé au Gouvernement et au Shadow Cabinet. Il n'y a pas de tribune, les MP parlent de leur banc, debout au milieu des leurs, dont ils semblent ainsi se faire les porte-parole et aux réactions desquels ils sont plus sensibles. Ils s'adressent au speaker. Le style des débats est différent de celui du Parlement français où l'on parle de la tribune qui isole. Les intervenants ne peuvent utiliser de notes, ils ne peuvent prendre la parole qu'une seule fois sur le même sujet, les accusations personnelles sont prohibées ; les débats sont pourtant parfois assez vifs, un sondage a révélé que pour 80 % des Britanniques ils leur faisaient penser à un « zoo » ! Les séances sont télévisées aux Communes depuis novembre 1989 (chez les Lords depuis 1985). Il n'y a qu'une seule session chaque année.

### β. *Les Whips (en français : fouets)*

**384.** *Le fonctionnement du Parlement est facilité par la présence des Whips*, MP qui sont chargés, sous l'autorité de *Chief Whips*, de l'encadrement des membres de leur parti, de leur donner des consignes de vote, de veiller à la discipline, de négocier avec les *Whips* de l'autre parti l'abstention d'un certain nombre de parlementaires adverses pour compenser les absences dans les rangs de leur propre parti (système du *pairing*), de participer à l'élaboration de l'ordre du jour, de débattre du choix du speaker... ; ceux de la majorité font partie du Gouvernement.

### γ. *Les questions*

**385.** Une heure environ au début de chaque séance (*question time*) est consacrée aux questions orales posées par les parlementaires, mais connues à l'avance du Gouvernement. Ainsi est institué un contrôle constant et très contraignant du Gouvernement ; jusqu'à 8 000 questions sont posées chaque année. Leur nombre est trop grand pour qu'il soit répondu à toutes. Celles qui n'ont pu être inscrites à l'ordre du jour reçoivent une réponse écrite. Depuis 1961, des questions peuvent être posées directement au Premier ministre. Une fois par semaine, celui-ci doit ainsi répondre pendant trente minutes à six ou sept MP qui, par le jeu des « questions complémentaires » posées en séance, peuvent l'entraîner sur des terrains imprévus où il n'est pas très à l'aise. Le Premier ministre n'étant pas titulaire d'un portefeuille spécialisé, ces questions sont d'ordre général et donnent à l'opposition un instrument redouté de mise en cause de la politique du Gouvernement. Le leader de l'opposition est le « questionneur » privilégié du Premier ministre. Nouvelle manifestation de *la situation considérable de l'opposition*, sans commune mesure, par exemple, à ce qu'elle est en France.

#### δ. *La discussion*

**386.** Après les questions orales, on discute des projets législatifs inscrits à l'ordre du jour. Ces projets font l'objet de trois lectures successives, la première de pure forme, la deuxième donne lieu à une discussion approfondie, la troisième permet d'améliorer la rédaction du texte.

Pour accélérer la procédure, on a institué en 1887 le système de la « *guillotine* » qui permet de fixer une durée précise de discussion pour chaque partie du texte en examen (dix fois par an en moyenne), le débat s'arrête lorsque le temps prévu est écoulé et on passe au vote, même sur les dispositions qui n'ont pas été discutées. Ce sont les Communes elles-mêmes qui décident d'y recourir, à l'initiative du Cabinet. Depuis 1909, on peut utiliser un autre système, dit du « *kangouroo* », lequel autorise le speaker à choisir entre les amendements présentés ceux qui paraissent de nature à faire avancer le débat, évitant ainsi les discussions inutiles.

Au moment du scrutin, seuls les présents peuvent voter. *Le vote est en effet personnel*. Il s'effectue par « assis et debout » ; en cas de doute, les députés quittent la salle par la droite du speaker s'ils votent « oui », par la gauche s'ils votent « non ». Le vote électronique a été refusé en 1966.

### c. Pouvoirs

**387.** Les attributions théoriques des Communes sont considérables. Un adage célèbre prétend que « le Parlement peut tout faire sauf changer un homme en femme »... ce qui ne serait plus nécessairement vrai au regard des évolutions sociales et médicales.

- *Les Communes votent la loi* et l'absence de Constitution écrite fait que le domaine où elles peuvent légiférer est illimité. Cependant, leur pouvoir n'est pas absolu. Ainsi, en 2009, a été mise en place une nouvelle Cour suprême, composée de 12 juges, qui a, notamment, pour mission de donner un avis sur la constitutionnalité des lois votées par le Parlement. Le principe s'est établi par la voie coutumière qu'*elles ne pouvaient créer de dépenses nouvelles ou augmenter des dépenses déjà existantes*. L'initiative des dépenses est réservée au Cabinet. Par ailleurs, si en théorie les parlementaires ont le droit de soumettre à la Chambre des propositions de lois (*private member's bills*), l'habitude s'est prise de laisser un quasi-monopole de l'initiative législative au Gouvernement. Une proposition parlementaire qui n'est pas reprise par le Cabinet a très peu de chances d'être adoptée, ne serait-ce qu'en raison de la difficulté pour la faire inscrire à l'ordre du jour. En principe pourtant à chaque session vingt jours sont réservés aux propositions de l'opposition, mais le quorum n'est pas toujours réuni, et, dans le cas contraire, les propositions de l'opposition obtiendront rarement une majorité. Les 9/10$^{e}$ des lois sont d'origine gouvernementale.

- Par ailleurs, les Communes ont la possibilité de *renverser le Gouvernement* (v. *supra* n° 378). Celui-ci est responsable devant elles, mais le bipartisme rend tout à fait théorique une telle situation. Ce pouvoir a pourtant derrière lui une longue histoire (v. *supra* n° 303).
- Enfin, on a vu comment s'exerce un *contrôle* par les questions et les *select committees*.

## 2. La Chambre des lords

**388.** La Chambre des lords est la plus célèbre des Chambres aristocratiques, la plus ancienne aussi. Survivance du passé, son rôle est allé en diminuant avec l'enracinement du régime démocratique. Depuis 2003, elle est présidée par un speaker élu.

Le statut de la Chambre a été bouleversé par une loi du 11 novembre 1999, qui a profondément modifié sa composition sans toucher à ses attributions. Cette réforme a été présentée comme une étape avant une future transformation globale de la seconde Chambre.

### a. Composition

**389.** La Chambre des lords reste une assemblée non élue.

- *Avant 1999* existaient plusieurs catégories de membres :
  - Les lords héréditaires (env. 760) : les plus nombreux, pairs d'Angleterre et d'Écosse se succédant de père en fils (ou parfois en filles).
  - Les pairs nommés à vie (env. 480) : depuis 1958, le roi pouvait nommer, sur proposition du Premier ministre, des pairs à vie.
  - Les lords spirituels (26) : hauts dignitaires de l'Église anglicane.
  - Les lords judiciaires, ou d'appel (12) : hauts magistrats nommés pairs à vie, constituant une cour d'appel suprême en certaines matières sans participer aux autres débats (autour de 80 décisions par an).

La grande majorité des lords était proche du parti conservateur. L'entrée des pairs à vie a permis d'atténuer cette domination et de faire profiter la Chambre des compétences de personnalités qui s'étaient illustrées dans les différents domaines de la vie sociale, intellectuelle, sportive, scientifique...

- *Depuis la réforme de 1999,* la Chambre comprend 616 membres. La situation des lords spirituels est inchangée.
  - La pairie héréditaire est abolie. Cependant 92 pairs héréditaires sont exclus de l'application de cette règle. Ils ont été choisis par la Chambre elle-même (15) et par les partis (75) proportionnellement à leur appartenance partisane (beaucoup plus donc de conservateurs que de travaillistes). Ils pourront siéger jusqu'à leur mort.

- Les pairs à vie sont maintenant très majoritaires, leur recrutement a rééquilibré la Chambre dans un sens plus favorable aux travaillistes.

## b. Rôle

**390.** Placée sur un pied d'égalité en matière législative avec les Communes à l'origine, la Chambre des lords n'a jamais eu la possibilité de mettre en jeu la responsabilité du Cabinet et elle a perdu la majeure partie de ses pouvoirs, à commencer par ses attributions financières.

Le mouvement de déclin, commencé dans le premier tiers du XIX$^{e}$ siècle et purement coutumier au début, a été sanctionné par deux textes au XX$^{e}$ siècle : les « *Parliament Acts* » de 1911 et 1949.

### α. *Les* Parliament Acts

**391.** Au début du XX$^{e}$ siècle, alors que l'accord des deux Chambres était nécessaire pour l'adoption d'une loi, un conflit, qui dura plusieurs années, opposa les Communes et les Lords. En 1909, à la suite du refus de ces derniers de voter le budget et les mesures sociales qu'il comportait, les Communes adoptèrent un texte réduisant les pouvoirs de la Chambre des lords. Repoussée par les Lords, cette réforme entraîna à deux reprises la dissolution des Communes et des élections où le corps électoral confirma et renforça même la majorité sortante. Désavoués par l'arbitrage populaire, les Lords durent s'incliner. *La loi restreignant leurs pouvoirs fut approuvée en 1911*. Elle fut modifiée en 1949 dans le sens d'une nouvelle limitation des pouvoirs des Lords. Le Gouvernement travailliste de C. Attlee craignait alors que la Chambre haute ne s'oppose aux nationalisations qu'il envisageait et fit voter une loi, pour empêcher que sa résistance ne retarde trop longtemps la réforme.

Une distinction est faite entre :

- les *projets financiers* auxquels les Lords n'ont plus la faculté de s'opposer ou d'amender. Tout « *money bill* » leur est cependant transmis, mais si au bout de trente jours ils ne l'ont pas adopté et même s'ils l'ont repoussé, le monarque passera outre et promulguera la loi ;
- les *autres lois* qui peuvent être retardées pendant un délai de douze mois (deux ans en 1911) par la Chambre des lords. Les Lords disposent ainsi d'un droit de veto temporaire. Ce droit a été utilisé quatre fois seulement depuis cinquante ans, les Communes ayant fait alors prévaloir leur point de vue.

### β. *Pouvoirs actuels de la Chambre des lords*

**392.** Les Lords participent donc à l'élaboration des lois. Il est assez fréquent que des projets de lois leur soient directement soumis et ils se prononcent aussi sur ceux qui ont déjà été approuvés par les Communes. La qualité des débats devant les Lords est souvent remarquable et le travail législatif bénéficie de leurs amendements.

Mais, on le sait, depuis 1911, en cas de conflit avec les Communes, celles-ci, après un certain délai, ont le dernier mot, les Lords doivent s'incliner et approuver le texte des Communes.

En définitive les Lords évitent les conflits avec l'autre Chambre. Mais ils gardent leur indépendance d'esprit, ils sont plus libres à l'égard de leur parti. Contre-pouvoir face aux abus éventuels de majorité des Communes, ils n'hésitent pas à les affronter lorsqu'ils estiment qu'elles vont contre le sentiment du pays. On se félicite à la fois de leur indépendance et de leur compétence particulièrement marquée en ce qui concerne l'Europe, la science et la technologie. Ils ont joué un rôle progressiste dans des domaines touchant aux mœurs : homosexualité, avortement, divorce, et aux droits de l'homme ; ils sont les gardiens de l'autonomie locale et du consensus national.

Mais, rappelons-le, le bicaméralisme est très inégalitaire. Les Lords acceptent leur subordination aux Communes et s'ils peuvent retarder un projet de loi en première lecture, ils ont renoncé à le faire en seconde lecture – la plus importante – pour les projets correspondant aux promesses électorales du Gouvernement ou à son programme pour la session parlementaire en cours (Convention de Salisbury, 1945). On considère, en effet, qu'ils ont été approuvés par le peuple.

Si la Chambre des lords a prouvé son utilité, sa réforme cependant ne devrait pas s'arrêter à celle de sa composition intervenue en 1999. Ainsi, en 2003, il a été mis fin aux fonctions de Lord chancelier qui présidait la Chambre des lords tout en étant membre du Gouvernement. En juillet, 2009, une réforme a été engagée visant à la suppression des lords héréditaires.

## §3. Nature du régime britannique

**393.** L'étude du régime britannique apprend à douter des apparences. Beaucoup sont fausses : monarchie où la couronne a perdu la réalité du pouvoir, régime bicaméral où une Chambre n'est qu'un pâle fantôme d'assemblée, archétype du bipartisme alors qu'il est imparfait, État qui n'est plus un État-nation mais un État multinational, en particulier depuis la dévolution des pouvoirs à l'Écosse et au pays de Galles en 1997-1999 et, fait peut-être plus nouveau et plus inquiétant, démocratie où les citoyens se désintéressent de la chose publique (progression de l'abstention). Faut-il alors aussi réviser l'idée que le régime britannique est un modèle de régime parlementaire ? Faut-il se rallier à l'idée provocante selon laquelle le régime britannique serait présidentiel ?

Quelles raisons a-t-on de douter du caractère parlementaire du système ?

### A. La collaboration des pouvoirs

**394.** En théorie, dans un régime parlementaire, l'exécutif et le législatif sont séparés, mais une collaboration s'établit entre eux. Cet aspect du schéma parlementaire est lui aussi difficile à retrouver en Grande-Bretagne.

Le bipartisme ici encore vient fausser le jeu des mécanismes parlementaires. Le législatif et l'exécutif sont entre les mêmes mains. Il n'y a pas d'équilibre entre des pouvoirs séparés, répartition des fonctions entre eux, mais *concentration des pouvoirs* entre les mains d'un seul parti : celui-ci a le quasi-monopole de l'initiative des lois qui sont préparées par le Cabinet, la politique du Cabinet est la mise en œuvre du programme du parti, le résultat des scrutins aux Communes est acquis à l'avance chaque fois que le parti au pouvoir le désire. Cabinet et Communes n'ont pas un rôle politique différent, ils apparaissent comme des rouages techniques destinés à mettre en œuvre la politique du parti. Dans ces conditions, on ne peut plus parler de collaboration des pouvoirs, car *il n'y a pas véritablement de pouvoirs distincts.*

Par ailleurs, comme on l'a vu plus haut (v. *supra* n° 378) que, dans la pratique la responsabilité politique du Cabinet ne joue à peu près jamais.

## B. Gouvernement de Cabinet ? Régime présidentiel ou régime parlementaire ?

**395.** Bon nombre d'auteurs se sont mis d'accord depuis longtemps pour admettre que la Grande-Bretagne ne pratiquait pas le Gouvernement parlementaire, mais le *Gouvernement de Cabinet*. Ils soulignent par-là la primauté que le Cabinet – irresponsable en pratique devant le Parlement – aurait prise sur les autres organes, sur le Parlement en particulier qui n'a que très peu d'influence sur l'élaboration de la politique. Les relations équilibrées entre exécutif et législatif n'existeraient plus, les moyens de pression réciproques subtilement dosés, qui caractérisent le régime parlementaire, non plus. Le pouvoir en Grande-Bretagne serait entre les mains du Cabinet « clé de voûte de l'édifice » institutionnel.

D'autres observateurs mettent l'accent sur la prééminence du Premier ministre au sein du Cabinet et, comparant sa situation à celle du président des États-Unis, affirment que la Grande-Bretagne vit sous un *régime présidentiel.* Ils soulignent qu'il est l'élu du peuple – indirectement peut-être, mais en votant pour le candidat travailliste ou conservateur, l'électeur sait qu'en même temps il vote pour tel Premier ministre – qu'il choisit très librement les membres du Cabinet et peut les renvoyer ; qu'il préside le Cabinet et qu'il pourra, s'il a l'autorité suffisante, imposer sa politique et traiter même des affaires relevant des différents départements, par-dessus la tête des ministres. Tout ceci sans courir le risque d'un désaveu d'un Parlement dont la majorité le reconnaît pour son chef. L'accroissement des interventions de l'État dans la vie nationale n'a fait au surplus que renforcer ses possibilités d'action. *Le Premier ministre, et non le Cabinet, serait le véritable détenteur du pouvoir.* À la limite, il serait même plus puissant que le président américain, puisqu'il dispose d'une majorité disciplinée aux Communes, alors qu'aux États-Unis, le président doit compter avec le Congrès dont l'appui ne lui est jamais durablement acquis.

En sens inverse, d'autres spécialistes des institutions britanniques insistent sur les traits parlementaires que comporte tout de même le régime. Ils s'efforcent de montrer en particulier qu'un Premier ministre dispose de beaucoup moins de liberté à l'égard de la majorité parlementaire qu'on ne l'affirme et qu'une véritable responsabilité politique existe, un Premier ministre ne pouvant se maintenir durablement au pouvoir contre le sentiment de sa majorité ; M. Thatcher en a fait l'expérience en 1990. On parle alors de *parlementarisme majoritaire.* Mais si l'on voit bien le phénomène majoritaire, on peut se demander où est le parlementarisme. Comme on le sait, la présence d'un Parlement n'est pas un gage de parlementarisme.

Les mécanismes parlementaires sont également remis en cause par le *Parliament act* de septembre 2011. Cette disposition, matériellement constitutionnelle mais formellement législative, prévoit que la dissolution de la Chambre des communes ne pourra intervenir qu'en cas de crise politique, c'est-à-dire en cas de motion de défiance du Parlement. Cette suppression temporaire du pouvoir de dissolution résulte d'un pacte de gouvernement entre les conservateurs et les libéraux et interdit au Gouvernement d'utiliser le pouvoir de dissolution pour choisir la date des élections législatives.

## C. Vers une normalisation du système constitutionnel britannique ?

**396.** Si, comme il a été dit, la Constitution britannique se caractérise par son caractère non écrit, cette singularité tend à s'atténuer. En effet, en 2010, le Premier ministre, G. Brown, a proposé une vaste « révision constitutionnelle » visant tant le contrôle des députés par le peuple que la réforme de la Chambre des lords.

Par ailleurs, dans le prolongement de l'Human Rights Act (HRA) de 1998 qui a intégré au droit britannique la Convention européenne des droits de l'homme (Convention EDH), le système britannique tend à mettre en place une amorce de contrôle de constitutionnalité des lois qui s'attache, cependant à maintenir le principe, ou l'apparence, de la souveraineté législative. Il en est ainsi s'agissant de la création d'une nouvelle Cour suprême, des débats engagés depuis 2009 sur l'adoption d'une déclaration des droits et sur l'obligation faite aux tribunaux d'interpréter la loi de manière conforme à l'HRA. En cas de déclaration d'incompatibilité de la loi avec l'HRA, le ministre compétent doit donner suite en vue de corriger les dispositions législatives déclarées incompatibles.

Ainsi, tout en tenant compte des spécificités britanniques, le modèle de contrôle de constitutionnalité au regard des droits fondamentaux, tend ainsi à s'imposer en Grande Bretagne.

Par ailleurs, comme le relève S. Pierre Caps : « l'environnement européen, la régionalisation, la personnalisation du pouvoir politique, ont provoqué un véritable effritement de la souveraineté parlementaire ». Cependant les députés (304 votes pour, 0 contre et 346 abstentions) ont, le 5 juillet 2013, donné leur accord pour l'organisation, en 2017, d'un référendum sur l'appartenance de la Grande-Bretagne à l'Union européenne. Lors de ce référendum, le peuple britannique s'est prononcé à une majorité de 51,9 % des votants pour le retrait de la Grande-Bretagne de l'Union européenne. Par ailleurs, David Cameron avait affirmé sa volonté de dénoncer la Convention européenne des droits de l'homme.

En Grande-Bretagne, le principe demeure selon lequel la souveraineté appartient au Parlement et non au peuple. Ainsi, alors que le peuple britannique s'est prononcé, par voie référendaire (23 juin 2016), en faveur de la sortie du Royaume-Uni de l'Union européenne (« Brexit »), la Cour suprême a jugé (24 janvier 2017) que cette procédure ne peut être valablement engagée que si le Parlement adopte une résolution en ce sens. Il n'en reste pas moins que le Parlement, dont la majorité était hostile au « Brexit », a voté (14 mars 2017) à une large majorité en faveur de sa mise en œuvre.

## D. Le « Brexit » et le fonctionnement du régime parlementaire britannique

**397. Bibliographie.** – V. Barbé, « Développements récents sur la compétence du Parlement britannique relative au Brexit », *Constitutions* 2018, n° 4, p. 510.

**398.** Le Brexit (procédure de sortie de la Grande-Bretagne de l'Union européenne) a posé des questions juridiques inédites et a conduit à recourir à des procédures inhabituelles. Il en est ainsi du « *contempt of Parliament* ». L'outrage au Parlement peut être défini comme toute action obstruant ou empêchant le travail parlementaire. En l'absence de liste explicite des faits constitutifs d'outrage en droit parlementaire britannique, chaque Chambre est libre de considérer qu'un comportement relève de cette qualification ou non. Il peut s'agir de l'interruption des débats, du non-respect d'une injonction formulée par une Chambre, de la communication délibérée d'informations erronées aux parlementaires ou de la rétention de documents qui devraient être portés à la connaissance du Parlement. De façon inédite, le 5 décembre 2018, la Chambre des Communes a adopté, par 311 voix contre 293, une motion accusant le Gouvernement d'outrage au Parlement. La Chambre des Communes reproche au Gouvernement de ne pas avoir tenu compte d'une motion exigeant la publication d'un rapport relatif au Brexit.

La question de la compétence du Parlement britannique pour autoriser la ratification de cet accord a longtemps été en suspens, car elle ne découle d'aucune coutume ni d'aucun texte constitutionnel. Certes, le *Constitutional Reform and Governance Act* 2010 soumet le Gouvernement à l'obligation de transmettre au Parlement tout traité qu'il souhaite ratifier, et ce, au minimum 21 jours avant la ratification (ce délai pouvant être prorogé). Mais la loi de 2010 consacre surtout le droit de veto de la Chambre des Communes (section 20). Ainsi, si la période de 21 jours expire sans que les Chambres ne se soient manifestées, le traité peut être ratifié. En revanche, si l'une des Chambres a pendant cette période votée une résolution s'opposant à la ratification, le Gouvernement doit présenter au Parlement les raisons justifiant la ratification s'il souhaite y procéder malgré tout. Cette procédure peut se répéter indéfiniment, ce qui consacre dans les faits le pouvoir de la Chambre des Communes de s'opposer à la ratification d'un traité. Néanmoins, ce pouvoir d'opposition diffère d'une compétence d'autorisation. C'est pourquoi le *EU Withdrawal Act* promulgué le 26 juin 2018 dispose que le Gouvernement ne peut ratifier l'accord de retrait à moins que quatre conditions ne soient remplies : la publication de l'accord, l'approbation de l'accord par une résolution de la Chambre des Communes, l'organisation d'un débat à la Chambre des Lords et le vote d'une loi d'application de l'accord. Depuis janvier 2019, le Parlement a rejeté à plusieurs reprises le projet d'accord conclu avec l'Union européenne, sans se prononcer, ni sur une sortie sans accord de l'Union européenne, ni sur l'organisation d'un nouveau référendum sur le principe même de la sortie de la Grande-Bretagne de l'Union européenne. L'Union européenne a laissé à la Grande-Bretagne un délai dont le terme a été fixé au 31 octobre 2019, cette situation a conduit les Britanniques à participer aux élections au Parlement européen, alors qu'ils s'apprêtaient, à quitter l'Union européenne. En août 2019, le Premier ministre annonce vouloir suspendre le Parlement, soit deux semaines avant la date prévue du Brexit, afin de rendre plus difficile la sortie sans accord de l'Union européenne. Le 24 septembre, la Cour suprême juge illégale la décision du Premier ministre de suspendre le Parlement pendant cinq semaines à l'approche du Brexit. La Cour juge que « la décision de proroger le Parlement (ou de conseiller au monarque de proroger le Parlement) sera illégale si elle a pour effet de frustrer ou d'empêcher, sans motif raisonnable, la capacité du Parlement d'assumer ses fonctions constitutionnelles en tant que corps législatif et en tant qu'institution responsable du contrôle de l'Exécutif ». La Cour conclut en déclarant que le conseil donné à la reine de proroger est nul et sans effet. La Cour suprême tranche ainsi un litige d'ordre constitutionnel inédit, dans lequel elle se donne compétence pour effectuer un contrôle de constitutionnalité d'actes matériellement politiques mais formellement juridiques issus de la prérogative royale, après avoir consacré elle-même les normes de référence de ce contrôle ainsi que les modalités de celui-ci. Pour parvenir à ses fins, la Cour écarte néanmoins l'article 9 du *Bill of Rights* de *1688*, loi matériellement constitutionnelle qui empêche les tribunaux d'examiner les procédures parlementaires. La Cour suprême occupe de ce fait une place nouvelle au sein de la Constitution britannique (v. V. Barbé, *Constitutions*, 2019, p. 349). Des élections législatives anticipées ont lieu le 12 décembre 2019. Avec la ratification de l'accord de retrait, le Royaume-Uni sort de l'Union européenne le 31 janvier 2020 à minuit. Incidemment le « Brexit » a relancé les demandes en faveur de la tenue d'un nouveau référendum d'autodétermination en Écosse. En 2022, la Cour suprême britannique a jugé qu'un nouveau référendum ne pourrait avoir lieu sans l'approbation du Parlement britannique. Le « Brexit » a également réanimé le conflit nord-irlandais en raison de l'instauration d'une frontière douanière entre l'Irlande du nord et le reste du pays.

# Section 3
# Les institutions politiques de la République Fédérale d'Allemagne

**399. Bibliographie.** – « L'Allemagne », *Pouvoirs* 1993, nº 66. – Christian AUTEXIER, *Introduction au droit public allemand*, PUF, 1997. – Armel LE DIVELLEC, *Le Gouvernement parlementaire en Allemagne*, LGDJ, 2004.

**400. Le précédent de Weimar (1919).** – Déjà au lendemain de la Première Guerre mondiale, l'Allemagne de Weimar s'était donné en 1919 une Constitution particulièrement libérale qui apparaît comme la première des grandes Constitutions modernes. Rompant avec la tradition impériale de la Constitution de 1871, elle instituait une république parlementaire et faisait une large place aux procédés de démocratie directe. La primauté de l'exécutif qui caractérisait l'histoire allemande semblait ainsi écartée.

Mais le régime, placé sous d'aussi heureux auspices, allait offrir une faible résistance à ses ennemis. L'absence de racines parlementaires, la crainte de la révolution, la crise économique à partir de 1928-1929, la multiplication des partis empêchèrent le nouveau régime de fonctionner selon ses règles. Bien plus, les mécanismes constitutionnels devaient favoriser la montée vers le pouvoir des nationaux-socialistes. Quatorze ans après la promulgation de la Constitution de 1919, la victoire d'Hitler – obtenue dans des formes régulières – mettait fin à la première république allemande.

**401. Les refus de 1949.** – La leçon était présente à tous les esprits lorsqu'après la Seconde Guerre mondiale il fallut édifier les institutions du nouvel État allemand, amputé de ses provinces orientales. La Loi fondamentale du 23 mai 1949 – l'élaboration d'une « Constitution » était renvoyée après la réunification des deux Allemagne – est un texte mûrement réfléchi, construisant les institutions d'un régime parlementaire rationalisé en s'efforçant d'éviter les erreurs du passé et d'écarter les menaces du présent.

La Constitution allemande est fondée sur *une série de refus* : l'hitlérisme, le communisme, le parlementarisme weimarien. Les Allemands ont ainsi répudié :

- le principe d'un chef de l'État fort, élu au suffrage universel direct et titulaire de pouvoirs étendus. On en avait fait l'expérience dans le régime de Weimar, elle s'était révélée désastreuse, Hindenburg – le premier président – ayant renoncé à user d'une autorité qu'Adolf Hitler allait relever de la façon que l'on sait ;
- le recours trop facile au référendum. Cette procédure avait en effet largement profité aux nationaux-socialistes, on craignait ses virtualités plébiscitaires (98 % de votants, 99 % de oui !) ;

- l'instabilité gouvernementale, favorisée en particulier par les conséquences nocives de la représentation proportionnelle et la multiplication des partis qu'elle entraîne. L'une des faiblesses du régime de Weimar avait été la difficulté de l'exécutif à s'imposer en face d'un Parlement lui-même voué à des dissolutions répétées faute de dégager une majorité stable.

**402. L'État de droit, la Cour constitutionnelle fédérale, l'Europe.** – Les juristes allemands sont très attachés à la notion d'« *État de droit* » (principe selon lequel : l'État est soumis au droit ; ce n'est pas une évidence et, dans l'histoire, c'est une idée récente) formulée par eux dès 1860, et dont ils font découler les grands principes du droit constitutionnel : séparation des pouvoirs, hiérarchie des normes, droits fondamentaux des individus, non-rétroactivité des lois et des actes administratifs... La Loi fondamentale consacre l'État de droit, et témoigne ainsi de l'adhésion du peuple allemand aux valeurs démocratiques.

De fait, le système constitutionnel allemand se conçoit comme une « démocratie militante » (O. Duhamel). Ainsi, un certain nombre de principes ou de valeurs (fédéralisme, dignité humaine...) restreignent la souveraineté du peuple et peuvent conduire à limiter les droits des individus. La Cour constitutionnelle qui siège à Karlsruhe joue un rôle essentiel en la matière. Élue par les deux Chambres en dehors de leur sein, composée de juristes, la Cour est à la fois la gardienne de la Constitution (juge de la constitutionnalité des lois), de la conformité du droit fédéré au droit fédéral, et le défenseur des principes politiques sur lesquels repose la démocratie allemande (à ce titre par exemple elle peut juger le président de la République, elle contrôle en appel la régularité de l'élection des membres du *Bundestag*, elle apprécie la responsabilité des juges accusés d'avoir contrevenu à l'ordre constitutionnel, elle interdit les partis politiques qui tendraient à porter atteinte à cet ordre constitutionnel).

La Cour constitutionnelle peut juger de la conformité des lois de révision constitutionnelle à certaines normes constitutionnelles qui ne peuvent, selon la Constitution elle-même, être modifiées (dignité, organisation fédérale de l'État...). Ainsi l'État de droit, entendu dans sa conception substantielle (c'est-à-dire le contenu des droits et non seulement le respect de la hiérarchie des normes et des exigences procédurales) conduit à faire prévaloir l'appréciation du juge sur la volonté du constituant, fût-il le peuple. Cette prérogative repose sur une fiction, la clause d'éternité. Le pouvoir constituant aurait épuisé sa force, ou figé son expression, sur certaines matières lors de l'édiction de la Constitution. En fait, les principes qui ne peuvent être ainsi modifiés, sont assez généraux pour laisser au juge une large marge d'interprétation (il en est par exemple ainsi du principe de dignité). Le juge a donc sur ces questions le « dernier mot » et seule une révolution peut conduire à surmonter la position du juge. Or comme le proclamait, en France, le Constituant de 1793 : « *une génération ne peut assujettir à ses lois les générations futures.* »

La Loi fondamentale de 1949 a ainsi établi à travers un schéma institutionnel classique, un régime parlementaire rationalisé qui a valeur d'exemple.

Constitution rigide, elle ne peut être révisée qu'à la majorité des deux tiers des membres de chacune des deux Chambres. Elle l'a été souvent. *La réunification* avec la RDA intervenue le 3 octobre 1990, n'a pas entraîné de refonte des institutions, la RDA a « adhéré » à la RFA et la loi fondamentale continue à s'appliquer avec quelques aménagements pour tenir compte de l'existence de nouveaux *Länder*.

Une révision intervenue en 1992 fait de l'édification d'une *Europe* unie un objectif constitutionnel : « *l'Allemagne concourt au développement de l'Union européenne.* » Les transferts de compétence à l'Union obéissent à des règles spéciales et on s'est efforcé d'associer les *Länder* aux affaires de l'Union.

Mais, dans ce contexte favorable à la construction européenne, la Cour constitutionnelle allemande a, au moins par deux fois, rappelé que la construction européenne ne pouvait remettre en cause l'état de droit allemand. Ainsi le droit de l'Union européenne ne prévaut sur le droit allemand que pour autant que la Cour constitutionnelle estime que le système européen est aussi protecteur des droits fondamentaux que le système allemand (décis. 29 mai 1974, *So lange*, BverfGE). De même dans sa décision du 30 juin 2009, relative au Traité de Lisbonne, la Cour reprend l'idée selon laquelle la primauté du droit de l'Union européenne connaît des limites qui tiennent au respect de principes constitutionnels (citoyenneté, démocratie, droits fondamentaux...). Par ailleurs, dans une importante décision du 5 mai 2020, la Cour constitutionnelle allemande s'est opposée à une décision de la Cour de justice de l'Union européenne concernant les capacités d'intervention de la Banque centrale européenne.

## §1. Le schéma institutionnel

### A. L'État fédéral

**403.** *L'État est fédéral*, l'Allemagne a renoué avec la tradition suspendue par Hitler, ceci avec la bénédiction des Alliés qui y voyaient un moyen de l'affaiblir. Il regroupe 16 *Länder* (États fédérés, d'étendue et de population très inégales) disposant chacun de sa Constitution, de son Parlement (« *Landtag* »), de son Gouvernement et de sa Cour constitutionnelle. La répartition des compétences entre le *Bund* (État fédéral) et les *Länder* est assez complexe, car entre les domaines ouverts à leur législation exclusive, existe un secteur de législation concurrente où le Parlement fédéral et les Parlements fédérés peuvent intervenir chacun, mais où, en pratique, le premier joue un rôle prédominant. L'autonomie des *Länder* qui s'était progressivement réduite après 1949, a été de nouveau accrue par la révision constitutionnelle de 1992 pour défendre leurs droits dans le processus de l'édification européenne. Définie de façon résiduelle par la Loi fondamentale (tout ce qui n'est pas confié par celle-ci au *Bund*), l'autonomie concerne essentiellement l'administration interne – y compris la police –, l'éducation, la culture, la télévision, la presse, l'ordre social, la construction... et, dans une faible mesure, les impôts. Son étendue reste bien moindre que celle des États fédérés américains.

Les *Länder* pratiquent en outre un « *fédéralisme coopératif* », caractérisé par une concertation poussée entre eux, ou certains d'entre eux, qui s'entendent sans passer par les institutions fédérales (v. *supra* n° 46) et qui fait penser aux « coopérations renforcées » de l'Union européenne.

Le fédéralisme a une conséquence importante dans la vie politique allemande, il évite la mainmise d'un seul parti sur le pouvoir. En effet, le parti qui est dans l'opposition au Parlement fédéral contrôle toujours un certain nombre de *Länder*, où il peut déployer ses compétences gouvernementales (v. *infra* n° 404).

## B. Le Parlement

**404.** Le Parlement de l'Allemagne est composé de deux Chambres.

- *Le Bundestag* : diète ou Assemblée fédérale (603 membres) : Il représente le peuple. Il est élu pour quatre ans, dans chaque *Land*, selon un *système électoral compliqué* combinant scrutin majoritaire et représentation proportionnelle. La moitié des sièges est attribuée au scrutin majoritaire uninominal à un tour dans des circonscriptions, l'autre moitié est répartie à l'intérieur de chaque *Land* à la RP entre les listes présentées par les partis, en tenant compte des sièges déjà attribués au scrutin majoritaire. Mais il faut avoir obtenu au moins 5 % des voix au plan national (ou trois sièges au scrutin majoritaire) pour pouvoir participer à la répartition des sièges à la RP (ce qui écarte les petits partis). L'électeur vote ainsi deux fois. On a essayé de combiner la justice électorale avec la personnalisation du choix des électeurs. Ce système a produit une Assemblée constamment gouvernable.

  La représentation de chaque *Land* est proportionnelle à sa population.
- *Le Bundesrat :* conseil fédéral : Il représente les États et comprend 68 membres pour 16 *Länder*. Conformément à la tradition de l'Empire, tous les États n'envoient pas un nombre égal de délégués au *Bundesrat*. Il est tenu compte de leur population pour fixer leur représentation qui varie de trois à six membres. Ceux-ci sont désignés par le Gouvernement de chaque *Land* et sont donc des fonctionnaires. Lors des scrutins, les représentants de chaque *Land* votent dans le même sens conformément aux directives qui leur sont données (mandat impératif). *Il ne s'agit donc pas d'une Assemblée parlementaire classique, d'une véritable seconde Chambre.* C'est là l'une des originalités du fédéralisme allemand, on ne la retrouve nulle part. Depuis mars 2011, l'opposition a la majorité au *Bundesrat*.
- *Attributions des Chambres :* Le bicaméralisme allemand est inégalitaire. Chambre populaire, le *Bundestag* a des attributions plus larges que l'autre Chambre dont le rôle n'est cependant pas négligeable.

## 1. L'élaboration de la loi

### a. L'initiative législative

**405.** Les lois peuvent avoir trois origines différentes :

- *Les projets gouvernementaux.* Le plus souvent (dans les deux tiers des cas), le Cabinet prend l'initiative de la loi et six lois sur sept sont d'origine gouvernementale. Les projets sont communiqués au *Bundesrat* qui *peut* donner son avis, dans les trois ou les neuf semaines selon les cas ; ensuite de quoi le texte est transmis au *Bundestag*.
- *Les propositions des membres du Bundestag.* Une particularité ici : un député isolé ne peut déposer une proposition de loi, celle-ci doit être appuyée par 26 députés, c'est-à-dire par un nombre d'élus correspondant à celui nécessaire pour former un groupe parlementaire.
- *Les propositions du Bundesrat.* Les membres du *Bundesrat* n'ont pas l'initiative des lois, mais le *Bundesrat* lui-même peut décider à la majorité de déposer un texte, ce qui est peu fréquent : 6 % des textes. Le Cabinet dispose d'un délai de six ou neuf semaines pour donner son avis, puis le texte est transmis au *Bundestag*.

### b. La discussion et le vote de loi

#### α. *Devant le Bundestag*

**406.** L'ordre du jour du *Bundestag* est fixé par le Comité des doyens présidents, vice-présidents et des députés expérimentés, c'est lui qui décide qu'un texte viendra en discussion. *La décision échappe donc entièrement au Cabinet.* Mais le comité étant élu à la RP des groupes, le Gouvernement y dispose d'une majorité. Le texte fait l'objet de trois lectures. Sauf lorsque se pose une question de principe, la première lecture est une simple formalité. La deuxième intervient après l'étude du texte par les Commissions et en général les jeux sont faits et le *Bundestag* ne bouleverse pas l'économie du projet. La troisième donne lieu à un vote d'ensemble et ne suscite guère de discussion.

Le tiers des lois sont adoptées sans amendement et surtout une grande majorité est votée à l'unanimité, celles d'importance minime (70 % dans les années 1960 et 1970). C'est là un symbole des relations entre la majorité et l'opposition, celle-ci s'efforce de faire amender les textes, puis elle s'abstient ou se rallie au compromis réalisé. Elle manifeste par-là que ses critiques ne sont pas systématiques, elle donne l'image d'une force responsable prête à prendre la relève du pouvoir.

#### β. *Devant le Bundesrat*

**407.** Le *Bundesrat* ne peut modifier la loi, il peut simplement l'approuver sans l'amender, lui opposer son veto, ou engager une procédure spéciale de discussion.

• Le veto définitif

**408.** Dans un certain nombre d'hypothèses prévues par la Constitution, l'accord des deux Chambres est requis pour l'adoption de la loi. Il s'agit généralement de textes concernant les relations administratives et financières entre l'État fédéral et les *Länder*, la défense nationale, l'Europe (ainsi que la révision de la loi fondamentale) ; ce domaine s'est beaucoup étendu, puisqu'aujourd'hui plus de 60 % des lois doivent obtenir un vote favorable des deux Chambres. Lorsque la majorité du *Bundesrat* est différente de celle du *Bundestag*, le *Bundesrat* peut créer de grosses difficultés au chancelier dans la mise en œuvre de sa politique. C'est ce qu'on pourrait appeler : « *la cohabitation à l'allemande* ». Cependant depuis cinquante ans le *Bundesrat* n'a repoussé définitivement qu'une loi par an en moyenne. Le recours à la Commission paritaire de conciliation, évoquée ci-dessous, peut permettre d'éviter les blocages.

• Le veto suspensif

**409.** Si la loi n'exige pas son accord, mais que le *Bundesrat* souhaite que le texte soit modifié, il peut, dans les trois semaines, provoquer la réunion d'une *commission de conciliation* composée à parité de membres des deux assemblées. Le *Bundesrat* peut s'opposer aux propositions de la Commission à la majorité simple ou des deux tiers selon les cas. Ce veto peut être levé par un vote du *Bundestag* à la majorité de ses membres dans le premier cas et des deux tiers des votants dans le second. Le recours au veto suspensif est peu fréquent.

On notera que, à la différence de la France, le Cabinet ne peut intervenir dans la procédure législative.

### 2. Le contrôle du Gouvernement[1]

**410.** *Seul le Bundestag peut mettre en cause la responsabilité politique du Gouvernement* et éventuellement d'un ministre déterminé (ainsi le 4 juin 1997 la censure fut demandée et repoussée contre le ministre des Finances). Il peut aussi créer des *commissions d'enquête* et il organise chaque semaine deux séances de *questions orales* au Gouvernement.

## C. Le président de la République

**411.** Pour limiter son autorité, il est élu pour cinq ans au scrutin indirect. Le collège électoral est composé par les membres du *Bundestag* complétés par un nombre égal de délégués désignés par les Länder (soit au total 1 324 personnes). À partir du troisième tour de scrutin, la majorité relative suffit. Il n'est rééligible qu'une fois.

Le président est irresponsable et ses pouvoirs sont assez réduits sans être toutefois entièrement négligeables : il promulgue la loi, saisit le Tribunal constitutionnel, conclut les traités, nomme à certains emplois... Mais il ne préside pas le conseil des ministres et le chancelier n'est pas responsable

1. V. *infra* n° 413.

devant lui, il n'a pas l'initiative de la loi, ne commande pas les armées et son rôle dans la désignation du chancelier est assez limité. Son accord est indispensable pour des décisions importantes : dissolution, mise en vigueur des pouvoirs de crise. Il ne peut exercer le plus souvent ses attributions qu'avec le contreseing du chancelier. S'il n'a, en définitive, que peu de pouvoirs, il pourra, si sa personnalité est respectée, disposer d'une grande autorité.

**Les présidents et chanceliers fédéraux**

| Présidents | Chanceliers |
|---|---|
| Theodor Heuss (FDP, libéral) 1949-1959 | Konrad Adenauer (CDU) 1949-1963 |
| Heinrich Lübke (CDU) 1959-1969 | Ludwig Erhard (CDU-CSU) 1963-1966 |
| Gustav Heinemann (SPD) 1969-1974 | Kurt-Georg Kiesinger (CDU-CSU) 1966-1969 |
| Walter Scheel (PLD) 1974-1979 | Willy Brandt (SPD) 1969-1974 |
| Karl Carstens (CDU-CSU) 1979-1984 | Helmut Schmidt (SPD) 1974-1982 |
| Richard von Weizsäcker (CDU-CSU) 1984-1994 | Helmut Kohl (CDU-CSU) 1982-1991 |
| Roman Herzog (CDU-CSU) 1994-1999 | Helmut Kohl (CDU-CSU) 1991-1998 |
| Johannes Rau (SPD) 1999-2004 | Gerhard Schröder (SPD) 1998-2005 |
| Horst Köhler (CDU) 2004-2010 | Angela Merkel (CDU) 2005-2021 |
| Christian Wulff (CDU) 2010-2012 | Olaf Scholz (SPD) 2021 |
| Joachim Gauck (indépendant) 2012-2017 | |
| Frank-Walter Steinmeier (SPD) 2017- | |

## D. Le chancelier

**412.** Le chancelier est l'homme fort du régime. Il est le chef du Gouvernement et le constituant s'est employé à lui assurer l'appui d'une majorité au *Bundestag*. *Sa procédure de nomination est originale :*

- Le président de la République propose au *Bundestag* un candidat qui ne peut être élu, sans débat, qu'à la majorité absolue des suffrages :
  - Si le candidat du président échoue, le *Bundestag* peut élire, toujours à la majorité absolue, son propre candidat dans les quatorze jours du premier scrutin. S'il n'y est pas parvenu, on procède cependant au terme de cette période à un nouveau tour de scrutin.
  - Si le *Bundestag* ne parvient pas à désigner un chancelier, le président de la République peut, soit nommer le candidat ayant obtenu la majorité relative, soit dissoudre le *Bundestag*.

Jusqu'à présent, jamais la procédure n'a dépassé le premier stade, mais en 1949 K. Adenauer, 1965 W. Brandt et en 1994 H. Kohl ont obtenu la majorité absolue d'extrême justesse.

- Les *pouvoirs du chancelier* lui confèrent une forte autorité. Il choisit les ministres sans intervention du Parlement et les fait nommer par le président. Le chancelier peut les révoquer discrétionnairement. Le Cabinet n'est donc pas, de ce point de vue, un organe collégial, puisque *seul le chancelier reçoit l'investiture du Parlement*. Il est seul responsable devant ce dernier de la politique d'un Gouvernement dont il définit les lignes d'« orientations politiques générales ». Mais le chancelier doit beaucoup dialoguer avec sa majorité, il est amené à lui faire des concessions (surtout depuis 2005 où elle est formée par une coalition SPD-CDU), car il ne faut pas oublier, en particulier, qu'il n'a pas de moyens d'intervention dans la procédure législative (v. *supra* n° 404).

En outre, c'est au Gouvernement dans son ensemble que la Constitution confie les attributions habituelles de l'exécutif (pouvoir réglementaire, etc.), faisant ainsi réapparaître le principe du Gouvernement collégial.

Dans la pratique, le chancelier conserve la haute main sur des questions particulièrement sensibles, comme les relations extérieures.

En fait, le chancelier est le chef du parti qui a gagné les élections.

## §2. Le parlementarisme rationalisé

**413.** La Constitution de 1919 s'inscrivait déjà dans le courant de rationalisation du parlementarisme. Les procédures retenues s'étaient révélées insuffisantes pour acclimater à elles seules un régime auquel rien ne prédisposait l'Allemagne. Aussi, en 1949, l'instabilité gouvernementale devait-elle être combattue et l'exécutif garanti contre les sautes d'humeur du *Bundestag*. Il fallait en outre permettre au Gouvernement d'exercer ses pouvoirs en certaines circonstances sans le soutien de celui-ci.

### A. La responsabilité politique

**414.** Les dispositions concernant la responsabilité politique du Gouvernement - en réalité seul le chancelier est mis en cause - sont peut-être les plus remarquables du régime allemand. Elles tendent à assurer au chancelier une majorité sur laquelle il puisse compter.

Il faut distinguer deux hypothèses :

- celle où c'est *le chancelier* qui prend l'initiative d'un vote sur la confiance (art. 68). Si celle-ci lui est refusée, il peut, dans les trois semaines, soit démissionner, soit demander au président de dissoudre le *Bundestag*. Pour éviter de revenir devant les électeurs, ce dernier peut profiter de ce délai pour élire un nouveau chancelier à la majorité absolue. *L'échec d'une question de confiance n'oblige donc pas le chancelier à démissionner.*

La question de confiance n'est qu'exceptionnellement posée. Depuis 1972 elle n'a abouti que trois fois à la mise en minorité du Gouvernement, en 1972, 1982 et 2005. Les trois fois le chancelier (W. Brandt, H. Kohl, G. Schröder), qui n'était donc pas obligé de démissionner après le vote défavorable, provoqua la dissolution du *Bundestag*. En réalité la procédure de l'article 68 n'avait été utilisée que pour permettre la dissolution, le chancelier demandant même à ses amis de contribuer à le mettre en minorité. En 1972 et 1982, le parti du chancelier est sorti renforcé des élections suivant la dissolution, mais non en 2005. Ce bel exemple d'utilisation instrumentale d'une règle constitutionnelle, montre en même temps que le régime de la dissolution n'est pas satisfaisant, puisqu'il oblige à recourir à de tels subterfuges, il s'agit d'une sorte d'auto-dissolution ;

- celle où l'initiative vient du *Bundestag* (art. 67). La motion de censure doit inviter le président à relever le chancelier de ses fonctions et *comporter le nom d'un successeur.* Cette procédure est connue sous le nom de *défiance constructive.*

Le constituant a ainsi voulu mettre le *Bundestag* devant ses responsabilités. Il ne peut renverser le Gouvernement que s'il est en mesure de proposer un nouveau chef de l'exécutif, une coalition des extrêmes est normalement vouée à l'échec. Cette procédure rigoureuse n'a encore joué que deux fois et réussi une fois, le 1er octobre 1982, lorsque la coalition des chrétiens-démocrates et des libéraux a imposé, à la suite de l'adoption d'une motion de censure, H. Kohl pour remplacer le chancelier Schmidt.

En réalité, comme en Grande-Bretagne, le chancelier est, de fait, essentiellement responsable devant le parti majoritaire.

## B. L'état de détresse législative

**415.** Que peut faire un chancelier sans majorité au *Bundestag* et sans successeur capable de rassembler les suffrages des députés ? Un *Bundestag* impuissant à se mettre d'accord sur le nom d'un nouveau chancelier pourrait rendre la vie impossible au titulaire de la fonction en votant systématiquement contre ses propositions, en lui refusant les moyens de sa politique (rejet du budget par ex.). Dans cette situation, le chancelier n'aurait d'autre issue que de démissionner. Pour éviter que les règles de la responsabilité gouvernementale ne soient ainsi tournées, la Loi fondamentale de Bonn a inventé une autre procédure originale permettant au chancelier de gouverner, pendant un certain temps, sans majorité au *Bundestag*.

Dans l'hypothèse où le chancelier n'a pas obtenu la confiance de la diète fédérale et, n'ayant pas fait dissoudre celle-ci, se trouve en butte à son obstruction systématique, il peut, avec l'accord du *Bundesrat*, obtenir du président la proclamation de l'*état de détresse législative*. Pendant six mois, les projets de lois qui seraient repoussés par le *Bundestag* peuvent être approuvés par le seul vote du *Bundesrat*. Le chancelier a ainsi les moyens de gouverner pendant un certain temps en mettant entre parenthèses le *Bundestag* à condition d'obtenir le concours du président et du *Bundesrat*. À l'issue de cette période, s'il n'a toujours pas de majorité, il pourra faire prononcer la dissolution du *Bundestag*, le pays étant alors appelé à arbitrer le conflit. L'état de détresse ne peut être prorogé.

Cette procédure investit le chancelier d'une sorte de dictature contre la volonté des élus directs de la Nation, mais avec l'appui des *Länder*. Les élus ne sont pourtant pas désarmés puisqu'ils peuvent mettre fin immédiatement à la situation en investissant un nouveau chancelier à la majorité absolue. La prolongation de l'état de détresse est l'aveu de leur désunion et de leur impuissance.

L'état de détresse législative est une arme qui est restée jusqu'à maintenant *inutilisée*.

## §3. Le système partisan (le *Parteienstaat*)

**416.** Si les procédures sophistiquées du parlementarisme rationalisé ont eu peu l'occasion de jouer, on le doit en grande partie à l'évolution du système des partis en RFA.

Les petits partis sont traditionnellement réduits à un rôle négligeable, la règle qui exclut de la répartition proportionnelle des sièges lors des élections au *Bundestag* les formations qui ont obtenu moins de 5 % des voix y est pour beaucoup (v. *supra* n° 404). Par ailleurs, une seule fois – en 1957 – les élections ont donné la majorité à un parti (la CDU-CSU).

Trois partis jouent traditionnellement un rôle important dans la vie politique : le parti démocrate-chrétien (CDU, 415 000 membres), le parti socialiste (SDP, 426 000 membres) et le parti libéral (FDP). Pendant longtemps la CDU, qui se situe au centre-droite, a gouverné seule ou, de 1961 à 1966, avec le soutien du FDP. En 1966, les démocrates-chrétiens se sont unis aux socialistes pour créer *la grande coalition*, elle-même bien évidemment affranchie de toute menace parlementaire. À partir de 1969 et jusqu'en 1982, le SDP, qui ne se réclame plus du marxisme (programme de Bad-Godesberg), mais préconise la cogestion, a gouverné à son tour en s'appuyant sur le parti libéral. En dépit de sa faiblesse, ce dernier a joué longtemps un rôle capital, aucun des « deux grands » ne parvenant à lui seul à la majorité.

Mais à l'automne de 1982, les libéraux mirent fin à leur soutien, provoquant la crise qui entraîna le remplacement de H. Schmidt par le chancelier Kohl.

Au lendemain de ces élections s'est formée à nouveau, comme en 1966, une « grande coalition » - seule solution possible pour avoir une majorité - entre la CDU-CSU et le SDP, sous la direction de la chancelière A. Merkel. En France, pourrait-on concevoir une alliance de gouvernement Les Républicains-PS ? Autres lieux, autres mœurs !

Les élections au *Bundestag* de l'automne 2021 ont donné :

- SDP 25,74 % des voix, 206 sièges ;
- CDU-CSU (Union chrétienne sociale, aile droite du CDU propre à la Bavière) 24,07 % des voix, 197 sièges ;
- FDP 11,45 % des voix, 92 sièges ;
- Verts 14,75 % des voix, 118 sièges ;
- Parti de gauche (*Die Linke*) 4,89 % des voix, 39 sièges ;
- AFD (Alternative pour l'Allemagne) 10,34 % des voix, 83 sièges.
- Ces élections ont été marquées par une victoire relative du SPD et elles ont conduit à une nouvelle majorité de coalition (SPD, Verts et libéraux du FDP). On notera que la sociologie du Parlement a été marquée par une féminisation, un rajeunissement et le fait que 83 députés sont nés à l'étranger ou ont un parent né à l'étranger. En même temps, les *Länder* sont partagés entre les deux grands partis, le plus souvent alliés aux petits partis, mais parfois gouvernés par une coalition CDU-CSU/SDP. La CDU domine le nord du pays, le SDP le sud.

L'expérience de la démocratie allemande est une réussite. Le système est caractérisé par une grande stabilité : en 1998, pour la première fois depuis 1949, le chancelier (H. Kohl) a été désavoué par les électeurs. Stabilité et alternance se combinent cependant harmonieusement, la RFA n'a connu que dix chanceliers depuis 1949.

En même temps, la culture politique allemande est différente de la nôtre : plus soucieuse de parvenir au consensus, avec une opposition plus associée aux décisions, avec une vie politique plus décrispée.

## CHAPITRE 2

# Le régime présidentiel

**417.** Le régime présidentiel peut lui aussi se réclamer d'une origine ancienne. Avec le recul du temps, il apparaît comme l'une des formes possibles de transition entre la monarchie absolue et le régime parlementaire. Le roi voit son pouvoir réduit par l'apparition d'assemblées, mais il continue à exercer ses attributions en s'entourant de conseillers responsables devant lui seul ; en ce sens la monarchie limitée préfigure le régime présidentiel tel qu'il apparaîtra en Amérique à la fin du XVIII^e siècle. D'ailleurs, les Américains à l'origine avaient cherché à transposer le système britannique – ou tout au moins l'idée qu'ils s'en faisaient, car les institutions britanniques étaient alors déjà parlementaires – dans un régime républicain. Une interprétation stricte de la théorie de Montesquieu les portait dans le même sens : diviser le pouvoir pour le limiter, ne pas le confier à un titulaire unique. On s'employait à affaiblir le pouvoir et non à le renforcer.

Le régime présidentiel a fait beaucoup moins école que le régime parlementaire. Partant, il est plus facile à définir. Les Constitutions s'inspirant de lui sont moins nombreuses, on les trouve surtout en Amérique latine, et aussi, en apparence, en Russie depuis 1990 ainsi que dans des républiques nées de l'ex-URSS : Biélorussie, Georgie... Mais, en réalité, il ne s'agit pas de véritables régimes présidentiels. Et sur la trentaine de pays qui depuis 1945 l'ont choisi à un moment ou à un autre, la plupart l'ont dénaturé.

## Section 1
## Théorie du régime présidentiel

**418.** Le régime présidentiel est caractérisé par l'indépendance de l'exécutif à l'égard du législatif. Dans sa formulation théorique, il aboutit à un véritable isolement des pouvoirs que la Constitution française de 1791 a tenté de mettre en œuvre. La pratique devait à cette occasion montrer qu'une séparation aussi absolue était impraticable et pouvait aboutir rapidement à la paralysie du pouvoir. Aussi, une certaine souplesse marque-t-elle maintenant le régime présidentiel.

## §1. L'élection du chef de l'État au suffrage universel direct

**419.** La première Constitution présidentielle, celle de 1787 aux États-Unis, a été taillée sur mesure pour l'homme auquel allait revenir le pouvoir, G. Washington, dont on s'est demandé un moment s'il ne convenait pas de faire un roi ?

Pour donner plus d'autorité à ce monarque républicain, on imagina donc de le faire désigner par le peuple. Le chef de l'État est ainsi placé sur un pied d'égalité avec le Parlement : l'origine de leur pouvoir est populaire.

Cependant, l'élection au suffrage universel n'est pas une condition suffisante pour que l'on se trouve en face d'un régime présidentiel, le procédé peut être utilisé parfois (France, V$^{e}$ République) pour la désignation d'un chef d'État parlementaire. Il faut en outre que le président soit le véritable chef de l'exécutif (ici il *gouverne*) et que *le législatif et l'exécutif soient nettement séparés*. À la différence du régime parlementaire, l'exécutif est unique et non divisé en deux (chef de l'État et chef du Gouvernement).

## §2. L'absence de responsabilité du Gouvernement devant le Parlement

**420.** Les ministres sont uniquement des collaborateurs du chef de l'État. Nommés et révoqués par lui, ils exécutent sa politique, le Parlement n'a pas le pouvoir de mettre en cause leur responsabilité, de les démettre ou de les forcer à démissionner. Dans ces conditions, l'exécutif est véritablement indépendant du législatif. En contrepartie, il n'a pas à s'immiscer dans la législation.

Comme on l'imagine, cette séparation tranchée entre des pouvoirs indépendants connaît bien des accommodements. On va le vérifier en étudiant le régime américain.

# Section 2
# Le régime américain

**421. Bibliographie.** – Jean-Pierre Lassale, *La démocratie américaine*, Armand Colin, 1991. – Marie-France Toinet, *Le système politique des États-Unis*, PUF, 1990. Elisabeth Zoller, *Histoire du gouvernement présidentiel aux États-Unis*, Dalloz, 2012. – Pour une bonne compréhension de la réalité du système, v. la série américaine « À la Maison blanche », 7 saisons (en anglais « *The West Wing* »), Warner Bros.

**422.** Les États-Unis naissent à la fin du XVIII^e siècle, au milieu du grand tumulte des esprits où est remis en cause tout ce que l'on croyait savoir de l'homme, de la société, du pouvoir. Le Nouveau Monde va se donner des institutions bien à lui, délaissant les modèles respectables que lui propose la vieille Europe. Même si passe parfois sur les institutions américaines comme un reflet des recettes et procédures chères aux Britanniques, le contraste est saisissant entre la Constitution imaginée en 1787 à Philadelphie, par ceux qu'on appellera les « Pères fondateurs », et les règles implicites patiemment affinées par des siècles de précédents en Grande-Bretagne.

En 1787, les Américains ont des idées et s'ils sont souvent divisés, ils finissent par s'entendre sur des principes concernant le pouvoir et ses relations avec la société, la conciliation de l'ordre et de la liberté. Bref, la Constitution américaine est la mise en forme réfléchie et logique d'*un plan de limitation du pouvoir*. Alors qu'on pourrait attendre des Américains la recherche de l'efficacité, de la rapidité de l'action étatique, eux, par pragmatisme, pensent surtout sécurité : comment se protéger contre un pouvoir aspirant toujours à plus de puissance, contre sa concentration entre les mains d'un homme ou d'une institution, contre l'arbitraire, comment mettre à l'abri les libertés ? Par esprit libertaire, en lecteurs attentifs de J. Locke et de Montesquieu, pour l'affaiblir ils divisent le pouvoir à l'extrême. Des compétences réparties en une large décentralisation entre l'Union et les États fédérés, trois pouvoirs séparés (aucun ne pouvant prétendre incarner la Nation à lui seul), un Congrès bicaméral : fragmentations horizontales et verticales, freins et contrepoids *(checks and balances)* se combinent, se renforcent. Pour plus de sûreté, les pouvoirs sont interdépendants, laissé à lui-même, chacun est infirme, toute action sur la réalité suppose leur entente. Enfin, pour écarter le risque de leur collusion, ils sont désignés par des collèges électoraux différents et ont des mandats de durée inégale. Du peuple lui-même on se méfie pour ne lui confier qu'un rôle électoral mesuré.

A-t-on jamais vu dans l'histoire une entreprise aussi systématique de neutralisation du pouvoir ? C'est un pouvoir en miettes que met en place la Constitution de 1787. De là va sortir une Nation et, seulement beaucoup plus tard, un État ?

De ce mélange de fol enthousiasme pour un généreux idéal de liberté et d'une lucidité méfiante à l'égard du pouvoir, est née une Constitution qui deux siècles plus tard est la doyenne des chartes constitutionnelles en vigueur. Dans sa patrie ce texte d'un autre âge fait l'objet d'une vénération sans égale. Dans ce pays où le passé est pauvre, ignoré ou récent, il apparaît un peu comme les Tables de la Loi sur lesquelles le peuple a fondé son prodigieux destin. Pour les Américains, la Bible et la Constitution participent du même caractère sacré : voix de Dieu, voix du peuple. La Constitution est véritablement l'acte fondateur, la mise en forme du pacte social sur lequel repose la société, la Nation, l'État.

Pourtant la lecture de la Constitution de 1787 n'est pas exaltante. La Déclaration d'indépendance de 1776 a plus de souffle, d'envolée, de lyrisme. Ici les

Américains ne se sont pas souciés de faire joli, les élans se dégradent vite en recettes de procédures.

L'extraordinaire est que ce texte ait traversé tant d'événements et de transformations de la société américaine hors de portée de l'imagination de ses auteurs. À quoi le doit-il ? Pas tellement aux 27 amendements dont il a fait l'objet – ce qui est peu si l'on note que les 10 premiers intervinrent dès 1791 (le *Bill of rights*) pour donner aux Américains la Déclaration des droits omise par les Fondateurs. Bien davantage au législateur auquel la « clause élastique » (section 8, al. 18) donnait pouvoir de « faire toutes les lois qui sont nécessaires et appropriées pour l'application des pouvoirs ci-dessus énumérés ». Invitation était faite au Congrès de dépasser, lorsque cela serait nécessaire au bien de la communauté (« pouvoirs implicites »), les principes assez sommaires destinés à l'origine à faire vivre ensemble et en paix les treize colonies rebelles de 1776, et le Congrès s'en est beaucoup servi. À la Cour suprême surtout : le droit constitutionnel américain est largement jurisprudentiel, c'est elle qui a créé le droit nouveau qui a permis la pérennité du système constitutionnel américain (v. *infra* n° 451).

Le timide État fédéral de la fin du XVIIIe siècle s'est ainsi imposé et a su répondre aux défis lancés par la formidable diversité de la société américaine et par l'immensité de l'espace, des richesses, des ambitions. Contre la volonté de leurs auteurs, les institutions américaines ont donné naissance au plus puissant État du monde et celui-ci, bon gré, mal gré, a été amené à se définir une mission planétaire.

Si on fait le bilan de l'histoire américaine dans la perspective du droit constitutionnel, on relève un certain nombre de « premières ».

Il revient tout d'abord aux Américains d'avoir proclamé dans la Déclaration d'indépendance du 4 juillet 1776 que « *les Gouvernements sont établis parmi les hommes pour garantir* (leurs) *droits* (inaliénables) *et leur juste pouvoir émane du consentement des gouvernés. Toutes les fois qu'une forme de gouvernement devient destructrice de ce but, le peuple a le droit de le changer ou de l'abolir, et d'établir un nouveau Gouvernement en se fondant sur les principes et en l'organisant en les formes qui lui paraîtront les plus propres à lui donner la sûreté et le bonheur* ».

Colonisateurs et colonisés, auteurs de la première décolonisation réussie de l'histoire, *les Américains ont aussi été les premiers à l'époque moderne à fondre leurs institutions dans un texte, à mettre en œuvre un régime de type présidentiel, à garantir la suprématie de la Constitution sur la loi ; ils ont inventé la fédération* (à partir de la confédération, forme d'État déjà connue), *ils ont introduit la république dans les modes contemporains du gouvernement*.

En même temps le régime politique américain est sans postérité. Ses institutions constitutionnelles ont pu être adoptées dans d'autres États, leur mise en œuvre a toujours été un échec. Aucun régime au monde n'a durablement fonctionné comme lui.

Le régime américain est construit autour de trois éléments essentiels :
- la démocratie,
- le fédéralisme,

– le gouvernement présidentiel.

Depuis plus de deux siècles le contenu de chacun de ces éléments a pu se modifier, ils n'en tracent pas moins les caractères essentiels du régime américain actuel.

# §1. La démocratie

**423.** La société américaine est devenue démocratique, à l'origine les exclusions étaient nombreuses : Noirs, Indiens, femmes, non-propriétaires... Elle est aujourd'hui encore très hétérogène.

## A. Les forces organisées

### 1. Les partis politiques

**424. Bibliographie.** – Jean-Pierre LASSALE, *Les partis politiques aux États-Unis*, PUF, 1996.

**425.** Le système américain est bipartiste mais il n'a rien à voir avec le bipartisme anglais. Il met en présence *républicains* et *démocrates*. Le parti démocrate est le plus ancien (1837) ; le parti républicain, le *Great Old Party* (GOP), est né en 1854 – c'est le parti de A. Lincoln et de l'anti-esclavagisme. En fait, le premier clivage de la société américaine est, dès l'origine, l'opposition des fédéralistes et des anti-fédéralistes, la division partisane actuelle y trouve ses racines.

Il existe aussi de nombreux **tiers partis**, souvent formés de façon éphémère autour d'un homme et dont les grands partis n'ont aucun mal à récupérer l'électorat. D'autres apparaissent pour défendre des intérêts particuliers (parti de l'Union créé en 1936 par les fermiers) ; d'autres enfin, plus stables se réclament d'une idéologie autour de laquelle ils rassemblent une maigre clientèle. Ainsi en est-il des partis marxistes qui n'ont jamais réussi leur percée, le socialisme est en effet considéré comme antidémocratique. Les candidats communistes à l'élection présidentielle ne recueillent que quelques milliers de voix. Il existe aussi des partis qui peuvent être classés à l'extrême droite. Leur poids s'est accru depuis les années 1970.

#### a. Caractères des partis américains

**426.** Ne seront étudiés ici que les deux grands partis.

##### α. *L'absence de bases idéologiques différentes*

**427.** La première caractéristique des partis américains est *leur absence de base idéologique*, qui signifie d'ailleurs plutôt qu'ils adhèrent à la même idéologie. Ni les démocrates ni les républicains ne se réclament d'une doctrine. Les uns et les autres sont attachés au libéralisme ; les idées socialistes et *a fortiori* marxistes n'ont aucune prise sur eux. Ce qui ne veut pas dire qu'ils n'aient pas d'objectifs, mais, d'accord sur les fins, ils s'opposent sur les moyens, ils ne sont pas ennemis mais rivaux.

L'alternance est moins la mise en œuvre d'une autre politique que l'arrivée au pouvoir d'une nouvelle équipe, d'une nouvelle « administration ». Cependant on assiste depuis quelques années à un durcissement idéologique des deux grands partis, surtout chez les républicains dans un sens très conservateur. Cependant le succès de D. Trump a traduit la montée en puissance d'un courant « populiste » et anti-establishment.

On notera aussi que les démocrates sont moins méfiants à l'égard de l'État fédéral – reniant en partie ici leurs origines –, moins opposés aux interventions publiques dans la vie économique et sociale, plus populistes, égalitaristes, attachés à la justice sociale (sous une présidence démocrate, le budget fédéral augmente plus vite que sous une présidence républicaine). Pour l'observateur étranger, ils apparaissent comme plus à gauche que les républicains, conservateurs, moralistes aussi, très attachés à la responsabilité individuelle, aux valeurs traditionnelles, à la concurrence, à la libre entreprise, méfiants à l'égard du *Welfare State*, mais qui savent être protectionnistes quand il le faut. L'innovation est plus démocrate, la continuité plus républicaine. Les résultats obtenus par l'adversaire de H. Clinton, B. Saunders, lors des primaires de 2016, montrent l'existence d'un courant démocrate plus marqué à gauche. Il en est de même lors des primaires de 2020, alors même que B. Saunders a été obligé de « jeter l'éponge » et que seul est resté en lice un candidat démocrate modéré, J. Biden (ancien vice-président sous le mandat de B. Obama).

Mais la classification gauche-droite n'a pas beaucoup de sens aux États-Unis. Les partis ne sont pas homogènes mais se divisent en courants ou tendances entre lesquels les différences peuvent être plus grandes que l'opposition globale entre démocrates et républicains. La distinction essentielle oppose peut-être les *libéraux* et les *conservateurs* qui se retrouvent au sein de chaque parti (il y aurait alors, en quelque sorte, quatre partis). Ces tendances se manifestent souvent en présentant des candidats différents pour l'investiture aux élections. Si traditionnellement, lors des scrutins au Congrès, *le président peut compter sur l'appui d'élus du parti adverse alors que des membres de son parti votent régulièrement contre lui*, cela fut moins vrai pendant le mandat de Donald Trump, personnage plus clivant.

### β. *Des bases sociologiques assez voisines*

**428.** Aussi bien les deux partis n'ont *pas de base sociologique très différente*, ils ne sont pas des partis de classe. Comme le dit A. Schlesinger (*La présidence impériale*, p. 220) : « *Pendant très longtemps... les électeurs trouvaient au berceau leur affiliation politique comme ils y trouvaient leur religion. Il était aussi douloureux de déserter son parti que de déserter son Église.* » La tradition familiale (les familles sont aussi notoirement républicaines ou démocrates qu'elles sont presbytériennes ou baptistes), l'histoire, le rayonnement d'une personnalité (par ex. J.-F. Kennedy dans certains milieux républicains), expliquent encore le succès de tel parti dans tel groupe social. Longtemps le Sud sera plus démocrate que le Nord, les villes le sont plus que les campagnes, les pauvres que les riches ; les femmes, les intellectuels et les personnes âgées voteront plus démocrate que républicain, les catholiques et les syndicats ouvriers aussi, et les Noirs largement de même, comme d'ailleurs toutes les minorités (juifs, Hispaniques). Mais la clientèle de chaque parti contient des représentants de toutes les couches de la population et surtout elle est de plus en plus inconstante.

### γ. *Des structures décentralisées*

**429.** Les partis américains sont *très décentralisés*, « *même s'ils sont dotés d'instances nationales, ils apparaissent surtout comme des fédérations d'organisations politiques locales* » (J.-P. Lassale). Le cadre naturel de chaque parti est l'État fédéré et non l'Union. Comme le disait Eisenhower : « *Il faut se rappeler qu'il n'y a pas de partis nationaux aux États-Unis. Il y a 48 partis d'État.* » Dans chaque État « *la machine* » du parti est constituée par des politiciens de profession qui peuvent offrir leurs services au parti rival pour l'élection suivante. Ainsi se développe le phénomène du « bossisme » caractérisant l'emprise de quelques individus sur l'appareil local du parti. Le « *spoil system* » permet en outre à la machine du parti de renforcer sa puissance en récompensant les services rendus par la distribution des emplois publics importants aux personnalités du parti au lendemain d'élections victorieuses (patronage).

En même temps la force respective des partis est très différente selon les États. Dans beaucoup d'États un parti domine tellement qu'on pourrait presque parler de parti unique, mais le phénomène a tendance à s'atténuer.

Les militants du parti au niveau des États se réunissent dans de vastes conventions où s'affrontent les grands notables du parti sans arbitrage possible d'un organisme national. Les conventions nationales, elles, se réunissent tous les quatre ans et servent essentiellement à désigner le candidat du parti à l'élection présidentielle.

Depuis quarante ans cependant *la centralisation* progresse. Surtout chez les démocrates qui avaient un retard à rattraper sur les républicains. Les instances nationales ont renforcé leur influence, coordonné et aidé l'action des organisations locales (subventions), défini des règles de fonctionnement impératives.

### δ. *Un rôle avant tout électoral*

**430.** Les partis américains sont des partis de cadres dont l'activité est relativement réduite en dehors de la période électorale ils se réveillent tous les quatre ans. Elle est aujourd'hui moins importante qu'autrefois car la télévision et l'ordinateur ont modifié le rôle des partis comme intermédiaire entre l'électeur et l'élu : par l'écran l'élu entre dans chaque foyer, les sondages présentent directement les électeurs à l'élu. Quoi qu'il en soit lors de la campagne électorale, les responsables locaux des partis s'efforcent essentiellement de recueillir les souscriptions indispensables à son financement.

Les partis soutiennent leurs candidats aux élections et organisent leur campagne. Les deux grands partis disposent d'un monopole de fait des éligibles, les candidats des autres formations n'ont pratiquement aucune chance.

### b. Signification du bipartisme

**431.** Dans les assemblées, l'appartenance partisane n'impose pas d'obligations très contraignantes aux élus, la discipline de vote est faible et les majorités sont donc changeantes, les élus dépendent de leurs électeurs plus que de leur parti. En outre, ils sont assez sensibles à l'influence des groupes de pression. Cela donne beaucoup de souplesse au régime américain et permet dans certains cas au président de gouverner avec, au Congrès, une majorité qui n'appartient pas en totalité à son propre parti.

Dans ces conditions, le bipartisme américain n'a absolument pas la même signification que le bipartisme anglais. L'alternance au pouvoir des républicains et des démocrates ne doit pas faire illusion, les équipes qui se relaient n'arrivent pas avec un programme et des vues très différents sur l'évolution de la société. Cette situation est cependant en train d'évoluer, la succession des présidences de G. Bush, de B. Obama et de D. Trump ayant cristallisé une opposition idéologique plus visible.

## 2. Les groupes de pression

**432.** Les groupes de pression américains sont très originaux tant par leur statut que par la place importante qu'ils tiennent dans la vie politique. Leur influence a augmenté à mesure que celle des partis diminuait.

### a. Caractères des groupes de pression

**433.** Rappelons tout d'abord qu'à la différence des partis politiques, les groupes de pression ne cherchent pas à conquérir le pouvoir, mais seulement à l'influencer. Leur rôle politique n'est qu'un aspect particulier, mineur, de leur activité, ils interviennent dans la vie politique pour défendre, faciliter ce qui est leur activité principale. En outre bien souvent leur intervention dans le domaine politique sera occulte.

Ce qui frappe aux États-Unis c'est l'ampleur du phénomène, le fait qu'il est parfaitement accepté par la société américaine et que son action se développe largement au grand jour. Le « lobbying » est une industrie qui brasse à Washington plus de deux milliards de dollars par an.

Les lobbies existent aussi bien au niveau de l'Union qu'à celui des États et sont de deux types :

- Certains sont *inorganisés*. Ils sont formés par différentes strates économiques et sociales ayant en commun la race, la religion, la nationalité d'origine, etc. On parlera du lobby arabe, catholique, fondamentaliste, juif, noir ou italien. Ils ne préconisent pas une politique globale, ils défendent une catégorie sociale, ou une seule cause. Ces groupes ont des intérêts communs et plus ses membres s'identifieront à lui, plus le groupe aura de cohérence, plus sa puissance sera considérable. Ces lobbies n'ont pas d'organisation propre, pourtant ils peuvent jouer un grand rôle dans la vie politique dans la mesure où, même s'ils ne s'expriment pas directement, le pouvoir doit supputer leurs réactions, favorables ou non, avant certaines décisions. Dans le même ordre d'idées, les auteurs soulignent l'influence du « complexe militaro-industriel » né de la conjonction des intérêts de l'armée et des industries de l'armement. Son objectif est de pousser à l'accroissement des dépenses militaires.

- On notera cependant un développement du communautarisme fondé sur des questions « raciales » ou d'origine (noirs, hispaniques), ou encore sexuelles.
- La deuxième catégorie a au contraire une *origine volontaire, et les groupes sont structurés, ce sont eux surtout qui nous intéressent ici :* écologistes, féministes, agriculteurs, industriels, ouvriers et leurs puissants syndicats (l'AFL-CIO), patrons ; les anciens combattants ont fondé l'*American Legion* et les ligues de tempérance ont obtenu en 1918 le vote du XVIII^e amendement, prohibant la vente et la consommation d'alcool (aboli en 1933). De son côté, la *national Rifle Association* (NRA) fait tout pour empêcher l'interdiction de la vente libre des armes.

## b. L'action des groupes de pression

**434.** Il serait inexact de croire que les groupes de pression utilisent des moyens illégaux pour arriver à leurs fins. La corruption, le chantage, les pots-de-vin existent certes, mais ne sont pas des pratiques courantes. Les lobbies sérieux n'y recourent pas et les hommes politiques qui céderaient à la tentation seraient vite discrédités, perdraient tout poids dans la prise de décision et en conséquence n'intéresseraient plus les groupes de pression.

Au surplus, des efforts ont été faits pour moraliser le lobbying dès 1927 et une réglementation assez complète a été mise sur pied en 1946. De leur côté, la majorité des États ont leur propre réglementation.

Tout individu ou organisation qui reçoit des fonds en vue de favoriser, d'empêcher ou d'influencer l'adoption d'une loi par le Congrès doit se faire inscrire auprès du secrétariat des Chambres. Le lobbyiste doit aussi fournir la liste des gens à qui il remet de l'argent et préciser dans quel but, ainsi que la liste de ceux dont il reçoit de l'argent. Ceci sous peine d'amende et d'emprisonnement. Il existe de véritables cabinets de lobbyistes, employant parfois des centaines de salariés.

Les groupes ne prennent pas parti sur les grands problèmes politiques et, sauf exception, ils évitent l'identification avec l'un des deux grands partis. Leur rôle essentiel est un *rôle d'information.* Il s'agit de toucher d'une part l'opinion publique et d'autre part les milieux politiques. À l'égard de l'opinion publique, les groupes utilisent la radio, la télévision, internet, les journaux, le cinéma, organisent des meetings, etc. Ils s'efforcent de présenter les problèmes sous un jour qui leur soit favorable. À l'égard des hommes politiques, les groupes de pression multiplient les contacts, ils participent aux « *hearings* » (v. *infra* n° 483), ils font les couloirs du Congrès et ceux des administrations, ils pratiquent le « *button-holing* » et l'« *arms twisting* » pour convaincre les congressmen. Ils diffusent des informations, préparent des projets de textes législatifs ou réglementaires, s'efforçant d'être utiles de multiples façons à leurs interlocuteurs. Dans une décision du 21 janvier 2010, la Cour suprême a levé les restrictions relatives au financement des campagnes électorales par les entreprises.

Ces pratiques et leur caractère officiel sont très surprenants pour les tenants d'une démocratie puritaine à l'européenne où les représentants doivent décider en fonction de l'intérêt général et où tout contact avec les milieux intéressés, surtout s'il s'agit d'intérêts économiques, est compromettant (sauf à Bruxelles). Aux États-Unis au contraire ces comportements ne choquent pas et sont même considérés comme normaux, dans la ligne de la démocratie. Les « décideurs » - Congrès ou Administration - doivent être informés avant d'agir, il est préférable que cette information se fasse de façon ouverte, au grand jour, et que chacun puisse exposer ou faire défendre son point de vue. Les groupes de pression interviennent à l'intérieur du processus de décision, et non de l'extérieur, en liaison avec les commissions parlementaires et les services des administrations ou des agences. Les décisions ne peuvent qu'y gagner en qualité. De là à dire qu'il n'y a pas d'abus... ; il existe d'ailleurs un puissant lobby anti lobbies, le « *common cause* » qui se veut défenseur de l'intérêt général contre les puissances d'argent.

## B. Les élections

### 1. Multiplicité des élections et complexité du système électoral

**435.** Pour les Américains, démocratie est synonyme d'élection. Lorsqu'un emploi politique ou public doit être pourvu, le procédé le plus régulier consiste à s'en remettre au peuple. Aussi aux États-Unis, l'élection ne sert pas simplement à choisir les gouvernants mais encore de très nombreux fonctionnaires et des juges (dans 39 États sur 50, les juges fédérés sont élus). Les opérations électorales sont généralement bloquées sur un seul et même jour de façon à favoriser la participation électorale. La contrepartie est que les électeurs subissent plusieurs campagnes électorales à la fois : pour l'élection du président, du gouverneur de leur État, des représentants de cet État au Congrès, des juges, des détenteurs du pouvoir dans les comtés et dans les communes (sheriff, coroner...), des directeurs de certains services publics (eaux, égouts, forêts...), pour l'approbation d'un certain nombre de lois ou de révisions de la Constitution. Les électeurs ont beaucoup de mal à se retrouver entre ces dizaines de candidats. L'utilisation de machines à voter électroniques est en voie de généralisation, ce qui n'empêche pas les controverses comme en 2000 lors de la première élection de G. W. Bush ou en 2016 lors de l'élection de D. Trump. La contrepartie est que les citoyens sont saturés d'élections, toutes ne les intéressent pas et il se manifeste un *très fort abstentionnisme* sur le sens duquel on s'interroge (en 1998, la participation aux élections à la Chambre des représentants s'est abaissée à 38 % ; en 2020, 66 % des inscrits ont pris part à l'élection présidentielle, ce qui représente le pourcentage le plus élevé depuis 1968). En outre, beaucoup ne sont pas inscrits sur les listes électorales.

Le système électoral américain est encore compliqué par le fait que la *législation électorale*, même pour les élections nationales, *relève largement des États fédérés*, voire des comtés. On rencontre donc une *multitude de règles différentes à travers le pays*, ce qui ne facilite pas la présentation du système. On peut cependant noter que le scrutin majoritaire uninominal à un tour est largement dominant. Comme en Grande-Bretagne, il appelle le vote utile et entraîne le bipartisme.

## 2. Développement des procédés de démocratie semi-directe

**436.** Il faut souligner la place faite aux procédés de *démocratie semi-directe*. Ceux-ci sont utilisés au niveau des États – surtout dans ceux de l'Ouest, l'Est et le Sud étant restés plus fidèles à la démocratie représentative – des comtés et des communes. L'initiative populaire, le veto populaire, le référendum, sont de pratique courante (mais il faut souligner qu'*il n'y a jamais eu de référendum à l'échelon national aux États-Unis*). On estime que 10 000 à 15 000 référendums sont organisés tous les ans, portant sur les sujets les plus divers : financement des écoles, heures de fermeture des bars, interdiction de fumer dans les lieux publics, problèmes raciaux, euthanasie, avortement... Il y eut ainsi à travers le pays 316 référendums dans 34 États en 2004 en même temps que l'élection présidentielle ! Un exemple spectaculaire est celui de la proposition n° 13 (dite *proposition Jarvis*) votée en Californie en 1978. Un référendum d'initiative populaire a décidé une diminution de 50 % de l'impôt foncier local – soit une perte d'environ 6 milliards de dollars. Cette révolte des contribuables a eu pour conséquence le licenciement de milliers de fonctionnaires locaux, une crise financière des écoles, l'arrêt des programmes sociaux, etc. Elle est caractéristique du sens très conservateur dans lequel peuvent jouer les procédés de démocratie semi-directe. On a ainsi longtemps remarqué que les électeurs préféraient voter une émission d'emprunt plutôt qu'une augmentation d'impôt. Mais si le succès de la proposition Jarvis devait entraîner des initiatives similaires dans d'autres États, le corps électoral fut plus réticent car il avait pu mesurer les conséquences des diminutions d'impôts sur la vie de tous les jours.

Bien qu'il ne s'agisse qu'indirectement d'élection on doit rappeler ici une autre procédure de démocratie directe, très célèbre, celle du « *recall* ». Elle permet au corps électoral de destituer de leurs fonctions les titulaires d'un mandat électif. Cette procédure a été adoptée dans 18 États. Elle s'ouvre par une pétition dirigée contre l'élu et nécessitant un nombre plus grand de signatures que les autres procédés de démocratie semi-directe (20 à 30 % des électeurs) ; le siège est alors remis en compétition dans une élection à laquelle l'élu contesté peut être candidat. Cette forme de contrôle populaire conçue comme « un fusil derrière la porte », c'est-à-dire une menace contre les fonctionnaires indélicats, incapables ou corrompus, est rarement utilisée. Cependant, pendant l'été 2003, elle a abouti en Californie à la destitution du gouverneur G. Davis et à son remplacement par l'acteur de cinéma A. Schwarzenegger.

## 3. Le système des primaires

**437.** L'une des caractéristiques (pas réservée à l'élection présidentielle) du système électoral américain est l'existence des **primaires**.

Les primaires servent à désigner les **candidats des deux grands partis** aux diverses élections : cette procédure apparaît comme très démocratique car les **candidats** sont ainsi agréés directement par les électeurs et non par l'appareil du parti ou ses militants. Il ne s'agit pas d'éliminer les candidats d'un parti au profit des candidats d'un autre parti, mais de choisir parmi ceux qui briguent l'investiture de chaque parti ceux qui seront candidats. Elles n'ont donc rien à voir avec le premier tour dans les élections françaises.

L'autonomie des États en matière de législation électorale aboutit à une situation compliquée que montrent ces quelques aperçus : il n'est pas organisé de primaires dans tous les États ; là elles concernent les deux partis, ici un seul ; elles ont lieu le même jour ou un jour différent pour chaque parti ; le système électoral varie selon les États...

Pour l'essentiel, il existe deux sortes principales de primaires :

### a. Les primaires ouvertes

**438.** Dans certains États, le jour du scrutin, les électeurs déclarent, en se présentant au bureau de vote, venir voter pour la désignation du candidat de tel parti. En principe, les démocrates voteront pour sélectionner le candidat démocrate, les électeurs républicains pour choisir le candidat républicain et les électeurs indépendants ou sans parti voteront avec qui ils veulent. Comme on ne vérifie pas l'appartenance de l'électeur à tel parti, rien n'empêche de voter pour la détermination des candidats d'un parti autre que le sien, par exemple pour faire désigner des candidats médiocres qui auront ensuite peu de chances en face des candidats de son propre parti ; il y a là une possibilité de manœuvre qui peut fausser la consultation, le système a, d'ailleurs, été mis en cause par une décision de la Cour suprême du 26 juin 2000. Mais on ne peut participer qu'à une seule primaire, on ne peut voter qu'une fois.

### b. Les primaires fermées

**439.** Aux États-Unis on l'a vu, les citoyens ne font pas mystère de leurs préférences politiques. Dans certains États ils s'inscrivent donc à l'avance comme désirant voter pour les candidatures républicaines ou démocrates – ce qui ne signifie pas du tout qu'ils soient « membres » de tel parti. On ne peut participer au vote que pour la désignation des candidats du parti qu'on a choisi.

Le système des primaires, qui a pour principal avantage de briser l'influence de la « machine » des partis, présente des inconvénients.

- La participation électorale y est la plupart du temps faible : autour de 20 % pour les primaires présidentielles. Parfois même très inférieure, ce qui remet le jugement de ce « concours d'entrée » à l'élection entre les mains d'une minorité.
- À ce stade, il n'est pas besoin d'être présenté par un parti, où même d'être membre d'un parti, pour briguer la candidature au nom de ce parti. Ceci est lié à l'absence de base idéologique des partis mais a pour conséquence nocive la place de l'argent dans la compétition. Les ambitieux fortunés sont privilégiés pour devenir candidats.
- Il en résulte une déprofessionnalisation de la carrière politique qui transforme le fonctionnement de la démocratie. Élu non pour ses idées, mais par ambition et grâce aux sommes dépensées - des milliards de dollars de dépenses électorales tous les quatre ans - lors de la campagne, l'élu n'a aucune raison d'observer une discipline de parti, aucune obligation de se consacrer aux affaires publiques, ceci renforce le « localisme » de la vie politique sur lequel on reviendra.

## §2. Le fédéralisme

**440.** Le fédéralisme est une des réalités qui marquent le plus la vie quotidienne du citoyen américain ; en même temps, nombre de ses aspects sont mal perçus à l'étranger.

### A. Histoire du fédéralisme américain

#### 1. Les origines

**441.** Par son origine le fédéralisme américain a un caractère véritablement exemplaire. En effet les treize colonies révoltées, si elles avaient une communauté de langue et de religion, n'en étaient pas moins bien distinctes les unes des autres. Disposant d'une base économique différente, elles possédaient leurs propres administrations (Parlement + Gouvernement), leurs coutumes et n'étaient pas entièrement d'accord sur la forme que devait prendre leur lutte contre l'Angleterre.

Dans un premier temps les colonies établirent une *Confédération*, le 15 novembre 1777, en créant les États-Unis d'Amérique. Chaque colonie devint une République indépendante et souveraine, ayant sa Constitution. Le Congrès des États-Unis était la seule institution de la Confédération. Chaque État y disposait d'une voix. Il se réunissait une fois par an pour exercer les quelques compétences mises en commun par les États : diplomatie, traités internationaux, armée, guerre, monnaie, postes. La Confédération ne comportait pas d'exécutif.

À l'usage, dès le temps de la guerre contre la Grande-Bretagne, cette formule se révéla mal commode. La paix revenue, les particularismes étatiques, le protectionnisme économique des États, un moment sacrifiés à la lutte commune, réapparurent, amplifiés par les inégalités de fait (économiques, démographiques...).

Les bienfaits de l'Union, en particulier dans le règlement du problème des territoires coloniaux - la conquête de l'Ouest - convainquirent un certain nombre d'hommes influents de la nécessité de la renforcer par la création d'un État fédéral. Cela fut réalisé en 1787 par la Convention de Philadelphie, réunie en principe pour réviser l'accord de 1777 et où les Pères fondateurs dépassèrent largement leur mandat. Il fallut inscrire dans le nouveau texte des dispositions qui garantissaient l'égalité entre les États quelle que soit leur puissance, leur superficie, leur population. Une vigoureuse campagne de presse, animée par A. Hamilton, J. Madison et J. Jay, dans une suite d'articles regroupés sous le nom de « le Fédéraliste », fut nécessaire pour obtenir, difficilement, la ratification des États. La Constitution put enfin entrer en vigueur le 1$^{er}$ janvier 1789.

## 2. La guerre de Sécession (1861-1865)

**442.** Ses répercussions sur le fédéralisme américain ont été considérables. Elle fut causée par la crainte des États du Sud de se voir imposer par la Fédération l'abolition de l'esclavage considéré comme vital pour leurs économies agricoles. En 1861, onze États firent sécession et formèrent entre eux une nouvelle Confédération. La rébellion fut réduite par les armes sous la présidence de A. Lincoln. Ce fut la première grande guerre moderne (600 000 morts) et la seule véritable tragédie, jusqu'au 11 septembre 2001, de l'histoire américaine.

Sur le plan des institutions son résultat fut de détruire le caractère consensuel de la Fédération : un État fédéré ne peut plus sortir de l'Union, celle-ci est « indestructible », *le fédéralisme est « fermé »*, les États fédérés perdent un aspect essentiel de leur souveraineté. Par ailleurs, les pouvoirs du Gouvernement fédéral commencèrent à évoluer dans le sens de leur renforcement ; au flou qui caractérise les relations entre l'Union et les États dans la Constitution de 1787 se substitue une tendance à la centralisation qui s'est longuement poursuivie. Enfin, la guerre eut des effets durables sur les mentalités, à travers l'opposition du Nord et du Sud qui a marqué longtemps la vie politique.

## 3. Le fédéralisme aujourd'hui

**443.** La création progressive de nouveaux États a amené aujourd'hui leur nombre à cinquante. De son côté la transformation de la société américaine a pesé sur le fonctionnement des institutions. C'est l'Union qui en a profité, avec parfois des retours en arrière.

Le libéralisme foncier de la société américaine à la fin du XVIII$^{e}$ siècle, ses réserves à l'égard de l'État, ont subi bien des atteintes. L'État fédéral a été ainsi amené, qu'il le veuille ou non, à intervenir pour empêcher des disparités anarchiques dans la législation. Ce qui est vrai de l'économie l'est aussi du domaine social. Toute la politique du « New Deal » menée par F. D. Roosevelt pour combattre la grande crise de 1929 est une démonstration de l'emprise croissante du pouvoir central sur la société. Les autorités subnationales n'avaient pas les moyens, financiers surtout, de lutter contre la crise, le pouvoir fédéral intervint par des *subventions* versées directement aux États, comtés ou municipalités, pour leur permettre de réaliser des programmes de relance de l'activité économique ou d'aide aux chômeurs. De même la conduite des hostilités entre 1941 et 1945, l'accroissement du budget de la défense après les capitulations allemande et japonaise, à cause de la guerre froide puis des guerres de Corée et du Viêt-Nam, ont renforcé le poids du pouvoir fédéral. Les commandes militaires décidées au niveau de l'Union jouent un rôle déterminant dans la prospérité de branches entières de l'économie. Enfin, la lutte contre la pauvreté, à partir de la présidence de J.-F. Kennedy et sa politique de la « nouvelle frontière », a conduit l'État fédéral à associer les collectivités locales par des transferts financiers à la réalisation des objectifs fédéraux. Depuis 1970, si les transferts de l'État continuent à augmenter en valeur nominale, leur part relative dans les ressources des collectivités fédérées diminue. Le pouvoir central tend à se désengager et les responsabilités des États fédérés à s'accroître.

L'État fédéral est aujourd'hui incomparablement plus diversifié, plus fort qu'il ne l'était en 1787. Mais il est loin d'avoir réduit les États fédérés au statut de collectivités territoriales au sens français de l'expression et *la Cour suprême les défend très efficacement contre les empiétements du pouvoir fédéral*. Parallèlement, *la centralisation* s'est considérablement renforcée à la base au profit des États fédérés et au détriment des collectivités locales (villes et comtés).

## B. Les relations de l'État fédéral et des États fédérés

### 1. La révision de la Constitution fédérale

**444.** L'accord fondateur de l'Union ne peut être révisé qu'avec la participation des États fédérés.

Deux procédures de *révision* sont prévues. L'une à l'initiative du Congrès suppose un vote par ses deux Chambres à la majorité des deux tiers ; l'autre à la demande des législatures (Parlements) des deux tiers des États fédérés entraîne la réunion d'une Convention, c'est-à-dire d'une Assemblée spécialement élue à cette fin. De toute façon, *les amendements ainsi adoptés doivent ensuite être approuvés*, dans un délai fixé par le Congrès (en général sept ans), *par les trois quarts des États fédérés* avant d'entrer en vigueur. Cette ratification est faite par les législatures (parlements) locales ou par des Conventions d'État. *La Constitution peut donc être modifiée contre l'avis de certains États*.

Le président n'a pas la possibilité d'engager une procédure de révision constitutionnelle.

Les 27 amendements apportés à ce jour à la Constitution de 1787 sont intervenus à l'initiative du Congrès. Cinq ont, en outre, été votés par le

Congrès mais n'ont pas été ratifiés. La procédure de la ratification par des Conventions d'État n'a joué qu'une seule fois en 1933 pour le XXI$^{e}$ amendement (abrogation de la prohibition des ventes d'alcool).

## 2. L'élaboration par chaque État de sa propre Constitution

**445.** Chaque État fédéré – ils sont au nombre de cinquante – a sa propre Constitution. Celle-ci doit évidemment *être compatible avec la Constitution fédérale*, sous cette réserve elle organise les institutions comme elle l'entend. L'expérience constitutionnelle des États est d'une richesse considérable, ainsi la Louisiane a changé dix fois de Constitution en un siècle, la Floride et la Virginie six fois.

- Les Parlements locaux – les *législatures* – sont bicaméraux (sauf au Nebraska depuis 1937), solution qui s'explique par l'attrait du modèle fédéral, mais qui ne se justifie pas. Pourquoi un Sénat au niveau des États ? Les effectifs de ces assemblées varient d'un État à l'autre, et les zones rurales y ont été longtemps surreprésentées. Les législatures ont des sessions peu fréquentes – parfois tous les deux ans seulement – et brèves (quatre-vingt-dix jours souvent). Elles manquent de prestige, la qualité des débats y est faible et les travaux y ont été longtemps organisés de façon artisanale ; *leur fonctionnement a tendance maintenant à s'améliorer*. Les élus continuent à exercer leur profession.
- L'exécutif est entre les mains d'un *gouverneur* élu le plus souvent pour quatre ans au suffrage universel direct, ce qui lui donne une autorité considérable. Il est la réplique au niveau des États du président des États-Unis. Ses pouvoirs sont souvent plus étendus que ceux de son modèle : il fixe les grandes lignes du programme législatif et dispose de moyens de pression pour le faire adopter par la législature. Dans tous les États, c'est lui qui a la charge de la préparation du budget. *Le gouverneur apparaît comme le centre du pouvoir dans les États.*

## 3. La répartition des compétences législatives

**446.** La clé de la répartition des compétences entre l'État fédéral et les États fédérés est formulée par le X$^{e}$ amendement : tout ce que la Constitution n'attribue pas à l'État fédéral relève de la compétence des États fédérés. **La compétence de droit commun est celle de l'État fédéré**.

### a. Compétences de l'État fédéré

**447.** Celui-ci dispose d'une série de domaines propres très proches de ceux appartenant en France aux collectivités décentralisées : finances, urbanisme, assistance. Mais ses compétences vont bien au-delà, puisqu'elles couvrent en particulier :

- la législation sur le statut des personnes : mariage, divorce, successions... ; ce qui affecte les personnes est décidé au niveau local ;
- la fixation des règles d'électorat : majorité, résidence... ;

- la législation pénale : hiérarchie des peines (peine de mort) ;
- la législation bancaire et des assurances ;
- la police de la circulation : Code de la route (sauf les autoroutes fédérales) ;
- l'organisation judiciaire ;
- la législation sur l'enseignement, l'hygiène, les affaires sociales, les armes, les jeux, la drogue.

L'ampleur de ces compétences entraîne une série de conséquences :

- La première est l'importance des besoins d'argent des États entraînant une charge fiscale mal supportée par la population (v. la proposition n° 13 en Californie).
- Il existe, d'autre part, une grande variété de situation des collectivités locales, la centralisation étant plus ou moins poussée selon les États, car la Constitution n'a imposé aucun principe d'uniformité dans le domaine de l'organisation locale qu'elle laisse à l'initiative des États. L'autonomie crée en outre des différences considérables dans la législation et les États y sont fermement attachés.
- *La vie quotidienne est plus structurée par le droit local que par le droit fédéral.* Souvent, au surplus, l'État fédéral aura des difficultés à imposer une législation nationale qui heurte les traditions et les mœurs locales. La mauvaise volonté d'un certain nombre d'États a ainsi longtemps entravé l'effort du Gouvernement fédéral pour étendre le vote aux Noirs ou pour imposer la déségrégation scolaire.
- Surtout la variété de ces attributions multiplie les liens entre les citoyens et leur État, faisant apparaître au niveau local des solidarités extrêmement fortes qui pèsent sur la vie politique.

## b. Compétences de l'État fédéral

**448.** Les compétences « énumérées » par la Constitution de l'Union sont celles attribuées de façon classique aux États fédéraux, elles restent importantes. Parmi les principales on retiendra :

- les relations avec les États étrangers ;
- la protection contre les dangers extérieurs : armée, déclaration de guerre ;
- la préservation de l'harmonie entre les États fédérés : réglementation du commerce, des faillites, de la monnaie, de la nationalité... ;
- la garantie à chaque État fédéré de la forme républicaine de gouvernement.

Le pouvoir fédéral ne peut agir hors des domaines qui lui sont ainsi ouverts, ses interventions apparaissent comme exceptionnelles (on pense au principe de « subsidiarité » dans l'Union européenne).

Depuis 1787 cependant ces compétences ont reçu une interprétation large sur la base des « pouvoirs implicites » (v. *supra* n° 422) et grâce à la Cour suprême. Celle-ci est en effet la gardienne de la répartition des compétences et, tout en faisant respecter les limites imposées au Congrès par la Constitution, elle leur a reconnu une souplesse suffisante pour s'adapter à l'évolution de la société. Depuis quelques années on note pourtant un durcissement de sa position dans *un sens favorable aux pouvoirs des États.*

### 4. L'influence du localisme sur la vie politique américaine

**449.** Le provincialisme, ou *localisme*, est une des données de base de la vie politique américaine. Pour les citoyens, la vie politique se déroule d'abord au niveau de leur municipalité, ou « *town* » (il y en a 35 000), puis de leur comté (3 043), puis de leur État, ensuite au Congrès, enfin – mais c'est bien lointain – à l'échelle des relations internationales. On a souvent dénoncé l'isolationnisme américain, une de ses explications ne tient-elle pas à la force du localisme qui donne une autre dimension aux préoccupations politiques des Américains ?

Ce localisme se manifeste aussi au Congrès. Sénateurs et représentants sont avant tout soucieux des problèmes de leur État, bien plus que des questions nationales ou internationales – quoique, dans ce domaine, on relève une évolution depuis quelques années. Le parlementaire apparaît comme le commissionnaire de sa circonscription : il suit avec attention les nouvelles de son État, l'évolution de l'opinion publique locale, il consacre un temps considérable au volumineux courrier qu'il reçoit de ses électeurs. Il y a un certain temps, un sénateur évaluait son courrier annuel à 15 000 imprimés (journaux, magazines, rapports...) et à 110 000 lettres et cartes postales. Eux-mêmes prononcent des conférences, informent leurs électeurs, leur adressent félicitations et condoléances, leur font visiter personnellement le Congrès lorsqu'ils viennent à Washington. Ils leur obtiennent des contrats, font affecter leur fils à une bonne unité pour son service militaire... Tous ont la conviction que l'activité ainsi déployée fait partie des fonctions normales d'un parlementaire et de ses collaborateurs, et qu'au surplus elle est essentielle pour que soit assurée une protection convenable des droits de l'homme.

## §3. La Cour suprême

**450. Bibliographie. –** Elisabeth Zoller, *Les grands arrêts de la Cour suprême des États-Unis*, Dalloz, 2010. – Anne Deysine, *La Cour suprême des États-Unis, droit politique, démocratie*, Dalloz, 2015.

C'est le plus célèbre des systèmes de contrôle de la constitutionnalité. À la différence des systèmes *mixtes*, les États-Unis connaissent uniquement un *contrôle par voie d'exception.*

## A. Origine

**451.** La Constitution américaine, qui date de 1787, si elle crée une Cour suprême, n'a prévu aucune procédure de contrôle de la constitutionnalité. L'apparition du contrôle est due à la façon dont le juge américain conçoit son rôle.

- Ce juge considère qu'*il doit appliquer toutes les lois*, lois constitutionnelles comme lois ordinaires. Si un conflit apparaît entre deux lois (c'est-à-dire si une ou plusieurs de leurs dispositions apparaissent comme inconciliables), il est compétent pour le trancher, c'est-à-dire pour écarter s'il le faut l'une des lois en présence. Si l'une des lois en conflit est la Constitution, elle doit l'emporter sur la loi ordinaire.

- *Cette attitude se justifie par le caractère très rigide de la séparation des pouvoirs* aux États-Unis. Chaque pouvoir est très indépendant des autres. En particulier, le pouvoir judiciaire n'est pas subordonné au pouvoir législatif, il est autonome à son égard. En même temps *la Constitution s'impose aux trois pouvoirs*. Si le Congrès vote une loi inconstitutionnelle, il ne peut, sans violer la séparation des pouvoirs, en imposer le respect au juge, celui-ci doit déclarer la loi irrégulière.

La première application de ces principes en matière de constitutionnalité au niveau fédéral a été faite en 1803 par la Cour suprême à l'instigation du juge Marshall dans l'affaire *Marbury c/Madison*. Il s'agissait d'une nomination de fonctionnaire à laquelle, au lendemain d'une élection présidentielle, la nouvelle administration ne voulait pas donner suite. Le principe posé par la Cour est important : la Cour saisie d'un litige mettant en cause la conformité d'une loi à la Constitution, *doit* se prononcer sur la constitutionnalité de cette loi.

Contrairement pourtant à ce qu'on aurait pu penser, le contrôle de la constitutionnalité n'a pas pris une extension rapide mais s'est affirmé de façon très prudente. La Cour suprême au début du XIX^e siècle était une institution relativement neuve, à peine rodée, au prestige incertain et, consciente de ses faiblesses, finalement peu sûre d'elle. Il a fallu toute l'autorité et la diplomatie du *juge Marshall* pour poser le principe sans ouvrir de conflit avec le Congrès. Par la suite, même si en 1810 elle étendit son contrôle à la constitutionnalité de lois des États fédérés, jusqu'en 1860, la Cour n'a qu'exceptionnellement mis en œuvre le principe consacré en 1803, et il fallut même attendre 1857 pour qu'une loi fédérale soit déclarée inconstitutionnelle.

## B. Procédure

### 1. Le principe

**452.** L'exception d'inconstitutionnalité peut être soulevée *devant n'importe quel tribunal américain*. Les juges ordinaires sont donc compétents pour en connaître. En outre, puisqu'on est dans un système fédéral, elle peut porter sur la violation de la Constitution fédérale comme sur celle des Constitutions des États fédérés.

*La saisine* est très large puisque tous les plaideurs peuvent opposer l'exception à l'occasion d'un procès quelconque où la question de la constitutionnalité d'une loi se pose. Il s'agit d'un *contrôle concret* (et non dans l'abstrait auquel cas la loi est contestée en dehors de toute application précise). On parle aussi de contrôle « *diffus* ».

## 2. L'intervention de la Cour suprême

**453.** La *Cour suprême* est la plus haute juridiction américaine. Comme la Cour de cassation ou le Conseil d'État en France, elle est placée à la tête de l'édifice juridictionnel et elle connaît de recours exercés contre les décisions des juridictions inférieures dans tous les domaines (civil, pénal, commercial...). Le caractère fédéral de l'État confère à la Cour une place symbolique considérable dans les institutions et renforce l'importance pratique de son rôle, elle assure la cohérence du système.

**454.** *Composition de la Cour.* Elle est *composée* de neuf membres nommés *à vie* par le président des États-Unis *avec l'accord du Sénat.* La proposition présidentielle est repoussée environ une fois sur quatre par le Sénat, au terme d'une procédure qui peut durer des semaines ; G. W. Bush eut ainsi bien des difficultés à faire confirmer ses choix. En pratique les juges sont des juristes à la réputation sans tache et la composition de la Cour tend aujourd'hui à refléter les différentes composantes de la société américaine : ethniques (un noir siège depuis 1967, une hispanique a été nommée en 2009), cinq femmes ont été nommées en 1981, 1993, 2009 et 2010, dont une noire en 2022.

Le caractère juridictionnel de la Cour est imparfait. Par certains côtés, elle apparaît plus comme un organe politique que comme un juge, en particulier par son recrutement. En ce sens, on relèvera que 85 % des juges en moyenne sont proches du parti du président qui les nomme.

**455.** *Rôle de la Cour.* Elle tient une grande place dans le contrôle de constitutionnalité mais, même s'il s'agit d'une part considérable de son activité,

- elle n'est pas un organe uniquement chargé de statuer sur la constitutionnalité,
- elle n'a pas de compétence particulière ici, il s'agit pour elle d'une compétence parmi d'autres,
- elle ne peut se saisir elle-même.

En matière de constitutionnalité, *comme dans les autres domaines,* la Cour *a pour rôle d'unifier la jurisprudence.* Une affaire posant une question de conformité d'une loi à la Constitution *ne peut être portée directement* devant elle. Simplement, elle peut être invitée à trancher définitivement, *après que les juges précédents se soient prononcés.* Saisie d'appels contre les décisions des tribunaux inférieurs, elle imposera son interprétation, harmonisera les solutions.

- En principe la Cour s'estime incompétente pour statuer sur les *questions politiques,* elle ne s'immisce pas dans les relations entre les pouvoirs. Mais elle délimite de plus en plus strictement le domaine des questions politiques. Ainsi, lorsqu'en 2000 lors de la première élection de G. W. Bush, elle a accepté de se prononcer sur le comptage des voix effectué par la Cour suprême de Floride, donnant par-là la victoire aux républicains, peut-on soutenir qu'on ne se trouvait pas alors en présence d'une « question politique » ?

- Particularité importante : « *la Cour est maîtresse de son rôle* » : c'est-à-dire qu'elle sélectionne (par un « *writ of certiorari* »), selon des critères qu'elle détermine librement, les affaires sur lesquelles elle accepte de se prononcer. Il faut qu'elles présentent un intérêt substantiel, qu'elles soulèvent des problèmes majeurs, qu'elles soient dignes d'être jugées par la Cour et qu'il faille faire cesser un conflit de jurisprudence. Sur 8 000 requêtes environ chaque année, elle n'en juge que 70 ou 80.
- La Cour prend ses décisions à la majorité. Il est fréquent qu'elles n'interviennent qu'à une voix de majorité (1 fois sur 3 en 2000). Les juges qui ne sont pas d'accord sur la décision adoptée peuvent rédiger une opinion concourante (accord sur le sens de la décision mais non sur sa motivation) ou dissidente *(dissent)* qui sera jointe à l'arrêt.

## 3. Portée de la décision du juge et évolution de la procédure

**456.** La décision d'un juge quelconque proclamant l'inconstitutionnalité n'a *pas pour effet d'annuler la loi* mais simplement d'en écarter l'application dans le cas envisagé. Sa décision a *l'autorité relative de la chose jugée*. Demain une autre application de la loi pourra être faite et un autre juge pourra la considérer comme parfaitement constitutionnelle. Ceci est d'autant plus admis qu'on est dans un système fédéral, où la décision prise par un juge dans un État ne peut s'imposer à un juge d'un autre État.

Au contraire, *lorsque la décision émane de la Cour suprême, alors même que la loi n'est pas non plus annulée*, la décision s'impose aux autres juges *(autorité absolue de la chose jugée)*, c'est le principe du « *précédent* ». L'autorité d'une décision de la Cour suprême est sans commune mesure avec celle d'une juridiction inférieure. Mais il arrive que la Cour revienne elle-même sur sa jurisprudence (ainsi, pour la peine de mort).

- La Cour n'a aucun moyen de faire respecter ses décisions. Le président n'est pas tenu de s'y conformer, en raison de la séparation des pouvoirs et le Congrès peut tenter de l'intimider (*impeachment* contre un de ses membres. V. *infra* n° 495 ; loi modifiant le nombre de juges) ou ignorer ses décisions (aff. *Chadha*, v. *infra* n° 497). Par ailleurs, la jurisprudence de la Cour peut être mise en échec par une révision de la Constitution, cela s'est produit à quatre reprises.
- Le contrôle de la Cour suprême s'est amélioré, et approfondi, depuis l'origine. La Cour ne se contente pas d'interpréter les dispositions claires de la Constitution, elle tient compte de son esprit, le faisant prévaloir sur la volonté du législateur ; elle renforce par-là ses *moyens de contrôle*. Ainsi par l'intermédiaire du « *due process of law* » : une disposition inscrite dans le V^e^ amendement à la Constitution (1791) et dans le XIV^e^ (1868), dont l'origine remonte au droit anglais et plus précisément à la Grande Charte de 1215, prévoit que nul ne peut être privé de sa vie, de sa liberté, de ses biens sans « *due process of law* », en d'autres termes « sans procédure régulière » (ou conforme aux lois). Qu'est-ce qu'une procédure régulière ? La notion est extrêmement imprécise et la Cour suprême en a profité pour analyser très en profondeur toute législation

concernant de près ou de loin la vie, la liberté ou la propriété. Progressivement, elle ne s'est pas contentée de rechercher si le citoyen disposait bien d'une procédure régulière, efficace, pour se défendre, mais si la loi elle-même n'était pas arbitraire, inopportune, si elle était bien conforme à l'esprit du système constitutionnel américain.

**457. La Cour suprême et le gouvernement des juges. –** Le contrôle de la constitutionnalité par les juges est aux États-Unis un phénomène courant, il fait partie des mœurs. Même au niveau de la Cour suprême, sans être très fréquent, il n'a rien d'exceptionnel. Mais depuis l'origine la Cour n'a déclaré inconstitutionnelles que cent lois fédérales environ et un millier de lois d'État. Pour citer deux exemples : la Cour a admis en juin 1976 que le VIII$^{e}$ amendement, qui interdit « *les punitions cruelles et inhabituelles* », ne s'opposait pas aux punitions corporelles dans les établissements d'enseignement, la fessée n'est pas contraire à la Constitution ; en 1997 elle a déclaré inconstitutionnelle la loi qui soumettait à des sanctions pénales les discours indécents sur internet.

Le prestige de la Cour suprême est considérable et certains la considèrent comme *le tribunal le plus puissant que l'histoire ait jamais connu.* Par cinq voix contre quatre (puisqu'il y a neuf juges) elle peut mettre en échec l'application d'une loi votée par les représentants élus de la Nation. Mais il est arrivé, à quatre reprises, on l'a vu (v. *supra* n° 456), que la Constitution soit modifiée pour s'opposer à une jurisprudence de la Cour.

La Cour a eu tendance un temps (de la fin du XIX$^{e}$ à la Seconde Guerre mondiale) à sortir du domaine purement technique. Et son attitude a été souvent contestable. On comprend dès lors qu'on ait pu *l'accuser de « gouvernement des juges »*, ou plus exactement de « législation par les juges ». D'ailleurs en 1917 le juge Holmès disait : « *je reconnais sans hésitation que les juges légifèrent et doivent légiférer* ». Quel a été dans les faits le comportement de la Cour ?

- Pendant longtemps la politique de la Cour a été conservatrice. Ce comportement fut manifeste, en particulier à l'occasion de la politique du « *new deal* » menée par F. D. Roosevelt. Au nom d'une conception rigide du libéralisme, elle s'est efforcée de contrarier la législation destinée à combattre la crise. À tel point que Roosevelt, excédé par l'obstruction systématique de la Cour à ses projets, envisagea en 1936 de la réformer. Son idée était de modifier sa composition en portant le nombre de ses membres de neuf à quinze, ce qui lui aurait permis d'y constituer par des nominations habiles une majorité acquise à ses vues. Le projet n'eut pas de suite car deux des juges – providentiellement si on peut dire – moururent et deux autres démissionnèrent. Roosevelt saisit ces occasions pour nommer des hommes dont le vote entraîna une évolution de la jurisprudence.
- À partir de 1953, sous l'influence du « *Chief Justice* » des États-Unis – c'est-à-dire son président – E. Warren, une nouvelle phase, constructive et libérale cette fois, s'ouvrit, en particulier avec la jurisprudence en matière d'égalité raciale inaugurée par l'*arrêt Brown* du 17 mai 1954 sur l'intégration des Noirs.

- Depuis lors, la Cour a eu à sa tête successivement deux présidents d'orientation conservatrice, W. Burger, puis W. Rehnquist à partir de 1986. Néanmoins, la continuité l'a emporté sur le changement, et persévérant dans *une voie modérément libérale*, la Cour n'a guère remis en cause les acquis importants de la période précédente. Elle a même admis l'avortement en 1969, interdit les discriminations à l'égard des homosexuels en 1973 et, en 1974, concouru à la chute de Nixon par une décision rendue dans l'affaire du Watergate[1].

Il est vrai que l'expérience montre que les juges s'éloignent en général de la sensibilité politique qui était la leur lors de leur nomination pour prendre des positions modérées, l'institution change les hommes et permet à la Cour suprême d'être la conscience, bonne ou mauvaise, des États-Unis.

À la suite du décès de la juge Ginsburg, le président Trump a fait le « forcing » pour désigner un nouveau juge (Amy Coney Barrett) dans des délais très courts avant l'élection présidentielle et afin de conforter la majorité conservatrice au sein de la Cour.

La Cour est donc, à nouveau, dominée par les conservateurs (6) qui s'opposent régulièrement aux libéraux (3), notamment sur une interprétation constructive et évolutive de la constitution (les libéraux) ou une interprétation « originaliste » du texte, c'est-à-dire stricte (conservateurs). Dans une décision du 24 juin 2022, la Cour suprême est revenue sur la reconnaissance du droit à l'avortement issue de sa décision, *Roe v Wade* de 1973. Si l'enjeu politique de cette décision est évident, c'est sur le terrain du fédéralisme que se place la cour considérant que, faute de disposition constitutionnelle fédérale se rapportant à cette question, sa réglementation relève de la compétence des États fédérés.

## §4. Le gouvernement présidentiel

**458.** La théorie du régime présidentiel prévoit une séparation de l'exécutif et du législatif qui peut paraître particulièrement stricte. Elle se caractérise, en fait, par une indépendance des organes et une spécialisation des fonctions (Boudon, *RFDC* 2009, n° 78). *Mais une séparation absolue aboutirait au blocage du fonctionnement des institutions.* L'exemple américain est là pour montrer comment apparaissent des moyens d'action réciproque assurant le bon fonctionnement du régime.

### A. Le président des États-Unis

**459. Bibliographie. –** Marie-France Toinet, Hubert Kempf, *La présidence américaine*, Montchrestien, 2e éd., 1996.

**460.** Tout l'exécutif américain est dominé par le président. *Il est à la fois chef de l'État et chef du Gouvernement.*

1. Rappelons que le président Nixon, ayant refusé de collaborer avec la justice et nié avoir été au courant d'un cambriolage organisé par certains de ses collaborateurs pour se procurer des documents dans les locaux du Parti démocrate, situés dans l'immeuble du Watergate, dut présenter sa démission le 9 août 1974.

Un *vice-président* est désigné en même temps que lui ; il est appelé à lui succéder en cas de décès ou d'empêchement en cours de mandat (il ne fait alors que terminer ce mandat). L'histoire montre qu'il a des chances appréciables de parvenir effectivement à la magistrature suprême, mais si un président sur trois a d'abord été vice-président, il est parvenu le plus souvent à la présidence par l'élection et non par le décès de son prédécesseur.

À l'origine et jusqu'en 1804, le vice-président était le candidat arrivé en deuxième position à l'élection présidentielle, solution très révélatrice de la force du consensus de l'époque qui n'imaginait pas de graves antagonismes partisans. De nos jours, le vice-président fait équipe avec le président lors de la campagne présidentielle, il compose avec lui le « ticket » républicain ou démocrate. Il est généralement choisi non pour ses affinités avec le candidat à la présidence mais, au contraire, parce que son image personnelle et politique est différente et de nature à attirer les suffrages d'une partie de l'électorat ; on proposera aussi la vice-présidence à un rival dangereux pour tenter de le faire renoncer ou au contraire elle servira à le remercier de s'être retiré de la course. Il n'est donc pas choisi pour être président un jour. Cette situation n'est pas sans inconvénients lorsque le vice-président est appelé à succéder au président en cours de mandat.

**Les présidents des États-Unis depuis la Seconde Guerre mondiale**

| | |
|---|---|
| Franklin D. Roosevelt | 1945 |
| Harry S. Truman | 1953 |
| Dwight D. Eisenhower | 1961 |
| John F. Kennedy | 1963 |
| Lyndon B. Johnson | 1969 |
| Richard M. Nixon | 1974 |
| Gerald R. Ford | 1977 |
| Jimmy Carter | 1981 |
| Ronald W. Reagan | 1989 |
| George Bush | 1993 |
| William J. Clinton | 2001 |
| George W. Bush | 2009 |
| Barak H. Obama | 2017 |
| Donald Trump | 2021 |
| Joe Biden | |

Mais elle explique aussi, pour partie au moins, que le *rôle du vice-président soit assez effacé*. Tant que le président est en fonction, son attribution officielle essentielle est la présidence du Sénat (il ne vote que s'il y a partage des voix), fonction dans laquelle le « *veep* » se fait généralement remplacer par un sénateur. Rien n'oblige le président à l'associer à la définition de sa politique, ce qui peut se révéler un inconvénient supplémentaire si le vice-président accède brutalement à la présidence en cours de mandat. Cependant, depuis Roosevelt, il assiste aux réunions du Cabinet et, depuis une quinzaine d'années, les présidents successifs se sont efforcés de l'utiliser plus largement. En pratique, le rôle du « *veep* » varie selon la bonne volonté du président.

Si le « *veep* » doit, pour une raison ou pour une autre, abandonner ses fonctions en cours de mandat, il est pourvu à son remplacement par le président lui-même avec l'approbation de la majorité des deux Chambres du Congrès ; il arrive donc que, le président ne terminant pas son mandat, lui succède un vice-président qui n'est pas l'élu du peuple ; on imagine alors l'hypothèque qui pèse sur son autorité : ce fut le cas pour G. Ford lorsqu'il succéda à R. Nixon après sa démission en 1974. Lorsque le vice-président accède à la présidence, il désigne à son tour, dans les mêmes formes, un nouveau vice-président.

## 1. La désignation du président

**461.** Le président des États-Unis est élu pour quatre ans. Washington avait sagement refusé sa seconde réélection en 1797, mais F. D. Roosevelt, rompant avec la coutume, fut réélu trois fois. Aussi depuis le XXII^e^ amendement (1947) le président n'est rééligible qu'une fois. Cependant, lorsque le vice-président succède en cours de mandat au président (huit fois depuis l'origine), il pourra ensuite postuler deux mandats, à condition qu'il ait accédé à la présidence dans les deux dernières années du mandat de son prédécesseur. Cette règle porte à dix ans au maximum la durée des fonctions d'un président. Elle permet d'éviter que le président n'acquière, par une trop longue stabilité, une autorité trop forte en face du Congrès.

Les Pères fondateurs n'ont pas voulu que le président tienne ses pouvoirs du Congrès. La procédure de l'élection est complexe et peut être analysée comme une *élection directe par le peuple*, se déroulant en plusieurs étapes (on l'a comparée au « jeu de l'oie »). Elle fait du président, avec le vice-président, la seule personnalité nationale.

Les règles pour être candidat sont fixées par la Constitution (être citoyen américain de naissance, âgé de 35 ans au moins et résider depuis quatorze ans aux États-Unis) et aussi par les États (nombre de signatures de « parrains », paiement d'une taxe...). Ce sont les partis qui choisissent les candidats à la présidence et à la vice-présidence. L'élection se joue entre les candidats des deux grands partis. Cependant d'autres candidats peuvent concourir, ils furent ainsi onze en 2000, tous n'étant pas en lice dans tous les États. En général, ils recueillent un pourcentage dérisoire de voix. Avec des exceptions parfois (F. Wallace : 13,5 % en 1968 ; R. Perot en 1992 : 19 millions de voix, 19 %). En 2000, R. Nader, candidat vert, a obtenu 2,73 % des suffrages, mais en 2004 : 0,3 %.

La procédure de désignation du président se divise en deux phases :
- une phase partisane,

- une phase officielle.

### a. La phase partisane : le choix des candidats

**462.** Une première étape va aboutir à la désignation du candidat démocrate et du candidat républicain par la Convention nationale de leur parti. Elle se décompose elle-même en plusieurs stades.

#### α. *La déclaration de candidature*

**463.** Il ne s'agit pas d'une décision faisant l'objet d'un enregistrement formel, mais de l'intention exprimée par certaines personnalités de briguer l'investiture de leur parti et les suffrages des électeurs lors du scrutin présidentiel. Cette déclaration est l'aboutissement de manœuvres subtiles où le candidat prend l'avis de ses conseillers, peut annoncer, dès le lendemain de l'élection présidentielle précédente, qu'il ne sera pas candidat la prochaine fois, puis fait courir le bruit qu'il pourrait bien se présenter, observe attentivement l'accueil réservé à cette information, se fait prier d'être candidat - parfois par un comité créé à cet effet - surveille les propos et le comportement de ses adversaires éventuels, etc. Le choix du moment où sera faite l'annonce de la candidature est très important, il ne faut prendre la course ni trop tôt ni trop tard. Attitude avec laquelle les Français ont été familiarisés lors de leurs élections présidentielles.

#### β. *La désignation des délégués à l'échelon local*

**464.** Le candidat de chaque parti sera *choisi par la Convention nationale de son parti*. Celle-ci étant composée par des délégués du parti issus de chaque État, ceux qui postulent l'investiture par la Convention démocrate ou républicaine doivent faire campagne dans les États pour essayer d'obtenir l'appui du plus grand nombre possible de délégués.

Le nombre de délégués varie selon les États, et il n'est pas le même pour les deux partis dans chaque État. Les Conventions nationales fixent elles-mêmes ce nombre, en tenant compte d'une série de paramètres : population de l'État, implantation du parti, derniers résultats électoraux, nombre de délégués dont dispose l'État à l'élection présidentielle elle-même (v. *infra* n° 469).

Si le nombre des délégués est fixé par les Conventions nationales, la façon dont ceux-ci seront désignés relève de la législation de chaque État, elle variera donc d'un État à l'autre, aucune harmonisation des règles électorales n'a été recherchée. Les tribunaux veillent cependant à ce que soit respectée l'égalité entre les candidats.

Aussi coexistent plusieurs types de système.

**465. Les primaires présidentielles.** - Ce système ne concerne que les candidats des deux grands partis. On y a eu recours pour la première fois en Floride en 1901. En 2000 les républicains ont organisé des primaires dans 45 États, 80 % des délégués à la Convention républicaine étaient désignés par les primaires. En 1996, les démocrates ont pu s'en passer, B. Clinton étant seul candidat à l'investiture du parti.

*Les électeurs ne votent pas à ce stade pour le candidat lui-même, mais pour des « délégués » qui formeront la délégation du parti de chaque État à la Convention nationale.* Les postulants à la délégation font, *en principe*, campagne pour un candidat, s'engageant à voter pour lui à la Convention. En réalité, le mandat donné aux délégués aux Conventions républicaine et démocrate, est relativement souple, ce qui explique que les candidats à l'investiture ne se croient pas obligés de se présenter dans toutes les primaires. Le sort de leur candidature se joue essentiellement lors de la Convention nationale de leur parti.

Les primaires ne se déroulent pas le même jour à travers tout le pays. Elles ont lieu entre février et juin de l'année de l'élection présidentielle. Selon les États et les partis, le vainqueur enlève tous les sièges de la délégation ou on recourt à la répartition proportionnelle (obligatoire chez les démocrates).

Elles sont un bon baromètre de la cote des candidats. La première a lieu traditionnellement en février dans le New Hampshire, car la loi de cet État prévoit que la primaire doit y avoir lieu avant tous les autres États. Elle est suivie avec attention par la presse même si sa signification est contestable : État minuscule (951 000 habitants) et excentrique.

S'il ne se présente pas à toutes les primaires, le candidat doit choisir avec beaucoup d'attention les premières auxquelles il tentera sa chance, car elles servent de test pour l'avenir de sa candidature. Aussi, après une suite d'échecs dans des États importants, une personnalité a-t-elle intérêt à se retirer de la lutte. La nécessité d'être présent successivement sur plusieurs fronts est le début d'une épreuve physique harassante pour les candidats - et par-là une vérification de leur aptitude à remplir les fonctions de président.

**466. Le système des Conventions d'État et des « caucuses ».** - Ici la désignation des délégués n'est pas faite directement par les électeurs du parti se rendant aux urnes, mais au sein d'une assemblée réunissant les chefs du parti au niveau local avec des représentants des différents comités du parti dans la circonscription. *Le choix des délégués est laissé à la « machine » du parti et aux militants.* À l'origine, le caucus réunissait les membres du parti dans la législature de l'État, qui proposaient les délégués à la Convention. De nos jours, les formules varient selon les États et les partis. Une tendance à associer les électeurs de base aux caucus se développe cependant depuis quelques années. Les premiers caucus ont lieu dans l'Iowa en février.

Ces procédés moins démocratiques désignent une minorité des délégués.

### γ. *La désignation des candidats par les Conventions nationales*

**467.** Le choix définitif du candidat de chaque parti (et du candidat à la vice-présidence) se fait lors des Conventions nationales des partis. Celles-ci adoptent aussi le programme, la plate-forme du parti.

La Convention, réunie depuis 1837 pour les démocrates et 1854 pour les républicains, est organisée par le Comité national du parti : y siègent les délégués désignés par les cinquante États, plus ceux de Washington DC (dont le nombre pour chacun est fixé, on l'a vu, par la Convention elle-même). Il s'agit d'une assemblée très nombreuse (plus de 4 000 personnes pour les démocrates, plus de 2 000 pour les républicains), colorée, animée (orchestres, confettis, majorettes...), où les délégués viennent généralement à leurs frais. Dans ces conditions, les débats sont le plus souvent confus, l'essentiel des tractations se passe dans les couloirs.

La présence de délégués issus de procédures de choix différentes, et de plusieurs centaines de membres de droit, explique que, pendant longtemps, le succès à la Convention nationale du candidat qui a montré par ses victoires dans les primaires qu'il disposait d'un large soutien populaire, n'était pas garanti. Certains délégués, on l'a vu, peuvent modifier leur vote, et surtout la machine du parti peut jouer un rôle déterminant grâce aux suffrages des délégués qui lui doivent leur nomination. Cependant, ce qui était très possible il y a quelques lustres l'est beaucoup moins aujourd'hui où le développement des primaires a rendu minoritaires à la Convention les délégués des caucus.

La sélection du candidat du parti peut être longue et incertaine, comme en témoigne, en 2008, la longue compétition entre H. Clinton et B. Obama. La victoire de ce dernier n'a été acquise que très tardivement.

Les règles de majorité sont variables. Jusqu'en 1936, les démocrates exigeaient les deux tiers des suffrages. Aussi en 1924 fallut-il 103 tours de scrutin pour désigner le candidat du parti. Depuis 1952, un seul tour a toujours suffi.

La personnalité choisie par le parti portera ses espoirs lors de l'élection proprement dite. À partir de la Convention nationale, la campagne qui s'était déroulée dans un cadre partisan va s'adresser au corps électoral dans son entier, c'est « la campagne d'automne ».

### b. La phase officielle : le choix du président

**468.** On désigne dans un premier temps de « grands électeurs » qui éliront ensuite le président en décembre.

#### α. *Le scrutin présidentiel*

**469.** Les Conventions nationales s'étant tenues pendant l'été, on connaît les candidats et l'élection est fixée au mardi suivant le premier lundi de novembre. *La compétition qui jusqu'à présent s'était déroulée au sein des partis pour obtenir leur investiture oppose maintenant les candidats des deux partis désignés lors des Conventions.* Alors qu'en France, les candidats s'affrontent pendant de longs mois, aux États-Unis, où la campagne s'ouvre en pratique le premier lundi de septembre, chacun ne dispose que d'un peu plus de deux mois pour convaincre les électeurs de lui apporter leurs voix de préférence à son concurrent.

À ce stade, on ne *procède pas encore à l'élection du président, mais à celle de grands électeurs* qui à l'étape suivante désigneront le président. Les élections ne sont pas organisées au niveau de l'Union, mais à celui des États. Les grands électeurs, *« les électeurs présidentiels »*, sont au nombre de 538. Chaque État a droit à autant de grands électeurs qu'il dispose d'élus au Congrès. Ainsi la Californie avec 2 sénateurs et 53 représentants au Congrès désigne 55 électeurs présidentiels. Il ne s'agit donc pas d'une consultation nationale comme en France, il y a cinquante élections distinctes. Les candidats à la fonction de grand électeur se présentent devant le corps électoral en faisant connaître le nom de celui pour qui ils voteront lors du stade suivant, celui de l'élection présidentielle proprement dite (c'est-à-dire pour le candidat démocrate ou pour le candidat républicain).

Le scrutin est un *scrutin de liste à un tour*. Dans la quasi-totalité des États (sauf deux), la totalité des sièges de grands électeurs va au parti qui obtient la majorité (« *winner takes all* »).

Les résultats de l'élection présidentielle proprement dite (v. *supra* n° 462) sont ainsi connus avant même son déroulement, au lendemain de ce premier scrutin, par le décompte des grands électeurs sur lesquels chaque aspirant-président peut compter.

Le résultat du scrutin peut tenir au vote de quelques grands États où l'un des candidats a obtenu de justesse cette majorité. Ainsi J.-F. Kennedy fut élu en 1960 avec 110 000 voix de plus que son rival, R. Nixon, sur près de 69 000 000 de suffrages exprimés, mais J.-F. Kennedy avait alors obtenu 303 grands électeurs, R. Nixon 219. En 2004, J.-F. Kerry aurait gagné s'il avait emporté l'Ohio qui lui échappa pour 119 000 voix ! Au total, G. W. Bush obtint dans l'ensemble 275 grands électeurs et J. K. Kerry 263. Il arrive aussi (13 fois sur 52 depuis Washington) que le président n'ait pas obtenu la majorité des suffrages dans le pays (car il y a toujours des candidats marginaux). Ainsi en 1992, B. Clinton a recueilli 43 % des voix (soit 24 % des inscrits). À trois reprises même (1876, 1888, en 2000 G. W. Bush, avec 500 000 voix de moins qu'A. Gore) le vainqueur a recueilli moins de suffrages que son concurrent. En 2008, pour la première fois depuis l'élection de J. Carter, en 1976, le candidat démocrate B. Obama a obtenu la majorité absolue des voix dans l'ensemble du pays, alors que D. Trump a été élu avec moins de voix qu'H. Clinton (47,5 % contre 48 %), mais avec le soutien de 306 grands électeurs, contre 232 pour son adversaire. Lors de l'élection présidentielle de 2020, Joe Biden (démocrate) a obtenu 51,31 % des suffrages et le soutien de 306 grands électeurs contre 48,86 % des voix et 232 grands électeurs pour Donald Trump (républicain, président sortant).

### β. *Le vote des grands électeurs*

**470.** Le collège des électeurs présidentiels se réunit le premier lundi suivant le deuxième mercredi de décembre, en principe dans la capitale de chaque État. Chaque électeur vote pour le candidat de son parti, ce scrutin apparaît comme *une simple ratification*. Le dépouillement n'a lieu que le 6 janvier à la Chambre des représentants.

Le président, comme le vice-président, doivent obtenir la majorité absolue, non pas des suffrages exprimés, mais des électeurs présidentiels (votants ou non) dans deux votes distincts, soit 538 : 2 = 270 voix. Au cas où aucun candidat n'obtient cette majorité, la Chambre des représentants choisit elle-même le président parmi les trois candidats arrivés en tête. Chaque État dispose alors d'une voix. Le cas s'est produit en 1800 (T. Jefferson) et 1824

(J. Q. Adams). Quant au vice-président, il est alors choisi par le Sénat entre les deux candidats en tête.

L'idée d'abolir le système des grands électeurs fait son chemin chez les démocrates à la suite de deux victoires de candidats républicains (G. W. Bush et D. Trump) malgré un vote populaire en faveur de leur candidat. À l'heure actuelle, il existe 538 grands électeurs, dont la répartition varie selon les États. Les candidats se concentrent en fait sur quelques États qui peuvent basculer dans un camp ou un autre et disposent d'un grand nombre de grands électeurs (Floride, Ohio, Pennsylvanie). Mais cette réforme est loin d'être acquise.

Le président prend ses fonctions le 20 janvier (l'« inauguration »). Contrairement à la tradition qui voit la transmission des pouvoirs s'opérer de manière consensuelle, le président Trump a contesté tant devant l'opinion que devant les juridictions la régularité du processus électorale et la victoire de son adversaire dans des conditions de tension qui ont même conduit à une prise d'assaut du Capitole (le Parlement) par certains de ses partisans.

Cette procédure paraît aujourd'hui aussi compliquée que désuète. Elle n'en correspond pas moins à une élection directe par le peuple dans la mesure où les grands électeurs abdiquent toute liberté de choix. Les Américains ont le sentiment de choisir eux-mêmes leur président.

## 2. Le statut du président, le cabinet, l'organisation de la présidence

**471.** À son entrée en fonctions, le nouveau président prête serment à la Constitution.

Le président forme son *Cabinet* - qui n'a pas d'existence constitutionnelle - en nommant ses ministres *avec l'accord du Sénat*, qui est à peu près automatique (10 refus depuis l'origine). Ceux-ci sont au nombre de 16 et sont appelés « *secretaries* ». Ils sont placés à la tête de Départements : Défense, Intérieur (qui ne recouvre pas le maintien de l'ordre), Trésor, Agriculture, Commerce, Santé, Énergie, Éducation... ; l'un des plus importants est celui chargé des Affaires étrangères auquel est réservé le titre de « secrétaire d'État ».

Les ministres ne peuvent être membres du Congrès, ils sont choisis dans le secteur privé, dans les universités ou dans les administrations. Parfois même ils sont membres du parti adverse, c'est la pratique du « *bipartisanship* », utile lorsque le président et la majorité du Congrès n'appartiennent pas au même parti. Le Cabinet n'a *pas d'existence autonome* en dehors du lien avec la personne du président, toute analogie avec le Cabinet britannique, par exemple, est exclue. Ses membres sont révocables discrétionnairement par le chef de l'exécutif et si un désaccord survient au cours d'une réunion entre le président et les ministres, le président reste entièrement libre de sa décision, il s'agit donc d'un organe consultatif, le *Gouvernement américain ne pratique pas la collégialité, il ne prend pas de décisions collectives*. À ce propos, on cite traditionnellement une phrase célèbre de A. Lincoln qui s'était trouvé seul contre tout le Cabinet : « sept oui, un non : le non l'emporte. » *Les ministres sont en définitive des collaborateurs personnels du président.*

À côté du Cabinet on trouve le *White House Office* (650 personnes environ) composé de conseillers politiques et le *Bureau* du président, ou « *Executive Office* », organe plus technique, créé par F. D. Roosevelt en 1939. C'est le « *brain-trust* » du président qui a pris avec le temps des proportions considérables, démesurées même ; il est passé de 1 500 personnes avec J.-F. Kennedy à plus de 5 000 aujourd'hui.

Toute une série d'offices ou d'agences sont rattachés au Bureau, ainsi le Conseil national de sécurité (NSC, chargé de conseiller le président en matière de politique étrangère et de défense nationale) dont dépend la CIA, l'*Office of management and budget*, le *Council of economic advisers*, la Commission fédérale du service postal, la Commission de réglementation de l'énergie atomique...

## 3. Pouvoirs propres du président des États-Unis

**472.** Chef de l'État, symbole de l'unité nationale, ce qui est important dans un système fédéral, le président des États-Unis est aussi en quelque sorte *le Gouvernement en entier* puisque le Cabinet n'est pas un organe distinct de lui.

Ses pouvoirs sont extrêmement étendus mais sa personnalité influe sur leur portée. J.-F. Kennedy, L. Johnson, R. Nixon, B. Clinton ont été des présidents forts alors que G. Ford et J. Carter n'ont pas eu les mêmes possibilités d'action.

En dehors des pouvoirs partagés avec le Congrès, le président est titulaire de pouvoirs propres, c'est-à-dire qu'il peut mettre en œuvre comme il l'entend, mais qui sont cependant soumis – comme toute son action – au *contrôle* du Congrès, sans pouvoir aller cependant jusqu'à une mise en cause de sa responsabilité.

En se limitant à ses pouvoirs les plus importants, on dira qu'il est :

### a. Le détenteur du pouvoir réglementaire

**473.** Chargé de veiller à l'exécution des lois, le président peut prendre toutes les mesures qu'il juge indispensables à la mise en œuvre de la loi *(executive orders)*. Ces mesures sont prises soit spontanément par le président, sur la base de son pouvoir constitutionnel de veiller « à ce que les lois soient fidèlement exécutées », soit à partir d'une *délégation législative* votée par le Congrès, car c'est là l'un des paradoxes du régime américain que la séparation stricte des pouvoirs ne s'oppose pas à cette délégation, que la Cour suprême ait reconnu sa constitutionnalité (à la condition – subtile – qu'il s'agisse d'un élargissement des compétences présidentielles et non d'un abandon par le Congrès de ses prérogatives) et que sa pratique soit fréquente, en particulier en cas de guerre ou de crise (pouvoirs d'*emergency*), économique en particulier.

Ces attributions réglementaires sont écrasantes et une partie en est exercée en fait de façon indépendante par « *des agences à pouvoir réglementaire* » dont relèvent de vastes secteurs de la vie nationale : commerce interétatique, marchés boursiers, environnement... et qui parfois prennent des décisions qui semblent appartenir au Congrès.

Finalement à travers ce premier pouvoir le président peut s'assurer, s'il le souhaite, la maîtrise de l'application de la loi, qu'il en étende la portée, la restreigne, voire même la laisse devenir lettre morte.

Le président joue, de fait et non en droit, un rôle important dans l'initiative des lois.

## b. Le chef de l'administration fédérale

**474.** À ce titre il nomme et révoque un grand nombre de fonctionnaires (9 000 environ). Si le « *spoils system* » (au vainqueur les dépouilles), institué par A. Jackson en 1829 et considéré comme peu choquant dans la mentalité américaine, a perdu de son ampleur au profit du « *merit system* », beaucoup d'emplois changent encore de titulaires au lendemain de chaque élection présidentielle. Il en est ainsi par exemple pour les ambassadeurs qui doivent être confirmés dans leurs fonctions par le nouveau président. Pour les emplois les plus importants l'accord du Sénat est nécessaire (v. *infra* n° 486).

En outre, l'Administration fédérale est à ses ordres et il la contrôle comme il l'entend.

## c. Le commandant en chef des forces armées

**475.** La Constitution fait du président le chef des armées, ce qui lui donne le droit en temps de guerre de diriger les opérations militaires et en temps de paix de décider d'utiliser les forces armées pour repousser une attaque soudaine.

La déclaration de guerre en effet appartient au Congrès. A. Lincoln avait déclaré qu'il n'était pas bon « qu'il soit au pouvoir d'un seul homme » d'entraîner son pays dans la guerre – formulant par-là un principe que l'on retrouve dans presque tous les régimes démocratiques. Mais il faut laisser au président la possibilité d'agir vite en face d'une situation imprévue pouvant mettre en péril l'avenir du pays. S'il ne peut « déclarer » la guerre, il peut la « faire » lorsqu'elle est imposée.

Le partage des compétences en ce domaine n'est pas net et les caractères des conflits armés actuels ont entraîné un *élargissement des pouvoirs de l'exécutif* dans la plupart des États, et *aux États-Unis en particulier*. Peu à peu on en est venu à considérer que le président avait le pouvoir d'utiliser la force armée pour protéger les citoyens américains à travers le monde et non pas simplement pour défendre le territoire national. Le Congrès lui-même ne fut pas toujours très ferme sur ces prérogatives puisqu'en 1964 par exemple il autorisa le président à décider toutes mesures propres « à prévenir une agression dans l'avenir ».

Aussi le président a-t-il pris toute une série de décisions qui, sans correspondre à une déclaration de guerre formelle, constituaient des actes de guerre, ceci sans autorisation du Congrès. Qu'il suffise de rappeler l'envoi de troupes en Corée en 1950, le blocus de Cuba en 1962, l'intervention militaire en République dominicaine en 1965, l'envoi d'unités de combat au Sud Viêt-Nam la même année, les bombardements du Nord Viêt-Nam en 1972 et de la Libye en 1986, le débarquement à la Grenade en 1983 et au Panama en 1989 à Haïti en 1994.

Cependant une réaction s'est esquissée depuis qu'en 1973, en dépit du veto de R. Nixon, a été votée *la loi sur les « War powers »* qui interdit au président d'engager, sans l'accord du Congrès, des troupes à l'étranger au-delà de soixante jours, et l'oblige à lui faire rapport dans les quarante-huit heures ; ainsi averti, le Congrès pourra y mettre un terme. Ceci ne s'oppose pas au pouvoir du président, qui est même clairement légitimé, il pourra toujours mettre le pays devant le fait accompli en l'entraînant dans une aventure militaire que le Congrès aura ensuite du mal à désavouer et à interrompre. Il ne faut pas se dissimuler qu'en réalité c'est bien aujourd'hui le président qui déclare la guerre, même si, comme pour la guerre du Golfe en 1990-1991, du Kosovo en 1999 et de l'Afghanistan en 2001, de l'Irak en 2002, il s'efforce d'obtenir la caution du Congrès. Cependant, le 31 août 2013 le président Obama a décidé d'obtenir l'accord du Congrès avant de lancer des frappes militaires en Syrie. Cette décision a parfois été interprétée comme rejetant sur le Congrès ses responsabilités de commandant en chef.

## d. Le maître de la politique étrangère

**476.** Cette attribution est exercée en collaboration avec le secrétaire d'État qui n'a pas plus de pouvoirs que les autres membres du Cabinet et auquel le président se substitue souvent.

La Constitution prévoit que le président négocie seul les traités, ses pouvoirs d'initiative ne sont donc pas partagés ici ; par-là il définit en pratique la politique étrangère des États-Unis. Mais, le président est soumis à un contrôle très strict du Sénat (v. *infra* n° 486) et la vigilance du Congrès est devenue beaucoup plus grande depuis les années 1970. La complaisance fait maintenant parfois place à l'affrontement (accords SALT, traité sur le canal de Panama en 1978, aide aux Contras, Irangate, etc.). Mais le Congrès ne peut que conseiller et contrôler, il n'a pas l'initiative et l'exécution lui échappe, *le président est toujours le maître* d'autant que les négociations sont très souvent secrètes (v. *infra* n° 501). De manière inédite, en mars 2015, les sénateurs républicains ont adressé une lettre ouverte aux dirigeants de l'Iran indiquant qu'ils disposaient des moyens constitutionnels pour faire échouer un compromis négocié par l'administration Obama, dès lors qu'il ne leur conviendrait pas. Il s'agissait de démontrer qu'un accord qui ne serait pas validé par l'ensemble du Congrès serait réduit à un simple décret présidentiel dont la pérennité serait remise en cause en cas d'alternance à la Maison Blanche.

## B. Le Congrès

**477. Bibliographie.** – Claire-Emmanuelle LONGUET, *Le Congrès des États-Unis*, PUF, 1989.

**478.** Le Parlement américain s'appelle le « Congrès ». Il est formé de deux Chambres – ce qui est normal s'agissant d'un régime fédéral : la Chambre des représentants et le Sénat.

### 1. Les Chambres

#### a. La Chambre des représentants

**479.** Composée de 435 membres (plus trois pour le district de Washington) – auxquels les Américains réservent l'appellation de « *congressmen* » – elle est élue pour deux ans. L'élection se déroule au scrutin uninominal à un tour, chaque État étant divisé en circonscriptions et les modalités du vote étant fixées par les États. La représentation des États est à peu près proportionnelle à leur population, mais il y a parfois de grandes inégalités entre les circonscriptions.

La durée du mandat – deux ans – mérite d'être soulignée. Par sa brièveté, elle posera parfois des problèmes au président car à la fin de la seconde année de son mandat la Chambre des représentants élue en même temps que lui est entièrement renouvelée *(mid-term elections)* et la majorité peut changer ; le parti du président perd régulièrement des sièges lors de ces élections intermédiaires (exceptions : 1998, 2002). On verra plus loin comment le président s'efforce alors de gouverner. Par ailleurs, la perspective des élections tend à occuper l'esprit et l'activité des représentants. Ces derniers souhaitent être réélus, ceci d'autant plus vivement que les postes importants du Congrès sont attribués largement à l'ancienneté et que des mandats successifs permettent aussi de se faire mieux connaître et de briguer des fonctions plus en vue (gouverneur, membre du Cabinet...). Les représentants sont donc tentés de négliger les travaux de la Chambre pour rester en contact avec leur circonscription.

Aussi 90 % des représentants sont-ils réélus lors d'une nouvelle candidature.

Sociologiquement les représentants ne reflètent que très imparfaitement l'image de la société américaine. Les femmes, les catholiques, les Noirs sont sous-représentés ; les milieux aisés, les juristes, sont au contraire surreprésentés.

En 2020, les démocrates obtiennent 222 sièges contre 213 aux républicains. À l'issue des élections à mi-mandat de 2022, les républicains ont obtenu la majorité avec 222 sièges contre 213 pour les démocrates.

#### b. Le Sénat

**480.** Le Sénat est composé de deux sénateurs par État, quelle que soit sa population, ce qui est conforme au principe traditionnel du système fédéral, mais crée des inégalités de représentation considérables : l'Alaska avec 407 000 habitants, ou Hawaï avec 895 000 ont deux sénateurs comme la Californie avec 22 000 000 d'habitants. À l'origine, lors de la Convention de Philadelphie, la règle de la parité de représentation avait donné lieu à des débats très vifs entre représentants des grands et petits États. Il y a aujourd'hui cent sénateurs.

Les sénateurs sont élus pour six ans, directement par le peuple au scrutin majoritaire à un tour (depuis 1913), leur renouvellement s'effectue par tiers. La circonscription électorale est constituée par l'État (à la différence de ce qui se passe pour la Chambre des représentants). Sociologiquement le recrutement du Sénat accentue les distorsions signalées pour la Chambre, les Noirs et les femmes y sont encore moins représentés. La réélection est presque automatique : 89 % des cas.

La fonction de sénateur a plus de prestige que celle de représentant, et ceux-ci, du fait de la longueur de leur mandat, peuvent mieux se consacrer aux affaires de l'État.

Les élections de 2020 ont donné 50 sièges aux républicains contre 48 aux démocrates, auxquels s'ajoutent 2 indépendants. Les élections de 2022 laissent la majorité aux démocrates avec 51 sièges contre 49 aux républicains.

## c. Fonctionnement du Congrès

**481.** Le Congrès tient une session annuelle qui s'ouvre le 3 janvier et dont il décide lui-même la clôture. En pratique elle se poursuit couramment pendant dix mois, elle est donc quasi permanente.

### α. *Les débats*

**482.** Les débats sont moins rigoureusement organisés que dans les Parlements européens et personne ne parvient à les contrôler véritablement. Le *speaker* qui préside la Chambre des représentants n'a ni la stabilité, ni l'impartialité, ni l'autorité de son homologue des Communes, il est en même temps chef du parti majoritaire, il est l'homme le plus puissant après le président. Le Sénat est, rappelons-le, présidé par le vice-président des États-Unis qui le plus souvent se fait suppléer par un sénateur. Le véritable chef du Sénat est le *leader* du parti majoritaire.

Une particularité originale du déroulement des débats, propre au Sénat, est la pratique du « *filibustering* ». Elle permet aux adversaires d'un projet de faire obstruction à son adoption. Les interventions et le temps de parole ne sont en effet pas limités. Chaque sénateur peut prendre la parole aussi souvent qu'il le veut et la conserver aussi longtemps qu'il en a la force. Faute de pouvoir développer leur argumentation plus avant, certains orateurs en viennent à lire la Bible ! En 1953 un orateur a ainsi réussi à se maintenir à la tribune pendant plus de vingt-deux heures. Cette tactique ne pouvant être entravée que par un vote exigeant une majorité des trois cinquièmes des membres du Sénat, la minorité peut ainsi bloquer longuement un débat. Ce respect de la liberté des parlementaires n'est pas de nature à faciliter l'efficacité du Congrès mais renforce les pouvoirs du Sénat. Les Sudistes l'ont beaucoup employé contre les lois antiségrégationnistes. Depuis 1949,

168 *filibusters* ont été engagés, dont 82 à l'encontre de l'administration Obama. Le 21 novembre 2014, les sénateurs ont adopté un précédent permettant de surmonter un *filibuster* à la majorité simple.

### β. *Les Commissions*

**483.** Le Congrès est une institution largement *décentralisée* où les commissions jouent les premiers rôles.

- Des *commissions permanentes* (22 à la Chambre, 16 au Sénat) procèdent à un examen préalable des projets de lois ; *leur rôle est déterminant dans la procédure législative*. Elles enterrent certains projets, elles proposent pour d'autres une rédaction nouvelle. Traditionnellement - avec une atténuation depuis 1975 - leur présidence revient au parlementaire le plus ancien, ce qui supprime les inconvénients de la compétition, donne une réelle indépendance à la présidence, mais instaure une gérontocratie conservatrice très puissante (trop même), à la Chambre surtout. Elles peuvent procéder à des auditions, les « *hearings* », auxquels elles convoquent qui elles jugent bon. L'un des intérêts de cette procédure est de permettre aux parlementaires de connaître, en dehors du point de vue des particuliers et groupements intéressés, celui de l'Administration, car la *conception de la séparation des pouvoirs n'autorise pas les membres du Cabinet à prendre séance au Congrès*.
- Les Chambres procèdent aussi à un contrôle de l'Administration. Les *commissions spéciales* se comportent parfois de façon déplaisante, proche d'un contrôle policier, avec des « dépositions » faites en présence des chaînes de radio et de télévision. On peut citer en ce sens celle sur les activités antiaméricaines dirigée en 1954 par le sénateur J. MacCarthy, celle sur le scandale du Watergate en 1973, celle sur l'Irangate en 1987, celle sur les attentats du 11 septembre 2001. Cette forme d'activité des commissions est fort critiquée, en particulier en raison de la violation de la séparation des pouvoirs, les commissions d'enquête se comportant comme de véritables organes judiciaires.
- Enfin, c'est une commission qui dispose du pouvoir redoutable de fixer l'ordre du jour de la Chambre des représentants ; au Sénat c'est le leader de la majorité.
- Dans l'hypothèse d'un désaccord entre les deux Chambres au cours de la procédure législative, on crée une sorte de *commission de conciliation*, proche de la Commission mixte paritaire française (v. *infra* n° 906), « la conférence », destinée à proposer un texte commun. Aucune des Chambres n'ayant de suprématie sur l'autre, l'échec de cette procédure entraîne l'abandon du projet.

## 2. Les pouvoirs du Congrès

**484.** *Le Congrès n'est pas une institution efficace*, l'impulsion de la vie politique vient de la présidence. Le Congrès peut la contrarier, s'y opposer, dire non, faire preuve d'inertie, mais il n'a pas un rôle créateur et d'innovation, il manque d'imagination collective. Cette faiblesse tient beaucoup à l'absence de majorité, comme d'opposition, cohérentes, centralisées, se reconnaissant un véritable chef, et aussi au fait que les parlementaires sont avant tout sensibles aux intérêts (forcément antagonistes) de leurs électeurs. Les propositions de lois s'enlisent dans un véritable labyrinthe à la sortie duquel sont votées, chaque année, une quinzaine de lois importantes seulement.

Les deux Chambres disposent de pouvoirs communs, mais le Sénat apparaît comme l'assemblée la plus puissante et la plus importante et bénéficie de pouvoirs propres.

### a. Attributions communes

**485.** Le Congrès est dépositaire tout d'abord, au moins partiellement on l'a vu, du *pouvoir constituant* (v. *supra* n° 444). Il a aussi le pouvoir de *déclarer la guerre* (v. *supra* n° 475).

Il exerce le *pouvoir législatif*: les deux Chambres sont sur un pied d'égalité mais la plupart du temps l'initiative vient de la Chambre des représentants. En matière d'impôts les représentants ont même le monopole de l'initiative. Mais le Sénat peut proposer des amendements.

Par ailleurs, le Congrès peut mettre en œuvre *la procédure d'impeachment* contre les hauts fonctionnaires fédéraux (y compris les juges) ayant commis des infractions graves (corruption, trahison...) (v. *infra* n° 495). Les poursuites sont déclenchées par les Représentants, le Sénat juge les inculpés. Trop lourde, cette procédure n'est presque jamais utilisée.

Enfin, le Congrès dispose d'un large *pouvoir de s'informer*, d'enquêter sur l'action de l'exécutif. *Il peut obliger le président à s'expliquer* et il contrôle ainsi son action. Mais, comme on le sait, ce contrôle est dénué de sanctions juridiques (conséquence du régime présidentiel).

### b. Les pouvoirs propres au Sénat

**486.** La Convention de Philadelphie avait voulu faire du Sénat plus qu'une Chambre législative en lui confiant aussi un rôle de conseil du Gouvernement, facilité par le fait qu'à l'origine il n'y avait que 26 sénateurs. Il reste quelque chose de cette idée initiale.

Le Sénat doit donner son *accord à la nomination des hauts fonctionnaires fédéraux*. Plusieurs dizaines de milliers de nominations et promotions lui sont ainsi soumises chaque année. Généralement le Sénat, s'inspirant du principe de la « courtoisie sénatoriale », ne s'oppose pas au choix du président. Mais certains présidents (R. Nixon, R. Reagan, G. W. Bush) ont connu quelques déboires. Le 21 novembre 2013 est adoptée une réforme des règles de vote visant à réduire les situations de blocage. Ainsi la majorité requise pour confirmer certaines nominations à des hautes fonctions au sein de l'exécutif (secrétaire d'État, président de la banque centrale) et du pouvoir judiciaire (juges fédéraux, mais non s'agissant des juges de la Cour suprême) est abaissée de 60 à 51 voix (sur les 100 du Sénat).

Par ailleurs, le Sénat a des pouvoirs *en matière de relations internationales* : si le président conclut les traités, ceux-ci doivent être ratifiés par le Sénat à la majorité des deux tiers des présents. En d'autres termes, il suffit de l'opposition d'un tiers des sénateurs pour qu'un traité ne soit pas ratifié, un droit de veto est ainsi remis à la minorité du Sénat. Si le parti du président n'est pas majoritaire au Sénat, il risque d'avoir des difficultés à faire ratifier les traités. L'exemple le plus célèbre est le refus par le Sénat de ratifier le traité de Versailles, ce qui a entraîné en outre la non-ratification du pacte de la SDN placé en tête du traité.

Pour tourner l'obligation de cette procédure périlleuse, le président a pris l'habitude de négocier des « *executive agreements* » (correspondant à nos « accords en forme simplifiée », ils sont quinze fois plus nombreux que les traités) qui n'ont pas à être soumis au Sénat et auxquels la Cour suprême devait reconnaître les mêmes effets qu'aux traités. Dans les premières années du XIX^e^ siècle il s'agissait par-là de régler des questions techniques mineures sans déranger le Sénat, ou de mettre en œuvre des traités dûment approuvés par lui. Progressivement le procédé a pris une extension considérable (accords de Yalta en 1945), en particulier dans le domaine militaire, et constitue aujourd'hui un véritable pouvoir propre du président. Ils doivent cependant être transmis au Congrès pour information (loi Case 1972), obligation qui n'est pas toujours respectée.

## C. Les moyens d'action respectifs du président et du Congrès

**487.** Nombre d'aspects qui caractérisent la séparation des pouvoirs dans le régime parlementaire sont absents d'un système fondé, en théorie, sur une séparation stricte des pouvoirs :

- le Congrès ne peut renverser le président ou démettre ses ministres ;
- le président ne peut dissoudre le Congrès ;
- les ministres, pas plus que le président, n'assistent aux séances du Congrès ;
- l'exécutif n'a pas l'initiative des lois.

Mais le système ne pourrait pas fonctionner si chaque pouvoir restait enfermé dans l'isolement ou si l'un dominait l'autre : il faut assurer de délicats *équilibres* entre les pouvoirs constitutionnels.

### 1. Les moyens d'action du président sur le Congrès

**488.** Le parti du président n'est pas nécessairement majoritaire au Congrès et, à supposer qu'il le soit, il ne se considère pas comme obligé de le soutenir fidèlement. *La discipline de vote est peu stricte*, les défections lors des scrutins sont nombreuses. De 2000 à 2002, par exemple, le parti de G. W. Bush n'était pas majoritaire au Sénat, situation assez fréquente dans le passé, parfois dans les deux Chambres. Ajoutons que la Chambre des représentants est entièrement renouvelée au milieu du mandat présidentiel, ainsi que le tiers du Sénat et que le parti du président sort le plus souvent affaibli de ces élections. En même temps, il n'y a pas non plus au sein du Congrès une opposition structurée permanente ayant un leader. Les mots d'ordre des partis ne sont suivis que dans 70 % des cas, cette absence de discipline engage le président dans des manœuvres délicates et constantes pour obtenir l'appui des Chambres (en réalité les États-Unis sont un « *n°-party system* »). Le compromis est à la base de son comportement ; il est considéré comme démocratique, au contraire de ce qui se passe en France où une partie du pays gouverne contre l'autre. Ainsi, bien que disposant d'une majorité au Congrès, le président Obama a eu beaucoup de difficultés à faire adopter en 2010 son projet de réforme du système de santé. Aussi le chef de l'exécutif doit-il « vendre » en quelque sorte sa politique au Congrès. Sa personnalité, son autorité, son rayonnement jouent. Ses succès de politique étrangère et la stature internationale qu'ils lui confèrent peuvent lui faciliter la tâche. Il dispose aussi de prérogatives pour faire pression sur les Chambres et passer outre, s'il le faut, à leur résistance.

## a. Les messages au Congrès

**489.** L'interprétation stricte de la séparation des pouvoirs interdit au président de prendre part aux débats du Congrès. Cependant la Constitution a prévu qu'il pouvait communiquer avec lui par la voie de messages.

### α. *Le message sur l'État de l'Union*

**490.** Le plus connu est le « *message sur l'état de l'Union* ». Au début de chaque session, le Congrès, réuni en séance commune aux deux Chambres, est informé par son intermédiaire des problèmes de la vie de la Nation. Le président peut venir lire lui-même son message qui ne peut donner lieu à discussion. Le constituant a rendu obligatoire cette information du législatif par le président et la lecture du message sur l'état de l'Union est un des moments importants de la vie politique américaine.

Cette importance a été renforcée par une évolution du contenu et de la signification de ce message, son rôle traditionnel est un peu passé au second plan. Le président utilise en effet maintenant les possibilités qu'il lui offre de prendre l'initiative des lois. Le message que prononce chaque année le président est un exposé de son programme, précisant les mesures législatives que sa réalisation implique. Cette invite est complétée en dehors du discours public, par des projets de lois annexés au message : le « *message législatif* ». Des parlementaires amis du président n'ont plus qu'à reprendre à leur compte ces projets. Le président est devenu le « *chief legislator* », *il est à l'origine de la plupart des lois.*

Ceci ne veut pas dire que tous les projets présentés au Congrès seront votés par lui. Beaucoup échouent et le phénomène est surtout sensible lorsque le Congrès a une coloration partisane différente de celle du président. Aussi le pourcentage des projets adoptés varie-t-il entre 93 % pour L. Johnson en 1965 et 51 % pour R. Nixon en 1973 ; la moyenne est des trois-quart. En pratique, le président à moins de facilités pour faire passer ses projets qu'un Premier ministre parlementaire.

#### β. *Le message sur le budget*

**491.** La formule des messages ne s'arrête pas là. Le président expose son programme financier dans un *message sur le budget*. Depuis 1921 en effet la préparation du budget est assurée par l'Office du budget qui, rappelons-le, relève du président, et non par le Congrès. Cependant, ce dernier a réagi contre cette situation, en particulier à la suite de l'attitude spécialement désinvolte de R. Nixon, moins d'ailleurs à propos de l'élaboration du budget que de son exécution. R. Nixon eut en effet recours à l'« *impoundment* », c'est-à-dire qu'il refusait de consommer les crédits votés contre sa volonté par le Congrès ; estimant ces opérations non-prioritaires, il en empêchait ou retardait la réalisation. Il exécutait le budget comme il l'entendait. Aussi dans chaque Chambre, une Commission du budget fut-elle créée, pour conseiller le Congrès en matière budgétaire et fiscale (*Congressionnal Budget Act* de 1974). Ainsi un semblant d'égalité a été rétabli entre les pouvoirs, les propositions présidentielles sont souvent bouleversées et le président est contraint de dépenser les crédits votés.

Le Congrès a d'ailleurs le dernier mot puisque c'est lui qui discute et vote en définitive le budget ; il tient les cordons de la bourse mais la procédure est si lourde qu'il n'a guère le temps de descendre dans les détails.

#### γ. *Les autres messages*

**492.** Enfin, le président adresse au Congrès tous les semestres un rapport économique et peut lui demander par des messages spéciaux de légiférer dans des domaines particuliers où une réforme apparaît urgente.

### b. Le veto présidentiel

#### α. *Le principe*

**493.** Les textes de lois votées par le Congrès doivent être promulgués par le président dans les dix jours. Celui-ci peut refuser, dans ce délai, leur promulgation, pour simple opportunité éventuellement, mais en faisant connaître ses raisons. Le veto s'applique à la totalité du texte et non à certaines de ses dispositions *(item veto)*. L'absence de « veto sélectif » empêche le président de s'opposer à une, ou à quelques dispositions de la loi seulement, aussi peut-il hésiter à l'utiliser lorsqu'il est d'accord avec les autres articles de la loi. Aussi le Congrès avait-il accordé, par une loi de 1996, l'*item veto* au président, de façon limitée, à l'égard des lois de finances. Mais la Cour suprême, par une décision du 25 juin 1998, a décidé que la loi de 1996 était contraire à la Constitution, condamnant par-là le veto sélectif.

Rarement utilisé à l'origine, le veto devint fréquent sous Cleveland et F. D. Roosevelt. Celui-ci l'opposa 635 fois. Il ne peut être détruit que par un vote de chaque Chambre à la majorité des deux tiers de ses membres (ce qui arrive dans 6 % des cas). Le Congrès se plie généralement à la volonté du président : pour F. D. Roosevelt le veto ne fut levé que neuf fois.

#### β. *Le* « pocket veto »

**494.** Nixon devait recourir largement au droit de veto, en particulier à sa seconde variété : le veto de poche (« *pocket veto* »). La Constitution prévoit en effet que : « *si un bill n'est pas renvoyé par le président dans les dix jours* (...) *qui suivront sa présentation, il deviendra loi de la même manière que s'il avait été signé, à moins que le Congrès, en s'ajournant, n'ait empêché le bill de lui être envoyé, auquel cas le bill ne deviendra pas loi.* » La ratification est donc implicite si le président n'a pas signé au bout de dix jours, ceci de façon à empêcher l'exécutif de gagner du temps en faisant attendre sa signature. Mais lorsque le Congrès s'ajourne ou met fin à la session pendant ce délai, il empêche par-là le président de lui retourner le texte de loi - approuvé ou rejeté. En conséquence, le président peut « conserver dans sa poche » les textes qui ne lui plaisent pas, votés dans les dix derniers jours de la session du Congrès, ceux-ci ne pourront entrer en vigueur et il faudra reprendre toute la procédure législative à la session suivante. Avantage supplémentaire : ce veto n'a pas à être motivé. Les deux cinquièmes des vetos sont des vetos de poche. Saisie à plusieurs reprises de la constitutionnalité de l'utilisation du veto de poche, la Cour suprême l'a toujours confirmée.

## 2. Les moyens d'action du Congrès sur le président

**495.** De son côté, le Congrès dispose de moyens d'action très développés qui font de lui une puissance face au président. *Si le Congrès légifère mal, il contrôle efficacement.* Ce sont surtout des moyens indirects qui font la force du Congrès.

### a. L'action directe : l'« impeachment »

**496.** Si l'on ne voulait pas faire du président un monarque, il fallait bien trouver un moyen de mettre en cause sa responsabilité. *Le Congrès peut destituer le président.*

Il s'agit d'une procédure destinée à mettre en cause la responsabilité du chef de l'exécutif (et, rappelons-le, de ses agents ainsi que des juges). Son origine est la même que celle de son homonyme anglais mais la pratique n'a pu, malgré une tentative au XIXe siècle, transformer le régime en régime parlementaire. Conformément à la Constitution, le président ne peut être poursuivi que pour « *trahison, concussion ou autres hauts crimes et délits* » - on notera que le dernier qualificatif est remarquablement vague.

La mise en accusation est décidée à la majorité simple par la Chambre des représentants, le jugement est rendu par le Sénat, présidé pour l'occasion par le président de la Cour suprême ; la majorité des deux tiers de ses membres est requise pour une condamnation.

Même si le Sénat s'est réuni seize fois jusqu'à présent (dont dix pour juger des juges. V. *supra* n° 486), cette procédure a abouti sept fois mais jamais contre un président des États-Unis.

- Elle fut utilisée en 1868 contre A. Johnson mais échoua devant le Sénat à une voix de majorité.
- Il est certain que sa menace a entraîné la démission du président Nixon le 8 août 1974. La commission judiciaire de la Chambre des représentants avait en effet recommandé à la Chambre l'ouverture d'une procédure de mise en accusation à son égard, un processus était engagé dont R. Nixon savait qu'il ne sortirait pas vainqueur ; *il est le seul président à avoir démissionné.*
- *Le président Clinton a fait l'objet d'une procédure d'impeachment* dans l'affaire Monica Lewinsky (relations extraconjugales à la Maison Blanche), pour parjure et entrave à la justice. Mis en accusation par la Chambre des représentants le 19 décembre 1998, son procès s'est ouvert devant le Sénat, présidé par le *chief justice* de la Cour suprême, W. Rehnquist, le 7 janvier 1999. Après une série d'audiences et d'auditions de témoins, B. Clinton a été acquitté le 12 février par 54 voix contre 45 et un bulletin blanc sur le premier chef d'accusation et 50 contre 50 sur le second. La majorité requise pour une condamnation était de 67 voix. Le fait que l'opinion publique soit largement défavorable à toute sanction, même si certains souhaitaient une réprimande, a certainement pesé sur cette issue.
- Donald Trump a été le troisième président à subir une mise en accusation par la chambre des représentants, mais au Sénat le bloc Républicain a fait obstacle à sa destitution. Parmi les incriminations ayant fondé sa mise en accusation figuraient la stratégie d'obstruction opposée aux assignations à comparaître de la Chambre concernant notamment la demande qu'il aurait faite au président ukrainien de mener une enquête contre le fils de l'un de ses adversaires potentiels, J. Biden, et les interférences dans l'élection présidentielle prêtées à la Russie par les services de renseignement américains. À la fin de son mandat, en janvier 2021, le président Trump a fait l'objet d'une seconde procédure d'*impeachment* pour le rôle qui lui est attribué dans l'assaut violent contre le Capitole pour protester contre de supposées fraudes lors de l'élection présidentielle. Cette procédure est tout à fait originale car elle vise un président sur le point de quitter ses fonctions. En réalité l'enjeu était de lui interdire de se présenter à nouveau, dans l'avenir, à l'élection présidentielle. La mise en accusation est votée par la Chambre des représentants, mais D. Trump est acquitté par le Sénat. Le recours à cette procédure est marqué par une politisation et un clivage politique accentués.

Ajoutons que des poursuites pénales seraient possibles contre le président, pour des actes antérieurs à son mandat.

En août 2014, avant les élections au Congrès, la Chambre des représentants a autorisé une action en justice contre le président Obama accusé de violer la Constitution. Il lui était reproché de prendre des initiatives qui empiètent sur les prérogatives des Congrès. Mais cette procédure n'a pas prospéré.

## b. L'action indirecte

**497.** Le moyen de pression le plus radical dont dispose le Congrès à l'égard du président consiste à lui refuser les moyens de sa politique. S'il ne peut engager sa responsabilité, il peut l'empêcher d'agir : lorsque le Congrès *rejette les crédits* nécessaires au président, celui-ci ne peut plus gouverner. Cette arme oblige le président à rechercher de bonnes relations avec les parlementaires, d'autant plus, on le sait, qu'il ne peut pas toujours s'appuyer sur une majorité issue du même parti que lui dans les Chambres. Ses efforts restent souvent vains et il doit se résigner à voir ses projets démantelés par le Congrès. Depuis la fin de la présidence de R. Nixon le Congrès a largement utilisé cette voie pour faire sentir sa puissance. Mais celle-ci est toute relative comme le montre l'échec de *l'amendement Gramm-Rudman*. Celui-ci, voté par le Congrès en 1985, prévoyait que l'impressionnant déficit budgétaire américain serait réduit progressivement pour disparaître en 1995. L'objectif n'a pas été réalisé, mais le débat reste ouvert, on parle de constitutionnaliser la règle de l'équilibre budgétaire ; B. Clinton s'était engagé à l'atteindre avant 2002, sans succès. La procédure permettant au Congrès de refuser de voter le budget avant la date limite conduit à une situation appelée *shutdown*. Ainsi le budget pour 2014 n'ayant pas été adopté avant la date limite, faute d'accord entre le président et le Congrès, 80 000 employés ont été mis en congé sans solde, les fonctions régaliennes (justice, sécurité, armée...) étant cependant assurées. Ce *shutdown* a duré 16 jours, il a coûté selon l'agence de notation Standard & Poor's 24 milliards de dollars (*Le Monde*, 18 octobre 2013). En janvier 2019 a eu lieu le plus long *shutdown* de l'histoire des États-Unis à la suite d'un conflit opposant la Chambre des représentants démocrate au président Trump concernant le financement de la construction d'un mur le long de la frontière avec le Mexique pour lutter contre l'immigration illégale.

À ce procédé il faut ajouter le *veto législatif*. Utilisé pour la première fois en 1932, il est devenu d'usage très fréquent sous la présidence de G. Ford et J. Carter. Il consiste à faire figurer dans une loi habilitant le président à prendre des mesures de portée générale (forme atténuée de délégation du pouvoir législatif), une clause prévoyant que ces mesures ne prendront effet qu'après leur approbation par le Congrès, qui dispose d'un délai de trente à soixante jours pour cette ratification. Dans ce cas, le veto législatif n'est pas contestable, mais depuis 1975 le Congrès s'est efforcé d'en élargir la portée dans un sens plus difficilement acceptable. La Chambre des représentants a en effet adopté une résolution demandant que *toutes* les réglementations élaborées par les autorités administratives soient publiées au « *Federal register* » pour entrer en vigueur trente jours après cette publication. Dans ce délai le Congrès pourra examiner ces textes et y opposer son veto. Le président Carter s'était élevé contre cette prétention et saisi la Cour suprême. Celle-ci, dans l'*arrêt Chadha* du 23 juin 1983 semblait devoir mettre un terme à cette pratique en la déclarant inconstitutionnelle. Le Congrès ne s'est pourtant pas incliné et il continue à recourir au veto législatif.

## §5. Qui gouverne les États-Unis ?

**498.** La Constitution américaine s'est efforcée de *réaliser un équilibre entre des pouvoirs indépendants*. C'est ainsi que chacun interprète la Constitution et donc ses pouvoirs comme il l'entend, et ne peut se voir imposer le point de vue d'un autre pouvoir. Il n'y a pas de solution constitutionnelle aux crises, aux conflits entre pouvoirs, et ceux-ci sont fréquents. La Cour suprême en particulier n'est pas un arbitre.

Mais dans la pratique, on est bien amené à se demander si un pouvoir ne domine pas les autres. Et il y a eu des auteurs pour soutenir, les uns que les États-Unis étaient gouvernés par le Congrès, les autres par la Cour suprême, les derniers enfin par le président. En réalité d'ailleurs si la question se pose, n'est-ce pas que les pouvoirs sont relativement égaux ?

### A. Le Congrès ?

**499.** La thèse selon laquelle les États-Unis sont gouvernés par le Congrès a été développée avec éclat à la fin du XIX^e siècle par un homme, un professeur de droit, qui devait par la suite devenir président des États-Unis : W. Wilson. Le titre de son ouvrage paru en 1887, *Le Gouvernement congressionnel*, est resté attaché à cette interprétation.

Pour W. Wilson, la séparation des pouvoirs instituée en 1787 ne fonctionne pas et le Congrès est devenu le pouvoir prédominant. En son sein ce sont d'ailleurs les présidents des commissions permanentes qui détiennent la réalité du pouvoir. W. Wilson ne condamne pas cette situation, ce qu'il regrette c'est qu'elle n'ait pas évolué comme en Angleterre vers le régime parlementaire.

En période de cohabitation, où le président n'appartient pas au même parti que la majorité du Congrès, ce dernier pourra utiliser ses pouvoirs d'enquête (v. *supra* n° 485) pour chercher à déstabiliser le président ou à le discréditer.

### B. La Cour suprême ?

**500.** La thèse du « gouvernement des juges » a déjà été exposée (v. *supra* n° 457). Elle souligne le rôle des tribunaux et particulièrement de la Cour suprême dans la vie politique américaine. Les virtualités du contrôle de la constitutionnalité des lois expliquent cette influence.

L'accusation a pu être vraie à certaines époques : à la fin du XIX^e siècle, au début du New Deal ; elle a perdu de sa pertinence aujourd'hui. En outre, le pouvoir du juge renferme une faiblesse essentielle, il ne peut véritablement gouverner, il peut tout au plus *empêcher*, son rôle n'est pas actif, il n'a pas de possibilité d'initiative. Enfin, la Cour n'est pas issue de l'élection, sa légitimité n'est pas de même nature que celle du président ou du Congrès. Néanmoins, c'est à lui qu'il appartient de se prononcer sur des questions controversées comme l'avortement ou la peine de mort.

De manière plus générale, les juridictions fédérales sont créées par le Congrès et les juges nommés par le président avec l'accord du Sénat. Ils sont nommés à vie mais peuvent être révoqués selon la procédure de l'*impeachment* (v. *supra* n° 496). Ces juges sont nommés en général à mi-carrière, le plus souvent après avoir été avocat. Le pouvoir judiciaire est devenu, de fait, totalement indépendant et fonctionne de manière autonome, avec un autocontrôle et une quasi-autogestion. Au niveau des États fédérés, les juges sont élus pour un mandat de six ou sept ans. Dans de nombreux États, l'élection est partisane.

## C. Le président ?

**501.** La majorité des auteurs soutiennent qu'en définitive, le pouvoir suprême appartient au président, et on a pu parler de « présidence impériale ». Le renforcement des attributions de l'État, les responsabilités internationales des États-Unis, la crise économique de 1929, tous ces facteurs ont contribué à accroître l'autorité du chef de l'exécutif, surtout depuis le début du XXe siècle, mais déjà pendant la guerre de Sécession sous la présidence d'A. Lincoln.

La politique étrangère en particulier, à partir des années 1950, a été très marquée par les initiatives du président, qu'il s'agisse de la guerre de Corée, de la crise de Cuba, de la guerre du Viêt-Nam ou de la politique chinoise et de la guerre d'Irak. Mais ce ne sont pas là ses seuls atouts. Le président dispose, en outre, de capacités d'initiative sans commune mesure avec celles du Congrès et *a fortiori* de la Cour suprême. Le pouvoir actif c'est lui, l'institution permanente c'est encore lui et les médias par leur attention à ses moindres faits et gestes consacrent sa suprématie. Dès qu'un problème nouveau se pose, on se tourne tout naturellement vers le président. Et, de précédent en précédent, se constitue une coutume élargissant ses pouvoirs. On est loin de l'arbitre et du gardien voulu par les « Pères fondateurs », l'évolution est proche de celle que connaîtra le président de la Ve République. *Que peut-on en penser ?*

En réalité, le régime est placé sous le signe de la *concurrence entre le Congrès et le président*, le premier disposant de redoutables armes défensives dont il n'est pas toujours capable de se servir.

À certaines époques, le Congrès durcit son comportement et impose sa volonté au président. C'était vrai déjà à l'époque où écrivait Wilson et où le libéralisme réel limitait considérablement les interventions d'un exécutif fédéral souvent incarné en outre par un président sans grande personnalité. Cette situation se produit maintenant au lendemain des crises intérieures et extérieures pendant lesquelles, par la force des choses et avec l'aval du Congrès, les pouvoirs du président ont été renforcés. Par une sorte de mouvement de balancier, le Congrès tient à rappeler son existence et son pouvoir.

Cette forme d'alternance au pouvoir entre le Congrès et le président est normalement de courte durée. Le Congrès s'est ainsi affirmé au lendemain de la première guerre mondiale face à W. Wilson (qui alors ne défendait plus la thèse du gouvernement congressionnel) et à ses successeurs jusqu'en 1933 ; à l'issue de la seconde guerre mondiale ensuite – en votant le XXIIe amendement limitant à deux le nombre des mandats présidentiels et en contrariant le programme économique de H. Truman – ; à nouveau après la chute de R. Nixon (qui l'avait aussi frustré de ses succès de politique étrangère), et enfin il a beaucoup relevé la tête au cours de la seconde présidence de R. Reagan.

Par ailleurs, il est certain que le président ne peut tout contrôler. B. Clinton disait « en réalité je ne peux agir que sur 5 % de ce qui me passe sous les yeux ». Aussi un président ne peut gouverner seul ; beaucoup de ses décisions ne deviennent exécutoires qu'une fois approuvées par le Congrès. Son succès est pour une large part tributaire de la bonne volonté d'un Congrès, dont l'une des Chambres est renouvelée tous les deux ans, et peut-être dominée par le parti opposé au président. Le Congrès est maître du budget, les « agences » qui assistent le président dépendent du Congrès pour leurs crédits ; le président est amené à composer avec lui, *le contrepoids prévu par les constituants de 1787 joue efficacement son rôle.*

Enfin, le président doit tenir compte de ce redoutable quatrième pouvoir qu'est *la presse*. Son indépendance, son irrespect, son agressivité sont beaucoup plus considérables aux États-Unis qu'ailleurs. Avec l'affaire du Watergate, elle a montré qu'elle pouvait défaire un président beaucoup plus sûrement qu'une procédure d'*impeachment* ; l'affaire de l'Irangate a beaucoup affaibli R. Reagan et l'« affaire Monica », B. Clinton.

Est-ce à dire qu'en définitive, dans cet affrontement, l'avantage soit au Congrès et que ce dénouement soit heureux ? La conclusion serait prématurée, car on l'a vu, ce qui caractérise la vie politique aux États-Unis, c'est un va-et-vient du pouvoir entre le législatif et l'exécutif au hasard des circonstances, des vertus et de l'autorité des partenaires. Il est sûr cependant que les États-Unis ont besoin d'une présidence forte qui reste, comme elle l'a toujours fait, dans les sages limites que lui a fixées la Constitution.

Comme le relève E. Zoller, le *leadership* du président constitue une forme de prépondérance qui permet au régime de fonctionner avec efficacité comme le système majoritaire d'un régime parlementaire. Ce leadership se traduit par l'influence du président non seulement sur le Congrès mais aussi sur la jurisprudence de la Cour suprême.

Par ailleurs, on relèvera l'influence que D. Trump a tenté d'exercer sur l'opinion en usant « sans modération » des réseaux sociaux.

## CHAPITRE 3

# Le régime d'assemblée

**502.** Le régime d'assemblée est aussi appelé « *gouvernement conventionnel* », car on considère qu'il fut appliqué en France sous la Révolution par la Convention avant d'aboutir à la dictature de Robespierre. De cette première expérience et de ses conséquences fâcheuses vient une réputation qui n'est guère flatteuse.

Comme son nom l'indique, le régime est celui où l'Assemblée domine les autres pouvoirs, où l'exécutif apparaît comme une autorité subordonnée. Le régime est monocaméral, ou tout au moins, il n'y a qu'une Assemblée qui compte. Dans son principe, il repose sur une intention généreuse qui peut se réclamer de J.-J. Rousseau ; faire du peuple à travers l'Assemblée le véritable titulaire du pouvoir. Les élus seront des *délégués et non des représentants*, tenus par un mandat impératif ; ils expriment la volonté populaire et sont soumis à son contrôle.

La méfiance à l'égard de tous les intermédiaires, la crainte d'une confiscation de la souveraineté par des représentants, expliquent la vogue que rencontre ce système dans les périodes révolutionnaires ; il a longtemps constitué l'une des utopies stérilisantes de la gauche française dont il continue parfois à entretenir les nostalgies. En effet, d'une part, ses limites sont celles du mandat impératif et celui-ci, on le sait, n'est pas adapté à la solution des problèmes de l'État moderne. D'autre part, le régime d'assemblée, reniant ses fondements, met souvent en œuvre le potentiel dictatorial qu'il contient. Faute de rencontrer un pouvoir concurrent qui lui fasse contrepoids, l'Assemblée échappe au contrôle du peuple, se laisse guider par les apparences de sa toute-puissance et, poussée par des minorités, est portée à exercer le pouvoir pour son compte au détriment de la liberté de tous.

Ici encore, ce régime n'existe que rarement à l'état pur, plus courantes en sont ses formes atténuées.

**503.** Dans sa forme la plus stricte, le régime d'assemblée fait disparaître la séparation des pouvoirs pour instituer une *confusion des pouvoirs* au profit du législatif, une séparation des fonctions subsistant cependant entre celui-ci et l'exécutif.

L'exécutif est *le commis* de l'Assemblée, il n'a pas d'indépendance à son égard.

Dans sa conception large, le régime d'assemblée est le produit de l'évolution d'un régime qui à l'origine n'était pas conventionnel, mais où le Parlement a progressivement conquis en pratique la primauté et exerce une domination forte sur l'exécutif. *C'est une situation de fait.*

**504.** *L'évolution du régime parlementaire en France sous la Constitution de la IIIe puis de la IVe République* a rapproché dans les faits le régime d'un régime d'assemblée. Le Parlement, fort de son investiture populaire directe, avait tendance à se comporter comme le souverain. En face de cette situation, l'exécutif a abandonné toute une série de positions : le choix des ministres par le président, l'exigence d'une majorité absolue pour le refus de la confiance, le recours au droit de dissolution. Il en est résulté des crises ministérielles à répétition au gré des variations d'humeur du Parlement. Sans être tout à fait le commis de l'assemblée, l'exécutif en était étroitement dépendant.

On ne vit plus alors dans le drame ni dans la dictature, mais dans l'impuissance et l'immobilisme. L'Assemblée souhaite ici encore tout faire, mais tiraillée entre ses composantes – dans une société libérale – elle s'épuise à ne rien faire sans qu'aucun Gouvernement ait jamais l'autorité suffisante pour exercer un pouvoir en déshérence.

**505.** Le régime conventionnel est une forme relativement peu répandue de régime politique. En dehors de l'expérience tronquée de la Convention, la France l'a utilisé entre deux Constitutions avec les Assemblées constituantes de 1848, 1871 et, dans une certaine mesure, de 1945. La Turquie en a fait l'expérience en 1924.

Dans les sociétés contemporaines, il n'existe que peu d'exemples d'un vrai régime d'assemblée. Des régimes parlementaires ont parfois une pratique qui les rapproche du régime d'assemblée. La Suisse, référence classique dans ce domaine, n'est pas véritablement un régime d'assemblée. En effet, malgré la dépendance apparente de l'exécutif par rapport à l'Assemblée fédérale, l'exécutif (Conseil fédéral) participe à la procédure législative et occupe une situation forte, étant à la fois chef de l'État, responsable du maintien de l'ordre, autorité judiciaire suprême... En outre, le recours à des procédés de démocratie directe (référendum) renforce la spécificité du régime suisse.

Titre 2

# Les régimes autoritaires

## CHAPITRE 1

# Considérations générales

**506.** Les peuples, dans leur grande majorité, vivent sous des régimes autoritaires. De la Chine au Vanuatu, de l'Algérie au Venezuela, de la Corée du Nord au Soudan, etc. En tout, peut-être les quatre cinquièmes de l'humanité. Ces seuls exemples suggèrent à quel point *la catégorie est hétérogène* et combien il est difficile de définir ce qu'on entend par « régime autoritaire ». Le degré d'autoritarisme, ses formes, son origine aussi bien que ses fondements, varient : le critère le plus communément admis – la concentration des pouvoirs au profit d'un exécutif peu ou pas contrôlé – se retrouve bien dans la plupart des régimes autoritaires, mais il ne rend pas compte avec exactitude de la situation de pays comme certains de ceux nés de l'éclatement de l'URSS, l'Iran ou Cuba. Aussi vaut-il mieux privilégier la situation faite à l'*opposition* – brimée, combattue et interdite – et son corollaire : le *parti unique.* C'est à ces caractères que l'on s'arrêtera pour commencer, puis – faute de pouvoir ici en donner une présentation détaillée – on montrera la diversité des autoritarismes.

## Section 1 La situation de l'opposition et le parti unique

**507.** Dans les régimes autoritaires, il n'y a *pas de compétition loyale, publique, officielle, pour le pouvoir*, pas de perspectives d'alternance. Ceux qui gouvernent sont décidés à réaliser leurs objectifs – de l'édification d'une société rêvée à la défense de leurs intérêts égoïstes – sans être entravés, contrariés, retardés par les désaccords, les contestations, les oppositions. La liberté – valeur centrale des régimes libéraux – disparaît de la vie politique, soit parce qu'elle est considérée comme une fausse valeur, soit parce qu'elle constitue un obstacle à la mise en œuvre de la politique définie par le pouvoir. La police est toujours l'un des piliers du régime. Aussi le *pluralisme* – prolongement de la liberté dans les sociétés libérales – *est-il banni*, celui des opinions, de la presse, de l'école, des syndicats, des partis.

De partis, en général, il n'en est qu'un et il contrôle toute la vie politique ou ce qui en tient lieu. Il encadre la société civile, surveille la population, s'efforce de mobiliser les énergies, cherche à réaliser la société unanimitaire, dispense les postes, prébendes et responsabilités, sert de relais et d'amplificateur aux mots d'ordre et aux entreprises du pouvoir. Le parti est l'instrument dévoué de celui-ci, tout passe par lui, il possède le monopole des initiatives. Le parti unique représente en pratique le pouvoir auprès du peuple. On n'adhère pas au parti parce qu'on est d'accord avec ses idées et son programme (d'ailleurs il n'y a pas de choix), mais le pouvoir passe par cette voie pour imposer ses idées et son programme. Parfois on arrivera au *parti-État* dans lequel a disparu la distinction entre le parti et l'État ; le pouvoir est exercé par le parti à l'égard duquel l'appareil d'État n'a pas d'autonomie.

À ce schéma il faut apporter des correctifs. L'adhésion populaire est souvent tiède et relève de l'apathie plus que de l'enthousiasme. Le parti unique sera alors peu efficace et sera ressenti comme étranger par un corps social qui le craint et le courtise plus qu'il ne le soutient. La société civile se tait et le pouvoir se satisfait de son silence.

Il faut également faire une place aux *situations de faux multipartisme* où subsistent – survivance du passé parfois – à côté du parti au pouvoir, quelques formations politiques maintenues à l'intention des catégories sociales, ou des familles d'esprit mi-hostiles, mi-ralliées au régime. Ces formations ne disposent pas d'autonomie réelle et ne sont pas en concurrence avec le parti dominant ; si par hasard elles apparaissaient comme menaçantes, des aménagements au système électoral ou la manipulation des résultats des scrutins anéantiraient leurs chances.

**508.** Sur le plan du droit constitutionnel, l'existence du parti unique *exclut toute séparation des pouvoirs*. Horizontale d'abord, puisqu'on l'a vu, l'État n'a pas d'autonomie à l'égard du parti, l'exécutif et le législatif sont confondus et la justice n'est pas indépendante. Conséquence : si les droits de l'homme sont proclamés – et ils le sont toujours – ils ne bénéficient d'aucune protection réelle. Verticale ensuite, en ce sens que les autorités locales sont soumises étroitement au pouvoir central, elles se consacrent à la mise en œuvre de ses directives, toute décentralisation est refusée et le fédéralisme éventuel est une façade.

Depuis 1989, cependant, l'histoire montre que les peuples parviennent parfois à secouer leur joug et à renverser les pouvoirs autoritaires. Les révolutions de 2011 dans les pays du sud de la Méditerranée le rappellent. Sinon, on sait depuis la guerre d'Irak en 2003, que les États-Unis peuvent s'en charger ! Pour le meilleur ou pour le pire ?

Par ailleurs, cette présentation un peu caricaturale ne rend pas compte de tous les degrés d'autoritarisme contemporain comme le démontrent les développements qui suivent.

# Section 2
# Formes et degrés de l'autoritarisme

**509.** La diversité des régimes autoritaires ne s'oppose pas à des classifications autour de clivages qui, d'ailleurs, se recoupent et se combinent.

**510. Régimes civils et régimes militaires. -** Très fréquemment le pouvoir sera entre les mains de l'armée. La situation a été, ou est, courante en Amérique du Sud ou en Afrique ; on la rencontre aussi dans le monde arabe (Algérie) et en Asie (Birmanie). Le pouvoir militaire trouve souvent son origine (illégitime) dans un coup d'État provoqué par l'inefficacité, les divisions, la corruption du régime en place. Il arrive qu'après une remise en ordre, l'armée restitue le pouvoir aux civils (Nigeria en 1999). De toute façon, tant sur le plan idéologique - l'armée peut faire aussi bien une politique de gauche que de droite - que de leur pratique, les régimes militaires ne se différencient pas des régimes autoritaires civils. Aucun dirigeant, dans le Tiers-Monde, ne peut gouverner si l'armée n'est pas avec lui. Pour plus de sûreté, on la complétera de *milices* composées de civils, totalement dévoués au pouvoir.

**511. Le pouvoir personnel : dictatures et présidentialismes. -** Les régimes autoritaires sont en général des régimes de pouvoir personnel. C'est-à-dire qu'il y a concentration de l'autorité et des décisions entre les mains d'un seul, d'un chef centre de la vie politique, clé de voûte du régime. Et le pouvoir est attaché à sa personne plus qu'il ne le doit à sa fonction ; on parlera alors de *personnalisation du pouvoir*. Celle-ci se manifeste par une très forte présence médiatique de son titulaire, le développement d'un *culte* exaltant ses faits et gestes.

Le pouvoir personnel connaît une multitude de degrés, de la dictature au régime présidentialiste.

Dans les dictatures franches (Amine Dada, Bokassa, Pol Pot, Sekou Touré, Saddam Hussein...), le pouvoir est largement arbitraire, il repose sur la volonté du chef sans limitations juridiques, c'est le règne de la force et parfois la terreur. Par une série de situations intermédiaires, on arrive au *présidentialisme* dans lequel le pouvoir personnel repose sur la Constitution et se soucie de respecter les formes juridiques. Le président y est, en général, élu au suffrage universel direct (même si c'est de façon plébiscitaire), il est investi de la totalité du pouvoir à travers des attributions largement conçues.

Le présidentialisme, lui aussi susceptible de bien des variantes, est répandu en Amérique du Sud et en Afrique, il caractérise aussi les institutions algériennes.

**512. Autoritarismes empiriques et dictatures idéologiques. -**Les *autoritarismes empiriques* s'opposent aux *dictatures idéologiques*.

Dans les premiers, on ne se soucie guère de donner des fondements philosophiques au régime, *on n'a pas de projet de société* - ou alors il n'est qu'un élément irréel du décor –, on ne théorise pas sur la place du citoyen et ses rapports avec le pouvoir. Gouverner consiste à résoudre au coup par coup et au jour le jour les difficultés, en cherchant d'abord à se maintenir au pouvoir, à tirer profit de celui-ci et, pourquoi pas aussi, à améliorer les conditions de vie de la population. Pour cela on puise dans les expériences des autres sans exclusive, on improvise, sans préoccupations éthiques ou esthétiques. Le pouvoir n'est pas mis en compétition, il va son chemin en imposant ses choix, sans ouvrir de vains débats dans le pays.

Les dictatures idéologiques, au contraire, sont fondées sur une *doctrine*, une idéologie officielle, justifiant la soumission de la société ou de la Nation à un individu, un groupe ou une classe sociale. Le totalitarisme n'est pas une réponse à des circonstances concrètes, *il est délibérément voulu comme la mise en œuvre d'une théorie de gouvernement.*

Dans le monde contemporain, des dictatures se sont réclamées de deux idéologies : le marxisme et le fascisme. Les dictatures fascistes ne sont pas représentées aujourd'hui et leur étude n'a plus qu'un intérêt historique. De leur côté, les régimes marxistes ont leur avenir derrière eux, les quelques survivants se décomposent, ils sont condamnés à terme par la mondialisation et le sens de l'histoire... Mais d'autres formes de régimes autoritaires, notamment théocratiques, se développent.

**513. Caractères communs aux régimes marxistes.** – Les régimes marxistes apparaissent comme en voie de disparition. Mais ils ont trop profondément marqué l'histoire du xx$^{e}$ siècle et encore aujourd'hui certains États (Chine, Cuba, Viêt-Nam, Corée du Nord), pour qu'on n'en fasse pas une présentation au moins sommaire[1].

Les régimes marxistes reposent sur des bases juridiques et une conception de la démocratie en rupture avec les théories libérales. Pour les marxistes *l'État est un produit de l'histoire*, une société donnée secrète à une époque donnée, un type d'État déterminé. L'État capitaliste, né de la société bourgeoise, est renversé un jour par les classes exploitées qui retournent ses appareils de contraintes (armée, police, droit, justice) contre la bourgeoisie et établissent l'État prolétarien. L'État, instrument d'oppression de la classe dominante, est mis au service du prolétariat triomphant : c'est la phase de la *dictature du prolétariat* qui permet de transformer la société, de faire disparaître les classes sociales et de réaliser le socialisme. À cette étape succède « *l'État du peuple tout entier* » où les conflits internes ont disparu avec les classes, où la contrainte n'est donc plus nécessaire, où l'État (instrument d'oppression) dépérit et finit par disparaître. Le discours officiel chinois fait référence à « la dictature de la démocratie populaire dirigée par la classe ouvrière » (discours de Xi Jinping, 4 décembre 2012).

On observera que partout au contraire le marxisme a abouti à un renforcement de l'État. La séparation des pouvoirs est considérée comme une invention hypocrite de la bourgeoisie : il ne peut y avoir de pouvoirs indépendants

1. Cette présentation est nécessairement schématique et grossière. Le lecteur qui souhaiterait une information plus développée peut se reporter à la dixième édition du présent manuel.

puisque tout le pouvoir est entre les mains de la même classe sociale. La Constitution ne sert pas à limiter le pouvoir, elle organise le pouvoir dans l'intérêt de la classe dominante.

Dans les régimes marxistes, la Constitution :

- n'est *pas un programme mais un bilan*, elle est le reflet de la société au moment de son élaboration ;
- elle n'est donc *pas faite pour durer*, elle change avec les transformations de la société, elle n'a rien de sacré ;
- elle *contribue à l'édification de la société communiste*, comme toute règle de droit elle a une action sur la société.

En réalité la Constitution comme tout le système juridique est dominée par le principe de l'intérêt supérieur du communisme défini par le parti. La pluralité de partis n'a pas de raison d'être dans une société d'où ont disparu les contradictions de classe, l'affrontement d'intérêts opposés. En conséquence, un seul parti est autorisé : *le parti communiste*. Celui-ci accueille l'élite du prolétariat, il constitue une « avant-garde » dans la marche vers le socialisme. Y être admis est un honneur. Les partis communistes sont des sociétés très hiérarchisées dont la vie est commandée par le principe du *centralisme démocratique*, si en théorie la discussion est libre, la minorité doit ensuite se soumettre entièrement à la majorité. À côté de son rôle d'éducation des masses le parti a un rôle dirigeant dans la société. Ses adhérents occupent les postes de responsabilité et l'appareil d'État n'a aucune indépendance à l'égard du parti, au point qu'on a pu parler de « *parti-État* », le parti se confondant avec l'État.

La vie politique n'a aucun rapport avec celle des sociétés libérales. Il n'existe pas en effet de lutte pour le pouvoir entre des partis opposés, même si celle-ci se développe de façon occulte au sein de l'appareil du parti. De même, le pouvoir n'a pas à tenir compte du contrôle d'une opinion publique, inexistante.

# Section 3
# La difficile transition vers la démocratie de certains régimes autoritaires

**514.** L'univers totalitaire, qu'on avait cru figé pour un temps indéterminé, a beaucoup bougé depuis la chute de l'URSS. Sa configuration s'est transformée et la conception libérale de la démocratie recueille sur ses ruines des adhésions jugées alors inconcevables. Le mouvement touche aussi les régimes autoritaires en Amérique du Sud : Chili, Argentine, Brésil, en Asie avec l'évolution de Taïwan ou de la Corée du Sud.

En même temps l'expérience montre que le passage de l'autoritarisme, ou du totalitarisme, à la démocratie ne peut se faire d'un coup mais s'effectue par étapes, dans la confusion souvent, avec des désillusions toujours. Il est vrai que les obstacles sont redoutables.

## §1. Le refus des entités étatiques antérieures

**515.** Les empires se défont, les États se déchirent. Dans bien des cas l'unité étatique était artificielle, imposée par la force, cimentée par le parti unique, elle ne résiste pas à l'effondrement du pouvoir central autoritaire. Les peuples se réveillent et choisissent de reprendre leur liberté. L'URSS éclate en tentant de maintenir des liens bien fragiles à travers la Communauté des États Indépendants (CEI) ; la Yougoslavie se dissocie et sombre dans la guerre civile ; Tchèques et Slovaques se séparent. Partout les nationalismes, si longtemps contenus, s'affirment : Tchétchène, Moldave, Ossète, Arménien, Azéri, Kosovar, Kurde... en attendant demain peut-être les Hongrois de Roumanie ; chacun partout lutte pour déplacer à son avantage les frontières. Ce contexte ne se prête guère à l'édification d'institutions démocratiques, l'affirmation nationale est la priorité. En Afrique, où bien souvent la Nation n'existe pas, les affrontements entre les ethnies éclatent au grand jour et peuvent prendre un tour dramatique (v. le Rwanda). Les partis qui se créent ont eux-mêmes une base ethnique que le pouvoir pourra s'efforcer de faire disparaître en imposant le parti unique.

On pensait *le nationalisme* rangé au nombre des idéologies dépassées par l'histoire. L'actualité montre sa vitalité persistante. Sur notre continent on a pu penser que la construction européenne pourrait peut-être jouer le rôle de contre-feu efficace. En réalité, le manque de démocratie de l'Union européenne, son fonctionnement technocratique et les crises économiques et géopolitiques ont conduit certains pays à un sursaut de nationalisme.

## §2. La faiblesse de l'enracinement démocratique

**516.** Si l'attrait pour le modèle démocratique occidental existe, cette aspiration dispose de peu de points d'appuis concrets pour s'inscrire dans la réalité. La démonstration en a été donnée dans les pays qui ont recouvré la liberté après la disparition du joug soviétique, en Europe de l'Est en particulier.

*Le peuple n'a guère de traditions*, d'éducation et de réflexes démocratiques. Si l'accord se fait sur la nécessité d'instaurer un État de droit, ses procédures sont ignorées, on ne sait comment s'en réclamer. Les mentalités sont marquées par des décades de régime autoritaire engendrant la passivité, la subordination du juridique au politique, la soumission au pouvoir, le conformisme, l'absence d'autonomie et d'initiatives individuelles.

*Les élites*, c'est-à-dire les individus formés, souffrent du handicap – insurmontable pour la plupart – d'avoir collaboré avec le régime précédent et bénéficié de ses faveurs. Ce qui est moins vrai pour les générations de jeunes diplômés.

Dans la désorganisation qui suit la chute du régime autoritaire, *aucune force politique n'a vocation à recueillir le pouvoir*. Ce vide offre une chance à d'anciens apparatchiks pour se présenter en hommes nouveaux sous les couleurs d'un parti créé pour la circonstance. Ce fut le cas en Roumanie et dans certaines Républiques du Caucase.

En fait, la transition démocratique s'est opérée dans de bonnes conditions dans des États héritant d'une expérience démocratique antérieure (Pologne, République tchèque...). De même, la démocratie s'est installée aisément dans les Pays baltes.

## §3. Désillusions et découragement

**517. Bibliographie**. – Christian Bidégaray, « Réflexions sur la notion de transition démocratique en Europe centrale et orientale », *Pouvoirs* 1993, n° 65, p. 129.

**518.** La population attendait beaucoup, trop, du changement de régime. Surtout elle espérait moins la liberté sous toutes ses formes qu'une transformation de ses conditions matérielles d'existence, la fin des pénuries, un rapprochement rapide de son niveau de vie de celui des sociétés démocratiques, connu par la télévision. Bien souvent elle constate plutôt une *aggravation des difficultés quotidiennes*. Certaines populations, par exemple les Hongrois, qui n'ont pas connu l'hétérogénéité ethnique, rejettent cette situation qui est une conséquence du libéralisme. Certains pays, comme la Russie, s'opposent à un système de valeurs fondé sur un hyper-individualisme.

Parallèlement, des habiles bâtissent des fortunes considérables, vivent dans un luxe ostentatoire, trafiquent sans scrupule, établissent des réseaux mafieux (Russie), l'insécurité se développe, *la corruption fleurit*. Le système précédent fonctionnait mal mais il fonctionnait ; les approvisionnements minimaux étaient assurés, l'ordre était garanti, alors que la désorganisation des structures étatiques, dans une économie planifiée et centralisée de surcroît, bouleverse les circuits habituels. La vie ne s'est pas améliorée et l'incertitude du lendemain est apparue. Comment s'étonner que, dans ces conditions, les citoyens déchantent, d'autant qu'ils ont en outre le sentiment d'avoir peu de prise sur les décisions du pouvoir ? Cette atonie peut favoriser l'affirmation de mouvements extrémistes peu portés à instituer un régime démocratique. Et déjà, on constate que les nostalgiques du passé sont assez nombreux et puissants pour voter, parfois en masse, lors des élections pour les candidats présentés par des partis que l'on pouvait croire totalement discrédités par leur rôle sous la dictature.

Il reste que les cours constitutionnelles, dont se sont dotées les nouvelles Républiques, jouent un rôle pédagogique déterminant dans l'acclimatation des règles de la séparation des pouvoirs, de la protection des libertés, de l'État de droit et de la démocratie. Elles peuvent freiner aussi les tentations autoritaires de nombre d'exécutifs où les chefs d'État tentent d'élargir leurs pouvoirs.

## Section 4
## Interrogations sur le caractère universel de la démocratie

**519. Bibliographie.** – C. Delsol, *Le crépuscule de l'universel*, éd. Le Cerf, 2020.

**520.** La démocratie a été, pour l'essentiel, un échec en Afrique, probablement du fait d'une conjonction de raisons structurelles et conjoncturelles (prise du pouvoir par des despotes peu éclairés, absence de structures étatiques, insuffisante éducation du peuple...).

La démocratie est clairement rejetée par les régimes islamistes. En effet, la démocratie est incompatible avec un véritable régime théocratique et le pluralisme antinomique avec un islam politique (v. B. Chantebout). Les tentatives d'acclimatation d'un régime laïque compatible avec l'islam dans un certain nombre d'États arabes ont abouti à un relatif échec. Des régimes tels ceux de l'Égypte, de l'Algérie, du Pakistan, de l'Afghanistan... sont, à des degrés divers, menacés par la montée du fondamentalisme et l'instauration d'un régime théocratique. Ainsi, en Égypte, les élections de décembre 2011 ont accordé près de deux tiers des voix aux partis islamistes. L'Iran, grande puissance du Moyen-Orient, est régie par la loi religieuse, la Charia, et l'apparence de démocratie s'exerce dans le cadre fixé par le Guide de la Révolution, autorité religieuse. Seule, ou presque, la Turquie a réussi à instaurer, en l'état et non sans difficultés, un État réellement laïque. Mais cette laïcité est aujourd'hui remise en cause.

Par ailleurs, la situation de la Chine démontre que le développement économique n'est pas nécessairement lié à un processus de démocratisation de la société (v. *supra* n° 178). Lors du plénum du Parti communiste en octobre 2019, les bienfaits de la gouvernance chinoise sont opposés aux défauts du système occidental qui est rejeté. De même, dans un éditorial publié le 31 juillet 2014 dans le quotidien d'affaires *Vedomosti*, il est indiqué que les Russes sont de moins en moins nombreux à choisir l'option d'un modèle démocratique pour leur pays : 37 % avant l'annexion de la Crimée, 29 % après. L'un des principaux conseillers de Vladimir Poutine, Vladislav Sourkov, dans un texte qui n'est pas officiellement avalisé (v. http://www.fondapol.org/wp-content/uploads/2019/05/155_POUTINISME_2019-05_06_w.pdf), dénonce le paradigme démocratique occidental et propose le système russe actuel comme un modèle. Il déclare notamment que les institutions politiques copiées sur le modèle occidental sont « un habit d'extérieur que l'on enfile pour sortir mais que l'on ne met jamais à la maison ». La formule est particulièrement révélatrice ! Fin 2019, dans un entretien avec le

Financial times, V. Poutine avait déclaré que le libéralisme était devenu un concept « obsolète ».

La démocratie est probablement un régime qui se développe dans un contexte particulier lié, notamment, à une structure étatique préexistante, à la paix, à un niveau de vie et d'éducation assez largement partagé, à l'existence d'une classe moyenne.

Croire que l'ensemble du monde évolue, même de manière chaotique, vers la démocratie, relève de l'utopie. La démocratie libérale n'est probablement pas, contrairement à ce que certains ont pu croire, le point d'aboutissement inéluctable de l'évolution des régimes politiques et « *la fin de l'histoire* ».

**521.** Les révolutions populaires et d'esprit démocratique qui ont eu lieu début 2011, successivement en Tunisie (révolution « du jasmin »), en Égypte, ainsi que les guerres civiles qui ont visé la chute de pouvoirs dictatoriaux en Libye et en Syrie ont pu sembler apporter un démenti à cette dernière analyse. Mais l'effondrement de l'État en Irak et en Lybie, à la suite d'interventions étrangères visant à faire tomber des dictatures, a démontré que la chute d'une dictature ne suffit pas à instaurer une démocratie. La montée en puissance du terrorisme et des dictatures sanglantes établies par « l'État islamique » promet à ces pays un avenir sombre. En Égypte, un coup d'État militaire a mis fin à un régime islamiste démocratiquement établi. Le président Al Sissi a déclaré avant son élection à la présidence de l'Égypte en 2014 : « appliquer le modèle de la démocratie occidentale au cas de l'Égypte serait une injustice pour les Égyptiens ». Les débouchés de la révolution algérienne de 2019 sont très incertains. La Tunisie évolue vers un régime présidentiel autoritaire. Il n'en reste pas moins qu'il devient de plus en plus difficile pour un chef d'État de se maintenir indéfiniment au pouvoir, sauf au prix d'une répression féroce, comme le démontre le puissant et pacifique mouvement populaire qui s'est soulevé à la suite des élections présidentielles biélorusses de 2020, à l'occasion desquelles le président Loukachenko a été officiellement réélu alors que le résultat du scrutin a été considéré comme très largement entaché de fraude. La question est alors de savoir si cette évolution conduit systématiquement à un renforcement de la démocratie ou si elle est parfois susceptible de conduire à une plus grande instabilité.

## Section 5
## Peut-il exister une démocratie non libérale ?

**522. Bibliographie.** – Bertrand Mathieu, *Le droit contre la démocratie ?*, LGDJ, 2017.

**523.** Par un détournement du sens premier de ce concept, on a tendance à assimiler la démocratie à l'archétype d'un « bon gouvernement »

(P. Rosanvallon) associant une légitimité populaire, une séparation des pouvoirs et des droits individuels garantis. En réalité, la démocratie, prise au sens strict du terme, est un mécanisme de légitimation du pouvoir. En gros, des élections libres et disputées à intervalles réguliers. Elle implique la liberté d'expression, l'existence d'une opposition. Pour sa part, le libéralisme politique vise à assurer un « gouvernement modéré » (Montesquieu). Il renvoie aujourd'hui à la séparation des pouvoirs et à l'existence de droits individuels garantis par un juge. Dans la défense de ce gouvernement libéral, à laquelle s'attelle Montesquieu, il n'établit pas de lien nécessaire entre le libéralisme et la démocratie. Ainsi un gouvernement aristocratique, ou oligarchique, peut être un gouvernement libéral. À l'inverse, on peut parfaitement imaginer un système démocratique dans lequel le pouvoir serait concentré entre les mains d'un homme, à condition que son mandat soit régulièrement remis en cause à l'occasion d'élections libres et d'un référendum plébiscitaire. Si ce dernier modèle n'existe pas réellement, il n'en est pas moins théoriquement possible.

Cette dissociation entre démocratie et libéralisme est aujourd'hui présente dans le discours de certains responsables politiques de régimes que l'on considère souvent comme autoritaires (même si le degré d'autoritarisme peut sensiblement varier). Il en est ainsi dans la Russie de M. Poutine, dans la Hongrie de M. Orban, mais aussi dans d'autres pays à la suite de récentes élections (Pologne, République tchèque...). Cette conception peut s'expliquer par plusieurs facteurs : la renaissance d'un sentiment national dans des pays qui ont connu des occupations successives dans le cadre d'empires (ottoman, austro-hongrois, III^e^ Reich, soviétique pour la Hongrie) ; la nécessité de retrouver des valeurs propres et des racines historiques dans le cadre d'une Europe qui semble avoir perdu valeurs et repères ; l'affaiblissement du pouvoir politique marqué par la crise de la démocratie liée au sentiment (ou à la réalité) que les votes des citoyens ne contribuent que marginalement à la détermination de la politique suivie ; l'emprise des juges sur la vie sociale, des pouvoirs financiers sur la vie économique...

Ainsi, se manifeste une volonté de rétablir un pouvoir politique fort, autoritaire et légitimé par une volonté populaire clairement exprimée. Cette volonté de remettre au centre du jeu la démocratie conduit en retour à rejeter ce qui contraint ou limite le pouvoir politique et à exprimer des valeurs proprement nationales. D'où un exercice concentré du pouvoir et des conflits avec les juges, les instances européennes, voire la presse. Cette situation tend à être conceptualisée (justifiée) par le recours au concept de démocratie non libérale.

Cette évolution, qui ne peut plus être ignorée, peut s'expliquer par de très nombreux facteurs, dont certains ont été déjà invoqués. Il peut s'agir de l'introduction d'un système démocratique dans un pays qui n'a pas de tradition libérale (Russie). La conception hégémonique et universaliste d'une conception individualiste des droits fondamentaux peut également jouer un rôle. Mais il peut s'agir également d'une volonté de rupture avec un modèle dont on considère, à tort ou à raison, qu'il limite excessivement le pouvoir politique par des règles juridiques relevant de l'état de droit, par l'intervention des juges ou par les contraintes du droit supranational. Les craintes d'une perte d'identité liée au développement de l'immigration et du communautarisme, à la montée en puissance de valeurs étrangères aux cultures nationales, comme celles liées à l'islam peuvent également conduire au rejet d'une conception libérale de la démocratie (pays d'Europe centrale). En toute hypothèse, se développe en Europe, sous la couverture commode du populisme, un mouvement en faveur d'un pouvoir autoritaire, comme en témoignent certaines études d'opinion (v. *Où va la démocratie ? Enquête internationale de la Fondation pour l'innovation politique*, Plon, 2017). Ce mouvement touche les démocraties historiques (France, Allemagne, Italie, Autriche...) comme le montre le succès des partis dits populistes à la droite ou à la gauche de l'échiquier politique. Il est également nourri par un sentiment de perte d'identité et d'impotence, c'est-à-dire d'inefficacité, du pouvoir politique. La dénonciation du populisme au nom de la démocratie est paradoxale. Comme l'a déclaré le président Macron lors d'un déplacement en Inde « *ce serait une drôle de conception de la souveraineté populaire que de dire qu'on soutient la démocratie sauf quand elle permet l'accession au pouvoir de valeurs contraires aux nôtres* » (*Le Monde*, 12 mars 2016). C'est toute l'ambiguïté, mais aussi la richesse, de nos démocraties libérales qui est en cause.

Ces évolutions de systèmes démocratiques, ou qui affirment la volonté de l'être, peuvent être assez erratiques, par exemple en Italie, une alliance entre un mouvement se définissant comme « antisystème », animé par un humoriste, (5 étoiles) et un parti situé à l'extrême droite sur l'échiquier politique. Dans d'autres États, l'évolution du système est plus cohérente (Pologne, Hongrie...). Elle engendre cependant des conflits avec l'Union européenne et tend à séparer une Europe occidentale libérale d'une Europe centrale plus autoritaire, conflit qui n'est pas sans danger pour l'unité européenne. Ce conflit prend une dimension juridique, alors que l'Union européenne a engagé des procédures d'infraction contre la Pologne et la Hongrie, et politique, alors que les élections au Parlement européen de 2019 cristallisent l'opposition, non plus entre la droite et la gauche, mais entre libéraux et non-libéraux, ce que le président Macron a appelé l'opposition entre « progressistes » et « nationalistes ».

Il est trop tôt pour savoir si un tel système peut prospérer sans tomber dans les travers d'un régime autoritaire classique, car pour revenir à Montesquieu, « toute autorité qui a du pouvoir a tendance à en abuser » et « seul le pouvoir arrête le pouvoir ». Il n'en reste pas moins que ce mouvement montre les limites d'un système qui tend à rejeter tant les identités nationales, que l'intérêt général et l'efficacité du pouvoir au profit exclusif d'une conception abstraite et technocratique de l'idée européenne, des droits individuels (ou communautaristes) parcellisés et contradictoires et d'un contrôle non démocratique et puissant du pouvoir politique.

On relèvera d'ailleurs, sans que le phénomène ne soit exactement de même nature, que se développent dans les démocraties libérales, les plus ancrées dans ce système, le recours à des mesures d'urgence ou d'exception qui renforcent les pouvoirs gouvernementaux. Face à un péril qui a pu être terroriste ou sanitaire, qui est militaire, qui demain pourra être environnemental ou numérique, la nécessité impose de rééquilibrer les relations entre l'intérêt général et les libertés individuelles et de renforcer le caractère autoritaire de l'exercice du pouvoir, alors même que de nombreux contrôles, notamment juridictionnels, sont maintenus. C'est par ailleurs le rôle de l'État, considéré par certains comme une structure dépassée, qui s'avère irremplaçable. Il est cependant révélateur que, de manière très novatrice, peu argumentée, mais rationnelle, le Conseil constitutionnel ait admis, dans sa décision n° 2020-799 DC, qu'une situation de crise puisse justifier de déroger à la Constitution. Il valide la procédure d'adoption d'une loi organique, qui suspend les délais applicables en matière de question prioritaire de constitutionnalité, adoptée sans respecter les dispositions de l'article 46 de la Constitution prévoyant que l'Assemblée nationale ou le Sénat ne peuvent délibérer sur un projet de loi organique avant l'expiration d'un délai de quinze jours après son dépôt. Le Conseil constitutionnel a jugé que « compte tenu des circonstances particulières de l'espèce, il n'y a pas lieu de juger que cette loi organique a été adoptée en violation des règles de procédure prévues à l'article 46 de la Constitution ».

La situation hongroise est révélatrice des tensions qui traversent les rapports entre démocratie et libéralisme. À l'origine de la formule de la « démocratie illibérale », V. Orban a pu renforcer sa majorité parlementaire lors des élections législatives d'avril 2022, malgré une opposition unie contre lui allant de la gauche à l'extrême droite. Par ailleurs, la Hongrie est en conflit avec l'Union européenne sur de nombreux sujets.

En octobre 2021, le président du Parlement européen a engagé une action pour non-respect de l'état de droit par la Hongrie et visant à la priver des fonds européens liés à la crise sanitaire. La Cour de justice de l'Union européenne a rejeté le recours de la Hongrie et de la Pologne contre les dispositions conditionnant le versement de ces fonds au respect de l'état de droit (décis. n° C-156/2021 et n° C-157/2021, 16 févr. 2022).

# CHAPITRE 2

# Le régime russe

**524. Bibliographie.** – S. PIERRÉ-CAPS, *Droits constitutionnels étrangers*, PUF, 2015 (en particulier, p. 49 et s. et p. 249 et s.) – A. GENNADY *et alii*, *Principes fondateurs des droits français et russe*, Dalloz, 2011 (en particulier, p. 57 et s.) – L. GOLOVKO et B. MATHIEU (dir.), *Le juge et l'État*, Mare et Martin, 2018. – K. BECHET-GOLOVKO, « La dyarchie de l'exécutif en Russie », *Revue du droit public* 2013, n° 2 – H. CARRÈRE d'ENCAUSSE, « Il ne faut pas juger le pouvoir autoritaire de Poutine à l'aune de nos seuls critères », entretien *Le Figaro* 18 mars 2018- site internet : http://comitasgentium.com/fr/

**525.** Autocratie, « démocrature », démocratie dirigée, démocratie non libérale..., les termes ne manquent pas pour décrire le régime russe et témoignent de la difficulté de le classer dans les typologies contemporaines. Empire passé de la férule des tsars à celle de la dictature du parti communiste, gouverné aujourd'hui d'une main de fer par Vladimir Poutine après avoir connu une phase de pouvoir quasi mafieux à la suite de la chute de l'Union soviétique, à cheval sur l'Asie et l'Europe, terre de l'Orthodoxie, redevenue un auxiliaire du pouvoir après soixante-dix ans d'athéisme de combat, peuple de majorité slave mais formé de multiples ethnies, terre de misère et de richesses où se mêlent passion et fatalisme, la Russie se regarde dans les tableaux de Répine et se lit dans les romans de Tolstoï ou de Dostoïevski. Si proche et si loin de l'Europe avec laquelle elle vit des relations conflictuelles, la Russie a été sous les tsars rouges l'un des deux protagonistes de la Guerre froide. L'écroulement de l'Empire soviétique a conduit les Occidentaux à la considérer comme une puissance secondaire, créant en retour un fort sentiment national qui l'a, en particulier, incitée, renouant avec son histoire et violant les traités internationaux, à annexer la Crimée, puis à envahir militairement l'Ukraine.

Si l'on observe les pays d'Europe orientale et centrale qui ont constitué sous l'imperium de la Russie le bloc soviétique, il convient de distinguer les pays qui ont fait l'objet après la Seconde Guerre mondiale d'une occupation et ont été intégrés de force dans ce bloc (Hongrie, Tchécoslovaquie, Pologne...) et ceux qui sont le résultat de la dislocation de l'Union soviétique (Biélorussie, Kazakhstan, Ukraine, Géorgie, Moldavie...). Les premiers ont une véritable tradition démocratique avec laquelle ils ont renoué, les seconds (à l'exception des Pays Baltes, annexés en 1940) n'ont, pour l'essentiel, connu que des régimes autoritaires et s'inscrivent avec difficulté dans un modèle démocratique et un système de valeurs qui n'est pas lié à leur histoire. Parmi eux certains se sont engagés dans la voie de la démocratie occidentale, non sans difficultés (Ukraine, Moldavie...) et au prix d'un déchirement entre des populations qui se sentent pour certaines plus proches de l'Europe occidentale et pour d'autres plus proches de la Russie. D'autres, malgré certaines concessions au modèle européen, n'ont pas véritablement rompu avec le modèle autocratique (Biélorussie, républiques du Caucase et d'Asie...). Appliquer les mêmes grilles de lecture à tous ces pays conduit à ne pas comprendre des réalités, des mentalités très diverses forgées par l'histoire et les religions. De même, la lecture des textes institutionnels de ces pays, comme de la Russie, renseigne peu sur la réalité. Ainsi les élections politiques s'inscrivent dans le modèle démocratique, alors que l'absence d'une véritable opposition, en fait non tolérée, s'inscrit dans la logique d'un régime autoritaire. En réalité, le régime russe fonctionne sous la forme d'une démocratie plébiscitaire, pas très éloignée de celle qui a prévalu sous les deux Empires napoléoniens français. Les analyses, sommaires qui suivent, ne visent ni à justifier de telles institutions, ni à les condamner, mais seulement à les décrire. Elles ne prennent pas non plus en compte ni les spécificités historiques, géopolitiques, culturelles qui peuvent conduire à penser que le modèle de la démocratie libérale n'est pas nécessairement transposable, ni les éléments de corruption, les réseaux mafieux qui, pour souterrains qu'ils soient, n'en constituent pas moins des réalités relatives à l'exercice du pouvoir au sein de la société, ni la fracture sociale que représente l'enrichissement considérable de certains et l'appauvrissement d'autres au détriment de la constitution d'une classe moyenne, alors que le communisme, même dans une situation de pénurie généralisée et d'échec économique patent, assurait à chacun le minimum social.

Deux éléments contemporains sont à prendre en considération dans l'analyse du système russe. D'une part, la Russie s'éloigne de l'Europe et se rapproche de la Chine, tant sur le plan politique et économique qu'idéologique. L'exclusion de la Russie du Conseil de l'Europe en est l'une des manifestations. D'autre part, la situation de guerre que connaît la Russie conduit à considérer que la description des institutions est assez formelle face à un renforcement du caractère autocratique du pouvoir. L'annexion de territoires ukrainiens constitue une violation renforcée du droit international. L'inculpation du président V. Poutine par la Cour pénale internationale, si elle revêt un caractère essentiellement symbolique, n'en contribue pas moins à stigmatiser le dirigeant russe dans les cercles internationaux. Il ne faut cependant pas oublier que cette évolution participe à la déconstruction d'un ordre mondial dans lequel la place de l'Europe et les valeurs qu'elle défend sont de plus en plus contestées.

# Section 1
# « L'Empire éclaté »

**526.** Après la mort de Staline (1953), Kroutchev opère une première rupture en dénonçant les crimes du stalinisme. En 1964, la Russie entre dans une ère de « glaciation » avec notamment le long règne de Brejnev, remplacé ensuite par Andropov. En mars 1985, M. Gorbatchev accède au pouvoir et va procéder à une restructuration profonde du système politique, la *perestroïka*. En fait cette volonté de libéraliser le système va conduire à son effondrement. Le régime était à bout de souffle et, par exemple, dans son ouvrage *L'Empire éclaté* (Flammarion, 1978), H. Carrère d'Encausse, avait décrit les failles profondes du système qui allaient conduire à sa chute.

La Russie connaissait depuis la Constitution de 1924, un système fédéral, en réalité fortement centralisé. Jusqu'en 1991, l'Union des républiques socialistes soviétiques comprenait quinze Républiques fédérées, dont certaines étaient elles-mêmes composées de Républiques autonomes. De 1989 à 1991, un certain nombre de Républiques fédérées vont déclarer reprendre leur pleine souveraineté. C'est d'abord le cas des pays Baltes (Estonie, Lettonie, Lituanie) puis de la Géorgie et de l'Azerbaïdjan. En 1991, à Viskuli (Biélorussie) est formée la Communauté des États indépendants qui réunit presque toutes les anciennes républiques soviétiques à l'exception des pays Baltes. S'agissant des États satellites membres du « Pacte de Varsovie » (qui se voulait le pendant de l'Otan), la chute du mur de Berlin qui séparait les deux Allemagnes (de l'Est et de l'Ouest) en 1989, marque l'effondrement du bloc soviétique.

En 1990, l'URSS adopte une nouvelle constitution de type présidentiel. En 1991, B. Eltsine est élu président, le parti communiste est dissous et l'URSS cesse officiellement d'exister.

Après une période transitoire troublée, une nouvelle constitution est adoptée par référendum le 12 décembre 1993.

# Section 2
# Le système institutionnel de la Fédération de Russie

**527.** La Constitution de 1993 fait de larges concessions au système occidental en reconnaissant le pluralisme idéologique, le multipartisme, les droits de l'homme et l'État de droit.

La Fédération de Russie garde un caractère fédéral complexe qui associe, depuis l'annexion de la Crimée en 2014, 22 Républiques, 9 territoires, 46 régions,

1 région autonome, 4 districts autonomes et 3 villes d'importance fédérale (Moscou, Saint-Pétersbourg et Sébastopol). Mais le pouvoir central détient l'essentiel des leviers de commande.

## §1. La fonction gouvernementale

**528.** Le président de la Fédération est le véritable détenteur du pouvoir gouvernemental. Il est élu pour six ans au suffrage universel direct. Il nomme, avec l'accord de la Douma d'État (assemblée parlementaire) et peut révoquer le chef du Gouvernement, qui est, aussi, en principe, responsable devant la Douma d'État. Il nomme les principaux responsables de l'administration, de la diplomatie et de l'armée, il propose les nominations à la Cour constitutionnelle. Le président et le Gouvernement disposent du droit d'initiative législative. Le président peut soumettre un projet au référendum. Il dispose d'un pouvoir réglementaire très important : il peut prendre en toute matière des décrets (ukases) qui ont valeur de loi jusqu'à l'adoption d'une loi parlementaire. Il est assisté d'un Conseil d'État. La réforme de 2020 renforce considérablement l'amnistie dont il bénéficie à l'issue de son mandat et lui attribue un poste de sénateur (membre du Conseil de la fédération) à vie. Sur le papier, c'est un système qui se rapproche d'un système parlementaire dualiste, mais la prééminence présidentielle, héritée de la tradition russe, en fait un modèle particulier.

Depuis la réforme constitutionnelle de 2020, le président de la fédération nomme sur la base de la candidature approuvée par la Douma d'État et révoque le chef du gouvernement et certains ministres. En cas de rejet de trois candidats au poste de chef de gouvernement par la Douma, le président peut dissoudre cette dernière. Les ministres des affaires étrangères, de la défense, de la justice et des affaires intérieures sont nommés par le président de la Fédération après consultation du Conseil de la Fédération.

## §2. La fonction parlementaire

**529.** Le Parlement est composé de la Douma d'État et du Conseil de la Fédération, conformément au modèle fédéral.

Les membres de la Douma d'État sont élus pour cinq ans au suffrage universel direct selon un mode de scrutin mixte (majoritaire et proportionnel). Ils proposent et votent les lois. Mais le président de la Fédération dispose d'un droit de veto qui peut être surmonté par un vote réunissant les deux tiers des suffrages des membres de la Douma et du Conseil de la Fédération.

Le Conseil de la Fédération est composé de deux représentants (un de l'organe législatif et l'autre de l'organe exécutif) de chacune des entités fédérées, 30 membres sont nommés par le président de la Fédération. Ses compétences concernent essentiellement les frontières internes à la Fédération, l'emploi des forces armées, la destitution du président de la Fédération sur proposition de la Douma, les lois fédérales fiscales, la ratification des traités internationaux et la nomination de certains ministres.

## §3. La justice

**530.** Aujourd'hui il existe en Russie deux juridictions suprêmes la Cour suprême, qui remplit les fonctions de juge civil, pénal et administratif et la Cour constitutionnelle. Il existe également une Chambre des comptes placée sous l'autorité du Parlement.

Contrairement au système français, dans lequel les membres du parquet (procureurs) appartiennent à l'autorité judiciaire (v. *infra* n° 993) le système de la *prokuratura* soviétique a été conservé, il est placé sous l'autorité d'un procureur général qui désigne tous les autres procureurs. Chargé essentiellement de protéger les intérêts de la société et de l'État, il a perdu l'essentiel de ses compétences pénales. Le président de la Fédération de Russie nomme les juges qui lui sont proposés, après sélection par collège de qualification et présentation par le président de la juridiction, par le président de la Cour suprême. Le président de la fédération peut, sans motivation, récuser la proposition qui lui est faite.

La Cour constitutionnelle est composée de 11 juges nommés par le Conseil de la Fédération sur proposition du président de la Fédération. Elle siège à Saint-Pétersbourg. Le président est choisi parmi les membres de la Cour pour un mandat de 6 ans (le président actuel est V. Zorkin). Saisie notamment par le président de la fédération, un cinquième des membres du Conseil de la Fédération ou de la Douma d'État, le Gouvernement, la Cour suprême et les organes des entités fédérées, elle se prononce sur la constitutionnalité des lois fédérales, des actes normatifs des organes gouvernementaux de la Fédération, des traités internationaux avant leur entrée en vigueur. Elle est l'interprète de la Constitution et de la répartition des compétences entre entité fédérale et entités fédérées. Parmi les normes de référence, les droits et libertés reconnus par la Constitution occupent une place essentielle, comme dans la plupart des cours constitutionnelles occidentales.

# Section 3 Le fonctionnement du régime

**531.** Si le multipartisme, condition de la démocratie, existe en Russie, son fonctionnement ne traduit pas un réel pluralisme et n'offre pas la possibilité de constitution d'une réelle opposition face au pouvoir en place, comme en témoigne, notamment, le faible nombre de candidatures autorisées à l'élection présidentielle. La liberté d'expression et de manifestation est particulièrement réduite dans les périodes électorales et cette situation ne permet pas l'instauration d'un véritable débat.

Lors des élections de 2016, le parti de V. Poutine, *Russie Unie* a obtenu la majorité qualifiée de deux tiers des sièges (343 sur 450) lui permettant de réviser la Constitution.

Lors des élections présidentielles de 2000, V. Poutine a été élu avec 52,5 % des suffrages, il a été réélu en 2004 avec 71,2 % des voix. En 2008, V. Poutine, ne pouvant exercer plus de deux mandats consécutifs, investit un dauphin, D. Medvedev, qui, élu avec 70,23 % des suffrages, nomme V. Poutine chef du Gouvernement. V. Poutine peut ainsi continuer, dans le respect formel de la Constitution, à exercer le pouvoir. En 2012, V. Poutine est à nouveau élu président avec 63 % des voix, il nomme alors son prédécesseur, chef du Gouvernement. En 2018, V. Poutine est réélu avec 76,7 % des voix contre 11,77 % au représentant du parti communiste (marxiste-léniniste) et 5,65 % au représentant du parti libéral démocratique (proche du pouvoir), les cinq autres candidats autorisés obtenant autour de 1 % des suffrages.

Si ces élections sont entachées de certaines irrégularités, elles marquent cependant un soutien réel des citoyens russes à V. Poutine. Ce soutien peut s'expliquer par plusieurs facteurs. D'abord l'absence d'alternative crédible, faute de la possibilité de former et de fédérer une véritable opposition, notamment, en 2021, le régime a fait emprisonner l'un des principaux opposants, Alexeï Navalny, lors de son retour en Russie à la suite d'une tentative d'empoisonnement. Si l'évolution du régime est clairement autoritaire, cette situation peut aussi rassurer une opinion qui sait que la faiblesse du pouvoir a toujours été pour la Russie une source de grand désordre (assassinat du tsar réformateur Alexandre II en 1881, Révolution de 1917, alors que le tsar Nicolas II avait accepté, en 1906, de doter la Russie d'une Constitution, écroulement de l'URSS à la suite de la politique réformatrice de Gorbatchev). Par ailleurs, sur le plan international, tant par l'annexion de la Crimée, que par son intervention en Syrie et par le retour d'un discours ferme, voire belliqueux, vis-à-vis de l'Occident, V. Poutine a rendu sa fierté au peuple russe. Cependant le pouvoir de V. Poutine est confronté à un certain nombre de menaces, en particulier la situation économique (question qui n'est quasiment pas abordée par V. Poutine lors de sa campagne électorale de 2018), certes aggravée par les sanctions économiques, mais aussi due à l'effondrement du système industriel soviétique dont la Russie a du mal à se relever, due également à son excessive dépendance aux énergies fossiles, gaz et pétrole. Par ailleurs la constitution d'un pouvoir économique et financier dirigé par des oligarques, difficilement contrôlés par le pouvoir politique, malgré la lutte engagée contre certains d'entre eux par le président Poutine, constitue incontestablement un danger. Enfin, la guerre en Ukraine peut avoir des répercussions internes, encore impossibles à appréhender.

Les élections municipales de 2019 marquent à la fois un renforcement de l'autoritarisme du régime et un relatif échec pour le gouvernement de V. Poutine. De nombreux candidats appartenant au camp libéral sont empêchés de se présenter. Des manifestations contre la fraude électorale sont réprimées. Vingt des quarante-cinq sièges de la Douma de Moscou, l'assemblée municipale de la capitale, échappent aux candidats soutenus par les autorités. En revanche, les candidats soutenus par le pouvoir l'ont emporté dans la plupart des cinq mille élections locales.

En janvier 2020, V. Poutine obtient la démission du Premier ministre D. Medvedev et nomme pour lui succéder Mikhaïl Michoustine, patron de l'administration fiscale russe. C'est donc le choix d'un gouvernement technique qui est opéré et qui s'inscrit dans une volonté d'amélioration de la gouvernance et de lutte contre la corruption.

Les élections législatives de septembre 2021 sont marquées par une répression de l'opposition qui s'accentue, des présomptions de fraude et une participation réduite à 51,6 %.

En mars 2020, une réforme constitutionnelle, très rapidement élaborée, est votée par la Douma et avalisée par la Cour constitutionnelle. Alors qu'à l'origine cette réforme était présentée comme visant à renforcer le rôle de la Douma (chambre basse du Parlement), elle conduit en réalité à un renforcement assumé du pouvoir présidentiel. V. Poutine déclare en ce sens : « notre pays, son vaste territoire, sa structure nationale et territoriale complexe, la diversité de ses traditions culturelles et historiques ne peut pas (...) exister de façon stable sous forme d'une république parlementaire ».

La mesure la plus emblématique, non prévue dans le projet initial et résultant d'un amendement parlementaire parfaitement orchestré, permet à V. Poutine d'exercer deux nouveaux mandats, effaçant, pour le calcul du nombre maximum de mandats, ceux déjà effectués ou en cours. Le président de la Douma fait état de « la conjoncture mondiale difficile, les menaces sécuritaires et économiques » pour justifier la réforme sur le mandat présidentiel. Mais cela relève l'idée selon laquelle, comme le déclarait en 2014 l'actuel président de la Douma, « sans Poutine il n'y a plus de Russie », ce qui est aussi un indice de la faiblesse des institutions. Cela évite également le développement des stratégies sur sa succession en 2024 qui auraient affaibli son autorité.

Le deuxième axe de la révision concerne les rapports de la Russie avec les structures supranationales. La réforme vise à placer la Constitution au-dessus du droit international. Cette réflexion avait déjà été engagée par la Cour constitutionnelle russe (v. V. Zorkin, « La Convention européenne des droits de l'homme et les problèmes de sa mise en œuvre », *Constitutions*, 2016, n° 2, p. 371). Posée de manière trop absolue, cette règle est susceptible d'entrer en conflit avec les engagements internationaux de la Russie, la Commission de Venise du Conseil de l'Europe a d'ailleurs été saisie de la question.

Le troisième axe de la réforme, qui n'est pas sans lien avec le précédent, est idéologique. Il vise à inscrire dans la Constitution un certain nombre de principes relatifs à l'identité nationale. On peut citer en ce sens des dispositions qui font référence à une histoire millénaire et « à la mémoire de nos ancêtres qui nous ont transmis la foi en Dieu » (contrairement à ce que l'on pourrait penser, cette référence historique et culturelle, n'est pas manifestement contraire l'article 14 de la Constitution de 1993 qui précise que la Russie est un État laïc). Ce syncrétisme historique et géopolitique conduit à ce que soit précisé que la Russie est le successeur de l'URSS et que le Peuple russe est le « peuple constitutif » de l'État russe. Sur le plan des mœurs, un certain nombre de dispositions vise à protéger le mariage, comme l'union d'un homme et d'une femme, la famille, la maternité, de la paternité...

Si ces éléments relèvent du droit inaliénable de la Russie de défendre ses propres valeurs, alors même qu'elles s'inscrivent à rebours de l'ultra-individualisme occidental, ils sont assortis de dispositions visant à limiter drastiquement la liberté d'expression en créant des vérités « officielles » historiques ou idéologiques, ce qui est incontestablement la marque d'un pouvoir autoritaire. Il en est ainsi de l'interdiction de « déprécier l'exploit du Peuple dans la défense de la Patrie » ou du fait que l'État se voit assigner la mission de « protéger la vérité historique ».

Cette réforme a été adoptée par 77,92 % des suffrages exprimés (67,88 % des inscrits) à la suite d'une consultation populaire dont la nature est ambiguë en ce qu'elle ne constitue pas un véritable référendum décisionnel.

Cette réforme traduit toute l'ambiguïté du système politique russe. C'est en fait un régime mixte, autocratique et démocratique. On peut parfaitement admettre qu'il appartient aux Russes et non aux Européens de décider de ce qui est bon pour la Russie, il n'en reste pas moins que le régime se définit, tout du moins vis-à-vis de l'extérieur, comme un régime démocratique et qu'il court ainsi le risque d'être jugé à l'aune des critères qui définissent une démocratie. Comme l'écrit Chantal Delsol, « la Russie post-soviétique est censée être devenue démocratique et doit donc donner des gages à la démocratie sans être convaincue de son bien-fondé ».

Du fait d'un dialogue très difficile avec l'Europe, nourri de maladresses et d'incompréhensions réciproques, la Russie se tourne vers des alliances avec des régimes autoritaires, comme la Turquie et la Chine. Mais c'est la volonté du pouvoir russe de rétablir une « grande Russie » incluant, notamment, la Biélorussie et l'Ukraine, qui a conduit le président Poutine à envahir l'Ukraine en violation manifeste du droit international. Sous le fallacieux prétexte d'une « dénazification de l'Ukraine », cette invasion obéit à la fois à une logique géopolitique, à savoir éviter « l'encerclement » de la Russie par l'OTAN, et à une logique politique, éviter la « contamination » démocratique et idéologique liée à la « décadence morale » de l'Occident. En toute hypothèse, cette guerre crée une rupture profonde et durable entre l'Europe et son voisin russe. Elle a notamment entraîné le retrait puis l'exclusion de la Russie du Conseil de l'Europe. Cette situation ne peut être que dommageable tant pour l'Europe que la Russie l'une et l'autre confrontées, sous des formes différentes, à la montée de l'Islamisme et à l'hégémonie économique de la Chine.

# CHAPITRE 3

# Le régime chinois

**532. Bibliographie.** – Jean-Pierre Cabestan, *Le système politique de la Chine populaire*, PUF, 1994 ; *Demain la Chine : démocratie ou dictature*, Gallimard, 2018. – « La Chine après Deng », *Pouvoirs* 1997, n° 81.

## Section 1
## L'évolution du régime

**533.** Le régime marxiste en Chine date de 1949.

La Chine a connu depuis lors *quatre Constitutions*.

Après le programme commun de gouvernement, qui a servi de Constitution provisoire à partir de 1949 au moment où le régime s'enracinait, une première Constitution fut adoptée le *20 septembre 1954*. Son inspiration, la structure de l'État et les mécanismes institutionnels la rapprochent de la Constitution soviétique de 1936 : un Parlement au rôle rendu symbolique par la création d'un Comité permanent et un Conseil des affaires de l'État, Gouvernement étroitement soumis en droit à l'assemblée et à son Comité. Deux originalités cependant, le Parlement était monocaméral et à la tête du système étatique figurait un président de la République aux pouvoirs théoriques non négligeables – il faut dire que le premier président fut Mao Zedong, en même temps président du parti, qui ne pouvait se contenter d'un rôle honorifique.

À la fin de la Révolution culturelle, le *17 janvier 1975*, une deuxième Constitution fut votée. Symbole d'un retour au droit après l'anarchie des années précédentes, elle reprend le même schéma institutionnel, la présidence de la République, compromise par Liu Shaoqi, étant cependant supprimée. En outre, alors que le texte de 1954 mentionnait une seule fois le PC, la nouvelle Constitution consacrait sa suprématie et son rôle de direction à l'égard de l'État.

Puis, au lendemain de la mort de Mao Zedong et de la prise du pouvoir par Hua Guofeng, une troisième Constitution a été adoptée par l'Assemblée populaire nationale (APN) le *5 mars 1978*. Dans son esprit, elle se situe moins « à gauche » que sa devancière, mais elle non plus n'apporte pas de changements substantiels aux institutions.

Enfin, le *4 décembre 1982* a été votée la Constitution actuelle. Celle-ci a fait l'objet de plusieurs révisions, touchant moins la structure des institutions qu'un certain nombre de principes de base dans les domaines économiques et sociaux.

Si l'influence du modèle soviétique est encore considérable, la réalité chinoise et les conceptions théoriques des marxistes chinois marquent le régime de leur empreinte.

Les Chinois se réclament du marxisme-léninisme complété par la « pensée Mao Zedong ». La dictature du prolétariat n'est plus évoquée aujourd'hui en Chine.

Aujourd'hui la primauté est donnée au développement de l'économie pour édifier « *un socialisme aux couleurs de la Chine* ». Si, pour les gouvernants chinois, la lutte des classes continue d'exister, la réforme économique - avec l'instauration des « *structures économiques socialistes de marché* » –, l'ouverture sur l'étranger et la reconnaissance d'un secteur privé l'emportent sur les préoccupations idéologiques. Étant entendu cependant que le parti contrôle étroitement le pouvoir politique.

# Section 2
# Les institutions

**534.** Les institutions de l'État et celles du parti sont construites sur le même modèle.

## §1. L'appareil du parti

**535.** Le parti compte 74 millions de membres en 2007.

- Le *Congrès* est le Parlement du parti. C'est un organe large, qui rassemblait près de 3 000 délégués lors Congrès de mars 2016. Il se réunit de façon irrégulière (16 fois en 84 ans) et ratifie en quelques jours les décisions que lui soumet le Comité central. Jamais un conflit, ou un débat important, n'a été arbitré par lui.
- Le *Comité central*, composé de 376 membres : il exerce les attributions du Congrès entre ses sessions. De lui dépendent des départements qui contrôlent la vie économique et politique ; ils emploient plusieurs dizaines de milliers de personnes.
- Le *Bureau politique* (23 membres) : il se réunit une fois par mois.
- Le *Comité permanent* du bureau politique. Particularité du système chinois, composé de neuf membres, il est l'organe exécutif le plus important ; à la vérité, il constitue le centre du pouvoir exécutif au sein du

parti, mais se réunit en fait assez rarement. Depuis 1997 aucun militaire n'en fait partie.
- Le *secrétariat*, formé de huit membres, dont deux siègent aussi au Comité permanent. Présidé par Hu Jintao, il joue le rôle d'un organe de travail, d'un secrétariat administratif plus que d'un organe de décision, mais il supervise les départements du Comité central.

Dans la pratique, au cours des quinze dernières années, la prééminence entre les trois derniers organes a varié, c'est depuis 1987 que le Comité permanent a pris la première place.
- Enfin, il faut faire une place à la très puissante *commission des Affaires militaires du Comité central*. En 2013 a été créé un comité de réformes économiques.

## §2. L'appareil de l'État

**536.** L'*Assemblée populaire nationale* (APN), Chambre unique élue au suffrage universel *indirect* (seules les élections locales ont lieu au scrutin direct) pour cinq ans, comprend un peu moins de trois mille membres dont les deux tiers viennent du PC. C'est « l'organe suprême du pouvoir d'État ». Suprématie toute théorique puisque l'Assemblée se réunit chaque année pour une session de quelques jours où elle ratifie les décisions qui lui sont présentées. En principe, elle possède le pouvoir constituant et le pouvoir législatif, mais ce dernier est en pratique exercé par son Comité permanent. Une loi électorale de mars 2010 instaure une représentation proportionnelle des députés des zones rurales et des zones urbaines ainsi qu'une représentation des minorités ethniques dans les organes législatifs du pays ;
- le *Comité permanent* (134 membres) : élu par l'APN, il correspond, en plus réduit, au Soviet suprême dans l'ex-URSS ;
- le *Conseil des affaires de l'État* (CAE) : présidé par un Premier ministre nommé pour cinq ans, Li Keqiang, il *constitue le Gouvernement de la Chine*. Un effort important de réduction de ses services et de ses fonctionnaires est mené depuis quelques années. Cette restructuration s'est doublée d'une amorce d'émancipation de la tutelle du PC. Les autorités chinoises affectent une volonté de renforcer l'indépendance des deux appareils, mais elle se heurte à bien des résistances des hommes en place. La rationalisation de l'appareil d'État a encore beaucoup de progrès à faire. Pourtant, c'est par le CAE que passe la mise en œuvre des réformes, dans le domaine économique en particulier. Si son autorité s'est accrue, il constitue encore aujourd'hui moins l'exécutif de l'APN – comme le prévoit la Constitution – que le bras administratif du Bureau politique et de son Comité permanent ;
- la *présidence de la République* : la fonction, rétablie en 1982, est occupée par Xi Jinping.

# Section 3
# Le refus du fédéralisme

**537.** La Chine est un État unitaire, ce qui explique que son Parlement soit monocaméral.

La solution peut paraître surprenante dans un État composé de *56 nationalités*, les non-Han, c'est-à-dire les non-Chinois (Kazaks, Tibétains, Mongols, Miao, Hui...), occupant 60 % du territoire. L'attrait du modèle soviétique aurait été une raison supplémentaire d'adopter le fédéralisme.

À l'origine d'ailleurs, les dirigeants communistes avaient repris les idées de Lénine sur le droit à l'autodétermination et à la sécession. Mais lorsqu'ils furent au pouvoir, ils instaurèrent un État unitaire. Leur choix se justifie d'une part par le fait que le fédéralisme a toujours été en Chine dans le passé une idée d'importation étrangère, destinée à démembrer ou affaiblir l'Empire chinois. D'autre part, les « minorités nationales », avec leurs 55 millions de personnes, ne représentent que moins de 5 % du milliard trois cents millions d'habitants de la Chine – la situation n'est pas comparable à celle de l'ex-Union soviétique. Enfin, et peut-être surtout, les minorités tiennent 90 % des frontières chinoises, il est indispensable de les contrôler.

La Chine est donc un *État multinational* qui refuse l'uniformisation, puisque les minorités nationales bénéficient d'un régime d'autonomie administrative leur garantissant une représentation propre et le respect de leurs langues et de leurs coutumes. En même temps, les autorités poursuivent une politique très active de *colonisation* en installant des immigrants Han dans les zones de minorités, celles-ci se retrouvent submergées par les Han. Ainsi en Mongolie, le rapport Han/Mongol qui était de 3/1 en 1947 était passé à 15/1 en 1971. Le même mouvement est en cours au Tibet entraînant de très vives réactions des Tibétains et une répression qui ne l'est pas moins.

# Section 4
# Quelle évolution ?

**538.** La fin des régimes communistes européens incite à s'interroger sur l'évolution de la Chine dans les années qui viennent. Parmi les nombreux éléments à prendre en compte, on retiendra :

- Le fait que le développement d'une « *économie socialiste de marché* » ne se conjugue pas avec une libéralisation du système politique, l'introduction en 2004 dans la Constitution d'une référence aux droits fondamentaux constitue très largement une opération visant à sauver les apparences dans la perspective des Jeux Olympiques de Pékin en 2008. Cependant la reconnaissance de la propriété privée a été renforcée dans une loi de 2007 et une loi de 2009 vise la protection des droits économiques, sociaux et culturels.

Ce régime est toujours dominé par un système triangulaire : État, parti, armée. Si la séparation entre l'armée et le parti devient une réalité, le lien reste étroit entre l'État et le parti. La séparation du parti et du Gouvernement préconisée par Zhao Zi Yang (Premier ministre réformiste, éliminé en 1989 après les événements de la place Tien An Men) en 1987 a été sacrifiée dans le conflit qui oppose les conservateurs et les réformistes. Elle est apparue comme trop dangereuse pour être mise en œuvre ; comme le dit Jean-Luc Domenach, « Pour avoir eu trop de Parti la Chine n'a plus assez d'État : c'est un des problèmes majeurs de son développement économique comme de son évolution sociale ».

On constate *un début d'apparition d'une société civile* qui pourrait faire évoluer vers une certaine démocratie. Quelques timides manifestations de celle-ci apparaissent ici ou là : lors des élections le nombre des candidats dépasse celui des sièges à pourvoir (mais ils ont tous l'aval du Parti) ; lors des votes à l'Assemblée nationale, les décisions ne sont pas toujours prises à l'unanimité, il peut y avoir 10 ou 20 % d'abstentions... Par exemple des paysans qui se sont révoltés contre la saisie de terres par les autorités ont pu élire l'assemblée qui les représente (commune de Wutan, 2012).

En ce sens, a été introduite, en 2004 dans la Constitution la théorie de la triple représentation : les forces productives, la culture, et les intérêts de la majorité du peuple chinois.

Le 21 août 2010, le Premier ministre Wen Jiabao a appelé à une réforme politique tout en critiquant la concentration excessive du pouvoir et a appelé à créer des conditions permettant au peuple de critiquer et contrôler le Gouvernement.

Parallèlement la dissidence est affaiblie par l'amélioration du niveau de vie ayant désamorcé les plus grandes causes de mécontentement. Le mot d'ordre est de s'enrichir, la recherche du bonheur matériel est la préoccupation première.

En contrepartie la corruption gagne peu à peu l'ensemble de la société minée par une grave crise morale. Ce thème a d'ailleurs été au centre de la conférence consultative politique du peuple chinois en mars 2010. La session de l'Assemblée nationale populaire en mars 2012 a examiné une réforme des lois pénales, elle n'a pas supprimé les pouvoirs exorbitants de la police.

Si quelque chose peut encore rassembler les Chinois – au-delà de la poursuite de la prospérité individuelle – c'est peut-être le nationalisme avec ses dangers. Les succès de l'économie ravivent la fierté nationale. Le pays défend avec acharnement ses frontières (Tibet) et le retour de Hong Kong et de Macao à la mère patrie n'a pas fait cesser les revendications territoriales (Taïwan, îles de la mer de Chine).

Par ailleurs, la Chine a dû faire face en 2019 à une très forte résistance de la population de Hong Kong à la sinisation du territoire. En 2020 et 2021 la Chine a renforcé son contrôle sur ce territoire en adoptant, notamment, plusieurs lois, facilitant les poursuites contre les dissidents, permettant de contourner le Parlement local en cas de menace sur la sécurité nationale, accordant aux autorités un droit de veto sur les candidatures aux élections législatives.

La Chine est également confrontée à la question sociale. Ainsi, en 2008, un Code du travail modernisé est entré en vigueur.

En mars 2013, la réunion de la session du Parlement a été marquée par un certain nombre de changements. D'une part, près de 61 % des délégués ne sont pas membres du parti et ont été choisis dans les milieux d'affaires et artistiques. D'autre part, le nouveau secrétaire général du parti, Xi Jinping, a été investi à la tête de l'État. Si un certain nombre de thèmes ont été abordés, traduisant une volonté de changement (la réforme de la rééducation par le travail, l'environnement...), il est manifeste que des réformes politiques profondes n'auront pas lieu à court terme. Le nouveau président de l'Assemblée consultative s'est d'ailleurs engagé à « n'imiter en aucune circonstance les systèmes politiques occidentaux ». De même, lors du plenum du Parti communiste chinois d'octobre 2019, les avantages du système de gouvernement chinois ont été mis en exergue et le rejet du système occidental, répété.

En matière de liberté d'expression, le contrôle sur l'Internet s'est accentué (*Le Monde*, 30 octobre 2013). La loi sur la sécurité nationale renforce le contrôle social par la mise en place, pour chaque citoyen, d'une sorte de « permis à point », la perte de points générée par des comportements considérés comme a-sociaux entraînant des sanctions comme des restrictions à la liberté de circulation. Le président Xi Jinping a renforcé la concentration des pouvoirs à son profit, tant en ce qui concerne l'armée et les services de sécurité, qu'en ce qui concerne les affaires économiques, au détriment, de ce dernier point de vue, des compétences du Premier ministre. Ainsi, à l'occasion de la réunion du Parlement de mars 2016, le président XI Jinping s'est fait attribuer les titres de « commandant en chef des armées » et de « cœur du noyau de la direction du Parti communiste chinois ».

Lors du 19e congrès du Parti communiste chinois (PCC), en octobre 2017, le président Xi Jinping a consolidé de manière spectaculaire son pouvoir en renforçant le caractère autoritaire du régime. Ainsi sa « pensée » a été inscrite dans la Charte du parti, comme l'avait été celle de Mao... ainsi critiquer le président pourrait être considéré comme une atteinte portée au Parti. Par ailleurs, la Constitution a été révisée pour supprimer la limitation de la présidence à deux mandats de cinq ans, ouvrant la voie à une présidence à vie. Cette évolution démontre le caractère illusoire de l'analyse selon laquelle la conversion au capitalisme conduirait inéluctablement la Chine à évoluer vers une économie de marché, à mettre en place un État de droit et à accepter certains éléments de démocratie. Cette contestation frontale des valeurs de l'Occident, s'inscrit dans une stratégie géopolitique de concurrence du leadership des États-Unis.

La stratégie globale de la Chine pour devenir la première puissance de la planète repose sur plusieurs piliers : une politique économique expansive (création de la « route de la soie » de Pékin à Venise), la domination stratégique et militaire en mer de Chine et sur le plan institutionnel, la réaffirmation du monopole du Parti et de son idéologie.

Cette évolution s'est renforcée à l'occasion du centième anniversaire du parti communiste chinois. Les traits marquants en sont les suivants. D'abord un ralliement formel à la notion de démocratie précisé dans un livre blanc intitulé *« Une démocratie qui marche »*, publié en décembre 2021. La Chine serait une véritable démocratie caractérisée par des élections à tous les niveaux, les partis politiques ayant seulement vocation à coopérer « à un système dans lequel le PCC exerce le pouvoir d'État ». Réduire la démocratie à la formule « une personne, une voix » et au multipartisme serait le résultat d'une propagande de l'Occident pour discréditer les autres systèmes. En ce sens, et dans un deuxième temps, le rejet du modèle démocratique occidental est réaffirmé : « Copier un régime politique étranger est une voie sans issue pour la Chine, c'est même une menace de mort pour son avenir. Il faut rester vigilant et se prémunir contre les effets corrosifs des courants idéologiques occidentaux tels que le soi-disant "régime constitutionnel", l'alternance politique et la "division des trois pouvoirs" ».

Cet anniversaire est aussi l'occasion de réécrire l'histoire du Parti. Une résolution est adoptée le 11 novembre 2021 par le plénum du comité central du PCC « sur les réalisations majeures et le bilan historique des cent années de lutte du parti ». Il est indiqué que « Pour que le pays soit gouverné comme il se doit, il est impératif de commencer par diriger le parti d'une main de fer. », notamment pour assurer la lutte contre la corruption, dégagée comme priorité vitale.

Sur le front social se manifeste la volonté d'une reprise en main encore plus étroite de la société notamment au moyen de l'intelligence artificielle. Sur le front économique, Xi impose un virage étatiste et un recentrage sur le marché intérieur, en accentuant la pression fiscale afin de combattre des inégalités grandissantes. Sur le front international la politique de Xi est marquée par le développement à la fois du nationalisme, notamment la volonté de réunir Taïwan à la Chine continentale, et d'une ouverture vers des pays en développement, d'Afrique, d'Amérique latine, d'Asie du Sud-Est. L'isolement de la Russie due au conflit ukrainien ouvre aussi des perspectives à une alliance plus étroite. En toute hypothèse le renforcement d'un pouvoir autoritaire personnel est manifeste.

En 2023, Xi Jinpin a été réélu à la tête du Parti communiste chinois et de la Commission militaire centrale pour un troisième mandat de cinq ans, qui pourrait ne pas être le dernier.

TROISIÈME PARTIE

# LES INSTITUTIONS POLITIQUES DE LA FRANCE

**539.** Les institutions françaises actuelles, décrites par la Constitution du 4 octobre 1958, sont le point de convergence d'une histoire, d'une tradition, de mœurs et d'une mentalité politiques, avec une série de facteurs circonstanciels, des rapports de force et aussi avec la personnalité d'un homme : le général de Gaulle.

Pour les comprendre, il est indispensable de les replacer dans une perspective historique, de retracer l'évolution dont elles sont l'aboutissement.

La Constitution de 1958 est, bien sûr, en réaction contre certains aspects jugés néfastes des régimes précédents, mais elle ne refuse pas en bloc tout l'héritage, elle confirme, pérennise, renforce toute une série de principes et de procédures, acceptés par les Français, faisant partie de leur patrimoine culturel et politique et qui représentent les constantes dans notre système politique.

À travers l'histoire, *des acquis et des refus* se dégagent qui éclairent les institutions actuelles.

## Titre 1

# L'histoire constitutionnelle de la France

**540. Bibliographie.** – Claude Emeri, Christian Bidégaray, *La Constitution en France de 1789 à nos jours*, Armand Colin, 1997. – Michel de Guillenchmidt, *Histoire constitutionnelle de la France depuis 1789*, Economica, 2000.

**541.** L'histoire constitutionnelle française ne commence pas en 1789. Des siècles de monarchie avaient façonné des institutions, dégagé des *lois fondamentales du royaume*, fait accepter l'idée d'une auto-limitation du pouvoir. À la fin du xviii^e siècle, le pouvoir du roi n'était pas absolu, en face de la haute noblesse et des parlements (tribunaux). Mais ces règles coutumières ne concernent pas les relations entre le pouvoir royal et les gouvernés. Elles concernent l'État, le pouvoir et ses titulaires ; *les sujets* ne sont pas partie prenante, et encore moins acteurs, dans la vie politique.

De ce passé, la Révolution n'a pas fait entièrement table rase. Si beaucoup des grands principes de notre droit public trouvent leur origine à la période révolutionnaire (les « immortels principes »), certains sont plus anciens, d'autres se sont imposés progressivement depuis. Il n'en reste pas moins que la référence aux « *grands ancêtres* » – à l'image des « Pères fondateurs » aux États-Unis – est rituelle dans l'étude de notre droit constitutionnel. Il faut reconnaître que 1789 marque à la fois une révolution, au sens de rupture, et aussi l'« instauration » d'un ordre et de principes nouveaux.

Une autre charnière existe dans cette histoire : 1875. À ce moment bon nombre d'éléments de notre tradition constitutionnelle sont en place, une expérience parlementaire s'ouvre qui va mettre en lumière les avantages et les défauts de ce régime dans le contexte français, influençant par-là les Constitutions qui suivront.

## CHAPITRE 1

# Avant 1875

**542. Bibliographie.** – Marcel Morabito, *Histoire constitutionnelle et politique de la France (1789-1958)*, LGDJ, Domat, 17ᵉ éd., 2022. – « Histoire constitutionnelle, 1789-1989 », *Pouvoirs* n° 50. – Olivier Duhamel, *Histoire constitutionnelle de la France*, Le Seuil, 1995. – Pierre Bodineau, Michel Verpeaux, *Histoire constitutionnelle de la France*, PUF, coll. Que sais-je ?, 2004.

**543.** Si l'on s'en tient à la période qui s'étend de 1789 à 1875, son caractère mouvementé en fait la plus fertile de notre histoire en expériences constitutionnelles.

**Constitutions françaises de 1791 à 1875**

- 3 septembre 1791
- 24 juin 1793 (inappliquée)
- 5 fructidor an III (22 août 1795)
- 22 frimaire an VIII (15 décembre 1799)
- Charte du 4 juin 1814
- Charte du 14 août 1830
- 4 novembre 1848
- 14 janvier 1852
- 21 mai 1870

Neuf Constitutions ont été adoptées (dont deux ne purent pas être appliquées), deux projets ont été discutés sans être votés. Des textes à valeur constitutionnelle, nombreux et parfois fort longs – qu'on songe, par exemple, aux sénatus-consultes de l'an X et de l'an XII, ainsi qu'à l'Acte additionnel aux Constitutions de l'Empire du 22 avril 1815, qui n'abrogent pas la Constitution de l'an VIII mais réorganisent profondément les pouvoirs publics –, sont venus compléter, corriger, les Constitutions. Enfin, plusieurs régimes provisoires et de fait ont fonctionné. Il y a là un fond incomparable de références dont la *richesse* sera encore accrue par les trois Républiques qui se succéderont de 1875 à nos jours, on pourrait y puiser la plupart des exemples d'un cours de droit constitutionnel.

On ne peut éviter de s'interroger sur les raisons de cette *instabilité*. Peut-être tient-elle surtout à cette rupture que représente la Révolution. La société française a mis du temps à sortir de l'Ancien Régime, le droit et les institutions ont précédé les traditions, les mœurs et les mentalités. Le citoyen ne se fait pas en un jour ; l'attachement à l'institution monarchique est resté longtemps profond dans une bonne partie du peuple ; les hiérarchies sociales et politiques de l'ancienne société se sont aussi maintenues ; la conscience de la liberté l'a emporté lentement sur l'habitude de la soumission. Peu à peu en France de 1789 à 1875 un ordre nouveau s'est mis en place, il aura fallu presque un siècle pour que soit absorbé le choc de la Révolution.

Mais le mouvement ne s'est pas développé de façon linéaire et rationnelle, il ne s'analyse pas comme la mise en place réfléchie d'institutions toujours plus efficaces et démocratiques. Il n'y a pas de recherche d'un idéal constitutionnel mais réaction aux circonstances et aux variations du rapport de force.

Plutôt que d'étudier une par une les Constitutions qui jalonnent cette période – textes d'intérêt inégal et à la vie plus ou moins brève – il a paru préférable de dresser ici un bilan synthétique de cette expérience constitutionnelle, de rechercher dans les textes l'apport neuf et durable, de dégager les principes acceptés comme les solutions rejetées, de préciser les problèmes en suspens que la République enfin triomphante aura à tenter de régler, quitte à anticiper parfois sur les évolutions et les solutions.

# Section 1
# L'État

**544.** Un certain nombre de caractères de l'État français sont fixés au moment où intervient la Constitution de 1875 et ils ne seront plus guère mis en cause par la suite.

## §1. L'État unitaire

**545.** La France est un État unitaire, situation qui n'avait rien d'inéluctable si on songe aux conflits qui ont déchiré le pays.

L'idée selon laquelle ce sont « les rois qui ont fait la France » correspond assez bien à la réalité. L'unité nationale a été une préoccupation constante pour les monarques depuis la féodalité. Ils l'ont imposée contre les féodaux, contre l'étranger – les Anglais en particulier. Les rois furent des « *rassembleurs* », l'unité de la Nation française s'est inscrite dans l'unité de l'État.

Sous la Révolution cette unité est un moment compromise à la fois par les idées très décentralisatrices des Girondins et le laisser-aller, pour ne pas dire l'anarchie, qui gagne les provinces. Mais les *jacobins* l'emportent ; farouchement *centralisateurs*, aidés par la nécessité de lutter contre l'invasion étrangère des « coalisés », ils éliminent, par la force au besoin, les idées

« fédéralistes » qui un temps avaient recueilli quelques échos. L'unité française commencée à Bouvines est définitivement scellée à Valmy, la Nation s'est faite contre le « parti de l'étranger ». Le rattachement de Nice à la France en 1863 devait donner à l'unité française ses contours actuels.

En même temps, l'interprétation du principe unitaire s'est faite dans le sens d'une *centralisation* poussée, uniformisante et stérilisante. À travers ses avatars, le pouvoir en France est resté jacobin. *Un même moule est imposé* – à quelques variantes près, pour tenir compte, en particulier, des écarts de population – à l'administration de l'ensemble du territoire. Et surtout Paris tient un rôle insolent dans la vie politique. Dans la plupart des périodes troublées, Paris, qui alors est « à gauche », fait la politique de la France (1830, 1848, la Commune...) avec l'assentiment passif et parfois même contre la volonté implicite de la Nation. Pour une bonne part c'est le peuple de Paris qui a fait l'histoire et non le peuple français. Le suffrage universel à partir de 1848 diminuera son poids et après la Commune c'en est fini de sa prééminence.

## §2. L'État républicain

**546.** La déposition de Louis XVI le 16 septembre 1792, son exécution le 21 janvier suivant, ont marqué une rupture avec l'ordre monarchique dont la royauté ne s'est jamais relevée. Certes l'institution est réapparue entre 1814 et 1848 et les Empires eux-mêmes étaient des monarchies, mais *jamais la monarchie n'a réussi à retrouver sa légitimité*. Les décisions quasi sacrilèges de la Convention ont eu un retentissement considérable sur des esprits qui n'imaginaient pas, dans leur grande majorité, que la royauté puisse être abolie. Une nouvelle légitimité était née.

Les maladresses, les dissensions, l'absence de sens politique des chefs monarchistes et du prétendant au trône, le comte de Chambord, au lendemain du désastre de 1870 alors que la conjoncture était favorable à une restauration, devaient donner le coup de grâce à toute perspective réaliste de rétablissement de la monarchie.

Est-ce à dire que la France, le peuple français, ait été républicain en profondeur dès la Révolution ? Le contraire semble avéré. L'idée républicaine a soulevé des flambées d'enthousiasme dans les dernières années du XVIII^e^ siècle et en 1848-1849, mais en dehors de ces périodes, elle n'a mûri que dans des catégories sociales assez limitées et dans certaines régions ou localités : Paris, Lyon et le Sud-Est, l'Ouest du Massif central. C'est progressivement que la République s'est imposée, avec les progrès de l'instruction, comme l'avaient bien compris certains chefs républicains, et les divisions des tenants de la monarchie. Mais, comme on le verra, la Constitution républicaine de 1875 est offerte à un *pays qui est encore majoritairement monarchiste*. C'est seulement à la fin du XIX^e^ – après en particulier le ralliement de l'Église à la république, symbolisé par le toast du Cardinal Lavigerie en 1890 – que l'idée républicaine est largement dominante dans le pays.

Dans le prolongement de l'établissement d'un régime républicain, toutes les *institutions à base héréditaire* ont été contestées et ont disparu. Les

*Chambres des pairs* de la Restauration ont été les dernières manifestations de l'hérédité dans nos assemblées. Dès 1830 d'ailleurs le roi ne peut plus nommer que des pairs à vie, et les charges attribuées à vie elles-mêmes devinrent suspectes. La Constitution de 1875 devait bien prévoir la nomination de sénateurs à vie mais l'expérience fut de brève durée et la fonction n'était pas héréditaire.

En même temps, les Français ont du mal à se faire à un Gouvernement anonyme, ils se déprennent difficilement de la tradition du pouvoir personnalisé. Dans les temps de crise, ils s'en remettent volontiers à un chef, à un sauveur.

## §3. L'État démocratique

**547.** De 1789 à 1875, la France n'a guère eu d'expériences de gouvernement démocratique. À l'exception de quelques mois sous la Révolution, puis en 1848, elle a constamment vécu sous des régimes autoritaires, souvent fort populaires. Pourtant, l'idée que la légitimité ne peut venir que du peuple fait son chemin et elle est acquise au moment où on élabore les institutions de 1875. Le pouvoir ne peut être fondé que sur l'assentiment du plus grand nombre et doit être exercé dans l'intérêt du peuple.

L'État doit aussi assurer la sécurité de la Nation, le respect de ses frontières ; sa charge la plus haute est de protéger l'indépendance nationale, de faire triompher – par les armes au besoin – la cause de la France dans les conflits. Dès cette période *un régime politique ne survit pas à un désastre militaire*, vaincu il disparaît. Il y a là une forme de responsabilité politique coutumière qui n'est d'ailleurs pas propre à la France.

Cet enracinement progressif de la démocratie se manifeste de plusieurs façons :

### A. Le suffrage universel

**548.** Le suffrage universel a été introduit très rapidement, au début de la Révolution en 1792, par l'Assemblée législative pour la convocation et l'élection de la Convention. Mais curieusement, pendant longtemps par la suite, les textes organisant le droit de suffrage ont eu pour effet de le réduire considérablement ou de l'entourer de modalités – *le vote public par exemple* – qui lui enlevaient une bonne part de sa signification en retirant à l'électeur sa liberté. La Constitution de 1793 prévoit l'institution du suffrage universel à deux degrés, mais lors de sa ratification plus de quatre millions d'électeurs, sur un total de six millions, préfèrent s'abstenir plutôt que d'exprimer publiquement leur vote comme le texte les y incitait.

Jusqu'en 1848 le suffrage universel a du mal à s'acclimater durablement en face du suffrage censitaire. L'Empire instaure le premier après sa suppression par le Directoire, il disparaît de nouveau à la Restauration. Alors qu'en 1791 il y avait 4 300 000 électeurs (et le système était déjà censitaire), en 1814 il n'y en a plus que 102 000. Les inégalités étaient considérables : la Seine comptait 8 800 électeurs, la Corse 8. Les conditions d'éligibilité étaient encore plus restrictives, les trois quarts des départements n'avaient pas 100 éligibles, les Hautes-Alpes en avaient 4.

**L'établissement du suffrage universel**

- Constitution de 1791 : suffrage censitaire (citoyens actifs et citoyens passifs)
- En 1792, l'Assemblée législative proclame le suffrage universel pour l'élection de la Convention
- Constitution de l'an III : suffrage censitaire
- Constitution de l'an VIII : suffrage universel
- Charte de 1814 : suffrage censitaire (très rigoureux). Encore renforcé par l'ordonnance du 25 juillet 1830
- Charte de 1830 : suffrage censitaire assoupli
- Constitution de 1848 : suffrage universel (dès le décret du 5 mars 1848)
- Loi du 31 mai 1850 : réduit le suffrage universel (condition de résidence)
- Constitution de 1852 : suffrage universel
- Ordonnance du 21 avril 1944 : le droit de vote est accordé aux femmes
- Loi du 5 juillet 1974 : la majorité électorale est fixée à 18 ans

*Le législateur puis la Constitution de 1848 devaient consacrer le suffrage universel* qui, cette fois-ci, est direct et secret. La monarchie de Juillet était tombée sur son refus d'élargir le corps électoral, aussi l'événement est-il considérable et l'exercice du droit de suffrage apparaît comme un acte grave et solennel. Situation de courte durée, dès 1850 une obligation de résidence de trois ans et l'exigence du paiement d'une taxe suppriment trois millions d'électeurs. Rappelons en outre que pour près de cent ans le suffrage devait rester encore *exclusivement masculin*. Cependant 1848 marque l'étape à partir de laquelle l'idée de privilège électoral fondé sur la fortune ou la capacité est définitivement abandonnée ; tout homme est citoyen, et pas seulement celui qui est propriétaire et capable, la transformation psychologique est profonde.

## B. La démocratie représentative

**549.** Les premières institutions françaises, celles de la Constitution des 3-14 septembre 1791, instituaient une démocratie représentative. Dès 1789 d'ailleurs, la Déclaration des droits de l'homme et du citoyen s'ouvrait par la formule « *les représentants du peuple français réunis en Assemblée nationale...* ». La Constitution confirme la qualité de représentants conférée aux élus et ne fait place à aucune procédure de démocratie directe ou semi-directe. Pourtant la Déclaration des droits de l'homme (art. 6) suggérait la possibilité de recourir au référendum.

**Les procédés de démocratie semi-directe**

- Décret du 21 septembre 1792 : toute constitution doit être approuvée par le peuple
- Constitution de 1793 (approuvée par référendum) : initiative populaire en matière de révision ; référendum législatif
- Constitution de l'an III (approuvée par référendum) : référendum constituant
- Constitution de l'an VIII (approuvée par référendum) : référendum constituant
- Constitution de 1852 : référendum constituant
- Constitution de 1870 (approuvée par référendum) : référendum constituant
- Constitution de 1946 (approuvée par référendum) : référendum constituant
- Constitution de 1958 (approuvée par référendum) : référendum constituant et référendum législatif

Les expériences ultérieures d'appel au peuple – qu'il s'agisse de la ratification de la Constitution montagnarde en 1793 ou des référendums des deux Empires – ont beaucoup altéré l'image des procédés de démocratie directe. Les pressions exercées sur les citoyens en ces occasions étaient telles que le caractère plébiscitaire de l'opération était patent. D'ailleurs sous l'Empire le référendum était très officiellement appelé « plébiscite ». Il en est resté une méfiance à l'égard du référendum qui est encore vivace dans certains milieux politiques (v. *supra* n° 231).

## C. Les droits du citoyen : la démocratie libérale

**550.** Dans une société démocratique, le pouvoir n'est pas illimité, il se heurte à un certain nombre de droits de l'individu. Posé pour la première fois dans notre pays en 1789 par la *Déclaration des droits de l'homme et du citoyen*, ce principe ne devait pas être remis en cause par la suite. L'absolutisme a disparu de notre histoire, même dans les périodes où la Constitution ne comportait pas de Déclaration des droits.

Lors de la Restauration en 1814, Louis XVIII a confirmé les conquêtes révolutionnaires et la Charte s'ouvre par un développement intitulé « Droit public des Français » qui énumère les libertés des sujets-citoyens déjà énoncées dans les Constitutions révolutionnaires.

Sans doute les régimes successifs – les Empires en particulier – n'ont-ils pas toujours été très respectueux des droits proclamés, mais leur existence n'a jamais été contestée. Le pouvoir savait parfaitement qu'il n'avait pas le droit pour lui lorsqu'il violait les libertés.

En outre l'interprétation donnée aux droits de l'homme a toujours été pluraliste. La démocratie française est *une démocratie pluraliste*, elle permet un choix entre plusieurs candidats aux élections, entre plusieurs partis, plusieurs religions, plusieurs journaux et, par la suite, entre plusieurs syndicats ou associations. Les frontières de ce pluralisme ont été de plus en plus ouvertes. L'adhésion à la forme libérale de la démocratie est acquise en 1875.

# Section 2
# Les institutions

**551.** Dès le début de la Révolution, l'accord se fit sur la nécessité d'inscrire les institutions dans une *Constitution écrite*. L'exemple américain a joué, mais par-là s'exprime aussi la volonté de rompre avec l'Ancien Régime, de symboliser la fin d'une époque et le début d'une autre. La Constitution apparaît en outre comme une garantie contre les abus éventuels du pouvoir, celui-ci n'est pas absolu, la Constitution trace ses limites.

Valeur symbolique, garantie contre l'arbitraire, l'habitude de rédiger une Constitution était prise et une suite de Constitutions devait ponctuer les soubresauts de la vie politique française. À travers cette instabilité, l'aspiration à une Constitution écrite subsistait. Et l'idée se faisait jour qu'elle devait être rédigée par une assemblée élue par le peuple. Procédure elle-même complétée souvent – mais pas toujours – par le principe qu'ensuite son approbation définitive devait être demandée au peuple (le décret du 21 septembre 1792 avait d'ailleurs dès l'origine imposé cette obligation « *il ne peut y avoir de Constitution que celle qui est acceptée par le peuple* »). En même temps, la procédure de révision était rendue difficile, trop parfois puisqu'avec la Constitution de l'an III, par exemple, il fallait 6 ans pour qu'elle aboutisse ; ce qui explique que les changements de Constitution se soient rarement faits dans les règles. La Constitution de l'an III est l'un des exemples de Constitution établie dans des formes régulières avec la Constitution impériale de 1870. Pourtant, la Constitution n'est pas parvenue à susciter le même respect, n'a pas acquis le même caractère sacré qu'aux États-Unis. Comment acquérir de la considération pour un texte en quelques années effacé par un autre, organisant un système impraticable et violé par ceux qui ont prêté serment de le respecter ? Le mythe de la Constitution, très fort en 1789, n'a pas survécu aux échecs successifs de nos institutions.

À l'intérieur de ces textes cependant, un certain nombre de principes d'agencement des institutions devaient finir par s'imposer.

## §1. La séparation des pouvoirs

**552.** Toute société dans laquelle « (...) *la séparation des pouvoirs* (n'est pas) *déterminée, n'a point de Constitution.* » D'entrée de jeu la Déclaration de 1789 (art. 16), pose un axiome qui ne sera pas répudié même si la pratique lui a porté bien des atteintes. *En 1791, la Constitution instituait même une séparation des pouvoirs tranchée* dans une réaction de méfiance contre le roi. Comme aux États-Unis, il s'agit d'*affaiblir l'exécutif*, le pouvoir gouvernemental apparaît comme le plus menaçant et nos républiques successives reprendront cette hostilité. L'Assemblée législative donne au roi – qui choisit ses ministres mais est irresponsable et ne peut ni présenter de projet de loi, ni faire de règlements, ni dissoudre – par *le droit de veto*, ce « pouvoir d'empêcher » cher à Montesquieu. Est ainsi institué un régime présidentiel infléchi en faveur du législatif. Ce système ne pouvait que difficilement fonctionner, l'Assemblée législative en profita pour empiéter sur les attributions de l'exécutif, suscitant des conflits auxquels la Constitution n'avait pas prévu de solution.

Une telle expérience aurait pu être fatale à la séparation des pouvoirs. Mais la confusion des pouvoirs qui allait s'installer est apparue finalement beaucoup plus redoutable. Dès lors l'interprétation de la séparation des pouvoirs, considérée comme un *dogme* emporte deux conséquences : le refus du régime d'assemblée et l'attirance pour le modèle parlementaire.

**La séparation des pouvoirs**

1791 : tranchée ; institue une sorte de régime présidentiel
1793 : concentration des pouvoirs au profit de l'Assemblée unique
An III : pouvoirs spécialisés avec subordination de l'exécutif au législatif
An VIII : concentration des pouvoirs au profit de l'exécutif
1814 : peu affirmée ; potentialités de transformation en régime parlementaire
1830 : assez souple ; en pratique le régime parlementaire se met en place
1848 : tranchée, hybride présidentiel-parlementaire
1852 : concentration des pouvoirs au profit de l'exécutif (évolution vers le régime parlementaire)
21 mai 1870 : collaboration des pouvoirs, régime parlementaire
1875 : collaboration des pouvoirs, régime parlementaire (évolution vers le régime d'assemblée)
1946 : collaboration des pouvoirs, régime parlementaire (évolution vers le régime d'assemblée)
1958 : collaboration des pouvoirs, régime parlementaire (avec, en principe, attribution de l'essentiel du pouvoir gouvernemental au président de la République)

## A. Le refus du régime d'assemblée

**553.** Il est largement fondé sur une interprétation de la Convention, qui pratiqua le régime d'assemblée, dont la Terreur apparaît alors comme l'aboutissement à peu près inévitable. Or il faut admettre que cette interprétation est discutable. En réalité le pouvoir a glissé des mains de la Convention, censée le contrôler, entre celles du Comité de salut public, puis de Robespierre, qui ont bénéficié d'une formidable concentration des pouvoirs dont ils ont usé comme on sait. Ce glissement est largement dû aux circonstances. On ne peut affirmer qu'il est inscrit dans la nature du régime d'assemblée. Il n'y a pas eu de dictature des représentants élus de la Nation : *régime d'assemblée peut-être, mais la Terreur n'en est pas une conséquence directe et inéluctable*. En réalité, sous la Terreur, la Convention était largement dessaisie de ses pouvoirs.

Quoi qu'il en soit, le lien établi entre le régime d'assemblée et les désordres de la Convention a, dans notre pays, discrédité durablement le premier, associé dans les esprits aux périodes révolutionnaires et à leurs excès. La France ne devait plus le connaître par la suite que pendant des périodes de transition.

## B. L'attirance pour le modèle parlementaire

**554.** Le modèle britannique - parlementaire - un moment éclipsé par le modèle américain - présidentiel et qui semblait à ce titre faire une place plus adéquate au roi - allait connaître un regain de faveur avec la Restauration.

Trois raisons expliquent cette attitude :

- La première, évoquée ci-dessus, tient à la méfiance à l'égard de la confusion des pouvoirs et du régime d'assemblée.
- La deuxième, inversement symétrique, découle des leçons tirées de l'expérience d'une séparation trop stricte des pouvoirs. Les Constitutions de 1791 et de l'an III avaient montré qu'en cas de conflit entre le législatif et l'exécutif, si le texte ne prévoyait pas de solution, la vie institutionnelle était bloquée ou bien la Constitution violée. Un souci de réalisme conduisait à nuancer ce qu'on avait trouvé dans une interprétation rigide de la séparation ;
- À l'analyse, le régime parlementaire apparaissait comme le plus apte à une organisation rationnelle des institutions, encore fallait-il découvrir une volonté et une autorité qui puisse l'imposer. Louis XVIII et son entourage avaient vu fonctionner le régime britannique. Mais s'il était porté à la souplesse, à la mesure, au compromis, le roi était en même temps très imbu de la majesté royale et soucieux de la primauté de l'exécutif. Aussi la *Charte de 1814*, bâclée en quelques jours, n'adopte-t-elle pas le régime parlementaire mais contient des dispositions dont les *virtualités parlementaires* sont claires : possibilité pour la Chambre des députés de refuser le budget, de mettre en accusation les ministres pour faute pénale, de recevoir des pétitions de la population, de demander au roi (qui a seul en principe l'initiative législative) de déposer un projet de loi... Il y a là l'amorce d'un équilibre entre les pouvoirs, d'une collaboration entre eux, l'esquisse d'un régime parlementaire auquel Louis XVIII se résignera.

*Ce régime parlementaire allait se réaliser progressivement entre 1814 et 1848.*

Ce qu'il y a de remarquable, c'est que le régime parlementaire s'est introduit en France *en fait avant de recevoir une consécration constitutionnelle*. L'évolution rappelle celle qui s'est produite en Grande-Bretagne, elle intervient un siècle plus tard. Ainsi la Charte de 1814 ne prévoyait pas de Cabinet royal, mais des ministres librement nommés par le roi et traitant les affaires directement avec lui. Leur responsabilité ne pouvait être mise en cause devant la Chambre que pour trahison ou concussion. Pourtant la pratique allait faire apparaître un Cabinet, organe collectif, responsable politiquement devant les Chambres. Dès 1824 (ministère Villèle), les ministres se réunissent en dehors de la présence du roi, c'est l'origine des Conseils de Cabinet. Par ailleurs, les ministres avaient droit d'accès et de parole devant les assemblées - dont ils pouvaient être membres, ce qui est une innovation dans notre histoire constitutionnelle - et l'accord de celles-ci était indispensable pour qu'une loi soit adoptée. Au cours des débats des ministres furent mis en cause, obligés de justifier ou de défendre leurs décisions ainsi que la politique de l'exécutif, et Louis XVIII en vint tout naturellement à démettre le Gouvernement lorsqu'il estimait qu'il n'avait plus la confiance du Parlement (par ex. É. Decazes au début de 1820). L'usage devait confirmer cette responsabilité politique, principe essentiel du régime parlementaire. Et il vint un jour, sous la monarchie de Juillet, où le Cabinet sollicita lui-même un vote sur la confiance... Il dépend alors à la fois du monarque et du Parlement, *c'est le parlementarisme dualiste.* La Constitution de 1848 revint à une séparation assez rigide et la pratique allait faire apparaître un système hybride mi-présidentiel, mi-parlementaire - marqué par l'affrontement constant entre le prince-président Louis Napoléon et l'Assemblée –, qui caractérise aussi les débuts du Second Empire.

À partir de 1860 l'attirance vers le parlementarisme se précise (débat de politique générale, droit d'amendement...) et le régime évolue à tel point que la Constitution du 21 mai 1870 consacre le régime parlementaire. Elle ne devait pas avoir le temps d'être appliquée à cause de la guerre franco-allemande et du désastre de Sedan. Singularité, en l'absence de l'empereur, le conseil des ministres était présidé par l'impératrice !

## C. Le mythe de la loi

**555.** L'attrait pour le régime parlementaire n'a pas empêché un certain déséquilibre des pouvoirs, favorable au législatif en face de l'exécutif, de s'amorcer à la fois dans les textes, dans la pratique et dans les esprits. La suprématie du pouvoir législatif, déjà acceptée sous la Révolution, ne devait pourtant s'épanouir que sous la III^e^ République pour aboutir à la souveraineté parlementaire.

L'instrument de cette évolution réside dans la conception de l'œuvre du législateur : *la loi est l'expression de la volonté générale, elle est souveraine et ne peut être contrôlée.* Concrètement cela signifie que la loi est l'œuvre du Parlement élu par le peuple - et non plus du monarque - et qu'elle est générale, c'est-à-dire que son domaine est illimité.

Dès le début de la Révolution, la loi acquiert un caractère sacré. La Constitution de 1791 proclame : « *Il n'y a point en France d'autorité supérieure à la loi. Le roi ne règne que par elle, et ce n'est qu'au nom de la loi qu'il peut exiger obéissance.* » L'influence des idées de J.-J. Rousseau aboutit à une sorte de souveraineté, de *dictature de la loi,* dont le danger est écarté dans l'esprit des constituants par l'idée que la loi ne peut être oppressive.

D'où une exaltation de la loi entraînant :

- le refus du contrôle de sa constitutionnalité ;
- l'interdiction faite au juge d'interpréter la loi lorsqu'elle est obscure. Sous la Révolution fut institué le *référé législatif* par lequel le Parlement se réservait le droit d'interpréter lui-même son œuvre.

## §2. Le bicaméralisme

**556.** Si tous les Parlements français depuis la Révolution n'ont pas été bicaméraux, les expériences de monocamérisme ont été limitées en nombre et en durée. Pourtant en 1791 on avait considéré que la Nation étant une, la représentation devait elle-même être une, et la Constitution avait donc institué un Parlement réduit à une seule « Assemblée législative ». En outre, il est clair qu'après avoir fait disparaître en 1789 la division en trois ordres, qui caractérisait les états généraux, on n'allait pas la faire revivre en quelque sorte, en 1791, à travers un Parlement bicaméral.

Il fallut attendre notre troisième Constitution, celle de *l'an III*, pour qu'apparaisse pour *la première fois* un Parlement bicaméral composé du Conseil des Anciens et du Conseil des Cinq-Cents. Si l'on adopte alors un bicamérisme – dans lequel les deux Chambres se différencient par l'âge d'éligibilité plus élevé au Conseil des Anciens, et par des pouvoirs inégaux – les Anciens ne pouvant qu'adopter ou refuser les textes votés par les Cinq-Cents – c'est pour éviter les dérèglements, la dictature d'une assemblée unique. L'expérience de la Convention justifie ce choix. Le bicaméralisme apparaît comme une *règle de sagesse politique* qui sera invoquée pour tous nos Parlements bicaméraux jusqu'à nos jours. Sous la première Constitution napoléonienne, celle du 28 frimaire an VIII, le pouvoir législatif était même réparti entre trois assemblées : le Tribunat, le Corps législatif et le Sénat. Par la suite, on revient au bicaméralisme, la composition de la Chambre haute – pairs ou sénateurs – en faisant une Chambre de réflexion. La seule exception au bicamérisme entre 1795 et 1875 est le fait de la Constitution de 1848. La tentative ne fut pas heureuse et ne fit qu'aggraver les réserves à l'égard du monocamérisme.

Mais en même temps dans l'opinion, on en vint à associer république et monocamérisme et l'attachement au bicamérisme est longtemps apparu comme une attitude de droite, l'institution d'une Chambre haute étant considérée comme un acte de méfiance à l'égard du peuple. Aussi, lors de l'élaboration des lois constitutionnelles de 1875, la création de deux Chambres fut-elle le fruit d'une transaction entre les forces composant l'Assemblée nationale.

Tels sont les grands traits de notre histoire constitutionnelle de 1791 à 1875. Certains sont affirmés et durables – la plupart de ceux qui concernent les caractères de l'État – d'autres sont plus flous et fragiles : le rôle du chef de l'État (Bonaparte ou arbitre ? En 1875, on préféra plutôt Bonaparte. Pour peu de temps) ; Assemblée constituante souveraine ou non, rigidité ou souplesse de la Constitution. Une grande question au moins reste en suspens qui va empoisonner la vie politique jusqu'à la guerre de 1914, celle de la laïcité. Par résignation ou par conviction, les Français se sont ralliés à l'idée d'un État laïque - en 1848 pourtant la Constitution commence par : « En présence de Dieu » - mais ils seront longs à se mettre d'accord sur ce que recouvre ce principe. Et aujourd'hui encore... le débat est revenu sur le devant de la scène au regard de la place occupée et revendiquée par l'islam dans l'espace public.

Au terme de cette première période, une constatation s'impose : notre régime politique a toujours été déséquilibré, soit au profit du Parlement, soit au profit de l'exécutif. Toujours l'un a dominé l'autre, durement parfois, situation qui ne va pas changer dans les décennies suivantes, en faveur du Parlement jusqu'en 1958, de l'exécutif depuis.

## CHAPITRE 2

# La III^e^ République

**557. Bibliographie.** – Joseph Barthélemy, Paul Duez, *Traité de droit constitutionnel*, 1933, rééd. 1985, éd. Panthéon-Assas. – Jacques Chastenet, *Histoire de la III^e^ République*, Hachette, 7 vol., 1952-1963.

**558.** La III^e^ République a duré de 1875 à 1940. Ces soixante-cinq ans, succédant à tant d'instabilité, ont marqué très profondément à la fois nos institutions et nos mœurs politiques.

**La III^e^ République**
**Quelques repères**

| | | |
|---|---|---|
| 1875 | 30 janvier | Amendement Wallon |
| | 24 février | Vote des lois constitutionnelles |
| | 25 février | |
| | 16 juillet | |
| 1877 | 16 mai | Révocation de Jules Simon |
| | 25 juin | Dissolution de la Chambre |
| 1879 | 30 janvier | Démission de Mac-Mahon |
| | | Élection de Jules Grévy |
| 1884 | | Révision de la Constitution |
| 1918 | | Apparition des décrets-lois |
| 1924 | | Démission de Millerand |
| 1934 | | Institutionnalisation de la présidence du Conseil |
| 1940 | 10 juillet | Fin de la III^e^ République |

# Section 1
# L'élaboration de la Constitution de 1875

**559.** Les périodes de transition sont toujours intéressantes. Celle qui va de la chute de l'Empire à l'approbation des lois constitutionnelles de 1875 nous apprend beaucoup sur la conception des institutions de la IIIe République. Celles-ci se sont mises en place avec prudence.

## §1. Le contexte historique

**560.** 1870 : Guerre contre la Prusse ; l'Empire ne va pas survivre au désastre de Sedan. L'empereur prisonnier, le 4 septembre la déchéance de l'Empire est proclamée ainsi que l'instauration de la république. C'est une révolution accomplie en présence de l'ennemi. Mais il va falloir plusieurs années pour que la république soit véritablement acceptée et consacrée, elle sera d'ailleurs plus « constatée » que « proclamée ». On évite de prendre des décisions qui paraîtraient engager l'avenir.

Un *Gouvernement de la défense nationale* investi par le Corps législatif (l'une des assemblées impériales), va exercer une sorte de dictature, finir de perdre la guerre, signer l'armistice et organiser, le 8 février 1871 – les vainqueurs voulant négocier avec un pouvoir élu –, l'élection d'une *Assemblée nationale*. Les conservateurs plus ou moins royalistes y sont largement majoritaires, les républicains n'étant que 200 sur 675 députés, et les bonapartistes virtuellement éliminés.

Le rôle de l'Assemblée nationale est d'abord de faire la paix avec les Prussiens. Aussi est-on d'accord sur le fait que les références à la république ne préjugent pas la nature future du régime (république ou monarchie ?) ; il en sera débattu plus tard lorsqu'on se consacrera à l'élaboration de la Constitution. Tel est le sens du *pacte de Bordeaux* adopté par l'Assemblée le 17 février 1871.

L'Assemblée est dominée par *Thiers*, nommé dans un premier temps « Chef du pouvoir exécutif de la République française », puis – à la suite de la *proposition Rivet* du 31 août 1871 – « *Président de la République française* ». Fonctionne alors une forme de régime d'Assemblée, où le président, en même temps chef du Gouvernement et responsable devant les députés, est en réalité étroitement soumis à ceux-ci.

Thiers signe la paix (traité de Francfort, 10 mai 1871) et écrase le soulèvement de la Commune, ce qui va marquer profondément la mythologie politique d'une large partie de la gauche. Mais il n'aura guère le temps de savourer ses succès, ses relations avec l'Assemblée se détériorent. Déjà le 13 mars 1873 une loi (dite *Constitution de Broglie*) limite ses possibilités de contact, et donc d'influence, avec les députés, qui craignent son ascendant (« le cérémonial chinois »), et, le 24 mai de la même année, mis en minorité, il est obligé de démissionner.

Son départ ouvre la question de la nature du régime, compliquée par l'attachement obstiné du comte de Chambord – prétendant monarchiste – au drapeau blanc. L'Assemblée prolonge le provisoire (les républicains s'abstenant) en confiant l'exécutif *pour sept ans* au maréchal de Mac-Mahon (*loi du Septennat* : 20 novembre 1873) ; en même temps elle charge une commission, dite *Commission des Trente*, de proposer de nouvelles institutions. Mac-Mahon apparaît comme un régent attendant une Restauration.

Les jeux ne sont donc pas faits, l'histoire hésite, monarchistes et républicains se comptent, s'observent et se marquent, aucun des camps n'a pris d'avantage décisif au cours des années 1870-1873.

## §2. La rédaction de la Constitution

**561.** La Commission des Trente prend son temps, espérant ainsi favoriser une solution monarchiste, et ne remet son rapport qu'au début de 1875.

La question de la nature du régime est alors très rapidement tranchée par l'adoption le 30 janvier 1875 d'un *amendement* déposé par Henri *Wallon* « *Le président de la République est élu à la majorité des suffrages par le Sénat et la Chambre des députés réunis en Assemblée nationale.* » Ce texte obtient 353 voix contre 352, la république entre dans nos institutions à une voix de majorité, d'une certaine manière à contrecœur. Le pays s'incline. Dans combien d'États aurait-on pu faire ainsi accepter sans secousse une décision de cette importance prise dans des conditions aussi aléatoires ? Ce vote devait entraîner le déclin des espoirs monarchistes, la majorité républicaine se renforçant – par découragement et lassitude – de scrutin en scrutin.

Puis furent votées successivement *trois lois constitutionnelles* :

- 24 février 1875, relative à l'organisation du Sénat,
- 25 février 1875, concernant l'organisation des pouvoirs publics,
- 16 juillet 1875, sur les rapports des pouvoirs publics.

Si on commence ainsi par la seconde Chambre, c'est que la droite veut faire consacrer le principe du bicaméralisme en préalable à toute discussion. Quelques semaines après le vote de la deuxième loi, on se rendit compte que subsistaient bien des lacunes, elles furent comblées par la loi de Juillet. Procédure d'élaboration singulière et peu cohérente. Cette Constitution devait entrer en vigueur le 8 mars 1876.

Ainsi *il n'y a pas à proprement parler de Constitution de 1875*, celle-ci est formée par la juxtaposition de trois lois constitutionnelles, sans références philosophiques, sans proclamation de principes ni déclaration des droits. C'est l'exemple-type de la *Constitution procédurale et de compromis*. Le texte est plat et terne, purement fonctionnel. Aucun rêve ne se développe à travers lui, il reflète la résignation morne à une république qu'on n'a pas pu empêcher. Ces brefs documents – 34 articles – sont le fruit de multiples tractations entre monarchistes, bonapartistes et républicains. Chaque parti considère l'aménagement des pouvoirs publics comme provisoire et espère reprendre à brève échéance les concessions qu'il a dû consentir ; les arrière-pensées éclairent l'interprétation des dispositions constitutionnelles. Une procédure de révision très simple a d'ailleurs été prévue, qui, en définitive, devait à peine servir.

# Section 2
# Les institutions

**562.** Les lois constitutionnelles de 1875 comportent une innovation considérable, elles instaurent une République parlementaire, alors qu'à travers le monde on n'avait connu jusqu'ici que des monarchies parlementaires.

## §1. Le Parlement

**563.** Le Parlement est bicaméral. Il s'agit là d'une concession faite par les républicains aux monarchistes, les seconds n'acceptent la République qu'à condition que soit créé un Sénat, et ils veulent que celui-ci soit une assemblée puissante.

### A. Les Chambres

#### 1. La Chambre des députés

**564.** La Constitution prévoit que la Chambre des députés est élue au suffrage universel (masculin) *direct* pour quatre ans.

Pendant la IIIe République, le mode de scrutin fut *le scrutin majoritaire uninominal à deux tours*, la circonscription étant l'arrondissement. La Constitution n'ayant pas précisé le système électoral, celui-ci fut élaboré par l'Assemblée nationale avant de se séparer. La tradition qui réserve la définition du mode d'élection au législateur a depuis lors toujours été respectée. Entre 1919 et 1927, une expérience de représentation proportionnelle départementale fut tentée (v. *supra* n° 286).

L'âge de l'éligibilité est fixé à 25 ans. L'effectif des assemblées n'était pas précisé par la Constitution mais par la loi. Le nombre des députés a varié de 523 à 624.

#### 2. Le Sénat

**565.** Son recrutement est beaucoup plus complexe que celui de la Chambre basse. On a voulu en faire une « chambre de résistance » et la procédure de désignation de ses membres a été contestée comme peu démocratique.

À l'origine composé de 300 membres, son effectif fut porté en 1919 à 314 sénateurs pour tenir compte de la réintégration des départements d'Alsace et de Lorraine dans le territoire français.

Le texte de 1875 prévoyait que 75 d'entre eux seraient des *sénateurs nommés à vie* et recrutés par cooptation. La présence de ces membres inamovibles était destinée en principe à associer à la représentation nationale le monde de l'intelligence, c'est-à-dire des personnages distingués pour leurs talents ou leurs compétences, en les dispensant de se soumettre à l'élection. La droite y voyait surtout une façon d'y appeler des notables proches d'elle.

Les autres sénateurs sont recrutés au *scrutin indirect*. Le collège électoral est composé *dans chaque département* par les députés, les conseillers généraux, les conseillers d'arrondissement et un délégué par Conseil municipal. Cette représentation qui, à l'origine, ne tenait donc pas compte de la population de chaque commune, fut modifiée en 1884, les grandes communes obtenant plusieurs délégués sénatoriaux (l'échelle allait de 1 à 24, Paris ayant droit à 30). L'ensemble des collèges électoraux compte environ 75 000 personnes.

Ce mode de recrutement a pour effet de favoriser considérablement les zones rurales, donnant au Sénat l'image d'une *chambre d'agriculture*. On a dit aussi qu'il était « le grand Conseil des communes de France » (L. Gambetta) et on a brocardé les sénateurs « élus du seigle et de la châtaigne ». En fait, à partir de 1884 les gros et moyens bourgs sont les premiers avantagés. Les délégués de communes groupant 35 % de la population constituent 58 % du corps électoral du Sénat.

La durée du mandat de sénateur est de neuf ans, le renouvellement s'effectuant par tiers tous les trois ans. L'âge de l'éligibilité est fixé à quarante ans.

## B. Attributions

**566.** En principe les deux Chambres ont des attributions identiques avec quelques pouvoirs propres, les constituants ont institué un *bicaméralisme égalitaire, qui, en réalité, est plutôt favorable au Sénat*.

- Par définition, le Parlement a pour première attribution de *voter la loi*. Les parlementaires partagent l'initiative des lois avec le président de la République (et non avec le Gouvernement qui, en conséquence, n'a pas le pouvoir d'amendement). L'égalité entre les deux Chambres implique qu'elles doivent se mettre d'accord sur un texte au terme d'une éventuelle procédure de *navette* consistant à renvoyer le projet ou la proposition d'une Chambre à l'autre pour arriver à un accord sur un texte identique. Si cette procédure n'aboutit pas, la loi n'est pas adoptée, *la Chambre basse ne peut faire prévaloir son point de vue*. En particulier, le budget, qui est une loi, doit être voté dans les mêmes termes par les deux Chambres ; mais, *prééminence traditionnelle des Chambres basses en matière financière*, il est discuté et voté en priorité par la Chambre des députés.

- Par ailleurs, *les deux assemblées peuvent mettre en cause la responsabilité du Gouvernement*. Le Sénat peut le renverser aussi bien que la Chambre des députés.

En outre, le Sénat se transforme en Cour de justice pour juger les personnes poursuivies pour attentat contre la sûreté de l'État, ainsi que, à l'initiative des députés, le président de la République pour haute trahison et les ministres pour les crimes commis dans l'exercice de leurs fonctions.

On voit déjà que la Chambre haute dispose de pouvoirs assez exceptionnels.

Si l'on ajoute qu'à l'inverse de l'autre Chambre, *le Sénat ne peut être dissous* et doit donner un avis favorable à la dissolution de la Chambre des députés – il est paradoxal que le Sénat puisse renverser le Gouvernement sans que celui-ci en contrepartie puisse renvoyer les sénateurs devant le corps électoral – on peut même estimer que le *bicamérisme penche en faveur du Sénat : il peut résister, mettre en échec la volonté des députés, et il est maître de la durée de leur mandat*.

Les attributions des assemblées sont exercées au cours de sessions relativement courtes puisque le président peut prononcer *la clôture* après cinq mois. Les deux Chambres siègent en même temps.

## §2. L'exécutif

**567.** L'exécutif est composé du président de la République et du Cabinet. Son schéma est très proche de celui de la monarchie de Juillet.

### A. Le président de la République

#### 1. Désignation

**568.** Le président de la République est élu au scrutin secret à la majorité absolue des suffrages par la Chambre des députés et le Sénat réunis en Assemblée nationale à Versailles. C'est la procédure la plus simple qui soit ; elle permet de remplacer presque sur-le-champ un président démissionnaire ou décédé, elle est peu coûteuse, elle ne compromet pas l'autorité du président car il n'y a pas de débats où sa personnalité pourrait être éclaboussée, la seule attribution de l'Assemblée est de voter. Mais en même temps on ne retenait pas l'élection directe par le peuple, adoptée pourtant en 1848 mais discréditée par Louis-Napoléon, qui en avait profité pour instaurer un pouvoir personnel. Tenant ses pouvoirs des *représentants* de la Nation, le président subit une perte de légitimité et de prestige.

*La durée du mandat est de sept ans.* Cette règle, devenue traditionnelle, ne répondait à l'origine à aucune préoccupation constitutionnelle précise. Posée en 1873, avant l'adoption de la Constitution au moment de la désignation de Mac-Mahon, elle correspondait au temps pendant lequel celui-ci, vu son âge, était supposé pouvoir, selon ses propres termes, « consacrer ses forces au pays ». Cette durée donne une stabilité certaine à un des rouages essentiels des institutions. Cependant, si ce mandat est plus long que celui de la Chambre (quatre ans), il est plus bref que celui du Sénat (neuf ans). Le président est rééligible. Seuls J. Grévy et A. Lebrun ont été réélus ; ni l'un ni l'autre n'a terminé son second mandat.

### 2. Attributions

**569.** Les pouvoirs du président brièvement définis par la Constitution sont cependant très larges. Ceci peut paraître surprenant si on considère son mode de désignation, mais il ne faudrait pas oublier qu'on attendait une restauration monarchique et que le président était appelé à y jouer un rôle déterminant : lui seul, à l'origine, avait l'initiative de la révision constitutionnelle (à partir de 1879 l'initiative appartient aussi aux Chambres).

*Le président est à la fois chef de l'État et chef de l'exécutif.* Ses fonctions sont à la fois protocolaires et politiques. Il représente la France dans les cérémonies officielles et à l'étranger, il accrédite ses représentants diplomatiques et reçoit les lettres de créance des ambassadeurs étrangers ; il est le chef des armées. Ses attributions politiques - que la pratique va faire disparaître - sont étendues : il a l'initiative des lois, il peut en demander une nouvelle lecture (veto provisoire), il les promulgue et veille à leur exécution. À ce titre, *il est le titulaire du pouvoir réglementaire.* Il nomme aux emplois publics - sur cette base *il désigne les ministres* - dissout la Chambre des députés sur avis conforme du Sénat - il ne dispose donc pas d'un pouvoir discrétionnaire, le Sénat peut s'opposer à son souhait - peut faire lire par un ministre des messages devant les Chambres ou prononcer après un certain délai la clôture de leurs sessions, négocie et ratifie les traités (expression qui sera reprise dans la Constitution de 1958). Une attribution lui est refusée : le droit de déclarer la guerre, car il doit obtenir l'accord préalable des assemblées.

### 3. L'irresponsabilité

**570.** Mais son statut est celui d'un chef d'État parlementaire, il est donc *irresponsable*. La liste de ses attributions doit être envisagée en considération d'une limite : tous ses actes doivent être *contresignés* par un ministre qui en assume alors la responsabilité. Même dans ses déplacements et audiences officielles, il doit être accompagné d'un ministre. On a pu le qualifier de « mutilé constitutionnel ».

Quoi qu'il en soit, ce statut est très proche de celui d'un monarque républicain. Parlant de lui, le duc de Broglie disait : « *un chef revêtu de tous les attributs de la royauté, un chef-roi sans le nom et sans la durée* ». *En théorie le constituant de 1875 a voulu que le président règne et gouverne.*

## B. Le Cabinet

**571.** Les ministres sont nommés par le président. Dans le silence de la Constitution, on fait découler ce pouvoir de sa disposition concernant la nomination aux emplois publics. Le président est la seule tête de l'exécutif car les constituants (dans la continuité de la tradition monarchique) n'ont pas prévu non plus l'existence d'un chef de Gouvernement. Dès 1876 cependant, J. Dufaure s'attribua le *titre de président du Conseil* et l'expression entra dans le vocabulaire politique. Mais il fallut attendre 1934 pour que son existence soit reconnue officiellement. Jusque-là, le président du Conseil fut obligé de cumuler ses fonctions avec un portefeuille ministériel, car il ne possédait pas de services propres (bureaux, budget, personnel).

En théorie les Chambres n'ont pas à intervenir dans la formation du Gouvernement, puisque la Constitution n'exige pas *de vote d'investiture* du Parlement. Dans la pratique, les présidents du Conseil présenteront leur équipe et leur programme aux assemblées en sollicitant leur confiance.

Les ministres ont le droit d'entrée dans les deux assemblées et sont *solidairement responsables* devant elles. Ainsi est affirmé le caractère collégial de l'équipe gouvernementale qui, jusqu'alors, n'était pas assuré.

Le système institué en 1875 correspond ainsi à un parlementarisme équilibré dans lequel au droit pour le Parlement de renverser le Gouvernement correspond le droit pour le chef d'État de dissoudre la Chambre des députés.

Ces caractères largement liés aux circonstances vont être remis en cause par l'évolution du régime pendant les soixante-cinq ans de son existence. Si la Constitution a duré, c'est peut-être parce qu'elle était courte, souple et sans contrôle.

## §3. Le fonctionnement du régime

**572.** Régime de transition promis à un destin limité, la IIIe République, à travers des divisions profondes de la Nation, des affaires et des scandales (Boulanger, Wilson, Dreyfus, Panama...), une guerre passée à la postérité sous le nom de « Grande Guerre », une crise économique et financière sans précédent, devait déjouer les prévisions pessimistes de ses auteurs et trouver un équilibre et un style très éloignés de leurs vues. Le régime, déformé certes, a fonctionné de façon à peu près satisfaisante jusqu'à la guerre de 1914.

Pour la première fois dans notre histoire, un régime démocratique a réussi à durer. À l'apport révolutionnaire s'est ajoutée à partir de lui une « tradition républicaine » qui pèse autant sur notre vie politique que les « immortels principes » de 1789.

### A. Le passage au parlementarisme moniste

**573.** Dans l'esprit des constituants, le Cabinet dirigé par le président de la République et responsable devant les Chambres devait jouir de la confiance à la fois du chef de l'État et du Parlement. L'ébauche de la monarchie de Juillet était mise en forme, *le parlementarisme serait orléaniste, autrement dit, dualiste*. Cependant, ce régime correspondait plus aux souhaits des monarchistes qu'aux vues des républicains. Les succès des seconds, la majorité rapidement acquise par eux au Parlement, devaient transformer le régime conformément à leur conception en un parlementarisme moniste.

## 1. La crise du 16 mai et la Constitution Grévy

**574.** Mac-Mahon, installé depuis 1873 à la tête de l'État, entendait utiliser toutes les prérogatives, et on a vu qu'elles étaient étendues, que lui conférait la Constitution.

Les élections de 1876 allaient mettre ce royaliste dans une situation imprévue et difficile : les républicains obtiennent 360 sièges à la Chambre contre 280 aux monarchistes et aux bonapartistes. Plutôt que de choisir un chef de Gouvernement au sein de la gauche victorieuse – où la personnalité dominante, L. Gambetta, inquiétait et était contestée – Mac-Mahon nomma un homme du centre gauche, J. Dufaure, qui fut rapidement amené à démissionner. J. Simon, qu'il appela pour lui succéder, essaya de se concilier à la fois la gauche et les conservateurs, mais il fut obligé de cautionner une initiative de la première contre les « menées cléricales » qui déplut au chef de l'État, qui le lui fit savoir. J. Simon présenta donc sa démission que Mac-Mahon accepta *le 16 mai 1877* sans que la Chambre ait refusé sa confiance : Mac-Mahon précisait : « *Si je ne suis pas comme vous responsable devant le Parlement, j'ai une responsabilité envers la France* » ; il affirmait par-là le principe du parlementarisme dualiste.

Les républicains rédigèrent en réponse une déclaration *(le Manifeste des 363)* posant, eux, en principe que « le Cabinet doit avoir la confiance de la Chambre », et ils renversèrent le ministère Broglie qui avait remplacé J. Simon. Mac-Mahon répliqua en prononçant la dissolution de la Chambre des députés (25 juin 1877). Dans ce conflit ouvert entre le président et la représentation nationale, le premier en appelait à l'arbitrage du peuple. Reprenant une formule de Ch. de Freycinet, L. Gambetta proclamait alors que si les élections étaient défavorables au chef de l'État, celui-ci devrait « *se soumettre ou se démettre* ».

Les élections du 14 octobre devaient donner la victoire à la gauche, les 363 ne se retrouvaient que 323, mais ce nombre fut grossi par des invalidations de députés de droite. Mac-Mahon ne voulut pas s'incliner et plaça à la tête du Gouvernement le général de Rochebouët. La Chambre ayant refusé de travailler avec celui-ci, il dut « se soumettre » et nommer Dufaure qui obtint la confiance de la Chambre. En même temps il signait une lettre où il admettait que « *l'indépendance des ministres est la condition de leur responsabilité* » et acceptait de revenir « *à la pratique sincère des lois constitutionnelles* ».

En janvier 1879, les républicains conquirent la majorité au Sénat. Ayant perdu son dernier soutien, il ne restait plus à Mac-Mahon qu'à démissionner, à « se démettre » (30 janvier 1879). Il fut remplacé le jour même par J. Grévy. Celui-ci adressa alors au Parlement un message où il déclarait : « je n'entrerai jamais en lutte contre la volonté nationale exprimée par ses organes constitutionnels » ; en d'autres termes le président s'efface, le Cabinet a besoin pour gouverner de la seule confiance du Parlement. Cette interprétation, en rupture totale avec l'esprit des lois de 1875, a été appelée « *Constitution Grévy* ».

## 2. Les conséquences de la crise

**575.** La crise du 16 mai 1877 a pesé considérablement sur les institutions et la vie politique sous toute la IIIe République et encore sous la IVe.

### a. Le parlementarisme moniste

**576.** L'apparition du parlementarisme moniste est la conséquence la plus évidente de la crise : le Gouvernement n'est plus responsable que devant les Chambres. Ce qui entraîne l'effacement du président. Mais, au contraire de ce qui s'était passé en Grande-Bretagne au siècle précédent, le président du Conseil ne saura pas en profiter.

### b. La désuétude du droit de dissolution

**577.** L'usage fait par Mac-Mahon du droit de dissolution, en quelque sorte contre la République (« le coup de force »), a discrédité cette procédure pendant près de quatre-vingts ans. Qu'une autorité non issue du suffrage universel se permette de renvoyer les élus du peuple devant leurs électeurs apparaissait comme impie ou au minimum comme antidémocratique. Le président ne pouvait plus prendre sur lui de dissoudre et jamais un président du Conseil n'osa le lui proposer.

Le gel de ce moyen d'action de l'exécutif sur le législatif n'est pas étranger à la transformation progressive de la souveraineté nationale en souveraineté parlementaire.

### c. La stabilité de la Constitution

**578.** Forts de leur victoire, les républicains auraient pu modifier une Constitution qu'ils n'avaient acceptée que du bout des lèvres. Mais la « Constitution Grévy » infléchissait le texte dans un sens qui répondait à leur préoccupation la plus vive. Aussi se contentèrent-ils d'apporter quelques retouches de détail aux textes de 1875 pour *« républicaniser »* le régime.

Au total, assez peu de choses. De la révision de 1884 on retiendra :

- la suppression des sénateurs à vie ;
- la modification des règles de désignation des sénateurs pour diminuer la surreprésentation des petites communes ;
- l'affirmation selon laquelle « la forme républicaine du gouvernement ne peut faire l'objet d'une proposition de révision » et inéligibilité à la présidence des membres des familles ayant régné sur la France.
- en 1879, l'adoption de la *Marseillaise* et le retour des pouvoirs publics de Versailles à Paris.

De toute façon, comme aucun contrôle de la constitutionnalité n'existait, la pratique pouvait faire évoluer les institutions, les transformer, sans se soucier de la Constitution.

## B. De la primauté des assemblées au renforcement de l'exécutif

**579.** Le passage d'un parlementarisme dualiste à un parlementarisme moniste allait inverser le rapport de force à l'intérieur du régime, la suprématie passant de l'exécutif au Parlement. À la longue, le Gouvernement préoccupé surtout d'une stabilité que les parlementaires lui refusaient, se révéla impuissant à diriger et à coordonner la politique de la Nation. Une réaction finit par se dessiner, tendant à renforcer les pouvoirs de l'exécutif.

### 1. La primauté du Parlement

**580.** Dans les faits une sorte de régime d'assemblée, tempéré par le bicaméralisme égalitaire, s'institua. Et avec lui la *souveraineté parlementaire.*

#### a. L'effacement de l'exécutif

**581.** Le président n'est plus qu'un chef de l'État effacé, le président du Conseil devient un chef du Gouvernement faible.

##### α. *Un chef de l'État effacé*

**582.** La République à ses débuts vit dans la crainte de l'exécutif et surtout d'un Gouvernement fort. Les ombres de la monarchie et de l'Empire pèsent sur les esprits, Mac-Mahon renforce des préventions que Boulanger confirmera. Aussi *le chef de l'État* est-il mis à l'écart. Il assiste au conseil des ministres - qui est convoqué par le président du Conseil - mais il ne le préside plus, il abandonne ses prérogatives constitutionnelles ; il perd toute initiative et n'ose plus décider : il n'utilise ni la seconde lecture, ni l'ajournement des Chambres et deux fois seulement le message, laissant se créer une tradition d'inertie dont aucun président ne s'affranchira. Il lui reste une attribution : choisir au sein de la coalition majoritaire à la Chambre la personne chargée de former le Gouvernement. Mais l'exigence du contreseing ne le laisse pas toujours libre de son choix. Et, d'autre part, une fois désigné, le président du Conseil constitue son équipe à sa guise et se présente devant les Chambres pour solliciter leur confiance, le président reste en dehors de la procédure. En réalité il a perdu toute volonté propre, sa signature formalise la volonté ministérielle. Aussi, en 1897, G. Clémenceau conseillait-il aux parlementaires de « voter pour le plus bête ».

Bien plus, alors qu'en principe il est irresponsable, si un conflit s'ouvre entre lui et le Parlement, ce dernier peut *le forcer à démissionner*. L'hypothèse s'est réalisée à plusieurs reprises (quatre présidents sur treize se sont retirés). J. Grévy fut contraint au départ en 1887 à la suite de l'affaire Wilson (« *quel malheur d'avoir un gendre* », ledit gendre monnayant l'attribution de décorations) et surtout A. Millerand, en 1924, parce qu'il voulait rompre avec le rôle effacé où depuis 1877 était cantonné le président. On entre alors dans le *gouvernement de Cabinet* où celui-ci exerce les pouvoirs que la Constitution attribuait au président de la République.

#### β. *Un Gouvernement affaibli en face du Parlement*

**583.** Le Gouvernement lui-même voit disparaître les moyens d'action dont il dispose normalement dans un régime parlementaire à l'égard des assemblées, à commencer par la dissolution. Les assemblées s'institutionnalisent (création des commissions, des groupes...), siégeant à peu près en permanence elles sont aussi maîtresses de leur *ordre du jour* et donc de discuter ou non les projets gouvernementaux. Quand ceux-ci sont appelés à être débattus, ils sont, avant toute discussion par les Chambres, examinés par les très puissantes commissions qui ont tout pouvoir pour les modifier, les retoucher, les mettre en pièces.

En outre, la *Constitution ne prévoit pas les conditions de mise en jeu de la responsabilité gouvernementale.* La question de confiance ne nécessite pas une délibération préalable spéciale du Cabinet ; bien plus, n'importe quel ministre peut engager la responsabilité du Gouvernement devant les Chambres et celui-ci peut être renversé sans que le président du Conseil soit présent, ou ait donné son accord (cela s'est produit deux fois, en 1924 et 1930). Aucune condition de forme ou de majorité n'est mise au refus de la confiance. Un Gouvernement pourra donc démissionner après un refus de confiance à la majorité relative sur un problème secondaire. Des cabinets se retireront même sans avoir été formellement désavoués par une assemblée. Souvent ce sera un parlementaire qui, par une demande d'explications au Gouvernement, appelée « *interpellation* », déclenchera la chute du ministère (ministère Méline en 1898). Le débat sur l'interpellation est clos par le vote d'une résolution par laquelle la Chambre exprime sa confiance ou sa défiance au Gouvernement, exerçant une véritable censure. Il arrive même que le Gouvernement démissionne à la suite du congrès d'un parti politique qui décide de lui retirer sa confiance, ou encore après un vote hostile d'une commission parlementaire.

Le Sénat de son côté use avec modération de son pouvoir de renverser le Cabinet, il l'utilise sept fois seulement pendant toute la IIIe République. Mais presque à chaque fois il manifeste par-là une opposition conservatrice à des initiatives gouvernementales, en particulier contre les Cabinets du Front populaire présidés par L. Blum. Le Sénat renforce ainsi les préventions de la gauche à son égard, qui seront sur le point de mettre en cause son existence en 1946.

En définitive, le pouvoir est confisqué par le Parlement. En l'absence d'un contrôle de constitutionnalité, un régime d'assemblée s'est mis en place.

### b. L'instabilité gouvernementale

**584.** L'instabilité gouvernementale va devenir une des caractéristiques du parlementarisme français contrastant avec la continuité des gouvernements britanniques. De 1871 à 1940, la France a connu

104 gouvernements. Pourtant, il y eut pendant les quinze années qui précédèrent la guerre de 1914 une relative stabilité gouvernementale. C'est ainsi que le cabinet Waldeck-Rousseau établit avec trois ans (1899-1902) un record de longévité gouvernementale. Après 1918, la durée moyenne descend à six mois. Il n'y eut même pas de trêve pendant les guerres, puisque six cabinets furent renversés pendant la première guerre mondiale ; durant la seconde, É. Daladier dut céder la place à P. Reynaud en mars 1940, celui-ci étant investi à une voix de majorité !

La raison essentielle de cette instabilité réside dans la *multiplication des partis*. Aucun parti n'est capable à lui seul de s'assurer la majorité du Parlement et pendant toute la durée du régime deux majorités seulement sont sorties des élections (1876 et 1914), c'est-à-dire qu'au soir du scrutin on ne sait qui va gouverner. Aussi les Gouvernements sont-ils le fruit de « cartels », de *coalitions*, dites de « concentration », dans lesquelles le centre joue un rôle déterminant. Ils sont des « parlements en miniature » (F. de Tarr). Lorsque la coalition est cohérente, la stabilité peut apparaître, ce fut le cas de 1899 à 1914. Mais le plus souvent les coalitions se font et se défont, du fait de l'absence de discipline partisane et du rôle déterminant des petits partis à la charnière de la majorité. On parle de « combinaisons ministérielles » ou d'existence de « majorité de rechange ». Il n'y a pas renversement de majorité mais glissement. Les Gouvernements ne tombent pas sur un désaccord de « politique générale », mais sur des incidents de troisième ordre, par exemple sur la suppression de crédits affectés aux sous-préfets. Il faut ajouter que les ministres étaient, en pratique, choisis par les partis et non par le chef du Gouvernement, l'équipe ministérielle n'était pas véritablement unie.

À l'instabilité gouvernementale correspond une assez remarquable *stabilité des ministres*. Ce sont les mêmes personnages qui siègent au banc des gouvernements successifs. Il se crée une catégorie de « ministrables » qui, une fois passé le cap difficile du premier portefeuille, ont vocation à une carrière ministérielle où certains battent les records de participation : ainsi H. Queuille fut-il dix-neuf fois ministre entre 1920 et 1940 ; ils sont presque toujours députés, rarement sénateurs (48 sur 631 sous la IIIe) et encore moins non-parlementaires (huit).

Cette relative stabilité des ministres ne compense pas les inconvénients de l'instabilité gouvernementale. Souvent ils ne sont pas là pour gouverner, mais pour faciliter la constitution puis la survie du Gouvernement, ou plutôt de sa majorité, grâce aux voix de leurs amis. Les vrais problèmes ne sont jamais tranchés, à peine sont-ils posés et effleurés dans un débat que le Cabinet cède la place. Par prudence, le Gouvernement est porté à esquiver les questions délicates qui peuvent hâter sa fin, il attend que le Parlement lui dicte une politique. L'impératif est de durer.

### c. Une Administration qui gouverne

**585.** Le Gouvernement n'est donc pas en mesure de gouverner, de diriger le pays. Mais le Parlement ne se substitue pas vraiment à lui. Lui-même travaille peu (il siège trois fois moins qu'aujourd'hui) et mal ;

surtout *il empêche le Gouvernement de gouverner*. Ainsi le budget ne sera voté à temps que douze fois de 1875 à 1940.

Les parlementaires acquièrent progressivement une nouvelle conception de leurs fonctions. De représentants de la Nation dans son ensemble ils se muent en défenseurs de leurs circonscriptions, on dira plus tard en « assistantes sociales ». Le député ou le sénateur devient l'intercesseur de ses électeurs auprès des administrations.

Dans ces conditions *le pouvoir est vacant*. Il est recueilli par l'Administration. Les ministres, chefs théoriques des administrations, ne font que passer, les services et leurs directeurs restent. Grâce aux services, l'État est relativement efficace. Les citoyens se rendent compte de ce transfert et l'impuissance corrélative du Parlement provoque dans l'opinion cet antiparlementarisme, dont il a déjà été question, qui se manifestera avec éclat pour la première fois sous la forme du boulangisme (1886-1889).

La primauté du Parlement finit par stériliser le régime, les Chambres étant incapables d'exercer les pouvoirs qu'elles se sont arrogés.

## d. Recours aux décrets-lois

**586.** La Première Guerre mondiale avait souligné l'inefficacité du système politique français pour faire face aux problèmes d'une Nation en guerre : lenteur du Parlement alors qu'il faut agir vite, faiblesse du Gouvernement alors que le pouvoir doit être fort.

Dans cette situation *les Chambres délèguent au Gouvernement le pouvoir d'élaborer des lois, ainsi apparaissent les décrets-lois*. Ceux-ci naquirent en trois temps. À la fin de la guerre, en 1918, tout d'abord, le Gouvernement se substituant au législateur prit des décrets qu'il fit ensuite ratifier par le Parlement. Puis en 1924, R. Poincaré fit voter une loi l'habilitant à prendre par décrets des mesures relevant normalement du législateur, mais son Gouvernement fut renversé avant qu'il ait pu utiliser ce pouvoir. Enfin, en 1926, R. Poincaré redevenu président du Conseil obtint une nouvelle délégation et prit un certain nombre de décrets-lois.

La procédure est la suivante :

- Par une *loi de pleins pouvoirs* (ou loi d'habilitation), le Parlement autorise le Gouvernement à agir à sa place, c'est-à-dire à prendre par décret des mesures qui relèvent de la loi, *et aussi à modifier par décret des lois déjà existantes*.
- En principe ce pouvoir est accordé au Gouvernement *pour un certain délai (trois-quatre mois en général) et son domaine n'est pas illimité* en ce sens que le Parlement précise les matières où le Gouvernement peut intervenir. En fait le domaine des décrets-lois est très largement défini grâce à des habilitations fort vagues, par exemple « prendre les mesures nécessaires pour la défense de la monnaie ».
- Enfin, si les décrets-lois entrent en vigueur dès leur publication, ils doivent être soumis à *la ratification du Parlement*. On régularise par-là *a posteriori* ce que la procédure peut avoir d'irrégulier. Dans la pratique,

le Parlement n'examine qu'exceptionnellement les décrets-lois, ceux-ci continuent à s'appliquer, leur ratification implicite étant admise.

Ce procédé a été de plus en plus fréquemment utilisé, surtout à partir de la fin des années 1920. Le domaine de l'économie sera la terre d'élection des décrets-lois, en raison en particulier de la grande crise de 1929. À partir de 1935 jusqu'à la guerre, il y a pratiquement chaque année une loi accordant les pleins pouvoirs. Les grandes réformes de cette période ont presque toutes été réalisées par décrets-lois. C'est là l'un des signes les plus nets de l'inadaptation des institutions, de la crise du régime.

## 2. Le révisionnisme constitutionnel ou la contestation de la souveraineté parlementaire

**587. Bibliographie.** – Léon Blum, *La réforme gouvernementale*, Grasset, 1936. – André Tardieu, *Sur la pente*, Flammarion, 1935.

**588.** Sous la IIIe République, la doctrine constitutionnaliste, notamment à la suite des études de R. Carré de Malberg, professeur à l'université de Strasbourg, prend conscience du poids de la souveraineté parlementaire dans la dérive des institutions. Par ailleurs, un mouvement appelé le révisionnisme constitutionnel se prononce pour un certain nombre de réformes constitutionnelles défendues par certains hommes politiques.

### a. Une analyse doctrinale : Carré de Malberg

**589.** Le système de la IIIe République est décortiqué par R. Carré de Malberg. Par une analyse minutieuse de ce système, il montre que les déséquilibres relatifs au fonctionnement des institutions résultent d'une absence de séparation entre le pouvoir constituant et le pouvoir parlementaire. Notamment dans *La loi expression de la volonté générale* (1931), il étudie les rapports entre loi constitutionnelle et loi ordinaire (v. chapitre III « Distinction entre lois constitutionnelles et lois ordinaires »).

Reprenons son raisonnement qui sur l'essentiel n'a perdu ni de sa force, ni de son intérêt comme système d'explication.

Il relève que la séparation du pouvoir constituant et du pouvoir législatif peut difficilement fonctionner dans un État où s'est implantée l'idée que la loi est l'expression de la volonté générale, celle-ci trouvant sa représentation dans le Parlement. Il note également que les lois constitutionnelles de 1875 contiennent seulement des dispositions relatives aux organes exécutifs et législatifs, et restent silencieuses sur ce que l'on appelle maintenant les droits fondamentaux. Une fois admis que le corps législatif représente la volonté générale, il devient logique de lui reconnaître la faculté de traiter par ses lois tous les objets possibles. C'est-à-dire aussi bien les questions fondamentales relatives à l'organisation de l'État, que les questions relevant de la réglementation. Le Parlement est notamment le maître de la répartition entre compétences législatives et réglementaires. La Constitution s'en est également remise au législateur en ce qui concerne la détermination et la protection des droits fondamentaux. Ainsi le juge a été conduit à appliquer en ce domaine non pas des principes fixés par la Constitution, mais des règles législatives (et, pourrait-on ajouter, à combler les « vides » par des principes généraux, d'où le développement de ces principes dans la jurisprudence du Conseil d'État de l'époque).

À partir de ce constat, il indique que l'on peut envisager que la suprématie de la Constitution sur la loi ordinaire soit assurée par le juge, et ce par voie d'exception. C'est-à-dire que le juge pourrait écarter la loi inconstitutionnelle à l'occasion d'un litige. Il relève aussitôt que ce système ne présenterait que peu d'intérêt dans le système institutionnel de la III^e République, à partir du moment où la Constitution ne contient que des dispositions relatives à l'organisation des pouvoirs publics et aucune disposition relative aux droits des individus. Il considère que le juge ne peut suppléer à l'absence de principes inscrits dans le texte constitutionnel, en invoquant des principes permanents et transcendantaux. Il serait donc nécessaire qu'il soit procédé à une révision constitutionnelle qui transforme la Constitution en « *un corps de règle statutaire qui comprendrait sur toutes les matières que l'organe constituant entend se réserver à lui-même, tous les principes qui lieront le législateur et borneront ses compétences. Alors il y aurait place pour un contrôle juridictionnel consistant à confronter les lois avec les textes constitutionnels et destiné à imposer au législateur le respect de l'ordre juridique supérieur établi par la Constitution* ». Il ajoute qu'il serait également nécessaire qu'il y ait une distinction entre l'organe constituant et l'organe législatif, c'est-à-dire qu'il ne soit plus au pouvoir de la majorité parlementaire ordinaire de modifier les lois constitutionnelles. Il relève cependant que cette distinction organique entre constituant et législateur peut être atténuée mais voire ses effets maintenus par l'exigence d'une majorité qualifiée pour la révision parlementaire de la Constitution.

## b. Des propositions politiques : Tardieu

**590.** Après la crise du 6 février 1934 (manifestations ou émeutes des ligues dirigées contre le Parlement), l'idée d'une révision constitutionnelle alimente le débat politique. Déjà, en 1924, A. Millerand, alors président de la République, avait affirmé qu'il fallait renforcer l'exécutif et limiter l'omnipotence du législatif, notamment en respectant la souveraineté du peuple. Il fut contraint par le Parlement à la démission. En 1934, G. Doumergue, président du Conseil, veut instaurer le référendum. Le point commun à ces propositions est de dégager l'effectivité d'un pouvoir qui ravisse la souveraineté au Parlement, ce pouvoir ne peut être que le peuple.

A. Tardieu est en 1934 un ancien président du Conseil, se situant sur l'échiquier politique à droite. Ses propositions sont intéressantes, non seulement par leur contenu, mais aussi parce que de Gaulle a été son collaborateur et qu'il le tenait, à l'époque, en grande estime (A. Tardieu a lui-même été un collaborateur de G. Clémenceau). Ses propositions sont sommairement les suivantes : d'une part, rétablir les mécanismes propres à un véritable système parlementaire, d'autre part établir la procédure du référendum.

La IV^e République échouera à n'envisager que le premier type de réforme.

Ces réflexions et celles d'autres personnalités, notamment L. Blum, seront reprises durant et après la guerre et fourniront des idées pour le débat constitutionnel, sous le régime de Vichy, mais surtout celui qui aboutira à la Constitution de 1958.

## CHAPITRE 3

# La IVe République

**591. Bibliographie. –** Georges VEDEL, *Manuel élémentaire de droit constitutionnel*, 1949, Dalloz, réimp., 1984. – Colloque de Nice, *La IVe République*, 1978. – « La IVe République », *Pouvoirs* n° 75. – (en collaboration avec M. VERPEAUX), *La transition juridique l'ordonnance du 9 août 1944,* Communication au colloque *Le rétablissement de la légalité républicaine 1944,* organisé par la Fondation C. de Gaulle, l'AFC et la FNSP à Bayeux, actes publiés aux éditions Complexe, 1996.

**592.** La IIIe République a été emportée par la défaite de 1940. La rapidité de l'effondrement de la France succédant à un optimisme stupide ouvrit une crise morale profonde. Le pays avait le sentiment de payer les erreurs et les lâchetés d'un système incapable de gouverner, de prévoir et préparer la guerre, de lui insuffler l'énergie indispensable pour se défendre contre l'Allemagne. Le vieux réflexe d'antiparlementarisme se réveilla comme une vague de fond, condamnant les jeux parlementaires, l'impuissance de l'exécutif, le laisser-aller général, l'esprit de jouissance.

En même temps la France, fidèle à ses réflexes, cherchait un sauveur. Elle en trouva deux et par instinct choisit le plus vieux, le plus gradé, le plus rassurant, mais aussi le plus glorieux, le vainqueur de Verdun. Le maréchal Pétain réunit autour de lui, au lendemain de l'armistice du 24 juin 1940, la grande majorité des Français, alors qu'à Londres de Gaulle ne rassemblait au départ qu'une poignée d'audacieux.

**593. La fin de la IIIe République. –** Dans la débâcle des armées et des esprits, un souci de constitutionnalité subsistait. Le maréchal Pétain réunit la Chambre des députés et le Sénat en Assemblée nationale à Vichy pour entreprendre une révision de la Constitution. Après avoir accepté, le 9 juillet, la révision à la quasi-unanimité, les Chambres votèrent sans débat, le 10 juillet 1940, par 569 voix contre 80 une loi qui investissait le maréchal Pétain du pouvoir constituant. La régularité de cette loi, votée par un Parlement de gauche, celui du Front populaire, a été longtemps contestée, en même temps que ses 80 opposants étaient glorifiés. Les passions un peu apaisées, on doit admettre maintenant que la Constitution ne fut pas alors violée en la forme et que la liberté des parlementaires n'était pas annihilée par des pressions de l'occupant qui ne s'intéressait guère à nos problèmes juridiques. *La IIIe République prend fin à cette date du 10 juillet 1940.*

**594. Le régime de Vichy.** – La loi du 10 juillet 1940 donnait « tous pouvoirs au Gouvernement de la République sous l'autorité et la signature du maréchal Pétain, à l'effet de promulguer, par un ou plusieurs actes, une nouvelle Constitution de l'État français. » Le nouveau texte devait être ratifié par la Nation (référendum) et appliqué par les assemblées qui seraient créées (exigence d'un Parlement et d'un Parlement bicaméral). La nouvelle Constitution ne vit jamais le jour. Pétain édicta simplement quelques actes constitutionnels organisant provisoirement le pouvoir.

Dans la pratique une sorte de dictature à la romaine fut instituée, avec une concentration des pouvoirs constituant, législatif et exécutif, entre les mains d'un chef de l'État paternaliste. Aucune assemblée élective ne fut organisée, alors que les organes consultatifs étaient multipliés. La méfiance à l'égard des politiciens devait entraîner les premières manifestations d'une *technocratie* promise à un bel avenir. À partir d'avril 1942, la reconstitution du poste de chef du Gouvernement au profit de Pierre Laval devait aboutir à un dualisme de l'exécutif où le chef de l'État avait un rôle de plus en plus effacé. En même temps, le terme « république » disparaissait des actes officiels, l'« État français » se substitue à la République française.

Ce régime devait à son tour sombrer en 1944 avec la libération du territoire et la victoire des Alliés. Le problème des institutions se posait à nouveau.

# Section 1
# La genèse de la Constitution de 1946

**595.** Des institutions provisoires s'organisèrent progressivement qui devaient fonctionner jusqu'en 1946 tout en s'efforçant de régler le problème constitutionnel.

**La IVe République**
**Quelques repères**

| | | |
|---|---|---|
| 1945 | 21 octobre | Référendum. Élection de l'Assemblée constituante |
| 1946 | 20 janvier | Démission du général de Gaulle |
| | 5 mai | Échec du référendum sur le 1er projet de Constitution |
| | 16 juin | Discours du général de Gaulle à Bayeux |
| | 13 octobre | Approbation de la Constitution par référendum |
| 1947 | mai | Fin du tripartisme (les communistes exclus du Gouvernement) |
| 1954 | 7 décembre | Révision de la Constitution |
| 1955 | 2 décembre | Dissolution de l'Assemblée constituante |
| 1958 | 3 juin | Fin de la IVe République |

## §1. Les institutions provisoires et l'élection de la Constituante

**596.** De Gaulle avait créé à Alger, en avril 1944, le Gouvernement provisoire de la République française (GPRF), en même temps qu'il s'engageait à réunir une Assemblée constituante au plus tard dans l'année de la libération du territoire. Le GPRF concentrait les pouvoirs législatif et exécutif en s'appuyant sur une Assemblée consultative.

À son installation à Paris le GPRF se trouvait devant un dilemme :

Fallait-il revenir à la Constitution de 1875 et remettre en vigueur les institutions existant en 1940 ?

Fallait-il au contraire élire une Assemblée constituante et lui accorder soit un pouvoir souverain, soit seulement un pouvoir limité ?

Les deux solutions avaient leurs partisans. Finalement le général de Gaulle décida qu'il appartenait au peuple de trancher et *un référendum fut organisé, le 21 octobre 1945*, posant deux questions :

- « Voulez-vous que l'Assemblée élue ce jour soit constituante ? ». Répondre « oui » *était refuser le retour à la IIIe*.
- « Voulez-vous que, jusqu'à l'adoption d'une nouvelle Constitution, les pouvoirs publics soient organisés selon le texte joint ? » Répondre « oui » signifiait que l'*Assemblée ne serait pas souveraine*, car le texte prévoyait que le projet de Constitution élaboré par elle devrait être soumis au référendum, ce à quoi tous les partis étaient opposés.

Le général de Gaulle préconisa la réponse : oui-oui ; les communistes, qui rêvaient d'une Assemblée souveraine qu'ils contrôleraient, le non à la seconde question, alors que les radicaux appelaient, par un vote négatif à la première question, à un retour à la IIIe République.

Le peuple répondit largement (96 %) de façon affirmative à la première question et, avec quelques réticences, « Oui » à la seconde : 66 %.

Les élections avaient lieu, à *la représentation proportionnelle* à la plus forte moyenne, en même temps que le référendum. Elles permirent de mesurer le nouveau rapport entre les forces politiques au lendemain de la guerre, de l'occupation et de la libération du territoire : les communistes et les socialistes comptent 302 députés sur 586. Pour la première fois de notre histoire, ils sont majoritaires à l'Assemblée.

Le régime provisoire établi par le référendum (loi du 2 novembre 1945) est de type parlementaire avec une Chambre unique et la confusion des fonctions de chef de l'État et de président du Conseil. Ces fonctions sont confiées à l'unanimité au général de Gaulle. La Chambre dispose du pouvoir législatif et du pouvoir constituant. Plusieurs dispositions de la loi du 2 novembre préfigurent certains articles de la Constitution de 1946.

## §2. L'élaboration de la Constitution

**597.** Les institutions provisoires mises en place, il faut ensuite élaborer la Constitution.

La situation n'est pas simple.

*La Constituante est élue pour sept mois.* Lorsqu'elle aura adopté un projet, celui-ci devra être soumis au *référendum* dans le mois. Au cas de rejet de ce projet par le peuple, une nouvelle Constituante devra être élue, elle aussi pour sept mois et la procédure recommencera... Là est la limitation essentielle de la souveraineté de l'Assemblée constituante. Son mandat est enfermé dans un délai pour l'obliger à travailler vite ; mais surtout l'Assemblée n'adoptera pas elle-même la Constitution, le peuple se prononcera sur son projet. C'est ce que ne voulaient pas les communistes, car la perspective d'avoir à en référer au peuple oblige à des compromis pour ne pas effaroucher les électeurs.

Les hommes issus de la Résistance ont peu d'idées en commun sur les institutions et la façade unitaire maintenue pendant la lutte contre l'Allemagne va éclater. Le débat n'est pas absent, mais on a d'autres priorités. Des divisions apparaissent, des clans se forment, opposant les communistes et les socialistes à la droite, au centre et aux restes du Parti radical, regroupés autour du Mouvement républicain populaire (MRP).

Enfin, le général *de Gaulle* qui aurait peut-être pu imposer son autorité, *démissionne le 20 janvier 1946*. Il cède à l'hostilité et à l'impatience des politiciens désireux de se retrouver entre eux pour reprendre les jeux du passé et à la hargne des communistes dépités d'être tenus en lisière des postes importants.

Deux textes vont successivement voir le jour.

### A. Le projet d'avril 1946

**598.** Dès le début, la Commission constituée par l'Assemblée pour lui soumettre un projet est très divisée. Les communistes et les socialistes majoritaires font prévaloir leur point de vue contre toute opposition.

Au bout de six mois, un texte est adopté par 309 voix socialo-communistes contre 249.

#### 1. Les institutions

**599.** Leurs grands traits sont les suivants :

- *Le texte crée une Assemblée unique*, assistée de deux organes consultatifs : le Conseil de l'Union française et le Conseil économique.
- *Il institue un président de la République*, élu par l'Assemblée au scrutin public et *cantonné dans un rôle honorifique et de représentation*. É. Herriot disait de lui « un greffier et un facteur ».
- Le *président du Conseil est élu par l'Assemblée nationale sans intervention du président de la République*. Il choisit lui-même ses ministres mais doit obtenir la confiance de l'Assemblée sur la composition du

Gouvernement et sur son programme. Il est le titulaire du pouvoir exécutif. Le Cabinet est responsable devant l'Assemblée.

- La Constitution est précédée d'*une longue Déclaration des droits, énonçant les libertés et les droits économiques et sociaux*. Dans ce texte généreux, on trouve le reflet des principes de la Révolution et des idées socialistes.

### 2. La nature du régime

**600.** Le régime ainsi institué est généralement considéré par les auteurs comme proche d'un *régime d'assemblée*. Ils se fondent en particulier sur l'intention déclarée des constituants de placer l'exécutif sous la dépendance du législatif, semblant mettre fin par-là à la séparation des pouvoirs. La lettre du texte est beaucoup moins catégorique et suggère plutôt le *caractère parlementaire* du régime : la responsabilité politique du Gouvernement est minutieusement organisée et le droit de dissolution – entouré certes de conditions rigoureuses – est remis au conseil des ministres. Le projet renfermait certes des potentialités dangereuses pour la séparation des pouvoirs, et ses adversaires ont eu raison d'agiter l'épouvantail du régime d'assemblée – rendu plausible par la formule de l'Assemblée unique – mais nul ne peut savoir si à l'usage ses virtualités parlementaires ne l'auraient pas emporté.

### 3. Le référendum

**601.** Soumis au peuple le 5 mai 1946, le texte est repoussé par 10 584 000 voix contre 9 454 000. C'est la première fois qu'en France un référendum échoue.

Pourquoi cet échec ? Le MRP, la droite et les radicaux avaient fait campagne contre le projet. Les élections avaient montré quelques mois auparavant que cette coalition était minoritaire dans le pays, et le silence observé par le général de Gaulle n'était pas fait pour renforcer sa position. Dans ces conditions, certains aspects du texte ont dû effrayer une partie du corps électoral du centre-gauche : le monocamérisme, l'absence de proclamation de la liberté de l'enseignement, l'équivoque entretenue par la Déclaration sur le droit de propriété, le refus par la gauche de tout contrôle de constitutionnaliste, la faculté pour l'Assemblée de suspendre les libertés. La perspective d'une alliance de Gouvernement socialo-communiste a fait réfléchir aussi des électeurs socialistes inquiets de ce tête-à-tête alors que les communistes revendiquaient la direction du futur Gouvernement. C'est de ces électeurs que viennent les défections qui coûtent la victoire à la gauche.

Une nouvelle Assemblée fut élue le 2 juin 1946.

## B. Le projet de septembre 1946

**602.** À la nouvelle Assemblée constituante, le rapport de forces a changé, le MRP est devenu le parti le plus important et l'alliance socialo-communiste n'est plus majoritaire à elle seule, une donnée essentielle de la situation est ainsi changée : PC : 153 sièges ; socialistes : 127 ; MRP : 169 ; radicaux : 49 ; droite : 70.

Un autre élément va intervenir qui n'aura pas une portée immédiate considérable : *le 16 juin à Bayeux*, de Gaulle sort de son silence et expose ses idées constitutionnelles. Celles-ci ne seront pas sans influence sur la nouvelle Constitution mais elles marqueront surtout le texte de 1958. De Gaulle condamne fermement ensuite l'œuvre de la Constituante, en particulier le 22 septembre dans le discours d'Épinal.

*Le 30 septembre l'Assemblée adopte un nouveau projet* par 440 voix contre 106. La majorité regroupe cette fois les trois grands partis. Or, si le peuple accepte la Constitution, il le fait de façon assez réticente : 9 300 000 voix pour, 8 165 000 contre et 8 519 000 abstentions. En définitive la Constitution est adoptée par lassitude, elle obtient les suffrages de moins de 36 % du corps électoral ; le nombre des électeurs qui ont voté pour elle est moindre que celui qui s'était porté sur le projet repoussé par le peuple en avril. La Constitution promulguée le 27 octobre 1946 ne se présente pas sous les meilleurs auspices.

# Section 2
# L'organisation des pouvoirs

**603.** La Constitution de 1946 institue un parlementarisme bicaméral. Comme toujours elle est le fruit d'un *compromis* à l'intérieur du rapport de force : le MRP n'avait pas la majorité absolue et a dû composer avec les socialistes et le PC.

Le texte s'ouvre sur un *Préambule* qui complète et précise la Déclaration de 1789, en proclamant, en particulier, une série de droits économiques et sociaux.

## §1. Le Parlement

**604.** Le Parlement est bicaméral mais changement de terminologie à valeur symbolique, signe de rupture avec la III$^{e}$ : les deux Chambres sont l'Assemblée nationale et le Conseil de la République.

### A. Les Chambres

#### 1. L'Assemblée nationale

**605.** L'Assemblée nationale est élue au suffrage universel direct pour cinq ans ; la circonscription est le département. L'innovation essentielle est l'introduction par la loi du scrutin de liste à un tour avec *représentation proportionnelle*. L'un des effets de la RP était de favoriser les extrêmes

(Partis communiste et gaulliste du Rassemblement du Peuple Français, RPF), aussi en 1951 la loi électorale fut-elle modifiée par l'application du principe majoritaire avec *apparentements* (v. *supra* n° 286). Le nouveau système devait permettre à la « troisième force » (formations centristes et les socialistes de la SFIO) d'obtenir une meilleure représentation parlementaire.

## 2. Le Conseil de la République

**606.** La seconde Chambre est élue pour six ans au scrutin indirect départemental. Le système utilisé à l'origine était extrêmement compliqué et destiné à diminuer le privilège antérieur des zones rurales. Dès 1948 on revint au système de la IIIe République. Après quelques années, les membres du Conseil de la République reprirent le titre de « sénateurs ».

# B. Les pouvoirs des Chambres et leurs relations

**607.** Le bicaméralisme était le résultat d'un compromis. Ses adversaires obtinrent que le bicaméralisme soit *inégalitaire* : en fait, il s'agissait plutôt d'une sorte de « *monocamérisme tempéré* ».

Le Conseil de la République apparaît comme une Chambre de réflexion destinée à améliorer la qualité du travail législatif. L'Assemblée nationale a le monopole de la souveraineté nationale et le Conseil fait à ses côtés figure d'organe consultatif.

Certes le Conseil de la République est associé au choix d'un certain nombre de titulaires de hauts emplois publics : président de la République, Conseil supérieur de la magistrature, Comité constitutionnel (v. *supra* n° 148). Mais il n'a pas la possibilité de mettre en cause la responsabilité politique du Gouvernement, pouvoir réservé à l'Assemblée nationale, et *son rôle est très diminué dans la procédure législative*.

D'une part, en effet, son initiative est limitée. D'autre part, le Conseil de la République donne *un avis* et peut proposer des amendements. L'Assemblée statue définitivement sous la réserve que les *modifications proposées par le Conseil à la majorité de ses membres ne peuvent être écartées par l'Assemblée qu'à la même majorité*.

Ce système devait être réformé par la *révision constitutionnelle de 1954*. Le droit d'initiative des sénateurs est pleinement rétabli (sauf en matière financière), ainsi que la possibilité pour le Conseil d'examiner en première lecture un projet d'origine gouvernementale. De plus, une navette (v. *infra* n° 906) est instituée, permettant la recherche d'un accord entre les deux Chambres. Cette navette est cependant limitée dans le temps et permet à l'Assemblée nationale de statuer définitivement. Ainsi on est en présence d'*une véritable seconde Chambre*. En contrepartie, l'exigence d'un vote à la majorité absolue de l'Assemblée, pour refuser les modifications apportées au texte par le Conseil, disparaît. *Le bicaméralisme rénové reste inégalitaire, la primauté de l'Assemblée nationale est atténuée mais elle subsiste.*

## §2. L'exécutif

**608.** L'exécutif souffre de la mauvaise image laissée par l'expérience du régime de Vichy.

Comme sous la IIIe République, l'exécutif est bicéphale. Mais le président de la République perd bon nombre d'attributions que la Constitution précédente lui avait confiées et que la pratique avait rendues formelles.

### A. Le président de la République

#### 1. Désignation et statut

**609.** Le président est élu pour sept ans - une tradition se forme - par les deux Chambres réunies en Congrès à Versailles et, dans le silence de la Constitution, à la majorité absolue des suffrages exprimés et au scrutin secret. Il est procédé à autant de tours de scrutin qu'il est nécessaire (il en faudra treize pour élire le président Coty). Il n'est rééligible qu'une fois.

Conformément à la règle des régimes parlementaires, le président est *irresponsable* politiquement. Tous ses actes doivent donc être revêtus du *contreseing*.

#### 2. Attributions

**610.** Les pouvoirs nominaux du président restent nombreux, mais l'exigence du contreseing leur enlève toute portée réelle :

- il préside, et beaucoup : l'Union française, le conseil des ministres, le Comité constitutionnel, le Conseil supérieur de la magistrature, le Conseil supérieur et le Comité de la défense nationale ; il est en outre chef des armées ;
- il nomme en conseil des ministres les plus hauts fonctionnaires ; préfets, recteurs, ambassadeurs, généraux, conseillers d'État... ;
- il promulgue les lois, il peut adresser des messages aux assemblées et leur demander une nouvelle délibération de la loi ;
- il est tenu informé des relations internationales et ratifie les traités.

Tout ceci est très formel ; en réalité, le plus souvent, le président entérine et authentifie des décisions prises par d'autres et ses initiatives doivent recevoir l'accord du Gouvernement ; en revanche il a les moyens d'être bien informé (en particulier grâce à la présidence du conseil des ministres).

Le président a perdu plusieurs prérogatives essentielles de son devancier de 1875 : le droit de dissolution, l'initiative législative, la responsabilité de l'exécution des lois, etc. On est loin du monarque républicain voulu par les constituants de 1875.

Une attribution cependant lui reste qui n'est pas négligeable, d'autant que la pratique l'a affranchi du contreseing : *présenter à l'investiture de l'Assemblée un candidat à la présidence du Conseil*, le président peut ainsi jouer un rôle important dans la solution des crises.

## B. Le conseil des ministres

**611.** La Constitution consacre un titre – le sixième, seulement – au « Conseil de ministres », et non au « Gouvernement », ce qui est révélateur de l'abaissement de l'exécutif : comme si les ministres n'avaient qu'à se réunir et à délibérer et non à décider, à gouverner. Pourtant l'exécutif est renforcé par rapport à la pratique de la IIIe République.

### 1. Désignation

**612.** La Constitution imaginait un système compliqué de désignation du ministère, réduisant à assez peu de chose le rôle du président de la République.

La procédure ainsi instituée devait mal fonctionner et fut modifiée par *la révision constitutionnelle du 7 décembre 1954.*

#### a. Le système initial

**613.** Il se décompose en trois étapes :

1° Le président présente à l'Assemblée un candidat.

2° Celui-ci lui propose un programme et sollicite son investiture.

3° Une fois celle-ci acquise, à la majorité absolue des députés, le président du Conseil constitue son Gouvernement.

Ce qu'il y a de remarquable, c'est que le président du Conseil se présente *seul* devant l'Assemblée, il est seul investi par elle. Son *autorité* à la tête de l'équipe gouvernementale devait en être, espérait-on, considérablement accrue et il en acquerrait aussi plus de poids dans ses rapports avec le Parlement. Ce renforcement de la position du président du Conseil est une manifestation de la *volonté de rationalisation du parlementarisme* qui apparaît aussi dans d'autres domaines du statut de l'exécutif.

Malheureusement, dès le premier Gouvernement, celui de P. Ramadier, le président du Conseil demanda une seconde investiture après la constitution de son équipe. Il revenait tout naturellement à la tradition qui s'était instituée sous la IIIe République, mais il contrevenait par-là tant à la lettre qu'à l'esprit de la Constitution de 1946. L'une des premières conséquences de cette déformation, de l'apparition de ce système de la « *double investiture* », fut l'échec lors du second scrutin d'investiture de présidents du Conseil qui avaient passé avec succès l'obstacle du premier vote.

#### b. La réforme de 1954

**614.** La révision de 1954 tend à supprimer la pratique contestable et néfaste de la double investiture.

Le président du Conseil est toujours « pressenti » par le chef de l'État, puis, une fois qu'il a accepté de former le Cabinet, qu'il a été « désigné » par lui, son investiture par la Chambre obéit à une nouvelle procédure.

- *Le Gouvernement en son entier est investi* par l'Assemblée et non plus le président du Conseil seul. Celui-ci en effet, lorsqu'il se présente devant

la Chambre, fait connaître la liste des membres de son équipe ainsi que son programme. Après avoir franchi avec succès l'obstacle du vote d'investiture, il est « nommé » par le président de la République.
- La majorité requise pour l'investiture est *la majorité simple*, c'est-à-dire la moitié des suffrages exprimés.

Destinée à faciliter la solution des crises ministérielles, la révision de 1954 enlevait une bonne partie de son autorité au président du Conseil qui perdait le bénéfice de son investiture personnelle et pouvait se trouver placé à la tête du Gouvernement sans le soutien déclaré de la majorité de l'Assemblée.

## 2. Attributions

**615.** Le Cabinet est dominé par le président du Conseil. La volonté des constituants était en effet d'en faire le véritable chef de l'exécutif. Concrètement cette situation se traduit par le fait que le président du Conseil recueille certaines des prérogatives appartenant auparavant au président de la République :
- il a l'*initiative des lois* et pose, seul, la question de confiance ;
- il est *chargé de l'exécution des lois*, ce qui constitutionnalise sa qualité de *chef de l'exécutif*. À ce titre, il devient le *titulaire du pouvoir réglementaire*, il signe lui-même les décrets.

Dans sa tâche d'exécution des lois, il est assisté par les ministres qui lui sont *solidaires* et qui disposent eux-mêmes d'un pouvoir réglementaire pour les affaires de leur département ;
- il *nomme* aux emplois civils et militaires autres que ceux réservés au président de la République ;
- il assume la direction des forces armées, il coordonne aussi la mise en œuvre de la défense nationale. *De fait c'est lui le véritable chef de la défense nationale* et non le président de la République dont le titre de chef des armées est avant tout protocolaire ;
- il dispose du droit de *dissolution* ;
- enfin, la pratique l'autorise à réunir les ministres en *Conseil de Cabinet*, formation à laquelle le président n'assiste pas.

## 3. Relations avec le Parlement

**616.** Le régime étant parlementaire, l'exécutif et le législatif sont amenés à collaborer et disposent de moyens de pression réciproques. Ainsi les ministres ont le droit d'entrée dans les Chambres, où ils peuvent participer aux votes dans leur assemblée, et on a vu que le chef du Gouvernement avait l'initiative des lois concurremment avec les parlementaires.

Deux moyens de pression méritent quelques explications.

### a. La responsabilité politique du Gouvernement

**617.** Les deux procédures classiques de la question de confiance et de la motion de censure figurent dans la Constitution (art. 49 et 50). En pratique la première fut la plus utilisée pendant la IVe République. Il y eut néanmoins vingt motions de censure déposées, cinq discutées, aucune approuvées.

Dans un souci de *rationalisation du parlementarisme* et donc de renforcement de l'exécutif, les auteurs du texte de 1946 ont élaboré une procédure assez contraignante qui fut légèrement retouchée par la révision de 1954.

Le système imaginé est le suivant :

- *seul le président du Conseil (et non plus des ministres) peut engager la responsabilité du Gouvernement* (la motion de censure étant à part). Ainsi est consacrée une règle de bon sens à laquelle le constituant de 1875 n'avait pas songé ;
- seule l'Assemblée nationale peut mettre en cause la responsabilité du Gouvernement. Sous la IIIe République au contraire le Sénat disposait de ce pouvoir ;
- le vote sur la confiance ne peut intervenir immédiatement, *un délai de vingt-quatre heures doit être respecté* (un jour franc de 1947 à 1954, c'est-à-dire où ne comptait ni le jour où s'ouvre le délai, ni le jour suivant la fin du délai, on pouvait arriver ainsi à trois jours) ;
- *la confiance doit être refusée « à la majorité absolue des députés à l'Assemblée »*, c'est-à-dire composant celle-ci. Si le Gouvernement est battu à la majorité relative il n'est pas obligé de démissionner, il peut rester en fonction. La révision de 1954 a rompu ici le parallélisme existant en 1946 entre l'investiture et la censure du Gouvernement. Après 1954 : majorité des votants là, majorité des députés pour la seconde.

### b. La dissolution

**618.** La dissolution a été conservée dans la Constitution mais elle est entourée de conditions qui la rendent très difficile et en font avant tout une menace destinée à lutter contre l'instabilité ministérielle.

La première limitation tient au fait qu'elle est *impossible dans les dix-huit premiers mois de la législature*. On veut espérer que l'Assemblée mettra à profit ce délai pour dégager une majorité cohérente et stable.

Pour que la dissolution soit possible il faut d'autre part que *deux crises ministérielles éclatent pendant une période de dix-huit mois*. Mais sont prises en considération uniquement les crises ouvertes dans les formes constitutionnelles, c'est-à-dire à l'issue des procédures prévues par la Constitution comme *obligeant* le Gouvernement à se retirer (v. *infra* n° 623). Ceci permet à l'Assemblée nationale d'échapper à la dissolution en forçant, en dehors des procédures régulières, le Gouvernement à se démettre. Avec un peu de vigilance les parlementaires peuvent éviter de créer la situation où la dissolution est possible (en émettant des « votes calibrés », c'est-à-dire se gardant d'atteindre la majorité absolue).

Ainsi, la dissolution est avant tout une arme dissuasive anti-crise. Pourtant elle n'est pas définitivement rangée au magasin des accessoires. En effet, le 29 novembre 1955 E. Faure est renversé sur une question de procédure. Par inadvertance, ou à la suite d'une manœuvre du président du Conseil, les députés se sont prononcés à la majorité constitutionnelle. Or, le 5 février déjà P. Mendès-France avait démissionné après avoir été battu à la même majorité. Les conditions de la dissolution sont donc réunies : *E. Faure dissout l'Assemblée le 2 décembre 1955*. En réalité il s'agit moins de faire arbitrer par le peuple un conflit entre le Gouvernement et le Parlement que de gagner de vitesse, par des élections anticipées, l'autre leader radical, P. Mendès-France, qui cherche à regrouper une « nouvelle gauche » autour de lui. Les élections allaient déjouer ce calcul en ouvrant la porte aux Poujadistes appuyés par un courant nationaliste, anti-parlementaire et populiste et en assurant le succès des socialistes de G. Mollet.

## Section 3
## Les droits reconnus par le Préambule

**619. La Constitution de 1946 est précédée d'un Préambule.** Le texte de ce Préambule est particulièrement important non seulement par son contenu, mais aussi parce qu'il a aujourd'hui valeur de droit positif. C'est-à-dire qu'il édicte des normes au regard desquelles le Conseil constitutionnel opère le contrôle de constitutionnalité des lois (le Préambule de la Constitution de 1958 renvoyant à ce texte).

Ce texte rappelle d'abord qu'il existe des droits inaliénables et sacrés qui appartiennent à tout être humain sans distinction de religion et de croyance. Ce rappel est effectué dans le contexte d'une dégradation et d'un asservissement de la personne humaine opérés par les puissances de l'Axe (Allemagne, Japon...) durant la Seconde Guerre mondiale. En 1994, le Conseil constitutionnel s'appuiera sur cette affirmation pour dégager le principe de dignité de la personne humaine (décis. n° 94-343-344 DC). Le Préambule s'inscrit également dans la continuité historique en réaffirmant la valeur des droits et libertés issus de la Déclaration des droits de l'homme et du citoyen, ainsi que les « principes fondamentaux reconnus par les lois de la République » c'est-à-dire des principes tirés, pour l'essentiel, de grandes lois de la IIIe République, par exemple la liberté d'association tirée de la loi du 1er juillet 1901.

Par rapport au projet d'avril 1946, le Préambule contient donc à la fois un rappel du passé et l'affirmation de principes nouveaux.

En effet, il proclame en outre les principes politiques, économiques et sociaux « particulièrement nécessaires à notre temps ». Parmi les principes économiques et sociaux, figurent l'égalité entre l'homme et la femme, le droit au travail, corrélatif du devoir de travailler, la non-discrimination dans le travail selon les origines, les opinions et les croyances, le droit de se syndiquer et la liberté syndicale, le droit de grève (qui pourra être réglementé par le législateur), le droit à la participation (conditions de travail et gestion des entreprises), le principe de nationalisation des entreprises exploitant un service public national ou étant en situation de monopole de fait, la protection de la santé et de la sécurité matérielle du repos et des loisirs, la solidarité des

Français devant les charges résultant des calamités nationales, le droit à l'instruction, à la formation professionnelle et à la culture, le droit de la famille et de l'individu aux conditions nécessaires à leur développement. Ces principes mériteraient pour certains d'être actualisés, le temps de 2016 n'étant plus exactement celui de 1946…

Parmi les principes politiques, on trouve le respect des règles du droit public international, les limitations de souveraineté nécessaires à l'organisation de la défense de la paix et le droit d'asile pour tout homme persécuté en raison de son action en faveur de la liberté.

Sous la IV$^e$ République, ce Préambule n'a pu s'imposer au législateur, le Comité constitutionnel, qui ne pouvait être saisi que dans des conditions quasiment impossibles à réunir, se voyant, au surplus, interdire d'utiliser ce Préambule comme norme de référence.

# Section 4
# La vie du régime

**620.** La IV$^e$ République devait durer douze ans et cinq mois. Affaiblie par les querelles politiques et les luttes partisanes, elle se révéla incapable de résoudre les problèmes graves – sur le plan de la politique coloniale et extérieure essentiellement – qui se posaient à la Nation dans un monde en transformation. L'impuissance du régime finit par le discréditer. *La IV$^e$ prolonge plus la III$^e$ République, dans ce qu'elle avait de plus contestable, qu'elle n'annonce la V$^e$ République.*

## §1. Les causes de l'impuissance du régime

### A. L'échec de la rationalisation du parlementarisme

**621.** Le renouvellement, partiel il est vrai, du personnel politique, n'empêche que subsistent les réflexes du parlementarisme moniste qui contrarient la stabilité et l'autorité souhaitées de l'exécutif. Les procédures de rationalisation sont tournées, le président doit parfois « pressentir » sept ou huit parlementaires avant d'en trouver un qui accepte de tenter de constituer une équipe et de se présenter avec elle devant l'Assemblée. Les Gouvernements sont investis (v. *supra* n° 611) et renversés dans des formes non prévues par la Constitution (même si la confiance est refusée à la majorité relative le Cabinet considère qu'il lui faut démissionner). De son côté, le Gouvernement utilise la question de confiance comme moyen de pression sur l'Assemblée, pour l'obliger à inscrire un projet (qui peut être le budget) à son ordre du jour, ou pour écarter un amendement. Hésitant malgré tout à ouvrir des crises trop rapprochées l'Assemblée se résout à donner satisfaction au Cabinet.

### B. L'absence de majorité de gouvernement

**622.** Les institutions sont contestées à l'intérieur par les gaullistes et les communistes. Les premiers rassemblés dans le RPF développent les critiques formulées par de Gaulle en 1946, ils combattent le régime et s'efforcent de bloquer son fonctionnement.

Une majorité de gouvernement ne peut donc se former qu'au centre, là où la représentation proportionnelle a entraîné la multiplication des partis, obligés de s'opposer les uns aux autres pour affirmer leur originalité, et à la discipline de vote faible. Les Gouvernements s'appuient sur des majorités de coalition plus ou moins homogènes et toujours fragiles.

Le pays se sent exclu, désavoué, hors du *jeu politique*, ce sont les états-majors des partis qui décident.

### C. L'instabilité gouvernementale

**623.** En douze ans, la France connaît vingt ministères. Sur le nombre, 6 seulement seront renversés dans les formes constitutionnelles. Le pays reste 256 jours sans Gouvernement, et il arrivera que le pouvoir soit vacant, faute de Gouvernement, pendant 37 jours. L'opinion publique accueille ces crises avec indifférence, elles se jouent souvent sur des questions mineures, et apparaissent comme une péripétie des luttes parlementaires. Elles ne traduisent pas l'échec d'une politique, sanctionnée par le Parlement, mais la versatilité et les velléités de celui-ci.

Dans ces conditions, comment l'exécutif pourrait-il définir et réaliser une politique cohérente ?

## §2. Le bilan du régime : efficacité économique et immobilisme politique

**624.** Le bilan de la IV^e^ République n'est pas globalement négatif ; le régime a trouvé une réelle efficacité dans le domaine économique – il posera les bases d'une économie moderne et prospère – et il édifiera un système remarquable de protection sociale. La détermination des administrations et des services compensera ici l'instabilité de l'exécutif et l'aboulie du Parlement. Mais, à côté de ces succès que de problèmes laissés sans solution de peur de compromettre une coalition fragile ! Il est vrai aussi que les crises financières et monétaires ne facilitent pas les initiatives, comment réformer sans argent ? À moins que le Gouvernement ne cède à la veulerie et à la démagogie, en réglant les difficultés par des concessions dont il sait que son successeur paiera le prix.

En politique extérieure, si la construction économique de l'Europe prend son essor, la crise de la Communauté européenne de défense (CED, c'est-à-dire la tentative, au début des années 1950, d'organiser une armée européenne, torpillée par la gauche et les gaullistes) va empoisonner la vie du régime durant des années. Et que dire de l'incapacité à sortir de l'enlisement de la guerre d'Indochine et de maîtriser la crise algérienne ?

Le Parlement ne décide plus et abdique ses pouvoirs au profit d'un exécutif lui-même incertain de ses lendemains. Les parlementaires abandonnent de plus en plus l'initiative des lois et surtout *les décrets-lois font une réapparition en force* en dépit de l'interdiction formelle posée par l'article 13 de la Constitution. Plus inconstitutionnels encore qu'auparavant ils sont aussi plus nombreux ; leurs domaines privilégiés sont l'économie, le social, le fiscal. Avoir voulu les interdire était d'ailleurs une erreur, la multiplication des interventions de l'État ne peut être prise en charge dans sa totalité par le Parlement ; s'opposer à l'extension du domaine réglementaire, c'est se condamner à l'immobilisme. On devait vite le comprendre puisqu'une loi du 17 août 1948 – préfigurant les articles 34 et 37 de la Constitution de 1958 – devait tenter d'alléger la tâche du Parlement en définissant des domaines réglementaires par nature, c'est-à-dire ouverts à l'exécutif sans intervention du Parlement.

**625.** Dans ses dernières années l'échec du régime est mis au compte de l'inadaptation des institutions. Nombre d'hommes politiques sont convaincus de la nécessité de réviser la Constitution. Les propositions de révision ne manquent pas et F. Gaillard, alors président du Conseil, parvient même à faire adopter par l'Assemblée un projet assez ambitieux le 21 mars 1958, mais le Conseil de la République n'a pas le temps de l'examiner avant que le régime ne soit emporté.

## Titre 2

# Les institutions françaises actuelles

**626. Bibliographie.** – Philippe ARDANT, *Les institutions de la Ve République*, Hachette, 11e éd., 2006. – Olivier DUHAMEL, *Le pouvoir politique en France*, Le Seuil, 5e éd., 2003. – Dimitri Georges LAVROFF, *Le droit constitutionnel de la Ve République*, Dalloz, 1997. – Association française de droit constitutionnel, Bertrand MATHIEU (dir.), *1958-2008, Cinquantième anniversaire de la Constitution française*, Dalloz, 2008. – Comité de réflexion et de proposition sur la modernisation et le rééquilibrage des institutions de la Ve République, Edouard BALLADUR, *Une Ve République plus démocratique*, Fayard, 2008.

**627.** La IVe République est morte de son inaptitude à régler le problème colonial. En dépit de ses faiblesses, elle aurait probablement pu durer encore longtemps, et même se réformer, si elle avait su trouver une solution à ce qu'on appelait pudiquement les « événements d'Algérie ».

La décolonisation a été amorcée en Indochine en 1954, en Tunisie et au Maroc en 1955-1956 ; mais, en 1958 en Algérie, l'armée ne parvient pas à mettre fin au soulèvement qui a éclaté le 1er novembre 1954. Elle contrôle difficilement la situation et surtout l'opinion publique internationale devient de plus en plus hostile à notre politique algérienne. De leur côté, les Européens d'Algérie s'inquiètent des tergiversations parisiennes et reçoivent l'appui, au moins moral, d'une partie de l'armée traumatisée par ses précédentes mésaventures coloniales.

La situation paraît bloquée lorsque le bombardement par l'aviation française, le 8 février 1958, du village tunisien de Sakiet Sidi Youssef (69 victimes, dont 21 enfants) provoque une intense émotion internationale et la chute le 15 avril du Gouvernement Félix Gaillard. Son remplacement par Pierre Pflimlin, considéré comme ouvert à des négociations avec le Front de libération nationale (FLN) algérien, entraîne à Alger, le 13 mai, des émeutes dont va découler la chute de la IVe République. Abandonné par tous – sauf par les communistes et quelques parlementaires –, car les citoyens n'étaient pas prêts à se battre pour une République qu'ils n'avaient jamais aimée, le régime va s'effondrer en quelques jours.

CHAPITRE 1

# Origines et caractères généraux des institutions actuelles

**628. Bibliographie.** – Jean-Marie Denquin, *1958, La genèse de la Ve République*, PUF, 1988. – Frédéric Rouvillois, *Les origines de la Ve République*, PUF, 1998.

**629.** Lorsqu'on retrace le scénario qui a abouti à la rédaction de la Constitution de 1958, on s'aperçoit qu'une fois encore il ne doit pas grand-chose aux dispositions concernant la révision inscrites dans la Constitution précédente.

## Section 1 La crise du 13 mai et le déclenchement de la procédure de révision

**630.** La crise du pouvoir va entraîner le retour du général de Gaulle.

### §1. La crise du 13 mai 1958

**631.** Le 13 mai des émeutiers prennent d'assaut le Gouvernement général à Alger. Des comités de salut public, composés de civils et de militaires sont créés, mais très rapidement les insurgés sont dans l'impasse. Si l'armée a des sympathies pour le mouvement, elle reste passivement dans la légalité et, en métropole, aucune réaction populaire favorable ne se dessine.

Dans ces conditions l'idée d'un recours à de Gaulle (totalement absente dans l'esprit des émeutiers à l'origine et alors que les gaullistes sont peu nombreux à l'Assemblée), pourtant retiré de la vie publique depuis des mois, va s'imposer en quelques jours. Le président du Conseil, P. Pflimlin, démissionne le 28 mai et, le lendemain, le président Coty informe le Parlement par un message qu'il propose la présidence du Conseil au « plus illustre des Français » et précise que si de Gaulle n'obtient pas l'investiture de l'Assemblée, lui, R. Coty, démissionnera. Attitude stupéfiante d'un président irresponsable qui *pose ainsi en réalité la question de confiance à l'Assemblée.*

De Gaulle accepte de solliciter l'investiture de l'Assemblée nationale. Devant celle-ci il précise le 1er juin, qu'une fois investi il demandera les pleins pouvoirs (c'est-à-dire la délégation du pouvoir législatif) et que le Gouvernement entreprendra dans les formes constitutionnelles une révision de la Constitution. Une fois sa déclaration lue, il se retire, refusant d'assister au débat sur l'investiture.

## §2. De Gaulle au pouvoir

**632.** Le 1er juin 1958, par 329 voix contre 224, de Gaulle est investi à la tête d'un Gouvernement qui sera le dernier de la IVe République. Les communistes ont voté contre, ainsi que la moitié des socialistes, F. Mitterrand et quelques radicaux dont P. Mendès-France.

De Gaulle obtient ensuite, le 2 juin, les pleins pouvoirs, et donc la possibilité de gouverner par décrets. Puis l'Assemblée se met en congé, se plaçant en quelque sorte en dehors du jeu, après avoir investi de Gaulle, le 3 juin, de *la mission de réviser la Constitution.* Pour cela le Parlement accepte de déroger à l'article 90 de la Constitution de 1946 concernant la révision : on révise la procédure de révision pour transférer le pouvoir constituant au général de Gaulle, ou plutôt au « Gouvernement » – mention purement formelle destinée à brouiller le parallèle avec l'investiture donnée dans le même but, le 10 juillet 1940, au « Gouvernement du maréchal Pétain » (nommément désigné). Pourtant, dans les deux cas on s'en remet à un homme pour réformer les institutions. De ce jour, *date politiquement la fin de la IVe République.*

Mais la loi du 3 juin 1958 ne donne pas un blanc-seing à de Gaulle, elle impose certaines conditions.

- Les assemblées précisent d'abord *des principes de fond* que devra respecter la nouvelle Constitution ; une partie de son contenu est définie par le Parlement. Les « *cinq bases* » ainsi posées sont les suivantes : le suffrage universel seule source du pouvoir, la séparation des pouvoirs, la responsabilité politique du Gouvernement devant le Parlement, l'indépendance de l'autorité judiciaire, l'organisation de nouveaux rapports avec les peuples associés (l'outre-mer). Au cours du débat le général de Gaulle avait précisé qu'il s'engageait à instaurer un régime parlementaire et à maintenir la distinction du chef de l'État et du chef de Gouvernement. Le régime présidentiel dans lequel certains avaient vu la solution à la crise des institutions est donc rejeté.
- Des *conditions de forme* sont aussi arrêtées : il est prévu que le Gouvernement devra consulter un Comité constitutionnel, composé aux deux tiers de parlementaires, et soumettre ensuite son projet au

référendum. Le Parlement et le peuple sont ainsi associés à la révision, de Gaulle ne se voit pas remettre un pouvoir souverain mais simplement la mission de rédiger un projet. Il ne va d'ailleurs pas se contenter de réviser la Constitution, il en élabore une entièrement nouvelle.

# Section 2
# La rédaction et l'adoption de la Constitution

**633.** Les sources d'inspiration de la Constitution sont multiples. L'idée d'une réforme constitutionnelle était débattue depuis des années et les Chambres en avaient accepté le principe avant même la crise du 13 mai. Les constituants surent profiter des réflexions antérieures : beaucoup d'innovations adoptées étaient « dans l'air ». Et surtout se manifestait une volonté très forte de réagir contre les insuffisances qui auraient entraîné l'impuissance puis la chute de la IV$^{e}$ République.

## §1. Les sources de la Constitution de 1958

**634.** Les idées maîtresses de la Constitution de 1958 viennent de trois origines principales :

- Le *général de Gaulle* avait à plusieurs occasions fait connaître ses conceptions sur l'organisation des pouvoirs publics. Sa prise de position la plus importante remontait au *discours de Bayeux* du 16 juin 1946, auquel on se réfère parfois en parlant de « Constitution de Bayeux », mais ce n'est pas un projet de Constitution, tout au plus un « brouillon » de la Constitution de 1958 ; si de Gaulle a des idées il n'a pas de Constitution toute prête. Il a seulement dans l'esprit quelques principes simples, d'architecture pourrait-on dire, et surtout il n'a cure de faire l'unanimité sur un texte acceptable par tous, il veut des institutions efficaces permettant à la France de remplir sa mission.

  Quels sont ces principes ?

  - une *exaltation de l'État*, de Gaulle est étatiste et pas du tout libéral ;
  - nécessité d'un *chef d'État fort*. Élu par un collège plus large que le Parlement, « placé au-dessus des partis », le chef de l'État sera un arbitre « placé au-dessus des contingences politiques ». De Gaulle estime que ce chef de l'État doit disposer de compétences importantes en période normale et avoir les mains libres en temps de crise : garant de l'indépendance nationale il doit alors être investi de pouvoirs exceptionnels.

La première préoccupation est donc de renforcer l'autorité du chef de l'État, d'en faire un chef digne de ce nom ; de lui « doit procéder le pouvoir exécutif », en conséquence il nommera directement le chef du Gouvernement.

- attachement au *bicaméralisme*, la seconde Chambre a un rôle de réflexion et d'amélioration de la législation. Sa composition doit l'ouvrir à des représentants des organisations économiques, familiales et intellectuelles, la rapprochant ainsi d'une Chambre corporative ;
- méfiance profonde à l'égard du « *régime des partis* ». Les intérêts des partis l'ont trop longtemps emporté sur l'intérêt national, les jeux des partis ont réduit le régime à l'impuissance. De Gaulle veut *restaurer l'autorité de l'État, en qui il voit l'instrument d'édification de la puissance nationale*.

– *Michel Debré*. Garde des Sceaux, il devait jouer un rôle essentiel dans l'élaboration du projet de Constitution en animant les différents groupes et conseils chargés d'y participer. M. Debré était d'accord avec de Gaulle sur la nécessité de restaurer l'autorité de l'État et de son chef (c'est lui qui parlera d'un « monarque républicain »), mais, juriste, il avait une vue plus claire du fonctionnement concret des institutions. Pour assurer la primauté de l'exécutif il inspirera les dispositions de rationalisation du parlementarisme concernant la fixation de l'ordre du jour des assemblées, les pouvoirs d'amendement et le rôle des commissions permanentes. De lui vient aussi l'idée du non-cumul d'un portefeuille ministériel et d'un mandat parlementaire.

Sur un point cependant M. Debré ne pourra imposer ses vues. Il aurait souhaité que la Constitution consacre le scrutin uninominal à un tour tel qu'il est pratiqué en Grande-Bretagne. On se contenta de revenir au scrutin uninominal majoritaire à deux tours.

– L'influence diffuse des idées constitutionnelles de l'époque à travers, tout d'abord, les *hauts fonctionnaires*, issus du Conseil d'État pour la plupart, qui tirèrent les leçons des faiblesses de la IVe République. C'est l'un d'eux, R. Janot, qui fit accepter à de Gaulle – qui l'avait déjà proposé en vain en 1945 – le principe d'une limitation du domaine du Parlement. Par ailleurs les *anciens présidents du Conseil de la IVe*, en particulier G. Mollet et P. Pflimlin, associés à l'élaboration du projet, jouèrent un rôle non négligeable dans la rédaction des dispositions concernant la conception du rôle du président, la responsabilité politique du Gouvernement, le champ du référendum.

De toute façon il est difficile d'attribuer la « propriété » de telle idée à telle personne. Encore une fois, depuis la guerre, et même depuis 1930, on avait beaucoup réfléchi à la réforme des institutions et les constituants ont puisé les innovations du texte dans ce débat prolongé.

## §2. La procédure d'élaboration de la Constitution

**635.** La Constitution a été élaborée en trois mois *sous la direction du Gouvernement* (contrairement aux précédentes), elle est l'œuvre de groupes d'experts beaucoup plus que de représentants élus de la Nation. Son élaboration s'est effectuée largement *en secret* et dans une certaine indifférence de l'opinion, plus occupée par les vacances et préoccupée par l'Algérie.

## A. La rédaction du projet

### 1. La phase gouvernementale

**636.** Un avant-projet fut préparé dès le mois de juin par *un groupe de travail*, composé des hauts fonctionnaires évoqués ci-dessus et présidé par M. Debré. Ce texte fut examiné par *un Conseil interministériel* (réunissant les ministres les plus concernés) ; le projet adopté fut soumis à l'approbation du *conseil des ministres* et publié le 29 juillet.

### 2. Le comité consultatif constitutionnel

**637.** Cette phase gouvernementale terminée, le projet fut examiné par *le Comité consultatif constitutionnel* prévu par la loi du 3 juin. L'intervention de cet organe était destinée à associer des parlementaires à l'élaboration de la nouvelle Constitution. Sur ses 39 membres ils sont en effet 26 (16 pour l'Assemblée nationale, 10 pour le Sénat) à côté des 13 personnalités nommées par le Gouvernement.

### 3. L'adoption définitive du projet

**638.** Enfin le texte, ainsi modifié sur quelques points, fut envoyé pour avis au *Conseil d'État* et adopté définitivement par le conseil des ministres le 3 septembre.

*Cette procédure particulière, rompait avec la tradition de l'élaboration de la Constitution par une assemblée élue.*

## B. L'approbation par référendum

**639.** Comme l'exigeait la loi du 3 juin, le texte fut ensuite soumis au *référendum*. Seules les formations d'extrême gauche, y compris le Parti communiste, firent campagne contre son adoption, ainsi que des personnalités telles que P. Mendès-France et F. Mitterrand. Les partis du Centre et la SFIO invitèrent leurs électeurs à ratifier le projet. Le corps électoral accepta très largement le 28 septembre 1958 le texte qui lui était soumis ; en France métropolitaine, et dans les DOM, il y eut 17 668 000 oui ; 4 624 000 non et 4 016 000 abstentions. Dans les TOM, la majorité fut encore plus écrasante, sauf en Guinée où la Constitution fut repoussée, ce qui entraîna l'indépendance du pays, car le « non » était le refus de la Communauté française, organisée par le texte. Au total, 79,25 % des suffrages exprimés sont favorables à la Constitution, tous les départements ont voté oui (sauf la Lozère), une bonne partie de ses électeurs a abandonné le PC... Le résultat est autrement plus brillant qu'en 1946. Mais en fait, c'est *de Gaulle qu'on plébiscite* plus que la Constitution qu'on approuve.

### C. La mise en place des institutions

**640.** La Constitution devait être *promulguée le 4 octobre 1958.* La mise en place des nouvelles institutions se déroula progressivement : élection de l'Assemblée nationale les 23-30 novembre 1958, élection du président le 21 décembre 1958, constitution du Gouvernement (M. Debré) les 8-9 janvier 1959, élections sénatoriales le 26 avril 1959. Parallèlement avaient été élaborées par ordonnances – c'est-à-dire par des textes rédigés par le Gouvernement – les lois organiques précisant les dispositions de la Constitution (nombre des membres des assemblées, durée de leur mandat, règles de fonctionnement du Conseil constitutionnel...).

# Section 3
# Caractères généraux de la Constitution

## §1. Des critiques initiales au consensus

**641.** Tel qu'il se présente, le texte ne correspond pas exactement à ce que le général et M. Debré souhaitaient. La Constitution de 1958 est une constitution de compromis, compromis imposé par toutes sortes de contraintes et habituel dans les sociétés démocratiques. De Gaulle ne pouvait pas aller aussi loin qu'il l'aurait voulu dans la voie du renforcement de l'exécutif, de l'affirmation de la primauté du chef de l'État, sans accréditer l'idée qu'il cherchait à instaurer un pouvoir personnel. De leur côté, le Conseil interministériel et surtout le Comité consultatif, sans le bouleverser, ont retouché le premier projet, donnant une définition plus étroite de la fonction présidentielle et défendant certains aspects du parlementarisme français traditionnel dans les rapports des Chambres et de l'exécutif.

La Constitution a été plutôt mal accueillie à l'origine par les spécialistes du droit constitutionnel. Elle serait un *texte de circonstance*, une Constitution faite, on l'a dit, pour de Gaulle. On lui a reproché aussi d'être imprécise et confuse, ce qui n'est pas toujours faux et accentue la liberté des acteurs et sa souplesse d'adaptation. D'ailleurs, une pratique constitutionnelle – pas toujours très orthodoxe, il est vrai – s'est développée permettant à la Constitution de survivre à son principal inspirateur et démentant ainsi les sombres pronostics faits à l'origine. La V$^{e}$ République est, avec la III$^{e}$, le régime qui a le plus duré dans notre pays.

Aujourd'hui il est clair que la Constitution de 1958 n'était pas une simple parenthèse. À travers huit présidents, et une multitude de consultations électorales, le régime s'est institutionnalisé. Il a connu des « alternances » et des « cohabitations », sans que l'État ait été paralysé. La Constitution s'est adaptée à toute une suite de conjonctures que ses auteurs n'avaient pas envisagées, les institutions n'ont jamais cessé de fonctionner (v. *infra* n° 745 et s.).

En 2007, une importante réforme de la Constitution a été engagée à l'initiative du président Sarkozy, nouvellement élu.

Un comité présidé par l'ancien Premier ministre, Édouard Balladur a été chargé d'élaborer des propositions de réforme et de « modernisation » des institutions. Ces propositions ont été articulées essentiellement à partir d'une volonté de renforcement des prérogatives du Parlement, tant en ce qui concerne sa fonction législative que celle de contrôle du Gouvernement. Le développement des droits des citoyens (en particulier par un renforcement du contrôle de constitutionnalité) a constitué le second axe de ces propositions, mais elles manifestent une volonté très claire de ne pas remettre en cause le régime de la V^e^ République.

Ces propositions ont été assez largement reprises dans la loi constitutionnelle du 23 juillet 2008.

Depuis, un certain nombre de propositions ont été soutenues, elles n'ont pas abouti.

## §2. Les symboles et les principes

**642.** La Constitution de 1958 est composée aujourd'hui de 96 articles, certains divisés eux-mêmes en alinéas et répartis en 16 titres. Elle ne comporte pas de déclaration des droits, car il n'a pas semblé nécessaire de revenir sur la définition et l'énumération des libertés, contenues dans la Déclaration de 1789 et le Préambule de 1946. Évoquée à plusieurs reprises depuis 1958, l'élaboration d'une nouvelle déclaration des droits n'est plus d'actualité. Cependant le président Sarkozy a nommé, en 2008, une commission présidée par S. Veil, et invitée à réfléchir sur une éventuelle actualisation des droits et libertés reconnus par la Constitution. Mais ce comité a pour l'essentiel proposé le maintien du texte existant. La Constitution s'ouvre sur un bref Préambule qui proclame « l'attachement » du peuple français aux droits et aux principes de 1789 et de 1946. Le Conseil constitutionnel a fait usage de cette référence, pour élargir son contrôle aux lois touchant aux libertés (v. *infra* n° 972).

Indépendamment des dispositions concernant les institutions, de loin les plus nombreuses, la Constitution consacre les symboles de la République et énonce une série de principes républicains.

Les *symboles* sont ceux que l'on retrouve dans la plupart des Constitutions : les couleurs du drapeau, le bleu, le blanc et le rouge ; l'hymne national, la *Marseillaise* ; la devise de la République : « liberté, égalité, fraternité », la langue de la République qui est le français. Conjugués avec les principes républicains, ils définissent en quelque sorte l'identité de la France.

## A. Les principes républicains

**643.** Ce que l'on appelle, en France, les principes républicains, renvoie, en fait, à certains éléments de l'identité nationale. La France est une République et le constituant a tenu à donner à ce choix un caractère juridiquement irréversible « *la forme républicaine du Gouvernement ne peut faire l'objet d'une révision* » (art. 89). La République repose sur un certain nombre de principes aux contours souvent flous et eux-mêmes assez malmenés aujourd'hui. Plusieurs ont déjà été rencontrés et la plupart n'appellent pas de longs développements. Seul le principe de l'indivisibilité mérite un plus ample examen. Il faudra dire un mot aussi de la décentralisation.

- *La souveraineté.* Notion aujourd'hui bien incertaine et que la Constitution ne se soucie pas de délimiter. Le Conseil constitutionnel de son côté reste dans le vague lorsqu'il évoque « les conditions essentielles d'exercice de la souveraineté » auxquelles il ne peut être porté atteinte. Les importantes restrictions déjà entraînées par l'édification européenne aux fonctions de l'État traditionnellement considérées comme de souveraineté : citoyenneté, justice, police et contrôle des frontières, monnaie... n'excluent pas d'autres sacrifices dans le futur.
- *La démocratie.* Deux dispositions doivent être relevées, toutes deux reprises de la Constitution de 1946 :
  - la formule de Lincoln : le « principe [de la République] est : le "gouvernement du peuple, par le peuple et pour le peuple" »,
  - « la souveraineté nationale appartient au peuple », étant entendu que celui-ci « l'exerce par ses représentants et par la voie du référendum ».

Au-delà de ces obscurités, on notera à quel point le peuple et les citoyens sont relativement absents de notre Constitution. Elle ne s'intéresse à eux que de façon abstraite, ou en leur qualité d'électeurs. Avec cependant la réserve de la référence faite au principe d'égalité.

- *L'égalité.* Si les citoyens sont si peu présents, cela tient, bien sûr, à l'absence de déclaration des droits. En 1958 il est apparu nécessaire cependant de proclamer à nouveau le principe d'égalité. Signe des temps, peut-être, dans une société française qui paraît plus éprise d'égalité que de liberté.

L'égalité ici réaffirmée est une « *égalité devant la loi de tous les citoyens sans distinction d'origine, de race ou de religion* ».

- *La laïcité.* Elle concerne les rapports de l'État et des religions. La République est laïque, « *elle respecte toutes les croyances* » (art. 1), mais elle reste neutre à l'égard de chacune d'elles. L'Église et l'État sont séparés, la religion est une affaire privée. Ces principes sont menacés par la revendication de certains groupes désireux d'affirmer leur identité dans l'espace public, à travers, par exemple, la question du port du voile à l'école par certaines élèves musulmanes.

- La République est *sociale* : il faut y voir une référence au principe de justice qui doit inspirer l'action des pouvoirs publics et aux principes contenus dans le Préambule de la Constitution de 1946.

**644. L'indivisibilité.** – C'est avec la souveraineté le principe le plus malmené aujourd'hui, celui qui donne lieu aux plus vastes débats. À l'origine, sous la monarchie et dans les premières Constitutions républicaines, on parlait « d'unité et d'indivisibilité », depuis 1946 il n'est question que de la « République indivisible ». L'indivisibilité apparaît en quelque sorte comme une « notion éponge » qui a absorbé des voisines comme l'unité et, dans une moindre mesure, l'égalité.

Que recouvre actuellement la notion ?

- Dans un premier sens, la notion s'applique au principe de l'***intégrité du territoire***, c'est-à-dire l'impossibilité de céder une parcelle de territoire à un État étranger ou de permettre qu'un État se constitue sur une partie du territoire, celui-ci est en quelque sorte « gelé ». Ainsi compris, le principe aurait entravé la réalisation de l'aspiration à l'indépendance des peuples d'outre-mer, encore dominés en 1958 par une France, grande puissance coloniale à l'époque. Heureusement, le constituant a introduit dans son texte un article 53, entrouvrant la porte à la sécession après consultation des populations intéressées. Cette disposition a largement joué pour permettre à de nombreux territoires d'accéder à l'indépendance ; Algérie 1962, Côte de Somalie 1967, Comores 1976... Prolongeant le mouvement sur d'autres bases, la révision de 1998 permettait à la Nouvelle-Calédonie d'accéder un jour à la pleine souveraineté.
- L'indivisibilité doit aussi être comprise comme entraînant l'***unité, l'homogénéité du droit*** applicable sur le territoire. Unité et égalité sont ici indissolublement mêlées, les individus et les collectivités locales sont soumis également aux mêmes règles. Si tel est le principe, il souffre bien des accommodements. En pratique la diversité l'emporte sur l'homogénéité, dans le souci de prendre en compte les différences de situations de fait. La décentralisation d'abord, en remettant des pouvoirs normatifs aux collectivités territoriales, fait varier les règles applicables d'une partie du territoire à l'autre au détriment de l'uniformité ; les politiques d'aménagement du territoire vont dans le même sens. Surtout le constituant a établi pour les anciens DOM et TOM des différences sensibles de statut. Ainsi, par exemple, les autorités de la Nouvelle-Calédonie peuvent élaborer des « *lois de pays* » ayant un caractère législatif et contrôlées par le Conseil constitutionnel. Bien plus, la révision constitutionnelle du 28 mars 2003 a poursuivi dans la même direction, en autorisant les « collectivités d'outre-mer » (COM qui sont substituées aux TOM) à adapter les lois et règlements aux « caractéristiques et contraintes » qui leur sont particulières (art. 73). Dans certains cas ces collectivités peuvent fixer elles-mêmes « pour tenir compte de leurs spécificités », des règles relevant normalement du législateur national.

De toute façon, les pouvoirs accordés aux collectivités territoriales ne sont pas sans limites. Ils ne permettent pas de porter atteinte aux règles nationales en matière de libertés publiques, ni de créer des différences de traitement abusives entre les individus. Lorsque l'on touche à l'essentiel, l'unité de droit – principe protecteur des individus – réapparaît.

- Enfin, l'indivisibilité concerne aussi *le peuple*. Ici, on parle de ***« l'unité du peuple français »***. Le principe a été consacré par le Conseil constitutionnel dans une décision « statut de la Corse » du 9 mai 1991. La loi contestée évoquait : « *le peuple corse composante du peuple français* ». Le Conseil a fermement répondu que la Constitution ne « *connaît que le peuple français, composé de tous les citoyens français, sans distinction d'origine, de race ou de religion* ». Revenant sur la question le 15 juin 1999 (Charte européenne des langues régionales ou minoritaires), le Conseil a réaffirmé sa position en se référant au « principe d'unicité du peuple français (qui) à valeur constitutionnelle ».

De là découle la *non-reconnaissance de « minorités »* raciales, religieuses..., dotées de statuts et de droits propres. *La France refuse le « communautarisme »*, à la différence de certains pays étrangers. Aussi lorsque le constituant avance dans la voie de la décentralisation il se garde de parler des « peuples d'outre-mer », il utilise l'expression « les populations d'outre-mer » (v. loi constitutionnelle du 28 mars 2003, art. 73). Ainsi, le Conseil constitutionnel affirme-t-il dans la décision n° 2004-505 DC que « *Les articles 1 à 3 de la Constitution... s'opposent à ce que soient reconnus des droits collectifs à quelque groupe que ce soit, défini par une communauté d'origine, de culture, de langue ou de croyance.* »

Pourtant cette attitude n'est pas toujours maintenue. Ainsi lorsque le constituant en 1998 a élaboré un statut propre à la Nouvelle-Calédonie, il a établi une discrimination en matière d'électorat et d'emploi entre les citoyens vivant en Nouvelle-Calédonie : par exemple, il faudra une résidence de dix années pour pouvoir voter dans l'île et ses dépendances. Que deviennent l'unité du peuple français et l'égalité de tous les Français devant la loi ?

C'est parmi ces principes républicains que l'on pourrait probablement trouver les principes inhérents à l'identité constitutionnelle de la France, dont le Conseil constitutionnel a considéré qu'ils pourraient faire obstacle à la transposition d'une directive de l'Union européenne en droit français (décis. n° 2006-540 DC). Ce qui signifie qu'ils prévalent sur les exigences de l'Union européenne et, pourrait-on ajouter, sur toute norme internationale.

Ainsi, le Conseil constitutionnel a reconnu comme tel le principe selon lequel il est interdit de déléguer à des personnes privées des compétences de police administrative générale inhérente à l'exercice de la force publique nécessaire à la garantie des droits, en se fondant sur l'article 12 de la Déclaration de 1789 (décis. n° 2021-940 QPC). On peut cependant relever que pour la première application de cette notion, le Conseil n'a pas mis en exergue l'un des principes les plus fondamentaux de l'identité constitutionnelle.

## B. La décentralisation

**645.** La révision constitutionnelle du 28 mars 2003 a inscrit dans la Constitution un nouveau principe de la République « *son organisation est décentralisée* ». Ce qui est nouveau c'est la consécration constitutionnelle de la décentralisation. Sans le dire expressément la Constitution, dans sa version précédente, consacrait en effet, au moins implicitement, le principe en accordant la *libre administration* aux collectivités territoriales de la République. Un nouveau pas est fait, qui ne se limite pas à la proclamation ci-dessus rapportée, mais étend les pouvoirs des collectivités territoriales : communes, départements, régions, collectivités à statut particulier, collectivités d'outre-mer.

C'est dans ce cadre que la loi constitutionnelle du 23 juillet 2008 a inscrit dans la Constitution le principe selon lequel « *les langues régionales appartiennent au patrimoine de la France* » (art. 75-1 C). Le projet de loi constitutionnel soumis en juin 2019 à l'examen du Conseil d'État prévoit un principe de différenciation territoriale permettant à certaines collectivités de se voir attribuer des compétences spécifiques (sauf lorsque sont en cause les conditions essentielles d'une liberté publique ou d'un droit constitutionnellement garanti).

De manière schématique, l'article 72 de la Constitution dispose, dans son 1er alinéa, que : « Les collectivités territoriales de la République sont les communes, les départements, les régions, les collectivités à statut particulier et les collectivités d'outre-mer régies par l'article 74. Toute autre collectivité territoriale est créée par la loi, le cas échéant en lieu et place d'une ou de plusieurs collectivités mentionnées au présent alinéa ». Il en résulte l'existence de trois catégories de collectivités territoriales.

L'article 72 concerne les collectivités territoriales de métropole (communes, départements, régions, collectivités à statut particulier créées par la loi). Ces collectivités s'administrent librement par des conseils élus et disposent d'un pouvoir réglementaire pour l'exercice de leurs compétences (art. 72, al. 3 de la Constitution), mais elles ne peuvent le faire que dans le respect des dispositions législatives et réglementaires qui régissent cet exercice. Elles peuvent toutefois, pour un objet et une durée limités, déroger à titre expérimental aux dispositions précitées lorsque la loi ou le règlement l'a prévu (art. 72, al. 4 de la Constitution). Le législateur peut cependant prévoir pour certaines collectivités un régime juridique particulier. Il en est ainsi pour Paris, Lyon (commune et métropole) et Marseille ou encore la Corse.

Les collectivités territoriales régies par l'article 73 de la Constitution sont les départements et régions de la Guadeloupe et de la Réunion, des collectivités uniques de Guyane et de Martinique et le département de Mayotte. Si les lois et les règlements y sont applicables de plein droit, ces dispositions peuvent faire l'objet d'adaptations tenant aux caractéristiques et contraintes particulières de ces collectivités (principe de l'identité législative institué lors de la départementalisation en 1946 et posé à l'article 73, alinéa 1er de la Constitution). Ces adaptations peuvent être décidées par les collectivités elles-mêmes, sur habilitation législative, soit dans les matières où s'exercent leurs compétences (art. 73, al. 2 de la Constitution), soit dans un nombre limité de matières relevant du domaine de la loi (art. 73, al. 3 de la Constitution – cette dernière possibilité est toutefois exclue s'agissant de la Réunion par l'alinéa 5).

Les collectivités territoriales régies par l'article 74 de la Constitution : il s'agit des collectivités d'outre-mer de Saint-Pierre-et-Miquelon, des îles Walis et Futuna, de la Polynésie française et de Saint-Barthélemy et Saint-Martin. Le statut de ces collectivités, fixé par une loi organique adoptée après avis de leur assemblée délibérante, est très variable d'une collectivité à l'autre et tient compte des intérêts propres de chacune d'entre elles au sein de la République. En règle générale, elles relèvent du régime de spécialité législative : les lois et règlements ne s'y appliquent que sur mention expresse. Le statut fixe notamment les compétences de la collectivité, les règles d'organisation et de fonctionnement de ses institutions ainsi que le régime électoral de son assemblée délibérante.

Les collectivités d'outre-mer sont donc dotées du statut le plus dérogatoire possible par rapport au droit commun. Cependant, ces dérogations restent soumises à des limites qui visent à préserver l'existence des principes d'indivisibilité de la République et d'égalité devant la loi, dès lors que ces collectivités, comme les autres, restent des parties intégrantes de la Nation.

La Nouvelle-Calédonie n'est pas une collectivité territoriale mais relève d'un régime constitutionnel qui lui est propre, fixé par le titre XIII de la Constitution, devenu obsolète depuis le référendum d'autodétermination de 2021.

### C. La protection de l'environnement

**646.** Après avoir « adossé » à la Constitution (cette formule valant reconnaissance du caractère constitutionnel du texte) une Charte de l'environnement reconnaissant certains principes, notamment, le droit à un environnement équilibré, la responsabilité en matière environnementale, la précaution, le développement durable, mettant à égalité les exigences relatives à l'environnement, au progrès économique et au progrès social, le droit à l'information..., le Préambule de la Constitution de 1958 enrichit le triptyque sur lequel repose la Constitution, à savoir la souveraineté, les droits fondamentaux et la protection de l'environnement.

## §3. Les lignes de force du texte

**647.** Deux préoccupations maîtresses du constituant : restaurer l'autorité de l'État et limiter les pouvoirs des partis (v. *supra* n° 634), vont donner à la Constitution ses principales originalités.

### A. L'exécutif bicéphale et renforcé

**648.** La tradition du bicéphalisme de l'exécutif est respectée, mais elle recouvre une réalité nouvelle.

Le statut du chef de l'État et ses attributions tranchent sur ceux de ses devanciers et lui confèrent une autorité sans commune mesure avec la leur. De Gaulle le voulait ainsi, étant peu porté à jouer les utilités, exigeant de disposer des pouvoirs nécessaires pour régler le problème algérien, et plus profondément parce qu'il tenait qu'en toutes circonstances il faut une « tête à l'État ». D'où un président de la République qui prend ses distances à *l'égard du Parlement* dont il n'est plus l'élu, dont il ne reçoit donc pas ses pouvoirs, et dont – à partir de 1962 – désigné comme lui par le suffrage universel direct – il sera l'égal en légitimité. D'où aussi son autonomie à *l'égard du Gouvernement*, symbolisée par l'attribution de « pouvoirs propres », c'est-à-dire affranchis du contreseing. Et, paradoxe, ce chef d'État si peu dépendant n'en reste pas moins *irresponsable*.

À côté de lui, un Premier ministre auquel la Constitution taille un vaste rôle : il choisit les orientations et les traduit en actes, sur lui pèse la responsabilité politique. Il n'est pas exactement sur le même plan que le président puisque celui-ci le nomme, sans que la Constitution prévoie cependant qu'il puisse ensuite le révoquer.

Mais une chose est sûre : en réaction contre le dévoiement des républiques précédentes, la Constitution non seulement met l'exécutif et le législatif sur un pied d'égalité mais a tendance à assurer la primauté de l'exécutif.

## B. L'abaissement du Parlement

**649.** Le Parlement paie dans le texte de 1958 le discrédit qui s'est accumulé sur lui.

- *La perte de son monopole d'élaboration de la loi* : on l'a vu, la Constitution dispose que le peuple exerce la souveraineté nationale par l'intermédiaire de ses représentants et « par la voie du référendum ». Le peuple peut donc approuver lui-même la loi, le *référendum législatif* fait son entrée dans notre droit constitutionnel.

À cette brèche dans le monopole du Parlement, importante surtout sur le plan des principes, il faut en ajouter une autre, à la portée théorique (v. *infra* n° 878) beaucoup plus considérable : la Constitution énumère les domaines où le Parlement peut légiférer, les autres appartiennent au Gouvernement, c'est-à-dire au pouvoir réglementaire.

- *La disparition de la souveraineté de la loi* : celle-ci peut être contrôlée par le Conseil constitutionnel et écartée par n'importe quel juge si elle est contraire à une norme internationale et, en particulier, à une disposition de droit de l'Union européenne.
- *L'affirmation de prérogatives au profit de l'exécutif dans la procédure législative* : des procédures de *rationalisation du parlementarisme* permettent au Gouvernement de conduire les débats à peu près comme il l'entend et de contraindre un Parlement réticent à discuter et à voter ses projets. Les droits traditionnels des députés – de l'opposition en particulier – en sont très amoindris.
- *Les obstacles à l'exercice de son rôle de contrôle* : autres aspects de la rationalisation du parlementarisme, la mise en cause de la responsabilité du Gouvernement est rendue difficile, les questions des parlementaires ne peuvent donner naissance à une interpellation (v. *supra* n° 583), les commissions sont étroitement réglementées.

- Enfin, le Parlement n'élit plus le président de la République et le Gouvernement n'a pas besoin d'être investi par l'Assemblée pour être doté de la plénitude de ses attributions.

On mesure l'importance du changement, on pourrait même dire de la *rupture*, avec le régime précédent.

Même si la Constitution de 1958 instaure un parlementarisme moniste, la pratique va transformer très rapidement le schéma initial. L'abaissement du Parlement ne sera pas remis en cause, il est même plutôt confirmé, mais la primauté du président de la République au sein de l'exécutif s'affirme, la dyarchie disparaît, l'exécutif est déséquilibré au détriment du Premier ministre. Le Gouvernement apparaît comme responsable devant le président, sans que le régime devienne à proprement parler dualiste mais pratique un *monisme inversé*, dans lequel le Gouvernement relève seulement du chef de l'État. En 1986, 1993 et 1997, la *cohabitation* met en place un autre schéma, on en revient à la dépendance du Gouvernement à l'égard de la seule Assemblée nationale. Entre-temps l'alternance de 1988 inaugure une situation inédite : le Premier ministre sans majorité stable à l'Assemblée, doit gouverner en se conciliant tour à tour les communistes et les centristes. En 2022, la même situation met le Gouvernement aux prises avec une Assemblée divisée (v. *infra* n° 744).

# Section 4
# L'évolution des institutions et des forces politiques

**650. Bibliographie.** – Pierre Avril, *La Ve République – Histoire politique et constitutionnelle*, PUF, 1994. – Jean-Jacques Chevallier, Guy Carcassonne, Olivier Duhamel, *La Ve République 1958-2012*, Dalloz, 2012. – Bernard Chantebout, *Brève histoire politique et institutionnelle de la Ve République*, Dalloz, 2004.

**651.** En plus de cinquante ans de fonctionnement, le régime a secrété une pratique, qui en a modifié les équilibres. Un sort malin semble peser sur nos Constitutions, elles ne fonctionnent jamais conformément aux intentions – aux illusions ? – de leurs auteurs. Ce qui était vrai de la IIIe et de la IVe Républiques, le sera aussi pour la Ve. De leur côté des révisions du texte de 1958 sont intervenues, l'adaptant à un monde, une Europe, une société qui changent. Enfin, la personnalité des acteurs a, elle aussi, exercé une influence, et les forces politiques en présence se sont modifiées.

## §1. Les modifications apportées au texte de la Constitution

**652.** La Constitution n'est pas restée immuable, elle a subi plusieurs révisions d'importance inégale. Elles ont été étudiées précédemment (v. *supra* n° 122). On se contentera d'en souligner ici certaines.

### A. Disparition de la Communauté et référence à la francophonie

**653.** Le titre XIII de la Constitution créait une union de type fédéral entre la France, les territoires d'outre-mer et les États qui demanderaient à s'y associer. La *Communauté* ainsi proposée était ouverte et on pouvait rêver que les États qui ne faisaient pas partie de la France d'outre-mer (Maroc, Tunisie), et l'Algérie peut-être un jour, viendraient y prendre place. La Communauté devait avoir une existence éphémère, elle cessa de fonctionner en 1961. Mais il fallut attendre la révision de 1995 pour que l'ancien titre XIII soit abrogé et que la Communauté disparaisse. En revanche, la loi constitutionnelle du 23 juillet 2008 établit dans la Constitution un titre XIV intitulé « De la francophonie et des accords d'association ».

Dans le même sens le titre XIII de la Constitution, dorénavant consacré à des dispositions transitoires relatives à la Nouvelle-Calédonie, est devenu obsolète du fait des résultats du troisième référendum qui s'est prononcé en faveur du maintien de la Nouvelle-Calédonie dans la République française.

### B. L'élection du président au suffrage universel direct

**654.** La révision du 6 novembre 1962 marque une étape dans l'histoire du régime. Elle parachève la Constitution de la V$^{e}$ République. L'élection du chef de l'État au suffrage universel direct renforce considérablement l'*autorité* du président de la République en lui donnant la même origine populaire que l'Assemblée nationale : élu par l'ensemble des citoyens, il a même plus de légitimité que les députés élus dans les circonscriptions : il est, en effet, le seul élu national. Mais elle ne change rien à ses *pouvoirs*.

### C. L'élargissement de la saisine du Conseil constitutionnel

**655.** On a déjà montré la portée de la réforme de la saisine du Conseil constitutionnel par la révision de 1974 et de celle relative au contrôle de constitutionnalité des lois *a posteriori* de 2008 (v. *infra* n° 958 et *infra* 965).

### D. L'adaptation à la construction européenne

**656.** En 1992, a été introduit dans la Constitution un titre intitulé « Des Communautés européennes et de l'Union européenne ». Ce titre a été modifié à plusieurs reprises, au fur et à mesure du développement de la construction européenne (notamment en 1999, en 2003 et en 2005). Il fait de la participation de la France à l'Union européenne une exigence constitutionnelle (art. 88-1) et opère, ou autorise, un certain nombre de transferts de compétences relevant des conditions essentielles de la souveraineté nationale et organise la participation et l'information du Parlement national au processus de décision communautaire (v. *infra* n° 674).

## §2. L'évolution du système des partis : le fait majoritaire

**657.** La Constitution de 1958 est la première en France à avoir *constitutionnalisé l'existence des partis politiques*. Son article 4 dispose en effet : « *les partis et les groupements politiques concourent à l'expression du suffrage. Ils se forment et exercent leur activité librement. Ils doivent respecter les principes de la souveraineté nationale et de la démocratie.* » Et c'est de Gaulle qui leur donne cette consécration ! Aussi bien le rôle reconnu aux partis n'a rien d'exaltant, la formule : ils « *concourent à l'expression du suffrage* » reconnaît certes l'utilité de leur participation à l'opération électorale, mais semble en même temps vouloir les cantonner à cet étroit domaine. La révision de 1999 a ajouté qu'ils contribuent à *la mise en œuvre de la parité* (hommes-femmes).

La révision de 2008 ajoute à l'article 4 C que « *la loi garantit les expressions pluralistes des opinions et la participation équitable des partis et groupements politiques à la vie démocratique de la Nation.* » Elle vise également à renforcer les droits de l'opposition au sein de chaque assemblée parlementaire, l'opposition étant constituée par les groupes qui n'ont pas déclaré participer à la majorité de l'assemblée concernée.

Le trait le plus marquant de la vie politique va être la transformation du système de partis. Ici la rupture avec la IVe République est nette : une bipolarisation apparaît qui se substitue à un multipartisme instable.

Le phénomène aura une influence déterminante sur la pratique constitutionnelle et, en particulier, sur l'évolution des relations à l'intérieur du trio président-Gouvernement-Parlement. On ne peut comprendre la façon dont la Constitution a été appliquée, si l'on ne tient pas compte de la mutation intervenue dans le régime des partis.

### A. L'apparition du fait majoritaire

**658.** Les auteurs du projet de Constitution ont imaginé la vie politique sous le nouveau régime comme *caractérisée par une lutte des partis analogue à celle des républiques précédentes*. Les élections à leurs yeux ne parviendraient pas, même avec l'aide du scrutin uninominal à deux tours, à dégager une majorité stable de gouvernement. L'exécutif ne recevrait qu'un soutien fragile et aléatoire de coalitions de rencontre et la hantise d'une rémanence de l'instabilité gouvernementale a truffé la Constitution de dispositions de rationalisation du parlementarisme destinées à renforcer l'autorité et la continuité de l'équipe gouvernementale.

Les augures s'étaient trompés et aux divisions attendues s'est substitué à partir de 1962, le fait majoritaire : l'exécutif a pu compter au Parlement sur une majorité fidèle pour la durée de la législature. C'est là la caractéristique fondamentale de la vie politique de la Ve République : jusqu'en mars 1986 *le fait majoritaire a été parfait* : les électeurs désignent un président et envoient des députés siéger à l'Assemblée avec mission de soutenir le président et le Gouvernement nommé par lui. Depuis lors, le fait majoritaire s'est modifié : il est parfois devenu *imparfait*, jouant en faveur du Premier ministre contre le président (1986-88, 1993-95 et 1997-2002), ou a disparu (1988-93). Il est devenu imparfait, du fait des conflits au sein de la majorité parlementaire, à la fin de la législature 2012-2017. Il est aujourd'hui redevenu « parfait ».

## 1. Les raisons de son apparition

**659.** Le phénomène du fait majoritaire est lié avant tout au nouveau mode de désignation du président de la République qui ne laisse en présence, au second tour, que deux candidats ; le pays est divisé en deux camps qui soutiennent chacun un des prétendants et s'identifient à lui. Jusqu'en 1986, l'élu peut se réclamer pendant la durée de son mandat de l'investiture de la majorité de la Nation.

La modification du système des élections législatives a renforcé ce premier facteur en substituant le scrutin uninominal majoritaire à deux tours à la représentation proportionnelle. Pourtant ce mode de scrutin n'avait pas empêché le multipartisme de la IIIe République. *À partir de 1962, les électeurs y ont trouvé la possibilité de se prononcer pour ou contre le président et son Gouvernement, pour le pouvoir ou pour l'opposition. Les partis sont jugés sur leur attitude à l'égard du Gouvernement, mandat est donné aux élus de le soutenir ou de le combattre, sans qu'il soit question de remettre ce choix en cause au cours de la législature et d'ouvrir des crises à répétition comme sous les régimes antérieurs.* **À la différence de la IVe République ce sont les électeurs, et non les partis, qui déterminent la majorité.** Sous la IIIe et IVe République, lors de leur élection, les députés n'avaient d'engagement à l'égard de personne, ils étaient libres d'apporter leur soutien à qui ils voulaient et de le reprendre. Sous la Ve, ils s'engagent pour la majorité ou pour l'opposition. Leur liberté en est très diminuée – on est à la limite du mandat impératif. Ceux qui parfois seraient tentés de se rapprocher de l'autre camp sont suspects de vouloir trahir. Il n'y a qu'une majorité possible au sein de l'Assemblée (sauf 1988-1993). Les élections présidentielles et les élections législatives de 2017 marquent l'effondrement du système bipartisan qui mettait face à face le parti socialiste et le parti de la droite (UDR, UMP, Les Républicains...). Le parti socialiste tend à disparaître et la droite se divise sous l'effet de la recomposition voulue par le nouveau président de la République, qui vise à réunir le centre droit et le centre gauche dans une nouvelle formation politique construite pour assurer sa victoire. Les élections de juin 2017 donnent une très large majorité au parti du nouveau président de la République, malgré un taux d'abstention record. Les élections législatives de 2022 marquent une rupture. La tripartition du système politique (centre, gauche radicale, droite radicale) ne permet pas l'émergence d'une majorité absolue autour du chef de l'État.

### 2. Naissance

**660.** Les élections de 1958 se situent dans la continuation de la IVe République : les anciens partis résistent honorablement – à l'exception des communistes réduits à 10 sièges (pour 18,9 % des voix) – et la formation gaulliste, l'UNR, hâtivement constituée, se taille un demi-succès avec 17,6 % des voix (mais, grâce au mode de scrutin, 198 sièges). Si de Gaulle et M. Debré parviennent à gouverner, c'est sans l'appui automatique d'une majorité permanente, mais grâce à des majorités à la composition changeante selon les problèmes (en quelque sorte des « majorités d'idées »). Et, en octobre 1962 la démonstration est faite de la précarité de cette situation, le Gouvernement Pompidou est censuré ; c'est la revanche des partis traditionnels. Les élections de novembre 1962 vont humilier ces partis. Ceux qui avaient fait campagne pour le « non » au référendum sont désavoués (v. *supra* n° 128), alors que l'emportent l'UNR et ses alliés favorables au « oui ». Cet affrontement différé entre partisans et adversaires de l'élection du président au suffrage universel préfigure le clivage majorité présidentielle-opposition, qui va dominer l'histoire de la Ve République jusqu'en 1986.

Jusqu'en 1986 on est dans la situation exposée ci-dessus où les électeurs qui ont élu le président de la République (et qui forment la *majorité présidentielle*) envoient à l'Assemblée nationale une majorité (qui constitue *la majorité parlementaire*) en lui donnant pour mandat de soutenir le Gouvernement nommé par le président (de se comporter en *majorité gouvernementale*). Les trois majorités coïncident mais *leur unité dérive de la primauté de la majorité présidentielle.*

## B. Évolution du fait majoritaire

**661.** Même entre 1962 et 1986 le fait majoritaire recouvre des réalités différentes et des rapports de force variables. Depuis lors il s'est profondément transformé et les alternances au pouvoir se sont succédé.

### 1. L'affaiblissement du fait majoritaire sous la présidence de Valéry Giscard d'Estaing (1974-1981)

**662.** Pendant la présidence de G. Pompidou le fait majoritaire s'est maintenu. Mais sous celle de V. Giscard d'Estaing, la situation devait perdre de sa pureté et le fait majoritaire s'atténuer. En effet, V. Giscard d'Estaing n'était pas l'élu d'un parti disposant de la majorité des sièges à l'Assemblée, mais le chef de l'une des deux formations composant cette majorité, et de la moins nombreuse des deux. Le nouveau président se trouvait donc en présence d'un problème de cohésion de la majorité, qu'il résolut, en 1974, en choisissant comme Premier ministre J. Chirac, qui allait s'affirmer comme chef des gaullistes. Trop de causes de dissensions existaient au sein de la majorité pour que celle-ci ne soit pas fragile. La démission de J. Chirac, pendant l'été 1976, mettait fin à un désaccord latent qui ne pouvait qu'empirer. Les Gouvernements Barre, qui lui succédèrent, durent composer et le Premier ministre user des ressources des *procédures du parlementarisme rationalisé - qui retrouvent alors leur utilité* - pour imposer sans crise la politique du Gouvernement. Si la majorité n'a jamais éclaté, ses rapports avec le président n'étaient pas les mêmes que sous ses prédécesseurs. Le chef de l'État était beaucoup moins libre dans la définition de sa politique.

## 2. Le fait majoritaire au profit des socialistes (1981-1986)

**663.** En juin 1981, le fait majoritaire a été rétabli dans toute sa perfection. Le parti socialiste à lui seul disposait d'une large majorité à l'Assemblée et pouvait s'appuyer, jusqu'en juillet 1984, sur le soutien des députés communistes. Mais la situation n'était pas entièrement clarifiée pour cela. F. Mitterrand devait compter en effet à la fois avec le groupe PS à l'Assemblée nationale et avec le parti socialiste lui-même. Des tensions devaient apparaître entre le Gouvernement, le groupe et le parti, et surtout entre les différents courants de ce dernier. Aussi, les relations entre le président et le PS n'ont pas toujours été faciles, une partie de la « base » manifestant son impatience devant la lenteur du « changement » promis et son incompréhension à l'égard de certaines mesures imposées par l'Élysée, à partir surtout de 1984. Mais cette grogne n'est jamais allée jusqu'à mettre en péril l'existence des Gouvernements Mauroy ou Fabius. La logique du fait majoritaire a été respectée.

## 3. La transformation du fait majoritaire : la majorité contre le président (1986-1988)

**664.** Les élections de mars 1986 devaient créer une situation inédite : la majorité de l'Assemblée nationale passait entre les mains de partis opposés au président. Celui-ci ne s'estimait pas désavoué par le peuple en même temps que ses amis politiques et décidait de rester en place pour terminer son mandat. Une majorité de gouvernement existait (étroite : trois voix) - composée du RPR et de l'UDF - qui acceptait de « *cohabiter* » avec un président socialiste. *La coïncidence des majorités présidentielle et parlementaire qui caractérisait la Ve République était rompue, la politique du Gouvernement ne pouvait plus être celle du président.* Une forme nouvelle de fait majoritaire apparaît, en faveur non plus du président, mais *autour du Premier ministre.*

### 4. La disparition du fait majoritaire (1988-1993)

**665.** Les élections de 1988 ont ouvert un nouvel épisode : à la majorité présidentielle dégagée par la réélection de F. Mitterrand n'a pu correspondre la mise en place d'une majorité parlementaire (le PS, ou une coalition formée autour de lui, n'avait pas la majorité à l'Assemblée). M. Rocard, puis É. Cresson et P. Bérégovoy, appuyés par le seul Parti socialiste, ont dû chercher des appuis (ou des abstentions) à gauche ou au centre pour gouverner, situation proche de celle de M. Debré puis de G. Pompidou de 1958 à 1962.

### 5. La réapparition du fait majoritaire au profit du Premier ministre (1993-1995)

**666.** Les élections de 1993 ont reconstitué une situation de « cohabitation » (comme de 1986 à 1988), où le fait majoritaire joue au profit du Premier ministre, É. Balladur disposait d'une confortable majorité : 485 sièges sur 577.

### 6. La reconstitution du fait majoritaire parfait en mai 1995

**667.** L'élection de J. Chirac en 1995 a reproduit la situation que ses prédécesseurs avaient connue jusqu'en 1986 : les trois majorités présidentielles, gouvernementale et législative ont coïncidé, le Sénat lui-même étant dominé par la droite.

### 7. Le retour au fait majoritaire au profit du Premier ministre (1997-2002)

**668.** Les élections législatives de 1997 ont ramené la cohabitation. Avec deux nouveautés : le Premier ministre se réclame de la gauche alors que le président est l'élu de la droite ; victoire de la gauche aux législatives, sans conquête préalable de la présidence.

J. Chirac et L. Jospin étaient dans une situation particulière. Le président apparaissait comme un vaincu au lendemain des élections provoquées par la dissolution décidée par lui ; L. Jospin était à la tête d'une « majorité plurielle » dont il lui fallait assurer la cohésion.

### 8. Le fait majoritaire parfait (2002-2022)

**669.** La droite contrôlait les trois bastions du pouvoir : la présidence, l'Assemblée et le Sénat. J. Chirac disposait de tous les instruments pour mettre en œuvre, avec son Gouvernement, la politique qu'il décidait.

L'Union pour un mouvement populaire (UMP), qui regroupe au sein d'un unique parti la droite et le centre, a eu du mal à s'imposer en raison de la résistance de l'UDF qui entendait restaurer l'indépendance du centre et dont, pour la manifester, certains députés allèrent jusqu'à voter, le 16 mai 2006, la motion de censure déposée par les socialistes. Cette tentative devait échouer et les rescapés de l'UDF, sous le nom de Nouveau Centre, devaient rallier la majorité lors des élections de 2007. En 2007, le président de la République, nouvellement élu, N. Sarkozy, a obtenu, lors des élections législatives suivant l'élection présidentielle, une majorité à l'Assemblée nationale pour le soutenir. Cependant, le président de la République ne dispose pas au Congrès (c'est-à-dire la réunion de l'Assemblée nationale et du Sénat), d'une majorité des trois cinquièmes suffisante pour réviser la Constitution.

En juin 2012, le Parti socialiste obtient à lui seul la majorité absolue des députés. Les élections législatives lui sont encore plus favorables que l'élection présidentielle.

Cependant la majorité n'obtient toujours pas la majorité des trois cinquièmes au Congrès. Par ailleurs des désaccords se manifestent entre le Parti socialiste et ses alliés écologistes et surtout avec le Front de gauche, ce dernier se comportant parfois comme un parti d'opposition, et au sein même du Parti socialiste.

En 2017, le parti du président emporte une très large majorité à l'Assemblée nationale (308 sièges sur 577, auxquels s'ajoutent les 42 sièges de son allié le Modem). Mais cette majorité s'effrite au cours du quinquennat du fait du départ d'un certain nombre de députés et le parti du président perd la majorité absolue des sièges. Par ailleurs, du fait de l'existence d'une majorité de droite au Sénat, il ne dispose pas de la majorité des trois cinquièmes au Congrès (sauf ralliement d'un nombre suffisant de sénateurs).

### 9. Une nouvelle disparition du fait majoritaire en 2022

**670.** Les élections législatives de 2022 sont marquées, non seulement par une forte abstention, mais aussi par une tripartition du système politique marquée par l'obtention d'une majorité relative pour les partis soutenant le président de la République et une forte opposition composée d'un regroupement de la gauche autour de son aile la plus radicale (la France insoumise), de la droite radicale (le Rassemblement national), auxquels, il faut ajouter une représentation de la droite « classique », (les Républicains).

## C. Conséquences du fait majoritaire

**671.** Le fait majoritaire a durablement modifié le fonctionnement des institutions et bouleversé aussi le paysage et le jeu politiques. Le clivage n'est plus Gouvernement-Parlement mais majorité-opposition.

### 1. Le fonctionnement des institutions

**672.** Le fait majoritaire fait perdre une bonne part de leur utilité aux mécanismes du *parlementarisme rationalisé,* inscrits dans la Constitution pour permettre à l'exécutif de gouverner avec des majorités instables. Nul besoin alors en général de contraindre les députés à adopter un texte, nul risque de mise en cause de la responsabilité, le Gouvernement est tranquille du côté du Parlement pour la durée de la législature, il dispose de temps, il peut réaliser son programme. S'il a des problèmes, c'est avec la majorité, en général de coalition – qui a parfois des états d'âme –, et non avec l'opposition, alors la rationalisation lui est utile.

En contrepartie, jusqu'en 1986, en 1995 et en 2002, le Gouvernement s'est retrouvé plus étroitement *subordonné à l'égard du président*. La position de celui-ci est renforcée, le peuple lui fait confiance en priorité. Et le président pourra en profiter pour changer de Premier ministre en cours de législature (alors que rien dans la Constitution ne l'y autorise). Le Gouvernement n'est plus renversé par le Parlement, mais changé par la volonté du président, non pour résoudre une crise, mais pour des raisons d'opportunité. *Le fait majoritaire parfait* favorise le déplacement du pouvoir vers le président : ce n'est pas la majorité qui gouverne, elle est l'instrument et la caution du pouvoir présidentiel.

En revanche, pendant les « *cohabitations* », *le fait majoritaire imparfait* renforce le Premier ministre et affaiblit corrélativement le président ; la Constitution fonctionne dans le respect de ses dispositions.

Enfin, la *séparation des pouvoirs* doit être appréciée dans une nouvelle perspective : le fait majoritaire rend assez illusoire la distinction entre l'exécutif et le législatif. Lorsque le même parti (ou coalition) contrôle chacun d'eux, sont-ils indépendants l'un et l'autre ?

## 2. La transformation du paysage politique : la bipolarisation et sa remise en cause

**673.** L'existence d'une majorité stable, unie dans son soutien à la politique du président et/ou du Gouvernement a entraîné par contre coup un rapprochement entre les formations critiques à l'égard de cette politique. Elles ont été poussées à s'entendre, à s'allier, à se regrouper pour constituer une opposition cohérente, ayant pour objectif la conquête du pouvoir. Ce processus engagé autour de la candidature de F. Mitterrand à l'élection présidentielle de 1965 a connu son couronnement en 1972 avec la signature d'un programme commun de gouvernement, associant communistes, socialistes et radicaux de gauche.

De leur côté les partis du centre ne sont pas parvenus à préserver leur identité et leur autonomie. Constamment sommés de se définir par rapport à la majorité et à l'opposition, ils ont fini par se rallier à l'une ou à l'autre. Le mouvement est achevé en 1974, *la bipolarisation est alors parfaite*.

Avec la disparition du centre, la vie politique s'est organisée autour de deux pôles : majorité-opposition, droite-gauche, dont les frontières sont gelées, c'est-à-dire sans qu'existent de véritables possibilités de passage d'un bloc à l'autre. À l'Assemblée les votes se sont faits droite contre gauche, à de rares exceptions près (par ex. sur la légalisation de l'IVG). Les deux camps sont d'importance à peu près égale et leur *alternance* au pouvoir réalisée en 1981 s'est poursuivie en 1986, puis en 1988, 1993, 1997, 2002 et 2012.

L'échec de la tentative de F. Bayrou, à l'occasion des élections présidentielle et législatives de 2007 et de 2012, de créer une force centriste indépendante (modem) démontre cette bipolarisation. D'un autre point de vue, le président Sarkozy, si l'on fait abstraction du « débauchage » d'un certain nombre de personnalités, n'a pas vraiment pu casser la ligne qui sépare la majorité de l'opposition. Cependant, la montée de l'extrême droite, qui s'installe dans le paysage politique français, et le développement de l'extrême gauche troublent le jeu. Le système se présente dorénavant comme un système tripartiste ou plus exactement tripolaire (droite, socialistes, Front national). Aux élections européennes de 2014, le Front national devient même le premier parti de France avec 24,88 % des suffrages exprimés devant l'UMP qui obtient 20,81 % des suffrages et 13,98 % pour le Parti socialiste. En revanche, le mode de scrutin ne permet pas au front national de traduire dans la représentation nationale ses succès électoraux.

Cette bipolarisation est remise en cause à la suite des élections présidentielles de 2017, qui marquent l'affrontement, au second tour, d'un candidat qui a construit son propre parti, en ralliant des personnalités du centre gauche et du centre droit, et d'un candidat du Front national. Cette situation se reproduit à l'occasion du deuxième tour de l'élection présidentielle de 2022.

À la suite des élections présidentielles et législatives de 2022, c'est un nouveau système triangulaire, voire quadrangulaire (droite radicale, droite, partis soutenant le président, gauche dans laquelle l'extrême gauche joue un rôle moteur) qui se dessine (v. *infra* n° 743).

# Section 5 L'influence de l'édification de l'Europe sur les institutions

**674.** L'édification de l'Europe a commencé véritablement avec le traité de Paris du 18 avril 1951 créant la Communauté européenne du charbon et de l'acier (CECA). Elle s'est poursuivie, toujours sous la IVe République, en 1957, avec le *traité de Rome* posant les bases de la Communauté économique européenne (CEE), puis sous la Ve avec l'Acte unique européen (1986) étendant la compétence communautaire à de nouveaux domaines et ouvrant la porte à une coopération politique. Mais ce sont surtout les traités de Maastricht (1992) fondant l'Union européenne (UE), d'Amsterdam (1999) et enfin de Lisbonne (2007) qui auront une influence sur nos institutions. En même temps, l'Europe dépassait le seul champ économique de l'origine pour s'engager dans une construction politique. Ce rappel des étapes de l'édification européenne doit d'ailleurs être complété par l'évocation de la Convention européenne des droits de l'homme (1950) et des accords de Schengen (1985) sur la suppression des contrôles aux frontières intérieures de l'Union.

Ces traités entraînaient à des degrés divers des atteintes à la souveraineté française, mais c'est seulement à partir de Maastricht que le débat constitutionnel s'est développé pour reprendre, avec beaucoup plus d'intensité encore, en 2005 autour du projet de Constitution européenne.

## §1. Le problème de la souveraineté de la France dans l'Europe

**675.** Entreprise sous la IVe République, la construction de l'Europe n'est pas apparue alors aux yeux de l'opinion comme comportant des menaces graves pour la souveraineté nationale. Les traités créant la CECA et la CEE n'ont pas suscité de grands débats sur ce thème. Il a fallu attendre la ratification de l'Acte unique européen (1987) puis celle des accords de Maastricht (1992) et le traité d'Amsterdam (1997), enfin le projet de Constitution européenne (2005) pour que les Français prennent conscience d'une évolution de nature à mettre en cause la souveraineté de l'État et à travers elle l'identité française.

La construction de l'Europe entraîne inéluctablement des sacrifices de souveraineté. La difficulté est de savoir jusqu'où on peut aller sans vider cette souveraineté de son contenu et faire perdre à la France son caractère d'État indépendant ? L'article 3 de la Constitution déclarant « *la souveraineté nationale appartient au peuple qui l'exerce par ses représentants et par la voie du référendum* », quelles compétences peuvent-elles être remises aux institutions européennes sans contrevenir à ce principe ? Il est des décisions dont on peut admettre qu'elles soient prises par une autorité non nationale : quantité de plomb tolérable dans l'essence, couleur des phares des automobiles... Mais pouvait-on aller jusqu'à permettre, par exemple, comme c'est le cas, que des troupes françaises soient placées sous commandement étranger ou accepter la création d'une monnaie unique ?

Le Conseil constitutionnel a posé des principes et défini certaines composantes de la souveraineté.

**676. La position du Conseil constitutionnel. -** Dans un premier temps, le Conseil s'est référé au Préambule de la Constitution de 1946 qui dispose que la France peut consentir à « *des limitations de souveraineté nécessaires à l'organisation et à la défense de la paix.* » À partir de là, il estimait que si « *les transferts de souveraineté* » étaient interdits, des « *limitations de souveraineté* » étaient acceptables (30 décembre 1976, *Élections de l'Assemblée des Communautés*). Par la suite, le Conseil a abandonné cette distinction - bien floue - dans une décision du 22 mai 1985 évoquant des « *conditions essentielles d'exercice de la souveraineté* » -, qui forment en quelque sorte le « noyau dur » de la souveraineté. Des *transferts de compétence* ne sauraient leur porter atteinte sans qu'il soit procédé au préalable à une révision de la Constitution les autorisant. Les conditions essentielles d'exercice de la souveraineté résident dans le devoir de l'État d'assurer :

- le respect des institutions de la République,
- la continuité de la vie de la Nation,
- la garantie des droits et libertés des citoyens.

Tout ceci est toujours valable mais bien imprécis et ne permet guère de discerner jusqu'où peuvent aller les transferts de compétence sans porter atteinte à la nature même de l'État, à son essence ? En 1992, des sénateurs se demandaient, de façon imagée, si la souveraineté est une addition de compétences et si on peut retirer de ces compétences comme des feuilles à un artichaut ? Quand le cœur sera-t-il atteint ?

À partir de 1992, le Conseil constitutionnel a précisé sa pensée.

**677. La décision *Traité de Maastricht I* du 9 avril 1992. -** Le traité de Maastricht a donné lieu à 3 décisions du Conseil constitutionnel, la plus importante le 9 avril 1992. Elle retient plusieurs critères pour apprécier l'atteinte portée à la souveraineté par des transferts :

- *le domaine du transfert de compétence*, en particulier si le transfert touche les droits régaliens (datant de la monarchie) de l'État, c'est-à-dire ceux qui n'appartiennent qu'à lui : lever l'armée, battre monnaie, contrôler les frontières, rendre la justice...
- *l'ampleur du transfert :* s'agit-il d'un abandon complet de compétence ou seulement de la création de compétences partagées ; l'État français est-il entièrement dessaisi ?
- *les modalités d'exercice de la compétence transférée :* une fois le transfert effectué la France a-t-elle la possibilité de s'opposer à l'usage qu'en ferait l'Union ? Ce sera le cas, par exemple, si dans les instances européennes les décisions dans le domaine transféré ne peuvent être prises qu'à *l'unanimité*, car la France peut alors empêcher des décisions qui ne lui conviennent pas en votant contre. Au contraire si les décisions sont prises à *la majorité*, la France doit s'y plier même si elles ne lui plaisent pas.

Si, sur ces bases, il apparaît que le transfert porte atteinte à la souveraineté, il faut réviser la Constitution. Le Conseil a estimé que le traité de Maastricht lui portait atteinte de trois façons : à travers la participation d'étrangers à des élections ayant une incidence sur la désignation des membres d'une assemblée parlementaire ; par la possibilité de voir imposer à la France sans son consentement une politique monétaire et de change ; par le fait pour notre pays d'être dépossédé de son droit discrétionnaire de régler l'entrée des étrangers sur son territoire.

**678. La décision *Traité établissant une Constitution pour l'Europe* du 19 novembre 2004 et l'état du droit. -** Cette décision avait relevé que certaines dispositions du traité (qui allait être rejeté par référendum) nécessitaient une révision de la Constitution. Cette révision est nécessaire essentiellement dans trois hypothèses :

- s'il s'agit de nouveaux transferts affectant les conditions essentielles de la souveraineté ;
- s'il s'agit de modalités nouvelles d'exercice de compétences déjà transférées (passage de la règle de l'unanimité à la règle de la majorité qualifiée au sein du Conseil européen) ;

- si les compétences des autorités nationales sont affectées par le traité européen (participation des parlements nationaux aux activités de l'Union européenne dans des limites qui dépassent ce qui est permis par la Constitution).

Le traité de Lisbonne reprenant assez largement les dispositions du traité établissant une Constitution pour l'Europe, le Conseil constitutionnel a repris les mêmes éléments d'analyse (décis. n° 2007-560 DC).

Par la suite (13 octobre 2005), le Conseil a estimé que le fait qu'un accord international (et non, dans le cas présent, européen) prévoit qu'il ne peut être dénoncé, engage « irrévocablement » la France et « porte dès lors atteinte aux conditions essentielles d'exercice de la souveraineté nationale ». Une révision de la Constitution doit intervenir avant la ratification de l'accord.

En revanche, les directives européennes doivent être transposées en droit national, sans que soit opéré un contrôle de constitutionnalité de la loi de transposition, sauf si leurs dispositions portent atteinte à une règle ou à un principe inhérents à l'identité constitutionnelle de la France (décis. n° 2006-540 DC). Ce principe s'applique également aux lois ayant pour objet d'adapter le droit interne à un règlement de l'Union européenne (décis. n° 2018-765 DC).

Par sa décision du 15 octobre 2021 (2021-940 QPC), le Conseil constitutionnel a identifié un principe relevant de l'identité constitutionnelle, celui selon lequel il est interdit de déléguer à des personnes privées des compétences de police administrative générale inhérente à l'exercice de la force publique. Par ailleurs, le Conseil d'État a posé le principe selon lequel l'application du droit européen ne devait pas compromettre le principe de disponibilité des forces armées en tout lieu et en tout temps (décis. n° 437125, 17 déc. 2021).

## §2. L'adaptation de la Constitution

**679.** Le Conseil constitutionnel s'étant ainsi efforcé de définir le contenu de la souveraineté, il a fallu, à plusieurs reprises, modifier la Constitution.

**680. La révision entraînée par le traité de Maastricht (1992). -** Ce traité a créé l'Union européenne qui réunit, en 2003, 15 États. Il pose les bases d'une monnaie européenne (l'*euro*) et met en place un système européen de banque centrale, placé sous la direction d'une Banque centrale européenne, indépendante des États. En outre le traité s'engage dans la voie d'une coopération en matière de politique extérieure et de sécurité (PESC), avec la possibilité d'actions communes parfois décidées *à la majorité qualifiée.*

Après la décision du Conseil (9 avril 1992) constatant l'inconstitutionnalité de certaines des dispositions du traité et donc l'impossibilité de le ratifier en l'état, la Constitution fut révisée.

Un nouveau titre XV fut introduit dans la Constitution, intitulé « Des Communautés européennes et de l'Union européenne ». Il constitutionnalise l'appartenance de la France aux Communautés et à l'Union, ce qui signifie en particulier que notre pays ne pourrait en sortir sans une modification de la Constitution. Il prévoit que la France pourra « exercer en commun » avec ses partenaires, certaines compétences. Par ailleurs, pour répondre aux observations du Conseil constitutionnel, un article 88-2 consent à des transferts de compétence dans certains domaines.

Tel est le cas lorsque :

- ils sont nécessaires à l'établissement de l'*union économique et monétaire* européenne,
- ainsi qu'à la définition des règles concernant le « *franchissement des frontières extérieures* de la communauté ». Une révision intervenue en 1999 a substitué à cette formule celle de « règles relatives à la libre circulation des personnes »,
- la révision accordait aussi le *droit de vote et l'éligibilité* aux élections *municipales* aux citoyens de l'Union résidant en France.

**681. La révision entraînée par le traité d'Amsterdam (1997). –** Le traité d'Amsterdam modifie les traités précédents, dont celui de Maastricht. Il ne comporte que des avancées limitées dans la voie de l'édification européenne, mais ici encore le Conseil constitutionnel a estimé (31 décembre 1997) qu'il ne pouvait être ratifié sans révision préalable de la Constitution. Le Conseil s'était inquiété, en particulier, du passage à terme du vote à l'unanimité au vote à la majorité qualifiée dans des domaines où sont en cause « les conditions essentielles d'exercice de la souveraineté nationale ». La révision est intervenue le 25 janvier 1999.

Les dispositions concernant les transferts de compétence ont été légèrement modifiées et les pouvoirs de contrôle du Parlement sur les normes européennes ont été étendus (v. *infra* n° 933).

**682. La révision entraînée par le traité de Lisbonne (2008). –** L'article 88-1 fait dorénavant référence au traité de Lisbonne. Surtout les articles 88-6 et 88-7 permettent au Parlement français d'exercer les compétences que lui reconnaît le nouveau traité. Ainsi l'Assemblée nationale ou le Sénat peuvent émettre un avis motivé sur la conformité d'un projet d'acte législatif européen au principe de subsidiarité. De même, « *Chaque assemblée peut former un recours devant la Cour de justice de l'Union européenne contre un acte législatif européen pour violation du principe de subsidiarité.* » Enfin, par le vote d'une motion adoptée en termes identiques par l'Assemblée nationale et le Sénat, le Parlement peut s'opposer, dans certaines conditions, à une modification des règles d'adoption d'actes de l'Union européenne.

**683.** Le débat sur l'introduction dans la Constitution française, en application du Pacte européen de stabilité budgétaire signé le 2 mars 2012, de règles relatives à l'équilibre budgétaire, traduit également le poids de la construction européenne sur l'ordre constitutionnel national (v. *supra* n° 25), alors même que le Conseil constitutionnel a interprété les dispositions européennes comme exigeant seulement l'édition de dispositions non contraignantes par voie de loi organique (décis. n° 2012-653 DC).

## §3. Les domaines échappant à la compétence des autorités françaises

**684.** Jusqu'à Maastricht on avait assisté à un grignotage lent et assez silencieux des compétences souveraines de l'État français, dans le domaine économique essentiellement. Des pouvoirs de réglementation étaient confiés aux institutions communautaires, que celles-ci avaient tendance à étendre en « tache d'huile ». Le traité de Maastricht devait permettre aux Communautés d'élargir leurs compétences, sur le fondement du *principe de « subsidiarité »*, les autorisant à intervenir dans les domaines laissés aux États membres, *pour mieux « réaliser les objectifs » communautaires*. Des pans entiers de notre système juridique échappent aujourd'hui aux autorités françaises, au législateur en particulier, mais à l'exécutif aussi, ainsi dans le domaine des transports, de la concurrence, de l'agriculture, de l'environnement (la chasse !)... On estime aujourd'hui que plus de 50 % du droit applicable en France est d'origine communautaire, ainsi que 80 % des lois adoptées chaque année.

Le droit européen, en effet, est *d'application directe et immédiate*. Il s'inscrit dans des *règlements* – obligatoires – et des *directives*, dont la mise en œuvre est laissée aux instances nationales, mais qui peuvent être si précises qu'elles ne leur confèrent que peu de liberté. La France a pris beaucoup de retard dans la transposition des directives dans notre droit. Elle s'efforce aujourd'hui de rattraper ce retard. Ainsi le déficit était de 1,9 en 2006, 1,2 en 2007 et 0,9 en 2008.

Si on fait un bilan des sacrifices de souveraineté auxquels la France a consenti, on peut distinguer le plan formel et le plan matériel :

**685. Sur le plan normatif formel. –** Les décisions prises par les institutions européennes dans leur domaine de compétence, *priment sur les normes nationales et s'imposent aux autorités et aux citoyens français* (cependant la décision du Conseil constitutionnel du 19 novembre 2004 reconnaît que le droit communautaire constitue un ordre juridique propre, distinct du droit national et du droit international. On peut en déduire que *les traités européens ne sont pas au-dessus de la Constitution française)* ;

- ce qui signifie que le Parlement et le Gouvernement français sont dessaisis de leur pouvoir de légiférer et de réglementer comme ils l'entendent dans ces domaines (de 2002 à 2007, environ 600 règlements communautaires ont été édictés chaque année) ;
- la France ne peut pas non plus passer d'accords internationaux dans ces mêmes domaines ;
- le non-respect par la France des normes européennes (par ex. sur la chasse aux oiseaux migrateurs) peut entraîner des pénalités

financières et le versement d'indemnités à ceux qui subissent un préjudice ;

- les litiges entre la France et les institutions européennes sont tranchés par un juge spécial : la Cour de justice de l'Union européenne (ou *Cour de Luxembourg*). Cette Cour définit, en dernier ressort, le contenu et le sens du droit communautaire, ses interprétations s'imposent aux juridictions nationales. Dans le domaine des droits de l'homme, la Cour européenne *(Cour de Strasbourg instituée par le Conseil de l'Europe qui regroupe 45 États, qui a pour vocation la protection des droits de l'homme et ne doit pas être confondu avec l'Union européenne)* pourra être appelée à sanctionner leurs violations ; la France a été condamnée à de nombreuses reprises. Du fait du très large champ d'intervention des droits de l'homme et de la politique très interventionniste de la Cour européenne des droits de l'homme, cette jurisprudence limite, peut-être plus encore que celle de la Cour de justice de l'Union européenne, la souveraineté des États.

**686. Sur le plan matériel. –** La très grande majorité des transferts de compétence sont intervenus dans le domaine économique au sens large. Cependant on peut relever aussi :

- la création de l'*euro* (1995), monnaie européenne unique, qui a remplacé en 2002 le franc. La France s'est dessaisie de la maîtrise de sa politique monétaire et de change au profit de la Banque centrale européenne (BCE). De ce point de vue, il devient patent que l'existence d'une monnaie unique exige, notamment, dans une période de crise, une politique économique et financière commune.
- l'abandon du contrôle aux frontières avec nos partenaires de l'Union et d'une politique des visas concernant le franchissement des frontières extérieures de l'Union. Les accords de Schengen (1986, entrés en vigueur en 1995), destinés à organiser la sécurité à l'intérieur de l'Union, concernant à l'origine certains seulement des partenaires, ont été communautarisés par le traité d'Amsterdam ;
- la France a dû accorder le droit de vote, pour certaines élections, aux citoyens de l'Union, vivant sur son sol (v. *supra* n° 249 et 680) ;

La compétence de l'Union s'étend également à la protection des droits fondamentaux. En effet, le traité de Lisbonne a introduit dans le droit de l'Union européenne la Charte des droits fondamentaux. Le développement des compétences communautaires en la matière renforce incontestablement l'influence et l'effectivité du droit de l'Union, ainsi que le rôle de la Cour de justice de l'Union européenne. Par ailleurs, l'adhésion de l'Union européenne à la Convention européenne des droits de l'homme, prévue par le traité, poserait de redoutables problèmes d'articulation entre les ordres juridiques (nationaux, communautaires et de la Convention) qui seront largement régulés par les juges, au détriment du pouvoir politique.

Au total, on peut dire que la souveraineté française était « exsangue ». Toutefois, le Conseil a affirmé sa compétence pour contrôler les lois de transposition d'une directive en droit interne : si, en vertu de l'article 88-1 de la

Constitution, la transposition est une exigence constitutionnelle à laquelle le Conseil doit veiller, elle ne saurait aller à l'encontre d'une règle ou d'un principe « *inhérent à l'identité constitutionnelle de la France* » (27 juillet 2006). Ce principe mériterait d'être étendu aux rapports entre le droit français et l'ensemble des droits européens. Il permet à la fois le respect des engagements européens de la France et la possibilité de faire valoir, exceptionnellement, des principes constitutifs de l'identité nationale.

## §4. La France au sein des institutions européennes

**687.** Dans la mesure où des décisions prises par les institutions européennes peuvent s'imposer à la France, il est normal que celle-ci soit associée à leur élaboration en étant représentée en leur sein.

Quelles sont ces institutions ? Comment la France y est-elle représentée et comment peut-elle défendre ses opinions et ses intérêts ?

### A. Les institutions européennes

**688.** On se contentera ici de les décrire en quelques lignes, un enseignement spécial leur étant consacré. Cependant les développements de l'intégration européenne et ses incidences sur l'ordre juridique national, ainsi que la prétention de l'ordre juridique communautaire à se définir comme un ordre juridique constitutionnel impliquent que ces questions relèvent de plus en plus directement du droit constitutionnel.

- Le *Parlement européen*, qui, après les élargissements successifs, comprend 751 députés représentant les 28 pays de l'Union. Il rend des « avis conformes » en certains domaines et dispose de pouvoirs de codécision et de veto dans d'autres, il contrôle et peut censurer la Commission (ce qu'il a fait en 1999). Il se voit confier par le traité de Lisbonne, conjointement avec le Conseil, les fonctions législative et budgétaire. Un accord du 9 février 2010 renforce sa compétence en matière de négociation internationale. Néanmoins la crise économique renforce, au détriment du Parlement, le rôle de la Banque centrale européenne et du Fonds monétaire européen (v. *supra* n° 25).
- La *Commission :* y siègent 28 commissaires, un par État, même si, à partir de 2014, le nombre de commissaires ne devait pas dépasser les deux tiers du nombre des États membres, avec un système de rotation. Elle dispose dorénavant d'un quasi-monopole de l'initiative législative et elle prend les mesures d'exécution des décisions adoptées par le Conseil de l'Union - sous forme d'actes réglementaires ou individuels - et, gardienne des traités européens, elle peut engager des poursuites contre leur violation. Son président est élu par le Parlement européen. La Commission s'est également dotée d'un haut-commissaire aux affaires étrangères.

- Le *Conseil européen* réunit les 28 chefs d'État ou de Gouvernement des États membres. Il organise la coopération politique entre les États, donne l'impulsion, fixe les orientations ; il n'adopte pas d'actes juridiques. Le Conseil pourrait se rapprocher d'une seconde chambre fédérale (F. Picod), mais cette comparaison ne correspond pas exactement à la réalité au regard du poids des États dans la structure européenne. Il exerce pour partie le pouvoir gouvernemental. Il élit son président.
- Le *conseil des ministres*, ou *Conseil de l'Union*, composé d'un représentant par Gouvernement, mais chaque Gouvernement se fait représenter par un ministre qui varie en fonction des questions inscrites à l'ordre du jour ; il se réunit donc en seize formations spécialisées (agriculture, affaires sociales...). Lors des votes, chaque État dispose d'un nombre de voix pondéré en fonction de son importance (de 3 à 29). C'est ce Conseil qui assure la participation des États à l'Union, il adopte les principales normes européennes : règlements et directives (v. *infra* n° 835).

**689. La Cour de justice de l'Union européenne.** – La Cour de justice de l'Union européenne est composée de la Cour de justice, du Tribunal et de tribunaux spécialisés. Les juges sont assistés de huit avocats généraux. Les juges, comme les avocats généraux, sont régis par le principe d'indépendance. Un Tribunal de première instance est compétent pour connaître en première instance de nombreux recours. Ses décisions peuvent faire l'objet d'un pourvoi devant la Cour de justice, limité aux questions de droit.

Les traités organisent un système à la fois complet et sophistiqué de protection juridictionnelle du droit de l'Union européenne. Il existe des recours contre les actes de l'Union, contre les institutions de l'Union et enfin contre les États non respectueux du droit de l'Union.

**690. Le recours en annulation, contre les actes de l'Union européenne.** – Dans ce cadre, la Cour a pour mission de veiller à la légalité des actes communautaires. Elle peut être saisie par les États et par les institutions communautaires. Elle peut également l'être par les personnes physiques ou morales dans des conditions très restrictives, qui posent la question de l'existence d'un véritable droit au recours. Les actes attaquables sont les actes adoptés conjointement par le Parlement européen et le Conseil, les actes du Conseil, de la Commission et de la Banque centrale européenne, autres que les recommandations et les avis, et les actes du Parlement européen destinés à produire des effets juridiques vis-à-vis des tiers.

**691. Le recours en carence.** – Il permet de faire condamner une institution communautaire en cas d'inaction. Ce recours vise à s'assurer que les compétences conférées sont effectivement exercées. Le recours en carence n'est pas dirigé contre un acte mais contre une institution. Il s'agit du Parlement européen, du Conseil et de la Commission, ainsi que de la Banque centrale européenne dans le domaine de ses compétences.

**692. Le recours en manquement contre un État membre.** – Le recours en manquement permet à la Commission et aux États membres d'agir contre un État qui n'aurait pas respecté ses obligations communautaires. Si la Cour juge que l'État a effectivement manqué à ses obligations, celui-ci est tenu de prendre les mesures que comporte l'arrêt. Mais il n'existe pas de procédure d'exécution forcée contre l'État, ni de procédure d'annulation d'une mesure contraire au droit communautaire. Mais si l'État n'a pas pris les mesures déterminées dans un délai fixé par la Commission, celle-ci peut de nouveau saisir la Cour de justice qui peut infliger à l'État le paiement d'une somme forfaitaire ou d'une astreinte.

**693. Le renvoi préjudiciel.** – C'est une procédure qui organise une coopération entre les juridictions nationales et la juridiction européenne. La Cour est seule compétente pour statuer à titre préjudiciel sur l'interprétation du traité, sur la validité et l'interprétation des actes pris par les institutions communautaires et par la Banque centrale européenne. Elle est aussi compétente pour interpréter les statuts des organismes créés par un acte du Conseil lorsque ces statuts le prévoient. Lorsqu'une juridiction nationale rencontre une question de droit communautaire, elle peut surseoir à statuer et demander la bonne interprétation du droit ou sa validité à la Cour de justice. Les juridictions statuant en dernière instance ont l'obligation de saisir la Cour de justice.

## B. La participation de la France

**694.** On vient de le voir la France est représentée dans chacune de ces institutions. Un représentant au Conseil européen et au conseil des ministres, un à la Commission, soixante-quatorze au Parlement. Cela lui permet d'être informée et de se faire entendre.

Surtout cela l'autorise à participer à l'adoption des décisions par ses votes.

Les règles de majorité varient selon les institutions et les matières. La règle de l'unanimité – garantie de la souveraineté des États, puisqu'elle leur permet de faire échouer une initiative qui ne leur convient pas – est largement répandue mais elle est concurrencée par l'extension des domaines où les votes sont acquis à la majorité qualifiée. Ainsi au Parlement les décisions sont prises à la double condition de la majorité des suffrages exprimés et de la majorité des États membres. Au conseil des ministres, l'institution de la majorité qualifiée est limitée depuis 1966 par le *compromis de Luxembourg*, imposé par de Gaulle, qui exige de poursuivre la discussion pour obtenir un accord unanime, lorsqu'un État estime que des intérêts très importants sont en jeu.

L'exercice du pouvoir au sein de l'Union européenne a également des incidences sur la répartition des pouvoirs au sein des États nationaux. En effet, la participation des États s'opère essentiellement par l'intermédiaire de l'exécutif (au sein du Conseil) et le Parlement européen représente les citoyens de l'Union. Ainsi les parlements nationaux sont de plus en plus largement contraints à exercer une compétence d'exécution de normes communautaires qui sont élaborées en dehors de toute intervention de leur part. C'est pourquoi un certain nombre de révisions constitutionnelles interviennent, le plus souvent pour répondre à une exigence communautaire, pour renforcer l'information et le contrôle des parlements nationaux.

Par ailleurs, la France contribue au financement du budget européen. En 2011, sa participation s'est élevée à 19,1 milliards d'euros, soit 16,43 % des ressources de l'Union (juste derrière l'Allemagne qui contribue pour 19,7 %).

Ajoutons que des *lobbies* se sont constitués à Bruxelles, pour défendre les intérêts de régions ou d'entreprises auprès des institutions européennes. La France est ici très en retard, par rapport à la Grande-Bretagne, par exemple. L'activité de ces groupes de pression devrait être réglementée, à l'instar de ce qui se passe aux États-Unis.

Alors que certains responsables politiques se plaignent de l'excessive soumission du droit national au droit européen et d'une importante extension de ses compétences par les institutions de l'Union européenne elle-même, le Parlement n'use que très peu des possibilités d'intervention que lui offre la Constitution (v. *infra* n° 935).

## CHAPITRE 2

# Le pouvoir gouvernemental (l'exécutif)

**695.** Ainsi qu'on l'a relevé (v. *supra* n° 60), il convient de considérer que le pouvoir exécutif est en réalité un pouvoir gouvernemental. Dire que le président de la République ou le Premier ministre, selon les régimes politiques, assument la charge des intérêts fondamentaux de la Nation ou qu'ils assurent plus directement la détermination de la politique de la Nation, ne renvoie en aucun cas à l'exercice d'une fonction d'exécution.

L'idée selon laquelle le Parlement vote la loi que l'exécutif applique et met en œuvre renvoie très largement à une fiction. En France, mais aussi dans la plupart des démocraties parlementaires, en réalité, le Gouvernement, ou le cas échéant le chef de l'État, détermine la politique de l'État en s'appuyant sur une légitimité populaire. En effet, le fait majoritaire implique que, quel que soit le système institutionnel, le peuple désigne le titulaire de la fonction gouvernementale. Indirectement par l'élection des députés, directement par l'élection du président de la République au suffrage universel direct.

Ce titulaire de la fonction gouvernementale doit s'appuyer sur une majorité pour conduire sa politique, le Parlement a pour mission de le soutenir, d'amender ses projets, de contrôler son action et de faire des propositions. Il n'a pas, s'agissant des choix politiques majeurs, un rôle de décision, rarement d'impulsion.

Il convient cependant de ne pas confondre le pouvoir gouvernemental qui consiste à déterminer, à conduire et à mettre en œuvre la politique de la Nation, et le Gouvernement qui est l'un des organes qui a en charge cette fonction. Sous la Ve République, le pouvoir gouvernemental, que l'on persiste à appeler, probablement par révérence envers la tradition pouvoir exécutif, est inégalement partagé entre le président de la République et le Premier ministre.

**696.** Sur le plan formel, déjà, la Constitution de 1958 tranche avec celle qui l'a précédée. Elle traite en effet du président de la République et du Gouvernement avant de consacrer un titre au Parlement alors que la présentation inverse avait été suivie en 1946. L'ordre adopté par la Constitution a valeur de *symbole*, il traduit la volonté de renverser la suprématie parlementaire héritée par la IVe République de sa devancière et de restaurer le pouvoir gouvernemental.

L'exécutif ainsi revalorisé est *bicéphale*. Il est composé d'un président de la République et d'un Gouvernement : le président est l'autorité suprême ; élu depuis 1962 par le peuple, il n'est responsable que devant lui. Le Gouvernement, nommé par le chef de l'État et ayant à sa tête un Premier ministre, doit jouir de la confiance de l'Assemblée nationale. Ce bicéphalisme est la continuation du schéma adopté depuis la IIIe République par nos institutions républicaines. Tout le problème est de savoir quel sera le vrai chef de l'exécutif. Aux États-Unis la question ne se pose pas : c'est le président. Ailleurs, en Grande-Bretagne ou en Allemagne par exemple, le chef de l'État n'est pas le véritable chef de l'exécutif, c'est le Premier ministre ou le chancelier. En France la situation est originale et la pratique a assuré, sauf de 1986 à 1988, de 1993 à 1995 et de 1997 à 2002, la domination du président au sein du pouvoir gouvernemental.

# Section 1
# Le président de la République

**697. Bibliographie.** – Jean Massot, *Chef d'État et chef de gouvernement*, La Documentation française, 2008. – Marc Frangi, *Le président de la République*, L'Harmattan, 2018.

**698.** Le texte de 1958 fait au président de la République une place dans les institutions qui n'est pas très éloignée de celle prévue par la Constitution de 1875. Mais alors que la pratique de la IIIe République avait réduit à peu de chose le rôle du chef de l'État, la Ve République devait connaître l'évolution inverse et le président devenir pour longtemps, mais pas toujours, le premier acteur du jeu politique.

## §1. Désignation du président de la République

**699.** En 1958, l'investiture parlementaire fut écartée, mais le système original alors retenu a été révisé en 1962, pour faire place à l'élection au suffrage universel *direct*.

### A. Le système de 1958

**700.** De Gaulle était hostile à l'investiture parlementaire qui fait du président l'élu des partis. Mais, dans un premier temps, il ne voulut pas retenir l'élection au suffrage universel direct, pour ménager « les susceptibilités » politiques et par crainte de se faire accuser d'instituer un régime plébiscitaire. En outre, à l'époque, il aurait fallu résoudre le délicat problème du droit de vote des populations d'outre-mer plus nombreuses que les citoyens de la métropole.

Le président est donc élu par un collège électoral composé par les membres du Parlement, les conseillers généraux, des représentants élus des conseils municipaux (en nombre variable selon l'importance de la commune, mais, conformément à la tradition française, les zones rurales étaient largement favorisées), des représentants des territoires d'outre-mer. Approximativement on comptait 1 électeur pour 700 habitants.

En pratique, *l'élection au suffrage universel indirect* du chef de l'État était l'œuvre d'un collège de notables réunissant environ 80 000 personnes, sur lesquelles 95 % à peu près avaient été désignées par les conseils municipaux, et au sein duquel les parlementaires étaient noyés.

Ce collège désignait, pour sept ans, un président indéfiniment rééligible.

Ce système n'a joué qu'une fois, le 21 décembre 1958, le général de Gaulle obtenant 78,5 % des voix.

## B. Le système de 1962

**701.** La révision constitutionnelle promulguée le 6 novembre 1962 parachève les institutions de la Ve République. Elle instaure l'élection du président au suffrage universel direct (v. *supra* n° 128).

De Gaulle a préconisé cette réforme en pensant à ses successeurs qui n'auraient pas sa légitimité historique et qui devraient, pour pouvoir assumer la charge suprême, bénéficier de la « confiance explicite » de la nation (discours du 20 septembre 1962). Lui, n'en avait pas besoin. Il y voyait aussi une façon de soustraire la désignation du chef de l'État aux intrigues des partis.

### 1. La période électorale

**702.** Quand procède-t-on à l'élection ? Il faut distinguer deux hypothèses :

- *l'hypothèse normale* dans laquelle le président parvient au terme de son mandat de cinq ans (sept ans jusqu'en 2001). Cette situation s'est produite sept fois, en 1965, en 1981, en 1988, en 1995, en 2002, en 2007, en 2012 et en 2017.

La nouvelle élection a lieu vingt jours au moins, trente-cinq jours au plus avant la fin du mandat présidentiel. Il faut éviter une vacance de la présidence, aussi consulte-t-on le corps électoral avant le terme des fonctions du président en place, mais, comme il faut conserver son autorité à celui-ci le plus longtemps possible, la coexistence d'un président sortant et d'un président désigné est limitée au maximum, elle est beaucoup plus brève qu'aux États-Unis par exemple ;

- *l'hypothèse exceptionnelle* constituée par le décès (G. Pompidou, 1974), la démission (Ch. de Gaulle, 1969), la destitution du président ou encore l'empêchement définitif d'exercer ses fonctions constaté par le Conseil constitutionnel à la demande du Gouvernement. Le délai est ici encore de vingt à trente-cinq jours mais *après* la déclaration de vacance. On concilie ainsi la nécessité de pourvoir au plus tôt au remplacement du président précédent et l'exigence de l'organisation d'une campagne électorale régulière et suffisamment longue.

La date de l'élection est fixée par le Gouvernement.

## 2. Les candidatures

**703.** Le constituant souhaitait que seules des personnalités d'envergure nationale puissent se présenter. Mais les règles posées à l'origine se sont révélées insuffisantes pour faire barrage aux candidatures fantaisistes. Leur multiplication risque de fausser le scrutin et d'enlever du sérieux à une compétition dont l'enjeu est la plus haute charge de l'État. Aussi les dispositions initiales ont-elles été renforcées par la révision constitutionnelle du 18 juin 1976. En 2002 il y eut seize candidats, douze en 2007, dix en 2012 et onze en 2017, 12 en 2022.

### a. Candidatures pour le premier tour

#### α. *La présentation des candidats*

**704.** Tout citoyen peut être candidat à l'élection présidentielle à condition de recevoir le *patronage* de 500 élus nationaux ou locaux : parlementaires, conseillers régionaux et départementaux, délégués des Français de l'étranger, conseillers de Paris, maires, membres de l'assemblée de Corse et des assemblées territoriales des COM, députés européens... (mais non les simples conseillers municipaux), soit un quatre-vingtième des « parrains » possibles (41 000 environ). Les élus doivent appartenir à trente départements ou collectivités différents et le nombre des signataires élus du même département ne doit pas dépasser 10 %. Il ne suffit donc pas au candidat d'être un notable régional, il lui faut avoir une *audience nationale*.

Les *noms des « présentateurs » sont publiés au Journal officiel* huit jours avant l'élection et chaque personnalité ne peut parrainer qu'un candidat en utilisant un formulaire spécial. Cette publicité a d'abord été prescrite, en 1976, par tirage au sort de 500 signatures. Depuis 2017, l'ensemble des présentations sont publiées.

L'effet recherché de ces règles est d'écarter de l'élection les formations politiques mineures. Le système actuel n'évite pas la multiplicité des candidatures mais peut conduire à rendre difficile l'obtention de signatures d'élus par des candidats jugés peu « consensuels ». L'option d'un « parrainage » par un certain nombre de citoyens a été proposée comme solution alternative.

#### β. *Les formes et délais de candidature*

**705. Bibliographie. –** Olivier Duhamel, *Les primaires pour les nuls,* First, 2016.

**706.** Il n'y a pas *d'acte de candidature à proprement parler*, les candidats sont présentés par leurs parrains et les présentations doivent parvenir au Conseil constitutionnel au plus tard trente-sept jours avant le premier tour du scrutin. Le Conseil s'assure du consentement des candidats et vérifie que les conditions requises pour que la candidature soit régulière sont remplies, en particulier il contrôle par des sondages l'authenticité des signatures des présentateurs, et il arrête, et le Gouvernement publie, la liste des candidats au plus tard trente-trois jours avant le premier tour.

Le candidat doit déposer un état chiffré de son patrimoine. Celui du candidat élu sera publié au *Journal officiel* et à la fin de son mandat le président devra déposer un nouvel état que publiera le *Journal officiel*. Cette formalité permet de vérifier que le président ne s'est pas servi de ses fonctions pour s'enrichir.

L'élection aurait pu être faussée *si un candidat décède ou est empêché avant le premier tour*. Si rien n'avait été prévu, le délai restant étant trop bref, ou la liste des candidats étant arrêtée, une fraction importante et peut-être même majoritaire de la population aurait pu se retrouver sans candidat dans lequel se reconnaître. Aussi, comblant une lacune, la révision constitutionnelle de 1976 dispose-t-elle que si moins de trente jours avant la date de clôture des présentations une personnalité a fait connaître son intention d'être candidate et qu'elle décède dans les huit jours précédant cette date, le Conseil constitutionnel *peut* décider le report de l'élection. Un pouvoir d'appréciation est laissé au Conseil sur l'influence de cette défection sur le résultat de l'élection et sur la possibilité de trouver un autre candidat dans le délai restant à courir. Si l'empêchement intervient après la clôture du délai de présentation, le Conseil perd toute liberté de jugement et *doit* reporter l'élection.

Pour sélectionner leur candidat à l'élection présidentielle de 2012, le Parti socialiste a choisi d'organiser une « primaire » ouverte à l'ensemble des électeurs sympathisants. Cette procédure inédite soulève un certain nombre de questions constitutionnelles concernant, notamment, l'accès au fichier des électeurs et la prise en considération des dépenses engagées au titre des comptes de campagne, alors même que la Commission nationale des comptes de campagne et des financements politiques a validé cette procédure (avis des 11 mars et 20 avril 2012). Pour l'élection présidentielle de 2017, l'UMP (devenue Les Républicains) a également décidé de recourir à une primaire ouverte à l'ensemble des sympathisants de droite pour sélectionner son candidat. La gauche « de gouvernement » s'est également ralliée à ce processus. Pour 2022, le parti Les Républicains a procédé à une primaire interne au parti.

La loi organique du 11 octobre 2013 prévoit que chaque candidat doit déposer une déclaration de patrimoine auprès de la Haute autorité de la vie publique (v. *infra* n° 1004) qui la rend publique. La déclaration du président élu, lui est également transmise à la fin de ses fonctions.

### b. Candidatures pour le second tour

**707.** Si aucun candidat n'a obtenu la majorité absolue des suffrages exprimés au premier tour, un second tour est organisé le quatorzième jour après le premier ; *deux candidats seulement restent alors en compétition*. Cette originalité du ballottage renforce l'autorité de l'élu, celui-ci recueillant nécessairement la majorité absolue des suffrages exprimés.

Ici encore, il fallait envisager le décès ou l'empêchement de l'un des candidats entre le premier et le second tour. Dans ce cas, le Conseil constitutionnel déclare que *l'ensemble* de l'opération électorale *doit* être recommencé.

## 3. La campagne électorale

**708.** L'élection au suffrage direct a bouleversé la physionomie de la compétition, elle est devenue *l'événement majeur de la vie politique.*

La campagne *officielle* est très brève puisqu'elle ne dure que quinze jours pour le premier tour et *huit* jours pour le second. Dans la pratique, elle s'ouvre des mois à l'avance, les candidats prenant position pour se faire connaître, s'assurer le soutien de leur parti, éliminer des rivaux...

La campagne officielle est réglementée. Elle est placée sous la surveillance d'une *Commission nationale de contrôle* (CNC) dont la mission principale est d'assurer *l'égalité entre les candidats* dans les domaines autres que l'audiovisuel. Outre une organisation de l'affichage, trois aspects font l'objet de dispositions particulières :

- *Le financement.* Plusieurs lois se sont efforcées d'instaurer une certaine « transparence » sur les ressources et les dépenses des candidats et, en même temps, d'instituer par un financement public une certaine égalité entre eux.

Le plafond des dépenses que peut engager un candidat est fixé à 16,85 millions d'euros, somme portée à 22,5 millions d'euros pour chacun des deux candidats présents au second tour. Le financement est mixte : privé et public. Les dons des entreprises sont interdits et ceux des particuliers sont plafonnés à 4 600 euros par personne (et ils ne peuvent consentir de prêts ou avances), ceux des partis sont libres. De son côté l'État verse à chaque candidat une avance forfaitaire de 153 000 euros. Après l'élection le candidat recevra, au titre de remboursement de ses frais de campagne, 4,75 % ou 47,5 % du montant du plafond - selon qu'il a obtenu moins ou plus de 5 % des suffrages - (sans pouvoir excéder les dépenses engagées). Les comptes de campagne (retraçant les dépenses et les recettes des douze mois précédant le scrutin) sont déposés auprès d'une *Commission des comptes de campagne* qui peut les rejeter, ce qui entraîne le non-versement total, ou partiel, de la contribution de l'État aux frais de campagne. Les décisions de cette commission sont susceptibles de recours devant le Conseil constitutionnel.

- *La propagande à la radio et à la télévision.* L'utilisation de la radio et de la télévision est contrôlée par l'ARCOM - autorité de régulation de la communication audiovisuelle et numérique (autorité administrative indépendante). La loi organique du 25 avril 2016 définit deux périodes soumises à des règles distinctes. Pendant la période allant de la publication de la liste des candidats jusqu'à la veille du début de la campagne officielle, c'est la règle de l'équité qui s'applique. L'ARCOM est chargé de veiller au respect de cette règle en prenant en compte « la représentativité des candidats appréciée, en particulier, en fonction des résultats obtenus aux plus récentes élections par les candidats ou par les partis et groupements politiques qui les soutiennent et en fonction des indications des sondages d'opinion et la contribution de chaque candidat à l'animation du débat électoral ». En période de campagne officielle, l'ARCOM veille au respect d'une stricte égalité.

Dans le domaine de l'audiovisuel, qui tient une place considérable et peut-être déterminante dans la campagne, toute réglementation ne peut qu'être imparfaite : dans la pratique, on l'a dit, les candidats n'attendent pas la campagne officielle pour se manifester, comment assurer un traitement équilibré entre eux à la radio et à la télévision pendant la pré-campagne ? Par ailleurs, il faut tenir compte de l'existence de stations et de chaînes privées à l'égard desquelles l'ARCOM n'a pas les mêmes pouvoirs que sur les sociétés nationales de programme.

- *Les sondages électoraux* ont été réglementés par diverses lois. Celle du 19 février 2002 interdit leur publication à partir de minuit la veille du scrutin.

### 4. Les résultats

**709.** Les résultats de l'élection sont arrêtés et proclamés par le Conseil constitutionnel. Est déclaré élu le candidat qui a obtenu la majorité absolue des suffrages exprimés. Le Conseil est aussi chargé du *contentieux* de l'élection, c'est-à-dire que les réclamations éventuelles sont tranchées par lui. Elles doivent être formées dans les quarante-huit heures après le scrutin par un candidat, un électeur ou le Préfet.

## C. Les élections présidentielles de la V^e^ République

**710.** Si on laisse de côté l'élection au suffrage universel indirect de 1958, onze élections présidentielles ont été organisées au suffrage direct depuis la révision de 1962.

- *L'élection des 5 et 19 décembre 1965* où, à la surprise générale, de Gaulle est mis en ballottage par F. Mitterrand, candidat unique de la gauche, et surtout par J. Lecanuet, représentant l'opposition centriste. *Ch. de Gaulle*, sûr de sa légitimité et de son investiture historique n'a pratiquement pas fait campagne ; il doit descendre dans l'arène et batailler avant d'être élu au second tour (55,20 %). Cette élection permet à l'union de la gauche de s'amorcer et à la bipolarisation de se confirmer.
- *L'élection des 1^er^ et 15 juin 1969.* À la suite de la démission du général de Gaulle, *G. Pompidou* l'emporte sur A. Poher qui assurait l'intérim de la présidence (58,21 %). La particularité de ce scrutin est l'absence au second tour de la gauche, incapable de se mettre d'accord sur un candidat unique au premier tour. G. Pompidou assure la continuité du gaullisme.
- *L'élection des 5 et 19 mai 1974.* Causée par le décès de G. Pompidou. Au premier tour une « primaire » à droite oppose J. Chaban-Delmas à V. Giscard d'Estaing. Elle tourne à l'avantage du second auquel J. Chirac a rallié une partie des gaullistes. F. Mitterrand, candidat de

l'union de la gauche (retour à la bipolarisation) est très près de l'emporter au second tour sur *V. Giscard d'Estaing*, qui obtient 50,80 % des suffrages, soit 480 000 voix de majorité. Cette élection marque la disparition du Centre ; en outre un non-gaulliste est président.

- *L'élection du 26 avril-10 mai 1981*. La primaire à droite oppose cette fois le président sortant à J. Chirac et tourne à l'avantage du premier. Mais les partisans de J. Chirac, déçus par son échec, boudent le second tour et n'apportent pas à V. Giscard d'Estaing les suffrages qu'il pouvait escompter. À gauche *F. Mitterrand*, qui a, cette fois-ci, contre lui un candidat communiste, fait campagne sur la « force tranquille », la perspective de « changer la vie » et la réalisation d'un programme en 110 propositions ; il l'emporte au second tour de plus d'un million de voix (51,75 contre 48,24 %). Ainsi est réalisée l'« alternance » que les élections législatives de juin vont confirmer.
- *L'élection du 24 avril-8 mai 1988*. Le président sortant, F. Mitterrand, fait une campagne très « désidéologisée » de « rassembleur ». Il est facilement réélu au second tour : 2 500 000 voix de différence, 54 % contre 46 % à J. Chirac. Cette élection a été marquée en particulier par la confirmation du poids électoral de la formation d'extrême droite du Front national : J.-M. Le Pen obtient 14,39 % des suffrages exprimés.
- *L'élection du 23 avril-7 mai 1995*. Cette fois encore l'élection se joue droite contre gauche. Au premier tour, L. Jospin (PS) arrive en tête avec 23,30 % des suffrages, suivi par J. Chirac (20,84 %) qui devance trois autres candidats de droite : É. Balladur (18,58 %), J.-M. Le Pen (15 %) et Ph. de Villiers. Au second tour *J. Chirac* l'emporte avec 52,64 % des voix contre 47,36 à L. Jospin.
- *L'élection du 21 avril-5 mai 2002*. Elle est caractérisée par une énorme surprise : l'élimination au premier tour de L. Jospin, candidat du Parti socialiste. Au premier tour, seize candidats s'affrontent, recouvrant l'éventail politique, dans toutes ses subtilités (trois extrême gauche, trois verts, deux extrême droite). J. Chirac arrive en tête avec 19,88 % des suffrages (plus médiocre score pour un futur président de la V$^{e}$), devant le FN, J.-M. Le Pen (16,86) et L. Jospin (16,18). L'abstention bat son record (28,07 %) et au total, au premier tour, J. Chirac et L. Jospin recueillent à eux deux 36 % seulement des voix des inscrits ! Pour la seconde fois, après 1974, la gauche est absente du second tour, où J. Chirac l'emporte facilement (82,21 %) sur J.-M. Le Pen (17,79 %).
- *L'élection du 22 avril-6 mai 2007*. Le traumatisme de 2002 a provoqué à gauche, mais aussi à droite, un réflexe de vote utile : les deux principaux candidats ont réuni cette fois, au premier tour, 57 % de suffrages exprimés. Le représentant d'un centre autonome, F. Bayrou, n'a pu, avec 18,57 %, parvenir à la seconde position qu'il espérait, mais il a devancé J.-M. Le Pen qui n'a obtenu que 10,44 % des voix, tandis que les huit autres candidats n'ont pas atteint les 5 %. Arrivé largement en tête le 22 avril avec 31,18 % des suffrages, N. Sarkozy, soutenu par l'UMP, a été élu en en recueillant 53,06 % contre 46,94 % à la candidate socialiste, S. Royal (25,87 % au premier tour). La participation a été la

plus forte depuis 1981, puisque les abstentions sont tombées à 16,03 % des inscrits le 22 avril et 16,23 % le 6 mai.

- *L'élection du 22 avril-6 mai 2012.* Cette élection aboutit à l'élection du candidat socialiste François Hollande et à la défaite du président sortant, Nicolas Sarkozy. Elle est, au premier tour, marquée par une forte poussée de l'extrême droite et à une remontée du Parti communiste, sous l'étiquette Front de gauche. La campagne se déroule, dans un premier temps, loin des enjeux économiques pourtant essentiels, mais traduit un affrontement vif entre N. Sarkozy, dont la personnalité plus que la politique fait l'objet d'une vive contestation, soutenue, notamment par la majorité des médias, et F. Hollande désigné candidat socialiste à la suite d'une primaire, qui inscrit le débat dans le contexte d'un « référendum » contre le sortant. Elle oppose cependant deux visions de la société sur des sujets facteurs de clivages, comme la famille, le respect de la vie ou la valeur du travail. Les résultats définitifs sont serrés F. Hollande obtient 51,63 % des suffrages et N. Sarkozy 48,37 %.
- *L'élection du 23 avril-7 mai 2017.* À la suite du renoncement du président de la République à une nouvelle candidature et du fait de la perspective d'une présence du candidat du Front national au second tour, des primaires sont organisées à droite et à gauche. Les « Primaires de la droite et du centre » (organisées par une haute autorité indépendante) voient la victoire surprise de F. Fillon. Celles organisées à gauche (par une haute autorité émanant du Parti socialiste), auxquelles ne participent ni E. Macron ni J.-L. Mélenchon, sont gagnées par B. Hamon. Ces deux candidats, qui représentent les deux grands partis traditionnels, Les Républicains et le Parti socialiste, sont éliminés dès le premier tour, le candidat socialiste n'obtenant que 6 % des suffrages exprimés. Après une campagne du premier tour marquée par le développement d'affaires médiatico-judiciaires, visant en particulier F. Fillon, au second tour s'affrontent deux candidats, hors du système des grands partis, E. Macron (En marche !) et M. Le Pen (Front national), chacun ayant obtenu un score assez faible pour un premier tour d'élection présidentielle (respectivement 24,01 % et 21,3 %). Les votes traduisent la fracture entre une France qui s'adapte à la mondialisation et une France qui s'estime marginalisée. Les résultats marquent aussi l'implantation du Front national dans la vie politique française. Au second tour, Emmanuel Macron est élu avec 66,06 % des suffrages exprimés contre 33,94 % à Marine Le Pen. Mais ces résultats doivent être appréhendés au regard des 9 % de bulletins blancs ou nuls et d'une abstention record de près de 25 %.
- *L'élection des 10 et 24 avril 2022.* L'élection présidentielle d'avril 2022 s'est déroulée dans un contexte très particulier, celui du conflit en Ukraine qui succède à un très long état d'urgence sanitaire. Le président sortant, invoquant les obligations liées à ses fonctions, notamment internationales, n'a quasiment pas participé au débat du premier tour. À l'issue de ce scrutin, c'est un paysage politique à la fois dévasté

et en voie de recomposition qui se dessine. Dévasté par l'effacement annoncé du parti socialiste (1,75 % des voix obtenues par A. Hidalgo), et l'effondrement du parti Les Républicains (4,78 % obtenues par V. Pécresse). En voie de recomposition par l'émergence de trois courants : le courant centriste, européaniste et libéral, incarné par E. Macron (27,84 %) ; un courant anti-libéral, communautariste et populiste à la gauche de la gauche, représenté par J.-L. Mélenchon (21,95 %) ; un courant social, populiste, nationaliste porté par M. Le Pen (23,15 %), auquel il faut probablement ajouter les voix qui se sont portées sur E. Zemmour (7,07 %), essayiste qui a contribué à introduire dans le débat des questions telles celles relatives à l'immigration, sans arriver à les faire prévaloir sur celles liées au pouvoir d'achat et au contexte international. Le candidat écologiste a obtenu 4,63 % et le candidat communiste 4,63 %. Au second tour, E. Macron est réélu avec 58,54 % des voix, face à M. Le Pen (41,46 %).

## §2. Le statut du président de la République

**711.** Le statut du président est destiné à garantir l'exercice régulier et effectif de ses fonctions et à limiter sa responsabilité à l'hypothèse où il trahit les devoirs de sa charge.

### A. L'exercice des fonctions

**712.** Le président doit se consacrer à ses fonctions pendant la durée de son mandat, il ne peut donc exercer d'autres activités publiques ou privées. Une tradition veut qu'il abandonne ses mandats électifs.

#### 1. La durée du mandat du président

**713.** Jusqu'en 2000, le mandat du président était de sept ans, il était indéfiniment renouvelable.

G. Pompidou, en 1973, fait voter par les Chambres une révision de la Constitution ramenant le mandat à cinq ans, mais sans réunir le Congrès pour achever la réforme.

Le débat sur la durée du mandat a été relancé au printemps 2000 par V. Giscard d'Estaing, proposant l'adoption du quinquennat. L. Jospin y était depuis longtemps favorable et J. Chirac ne s'est pas opposé, malgré des réticences avouées, à une révision de la Constitution. Les Chambres ont approuvé la réduction à cinq ans du mandat présidentiel, sans limitation du nombre de renouvellements, ni autre retouche au texte de 1958 (le « quinquennat sec »). Le peuple a ratifié cette réforme le 24 septembre 2000, par référendum (v. *supra* n° 236).

La loi constitutionnelle de 2008 prévoit la limitation à deux mandats successifs. Ainsi, la présidence de F. Mitterrand, qui a exercé deux mandats successifs de sept ans, devrait rester la plus longue de l'histoire de la République.

Plusieurs raisons ont été invoquées pour justifier la réforme, elles ne sont guère convaincantes.

- La durée de cinq ans serait plus *moderne*. En France le septennat s'expliquait par des raisons historiques, liées à la naissance de la IIIe République (v. *supra* n° 568) ; on le trouve rarement dans d'autres pays. Or le président de la Ve République dispose de pouvoirs importants alors qu'il est irresponsable politiquement ; aussi est-il bon que le peuple soit invité à le choisir, à le confirmer ou à le remplacer, tous les cinq ans et non tous les sept ans. C'est là l'argument principal. La faiblesse de la participation au référendum de septembre 2000 montre avec quel enthousiasme les Français ont accueilli le cadeau qu'on leur offrait.
- La réforme devrait *éviter à l'avenir les situations de cohabitation*. Le président étant élu pour la même durée que l'Assemblée et à la même période, devrait pouvoir compter, à la Chambre basse, pour la durée de son mandat, sur une majorité disposée à soutenir son action. Pour plus de sûreté, estimant que les électeurs confirmeraient lors des élections législatives leur choix de la présidentielle, une loi du 15 mai 2001 a fixé les premières à une date postérieure à la seconde et très proche de celle-ci.
- Cette réforme fait en effet de l'élection présidentielle « la mère de toutes les élections ».

Les élections de juin 2002, 2007 et 2012 et surtout celles de 2017, qui voient une très large majorité de députés, souvent inconnus, élus sous la bannière de la formation du nouveau président, justifient ce pronostic, alors que rien n'empêcherait les électeurs de chercher une garantie contre les abus éventuels du pouvoir en le divisant entre un chef de l'État et une majorité au Parlement appartenant à des familles politiques différentes.

De toute façon, la coïncidence entre la durée du mandat présidentiel et celle des députés n'est pas acquise : elle disparaîtrait en cas de dissolution, de démission ou de décès du président.

En réalité, c'est toute *la conception de la fonction présidentielle qui est en cause*. Le mandat de cinq ans tend à consacrer le président comme véritable chef de l'exécutif, comme patron du système politique : un « capitaine » et non un « arbitre ». Elle a également renforcé le rôle du Sénat, seule institution dont le calendrier électoral est distinct et dont le rôle d'opposant est potentiellement valorisé.

L'instauration d'un septennat, ou d'un sextennat, non renouvelable, serait probablement préférable afin de dissocier l'élection présidentielle et les élections législatives, de permettre une « respiration démocratique » à l'occasion d'élections législatives en cours de mandat présidentiel et de renforcer le rôle du président, à la fois arbitre et garant des intérêts supérieurs de la Nation.

## 2. La suppléance

**714.** En cas de vacance de la présidence ou d'empêchement du président, une *suppléance* est organisée (on parle, à tort, d'intérim).

- *La vacance* se produit lorsqu'il n'y a plus de président : démission, décès, destitution par la Haute Cour. Dans le silence de la Constitution, c'est le Conseil constitutionnel qui, en pratique, la *constate* et déclare ouvert le délai pour l'élection d'un nouveau chef de l'État.
- *L'empêchement*, lui, est *déclaré* par le Conseil, à la demande du Gouvernement, lorsque le président n'est plus en état de façon définitive, d'exercer ses fonctions : maladie, captivité... Pouvoir redoutable, alors que dans certains cas il sera délicat pour le Gouvernement de saisir le Conseil... (G. Pompidou, F. Mitterrand) ; en vérité hors cohabitation c'est à peu près impensable et exclu en temps de cohabitation, sauf cas exceptionnel.
- Dans ces deux cas, une *suppléance* est confiée au président du Sénat dont le rôle essentiel est d'organiser les élections présidentielles dans un délai de vingt à trente-cinq jours. Si le président du Sénat était à son tour empêché, la suppléance serait assurée par le Gouvernement. Les pouvoirs du président par suppléance sont très larges : il dispose de toutes les compétences présidentielles avec *trois exceptions* : il ne peut ni dissoudre la Chambre - qui ne peut, de son côté, renverser le Gouvernement - ni organiser de référendum, ni réviser la Constitution. En revanche, il peut parfaitement recourir à l'article 16 (v. *infra* n° 757).

Ces dispositions ont joué deux fois en vingt-cinq ans : lors de la démission du général de Gaulle en 1969 et en raison du décès de G. Pompidou en 1974. Les deux fois, ce fut A. Poher, alors président du Sénat, qui assura la suppléance.

En cas d'absence du chef de l'État (maladie, voyage à l'étranger), le président de la République peut déléguer au Premier ministre le droit de présider le conseil des ministres convoqué sur un ordre du jour déterminé. Cette situation s'est produite cinq fois.

## 3. L'organisation de la présidence

**715.** Le président est assisté de collaborateurs directs.

On distingue trois sortes de services :

- *Le secrétariat général de la présidence de la République* assure le lien avec les services et les administrations et instruit les dossiers importants. Il est *tourné vers l'État*, vers la France. Il est dirigé par un secrétaire général qui est le collaborateur le plus direct du président.
- *Le Cabinet* qui assure la liaison avec le pays, avec les Français (courrier, déplacements, audiences, réceptions, sécurité) et la marche des services internes de l'Élysée. Son rôle est moins politique que celui du secrétariat. Il est *tourné vers la nation*. À sa tête est placé un directeur. F. Mitterrand comme N. Sarkozy se sont entourés de conseillers spéciaux (respectivement J. Attali et H. Guaino) qui ont joué un rôle d'influence important.

- *La maison militaire* qui constitue l'état-major particulier du chef de l'État, placé sous l'autorité d'un officier général. C'est l'homologue, pour les affaires militaires, du secrétariat général.

Le budget de la présidence est inscrit dans le budget de l'État (au titre de la mission « Pouvoirs publics »). Il s'élève à un peu plus de 105 millions d'euros en 2020. Depuis 2008, ces comptes sont examinés par la Cour des comptes.

## B. La responsabilité du président de la République

**716.** Cette question de la responsabilité politique du chef de l'État est une question importante. En effet, irresponsable politiquement, c'est lui qui détermine largement la politique de la Nation. Mais d'une part, les formes de responsabilité ont évolué, et c'est surtout en termes de contrôle qu'il convient de poser la question. D'autre part, *l'irresponsabilité traditionnelle* du chef de l'État connaît des limites.

### 1. Responsabilité devant le peuple

**717.** Si « en théorie » le président est irresponsable politiquement, il faut cependant se demander si *en pratique*, il ne devrait pas être *responsable devant le peuple* ? Il serait normal, en effet, qu'à l'interprétation large des pouvoirs constitutionnels du président, corresponde une interprétation large de sa responsabilité politique, sans s'arrêter au fait qu'elle n'est pas prévue dans le texte de 1958.

1° Soit s'il engage explicitement son mandat *lors d'un référendum* comme le général de Gaulle en 1962 et 1969. Il pose alors une véritable question de confiance à la Nation.

2° Soit même *lors des élections législatives*, éventuellement (dissolution) organisées pendant sa présidence.

Il faut faire une distinction :

- Lorsqu'il s'agit d'élections faisant suite à une *dissolution*, à travers laquelle le président recherche une majorité décidée à mettre en œuvre son programme, ne faudrait-il pas considérer que le président met son mandat en jeu et devrait l'abandonner si la nouvelle majorité de l'Assemblée lui était hostile ? J. Chirac n'en a pas jugé ainsi en 1997 – à tort, mais il est vrai que les expériences précédentes ont dédramatisé la cohabitation –, s'exposant à être fort affaibli en face de la majorité de gauche. De Gaulle, lui, serait très certainement parti.
- En revanche, les élections intervenant à leur terme, en cours de mandat, ne peuvent être considérées comme mettant en cause la responsabilité du président de la République.

3° Enfin, l'engagement de la responsabilité du président devant le peuple est plus ambigu lorsqu'il est *candidat à une réélection*. En effet, l'appréciation de son comportement passé n'est qu'un élément parmi d'autres atouts ou handicaps, et surtout entre en jeu la comparaison avec ce que représentent, apportent, promettent les autres candidats, leur aptitude à faire rêver.

## 2. Responsabilité pénale

**718.** La question de la responsabilité pénale du président a pris une grande actualité depuis 1998. Le très vif débat qui s'est alors ouvert n'est pas toujours exempt d'arrière-pensées politiques. Cependant, un régime d'immunité s'impose à partir du moment où le Conseil constitutionnel rappelle que le principe de séparation des pouvoirs s'applique également en faveur du président de la République et du Gouvernement et à l'égard de la justice (décis. n° 2011-192 QPC).

**719. La question de l'interprétation des dispositions constitutionnelles originelles. -** On trouvait dans la Constitution un article 68 ainsi rédigé : « *le président de la République n'est responsable des actes accomplis dans l'exercice de ses fonctions qu'en cas de haute trahison. Il ne peut être mis en accusation que par les deux Assemblées* (...) ; *il est jugé par la Haute Cour de justice.* »

Des décisions du Conseil constitutionnel et de la Cour de cassation ont interprété différemment ces dispositions s'agissant des actes commis par le président sans lien avec l'exercice de ses fonctions. Aussi, en juillet 2002, J. Chirac a-t-il créé une Commission, placée sous la présidence du professeur P. Avril, chargée de réfléchir sur le statut pénal du chef de l'État.

**720. Les règles issues de la révision du 23 février 2007. -** Les grandes lignes des conclusions de la Commission ont été reprises par le projet de loi constitutionnelle déposé en juillet 2003 et adopté le 23 février 2007. Ce n'est qu'en 2014 que la loi organique portant application de l'article 68C a été adoptée (LO du 24 novembre 2014).

- Le président bénéficie d'une protection complète pendant la durée de son mandat, celui-ci doit en effet s'exercer pleinement et en toute indépendance. Il s'agit de protéger le mandat et non la personne.
- Cette protection cesse à la fin du mandat, le président redevient alors un citoyen comme les autres. Les poursuites ont été simplement suspendues pendant le mandat, la prescription des infractions commises par lui est, elle aussi, suspendue. *Il relève des juges ordinaires.* Conformément à la logique issue de la révision constitutionnelle de 2007, le président Chirac a été renvoyé, en 2010, devant le tribunal correctionnel pour des faits d'emplois fictifs (prise illégale d'intérêt) remontant à l'époque où il était maire de Paris. Il a été condamné à deux ans d'emprisonnement avec sursis.
- Il fallait cependant prévoir l'hypothèse où, durant le mandat, le président porterait lui-même atteinte à la fonction. Traditionnellement, sa responsabilité ne pouvait être engagée qu'en cas de *haute trahison.* Il était alors mis en accusation et jugé par la Haute Cour de justice, juridiction politique composée de douze députés et de douze sénateurs élus par leur assemblée, mais dont la Commission d'instruction était formée de magistrats de la Cour de cassation et le parquet dirigé par le procureur général près ladite Cour, ce qui

traduisait le souci de *juridictionnaliser la procédure.* Ce mélange de politique et de droit pénal ne correspondait évidemment plus à la nature de la fonction présidentielle sous la V$^{e}$ République, aussi la notion politico-pénale de haute trahison a-t-elle été abandonnée, comme celle de *jugement* par la Haute Cour de justice : aux termes du nouvel article 68, le président peut être destitué « *en cas de manquement à ses devoirs manifestement incompatible avec la poursuite de son mandat* », la destitution étant prononcée par le Parlement tout entier réuni en Haute Cour (qui n'est plus « de justice »).

La procédure est déclenchée par l'Assemblée nationale ou par le Sénat, la demande de convocation de la Haute Cour adoptée par l'une des assemblées est transmise à l'autre qui se prononce dans les quinze jours, à la majorité des deux tiers l'une et l'autre. Si la réunion de la Haute Cour est décidée, celle-ci statue dans le délai d'un mois, toujours à la majorité des deux tiers de ses membres, mais à bulletins secrets (la loi organique qui doit préciser le détail de la procédure n'a pas encore été adoptée).

Le motif de la destitution relève de l'appréciation de la représentation nationale ; il peut être de nature pénale (le président destitué redevenu un citoyen ordinaire retrouve alors ses juges naturels), mais il peut aussi concerner un comportement, actuel ou passé, dont la révélation porte clairement atteinte à la fonction. La notion de « manquement » n'est pas définie, mais son caractère « manifestement évident » la détermine, et la destitution permet de sortir d'une situation imprévisible au cas où elle viendrait à se présenter.

La destitution entraîne la vacance de la présidence (v. *supra* n° 714) et donc une nouvelle élection à laquelle le président destitué peut se représenter s'il estime partisane la décision de la Haute Cour : le dernier mot appartient donc aux électeurs.

La question du statut pénal du président de la République a été relancée à propos d'une constitution de partie civile du président Sarkozy dans une affaire pénale. Le débat a porté sur le point de savoir si le président de la République, qui bénéficie d'une immunité pénale durant l'exercice de ses fonctions, peut demander réparation devant un juge. La Cour de cassation (10 novembre 2010) a refusé de transmettre au Conseil constitutionnel une QPC soulevée à cette occasion, faisant ainsi obstacle à ce que le Conseil constitutionnel tranche cette question.

Elle a jugé dans une décision du 15 juin 2012 (n° 10-85678) que le président pouvait se porter partie civile, sans que son pouvoir de nomination des magistrats puisse y faire obstacle, dès lors que ceux-ci sont inamovibles et ne sont pas soumis à des instructions. Par ailleurs, dans un arrêt du 19 décembre 2012, la Cour de cassation a jugé qu'« aucune disposition constitutionnelle, législative ou conventionnelle ne prévoit l'immunité ou l'irresponsabilité pénale des membres du cabinet du président de la République ».

La saisine des agendas de l'ancien président de la République, Nicolas Sarkozy, dans le cadre d'une affaire judiciaire dans laquelle il a été impliqué, témoigne de l'affaiblissement que subit l'immunité présidentielle et du développement de l'immixtion de la justice dans l'exercice de ses fonctions. Alors que l'avocat général près la Cour de cassation estimait cette saisine contraire à l'article 67 de la Constitution, l'immunité présidentielle étant permanente s'agissant des actes accomplis dans l'exercice de ses fonctions et les agendas retranscrivant nécessairement des activités publiques et privées, la Cour de cassation (décis. 11 mars 2013) a jugé que cette saisine ne pouvait être contestée pour des raisons de procédure, Nicolas Sarkozy ayant bénéficié d'un non-lieu dans cette affaire. Cependant ces agendas ont été utilisés dans d'autres affaires, ce qui pose un réel problème au regard du principe de séparation des pouvoirs. Nicolas Sarkozy a été condamné en première instance en 2021, dans l'affaire dite « Bismuth », alors qu'il était soupçonné d'avoir demandé des informations à un magistrat sur un dossier en cours et d'avoir accepté de servir d'intermédiaire pour l'obtention d'un poste à Monaco pour ce magistrat. La question de l'impartialité de la justice dans l'instruction de cette affaire peut être soulevée, alors que des moyens exceptionnels ont été mis en œuvre, notamment : intervention du parquet national financier, créé dans le but de traiter des affaires financières d'une grande complexité et de portée nationale, ce qui n'était pas, en l'espèce, le cas ; écoute des conversations de N. Sarkozy avec ses avocats. Par ailleurs, un mandat d'amener a été délivré à l'encontre de N. Sarkozy le 19 octobre 2021 aux fins de témoignage relatif à des actes commis dans l'exercice de ses fonctions. Malgré la constitutionnalité douteuse de cette procédure, l'ancien président de la République a accepté de se rendre à l'audition tout en refusant de répondre aux questions qui lui étaient posées. N. Sarkozy a été également condamné en septembre 2021 en première instance par la justice à un an de prison ferme, avec assignation à résidence, pour financement illégal de sa campagne électorale de 2012.

Dans le même temps, et sous la pression de la Cour européenne des droits de l'homme, la protection judiciaire du chef de l'État est affaiblie par la suppression du délit d'offense au chef de l'État de notre arsenal pénal (loi 2013-711 du 5 août 2013).

Contestée politiquement, réduite drastiquement par la jurisprudence, l'immunité fonctionnelle du chef de l'État est menacée, alors que se dessine ainsi un nouveau rapport entre le pouvoir politique et le pouvoir judiciaire.

Dans notre histoire depuis la Révolution, deux chefs de l'État seulement ont été condamnés (et à mort) pour leur action politique : le roi Louis XVI en 1793 et le maréchal Pétain en 1945. L'un et l'autre à l'issue de procédures de circonstances, fort peu protectrices.

À la suite de la publication par deux journalistes de l'ouvrage *Un président ne devrait pas dire ça*... (Stock, 2016), contenant, notamment, des références à des documents confidentiels intéressant la défense nationale, une proposition de résolution, signée par 79 députés, visant à engager une procédure de destitution à l'encontre du président de la République a été déposée le 14 novembre 2016. Le bureau de l'Assemblée nationale a déclaré, le 23 novembre, par un vote à mains levées, cette proposition irrecevable par treize voix contre huit. Or, aux termes de l'article 2 de la loi organique du 24 novembre 2014, le bureau ne peut que vérifier la régularité formelle de la résolution.

L'appréciation de la valeur des motifs de la résolution en vue de la destitution n'appartient qu'à l'Assemblée.

### 3. Responsabilité devant la Cour pénale internationale (CPI)

**721.** Depuis la révision constitutionnelle du 8 juillet 1999 (v. *supra* n° 122), le président (comme les ministres et les membres du Parlement) peut être déféré devant la Cour pénale internationale comme responsable d'un crime contre l'humanité. Belle illustration du déclin de la souveraineté ; heureusement l'hypothèse est très improbable.

## §3. Les pouvoirs du président de la République

**722.** Quel est le rôle du président ? De quels moyens dispose-t-il pour l'exercer ?

## A. La fonction présidentielle

### 1. L'article 5 de la Constitution

**723.** La Constitution de 1958 s'est attachée à définir la fonction du président de la République. Son article 5 confie en effet au président des missions à travers lesquelles transparaît une certaine conception de la fonction présidentielle :

« *Le président de la République veille au respect de la Constitution. Il assure, par son arbitrage, le fonctionnement régulier des pouvoirs publics ainsi que la continuité de l'État. Il est le garant de l'indépendance nationale, de l'intégrité du territoire et du respect des traités.* »

Il y a là une *innovation* dans notre histoire constitutionnelle - jamais une constitution ne s'était souciée de définir par des formules générales le rôle d'un acteur constitutionnel - justifiée par la nécessité de distinguer les rôles des deux têtes de l'exécutif : président et Premier ministre. Des dispositions symétriques (art. 20 et 21) décrivent ensuite les fonctions du Gouvernement et du Premier ministre. L'article 5 se comprend pleinement dans un régime démocratique où le chef de l'État ne peut être laissé libre d'utiliser n'importe comment les pouvoirs dont il dispose. Ceux-ci ne peuvent être exercés de façon arbitraire, la Constitution précise les valeurs et les principes qu'ils doivent sauvegarder, elle détermine leur finalité.

Ceci est d'autant plus nécessaire qu'aucune sanction juridique n'est prévue pour contrôler l'usage fait par le président de la plupart de ses pouvoirs, tout au moins aussi longtemps qu'il ne franchit pas le seuil du manquement grave aux devoirs de sa charge. Il agit seulement sous le regard de l'opinion publique et celle-ci doit pouvoir à tout moment rapprocher la façon dont il se comporte des intérêts nationaux dont il a la charge.

En ce sens l'article 5 marque un progrès de la démocratie en ce qu'il limite l'arbitraire de l'action présidentielle.

En pratique, on le verra plus loin, les dispositions des articles 5, 20 et 21 ont été très souvent ignorées, ou écartées, et la fonction présidentielle s'est développée en dehors de cette logique. Le comité Balladur s'était essayé à rendre le texte plus conforme à la réalité en prévoyant que le président de la République définit la politique de la Nation, alors que le Gouvernement la conduit. Rendant compte de l'équilibre des pouvoirs au sein de l'exécutif, hors période de cohabitation, cette formulation aurait créé de grandes difficultés en cas de cohabitation entre un président issu d'une majorité et un Premier ministre issu d'une majorité parlementaire opposé. En effet, si le quinquennat rend plus improbable la cohabitation, il ne saurait l'exclure. Cette proposition n'a pas été retenue dans le projet de loi constitutionnelle.

**724.** L'article 5 fixe au président trois missions auxquelles se rattachent les attributions que la Constitution lui confie par ailleurs et qui sont conçues comme les moyens permettant de les remplir.

Sa mission s'exerce en ce qui concerne la défense des intérêts essentiels de l'État aussi bien sur le plan international, qu'en ce qui concerne les affaires internes. Ce texte met l'accent sur la fonction d'arbitrage du président. Aux termes de cet article, le président est une puissance tutélaire qui est susceptible de modeler son intervention dans la vie publique en fonction des circonstances. Il détient ainsi, selon l'expression de G. Burdeau, le « pouvoir d'État ».

### a. Le président gardien de la Constitution

**725.** En tant que gardien de la Constitution, le président est l'interprète de la Constitution, lorsque le Conseil constitutionnel n'est pas compétent. En effet, sous réserve des dispositions relatives aux manquements graves aux devoirs de sa charge, aucun organe n'a de compétence pour contrôler la conformité à la Constitution de l'interprétation qu'en donne le président. Ainsi, cette fonction d'interprète trouve une double légitimité dans le fait qu'elle est implicitement affirmée par l'article 5 et par l'absence de contrôle portant sur son exercice. En ce sens, le président pourrait refuser de signer un décret de promulgation d'une loi qui est contraire à la Constitution en demandant une nouvelle délibération, bien que la Constitution ne précise pas les raisons pour lesquelles il peut demander cette délibération (art. 10). Cette fonction peut également justifier une saisine du Conseil constitutionnel (art. 61). En 1960, de Gaulle refusa de réunir le Parlement en session extraordinaire, en appliquant dans ce sens – c'est-à-dire en l'interprétant – l'article 30.

Mais l'article 5 permet également au président de la République d'exercer ses compétences, non seulement au regard de sa fonction de gardien de la Constitution, mais aussi au regard de l'ensemble des fonctions que lui attribue l'article 5. Ainsi, en 1986, le refus par F. Mitterrand de signer trois ordonnances de l'article 38 a été fondé sur l'article 5 C. Le président ayant estimé, sans autre appui textuel que cet article, qu'il était le garant de l'unité nationale et des intérêts vitaux de la nation, ce qui l'autorisait à ne pas tenir compte seulement de considérations juridiques mais aussi à se fonder sur des raisons d'opportunité, au nom de l'« intérêt social » du pays. De la même manière, le président Chirac a pu estimer qu'il pouvait refuser d'inscrire un projet de loi à l'ordre du jour du conseil des ministres ; il a ainsi retardé cette inscription de quelques semaines s'agissant du projet de loi sur le statut de la Corse (en février 2001).

### b. Le président arbitre

**726.** Le président dispose d'un pouvoir d'arbitrage dont il est précisé qu'il est destiné à assurer le « *fonctionnement régulier des pouvoirs publics ainsi que la continuité de l'État* ». La fonction d'arbitrage fonde un certain nombre de compétences expressément prévues par la Constitution. Il en est ainsi de son intervention dans la révision de la Constitution (art. 89), du pouvoir de nommer le Premier ministre (art. 8, al. 1), de mettre en œuvre l'article 16 C, de dissoudre l'Assemblée nationale et de garantir l'indépendance de l'autorité judiciaire.

### c. Le président garant

**727.** Le président est garant de la souveraineté extérieure de l'État : il doit veiller sur l'indépendance du pays, sur l'intégrité de son territoire et au respect de la parole donnée par la France et à la France. On peut rattacher à cette mission l'article 16 permettant au président d'exercer une sorte de dictature en cas de crise grave, ainsi que les pouvoirs spécifiques que la Constitution lui reconnaît comme chef des armées et en matière de relations internationales. C'est ainsi qu'un simple décret a pu attribuer un pouvoir de décision exclusif au chef de l'État dans l'emploi des forces stratégiques nucléaires.

## 2. L'évolution de la fonction présidentielle

**728. Bibliographie.** – Jean-Jacques Chevallier, Guy Carcassonne, Olivier Duhamel, *Histoire de la Ve République*, Dalloz, 2009.

**729.** La pratique procède peu de l'application stricte des dispositions constitutionnelles, beaucoup des présidents et tout autant des circonstances et particulièrement de l'assentiment de la majorité parlementaire à la transformation de la fonction présidentielle. Depuis 1958, en effet, deux conceptions divergentes de la fonction présidentielle sont apparues, suivant que la majorité présidentielle correspondait à la majorité parlementaire, ou qu'au contraire, la majorité de l'Assemblée étant constituée de partis autres que ceux qui soutenaient le président, on se trouvait dans une situation de « cohabitation ». Dans le premier cas, le président prend, en quelque sorte la posture d'un « monarque républicain » – et on a pu parler de « présidentialisation » du régime pour souligner la primauté du président. Dans le second, le chef de l'État était réduit au rôle, plus modeste, que lui attribuait la Constitution à partir de son article 5. Dans les deux cas, bien entendu, avec des nuances et même des différences selon la personnalité du président.

Au président des périodes de concordance des majorités s'oppose le président des périodes de cohabitation.

## a. La fonction présidentielle dans les périodes de concordance des majorités

**730.** La concordance de la majorité présidentielle et de la majorité de l'Assemblée domine l'histoire de la Ve République. Jusqu'en 1986 sa permanence avait pu la faire considérer non seulement comme la situation normale mais encore comme de l'essence même du régime. Si elle fut interrompue alors, elle devait se retrouver de 1988 à 1993 puis de 1995 à 1997 et de nouveau depuis 2002.

Dans cette situation le président domine le système constitutionnel, le Premier ministre ainsi que le Gouvernement lui sont subordonnés ; le Parlement a pour mission de mettre en forme la politique définie par lui. Le président prend des initiatives dans tous les domaines, il tranche sur tous les dossiers qui l'intéressent et se sépare à son gré des ministres, à commencer par le Premier.

Tous les présidents de la Ve République ont connu cette conjoncture, si ce n'est toujours pour la durée de leur mandat, au moins de façon durable. Mais chacun a donné à la présidence un style particulier.

### α. *L'affirmation de la primauté présidentielle sous la présidence du général de Gaulle*

**731.** Le général de Gaulle occupe dans l'histoire constitutionnelle de la Ve République une place tout à fait particulière. Tout d'abord, il est à l'origine de la Constitution, mais aussi il se regarde comme investi de sa mission de chef de l'État par la conjonction de l'histoire et de la volonté populaire. Dépositaire du destin national, il conçoit la Constitution, plus comme un instrument au service de la conception qu'il se fait de l'État et de la France, que comme un carcan juridique. Dans ses *Mémoires d'espoir*, et parlant de juin 1958, le général de Gaulle rattache son destin à l'épopée nationale en écrivant « *Et me voici engagé comme naguère par ce contrat que la France du passé, du présent et de l'avenir m'a imposé il y a dix-huit ans pour échapper au désastre. Me voici, toujours contraint par l'exceptionnel crédit que me fait le peuple français...* » (cité par J.-J. Chevalier, G. Carcassonne, O. Duhamel, *La Ve République, 1958-2002*, p. 11). La crise algérienne va donner l'occasion au nouveau chef de l'État de s'installer dans la figure de l'homme du recours face aux difficultés nationales. Dès la formation de son premier Gouvernement dirigé par M. Debré, Ch. de Gaulle marque la rupture du lien traditionnel entre le Parlement et le Gouvernement. Il montre que le Gouvernement est celui de son choix et qu'il est investi des missions qu'il lui confie. Si la fonction d'arbitre n'est pas conçue de manière passive, le général de Gaulle lui donne deux dimensions, celle des temps de crise où le chef de l'État décide, celle des temps ordinaires où le chef de l'État oriente l'action du Gouvernement, lui fixe des objectifs, mais laisse au Gouvernement le soin de conduire la politique quotidienne. Selon J. Chaban-Delmas (en 1959), il convient de distinguer un domaine « réservé » au président dans lequel le Gouvernement joue le rôle d'un exécutant et un domaine « ouvert » dans lequel le Gouvernement conçoit. Le domaine dit réservé est en fait formé par les questions dont le général de Gaulle estime qu'elles concernent le destin national (notamment, la question algérienne, l'Europe et plus largement la politique étrangère et de défense). La nomination de G. Pompidou pour succéder à M. Debré en 1962 laisse à penser que le Premier ministre tend à devenir le chef de cabinet du président. Mais ce dernier peut prendre appui sur sa fonction de chef de la majorité et la crise de 1968 lui permettra de démontrer ses qualités et d'assurer un véritable pouvoir de décision.

La primauté du président de la République tient essentiellement au lien particulier qu'il tisse avec le peuple qui, depuis 1962, le choisit, auquel il s'adresse directement par des messages et des allocutions, et qui par le référendum lui renouvelle sa confiance, ou lui signifie son départ (en 1969).

### β. *La confirmation de la primauté présidentielle sous la présidence de Georges Pompidou*

**732.** Lorsqu'il accède à la présidence en 1969, G. Pompidou a déjà été six ans Premier ministre. Il connaît bien les contraintes de l'allégeance du titulaire de cette fonction à l'égard du président et aussi la marge d'initiative non négligeable qui lui est laissée. En même temps, il n'a pas la stature historique de son prédécesseur. Autant de raisons pour se poser en continuateur et s'attacher à renforcer la fonction présidentielle. La situation politique va, en outre, faire de lui un chef de majorité.

D'entrée de jeu G. Pompidou définit le président de la République de façon très gaullienne : « *à la fois chef suprême de l'exécutif, gardien et garant de la Constitution, il est à ce double titre chargé de donner les impulsions fondamentales, de définir les directions essentielles et d'assurer et de contrôler le bon fonctionnement des pouvoirs publics ; à la fois arbitre et premier responsable national.* »

Mais il va opérer au profit du président une concentration beaucoup plus poussée du pouvoir, alors pourtant que les orages (Algérie, 1968) sont passés. Après avoir laissé son Premier ministre, J. Chaban-Delmas, assez libre de ses initiatives pendant la première année de son Gouvernement, il intervient ensuite dans de multiples domaines et prend parfois des décisions de détail (urbanisme, architecture, investissements étrangers en France...). Puis, en désaccord avec J. Chaban-Delmas, qui manifeste trop d'autonomie en définissant son propre projet politique, il se sépare de lui et constitue, avec P. Messmer, des Gouvernements composés d'hommes de confiance qui mèneront une gestion conservatrice ; il affirme « *la subordination fondamentale* » du Premier ministre. En même temps il est plus sensible aux attentes des Français que de Gaulle.

Le président va devenir, qu'il le veuille ou non, *chef de majorité*, rompant ainsi en pratique avec la tradition gaullienne du président-rassembleur.

### γ. La fragilisation de la primauté présidentielle sous la présidence de Valéry Giscard d'Estaing

**733.** V. Giscard d'Estaing, en 1974, se trouve dans une situation nouvelle et délicate : le président de la République est issu de la formation minoritaire de la majorité.

Sa volonté de moderniser la société se traduit d'abord par une rupture avec certaines traditions protocolaires et un changement de style. Son refus de dissoudre après son élection l'Assemblée nationale, à majorité gaulliste, le conduira à choisir son Premier ministre, J. Chirac, dans cette famille politique. Sa vision d'une modernisation de la vie politique passe par un renforcement du caractère « présidentialiste » du régime. En 1976, il déclare : « *le président de la République est chargé de ce qui est permanent, le Premier ministre traite des problèmes contingents.* » J. Chirac cumule, formellement, puis de fait, les fonctions de Premier ministre et de chef du parti le plus important de la majorité. Cependant, ce dernier, estimant qu'il ne dispose pas des moyens nécessaires pour conduire son action et manifestant son désaccord avec la politique européenne du président, démissionne. V. Giscard d'Estaing choisit alors comme Premier ministre un universitaire centriste qui n'est pas véritablement une figure politique, ni même un parlementaire, R. Barre. La direction présidentielle de la politique nationale est alors plus directe, le président adressant régulièrement à son Premier ministre des lettres directives où il annonce publiquement les mesures qu'il veut voir adopter. Le développement de conseils restreints, réunissant à l'Élysée ministres et hauts fonctionnaires sous la direction du président, marque également le renforcement de l'interventionnisme présidentiel. En 1978, R. Barre déclare : « *Le Premier ministre dirige le Gouvernement dans le cadre des orientations fixées par le président de la République.* »

La préparation des élections législatives de 1978 – à la veille desquelles la droite était donnée battue – allait faire apparaître de nouvelles hésitations sur la conception de la fonction présidentielle. Dans le discours prononcé à Verdun-sur-le-Doubs, le 27 janvier 1978, V. Giscard d'Estaing se présentait « *à la fois comme arbitre et responsable* ». L'arbitre « *n'appartient pas au jeu des partis* », « *il doit regarder plus haut et plus loin et penser d'abord à l'intérêt supérieur de la Nation* », mais comme responsable V. Giscard d'Estaing estimait qu'il avait le devoir d'indiquer aux Français « *le bon choix* », c'est-à-dire, si l'on comprend bien, pour qui il fallait voter. V. Giscard d'Estaing avait prévenu aussi les électeurs, qu'en cas de défaite, il resterait en fonction, mais qu'il ne pourrait pas s'opposer à l'application du programme commun de la gauche, car il ne conserverait que l'exercice des attributions formelles du président.

### δ. François Mitterrand : du renforcement au déclin de la primauté présidentielle

**734.** F. Mitterrand a accompli deux mandats présidentiels de 1981 à 1995. Au début de chacun de ses mandats il a connu pendant une législature une période de concordance des majorités (1981-1986 ; 1988-1993), mais la seconde a été plus inconfortable, car si ses Gouvernements n'ont jamais été mis en minorité, ils se sont appuyés sur des majorités relatives, donc fragiles, variables et parfois rétives. Il a donc été moins à l'aise alors pour affirmer la primauté présidentielle.

• 1981-1986 : le président a un contrat avec la Nation

**735.** C'est la période faste, F. Mitterrand a ramené la gauche au pouvoir après 23 ans d'opposition. Chef incontesté il va s'efforcer de mettre en œuvre les idées mûries pendant sa « traversée du désert » pour conduire une politique volontariste. Jamais depuis de Gaulle la primauté présidentielle n'aura été aussi manifeste. Il renoue avec les signes de la solennité du pouvoir.

• François Mitterrand de l'opposition au pouvoir

**736.** Le régime n'a pas eu de plus rude adversaire que F. Mitterrand. Refusant, en 1958, de voter la confiance au général de Gaulle, puis la Constitution et la révision de 1962, il devait dénoncer ensuite avec obstination le pouvoir personnel et, dans un ouvrage célèbre, *Le coup d'État permanent* que constituait à ses yeux la façon de gouverner du premier président de la V$^{e}$ République. Puis, progressivement rallié aux institutions, il accepta l'idée d'un président à la fois arbitre et responsable de la réalisation des engagements pris par lui lors de la campagne électorale, en même temps qu'il reconnaissait la primauté du président dans l'État.

Ses engagements, prenant la forme de 110 propositions, seront considérés comme la charte de l'action gouvernementale, tout au moins jusqu'au moment où, en mars 1986, un sort électoral contraire l'obligea à faire coexister le président avec une majorité à lui opposée dans les deux Chambres.

**737.** Une fois élu, tout en se coulant sans difficulté dans les institutions de la V$^{e}$ République « *les institutions* (...) *je m'en accommode* » ; « *cette Constitution n'a pas été faite pour moi, mais elle me va très bien* ») et en adoptant la conception de la fonction présidentielle traditionnelle depuis 1958, il y ajoute une idée nouvelle : *le président a passé un contrat avec le peuple* (« *le président a pour devoir de mettre en œuvre le programme sur lequel il a passé contrat avec la Nation* »). C'est là un apport majeur à la conception de la primauté présidentielle.

• 1988-1993 : une primauté atténuée et à éclipses

**738.** Les élections législatives de 1988 n'ont pas dégagé de majorité stable, c'est une première sous la V$^{e}$ République. Même avec les procédures de rationalisation du parlementarisme il est difficile de gouverner dans cette situation. Les trois Gouvernements qui se succèdent : M. Rocard, É. Cresson, P. Bérégovoy, vont agir au coup par coup, l'heure des grandes initiatives présidentielles est passée. D'ailleurs F. Mitterrand dans sa « Lettre à tous les Français », diffusée avant les élections, avait limité ses ambitions à un programme succinct, sans commune mesure avec les 110 propositions de 1981.

De façon schématique on peut distinguer trois périodes :

- *1988-été 1990*. Ne préconisant pas de grandes réformes le président va se tenir assez en retrait pendant une bonne partie du Gouvernement Rocard. Celui-ci dispose d'une appréciable liberté : « le Gouvernement gouverne ». *F. Mitterrand intervient peu au grand jour*, il distribue quelques satisfecit et parfois des admonestations, prenant position dans des conflits sociaux, à l'occasion contre le Gouvernement. Peu de Premiers ministres de la V^e^ ont eu jusqu'alors, en temps de concordance des majorités, autant les mains libres que M. Rocard.
- *Été 1990-mai 1991*. Avec la guerre du Golfe, à l'été 90, les choses changent, F. Mitterrand réapparaît au premier plan sur la scène politique. *Dans une période de crise il redevient le chef suprême*, il décide seul et dialogue directement avec la Nation. De son côté, le Premier ministre s'efface à peu près totalement ; il gère en silence les dossiers dont les événements détournent l'attention.
- *Mai 1991-mars 1993*. La guerre du Golfe terminée, F. Mitterrand se sépare de M. Rocard, avec lequel il n'a jamais eu d'affinités, et le remplace par É. Cresson. Ce choix va se révéler désastreux et obliger le président à se manifester, probablement plus qu'il ne l'aurait voulu. Premier ministre à partir d'avril 1992, P. Bérégovoy gère plus qu'il ne dirige et le président doit mettre son autorité dans la balance lors du référendum sur la ratification du traité de Maastricht (20 septembre 1992). Il s'agit en effet de l'Europe qui aura été au cœur des préoccupations et de l'action de F. Mitterrand pendant son second septennat.

#### ε. 1995-1997 : la primauté présidentielle mesurée de Jacques Chirac

**739.** J. Chirac n'a pas un tempérament d'arbitre. Après son succès de 1995 (52,64 % des voix), il peut compter sur l'appui d'une majorité sans précédent à l'Assemblée (485 sièges sur 577), mais cette majorité est peu homogène et peu disciplinée du fait, notamment, qu'il ne s'agit pas d'une majorité construite dans le sillage de l'élection présidentielle, d'une véritable majorité présidentielle. J. Chirac adhère à la conception gaullienne de la primauté présidentielle. Le 28 mai 1996 il déclare : « *vous m'avez confié pour sept ans la destinée du pays.* » Mais il l'infléchit en prenant quelque peu ses distances à l'égard de l'action du Gouvernement. Il a expliqué que l'État devait être « *modeste* » et son président aussi et qu'il n'était pas l'instance d'appel des décisions des ministres.

A. Juppé, nommé Premier ministre, avait d'ailleurs indiqué que le président est l'architecte et le Premier ministre le maçon. Par ailleurs, on a constaté que le président annonçait, lui-même, des décisions d'importance majeure : reprise des essais nucléaires, réforme du service national, politique de la ville.

Pourtant J. Chirac donne parfois l'impression d'être un peu à l'écart dans le domaine de la politique intérieure, alors qu'il dépense beaucoup d'énergie dans le domaine des relations internationales.

A. Juppé devra rapidement faire face à une impopularité contre laquelle, de manière assez inédite sous la Ve République, le président tentera de le protéger, alors que de manière traditionnelle le Premier ministre était considéré comme le fusible chargé de protéger le président, en « sautant » en cas de crise. L'amorce de crise politique qui se dessine conduit le président à tenter de reprendre la main en prononçant la dissolution de l'Assemblée nationale en 1997.

### ζ. 2002-2007 : le second mandat de Jacques Chirac

**740.** Le premier tour de l'élection présidentielle est l'occasion d'une énorme surprise. L. Jospin est éliminé de la compétition et J. Chirac se retrouve au second tour face à J.-M. Le Pen, après une campagne inhabituelle marquée par le traitement inéquitable des candidats en présence et un ralliement contre nature et à contrecœur de la gauche derrière J. Chirac, celui-ci devenu le rempart contre l'extrême droite, l'emporte avec une majorité considérable de 82 % des suffrages exprimés. Le président réélu nomme Premier ministre un « outsider », centriste, J.-P. Raffarin. Les élections législatives qui suivent sont un cuisant échec pour la gauche. Le président de la République retrouve une majorité solide et unie derrière lui et profite de cette conjoncture pour réunir une grande partie de la droite en un parti unique, uni dans le soutien à J. Chirac. Durant les premiers mois de son septennat, le président laisse à son Premier ministre une large initiative dans la gestion des affaires internes. Il est quant à lui très présent sur le plan international, et intervient sur des questions de société, telles la lutte contre le cancer ou la protection de l'environnement.

Le président fait face à une crise de popularité qui le conduit à nommer un nouveau Premier ministre D. de Villepin. Il intervient plus directement dans la politique interne en évoquant la « feuille de route » qu'il a fixée au Gouvernement. Mais la présidence de J. Chirac est affaiblie par l'échec du référendum sur la « Constitution européenne ». Par ailleurs, il est peu présent lors de la crise sociale et des émeutes liées à la contestation d'une réforme du droit du travail (CPE). En outre, il doit faire face à la montée en puissance de l'un de ses ministres, N. Sarkozy. Il déclare à son propos « *je décide et il exécute* ». Mais se posant en rival du Premier ministre, N. Sarkozy impose au président le cumul d'un portefeuille ministériel et de la présidence du parti majoritaire (l'UMP).

### η. 2007-2012 : la primauté et la responsabilité présidentielles affirmées de Nicolas Sarkozy

**741.** En affirmant qu'il avait reçu mandat du peuple français pour réaliser la « rupture », N. Sarkozy a manifesté non seulement la volonté d'être « un président qui gouverne », mais aussi le souci d'assumer la responsabilité directe de la politique qu'il entend ouvertement conduire, sans se défausser sur le Premier ministre comme ses prédécesseurs. Sous ce rapport, il prétend rompre avec la pratique de ceux-ci et rejoint la conception « présidentialiste » que professait V. Giscard d'Estaing à ses débuts, mais en disposant cette fois du soutien personnel, sans faille au début de son quinquennat, de la majorité parlementaire dont il dirigeait le parti dominant (l'UMP) avant son élection, et qui coïncide désormais presque exactement avec la majorité. Cependant cette majorité fait preuve d'autonomie, notamment sur la question de la révision constitutionnelle à propos de laquelle le président n'obtient pas un soutien unanime de la majorité.

Le président intervient très directement sur les questions intéressant directement la vie quotidienne des Français. Très présent sur « le terrain », et usant volontiers d'un style décontracté, il fait perdre à l'exercice de la fonction présidentielle la distance gardée par ses prédécesseurs. Ce surinvestissement dans les questions économiques, sociales, sa volonté d'être toujours en première ligne, fragilisent sa popularité. Dans une conjoncture économique difficile, il engage de très nombreuses réformes.

Tout en engageant une réforme constitutionnelle importante, visant, notamment, à renforcer le rôle du Parlement... Il s'affirme depuis son élection comme le véritable chef du Gouvernement. Il fixe sur chaque question une feuille de route très précise aux ministres. Le rôle des conseillers s'est renforcé au détriment de celui des ministres.

Dans ce contexte, la fonction de Premier ministre trouve difficilement sa place. Les réunions des responsables de la majorité ont lieu à l'Élysée et non plus à Matignon. Le Premier ministre F. Fillon, tout en défendant la position du Premier ministre, chef de la majorité... parlementaire et seul responsable devant le Parlement, s'avère un « collaborateur » loyal du chef de l'État. Il déclare en mars 2010 : « le Premier ministre met en œuvre la politique du président de la République ».

Cependant, ce dernier, en inscrivant dans la Constitution la possibilité pour le président de la République de s'exprimer devant le Congrès, empiète sur ce lien, en principe exclusif, entre le Premier ministre et le Parlement. Ainsi s'établit un lien direct (et parfois marqué par certaines frictions) entre le président de la République et la majorité parlementaire. Ce lien direct est également marqué par la volonté affirmée par le président de recevoir tous les mois les parlementaires de la majorité à l'Élysée (avril 2010). Néanmoins, ce que certains ont appelé une « hyper présidence » correspond plus à un changement de style qu'à une véritable rupture avec les pratiques précédentes (J. Gicquel).

La manière dont Nicolas Sarkozy a habité la fonction présidentielle est en fait au cœur du débat, plus que la politique qu'il a conduite. Le Gouvernement Fillon III marque la fin de l'ouverture à des personnalités issues de la gauche et un renforcement de la composition dominante de la majorité (UMP).

### θ. *2012-2017 : François Hollande ou la tentation de la présidence « normale »*

**742.** Derrière cette formule ambiguë se manifeste la volonté du nouveau chef de l'État de dessiner la figure d'un président moins interventionniste que son prédécesseur. S'il met en exergue la justice et la jeunesse, il déclare lors de son investiture le 15 mai 2012 « je fixerai les priorités mais je ne déciderai pas de tout, ni à la place de tous ». Il nomme cependant Premier ministre l'un de ses proches, J.-M. Ayrault qui, comme lui, n'a pas d'expérience gouvernementale, mais bénéficie de sa confiance.

Confronté à des difficultés économiques, engendrant de très fortes contraintes politiques, à une forte augmentation du chômage, à une coalition majoritaire divisée, à une opinion publique désemparée, à une crise de confiance tant dans les responsables politiques que dans le destin de la France, le président Hollande doit faire face à une impopularité sans précédent sans que n'en profite vraiment une opposition affaiblie par les conflits pour le leadership de l'UMP (duel Fillon-Copé). Face à cette situation, la présidence « normale », image de marque du nouveau président lors de sa campagne et de son élection, est remise en cause. Comme le relève F. Fillon, « le président normal ne le sera pas longtemps car la fonction ne l'est pas » (mai 2012). De ce point de vue, il est difficile de faire fonctionner les institutions avec un président type IV^e^ République et un Premier ministre type V^e^ République. C'est-à-dire un président en retrait et un Premier ministre qui reste, sans que cela soit dit, un collaborateur. L'un des ministres du Gouvernement, M. Touraine, a pu ainsi critiquer un Premier ministre calé sur un modèle antérieur au moment où F. Hollande n'est plus un président omniprésent (*Le Monde*, 26 août 2012). Dès le 14 juillet 2012, le président se décrit comme un paratonnerre chargé de protéger les Français face à la crise (*Le Monde*, 17 juillet 2012). La rupture avec le style imposé par Nicolas Sarkozy est difficile. Assez justement F. Hollande relève que la place du président dans le cadre du quinquennat reste à inventer. En septembre 2012, le Premier ministre affirme que le président « normal » n'est plus d'actualité.

Par ailleurs, le président souhaite engager un certain nombre de réformes constitutionnelles. La commission chargée de la rénovation et de la déontologie de la vie politique présidée par L. Jospin fait des propositions concernant le statut juridictionnel du chef de l'État, la suppression de la Cour de justice de la République, la réforme du mode de scrutin, la fin du cumul des mandats, la création d'une Haute Autorité chargée de prévenir les conflits d'intérêts, la suppression des membres de droit du Conseil constitutionnel... À ces propositions, le président ajoute des projets concernant, par exemple, la réforme du Conseil supérieur de la magistrature, la suppression du mot « race » de la Constitution, la réduction du nombre de députés, le droit de vote des étrangers aux élections municipales. Faute de l'existence d'une majorité des trois cinquièmes au Congrès, le président prévoit autant de projets de loi que de questions à traiter.

Tentant d'utiliser la politique dite « sociétale » comme marqueur de gauche, le Gouvernement dépose un projet de loi instaurant le mariage entre personnes de même sexe. Ce projet divise profondément la société française et donne lieu à des manifestations d'opposants parmi les plus importantes de la V^e^ République. En revanche, la décision du chef de l'État d'intervenir militairement au Mali, afin d'éviter une emprise de mouvances liées à Al-Qaïda sur ce pays, est très majoritairement portée à son crédit.

Le président et son Gouvernement sont également confrontés en mars 2013 à une crise politique liée à la révélation de la fraude fiscale et aux mensonges du ministre chargé du Budget. Peu à peu, François Hollande tente de redevenir le chef de la majorité, cette fonction n'étant pas assurée par le Premier ministre. Le chef de l'État reprend également les habits de titulaire du pouvoir gouvernemental en fixant une feuille de route au Premier ministre. C'est en tant que chef des armées qu'il décide des interventions militaires, notamment en Afrique. Néanmoins la solidarité gouvernementale n'est pas respectée. Comme Nicolas Sarkozy, mais d'une tout autre manière, le président de la République ne parvient pas à incarner le monarque républicain propre à la V^e^ République. Le quinquennat brouille les cartes institutionnelles. Comme le relève François Hollande, le 3 octobre 2013, à l'occasion du cinquante-cinquième anniversaire de la Constitution, le quinquennat « a changé bien davantage que le rythme de notre vie politique... il a modifié notre interprétation et notre pratique de la Constitution. Il implique davantage le chef de l'État dans l'action de l'exécutif et dans le rapport avec la majorité au risque de la confusion, c'est pourquoi des règles nouvelles doivent être trouvées pour permettre un renforcement des contre-pouvoirs ». Le président Hollande assume cependant ses responsabilités en annonçant, de manière inédite, que faute de réussir dans la lutte contre le chômage, sa candidature à un nouveau mandat serait compromise.

À partir de 2014, le Sénat retrouve une majorité de droite. Les élections européennes, municipales et départementales sont un échec pour le Parti socialiste et sont marquées par une forte progression du Front national. Ce dernier ne parvient cependant pas à transformer ses succès aux élections locales. Les attentats et la montée du terrorisme islamique contribuent à forger l'image d'un président « chef de guerre », sans toutefois améliorer de manière durable sa popularité sur la scène nationale. Le Gouvernement Valls I est l'un des plus brefs de la V^e^ République. Des dissensions au sein de la majorité conduisent à la formation d'un Gouvernement Valls II. La répartition des compétences entre le président et son Premier ministre n'est pas vraiment clarifiée. Alors que François Hollande déclare, le 6 novembre 2014 : « le Premier ministre applique la politique que j'ai moi-même fixée pour la Nation », Manuel Valls précise, le 7 décembre 2014 : « Avec le président, nous formons un tandem, nous gouvernons ensemble ».

Pour la dernière année de son mandat, le président doit faire face à une impopularité inédite sous la V^e^ République. À la suite des attentats de novembre 2015, il tente d'engager une réforme constitutionnelle portant sur l'inscription dans la Constitution de l'état d'urgence et de la déchéance de nationalité. Faute de majorité suffisante, il renonce. La nécessité pour le

Gouvernement d'engager sa responsabilité sur les projets de loi les plus importants (« modernisation de l'économie » et « travail ») et de renoncer à ses projets de révision constitutionnelle démontre que le président n'a plus vraiment de majorité à l'Assemblée nationale.

Le ministre de l'Économie, E. Macron, crée un parti politique « En marche ! » afin de « proposer une nouvelle offre politique ». Alors que le président de la République déclare « il est temps que cela s'arrête », E. Macron démissionne du Gouvernement. De manière inédite sous la Ve République, F. Hollande renonce à se présenter à l'élection présidentielle, prenant acte de son échec et de son impopularité.

### ι. *2017-2022 : Emmanuel Macron ou le « chamboule-tout »*

**743.** Pour reprendre la formule employée par Laurent Fabius, président du Conseil constitutionnel, lors de la prise de fonction du nouveau président de la République, le mandat d'E. Macron résulte d'une opération de recomposition de la vie politique qui vise à faire disparaître ou exploser les partis traditionnels (Parti socialiste et Les Républicains). Le premier Gouvernement dirigé par Édouard Philippe, transfuge de la droite, est composé de personnalités issues de la droite et de la gauche modérées ou n'ayant pas eu d'engagement politique de premier plan. Les premiers gestes du président visent à restaurer l'image de la fonction présidentielle. Cette présidence s'inscrit dans la logique de la Ve République : volonté de construire une majorité autour du président, subordination du Premier ministre au président de la République... Cette recomposition de la majorité pose néanmoins la question de celle de l'opposition, qui tend à s'incarner dans les partis contestataires (Front national, Les Insoumis). En effet, les élections législatives de juin 2017 donnent une très large majorité au parti du nouveau président. Cette majorité importante (350 sièges) repose sur des gains électoraux fragiles (une abstention record de plus de 50 %, de 57 % au second tour, et environ 15 % des électeurs inscrits à chacun des deux tours). La question qui se pose est alors celle des conditions d'une éventuelle alternance. En l'état, aucune formation politique ne peut revendiquer ce rôle, les formations traditionnelles, le Parti socialiste et, dans une moindre mesure, Les Républicains, au surplus divisés, ayant subi une sévère défaite et les partis contestataires, en particulier le Front national, n'ayant pas obtenu le nombre d'élus espérés. À l'occasion de la mise en cause d'un membre du cabinet du président de la République chargé de sa sécurité, fin juillet 2018, la question a été posée de savoir si le président pourrait être entendu par une commission parlementaire. Le fait même que le débat se soit engagé sur cette question traduit la confusion qui s'instaure entre la responsabilité du président devant le peuple et celle du Gouvernement devant le Parlement.

Parmi les manifestations symboliques de l'exercice du pouvoir présidentiel, le fait que le chef de l'État a reçu en tête à tête les futurs directeurs d'administration avant leur nomination. Une pratique peu habituelle sous la

V^e^ République, mais aussi, le fait de nommer un certain nombre de collaborateurs communs au président et au Premier ministre afin de renforcer la cohérence de l'action gouvernementale. Ce qui confirme que le président, non seulement, détermine, de fait, la politique de la Nation, mais intervient dans sa conduite.

S'agissant des relations entre le président et le Premier ministre, Édouard Philippe déclare : « la seule image que je trouve comparable au chef du gouvernement, c'est le chef d'orchestre. Je ne me prends pas pour le compositeur, ni pour le premier soliste, et pas davantage pour le percussionniste au fond de la salle » (entretien au *Journal du dimanche*, 3 sept. 2017). Cette formule s'inscrit dans le florilège des images par lesquelles chaque Premier ministre a entendu illustrer tant sa fonction que ses rapports avec le chef de l'État. Emmanuel Macron, pour sa part, s'inscrit parfaitement dans la logique de la V^e^ République, lorsqu'il reprend la célèbre formule selon lequel le président est la clé de voûte des institutions, il ajoute « En architecture, quand la clé de voûte est mal positionnée, tout s'effondre » (entretien au *Point*, 31 août 2017).

Plus profondément, la manière de gouverner d'Emmanuel Macron, s'inscrit dans ce qu'Alexandre Viala a appelé l'« épistocratie » (néologisme qui désigne un mode de gouvernement au sein duquel le pouvoir serait confié aux savants). On en trouve un peu l'esprit dans la position hégémonique qu'occupent, au cœur des démocraties occidentales et au service du « Prince », les hauts fonctionnaires issus des grandes écoles et les experts, au détriment des politiques.

On peut considérer que cette évolution est à la fois une cause de la montée du populisme (la césure entre le peuple et les élites) et une conséquence (la méfiance vis-à-vis d'un peuple jugé insuffisamment éclairé pour pouvoir décider rationnellement). Le discours d'Emmanuel Macron tend à substituer au clivage gauche-droite la frontière entre l'ancien et le nouveau monde.

Fin 2018, la « France périphérique » rappelle brutalement son existence sous la forme du mouvement des « gilets jaunes » (du nom d'un gilet fluorescent que chaque automobiliste doit détenir dans son véhicule et qui sert de signe de ralliement). Parti d'une classique révolte fiscale, il traduit la rupture profonde entre les élites qui gouvernent et le peuple. Largement soutenu dans l'opinion dans un premier temps, ce mouvement ne parvient pas à trouver son expression politique et dégénère en actions hebdomadaires d'une grande violence mais très minoritaires. Pour tenter de surmonter cette révolte, le président de la République organise un « Grand débat » qui est un succès mais qui n'est pas nécessairement représentatif des « gilets jaunes » et qui met entre parenthèses le programme politique du président. Les élections européennes de mai 2019 sont marquées par une confirmation de la césure qui oppose la « République en marche » et le « Rassemblement national » et de l'affaiblissement, voire de l'effondrement, des partis traditionnels de gauche et de droite (notamment le Parti socialiste et les Républicains), dont l'affrontement avait structuré la vie politique. Si l'on fait abstraction d'un bon score des partis écologistes, ces résultats traduisent une fracture non seulement politique, mais aussi sociale et géographique.

La soumission du gouvernement à la volonté présidentielle a été réaffirmée avec force par le chef de l'État à l'issue d'un séminaire gouvernemental en septembre 2019. E. Macron s'est adressé à ses ministres en ses termes : « Je vous ai gardés mais je vous ai demandé de changer un peu. Si vous ne changez pas, je vous change. (...) Je ne suis pas là pour faire ce que vous n'arrivez pas à faire ! » (*Le Figaro*, 16 sept. 2019).

Mais surtout, le chef de l'État a été confronté à une très grave crise sanitaire mondiale. Clef de voûte du système gouvernemental, le président a été exposé en première ligne, portant la responsabilité des décisions annoncées par son Premier ministre. E. Macron a pris la décision de faire porter sur les finances de l'État le poids économique considérable de la crise. Cette situation a conduit à un rejet (temporaire ?) de la mondialisation et de ses corollaires en matière économique et de libre circulation. Sous la pression des événements, le libéral est devenu dirigiste, invoquant même, de manière peut-être excessive ou inadéquate, une situation de guerre. Le président de la République gère la crise sanitaire de manière assez solitaire et autoritaire (il déclare, lors d'un séminaire gouvernemental le 9 septembre 2020, « quand je parle, je ne veux pas d'autres expressions »), les décisions sont prises après consultation d'un comité scientifique, par des conseils restreints réunis autour du président et, notamment le conseil de défense, réduisant ainsi le rôle du conseil des ministres. Le président définit ainsi son action : « impulsion et supervision » (entretien à BFM TV le 18 mai 2020). En juillet 2020, le président Macron, nomme un Premier ministre, issu de la droite, haut-fonctionnaire, sans expérience gouvernementale, Jean Castex, clairement présenté comme ayant la charge de « mettre en musique » la partition présidentielle. Comme le relève E. Macron (entretien à Paris Match, le 20 août 2020) « avec le quinquennat, cette période où le président de la République pouvait se distinguer de son gouvernement n'est plus », soulignant ainsi les incidences majeures, et non anticipées, du passage au quinquennat et de l'alignement des calendriers électoraux présidentiels et parlementaires. Le président réoriente son discours vers des questions régaliennes, comme celle du « séparatisme islamiste » ou l'identité française (entretien accordé à L'Express, le 23 décembre 2020). Il tente de redynamiser l'image d'un président réformateur en réformant la haute fonction publique et en supprimant, de manière symbolique, l'École nationale d'administration. Alors que la France prend la présidence du Conseil de l'Union européenne, l'invasion de l'Ukraine par la Russie représente une nouvelle situation de crise. Le rôle diplomatique joué par le président de la République lui permet de placer au second plan le débat politique qui précède le premier tour de l'élection présidentielle.

### K. *La réélection d'Emmanuel Macron : les défis d'une recomposition politique inaboutie*

**744.** La réélection d'Emmanuel Macron au second tour de l'élection présidentielle d'avril 2022 traduit une situation politique paradoxale. D'abord, et incontestablement, il s'agit d'une victoire personnelle.

E. Macron est le premier président de la République élu deux fois consécutives au suffrage universel direct, hors période de cohabitation, d'autre part son score est important, plus de 58 % des suffrages. Mais d'autre part, ce scrutin est marqué par un taux d'abstention important (28,01 %). Ainsi, si l'on examine ces résultats d'une autre manière, c'est-à-dire en ajoutant les abstentionnistes, les votes blancs ou nuls et les suffrages qui se sont portés sur M. Le Pen, il convient de relever que 61,48 % des électeurs inscrits n'ont pas soutenu, au second tour la candidature du président sortant qui n'avait obtenu au premier tour que 20,07 % des électeurs inscrits. Si le président réélu peut s'appuyer sur une victoire incontestable face à son adversaire, sa tâche sera néanmoins rendue difficile par plusieurs facteurs. Les premiers, il ne convient pas ici de s'y attarder, sont liés à une société fracturée, à des questions non résolues (immigration, pouvoir d'achat, sécurité, dette...) et à une situation internationale dangereuse. Les seconds tiennent au contexte politique (v. *supra* n° 710). À la division traditionnelle entre la droite et la gauche, s'est substituée une division en trois, voire en quatre forces, celle incarnée par E. Macron, en quelque sorte une troisième force centriste et libérale, une force à droite de la droite (de ce point de vue le concept d'extrême droite, comme celui d'extrême gauche, en ce qu'ils renvoient à une certaine forme de marginalité sont probablement devenus obsolètes), divisée en un courant populaire et social dominant (M. Le Pen) et un courant plus élitiste et conservateur (E. Zemmour) qui n'a pas réussi son pari d'unir les droites et une force à gauche de la gauche qui a réussi le pari de fédérer autour d'elle l'essentiel des forces de gauche et écologistes, auxquelles il convient d'ajouter la droite traditionnelle (Les Républicains). Il s'agit plus d'une décomposition que d'une recomposition.

Comme en 1988, les élections législatives ne permettent pas au président nouvellement réélu d'obtenir le soutien d'une majorité absolue de députés à l'Assemblée nationale. Le président doit alors négocier. Deux options s'ouvrent à lui : obtenir une majorité de coalition en ralliant une partie de l'opposition ou tenter de constituer une majorité au cas par cas, sur tel ou tel texte. Incontestablement cette situation affaiblit le président. Par ailleurs, elle conduit à mettre au centre du jeu le Premier ministre en charge, dans la logique des institutions, de négocier avec le Parlement pour conduire sa politique. Il convient de relever qu'à la différence de la situation prévalant en 1988, la faculté pour le Premier ministre de faire passer, en force, des projets de loi, en usant de la procédure de l'article 49-3 de la Constitution (v. *infra* n° 910) est réduite, à la suite des modifications introduites par la révision constitutionnelle de 2008. En revanche, en cas de conflit insoluble entre l'Assemblée et le président, ce dernier dispose toujours de la possibilité d'en appeler au peuple en procédant à la dissolution de l'Assemblée nationale. En réalité, comme en témoignent en mars 2023 les débats relatifs à la réforme des retraites et le recours à la procédure de l'article 49-3 (v. *infra* n° 940) pour son adoption, le gouvernement dirigé par Mme Borne doit faire face à une situation politique inédite à l'Assemblée nationale, partagée entre une majorité sans véritable corpus idéologique, une extrême gauche qui tend à contester la logique de la démocratie représentative, une droite qui a du mal à se positionner et une droite radicale en embuscade. Cette situation parlementaire n'est en fait que le reflet de la situation sociale. Face à une gauche et à une droite à bout de souffle, que pas grand-chose ne distinguait, E. Macron s'est fait élire sur un champ de ruines, se voulant le représentant d'un modernisme raisonnable face auquel n'existerait que le repoussoir des extrêmes. Se développe ainsi un électorat déboussolé, marqué par la défiance, à la fois tenté et apeuré par le jeu des extrêmes. L'épisode politique témoigne d'une grande faiblesse du président et de son Gouvernement. Les résultats du vote de la motion de censure, déposée à la suite de l'engagement par le Gouvernement de sa responsabilité, conduisent à considérer que l'idée selon laquelle le Gouvernement pourrait faire adopter des textes en s'appuyant, au cas par cas, sur tel ou tel courant de l'opposition est devenue irréaliste. Ce n'est pas l'absence de majorité politique qui est la cause de cette situation, mais l'impossibilité d'une majorité politique dans les circonstances actuelles. Faute d'expression et de débouché politiques, le débat se déporte dans la rue ou, dans des « conventions citoyennes » expression d'une démocratie participative qui n'a pas trouvé sa place. En ce sens, le président a lancé, avec des succès mitigés, un certain nombre d'expérimentations (Conseil national de la rénovation, conventions citoyennes sur le climat et sur la fin de vie...).

### b. La fonction présidentielle dans les périodes de cohabitation

**745.** Depuis 1986, la France a connu *trois périodes de cohabitation*, c'est-à-dire où le président était issu d'une majorité différente de celle que les élections législatives, intervenues au cours de son mandat, avaient donnée à l'Assemblée nationale : 1986-1988, 1993-1995 et 1997-2002.

La première fois (1986) cette situation avait été considérée comme anormale et on s'était interrogé pour savoir si le système pourrait fonctionner et le régime survivre. La répétition des cohabitations avec l'alternance, *la majorité passant d'un camp à l'autre entre 1981 et 2002 à chaque renouvellement de l'Assemblée*, a banalisé cette situation et fait taire les craintes pour la pérennité de la V$^{e}$ République. Les institutions fonctionnent et elles fonctionnent dans le respect de la lettre de la Constitution de 1958.

La présidence dans cette conjoncture ne peut conserver la primauté des périodes de conjonction des majorités. Une dyarchie s'instaure, dans les termes posés en 1958. Dans la répartition des tâches de l'exécutif la part du président est réduite au profit de celle du Premier ministre qui apparaît comme le véritable chef, le maître de l'action politique, le « patron » du Gouvernement. Le président de son côté prend ses distances sans toutefois être entièrement désarmé. Il n'est plus au centre du système et s'il continue à nommer le Premier ministre, celui-ci n'est plus responsable devant lui, il ne peut le contraindre à démissionner. Par ailleurs, c'est le Gouvernement qui définit la politique de la Nation que mettra en œuvre le Parlement. S'il a perdu ses facultés d'initiative, le président reste dans une certaine mesure un arbitre et conserve l'arme redoutable de la dissolution. En pratique, en temps de cohabitation, le président entend disputer toute parcelle de pouvoir au Premier ministre et se dresse en face de lui comme un adversaire ; il conserve la présidence mais il a perdu le pouvoir.

En revanche, le Parlement ne voit pas son rôle véritablement revalorisé. Il est essentiellement appelé à soutenir indéfectiblement le Gouvernement, face à un président de la République hostile. L'instauration du quinquennat rend moins plausible, sans la supprimer, la survenance d'une telle cohabitation. Elle serait possible, en cas de dissolution (moins probable dans le cadre du quinquennat), de décès ou de démission du chef de l'État (mais le nouveau président pourrait dissoudre l'Assemblée et rétablir ainsi le calendrier), ou si les Français, faisant preuve d'une certaine incohérence, envoyaient successivement à l'Élysée et au Palais Bourbon les représentants de courants politiques opposés.

#### α. *Un président gardien jaloux de ses prérogatives dans une cohabitation conflictuelle (1986-1988)*

**746.** Après avoir perdu, de peu, les élections législatives de 1986, F. Mitterrand n'est pas disposé à jouer les utilités. S'étant situé depuis 1981 dans la tradition des présidents puissants, vieille de 28 ans, il entend conserver le maximum de prérogatives et envisage vraisemblablement de briguer un second mandat en 1988.

Non seulement il ne démissionne pas, comme il avait pu le laisser entendre avant le scrutin disant qu'il « *préférerait renoncer à sa fonction plutôt qu'aux compétences de sa fonction* », mais il définit unilatéralement l'esprit de la cohabitation : celle-ci doit se dérouler « *dans le respect scrupuleux de nos institutions et la volonté commune de placer au-dessus de tout l'intérêt national* ». La règle est : « *la Constitution, toute la Constitution, rien que la Constitution.* »

À partir de là, ce qui caractérise la fonction présidentielle pendant la première cohabitation c'est *une lutte pied à pied du président pour faire respecter et si possible élargir, ses attributions constitutionnelles,* ce qu'on a appelé son « pré carré ». À ce titre il a donné, en particulier, une interprétation large de ses pouvoirs dans les domaines diplomatiques et militaires. Parallèlement il joue avec habileté de son pouvoir de fixer l'ordre du jour du conseil des ministres. Il utilise un certain nombre de compétences : opposition à l'entrée de certaines personnalités au Gouvernement, refus de signer trois ordonnances, refus de convoquer le Parlement en session extraordinaire, marchandage autour de sa signature des décrets pris en conseil des ministres, notamment en matière de nominations des hauts fonctionnaires, obligeant ainsi le Premier ministre à négocier...

- F. Mitterrand adopte d'autre part une attitude d'*arbitre,* garant des intérêts supérieurs de la Nation, dont la liste – sans aucun fondement constitutionnel – s'allongera au fil de ses discours : l'« unité nationale », la « cohésion sociale », la « solidarité », les « acquis sociaux ». Exerçant une sorte de « ministère de la parole », il estime qu'il doit intervenir

lorsqu'il juge qu'il y a un « danger pour l'intérêt général » et qu'en tout état de cause le président dispose d'un « pouvoir prééminent ».
- À ce titre, le président critique au besoin la politique menée par le Gouvernement de J. Chirac, il en appelle à l'opinion. Le chef de l'État devient ainsi en quelque sorte *le chef « clandestin » de l'opposition*.

Après quelques escarmouches, le Premier ministre J. Chirac fait le gros dos et s'efforce de mettre en œuvre sa politique, y réussissant le plus souvent.

S'il ne peut mettre en échec le Gouvernement, *F. Mitterrand donne son style à la cohabitation* (cette première expérience marquera les suivantes), il apparaît comme le maître du jeu.

### β. *Un président exerçant des prérogatives partagées dans une cohabitation consensuelle (1993-1995)*

**747.** La deuxième cohabitation s'est ouverte en 1993 dans des conditions très différentes de la première. La droite d'une part, dispose d'une majorité écrasante à l'Assemblée ; d'autre part, F. Mitterrand, de plus en plus usé par les atteintes de la maladie, n'envisage pas de se représenter une nouvelle fois à la présidence ; enfin le Premier ministre É. Balladur est plus porté à la modération que son prédécesseur de 1986.

Dans cette situation :

Le président tient bon sur ses prérogatives en matière diplomatique, internationale et militaire. Mais il admet qu'il s'agit non pas d'un « domaine réservé » mais d'un *« domaine partagé » avec le Premier ministre*. Si la décision appartient toujours au chef de l'État, le Premier ministre doit être consulté et y être associé. Le reste - la politique sociale et économique interne - relève exclusivement du Gouvernement.

Tout en se considérant toujours comme le gardien des intérêts supérieurs de la Nation, le président n'intervient plus qu'épisodiquement.

La deuxième cohabitation a eu pour effet de dédramatiser ce type de situation, de clarifier la répartition des pouvoirs et de définir un équilibre au sein de l'exécutif, où le président exerce une sorte de magistrature d'influence et où le Premier ministre gouverne. *Somme toute le régime fonctionne comme un régime parlementaire classique.*

### γ. *La pratique de la cohabitation longue (1997-2002)*

**748.** Dès le départ, les cohabitations ne se ressemblent pas.

En mai 1997, J. Chirac dissout l'Assemblée nationale un an avant le terme prévu de la législature et les élections envoient à la Chambre basse une majorité de gauche. Le président ne peut que nommer Premier ministre L. Jospin. La cohabitation commence dans des conditions différentes des précédentes, survenues, elles, à l'issue de scrutins organisés à la fin normale du mandat des députés.

Deux éléments principaux donnent à la situation sa singularité. Désavoué en quelque sorte par le peuple deux ans après sa propre élection, *le président voit son image et son autorité directement atteintes* par son erreur de jugement et ce qui apparaît comme une manœuvre politicienne. En outre, la cohabitation s'installe pour *une durée de cinq ans*, c'est-à-dire – sauf imprévu – jusqu'à la prochaine élection présidentielle. Les précédentes cohabitations pouvaient être remises en cause – et l'ont été – au bout de deux ans.

Au mois de juillet 1998, J. Chirac a formulé sa conception de la cohabitation : « *Mon rôle est à la fois d'incarner et de garantir les institutions, et de prendre des initiatives pour encourager, voire décider les réformes importantes. C'est aussi de donner l'impulsion concernant la place de la France dans le monde et en Europe* (...). *En l'absence de crise majeure, il ne peut pas et il ne doit pas y avoir de tiraillements entre le chef de l'État et celui du Gouvernement.* » En 1999, il parlera de « *cohabitation constructive* ».

Après cinq ans de cohabitation, quel est le bilan ?

- *Les pouvoirs traditionnels* du président en matière de défense nationale et de relations internationales n'ont pas été remis en cause.
- *Le président a laissé le Premier ministre libre de mener sa politique, mais il a usé de sa liberté de parole*, sans perdre une occasion d'exprimer ses désaccords (sur les 35 heures, la pression fiscale, la réforme de la justice...). Il s'est construit peu à peu un rôle de chef de l'opposition, aspirant à être le fédérateur de la droite.

De son côté le Premier ministre, L. Jospin, a pu mettre en œuvre les options majeures de sa politique : emplois-jeunes, 35 heures, couverture maladie universelle, parité hommes-femmes... Les relations avec le président au début « courtoises », voire « cordiales » se sont peu à peu détériorées. Alors qu'à l'approche de l'élection présidentielle, les « piques » du président se multipliaient, le Premier ministre a rendu coup pour coup, lui-même ou par ministre interposé.

En définitive la cohabitation n'a jamais empêché le pays d'être gouverné et elle n'a jamais fait l'objet d'un rejet massif des Français. En revanche, les milieux politiques l'accusent régulièrement de tous les maux.

## B. Les attributions du président

**749.** En général, dans les régimes parlementaires, l'énumération constitutionnelle des attributions du chef de l'État est brève ou, si elle est plus détaillée, leur titulaire n'en est que le détenteur nominal, il ne les exerce pas mais les délègue au Premier ministre.

La Constitution de 1958, au contraire, confère au chef de l'État de nombreuses attributions et celles-ci ont été interprétées largement. Le président est devenu – sauf en période de cohabitation, comme on vient de le voir (v. *supra* n° 746 et s.) – le centre et la source d'impulsion essentielle de la vie politique.

**750. Les pouvoirs propres (art. 19 C). –** Certaines de ses attributions sont exercées par le chef de l'État directement, *sans contreseing* du Premier ministre ou d'un ministre. Il s'agit de *pouvoirs propres* auxquels le Gouvernement n'est pas associé, à l'utilisation desquels il ne peut pas s'opposer. *L'article 19 définit le domaine véritablement réservé au chef de l'État.*

- *Quels sont ces pouvoirs ?* Entrent dans cette catégorie :
  - la nomination du Premier ministre,
  - le droit de message au Parlement et la possibilité de prendre la parole devant le Parlement réuni en Congrès,
  - la nomination du président et des membres du Conseil constitutionnel,
  - la saisine du Conseil constitutionnel.

On doit aussi y faire figurer d'autres décisions pour lesquelles le pouvoir du président est *conditionné*, c'est-à-dire ne peut s'exercer qu'à l'issue d'une procédure imposée par la Constitution,

*soit* qu'il doive prendre conseil avant d'agir, mais il *n'est pas lié par les avis recueillis :*

- la décision de recourir à l'article 16,
- les mesures prises sur la base de l'article 16,
- la dissolution,

*soit* que la décision doive lui être *proposée* par le Gouvernement :

- le référendum. Ici non plus il n'est pas lié par cette proposition.

- *Raison d'être de ces pouvoirs :* L'apparition de ces pouvoirs propres est l'une des originalités majeures de la situation du chef de l'État, elle rompt avec la tradition constitutionnelle française. L'existence de ces pouvoirs est en contradiction avec l'absence de responsabilité politique. Le chef de l'État n'a pas à rendre compte au Parlement ni à personne de la façon dont il utilise ces attributions. N'est possible que la sanction indirecte d'une motion de censure contre le Gouvernement, considéré comme solidaire du président dans la mesure où il n'a pas démissionné en signe de réprobation de son comportement ; tel était d'ailleurs le sens de la censure de 1962.

Mais, en même temps, l'innovation correspond à une nouvelle conception du rôle du chef de l'État. On n'a pas voulu subordonner l'exercice de son autorité, dans les domaines dont il a la charge, au bon vouloir des ministres, avec tous les risques de transfert de pouvoir que cela comporte.

- *Portée des pouvoirs propres :* Les pouvoirs à l'égard du Conseil constitutionnel sont importants, mais l'indépendance traditionnelle des membres relativise leur portée. En outre, suite à la réforme constitutionnelle de 2008 ces nominations sont soumises pour avis aux commissions parlementaires qui peuvent s'y opposer à une majorité des trois cinquièmes.

Les conditions d'exercice du droit de message du président au Parlement ont fait l'objet de vifs débats dans le cadre de la révision constitutionnelle. Dans sa rédaction de 1958, la Constitution prévoit que les messages du président au Parlement sont lus par le président de l'Assemblée devant les parlementaires debout, et sans débat. C'est une tradition reprise de la présidence de Thiers, au début de la III$^{e}$ République. Le président Sarkozy a souhaité pouvoir s'adresser directement aux parlementaires. Cette proposition de réforme peut être appréciée de deux points de vue :

- d'une part, la procédure antérieure était surannée et correspondait mal aux modalités contemporaines d'expression politique ;

- d'autre part, l'intervention du président de la République devant le Congrès, c'est-à-dire l'Assemblée nationale et le Sénat réunis, alors même qu'elle ne peut être suivie d'un débat en présence du président de la République, est susceptible d'engendrer une confusion entre l'irresponsabilité politique du président de la République et la responsabilité du Gouvernement, incarné par le président de la République (v. *infra* n° 771).

Le pouvoir de nomination du Premier ministre permet au président d'exercer, tout du moins en dehors des périodes de cohabitation, une véritable autorité sur le Premier ministre dont la pérennité est, de fait (car en droit, le président de la République ne peut contraindre le Premier ministre à la démission), soumise au bon vouloir du président qui se reconnaît le droit de changer de Premier ministre, comme il l'entend et en fonction de la conjoncture politique.

Quant au référendum, s'il ne peut être décidé, au niveau de l'exécutif, que sur proposition du Premier ministre, c'est en réalité un pouvoir qui s'exerce à l'initiative du président de la République.

La mise en vigueur de l'article 16 est entourée de conditions précises, le président ne peut y recourir qu'à l'occasion d'une crise grave. Toute autre utilisation constituerait un véritable coup d'État justifiant l'accusation de manquement grave aux obligations de sa charge (v. *supra* n° 720 et v. *infra* n° 755). En outre, la loi constitutionnelle du 23 juillet 2008 prévoit qu'après trente jours d'exercice des pouvoirs découlant de cet article, le Conseil constitutionnel peut être saisi par le président de chaque assemblée, soixante députés ou soixante sénateurs, pour examiner si les conditions qui ont justifié la mise en œuvre des dispositions de cet article demeurent réunies. Le Conseil se prononce par un avis public. Cet examen a lieu de plein droit après soixante jours.

En définitive, la *dissolution est l'atout majeur dont dispose le président.* Grâce à elle, il pourra solliciter l'arbitrage du pays en cas de conflit avec le Gouvernement et l'Assemblée, et sa menace peut, pendant un temps au moins, maintenir la cohésion d'une majorité parlementaire tentée de se rebeller contre le Gouvernement (ainsi celui de R. Barre de 1978 à 1981). Si cette arme pouvait paraître émoussée par le quinquennat sauf dans l'hypothèse d'une cohabitation, elle retrouve tout son intérêt alors que le président ne dispose que d'une majorité relative à l'Assemblée nationale.

**751. Les pouvoirs partagés. –** Le président dispose aussi de nombreuses attributions partagées – ce sont les plus importantes – pour lesquelles l'accord du Cabinet, *symbolisé par le contreseing*, est obligatoire. Il se trouve alors dans la situation habituelle d'un chef d'État parlementaire. Mais, et la cohabitation l'a bien montré, si le contreseing est une gêne pour le président celui-ci peut aussi contrarier l'action gouvernementale *en refusant de signer certaines décisions relevant des pouvoirs partagés* : ordonnances, décrets, convocation du Parlement en session extraordinaire...

Plutôt que de classer les attributions du président selon leur caractère propre ou partagé, on les étudiera selon le domaine où elles s'exercent.

## 1. Attributions à l'égard de la Nation

**752.** Le président est « *l'homme de la Nation* » (Ch. de Gaulle). Ce qui implique qu'il est le gardien de la Constitution et le garant de l'indépendance nationale, de l'intégrité du territoire et du respect des traités (v. *supra* n° 723). On n'y reviendra pas ici, pour insister sur les autres aspects de ce rôle.

### a. La maîtrise des relations internationales

**753.** Le président personnifie la Nation et représente l'État dans les relations avec l'extérieur.

À ce titre, il accrédite les ambassadeurs à l'étranger et les ambassadeurs étrangers lui présentent leurs lettres de créances.

Surtout le président *négocie et ratifie les traités, pour les plus importants avec l'autorisation du Parlement.* Pour les accords internationaux autres que les traités, la Constitution prévoit qu'il doit être tenu au courant des négociations.

Dans les faits, le rôle du chef de l'État est considérable en matière internationale. Ainsi le président français est le seul chef d'État (avec la Finlande) à siéger au Conseil européen aux côtés des chefs de Gouvernement. Hors cohabitation, les ministres des Affaires étrangères n'apparaissent plus que comme des exécutants subordonnés.

*Dans la pratique le président ne négocie pas la plupart des traités,* car ceux-ci sont soit très techniques, soit de portée limitée ; les Affaires étrangères s'en chargent ; s'il intervient c'est pour entériner le texte finalement adopté. Il participe avant tout à des négociations aboutissant à des accords politiques et non à des traités soumis à ratification. En définitive *son rôle majeur consiste à définir les orientations de la politique extérieure.*

Au cours des *cohabitations* la primauté ici du chef de l'État a été confirmée. Après quelques escarmouches J. Chirac l'a reconnue en 1986 et É. Balladur, tout en étant plus présent sur ce terrain, l'a lui aussi admise, tout en estimant qu'il s'agissait d'un *domaine partagé* où doit s'instituer une coordination entre le président et le Premier ministre. J. Chirac et L. Jospin ont adhéré à cette conception, avec d'autant plus de facilité que n'existaient pas de grosses divergences entre eux en matière de relations extérieures (v. *supra* n° 748).

Le président Macron s'est montré très actif dans le domaine international à l'occasion de la guerre en Ukraine.

### b. Le chef des armées (art. 15)

**754.** Le chef de l'État est aussi chef des armées.

Les pouvoirs du président ne sont pas formels et les nécessités de la guerre moderne lui ont conféré ici une responsabilité redoutable.

- Le président *nomme* les officiers généraux et *préside* les comités et conseils supérieurs de la Défense nationale. Il est ainsi tenu informé des conceptions stratégiques des états-majors, de leur état d'esprit, des besoins d'équipement des forces armées. Il dispose, en même temps, de la possibilité de contrôler les affectations aux hauts commandements militaires.

- Si le Parlement est seul habilité à déclarer la guerre (art. 35), ce qui dans les conditions des conflits modernes apparaît comme peu réaliste, on n'en constate pas moins que le président *a couramment engagé de son propre chef des interventions armées à l'étranger* : Zaïre, Liban, Koweït, Bosnie, Comores, Côte d'Ivoire, Haïti, Afghanistan, Libye, Mali... Parfois sous l'égide de l'ONU, mais la plupart du temps sans accord formel du Parlement. Cette mise à l'écart a soulevé de vives critiques. C'est pourquoi la révision constitutionnelle de 2008 a prévu qu'une autorisation du Parlement devrait intervenir lorsque l'engagement des forces françaises à l'étranger serait prolongé au-delà d'un délai de quatre mois, l'Assemblée nationale pouvant avoir le dernier mot à la demande du Gouvernement. Le Parlement devant, au surplus, être tenu informé dans les trois jours. Cette disposition a été appliquée pour la première fois à l'occasion de l'intervention en Libye le 22 mars 2011.
- Surtout le président de la République est titulaire, en vertu d'un décret de 1964, d'un pouvoir redoutable, en cas de conflit : *il peut engager les forces nucléaires françaises.*

Une décision engageant aussi fortement la Nation, mettant en cause sa survie, ne peut relever que du président.

Un décret du 12 juin 1996 « déterminant les responsabilités concernant les forces nucléaires » précise que les décisions de principe ainsi que les conditions d'engagement de ces forces sont arrêtées en Conseil de défense, présidé par le chef de l'État. Et le texte ajoute que celui-ci *peut décider seul l'engagement des forces nucléaires* (art. 5). Le texte indique d'autre part que le Premier ministre « prend les mesures générales d'application » des décisions du Conseil de défense. F. Mitterrand a suspendu de sa seule volonté les essais nucléaires français, repris par J. Chirac en juin 1995.

### c. La mise en œuvre de l'article 16

**755.** L'article 16 est l'une des dispositions les plus remarquables de la Constitution de 1958. L'innovation consiste à confier au chef de l'État une sorte de *dictature temporaire de salut public* dans certaines circonstances graves.

#### α. *Le recours à l'article 16*

**756.** Certaines conditions doivent être réunies pour que soit prise, dans des formes précises, la décision de recourir à l'article 16.

- Circonstances justifiant le recours à l'article 16

Le souvenir des événements de juin 1940 et de l'incapacité des pouvoirs publics d'alors à réagir fermement en face de l'invasion du pays et de la défaite a profondément marqué le général de Gaulle et l'a amené à revendiquer pour le chef de l'État des pouvoirs lui permettant de faire face au retour d'une telle situation. Les procédures sont cependant d'une piètre utilité si l'homme qui peut les utiliser n'a pas la volonté d'en faire usage.

Les circonstances justifiant le recours à l'article 16 sont :

- *une menace grave et immédiate*, mettant en cause les institutions de la République, l'indépendance de la Nation, l'intégrité du territoire, l'exécution par la France de ses engagements internationaux. Formulation imprécise - qu'est-ce qu'une menace « grave » ? - laissant au chef de l'État une part importante d'appréciation. De toute façon, à partir du moment où l'idée d'un renforcement des pouvoirs du chef de l'État est acceptée, il faut bien reconnaître au président une possibilité de juger si les circonstances commandent d'y recourir ;
- *l'interruption du fonctionnement régulier des pouvoirs publics constitutionnels* : ici, la marge d'interprétation est, plus étroite. De simples difficultés de fonctionnement ou une menace sur ce fonctionnement ne suffisent pas. Si le président est investi de compétences élargies, c'est parce que ces pouvoirs ne peuvent plus les exercer. Mais que faut-il entendre par « pouvoirs publics *constitutionnels* » ? Le Gouvernement ? Les assemblées ? Le Conseil constitutionnel ? Les organes des collectivités locales ? Ici aussi la part laissée à l'appréciation du président est grande.

Ces deux conditions sont *cumulatives*, c'est-à-dire qu'il faut *à la fois* une menace grave et immédiate et l'interruption du fonctionnement régulier des pouvoirs publics constitutionnels.

- La décision de recourir à l'article 16

La décision de recourir à l'article 16 appartient au président, elle est prise sans contreseing, *c'est un pouvoir propre.* Mais si le chef de l'État apprécie librement si les circonstances exigent la mise en œuvre de l'article 16, il doit recueillir un certain nombre d'avis pour éviter qu'une mesure aussi grave ne prenne la tournure d'un coup d'État.

Il doit consulter :

- le Premier ministre,
- les présidents des assemblées,
- le Conseil constitutionnel.

Mais il n'est pas lié par leurs avis. Celui du Conseil constitutionnel doit cependant être motivé et *publié au Journal officiel* (*JO*), ce qui lui donne une force morale importante.

Par ailleurs, le président de la République doit informer par un *message* la Nation de sa décision d'appliquer l'article 16. La Nation a le droit qu'on lui explique les raisons pour lesquelles une décision aussi grave et exceptionnelle est prise.

### β. *Les pouvoirs du président*

**757.** La Constitution prévoit que le président est habilité à prendre « *les mesures exigées par les circonstances* », et elle poursuit : « *ces mesures doivent être inspirées par la volonté d'assurer aux pouvoirs publics constitutionnels, dans les moindres délais, les moyens d'accomplir leur mission* ». En principe donc l'application de l'article 16 devrait cesser dès que les pouvoirs publics sont en mesure de faire face eux-mêmes à la situation.

• Portée de ces pouvoirs

Les pouvoirs du président sont extrêmement étendus. Il peut se substituer au Parlement comme au Gouvernement, et – pourquoi pas ? – à la justice, il concentre tous les pouvoirs étatiques entre ses mains. Il peut agir sans délai et sans intermédiaire. Il peut suspendre les garanties des citoyens dans le domaine des libertés publiques par exemple, et l'expérience prouve qu'il intervient en priorité dans ce domaine.

Pourtant ces pouvoirs ne sont pas illimités :

- Bien que la Constitution ne le précise pas, on considère que le président *ne peut modifier la Constitution* puisque l'objectif exprès de ces mesures est le retour au fonctionnement régulier des pouvoirs publics. La Constitution est simplement suspendue, le chef de l'État prend régulièrement des décisions qui, en temps normal ne lui appartiennent pas et seraient inconstitutionnelles. Les circonstances passées, on revient à l'ordre constitutionnel antérieur inchangé.
- *L'Assemblée nationale ne peut être dissoute.* Il faut éviter que le président ne s'affranchisse du contrôle de la représentation nationale – à supposer qu'il soit matériellement possible – pour instaurer un pouvoir personnel.

• Contrôle de l'exercice des pouvoirs

La Constitution s'est efforcée d'assurer un minimum de contrôle sur des pouvoirs aussi exorbitants.

• **Pendant que l'article 16 est en vigueur.** Tout d'abord, le Parlement se réunit *de plein droit*, en principe pendant toute la durée d'application de l'article 16, il siège en permanence. Cette obligation sera difficile à remplir si justement le fonctionnement des pouvoirs publics est interrompu, les députés dispersés, le territoire occupé, le Parlement détruit, les moyens de transport désorganisés...

Que peut faire le Parlement au cours de cette session ?

- Les parlementaires pourront éventuellement déférer le président à la Haute Cour, s'il a abusé manifestement de ses pouvoirs.
- En 1961, le président de l'Assemblée nationale décida qu'une *motion de censure n'était pas recevable* pendant la durée d'application de l'article 16 (sauf si la session de plein droit coïncide avec la session normale). Solution logique si l'on se rappelle que l'Assemblée ne peut être dissoute, mais contestable si on s'en tient à une interprétation stricte de la Constitution qui, à l'article 7, prévoit les cas où la

responsabilité politique du Gouvernement ne peut être mise en cause, sans y inclure la période d'application de l'article 16.

- La Constitution ne précisait pas si le Parlement pouvait légiférer pendant la session de plein droit. De Gaulle devait, en 1961, opérer une distinction ici encore selon que la session de plein droit coïncidait avec une session ordinaire ou non. Dans le premier cas, le Parlement peut débattre et adopter des lois à condition de ne pas interférer dans le domaine des mesures « prises, ou à prendre, en vertu de l'article 16 ». Dans le second cas, un débat est possible à condition qu'il n'ait pas d'aboutissement législatif, c'est-à-dire ne se termine pas par l'adoption d'une loi. Cette interprétation de la Constitution ne paraît pas contestable : l'article 16 n'a pas pour effet de dessaisir le Parlement de ses pouvoirs habituels en période normale de session.
- En outre, le chef de l'État doit *consulter le Conseil constitutionnel* sur les mesures qu'il prend au titre de l'article 16. Cet avis ne lie pas le président et *il n'est pas publié.*
- La loi constitutionnelle de 2008 prévoit que le maintien de ces pouvoirs au-delà de trente jours peut faire l'objet d'un contrôle du Conseil constitutionnel à l'initiative de parlementaires, ce contrôle est de plein droit au-delà de soixante jours.

• **Après la fin de l'application de l'article 16.** Le juge administratif peut contrôler - de façon très superficielle - la régularité des décisions de nature administrative prises par le chef de l'État (Conseil d'État, 2 mars 1962, *Rubin de Servens*). En revanche, les actes de nature législative sont insusceptibles de tout recours, sous réserve d'une question prioritaire de constitutionnalité (v. *infra* n° 967) postérieure à la fin d'application de l'article 16.

### γ. *Pratique de l'article 16*

**758.** L'article 16 a été utilisé *une fois*, en avril 1961, à la suite du putsch d'Alger. Le général de Gaulle mit en vigueur l'article 16 du 23 avril au 30 septembre.

Cette décision était contestable dans la mesure où le fonctionnement régulier des pouvoirs publics constitutionnels n'était pas interrompu, tout au moins au niveau national, mais simplement menacé. En outre, le putsch s'est effondré dès le 25 avril et le général de Gaulle a laissé l'article 16 en vigueur jusqu'au 30 septembre, ce qui était probablement peu conforme à la Constitution.

L'utilisation faite des pouvoirs exceptionnels n'a pas, elle, été abusive et n'a guère été contestée, 26 décisions en tout, la plupart prises dans les premiers jours de la mise en vigueur de l'article 16 : création de tribunaux, modification de la procédure pénale, suspension de l'inamovibilité des magistrats du siège, destitution ou mise en congé de militaires, prorogation des délais de garde à vue, autorisation de l'internement administratif, possibilité d'interdire certaines publications...

#### d. Le référendum

**759.** Ici encore, il s'agit d'un pouvoir que le président de la République peut exercer *sans contreseing*, on est dans le domaine de ses attributions propres. Mais son pouvoir n'est pas inconditionné. Le référendum ayant été étudié précédemment, on n'y reviendra pas ici (v. *supra* n° 232 et s.).

### 2. Attributions à l'égard du Gouvernement

**760.** En théorie les attributions du président à l'égard du Gouvernement ne sont pas si nombreuses et apparaissent assez formelles. *La pratique les a longtemps considérablement élargies, parfois jusqu'à une captation de pouvoirs.*

#### a. La nomination du Premier ministre et des membres du Gouvernement

**761.** Le président nomme le Premier ministre. C'est un *pouvoir propre* exercé sans contreseing. Il nomme aussi, sur proposition du Premier ministre, les membres du Gouvernement.

Pour plus de clarté, il sera traité de ces attributions plus loin, avec la formation et la fin des fonctions du Gouvernement (v. *infra* n° 781).

#### b. La présidence du conseil des ministres

**762.** Le chef de l'État préside le conseil des ministres. Ce principe, déjà inscrit dans le texte de 1946 et *propre au régime parlementaire français*, est rare en Europe (Danemark, Irlande). S'il est empêché – maladie ou voyage – le président peut autoriser le Premier ministre à tenir à Matignon un conseil des ministres sur un ordre du jour déterminé.

Les « *Conseils de Cabinet* » organisés sous la présidence du Premier ministre (et hors la présence du président) ont disparu. Si M. Debré, a l'exemple de la IV^e^ République, en réunit parfois, ils cessèrent sous le Gouvernement de G. Pompidou ; de toute façon ils n'avaient aucun pouvoir de décision, celui-ci appartenait au seul conseil des ministres. Il fallut attendre la « cohabitation » pour voir réapparaître des « réunions de ministres ». É. Balladur ainsi que A. Juppé en ont organisé quelques-unes ; L. Jospin souvent, pour se concerter avec ses ministres, sans J. Chirac. J.-P. Raffarin les réunissait une fois par mois.

La présidence du conseil des ministres n'est en rien une prérogative honorifique et protocolaire. Le président tout d'abord convoque le Conseil et **surtout approuve son ordre du jour**, c'est-à-dire la liste des questions qui y seront évoquées. Il peut ainsi retarder ou empêcher la venue d'un dossier devant le Conseil. F. Mitterrand a usé de cette possibilité à plusieurs reprises pendant la première cohabitation. De même, en février 2001, J. Chirac a fait reporter d'une semaine l'inscription à l'ordre du jour d'un projet de loi sur la Corse.

Cependant une utilisation excessive du pouvoir de fixation de l'ordre du jour risquerait fort d'entraîner une crise grave avec un Gouvernement qui ne serait pas à la dévotion du président. L'article 20 de la Constitution serait vidé de son sens (v. *infra* n° 813). Il ne resterait plus alors au Gouvernement qu'à démissionner et à ouvrir, s'il dispose du soutien du Parlement, une épreuve de force avec le président.

La présidence du conseil des ministres permet au chef de l'État de suivre l'action du Gouvernement, en particulier lorsqu'un ministre présente une communication sur l'état d'un dossier ou sur la politique générale de son département ministériel. Mais elle n'est pas pour le président l'occasion d'exercer une influence déterminante sur les décisions prises par le Conseil. En effet, puisque ne sont inscrites à son ordre du jour que les mesures auxquelles il a donné son accord, il n'y a pas de débat, ou exceptionnellement ; les ministres sont informés et entérinent, sans chercher à la faire modifier ou rejeter, la décision déjà prise. En période de cohabitation, où le président ne peut s'opposer à toutes les initiatives du Gouvernement, il exprime au besoin oralement ses réserves devant le Conseil et les rend parfois publiques dans un communiqué publié à son issue.

### c. La signature des décrets et ordonnances

**763.** Encore un de ces pouvoirs partagés (avec contreseing) en apparence très formel mais dont la portée pratique peut être considérable.

En 1958, on a rétabli la compétence du président de la République pour signer *les ordonnances* (c'est-à-dire les décrets-lois, v. *infra* n° 825) ainsi que *les décrets pris en conseil des ministres.* Cette prérogative a reçu une interprétation extensive permettant au chef de l'État de contrôler tout le pouvoir réglementaire, alors que l'article 13 fait du *Premier ministre le détenteur normal de ce pouvoir.*

La Constitution reconnaît implicitement, en effet, qu'il existe deux catégories de décrets, ceux pris en conseil des ministres et les autres dont la signature appartient au Premier ministre. Mais *elle ne précise pas leurs domaines respectifs.* Si des lois imposent que certains décrets soient pris en Conseil, il n'en existe pas qui s'opposent à ce que d'autres viennent devant lui. Tout décret peut donc être délibéré en conseil des ministres et revêtu de la signature du président.

- À partir de là, le pouvoir réglementaire du président a connu – *hors cohabitation* – un développement considérable. Il signe en effet non seulement :
  - les ordonnances et ceux des décrets qui doivent obligatoirement être pris en conseil des ministres ;
  - certains décrets, qui ne sont pas examinés en Conseil, mais pour lesquels le législateur a prévu qu'ils seraient pris directement par lui : les nominations des officiers par exemple ;
  - mais encore les décrets qu'il fait venir et délibérer en Conseil parce qu'il souhaite les signer lui-même ; ces décrets ne peuvent ensuite être modifiés qu'en suivant la même procédure (en cas de cohabitation, le Premier ministre ne pourra donc le faire lui-même), à moins

que le président n'y renonce expressément en « déclassant » le décret antérieur ;
- et même des décrets *pris en dehors de toute délibération du conseil des ministres.* Ce pouvoir, que la Constitution ne lui reconnaît pas, s'exerce dans des domaines où le président s'estime investi d'une responsabilité particulière : organisation des administrations centrales, défense, relations internationales... Il attire à lui, « il évoque » ces décrets et le Conseil d'État a estimé que le contreseing donné par le Premier ministre (qui, lui, est compétent) couvre l'irrégularité que constitue la signature du président (*Sicard*, 27 avril 1962, *Rec.* 280). Ces décrets cependant peuvent être ensuite modifiés par le Premier ministre seul.

Même si en définitive 95 % des décrets sont signés directement par le Premier ministre, on constate que *lorsque celui-ci s'entend avec le président* le pouvoir réglementaire de ce dernier est illimité. Même s'il ne le fait pas en pratique, il peut contrôler toute l'action du Gouvernement et exercer un veto discrétionnaire sur les décisions qui ne lui plaisent pas. Le Premier ministre est largement dessaisi ; ici encore *une concentration des pouvoirs se réalise au profit du chef de l'État.*

- *En période de cohabitation*, F. Mitterrand et J. Chirac n'ont jamais usé de leur pouvoir pour refuser de signer un décret de portée générale (pour les décrets individuels, de nomination par exemple, ils se sont opposés parfois, semble-t-il, à leur inscription à l'ordre du jour du Conseil). *Mais, en 1986, F. Mitterrand a repoussé trois ordonnances, obligeant le Premier ministre à les transformer en projets de loi pour contourner son veto.*

### d. La nomination des hauts fonctionnaires et d'autres autorités

**764.** La nomination des plus hauts fonctionnaires n'appartient pas aux ministres, chefs des administrations, mais au président lui-même (pouvoir qu'il partage en principe avec le Premier ministre, v. *infra* n° 810). La décision est prise, selon les cas, en conseil des ministres, ou directement par décret soumis à contreseing. La Constitution et une ordonnance du 28 novembre 1958 fixent la liste des emplois qui sont ainsi pourvus. Au total 70 000 emplois environ relèvent du président. Des décrets sont venus compléter ces textes pour *les postes de direction des établissements publics et des entreprises nationales.* Leur liste s'est considérablement étendue, passant d'une cinquantaine de ces emplois-là en 1969, à 163 en 1985 ; nombre réduit par la suite du fait des privatisations.

Le président a ainsi la possibilité de contrôler l'accès aux postes-clés de l'Administration et du secteur public. Le général de Gaulle n'a jamais délégué, *de son propre chef,* ce pouvoir au Premier ministre, ses successeurs l'ont imité. Cependant, des lois ou des décrets de déconcentration sont intervenus pour éviter que cette attribution ne devienne trop écrasante. En pratique aucun poste important n'est attribué sans que l'Élysée n'ait été consulté, même, semble-t-il, en période de cohabitation.

La Haute Administration française est ainsi entre les mains de fonctionnaires dont le loyalisme est garanti. Après l'« État UNR », on a pu parler de l'« État PS ». En dépit du parallèle fâcheux qui s'établit avec le système des dépouilles, il semble difficile qu'il en soit autrement dans un pays où les antagonismes politiques sont aussi vifs et tranchés qu'en France. La politisation de la Haute Administration est un phénomène inéluctable. Et si l'opposition s'indigne régulièrement de cette pratique et préconise l'« État impartial », elle se garde bien de l'écarter lorsqu'elle accède au pouvoir. Il importe cependant de limiter l'extension du phénomène vers le bas et surtout de respecter une certaine déontologie, pour éviter que la recherche légitime de la loyauté ne dissimule le « copinage » au détriment de la compétence. On relèvera, cependant, qu'en 2010, N. Sarkozy a nommé premier président de la Cour des comptes un député de l'opposition, qui était en outre président de la Commission des finances de l'Assemblée nationale, Didier Migaud.

Il convient, en fait, de distinguer les nominations des fonctionnaires d'autorité, qui ont pour mission d'appliquer la politique du Gouvernement (ambassadeurs, préfets, recteurs...), et les nominations des responsables d'établissements publics et d'autorités administratives indépendantes (v. *infra*, nº 1004) auxquelles il faut ajouter celle de trois des membres du Conseil constitutionnel et de deux membres du Conseil supérieur de la magistrature. La loi organique nº 2013-906 du 11 octobre 2013 ajoute à la liste de ces nominations le président de la Haute Autorité pour la transparence de la vie publique (v. *infra* nº 1004) et la loi 2013-1028 du 15 novembre 2013 le président de l'Institut national de l'audiovisuel.

Dans ces derniers cas, le principe d'impartialité et l'exigence de compétence doivent être respectés et contrôlés. C'est pourquoi la loi constitutionnelle de 2008 prévoit que ces nominations sont soumises à l'avis d'une commission parlementaire qui peut s'opposer aux nominations proposées à la majorité des trois cinquièmes. La loi organique du 23 juillet 2010 fixe la liste des emplois et des fonctions pour lesquels la nomination par le président de la République fait l'objet d'un avis des commissions compétentes de chaque assemblée. Ces avis sont précédés d'une audition publique. La commission des lois de l'Assemblée nationale s'est opposée, en 2015, à la nomination d'un membre du Conseil supérieur de la magistrature proposée par le président de l'Assemblée nationale.

On relèvera qu'en 2021, le président Macron a mis en place une réforme des carrières de la haute fonction publique, le remplacement de l'École nationale d'administration par un Institut national du service public et la suppression des grands corps de l'État.

## 3. Attributions à l'égard du Parlement

**765.** Les pouvoirs du président de la République à l'égard du Parlement sont assez proches, dans leur énoncé, de ceux d'un chef de l'État parlementaire classique. Mais, ici encore, la prépondérance affirmée par le président, aux périodes de concordance des majorités, les charge de virtualités qu'ils ne possèdent pas normalement.

### a. Le président législateur

**766.** Le président intervient dans l'élaboration de la loi.

- *Interventions dans la procédure législative :* tout d'abord, *en dehors de la cohabitation*, il est inconcevable que le Gouvernement dépose un projet de loi sans avoir obtenu son accord préalable (ne serait-ce qu'à travers l'inscription à l'ordre du jour du conseil des ministres), et souvent le président est lui-même à l'origine du projet, *il dispose d'une initiative de fait* (v. *infra* n° 890). En outre, à partir du premier septennat de F. Mitterrand, s'est développée une *pratique* qui ne trouve aucun appui dans la Constitution, par laquelle *le président intervient* assez fréquemment, sur des sujets politiques, *dans le déroulement de la procédure législative*. F. Mitterrand considérait son programme comme étant le programme législatif du Parlement. Aussi bien a-t-il souvent demandé au Gouvernement d'engager par voie législative une réforme d'envergure touchant des domaines essentiels de la vie nationale : financement des partis, immigration, refonte du Code pénal... Ces interventions ont été amplifiées sous la présidence de N. Sarkozy et d'E. Macron.

**767.** La promulgation. Ensuite, lorsqu'une loi a été adoptée, elle est transmise pour promulgation au chef de l'État. Celui-ci atteste l'existence de la loi, l'authentifie et ordonne sa mise en application. Il dispose d'un délai de quinze jours pour la promulguer. Dans ce délai, il peut saisir le Conseil constitutionnel ou demander une seconde délibération. La décision de promulguer est un *décret* contresigné par le Premier ministre et les ministres intéressés. La promulgation donne sa date à la loi. Que pourrait-il se passer si le président tardait à promulguer ?

Cette intervention participe du rôle exécutif du chef de l'État.

### b. La dissolution

**768.** L'article 12 de la Constitution confère au président de la République un pouvoir, ***discrétionnaire en fait,*** de dissoudre l'Assemblée nationale, provoquant ainsi des élections anticipées.

Il s'agit d'un pouvoir propre, exercé *sans contreseing* du Premier ministre, mais dont l'exercice doit être précédé de *l'avis* de celui-ci ainsi que de celui des présidents des assemblées. Ces avis ne lient pas le président de la République.

La dissolution est cependant soumise à certaines conditions et produits certains effets :

#### α. *La dissolution est parfois impossible*

**769.** Lorsque l'article 16 est en vigueur. L'Assemblée, estime-t-on, pourrait alors faire barrage à une utilisation abusive par le président des prérogatives qu'il tire de l'article 16 (v. *supra* n° 757). Le président ne peut donc, en prononçant la dissolution, tenter d'échapper à ce contrôle, pourtant assez illusoire et limité (Haute Cour) ;

- *lorsque le président du Sénat, ou le Gouvernement, assure la suppléance de la présidence de la République.* Les situations de transition sont toujours dangereuses et il est bon que la continuité de la représentation nationale soit sauvegardée. L'Assemblée dispose alors de ses pouvoirs normaux ;
- *si moins d'une année s'est écoulée depuis des élections législatives provoquées par une précédente dissolution.* On veut éviter que le président de la République, mécontent du choix du corps électoral, ne méconnaisse sa volonté et n'essaie de briser l'opposition des nouveaux élus en organisant à bref délai une nouvelle consultation. Le président doit respecter le vœu des électeurs et ne peut prononcer de dissolutions à répétition : « *dissolution sur dissolution ne vaut* ».

#### β. *La dissolution provoque de nouvelles élections*

**770.** La vacance du pouvoir parlementaire due à la dissolution doit être brève, aussi la Constitution prévoit-elle que les élections seront organisées dans un délai de vingt à quarante jours et que la nouvelle Assemblée se réunira de plein droit le deuxième jeudi qui suit son élection.

Enfin, le Sénat peut se réunir lorsque l'Assemblée a été dissoute. On évite ainsi le face-à-face du président et du pays. Quant au Gouvernement, il continue à exercer la plénitude de ses prérogatives.

La dissolution a été prononcée à cinq reprises depuis 1958, c'est-à-dire que cinq législatures sur onze se sont terminées par une dissolution : en 1962, 1968, 1981, 1988 et 1997.

- *En 1962*, il s'agissait de trancher un conflit entre l'exécutif et le Parlement (v. *supra* n° 128).
- *En 1968*, le général de Gaulle a utilisé la dissolution pour tenter, avec succès, de sortir d'une crise politique nationale grave (v. *supra* n° 339).
- *En 1981 et en 1988*, au lendemain de son élection à la présidence de la République, F. Mitterrand a mis fin au mandat d'une Assemblée dominée par la droite pour demander au pays de lui donner une majorité de gauche, lui permettant de mettre en œuvre son programme. Avec un plein succès en 1981, un résultat mitigé en 1988 (v. *supra* n° 738).
- *En avril 1997*, J. Chirac a prononcé une dissolution « à l'anglaise », ou de « confort », en dehors de toute crise. Désireux d'éviter une cohabitation, il l'a précipitée. Estimant la conjoncture favorable, il a mis fin au mandat des députés un an avant l'échéance, espérant obtenir à l'Assemblée une majorité qui le soutiendrait jusqu'à la fin de son septennat. Déjouant ce calcul, les électeurs ont envoyé une majorité de gauche à l'Assemblée, ouvrant la troisième cohabitation. Pour la première fois depuis 1958 le président perdait les élections après une dissolution.

### c. Le droit de message

**771.** Le président peut user sans contreseing de cette prérogative *(pouvoir propre)*. Il n'est donc pas le porte-parole du Gouvernement, il parle en son nom personnel. Avant 2008, le message n'était pas lu par le président lui-même, puisqu'il n'avait pas le droit de prendre séance au Parlement, mais par les présidents des assemblées (v. *supra* n° 750). Si le Parlement n'est pas en session, une réunion spéciale pourra être organisée à cet effet.

Les présidents ont peu utilisé cette prérogative (18 fois au total depuis 1959) et s'en sont servis parfois pour informer les parlementaires du sens d'une décision qu'ils comptaient prendre : référendum, Europe... Le 22 juin 2009, le président Sarkozy s'est adressé pour la première fois directement au Congrès, à Versailles. Le président Macron l'a fait pour la première fois le 3 juillet 2017. À l'occasion de son intervention devant le Congrès, le 9 juillet 2018, le président Macron a annoncé sa volonté que soit modifié l'article 18 de la Constitution afin de permettre au chef de l'État de participer au débat qui suit son intervention. Si cette réforme aboutissait elle serait susceptible d'affaiblir la fonction du Premier ministre, qui a la charge des relations avec le Parlement et, le cas échéant, celle du président de la République dont l'action serait ainsi susceptible d'être directement contestée par des parlementaires devant lesquels il n'est pas responsable.

### d. Le droit de demander une seconde délibération (art. 10)

**772.** Le président de la République peut demander, dans le délai de promulgation, une nouvelle délibération (ou « lecture ») de la loi ou d'une partie de la loi. C'est une sorte de *veto suspensif. Ce pouvoir est soumis à contreseing*. Le Parlement n'a pas la possibilité de ne pas déférer à cette demande, mais le Premier ministre pourrait refuser son contreseing et empêcher le retour devant le Parlement.

F. Mitterrand s'est servi deux fois de ce pouvoir. En 1983 à l'égard de la loi concernant l'organisation à Paris en 1989 d'une Exposition universelle. En 1985, ensuite, à propos d'une loi sur la Nouvelle-Calédonie dont le Conseil constitutionnel avait déclaré une disposition non conforme à la Constitution. J. Chirac l'a utilisé le 4 avril 2003 à propos de la loi sur les élections régionales et au Parlement européen, censurée par le Conseil constitutionnel.

### e. La réunion du Congrès

**773.** Au cours de la procédure de révision, le président peut décider de soumettre le projet de révision au Congrès (v. *supra* n° 125).

### f. L'ouverture et la clôture des sessions extraordinaires

**774.** C'est au président qu'il appartient de convoquer, à la demande du Premier ministre ou de la majorité des membres de l'Assemblée nationale, les sessions extraordinaires du Parlement (v. *infra* n° 862).

## 4. Attributions dans le domaine de la justice

**775.** La Constitution fait du président « *le garant de l'indépendance de l'autorité judiciaire* » (art. 64), attribution qui prolonge sa qualité de gardien de la Constitution.

### a. Le droit de grâce (ou la clémence du Prince)

**776.** Il s'agit d'une prérogative traditionnelle du chef de l'État et, en même temps, c'est une atteinte au principe de la séparation des pouvoirs. Elle consiste à dispenser des personnes condamnées par les tribunaux de tout ou partie de leur peine, ou de commuer une peine en une autre plus légère. Toute personne intéressée peut déposer un recours en grâce.

Paradoxalement, l'exercice de cette prérogative, dont le caractère personnel est manifeste, est soumis au contreseing du Premier ministre et du garde des Sceaux. On semble ainsi en faire un acte politique susceptible d'entraîner la responsabilité du Gouvernement, telle est bien d'ailleurs parfois l'utilisation qu'en fait le président. Mais la tradition française s'oppose fort opportunément à ce que l'utilisation de ce droit fasse l'objet d'une discussion devant le Parlement. Le contreseing est, en conséquence, automatique.

Des chiffres : 25 000 recours en grâce environ sont déposés chaque année et moins de 1 000 grâces sont accordées.

L'exercice de ce droit est restreint par la révision constitutionnelle de 2008. Il ne peut plus s'exercer que de manière individuelle.

La décision du président de la République d'accorder d'abord une grâce partielle, puis une grâce complète (le 28 décembre 2016) à une personne condamnée par deux cours d'assises, dans le cadre de violences conjugales, a suscité une réaction d'hostilité de magistrats. Le président Macron a usé de ce droit en mai 2008 à l'égard d'un condamné à perpétuité.

### b. La garantie de l'indépendance de l'autorité judiciaire

**777.** Le Conseil supérieur de la magistrature assiste le président dans son rôle de garant de l'indépendance de l'autorité judiciaire dont il désigne deux membres.

La révision adoptée en 2008 retire la présidence du Conseil supérieur de la magistrature au chef de l'État (v. *infra* n° 986).

## 5. Attributions diverses

**778.** Le président de la République dispose d'autres attributions, importantes ou mineures, qu'il convient de mentionner ou de rappeler :

1° *L'initiative de la révision de la Constitution* (v. *supra* n° 125).

2° *La saisine du Conseil constitutionnel* (v. *infra* n° 957), la nomination de trois de ses membres et la désignation de son président.

3° *Les présidences et charges honorifiques :*

- le président est co-Prince de la principauté d'Andorre ;
- il est chanoine honoraire de Saint-Jean de Latran (le président Macron a été installé dans ces fonctions et a renoué avec cette tradition, rompue par F. Hollande et remontant à Henri IV) et de Saint-Germain-des-Prés ;
- il est Grand Maître de l'ordre de la Légion d'honneur et de l'ordre national du Mérite ;

– il est protecteur de l'Académie française.

# Section 2
# Le Gouvernement

**779. Bibliographie.** – Jacques Fournier, *Le travail gouvernemental*, Presses de la FNSP et Dalloz, 1987.

**780.** En France, le Gouvernement n'est que l'un des titulaires ou des acteurs du pouvoir gouvernemental. Même s'il est un peu estompé par l'ombre que lui a fait durablement la prééminence du président de la République, le Gouvernement n'en est pas moins un rouage très important du système établi en 1958. La Constitution exalte la fonction du Gouvernement alors que le président est conçu comme un tuteur. Les dispositions concernant le Gouvernement sont nombreuses et importantes et, par-là, son poids en face du président est affirmé. *Excepté en période de cohabitation*, la pratique pourtant devait aller dans le sens d'une subordination du Gouvernement au président.

Pour de Gaulle, en effet, le Gouvernement était « un organisme de prévision, de préparation et d'exécution » et non, donc, de décision.

## Les Gouvernements de la V<sup>e</sup> République

| | |
|---|---|
| Charles de Gaulle | 1er juin 1958 – 22 décembre 1958 |
| 1. Michel Debré | 8 janvier 1959 – 14 avril 1962 |
| 2. Georges Pompidou I | 14 avril 1962 – 28 novembre 1962 |
| 3. Georges Pompidou II | 28 novembre 1962 – 8 janvier 1966 |
| 4. Georges Pompidou III | 8 janvier 1966 – 1er avril 1967 |
| 5. Georges Pompidou IV | 6 avril 1967 – 10 juillet 1968 |
| 6. Maurice Couve de Murville | 10 juillet 1968 – 20 juin 1969 |
| 7. Jacques Chaban-Delmas | 20 juin 1969 – 5 juillet 1972 |
| 8. Pierre Messmer I | 5 juillet 1972 – 28 mars 1973 |
| 9. Pierre Messmer II | 2 avril 1973 – 27 février 1974 |
| 10. Pierre Messmer III | 27 février 1974 – 27 mai 1974 |
| 11. Jacques Chirac | 27 mai 1974 – 25 août 1976 |
| 12. Raymond Barre I | 25 août 1976 – 29 mars 1977 |
| 13. Raymond Barre II | 29 mars 1977 – 31 mars 1978 |
| 14. Raymond Barre III | 3 avril 1978 – 13 mai 1981 |
| 15. Pierre Mauroy I | 21 mai 1981 – 22 juin 1981 |
| 16. Pierre Mauroy II | 22 juin 1981 – 22 mars 1983 |
| 17. Pierre Mauroy III | 22 mars 1983 – 17 juillet 1984 |
| 18. Laurent Fabius | 17 juillet 1984 – 20 mars 1986 |
| 19. Jacques Chirac | 20 mars 1986 – 10 mai 1988 |
| 20. Michel Rocard I | 10 mai 1988 – 22 juin 1988 |
| 21. Michel Rocard II | 23 juin 1988 – 15 mai 1991 |
| 22. Édith Cresson | 15 mai 1991 – 2 avril 1992 |
| 23. Pierre Bérégovoy | 3 avril 1992 – 29 mars 1993 |
| 24. Édouard Balladur | 29 mars 1993 – 11 mai 1995 |
| 25. Alain Juppé I | 7 mai 1995 – 7 novembre 1995 |
| 26. Alain Juppé II | 7 novembre 1995 – 2 juin 1997 |
| 27. Lionel Jospin | 2 juin 1997 – 7 mai 2002 |
| 28. Jean-Pierre Raffarin I | 7 mai 2002 – 17 juin 2002 |
| 29. Jean-Pierre Raffarin II | 17 juin 2002 – 30 mars 2004 |
| 30. Jean-Pierre Raffarin III | 31 mars 2004 – 30 mai 2005 |

| | |
|---|---|
| 31. Dominique de Villepin | 30 mai 2005 – 15 mai 2007 |
| 32. François Fillon I | 18 mai 2007 – 18 juin 2007 |
| 33. François Fillon II | 19 juin 2007 – 13 novembre 2010 |
| 34. François Fillon III | 14 novembre 2010 – 10 mai 2012 |
| 35. Jean-Marc Ayrault I | 16 mai 2012 – 18 juin 2012 |
| 36. Jean-Marc Ayrault II | 18 juin 2012 – 31 mars 2014 |
| 37. Manuel Valls | 31 mars 2014 – 25 août 2014 |
| 38. Manuel Valls II | 26 août 2014 – 6 décembre 2016 |
| 39. Bernard Cazeneuve | 6 décembre 2016 – 10 mai 2017 |
| 40. Édouard Philippe | 15 mai 2017 – 19 juin 2017 |
| 41. Édouard Philippe II | 21 juin 2017 – 3 juillet 2020 |
| 42. Jean Castex | 3 juillet 2020 – 20 mai 2022 |
| 43. Élisabeth Borne | 20 mai 2022 – |

## §1. La formation et la fin des fonctions du Gouvernement

### A. La nomination du Premier ministre

**781.** C'est un *pouvoir propre* du président. La nomination est donc dispensée du contreseing du Premier ministre sortant, qui ne se trouve pas dans la situation déplaisante d'avoir à donner son aval à la désignation de son successeur. Le chef de l'État peut nommer qui il veut – par exemple un non-parlementaire : G. Pompidou, R. Barre, D. de Villepin, J. Castex – ; il n'a pas, comme sous la IV$^{e}$ République à procéder à des consultations préalables auprès des groupes politiques et des présidents des assemblées ; ce ne sont plus les partis qui constituent le Gouvernement.

*Dans la pratique pourtant sa liberté n'est pas totale, elle est toujours limitée.* S'il n'est pas obligé, comme en Grande-Bretagne, de désigner le chef du parti majoritaire, le président est politiquement contraint de retenir le nom d'une personnalité capable de rassembler cette majorité autour d'elle. À l'ouverture d'une cohabitation, c'est le peuple – un peu alors comme en Grande-Bretagne – qui désigne en réalité le Premier ministre. Le président ne peut risquer le camouflet d'une mise en minorité immédiate de son candidat par l'Assemblée nationale. F. Mitterrand a ainsi dû nommer, en 1986, J. Chirac leader de la formation dominante de la nouvelle majorité : tout autre choix serait apparu comme une manœuvre ou une provocation à l'égard de la majorité parlementaire. De même en 1997 J. Chirac a dû appeler L. Jospin.

## B. La nomination des ministres

**782.** Le choix des *ministres* se déroule différemment : ils sont nommés par le président, sur présentation du Premier ministre.

En principe c'est donc au Premier ministre qu'il appartient de composer son équipe ; le fait qu'*il contresigne la nomination de ses membres par le président souligne qu'il en est le chef.*

En pratique le président ne se contente donc pas d'approuver une liste établie par le Premier ministre. Il intervient dans sa confection. Plus ou moins et différemment selon sa personnalité. Tous les présidents ont leurs candidats et, même si ce n'est pas pour chaque portefeuille, ils pèsent très fort sur l'établissement de la liste (F. Mitterrand disait en 1985 : « *Les Gouvernements que j'ai constitués* » et en 1981 il a choisi presque tous les ministres). Avec des situations particulières : en 1981 comme en 1997 les communistes ont été laissés libres de choisir les quatre, puis trois, personnalités qui entreraient au Gouvernement. Lors de la formation du Gouvernement Chirac, en 1986, si F. Mitterrand a été mis en présence d'une liste établie en dehors de lui – cohabitation oblige – il n'a pas entériné toutes les nominations proposées, il a récusé plusieurs personnalités présentées par le Premier ministre, dans des domaines où le président a des responsabilités particulières (affaires étrangères, défense). Lors des cohabitations suivantes, É. Balladur et L. Jospin n'ont pas rencontré les mêmes oppositions. N. Sarkozy joue un rôle décisionnel s'agissant de ces nominations. Il semble que François Hollande ait imposé certains noms pour la formation de son premier Gouvernement.

À la différence de la IV$^{e}$ République, la constitution du Gouvernement intervient rapidement après la désignation du Premier ministre. Lorsque des retards apparaissent, ils révèlent des difficultés dans des négociations avec la majorité parlementaire pour la composition de l'équipe gouvernementale et ils ne dépassent pas quelques jours.

## C. L'absence du Parlement dans la procédure de nomination du Gouvernement

**783.** Un point est acquis depuis l'origine du régime : *le Gouvernement a une existence juridique dès sa nomination* par le président et peut agir sans autre formalité, *il dispose de l'intégralité de ses pouvoirs. L'exigence de l'investiture par les députés a donc été écartée.* Il arrive, d'ailleurs, que le changement de Gouvernement intervienne pendant les vacances parlementaires, il peut commencer à travailler sans attendre.

L'article 49, alinéa 1, de la Constitution n'en prévoit pas moins que le Premier ministre, après délibération du conseil des ministres, engage devant l'Assemblée nationale la responsabilité du Gouvernement sur son *programme* ou sur une déclaration de politique générale. Mais *aucun délai n'est fixé* pour ce débat et la pratique a beaucoup varié.

Dans les premières années de la V$^{e}$ République, encore sur la lancée des régimes précédents, les Gouvernements Debré et Pompidou se présentèrent rapidement devant la Chambre basse en posant la question de confiance ; puis, à partir de 1962, l'usage s'établit progressivement *de ne pas considérer comme obligatoire le vote de confiance au Gouvernement, c'est-à-dire l'investiture par la Chambre*. De 1962 à 1973, aucun Cabinet n'a sollicité, lors de sa constitution, la confiance de l'Assemblée nationale. Certains ont attendu plusieurs mois pour se présenter devant elle et fréquemment aucun vote n'était demandé aux députés, on se contentait d'une déclaration de politique générale, laissant à l'opposition l'initiative d'une motion de censure. Cette attitude manifestait la volonté délibérée de souligner que, hors cohabitation, le *Gouvernement tient ses pouvoirs de la confiance du président*.

En 1973 cependant, P. Messmer lors de la constitution de son deuxième Cabinet est revenu sur cette pratique, en engageant rapidement sa responsabilité sur une déclaration de politique générale. *Par la suite, la plupart des Premiers ministres se sont présentés sans trop attendre devant l'Assemblée*, pour exposer leur programme ou, le plus souvent, pour lire une déclaration de politique générale. Leur intervention se concluait par un vote sur la confiance, on revenait à ce qui avait été la règle à l'origine (exceptions : Messmer III et Barre I). Le Gouvernement accomplissait par-là un geste de courtoisie à l'égard des députés et cherchait à souder l'union de sa majorité.

M. Rocard, É. Cresson, P. Bérégovoy et Élisabeth Borne se sont limités à une déclaration de politique générale attendant le dépôt éventuel d'une motion de censure. Il est vrai que ne disposant pas de la majorité absolue à la Chambre, ils ne pouvaient courir le risque d'un vote sur la confiance (la majorité n'est pas la même que pour la censure. V. *infra* n° 938).

Depuis 1993, É. Balladur, A. Juppé, L. Jospin, J.-P. Raffarin, D. de Villepin, F. Fillon, J.-M. Ayrault, M. Valls, B. Cazeneuve, É. Philippe et J. Castex se sont présentés devant l'Assemblée dès la constitution de leur Cabinet et ont sollicité un vote sur leur déclaration de politique générale. Ce comportement est dans la logique du régime parlementaire. En période de cohabitation, il souligne que le Gouvernement ne tient pas essentiellement ses pouvoirs du président mais de la confiance de l'Assemblée.

## D. La fin des fonctions du Gouvernement et de ses membres

**784.** Le président de la République accepte la démission du Gouvernement. *En principe* donc, et de Gaulle l'avait confirmé en 1958, *le président ne peut révoquer le Premier ministre*. Seule l'Assemblée peut renverser le Gouvernement en lui refusant sa confiance (G. Pompidou, 1962).

• Cependant une pratique s'est instituée, *dans les périodes de concordance des majorités*, qui *confère au président* ***un pouvoir de révocation de fait du Premier ministre***, il est maître de la durée de vie du Gouvernement. Il ne sera pas question officiellement de révocation, mais d'acceptation d'une démission dont on sait pertinemment qu'elle intervient sur la demande expresse du chef de l'État. Celui qui refuserait de s'y plier serait un « *triste sire* » (dixit J. Chaban-Delmas). Depuis M. Debré, en 1962, tous les Premiers ministres, hors cohabitation, ont abandonné leurs fonctions contre leur gré à l'exception de J. Chirac en 1976 et, dans une moindre mesure, de P. Mauroy en 1984. La révocation la plus spectaculaire a été celle de J. Chaban-Delmas en 1972, quelques jours après un vote où l'Assemblée lui avait manifesté largement sa confiance.

Cette situation symbolise l'évolution du régime, hors cohabitation, vers le parlementarisme dualiste : le Premier ministre tient ses pouvoirs du chef de l'État, celui-ci peut les lui retirer.

• *En période de cohabitation* le président perd évidemment son pouvoir de révocation du Premier ministre (et des ministres), ce pouvoir ne joue que si le Premier ministre accepte de se retirer, ce n'est plus le cas alors.

- Le président met fin, sur proposition du Premier ministre, aux fonctions d'un membre du Gouvernement. En pratique ici aussi certains ministres ont perdu leur portefeuille sur l'initiative personnelle du chef de l'État.
- Mais les Gouvernements ne prennent pas fin uniquement par la censure de l'Assemblée (v. *infra* n° 937) ou la révocation par le président.

Il arrive tout d'abord que d'un commun accord le président et le Premier ministre décident d'un *remaniement* d'une certaine ampleur du Gouvernement, qui se traduira ou non par la démission de l'ancienne équipe, le Premier ministre conservant ses fonctions à la tête de la nouvelle. Ainsi, un décret du 23 juin 2008 pris par le président de la République « sur proposition » du Premier ministre opère une modification substantielle de la composition du Gouvernement, mais il n'y a pas à proprement parler un nouveau Gouvernement, le Premier ministre n'ayant pas présenté au président de la République la démission du Gouvernement.

Par ailleurs, et c'est sa forme la plus fréquente, la démission interviendra au *lendemain des élections législatives ou présidentielles*, c'est une sorte de « démission de courtoisie ». Elle donne au président la liberté de constituer le Gouvernement de son choix ou, au lendemain des législatives, en cas d'alternance, de tenir compte de la volonté des électeurs. Cette pratique existait sous les III^e^ et IV^e^ Républiques pour les élections législatives, et sous la III^e^ République pour les présidentielles. Pour ces dernières, sa réaffirmation n'est pas sans signification. Est ainsi soulignée la dépendance du Gouvernement à l'égard du président. Inconnue dans les autres régimes parlementaires, elle constitue une « exception française ». Après les élections législatives de 2022, Mme Borne a présenté la démission de son Gouvernement au président de la République qui l'a refusée, se bornant à procéder à un remaniement.

## §2. Le statut des membres du Gouvernement

### A. Les différentes catégories de membres du Gouvernement

**785.** Le fait que le président de la République préside les délibérations du conseil des ministres ne fait pas de lui un membre du Gouvernement, ne serait-ce qu'en raison de son absence de responsabilité politique devant le Parlement. Mais la part active, pour ne pas dire déterminante, qu'a souvent prise le chef de l'État à l'élaboration des décisions du Conseil est difficilement conciliable avec son extériorité théorique à l'égard du Gouvernement.

Alors que le nombre des députés et des sénateurs est fixé par la loi, il n'y a pas de règles déterminant la composition du Gouvernement. Celle-ci change d'un Cabinet à l'autre par des créations, fusions, disparition de départements ministériels, passage d'une catégorie à l'autre. Cette souplesse s'explique. Sur le plan technique, elle permet de suivre l'évolution des fonctions de l'État, et, en ce sens, la liste des ministères s'est beaucoup allongée depuis le XIX$^{e}$ siècle. Politiquement en outre, elle permet, par une répartition judicieuse des portefeuilles, de s'assurer au Parlement l'appui des amis des ministres. Sous la V$^{e}$ République la taille des Gouvernements a varié d'une vingtaine à une cinquantaine de membres. Le premier Gouvernement Fillon fut le plus resserré de la V$^{e}$ République avec 21 membres. Le deuxième Gouvernement nommé par F. Hollande le 18 juin 2012 comprenait 38 membres, ministres et ministres délégués. Il ne comportait ni ministre d'État, ni secrétaires d'État. La volonté du candidat élu de construire un gouvernement autour de quinze pôles, comme en Allemagne, n'a pas été concrétisée. Ce Gouvernement, composé essentiellement de personnalités sans expérience gouvernementale, affichait une volonté de diversité et de parité. Par ailleurs, les titres de certains portefeuilles (égalité des territoires, redressement productif, les « outre-mer », les familles...) sonnent comme un slogan plus qu'ils ne renvoient aux fonctions traditionnelles de l'État. Le Gouvernement formé par Élisabeth Borne en juillet 2022, comprend 16 ministres, 15 ministres délégués et 10 secrétaires d'État auprès du Premier ministre ou d'un ministre.

Cet aspect mis à part, le Gouvernement apparaît comme une *institution hiérarchisée et solidaire* dont tous les membres n'ont pas le même statut.

À côté du *Premier ministre*, qui a une existence constitutionnelle et dispose d'attributions propres, on trouve plusieurs catégories de ministres, qui ne sont pas toujours présentes dans chaque Gouvernement.

1° Le titre de *ministre d'État* ne correspond plus qu'à une prééminence protocolaire. Ce titre est généralement donné à une personnalité en considération de son autorité dans un des partis ou une des tendances de la majorité, ou pour tenir compte de son rayonnement particulier à la tête d'un département ministériel important (A. Malraux à la Culture, ou S. Veil, ministre de la Santé dans le Cabinet Barre II). Le Gouvernement Villepin en comportait un : N. Sarkozy ; ainsi que celui de F. Fillon III : A. Juppé.

Le premier Gouvernement d'É. Philippe (mai 2017) comprenait trois ministres d'État symbolisant la structure politique du nouveau Gouvernement : un ancien socialiste, G. Collomb, le président du Modem (centre), F. Bayrou, et un représentant de la société dite « civile », N. Hulot.

2° Le Gouvernement comprend parfois des *ministres délégués auprès du Premier ministre.*

3° *Les ministres à portefeuille.* Ils forment ce qu'on pourrait appeler la catégorie normale. Leur nombre n'est pas limité, la dénomination de leur portefeuille varie d'un Cabinet à l'autre...

4° *Les ministres délégués auprès des ministres.*

5° *Les ministres délégués non rattachés à un ministre.* Leur statut est proche de celui des secrétaires d'État autonomes.

6° *Les secrétaires d'État, autonomes, ou rattachés,* selon qu'ils sont placés ou non sous l'autorité d'un ministre.

7° *Les hauts-commissaires* représentent une catégorie apparue dans le Gouvernement Fillon en 2007. Cet intitulé visait à laisser un semblant d'indépendance à une personnalité marquée à gauche et qui avait accepté, à cette condition, de rejoindre le Gouvernement (M. Hirsch). En 2020, F. Bayrou est nommé Haut-commissaire au plan sans être membre du Gouvernement.

La hiérarchie entre les ministres et les secrétaires d'État est fixée par leur place dans la liste des membres du Gouvernement publiée au *Journal officiel.* En général *les secrétaires d'État ne participent pas au conseil des ministres* ; ils sont seulement invités à y siéger si une question relevant de leurs attributions est inscrite à l'ordre du jour. En revanche dans le Gouvernement Fillon III, l'ensemble des membres du Gouvernement, y compris les secrétaires d'État ont vocation à siéger au conseil des ministres. Dans le Gouvernement de J. Castex, ni les ministres délégués (sauf celui chargé des relations avec le Parlement), ni les secrétaires d'État (sauf le porte-parole du Gouvernement) ne participent de manière systématique au conseil des ministres.

## B. Incompatibilités

**786.** Les fonctions ministérielles sont incompatibles avec une série d'autres activités.

### 1. Avec des fonctions professionnelles privées

**787.** Il s'agit ainsi d'éviter la pression éventuelle des intérêts privés sur l'activité des chefs d'administration qui doivent servir exclusivement l'intérêt général. En principe, le traitement qu'ils reçoivent, complété de diverses indemnités, doit leur permettre de vivre (autour de 100 000 euros par an, plus diverses primes). Celui-ci est cependant très inférieur à la rémunération des dirigeants, voire de salariés, de grandes entreprises privées ou même nationalisées ; un pilote d'Air France a un salaire deux ou trois fois supérieur au leur. Des dizaines de milliers de Français sont mieux payés que le Premier ministre.

L'incompatibilité concerne toutes les professions, même libérales (avocat...), ainsi que les responsabilités syndicales.

En principe, depuis 1958, un ministre ne pouvait être dirigeant d'un parti politique, témoignage de la méfiance de De Gaulle à l'égard des partis. Abandonnée pendant un temps, reprise par la suite, cette pratique a été écartée à nouveau, en 2005, au profit de N. Sarkozy.

## 2. Avec des fonctions publiques

**788.** Le fonctionnaire nommé ministre devra se faire mettre en congé. Seuls les professeurs de l'enseignement supérieur peuvent continuer à enseigner. S'il s'agit cependant d'une fonction publique élective, le cumul est possible en droit (ministre et maire...) sauf s'il s'agit de fonctions nationales (ministre et président de la République). L. Jospin avait interdit le cumul des fonctions avec celles de maire, suscitant pas mal de mauvaises humeurs. D. de Villepin n'a pas conservé cette règle, accordant des dérogations au coup par coup et elle a été abandonnée par F. Fillon.

## 3. Avec un mandat parlementaire

### a. Le principe et ses raisons d'être

**789.** Renouant avec la tradition de la Révolution et du Second Empire, la Constitution de 1958 (art. 23) interdit le cumul d'un portefeuille ministériel et d'un mandat parlementaire : un député ou un sénateur devenant ministre doit abandonner son siège. Plusieurs raisons principales fondent cette prohibition :

- éviter « la course aux portefeuilles » qui portait une part de responsabilité dans l'instabilité des régimes précédents. L'ouverture d'une crise gouvernementale favorisait leur carrière en offrant aux parlementaires une occasion d'être nommés ministres. Aussi, le Gouvernement renversé, les ministres revenaient siéger dans leur assemblée en attendant que la prochaine crise – qu'ils avaient tout intérêt à provoquer – leur entrebâille à nouveau les portes du Gouvernement.
- éloigner les ministres de leurs amis politiques pour faciliter la cohésion de l'équipe gouvernementale ;
- en conséquence, *accroître la dépendance des ministres* à l'égard du Premier ministre et (hors cohabitation) du président qui peuvent les démettre à tout moment. Leur subordination est renforcée ;
- inciter les ministres à se consacrer entièrement à leurs fonctions ministérielles et, en particulier, couper les liens avec leurs circonscriptions.

### b. Les modalités (ordonnance du 17 novembre 1958)

**790.** Le parlementaire devenu ministre dispose d'un délai d'un mois à partir de sa nomination pour opter entre ses deux fonctions. À l'expiration de ce délai, s'il n'a pas manifesté qu'il renonçait à faire partie du

Gouvernement, il est remplacé au Parlement par le suppléant, élu en même temps que lui (v. *infra* n° 844). Pendant ce même délai le ministre ne peut participer aux votes dans son assemblée.

Jusqu'en 2008, le ministre quittant le Gouvernement ne retrouvait pas son siège de parlementaire, son suppléant ne lui restituait pas sa place. Il pouvait seulement démissionner pour permettre à l'ancien ministre de se représenter. Dans ce cas, une élection était organisée à laquelle l'ancien ministre pouvait se présenter, mais le suppléant ne pouvait faire acte de candidature lors de l'élection suivante contre celui qu'il avait remplacé.

Cette règle privait le Parlement d'hommes d'expérience qui restaient sur la touche jusqu'aux élections générales suivantes.

La possibilité pour les parlementaires devenus ministres de retrouver leur siège à la fin de leur fonction présidentielle a été introduite dans la Constitution en 2008.

## C. Les déports

**791.** Le renforcement des exigences, visant à éviter les conflits d'intérêts, a conduit le Premier ministre à prendre des décrets de déport visant à interdire à certains ministres de connaître certaines affaires auxquelles ils auraient pu, directement ou indirectement, participer. Ainsi en 2022, la ministre de la transition énergétique a été appelé à ne pas connaître des actes de toute nature relatif à une entreprise du secteur de l'énergie, en lien avec la gestion de son patrimoine et une procédure de divorce, le ministre délégué à la transition numérique devra se déporter sur les affaires en lien avec le groupe UBER. Du fait de changements dans sa vie privée et affective, la Secrétaire d'État auprès de la Première ministre, chargée de l'Économie sociale et solidaire et de la Vie associative doit se déporter s'agissant de ses relations avec nombre d'organismes dont la MGEN. Plus emblématique, en raison de ses démêlés avec certains magistrats, en tant qu'avocat et antérieurement à sa prise de fonction et aux poursuites dont il est l'objet devant la Cour de justice de la République, le garde des Sceaux devra se déporter dans des procédures disciplinaires et relatives à des nominations qui relèvent de ses prérogatives dans les relations avec le Conseil supérieur de la magistrature. Un « recueil de la prévention des conflits d'intérêts » récapitule l'ensemble de ces dispositions de déport. En mars 2023, 16 membres du Gouvernement sont visés.

## D. Responsabilité civile et pénale des ministres

**792. Bibliographie.** – Bertrand Mathieu, Thierry Renoux, André Roux, *La Cour de justice de la République*, PUF, coll. Que sais-je, 1995.

**793.** On relèvera d'abord, en marge de cette question que, conformément au rapport Sauvé sur la prévention des conflits d'intérêts dans la vie publique, une circulaire du Premier ministre du 16 mars 2011 invite les membres du Gouvernement et les membres de leur cabinet à rédiger une déclaration explicitant les intérêts qu'ils peuvent avoir, par exemple, dans des sociétés privées. Dans le même sens, F. Hollande a fait signer à chaque ministre une charte déontologique. Il leur a également demandé en avril 2013 de rendre public leur patrimoine.

## 1. Le problème

**794.** Est-il souhaitable que les ministres soient soumis aux règles du droit commun pour les actes dommageables commis dans l'exercice de leurs fonctions ? Ce serait les exposer à des poursuites abusives de la part de particuliers dont leur action a lésé les intérêts ou suscité la vindicte. En même temps peut-on aménager un régime particulier qui ne se transforme pas en privilège ?

De plus, comment instituer un régime de responsabilité compatible avec la séparation des pouvoirs ? Sous cet angle, faire juger les ministres par le Parlement n'est pas plus satisfaisant que de les déférer aux tribunaux ordinaires.

Le système français s'efforce tant bien que mal de concilier ces exigences contradictoires.

La *responsabilité civile* (c'est-à-dire non fondée sur un délit ou un crime) des ministres obéit aux règles du droit commun.

Le régime de *la responsabilité pénale* repose sur la distinction des actes extérieurs à la fonction de ceux commis dans l'exercice de la fonction.

## 2. Les actes extérieurs à la fonction

**795.** Les ministres relèvent alors des tribunaux ordinaires ; il est arrivé, par exemple, que des membres du Gouvernement soient condamnés pour diffamation : É. Guigou en 1997, C. Trautmann en 1999, ou pour des propos jugés discriminatoires, B. Hortefeux en 2010. Il en est de même pour les actes accomplis au titre de leurs mandats locaux ; il y a alors « dédoublement fonctionnel » (à la fois ministre et maire par exemple), le juge judiciaire apprécie alors au titre de laquelle des deux fonctions les actes critiqués ont été commis. A. Carignon (1995) et M. Noir (1997) ont été condamnés au pénal pour des actes accomplis lorsqu'ils étaient ministres, mais considérés comme détachables de cette fonction. L'immunité ministérielle n'est donc pas illimitée.

Par ailleurs un usage s'était établi un temps selon lequel un ministre mis en examen démissionne (ex. : F. Léotard, G. Longuet). Il a été repris en 2002 par J.-P. Raffarin. Pourtant il faut bien comprendre que *cela donne à un juge d'instruction le pouvoir de faire démissionner un ministre !* Pouvoir difficile à justifier dans la perspective de la séparation des pouvoirs. Plus encore, mis en cause dans une affaire de mœurs, alors même qu'il n'était pas en examen, un secrétaire d'État (G. Tron) a été politiquement contraint de démissionner (mai 2011). Un non-lieu a été requis par le parquet deux ans plus tard. Enfin, en avril 2013, J. Cahuzac, ministre du Budget, accusé de fraude fiscale, a été contraint de démissionner alors qu'était seulement ouverte une information judiciaire. Mais il est vrai qu'il a reconnu avoir commis ce délit.

Enfin un ministre ne peut déposer comme témoin qu'avec l'autorisation du conseil des ministres.

Le garde des Sceaux, ministre de la Justice, É. Dupont-Moretti, mis en examen pour prise illégale d'intérêts (liée au fait d'avoir ordonné une enquête administrative sur des magistrats auxquels l'avaient opposé des conflits alors qu'il était avocat) est cependant resté en fonction, le Premier ministre déclarant « ce n'est pas à des représentants de syndicats de magistrats de décider qui est membre, ou non, du gouvernement » (*Le Monde*, 31 juill. 2021).

### 3. Les actes accomplis dans l'exercice de la fonction

**796.** Pour les actes accomplis dans l'exercice de leurs fonctions, les ministres relèvent d'une juridiction spéciale : la Cour de justice de la République (v. *infra* nº 995).

Il serait probablement souhaitable de réfléchir à la mise en place d'une responsabilité politique individuelle des ministres devant l'Assemblée nationale pour les actes accomplis dans ce cadre afin d'éviter une ingérence parfois contestable de la justice dans le contrôle de l'action politique (v. *infra* nº 999).

## §3. Fonctionnement du Gouvernement

**797. Bibliographie.** – Bérengère BONTE, *Dans le secret du conseil des ministres*, éd. du Moment, 2011.

Il existe plusieurs formations ministérielles.

## A. Le conseil des ministres

**798.** *Le conseil des ministres est la seule formation qui ait un pouvoir de décision.*

Les Conseils des ministres symbolisent *la solidarité ministérielle*, les décisions se prennent en commun. Ils se tiennent tous les mercredis matin à l'Élysée, sous la présidence du chef de l'État. Ils sont convoqués sur un ordre du jour et, à l'issue du Conseil, un communiqué est publié, exposant les sujets évoqués et annonçant les décisions prises ; ce document est rédigé *à l'avance* en collaboration entre les départements ministériels intéressés, les services du Premier ministre et ceux de l'Élysée. Les conditions de son élaboration témoignent du caractère assez formel de ces réunions, le travail gouvernemental se fait ailleurs, il est assez exceptionnel qu'un véritable débat s'établisse, le Conseil entérine des décisions déjà prises, on ne vote pas.

La solidarité ministérielle est parfois mise à l'épreuve par des déclarations intempestives, ou des comportements provocants, dont J.-P. Chevènement s'était fait un temps, une spécialité. Comme le relève le président Sarkozy (23 mars 2011), « un ministre... est tenu à un devoir de solidarité dans l'expression collective... un ministre n'a pas à avoir de position personnelle lorsqu'une ligne a été définie ».

Certains ministres font peu de cas de la solidarité ministérielle. Ainsi en décembre 2015, C. Taubira, ministre de la Justice, après avoir à de nombreuses reprises fait part de son opinion personnelle sur telle ou telle question, s'est opposée à la déchéance de nationalité prévue dans le projet de loi constitutionnelle, déposé en son nom, et qu'elle se refusait à défendre devant le Parlement... Elle a finalement été contrainte à démissionner et a été remplacée par J.-J. Urvoas, rapporteur de ce projet à l'Assemblée nationale.

### B. Les Conseils interministériels

**799.** Fréquemment sont tenus des *conseils interministériels* où ne siègent que les ministres intéressés par une question et éventuellement des secrétaires d'État. Très souvent aussi, de hauts fonctionnaires sont invités à y participer. Ils sont présidés par le président de la République. Certains sont permanents, alors que d'autres, non périodiques, se réunissent lorsque les circonstances le justifient. S'ils font peu de cas de la solidarité ministérielle, leur existence est une obligation de simplification et d'efficacité en face de la multiplication des tâches gouvernementales, c'est là qu'a lieu un débat, que s'effectue le véritable travail gouvernemental. Les décisions qui y sont prises sont ensuite ratifiées en conseil des ministres.

Ces conseils se distinguent des « *comités interministériels* » réunis à Matignon sous la présidence du Premier ministre et des « *réunions interministérielles* » organisées sous la présidence des collaborateurs du Premier ministre, où ne siègent pas les ministres mais les membres de leur cabinet ainsi que des représentants des administrations.

## §4. Attributions du Gouvernement

**800.** À la lecture de la Constitution, le rôle du Gouvernement apparaît considérable. En effet, l'article 20 indique : « *Le Gouvernement détermine et conduit la politique de la Nation. Il dispose de l'Administration et de la force armée* ».

Dans la pratique, le mandat général donné au Gouvernement doit se concilier avec les pouvoirs reconnus au président de la République et que leurs titulaires ont durablement interprétés dans un sens extensif.

### A. Le rôle du Premier ministre

**801. Bibliographie. -** Édouard Balladur, *Le pouvoir ne se partage pas*, Fayard, 2009. - Jean Massot, *Chef de l'État et chef de Gouvernement*, La Documentation française, 2008. - Philippe Ardant, *Le Premier ministre en France*, Montchrestien, 1991. V. églt. la série « L'enfer de Matignon », (2 DVD) produite par France 5.

**802.** La situation du Premier ministre dans le fonctionnement des institutions de la V^e^ République est particulièrement ambiguë. Elle doit moins en effet à la Constitution qu'à des règles et des usages nés de la pratique au cours des treize législatures dans les rapports entre dix-huit

Premiers ministres, six présidents de la République et des majorités parlementaires variées.

## 1. Les relations du Premier ministre et du président de la République : le « duo » ou le « duel » ?

### a. Rappel du schéma constitutionnel

**803.** La procédure de désignation du Premier ministre le met d'une part dans une situation de subordination à l'égard du président auquel il doit sa nomination. D'autre part, le chef de l'État préside le conseil des ministres et dispose de pouvoirs propres sur lesquels le Premier ministre n'a pas prise. En outre, le Premier ministre est placé au deuxième rang dans l'ordre protocolaire et doit une certaine révérence à celui qui est le chef de l'État. Une hiérarchie apparaît, sans rapport avec l'étendue des attributions de chacun. La pratique, on va le voir, devait, sauf en période de cohabitation, transformer cette situation en rapport d'allégeance.

Pourtant, au départ, le Premier ministre n'était pas démuni d'atouts pour s'affirmer en face du chef de l'État. La Constitution ne donnait pas expressément au président le droit de le révoquer et, en cas de conflit, il aurait pu, avec l'appui du Parlement, braver son autorité en même temps que, grâce à l'*exigence du contreseing*, il aurait paralysé sa puissance en l'empêchant de gouverner seul.

### b. L'évolution de la fonction de Premier ministre

**804.** Jusqu'en mars 1986, la pratique a renforcé la subordination du Premier ministre au chef de l'État. Les cohabitations ont profondément, mais semble-t-il conjoncturellement, bouleversé cette situation (v. églt. *supra* n° 731 et s.).

#### α. *Les temps de concordance des majorités*

**805.** La volonté du président de jouer le premier rôle a, pendant plus de vingt-cinq ans, rencontré l'approbation au moins tacite de la majorité parlementaire. À partir du moment où un président et un Parlement élus par la Nation sont d'accord sur une conception du rôle du Premier ministre, sur la nécessité de le maintenir dans une position seconde, celui-ci n'a d'autre choix que de se plier à ce qu'on attend de lui. *L'attitude du Parlement a été déterminante* dans cette hiérarchisation, car il dispose de moyens beaucoup plus redoutables que le chef de l'État pour imposer ses vues sur la fonction de Premier ministre.

Les voies de cette subordination ont été tracées avec décision et persévérance dès 1958. Le premier signe en a peut-être été l'affirmation constante que le Premier ministre ne procédait pas du Parlement mais du chef de l'État ; en conséquence le scrutin d'investiture fut abandonné (v. *supra* n° 781). La fin des fonctions du Premier ministre fut une autre occasion pour le président de manifester l'existence d'un lien de dépendance : l'emploi de Premier ministre a été, en pratique, remis à la discrétion du président (v. *supra* n° 784). Celui-ci se considère comme le véritable chef du Gouvernement, le Premier ministre n'est que « *le premier des ministres* ». Ainsi dans la conférence de presse de 1964 de Gaulle refusait-il toute idée de dyarchie.

D'où les deux aspects de la fonction :

### β. *Le chef d'État-major, c'est un rôle à dominante technique*

**806.** À travers les situations qui se sont succédé jusqu'en 1986, le Premier ministre apparaît comme le *chef d'État-major du président de la République,* il interprète, il exécute la volonté du chef de l'État ; J.-P. Raffarin, le qualifiait de « chef d'orchestre ». Selon la personnalité des deux hommes, leurs affinités, et les circonstances, le chef de l'État lui laissera plus ou moins d'initiative, décidera ou non jusqu'aux détails, se subsistera à lui ou le regardera agir ; mais l'action du Premier ministre est l'exercice précaire d'une délégation tacite qui peut être reprise à tout moment (v. *supra* n° 730 et s.). À un de Gaulle campant sur les hauteurs succédera un Pompidou se mêlant de tout, élargissant et approfondissant son champ d'intervention, un V. Giscard d'Estaing plus ponctuel et intermittent, un F. Mitterrand assez lointain tout d'abord, laissant son Premier ministre s'exposer pour monter ensuite en première ligne lorsque le besoin s'en faisait sentir. De Gaulle disait : le Premier ministre participe à la conception, organise la préparation et dirige l'exécution. La formule aurait pu être reprise par ses successeurs, chacun aménageant à sa façon la participation à la conception.

### γ. *Le « bouclier », c'est un rôle à dominante politique*

**807.** Le Premier ministre est apparu parfois, surtout à partir de la crise économique de 1974, comme le « *bouclier* » du président de la République. Mêlé directement aux luttes parlementaires et politiques, confronté sur le terrain aux difficultés concrètes, responsable du quotidien, gestionnaire de l'intendance, vers lui convergent les critiques, les jalousies et les rancœurs, nées des inéluctables échecs, imperfections et insuffisances de la politique gouvernementale. Il préserve ainsi le chef de l'État des éclaboussures et des mauvais coups. Sur lui pèse l'impopularité inséparable de toute action, le président profite de la distance établie entre lui et le Premier ministre pour s'attribuer seulement le mérite des réussites éventuelles. Lorsque l'impopularité est trop élevée, on change le Premier ministre, il « saute » alors comme un « *fusible* » préservant le chef de l'État. Cette répartition des rôles n'a jamais peut-être été aussi accusée que durant les trois dernières années du Gouvernement Barre, on l'a retrouvée avec J.-P. Raffarin. Celui-ci assumait le rôle de catalyseur du mécontentement. Comme il le reconnaissait lui-même, le Premier ministre « dure et endure » dans « le poste le plus exposé », celui qui « demande le plus d'abnégation ». Il arrive cependant parfois que la popularité du Premier ministre soit supérieure à celle du président de la République, (F. Fillon et N. Sarkozy au début de l'année 2010 et, dans une moindre mesure, s'agissant de F. Hollande et de J.-M. Ayrault en 2013). L'écart le plus fort est celui enregistré entre François Hollande et Manuel Valls en 2014. Il n'en reste pas moins que le quinquennat et l'affaiblissement de la fonction du Premier ministre qu'il engendre rendent le bouclier moins efficace.

### δ. *La parenthèse des cohabitations*

**808.** L'alternance du printemps 1986 a *« rééquilibré » les pouvoirs du président et du Premier ministre*, la pratique s'est rapprochée du partage opéré par les articles 5 et 20 de la Constitution. Privé de l'adhésion de la majorité de l'Assemblée nationale, le président ne pouvait plus se substituer au Premier ministre ou le maintenir en tutelle ; le Premier ministre a obtenu une grande liberté d'initiative. F. Mitterrand devait d'ailleurs se référer à l'article 20, insistant sur le fait que J. Chirac avait la charge de déterminer et de conduire la politique de la Nation (8 avril 1986), ajoutant : « *Je n'ai pas dans la tête d'empêcher le Gouvernement de gouverner* (...). *Je n'ai pas à m'opposer à sa politique* » (18 mai 1986). Chacun son rôle donc. Si le président a parfois contrarié les desseins du Gouvernement, cela a été exceptionnel et s'est manifesté sur des questions de procédure. Il n'a pas empêché, en définitive, le Premier ministre de parvenir à ses fins, il a seulement rendu parfois la tâche du Gouvernement plus difficile juridiquement ou politiquement.

• Comme on l'a montré (v. *supra* n° 745), le retour en 1988 à la coïncidence des majorités n'a pas entraîné la réapparition immédiate de la situation d'avant 1986. F. Mitterrand a laissé son Premier ministre agir.

• É. Balladur, décrivant, de son côté, le fonctionnement de la seconde cohabitation (*La Marche du Siècle*, 2 juin 1993), estimait qu'entrait dans la responsabilité propre du Gouvernement l'ensemble de la politique économique, sociale et intérieure du pays. En revanche, avec la politique extérieure et la défense, on était dans un *domaine partagé* où le Premier ministre et le président avaient chacun des attributions constitutionnelles. L'un et l'autre ont donc le droit d'être informés et doivent décider ensemble sur les questions importantes, « *rien d'important ne peut être décidé sans l'un ou contre l'autre* » (v. *supra* n° 747).

• De 1997 à 2002, L. Jospin a disposé d'une très large liberté à l'égard de J. Chirac. En juillet 1997, J. Chirac définissait un certain nombre de domaines « essentiels » dont le président devait être le « gardien » vigilant :

- la place de la France dans le monde : sécurité, défense, parts de marché (!) ;
- l'acquis européen ;
- la modernisation, en particulier l'enseignement, la recherche et les hautes technologies ;
- l'équilibre de la société : acquis sociaux, cohésion, solidarité...

Mais alors qu'il estimait que dans ces domaines la Constitution lui donnait « *un peu le dernier mot* », dans les jours suivants L. Jospin répliquait : « *Il n'y a pas de domaine de la politique française où le président de la République aurait le dernier mot.* »

Après cette escarmouche verbale il n'y a pas eu de conflits ouverts graves entre les deux hommes, mais il est certain que c'est le Premier ministre qui a mené le jeu. *En période de cohabitation, il est le vrai chef de l'exécutif.* Il a une légitimité électorale et non due à sa nomination par le président, il est l'élu, au moins indirect, du suffrage universel !

### ε. *Le collaborateur*

**809.** Le quinquennat a incontestablement renforcé le président de la République au sein du couple qu'il forme avec le Premier ministre. Bénéficiant, en principe d'une majorité stable pour la durée de son mandat, le président de la République aura probablement tendance à traiter, comme l'a fait N. Sarkozy à l'égard de F. Fillon, le Premier ministre comme un collaborateur. Il n'en reste pas moins qu'en 2010, bénéficiant d'une plus grande popularité que le chef de l'État, mais surtout d'un appui solide dans la majorité parlementaire et le parti majoritaire, le Premier ministre a pu imposer son renouvellement à Matignon au président de la République. À tel point que le journal *Libération* a pu titrer, le 15 novembre 2010 : « Fillon garde Sarkozy ». Pourtant le nouveau Premier ministre déclare devant l'Assemblée nationale le 16 novembre 2010 : « le président a été élu par les Français pour conduire le pays ; le rôle du gouvernement et de la majorité, c'est de mettre en œuvre ses choix ». En écho à ces propos du Premier ministre, le président Sarkozy déclare, toujours en novembre 2010, dans un discours prononcé à Colombey-les-Deux-Églises : « le président directement élu par le peuple a vis-à-vis des Français une responsabilité d'une toute autre nature (...) le général de Gaulle avait défini lui-même cette responsabilité, qu'émanent réellement de lui toute décision importante aussi bien que toute autorité » (cité par Avril et Gicquel, chron. *Pouvoirs* 2011, n° 137, p. 236). Comme le relève François Hollande (septembre 2012) : « il me revient de façonner une conception nouvelle de la présidence de la République ; on n'est plus dans le septennat mais on ne sait pas encore ce qu'est vraiment le quinquennat ». Le 30 juin 2015, M. Valls déclare : « je ne confondrai jamais le rôle des uns et des autres ; le président de la République a été élu au suffrage universel et c'est lui et lui seul qui dispose de cette légitimité ; le Premier ministre, lui, a été nommé ». Édouard Philippe fait preuve d'une totale loyauté à l'égard du président Macron. En juillet 2020, reprenant la pratique de certains de ses prédécesseurs, le Président Macron décide de remplacer un politique (E. Philippe) par un « technicien » le haut fonctionnaire Jean Castex. On relèvera que le Premier ministre attend l'intervention télévisée du président de la République, le 14 juillet 2020, avant de faire lui-même sa déclaration de politique générale devant l'Assemblée nationale le lendemain. Après sa réélection en 2022, le président Macron, nomme Premier ministre une haute-fonctionnaire dont la carrière s'est déroulée dans des cabinets ministériels socialistes, avant qu'elle n'exerce elle-même des fonctions ministérielles, sous la présidence d'E. Macron.

Cependant le rôle du Premier ministre évolue dans le contexte d'une majorité relative à l'Assemblée nationale, son rôle devient alors plus politique, alors qu'il doit négocier avec les députés.

## 2. Pouvoirs à l'égard du Gouvernement

**810.** L'article 21 de la Constitution précise que le Premier ministre « *dirige l'action du Gouvernement* ». Pour cela, il est assisté du secrétariat général du Gouvernement, organisme administratif relativement léger, qui prépare ses dossiers (en concurrence avec son cabinet), tient les procès-verbaux du conseil des ministres, et auquel sont rattachés un certain nombre de services administratifs (*Journal officiel...*).

L'accent mis par l'article 21 sur l'« action » montre bien que la « conception » de la politique doit être définie collectivement par le Gouvernement et n'est donc pas l'œuvre du seul Premier ministre. Il n'est pas sûr, ici encore, que la pratique corresponde bien à ce principe.

Quoi qu'il en soit, même s'il n'est pas le supérieur hiérarchique des ministres (juridiquement on ne peut faire appel devant lui de l'une de leurs décisions), il n'en existe pas moins une *primauté* du Premier ministre dans l'équipe gouvernementale qui s'affirme de plusieurs façons :

- il intervient au moment de la nomination et de la révocation des ministres ;
- il a autorité sur les membres du Gouvernement et leur adresse des instructions (et non des « ordres »), coordonne leur action, *arbitre* entre eux (en particulier au moment de l'élaboration du budget entre le ministre des Finances et les ministres « dépensiers », c'est-à-dire les autres) ; mais le président Sarkozy a largement empiété sur cette fonction du Premier ministre en réunissant régulièrement autour de lui un petit groupe de ministres et en réalisant lui-même un certain nombre d'arbitrages. J.-M. Ayrault déclare en ce sens (septembre 2012) : « il y a une règle qui a été fixée dès le départ, c'est que la discussion a lieu au sein du conseil des ministres, là la discussion est libre... mais ce n'est pas sur la place publique » ;
- lui seul peut engager la responsabilité du Gouvernement devant l'Assemblée nationale ;
- il peut présider le conseil des ministres en l'absence du président ;
- il est le titulaire normal du pouvoir réglementaire (v. *infra* n° 812).

En outre, *le Premier ministre est le chef de l'Administration*. À ce titre, il a un droit de regard très large sur l'action des autres ministres, il suit, coordonne et contrôle le fonctionnement de tous les départements ministériels. Il cherche à être informé et associé aux décisions importantes auxquelles il peut s'opposer si elles ne lui conviennent pas. Il dispose du *pouvoir de nomination* à l'égard des fonctionnaires civils et militaires, à l'exception de ceux nommés par le président de la République, mais ce pouvoir a une *portée très réduite* entre celui appartenant au président et celui confié aux ministres.

Réciproquement cependant, ses décisions doivent être *contresignées* par les ministres intéressés, il ne peut se substituer à un ministre et l'exigence du contreseing témoigne qu'il ne peut agir qu'avec son accord.

## 3. Rôle à l'égard du Parlement

**811.** À l'égard du Parlement, le Premier ministre joue un rôle à la fois politique et technique.

Dans la pratique, tout d'abord, il est fréquent que le Premier ministre apparaisse comme le *chef naturel de la majorité parlementaire*. Celle-ci doit être distinguée, on l'a vu (v. *supra* n° 657 et s.), de la majorité présidentielle qui se forme dans le pays à l'occasion de l'élection du chef de l'État, elle en était, jusqu'à mars 1986, à nouveau de 1995 à 1997 et à partir de juin 2002, le reflet plus ou moins déformé à l'intérieur du Parlement. Le Premier ministre doit assurer son autorité sur elle pour maintenir sa cohésion. Mais ce principe a connu des exceptions. Tous les Premiers ministres ne sont pas parvenus à se faire reconnaître comme chefs de cette majorité (M. Couve de Murville, P. Messmer, R. Barre surtout, plus tard L. Fabius, M. Rocard et É. Cresson et, plus récemment, D. de Villepin, par rapport à N. Sarkozy) ; lorsqu'il ne joue pas ce rôle c'est la fidélité au président (hors cohabitation) qui apparaît comme le ciment de la majorité ; mais alors le président devient, qu'il le veuille ou non, chef de cette majorité. En ce sens, N. Sarkozy a maintenu des liens étroits avec son parti, l'UMP, alors que ses prédécesseurs, ont, symboliquement, tenu à marquer des distances avec le leur. Quant à François Hollande après avoir tenu à distendre ses liens avec la majorité, il a été conduit à faire de l'Élysée l'un des postes de commandement, ou plus exactement de contrôle, de cette majorité. *En revanche, en temps de cohabitation le Premier ministre est sans contestation le chef de la majorité.*

Sur le plan de la procédure, le Premier ministre dispose d'une série de compétences exercées au nom de l'exécutif.

- Ainsi *il participe à la procédure législative* en signant et en déposant les projets de loi au nom du Gouvernement (v. *infra* n° 890). Il peut aussi déférer une loi au Conseil constitutionnel avant sa promulgation et proposer une *révision de la Constitution*.
- La Constitution lui attribue, d'autre part, compétence pour *demander* au président de la République de *convoquer le Parlement en session extraordinaire*. Enfin, il donne son *avis* au président lorsque celui-ci veut dissoudre l'Assemblée.

## 4. Pouvoirs à l'égard des citoyens

**812.** La Constitution (art. 21) prévoit que le Premier ministre assure l'exécution des lois. À ce titre, *c'est lui, et non le président de la République, qui dispose du pouvoir réglementaire* de droit commun sur la base duquel il prend des décisions à portée générale, c'est-à-dire s'imposant à tout le monde : *les décrets*. Toutes les fois qu'aucun texte n'en dispose autrement c'est lui qui est compétent, la plupart des décrets émanent donc de lui

(1 500 environ par an), ceux pris par le président en conseil des ministres sont peu nombreux (une cinquantaine par an) (v. *supra* n° 763).

Le pouvoir réglementaire s'exerce dans deux perspectives différentes (mais la distinction est théorique et le régime des règlements identique) :

- il tend à *assurer l'exécution des lois*. C'est la forme classique du pouvoir réglementaire. Alors que, sous la IIIe République son exercice était confié au président de la République, la Constitution de 1958 a repris la règle posée en 1946 en le confiant au chef du Gouvernement. Mais toutes les lois n'exigent pas pour leur application l'intervention du pouvoir réglementaire, plus de la moitié peuvent recevoir une application directe ;
- en outre, le pouvoir réglementaire peut être *autonome* : le Premier ministre peut alors intervenir sans avoir à rattacher sa décision à la mise en œuvre d'un texte législatif. On reviendra sur cette innovation de la Constitution de 1958 (v. *infra* n° 877).

Dans les deux cas, le pouvoir réglementaire est partagé entre le président de la République et le Premier ministre. Car en pratique, les textes importants sont délibérés en conseil des ministres et donc signés par le président de la République (v. *supra* n° 763). Mais, sous réserve de l'intervention du président de la République, le Premier ministre est, répétons-le, le *titulaire normal du pouvoir réglementaire*. Le Premier ministre dispose également de pouvoirs de police spécifiques en cas de crise. Alors même que la loi du 23 mars 2020 a déclaré l'état d'urgence sanitaire pour deux mois. Le Conseil d'État dans une ordonnance du 22 mars 2020 (n° 439674) a affirmé que « Le Premier ministre peut, en vertu de ses pouvoirs propres édicter des mesures de police applicables sur l'ensemble du territoire, en particulier en cas de circonstances exceptionnelles, telle une épidémie avérée, comme celle de Covid-19 que connaît actuellement la France ».

Le Premier ministre est *responsable de la Défense nationale* (art. 21) alors que le Gouvernement « dispose de la force armée » (art. 20, v. *infra* n° 815). La répartition des pouvoirs en matière de défense entre le président, le Premier ministre et le ministre de la Défense est complexe (v. *supra* n° 754). Plusieurs textes, dont une ordonnance du 7 janvier 1959 et un décret du 12 juin 1996, se sont efforcés de la préciser. Il en résulte que « *la politique de défense* » est définie en conseil des ministres, sous la présidence du *chef de l'État*, qui préside aussi les trois conseils ou comités compétents en matière de défense. Le *Premier ministre*, de son côté, est *responsable de la direction générale et de la direction militaire de la défense*, il assure la mise en œuvre des décisions prises par les conseils et comités de défense ainsi que des lois de programmation militaire ; il coordonne l'activité des autres ministères en matière de défense. Enfin, le *ministre de la Défense* a des tâches plus *administratives*, d'organisation, de gestion des personnels et des armements. Dans la pratique la prééminence du président est incontestée ici, elle n'a pas été remise en cause pendant les trois cohabitations.

## B. Les pouvoirs du Gouvernement

**813.** À côté des pouvoirs confiés au Premier ministre, il en est d'autres qui appartiennent au Gouvernement collectivement. Leur énumération permet de mesurer leur importance. Mais le fait que les décisions du Gouvernement soient prises en conseil des ministres et que celui-ci soit présidé par le président de la République, a longtemps ramené à très peu de chose l'autonomie dont dispose le Gouvernement par rapport au chef de l'État.

### 1. Les pouvoirs normaux

**814.** Il faut revenir à l'article 20 de la Constitution : « *Le Gouvernement détermine et conduit la politique de la Nation* ». La fonction gouvernementale est ainsi définie en symétrie de la fonction présidentielle décrite à l'article 5, le Gouvernement a un rôle de conception et un rôle d'exécution.

Comment s'exerce la fonction gouvernementale ?

Comment le Gouvernement a-t-il défendu sa fonction ?

#### a. Les moyens d'exercice des pouvoirs

**815.** La définition et la mise en œuvre de la politique de la Nation passent par certaines procédures et s'appuient sur des moyens d'action.

##### α. *Les délibérations en conseil des ministres*

**816.** La Constitution prévoit qu'une série de décisions doivent faire l'objet d'une discussion collégiale au sein du conseil des ministres. Le Conseil est en effet le lieu où se définit, en principe, la politique de la Nation et où sont prises en commun les mesures assurant sa mise en œuvre.

- *Les projets de lois* doivent être adoptés en conseil des ministres avant d'être déposés devant une Chambre. Qu'il s'agisse de nationaliser ou de privatiser, d'organiser l'immigration ou les Universités, d'abolir la peine de mort ou de lutter contre le chômage, ***une politique s'inscrit d'abord dans des lois***. Le Conseil approuve les objectifs et les mesures proposés – à travers les projets de loi – au Parlement pour les atteindre. La réunion du Conseil symbolise la volonté collective et unie du Gouvernement.
- Une série de *décisions liées à la procédure législative* – qui seront étudiées plus loin – doivent être prises aussi en conseil des ministres. Des choix sont à faire entre des décisions aux implications politiques précises, c'est au Conseil d'en décider (v. *infra* n° 906).
- Beaucoup de *décrets* doivent être pris en conseil des ministres (v. *supra* n° 763).
- La décision d'*autoriser le Premier ministre à engager la responsabilité du Gouvernement* devant l'Assemblée nationale est adoptée par le conseil des ministres. Le Gouvernement, dans son ensemble, interroge l'Assemblée sur son accord avec sa politique.

- La décision de proposer un *référendum* au président (art. 11) relève, elle aussi, du Conseil.

La *collégialité* apparaît ainsi comme la règle pour les plus importantes des décisions gouvernementales. Pendant la crise sanitaire, en 2021, certains conseils des ministres se sont tenus en visioconférence, on a pu s'interroger sur la régularité de cette procédure.

#### β. *Le Gouvernement « dispose de l'Administration et de la force armée »*

**817.** *La signification de cette formule de l'article 20 est double :*

- *L'Administration et la force armée sont soumises au Gouvernement.* Le Gouvernement commande, l'Administration et l'armée exécutent. Il n'y a pas de place pour un pouvoir bureaucratique, technocratique ou militaire, pouvant mettre en échec la volonté d'un Gouvernement ayant la confiance des élus de la Nation. Un principe de subordination est affirmé, l'obéissance est imposée ;
- *L'Administration et la force armée sont des instruments au service du Gouvernement,* ils concourent à la mise en œuvre de sa politique. Aucune décision ne peut être mise à exécution sans l'Administration. Doté d'un pouvoir hiérarchique sur les agents publics, le Gouvernement dirige leur action dans le sens défini par lui. Au besoin, il peut utiliser la force : police, gendarmerie et armée ; les pouvoirs du Gouvernement doivent se combiner avec ceux reconnus au président, chef des armées.

#### γ. *Les déclarations devant les assemblées*

**818.** La loi constitutionnelle du 23 juillet 2008 a prévu que le Gouvernement, devant l'une ou l'autre des assemblées, peut de sa propre initiative ou à la demande d'un groupe parlementaire, faire sur un sujet déterminé une déclaration qui donne lieu à un débat et peut, s'il le décide, faire l'objet d'un vote sans engager sa responsabilité (art. 50-1 C). Ainsi en mai 2020, l'Assemblée nationale a voté en faveur de la déclaration du Premier ministre relative à la gestion de la crise sanitaire, alors que le Sénat a voté contre.

### b. L'évolution des pouvoirs du Gouvernement

#### α. *Le président substitué au Gouvernement*

**819.** S'il est un article de la Constitution que la pratique a vidé périodiquement de son contenu, c'est bien l'article 20. Personne ne s'aviserait de soutenir aujourd'hui que, de 1958 à 1986, par exemple, le Gouvernement a déterminé la politique de la Nation. *En période de concordance des majorités,* les présidents se sont en effet substitués au Gouvernement et ont fusionné fonction présidentielle et fonction gouvernementale.

Il ne s'agit pourtant là que d'un détournement partiel de la volonté du constituant. Celui-ci cherchait en effet avant tout à affirmer l'autorité du

Gouvernement contre le Parlement. L'histoire des républiques précédentes, l'ombre encore proche du régime d'assemblée, localisaient la menace, on savait de qui on voulait se défendre. Or, de 1958 à 1986, si le Gouvernement a perdu le privilège de déterminer la politique de la Nation, c'est non pas au profit du Parlement, mais, par une rupture de la répartition des tâches au sein de l'exécutif, à l'avantage du président de la République. Très vite, le Gouvernement a vu décroître son pouvoir d'initiative, d'orientation, *il s'est transformé en agent d'exécution de la politique définie par le président de la République, il « conduisait » peut-être mais il ne « déterminait » pas.*

Pourtant il n'était pas exactement écarté de la décision : consulté, il était associé à la définition d'une politique dont il pouvait infléchir le sens. Au surplus, on doit admettre que le président pouvait seulement fixer les objectifs généraux de l'action gouvernementale et suivre personnellement, de façon approfondie, quelques dossiers. Il ne pouvait prétendre tout connaître et tout régler par lui-même. Il est dans la nature des choses que le Gouvernement conserve des initiatives qu'il développe avec l'accord du chef de l'État.

### β. *La théorie du « domaine réservé »*

**820.** La distinction entre un domaine réservé (la formule est de J. Chaban Delmas) et un domaine ordinaire ne repose sur aucun fondement constitutionnel précis.

Le caractère figé et schématique de la distinction est, d'autre part, contestable. L'analyse n'a jamais correspondu à la pratique ; dès le début de Gaulle s'est intéressé aussi aux rapatriés, à la télévision, à l'atome, à l'éducation... En réalité, *la délimitation du domaine réservé relève de la volonté du président de la République.* Celui-ci peut « évoquer », c'est-à-dire traiter directement, toutes les questions. Le général de Gaulle avait soutenu ce point de vue en 1964 et J. Chaban-Delmas a confirmé qu'*il ne pouvait y avoir de domaine réservé* car tous les domaines appartiennent au président.

En définitive, il n'existe pas de domaine réservé (sauf celui des attributions de l'article 19 exercées sans contreseing) ni de domaine normal de l'action gouvernementale. Il n'y a qu'un seul domaine d'action de l'exécutif, dans lequel le dosage entre les interventions du président et du Gouvernement est variable selon les circonstances et selon les hommes. Il existe des domaines «*privilégiés*». Le domaine de prédilection de V. Giscard d'Estaing était constitué par l'Afrique et les affaires culturelles ; dans celui de F. Mitterrand – qui a toujours affirmé qu'il était opposé à l'idée d'un domaine réservé –, on trouvait la politique extérieure, l'urbanisme et la culture. Sous la présidence de N. Sarkozy, aucun domaine n'échappe en principe à la compétence du chef de l'État. Il en est de même avec E. Macron.

### γ. *Le retour à l'article 20 en période de cohabitation*[1]

**821.** La défaite de la gauche en 1986 a donné au Gouvernement Chirac une latitude pour définir et conduire la politique du pays que ses

1. V. *supra* n° 734 et *supra* n° 808.

prédécesseurs n'avaient jamais connue. Alors que le président se repliait sur l'article 5, le Gouvernement pouvait donner sa pleine portée à l'article 20. Il n'en reste pas moins que le président a défendu avec persévérance et succès une interprétation large de ses pouvoirs diplomatiques et de défense, c'est-à-dire dans le « domaine réservé » traditionnel.

À partir de 1988, F. Mitterrand, avec ses Premiers ministres socialistes, s'est largement impliqué dans ce domaine, l'étendant à l'Europe et aux « grands travaux ». É. Balladur, on l'a vu (v. *supra* n° 808), récusait au contraire toute idée de domaine réservé, celui-ci n'est pour lui qu'un « domaine partagé ».

J. Chirac et L. Jospin définissaient à leur tour, au coup par coup, les frontières de leurs domaines, le second étant dans une position plus forte que les Premiers ministres des précédentes cohabitations.

### c. L'impossible révision des articles 5 et 20 de la Constitution

**822.** Ainsi, selon la conjoncture, le président détermine la politique de la Nation et le Gouvernement l'exécute, ce qui n'est pas conforme à la lettre de la Constitution, c'est-à-dire aux termes des articles 5 et 20.

À l'occasion de la réforme constitutionnelle engagée en 2007, le président Sarkozy a souhaité que la Constitution soit rédigée de manière conforme à la réalité de l'exercice du pouvoir gouvernemental (expression qui correspond mieux à la réalité que celle de pouvoir exécutif, le président et le Premier ministre décidant de la politique de la Nation plus qu'ils n'exécutent les décisions du Parlement).

Le Comité nommé par le président de la République et présidé par É. Balladur a fait porter sa réflexion sur le sujet.

On peut soutenir, comme il a été relevé à plusieurs reprises, que le quinquennat a très sensiblement réduit les hypothèses de survenance d'une cohabitation. Hors période de cohabitation, c'est-à-dire habituellement, le président de la République, élu sur un programme, détermine, ou définit, nécessairement la politique de la Nation que le Gouvernement a pour mission de mettre en œuvre.

Il n'en reste pas moins que l'on ne peut totalement exclure l'hypothèse d'une cohabitation. Or en ce cas, la modification des articles 5 et 20, conduisant à écrire que le président détermine ou définit la politique de la Nation rendrait la cohabitation impossible, ou tout du moins, très conflictuelle.

Il y avait donc en fait deux solutions : soit rendre encore plus improbables les hypothèses de cohabitation (dissolution de l'Assemblée en cas de démission ou de décès du président, démission du président en cas de dissolution de l'Assemblée), soit maintenir une rédaction constitutionnelle souvent démentie par la réalité politique mais ouvrant une solution constitutionnelle aux différentes hypothèses politiques susceptibles de survenir.

Cette dernière solution, au prix d'une distorsion entre la réalité et le texte, évite de bloquer, dans l'avenir, le fonctionnement des institutions.

## 2. Les pouvoirs exceptionnels

**823.** Les circonstances peuvent exiger du Gouvernement qu'il agisse fort et vite. Une crise s'annonce, ou elle est déjà là ; une réforme s'impose que tout retard risque de compromettre. La législation des périodes calmes et stables se révèle inadaptée, elle ne fournit pas au Gouvernement les moyens de faire face aux événements, le temps qui passe avive le mal ou le danger. Le président de la République dispose certes des pouvoirs de l'article 16, mais toutes les situations d'urgence ne justifient pas le recours à une thérapeutique si radicale. Le constituant et le législateur ont alors prévu des *législations d'exception* réalisant une graduation des moyens que le Gouvernement pourra mettre en application ; en outre, celui-ci pourra recevoir le pouvoir de prendre des mesures ponctuelles qui, normalement, n'entrent pas dans sa compétence.

### a. Les régimes d'exception

**824.** Le Gouvernement est compétent pour substituer une légalité d'exception à la légalité normale si les circonstances l'exigent (v. rapport du Conseil d'État 2021 sur les états d'urgence).

Il dispose de deux régimes : l'*état de siège* et l'*état d'urgence*, qui renforcent les pouvoirs des autorités militaires ou civiles, en légitimant des actes qui seraient irréguliers en temps normal. La décision d'y recourir est prise en conseil des ministres, le décret est signé par le président. Ils ne peuvent s'appliquer plus de douze jours sans l'autorisation du Parlement. L'état d'urgence a été décrété, par exemple, en novembre 2005, en réponse aux violences urbaines de l'automne. Il a été décidé, et plusieurs fois renouvelé par le Parlement, à la suite des attentats islamistes de novembre 2015. La durée de sa mise en œuvre est particulièrement longue (novembre 2015-juillet 2017). La loi du 23 mars 2020 a déclaré l'état d'urgence sanitaire pour deux mois. Elle permet un renforcement des mesures qui peuvent être prises. L'état d'urgence sanitaire peut être déclenché par décret en conseil des ministres « en cas de catastrophe sanitaire mettant en péril, par sa nature et sa gravité, la santé de la population ». La prorogation de l'état d'urgence sanitaire exige l'intervention du Parlement au terme d'un délai d'un mois. Mais le recours en référé liberté devant le juge administratif est possible si est invoquée une atteinte grave et manifestement illégale à une liberté fondamentale, le juge devant statuer dans un délai de 48 heures. D'autre part, l'Assemblée nationale et le Sénat sont informés sans délai des mesures prises par le Gouvernement et peuvent « requérir toute information complémentaire dans le cadre du contrôle et de l'évaluation de ces mesures ». La loi du 9 juillet 2020 a mis en place un régime transitoire, l'état d'urgence sanitaire a été à nouveau prolongé par la loi du 14 novembre 2020, puis par une loi du 15 février 2021. La loi du 31 mai 2021 a organisé un régime de sortie de l'état d'urgence sanitaire.

Par ailleurs, le Gouvernement peut décider la *mobilisation générale*. Le droit de déclarer la guerre appartient au Parlement (v. *supra* n° 754).

### b. Les ordonnances de l'article 38

**825.** La pratique des décrets-lois a été constitutionnalisée par l'*article 38* de la Constitution au prix d'un changement de terminologie. On parle maintenant d'*ordonnances*, vocable emprunté à la monarchie.

*Dans certaines circonstances, il peut n'être pas inutile d'habiliter le Gouvernement à poser vite et avec fermeté les règles.* En cas d'urgence tout d'abord, mais aussi et surtout lorsque le Gouvernement veut prendre un train de mesures qui risquent d'être dénaturées, ou empêchées par une majorité réticente et fluctuante.

#### α. *Le recours à l'article 38*

**826.** La Constitution reprend le régime antérieur des décrets-lois avec certains aménagements.

- Règles de forme

**827.** Le Parlement autorise, par une *loi d'habilitation*, le Gouvernement à prendre des ordonnances, c'est-à-dire à intervenir dans des domaines relevant normalement du législateur *ordinaire* (et non organique). La loi d'habilitation obéit aux mêmes règles que la loi ordinaire, en particulier elle peut être déférée au Conseil constitutionnel. En revanche, les exigences relatives aux études d'impact (v. *infra* n° 890) sont plus restreintes que pour les autres lois. Il en est de même pour les lois de ratification des ordonnances (v. ci-dessous).

**828.** Les ordonnances sont prises, après avis du Conseil d'État, en conseil des ministres, elles sont donc signées par le président de la République. F. Mitterrand a refusé à trois reprises en 1986 de signer des ordonnances, ce qui a donné lieu à un vif débat politico-juridique sur la constitutionnalité de cette attitude. Le Gouvernement a dû tourner son veto en reprenant ces ordonnances sous forme de projets de lois, ou d'amendement à une loi, et les faire adopter par le Parlement.

- Règles de fond

**829.** Les ordonnances doivent permettre au Gouvernement « l'exécution de son *programme* ». S'agit-il du « programme » sur lequel, aux termes de l'article 49, alinéa 1, le Gouvernement engage sa responsabilité devant l'Assemblée nationale ? Le Conseil constitutionnel a estimé en 1977 qu'il n'y avait pas de lien entre le « programme » de l'article 38 et celui de l'article 49. En effet, s'il en était autrement, le Gouvernement, en se faisant habiliter à réaliser par ordonnance « son programme », c'est-à-dire celui développé lors de sa prise de fonctions, réduirait à presque rien le pouvoir législatif du Parlement. La référence à la notion de programme oblige en revanche le Gouvernement à faire connaître *avec précision* la finalité des mesures qu'il se propose de prendre. Il ne demande pas une délégation illimitée, mais dans des domaines déterminés ; les ordonnances doivent rester exceptionnelles ; il y a là une protection des prérogatives normales du législateur. En conséquence, les habilitations très larges (prendre des mesures économiques et sociales...) fréquentes dans le passé pourraient être censurées par le Conseil constitutionnel comme non conformes à la Constitution. Il faut se demander si l'habilitation survit à un changement de Gouvernement ou à une dissolution. La réponse négative nous paraît s'imposer.

La délégation du pouvoir législatif ne peut avoir une durée illimitée. La loi d'habilitation fixe donc un *délai* dans lequel le pouvoir d'ordonnance pourra s'exercer. Ce délai est variable, d'un mois à plus de trois ans. On constate que plus la matière est importante plus le délai est court, le Parlement répugne à s'en dessaisir trop longuement.

Les ordonnances ne peuvent porter atteinte aux principes à valeur constitutionnelle, tels qu'ils sont définis par le Conseil constitutionnel (v. *infra* nº 972). Il est normal que le Gouvernement respecte la Constitution.

Les ordonnances peuvent adapter aux collectivités d'outre-mer et à la Nouvelle-Calédonie les lois en vigueur en métropole (révision du 28 mars 2003).

- Règles de contrôle

**830.** La délégation du pouvoir législatif est soumise à un double contrôle juridique :
- par le Conseil constitutionnel sur la *loi d'habilitation*. Si celle-ci lui est soumise, il examinera avec la plus grande attention sa conformité à la Constitution, émettant au besoin des « réserves » pour éviter que le Gouvernement ne l'interprète de façon trop laxiste ;
- par le Conseil d'État auquel les ordonnances, actes administratifs, peuvent être déférés par un recours formé dans les deux mois de leur publication – *sauf si le Parlement les ratifie*. La compétence du Conseil est donc temporaire.

### β. *L'exercice du pouvoir d'ordonnance*

**831.** Les ordonnances entrent en vigueur immédiatement. Toutefois, le Gouvernement doit, sous peine de caducité, en *demander la ratification* par le Parlement avant une date fixée par la loi d'habilitation, ou par la Constitution (Nouvelle-Calédonie : 18 mois). Ce nouveau délai est distinct de celui de la durée de l'habilitation et le déborde.

À partir du dépôt du projet de loi de ratification, deux situations sont possibles :

- Le projet n'est pas inscrit à l'ordre du jour et n'est donc pas voté. L'ordonnance continue à s'appliquer. Il était admis qu'elle conservait sa nature d'acte administratif ce qui permettait aux citoyens de contester sa régularité devant le juge (v. CE, 18 décembre 2000, nº 199072 et CC, nº 2011-219 QPC). Par un revirement de jurisprudence inattendu, le Conseil constitutionnel a jugé dans sa décision nº 2020-843 QPC, qu'au-delà du délai prévu pour leur ratification, les ordonnances non ratifiées doivent être regardées comme des dispositions législatives ; faisant prévaloir une conception matérielle de la loi, le Conseil constitutionnel fait en quelque sorte échec à la disposition de l'article 38. Ce qui exclut les ratifications implicites, et se substitue partiellement au Conseil d'État en estimant que ces dispositions sont alors contestables par la voie d'une QPC. Dans une décision du 16 décembre 2020 (n° 440258), le Conseil d'État prend acte de cette nouvelle jurisprudence, tout en l'encadrant. Les ordonnances non ratifiées, dont le délai de ratification est expiré, ne peuvent faire l'objet d'une contestation par voie d'une question prioritaire de constitutionnalité que lorsqu'une disposition relevant du domaine de la loi est contestée au regard des droits et libertés que la Constitution garantit, pour le reste le Conseil d'État reste compétent ; le Sénat a adopté une proposition de loi constitutionnelle visant à contrer cette jurisprudence, mais elle n'a pas été adoptée.

- Le projet est soumis aux assemblées (ce qui est loin d'être systématique). S'il est repoussé, l'ordonnance cesse de s'appliquer. S'il est approuvé, la *ratification est explicite*, l'ordonnance acquiert *rétroactivement valeur législative* et ne peut plus être déférée au juge administratif. Ses dispositions peuvent cependant faire l'objet d'une QPC (v. *infra* n° 966).

La loi constitutionnelle du 23 juillet 2008 prévoit que la ratification doit être expresse, ce qui met fin à la prise en compte de ratification implicite, par exemple lorsque le législateur se réfère à l'ordonnance dans une loi ultérieure, pour la modifier. Cette nouvelle disposition renforce la sécurité juridique et l'exercice de la fonction parlementaire.

Les ordonnances ont donc une *nature mixte* : soit législative, soit administrative. Mais en tout état de cause *elles ne peuvent être modifiées que par une loi.*

Par ailleurs, *le Parlement se dessaisit* entièrement pour la durée de la délégation de son pouvoir de légiférer dans les domaines où il a habilité le Gouvernement à agir. Contrairement à ce qui se passait sous les régimes précédents, il renonce à y intervenir ; si une proposition de loi était déposée, le Gouvernement pourrait opposer l'irrecevabilité de l'article 41, alinéa 1 (v. *infra* n° 884).

En revanche, une proposition de loi mettant fin avant son terme à l'habilitation, ou en restreignant la portée, est tout à fait recevable. Le Parlement peut reprendre à tout moment sa délégation.

Depuis quelques années, la législation déléguée est devenue habituelle, un procédé ordinaire, abusif même, de législation, hors circonstances imprévues ou véritable urgence. Ainsi, s'agissant du mariage entre personnes du même sexe (2013), le législateur a renvoyé aux ordonnances le soin d'édicter des dispositions concernant l'adaptation du Code civil à cette nouvelle situation. On estime qu'aujourd'hui, presque 51 % des règles relevant du domaine de la loi sont prises par ordonnance (environ 70 % pendant la crise sanitaire de 2020-2021).

## C. Les pouvoirs des ministres

**832.** Les pouvoirs des ministres sont assez subordonnés puisque, dans la hiérarchie de l'exécutif, ils viennent après le président, le Premier ministre et le Gouvernement. Ils disposent cependant d'un certain nombre de pouvoirs propres dans la mesure où ils sont placés à la tête d'un département ministériel. Ils sont *les chefs de l'administration soumise à leur autorité*.

À ce titre, ils disposent d'un *pouvoir réglementaire limité*. Ils peuvent fixer, par voie d'*arrêtés*, les règles d'organisation et de fonctionnement de leurs services.

En outre, le ministre a compétence, par délégation du Premier ministre, pour effectuer les *nominations* aux emplois relevant de son département ministériel, c'est-à-dire qu'il nomme les fonctionnaires de ses services, à l'exception des emplois les plus élevés qui relèvent du président ou du Premier ministre.

Le ministre donne son *contreseing* aux décisions du président ou du Premier ministre concernant les affaires de son département. Soit en qualité de « *responsable* » (il en assume alors la responsabilité politique avec le Premier ministre devant le Parlement, pour les actes du président), soit de « *chargé de l'exécution* » de la décision (pour les actes du Premier ministre). Il est donc libre de s'opposer, en refusant le contreseing, à une mesure qui ne lui convient pas ; en contrepartie, il pourra être relevé de ses fonctions par le président sur proposition du Premier ministre.

Les ministres sont *ordonnateurs* des dépenses de leur ministère, c'est-à-dire que c'est à eux qu'appartient le pouvoir de décider ces dépenses. Il s'agit là d'une attribution très importante qui permet aux ministres de contrôler étroitement l'action de leurs services.

Le ministre est assisté d'un « *cabinet* », c'est-à-dire d'une équipe de collaborateurs choisis par lui, hiérarchisée (directeur de cabinet, conseillers techniques...) et qui cesse ses fonctions en même temps que lui. Cette pratique, propre à la France, est souvent critiquée. On lui reproche d'instituer une technocratie (la majorité des membres des cabinets sortent de l'École nationale d'administration, ils n'ont aucune investiture démocratique alors qu'ils sont amenés à décider pour le ministre) et de constituer un écran entre le ministre et les services de son administration. Toutes les tentatives pour remédier à ces défauts sont restées vaines. En mai 2012, le nombre de collaborateurs autorisé pour chaque membre du Gouvernement est de quinze pour un ministre et de dix pour un ministre délégué. L'observatoire pour l'éthique publique a mentionné une hausse sensible des effectifs des cabinets avec un record pour le « cabinet Castex » (599 membres de cabinets).

Dans la pratique bien souvent le ministre ne limite pas son activité à son département ministériel, il se considère aussi comme le défenseur des intérêts de sa région et de sa ville d'origine. Il obtiendra de l'État, pour elle, des investissements, des délocalisations, des aides diverses. Outre le temps perdu pour le ministère, cela fausse l'égalité, dessert l'intérêt général et apparaît contraire à l'éthique démocratique.

# CHAPITRE 3

# Le Parlement

**833. Bibliographie.** – « Le Parlement », *Pouvoirs* 1993, n° 64. – AFDC, *Un Parlement renforcé ?*, Dalloz, 2012. – Jean-Jacques Urvoas, Magali Alexandre, *Manuel de survie à l'Assemblée nationale*, Odile Jacob, 2012.

**834.** Le Parlement ne vient plus, dans la présentation constitutionnelle, qu'au troisième rang, après le président de la République et le Gouvernement. Cela souligne la situation diminuée des Chambres par rapport aux régimes précédents.

**835. Le problème général : un Parlement en crise – Déclin du Parlement ou transformation de son rôle ? –** À l'heure actuelle, *le Parlement ne définit plus la politique de la Nation* comme il avait pris l'habitude de le faire sous la IIIe et la IVe Républiques. On constate ici une évolution du parlementarisme français : en théorie le programme établi par l'exécutif devrait être approuvé par le Parlement, la politique serait ainsi arrêtée d'un commun accord entre le législatif et l'exécutif. Dans la pratique, les Gouvernements ont souvent manifesté peu d'empressement à accomplir ce qu'ils considèrent comme une formalité non obligatoire, quand ils ne s'en sont pas dispensés ; hors cohabitation, ils relèvent du président plus qu'ils ne sont responsables devant l'Assemblée nationale. On mesure par-là la prépondérance de l'exécutif dans le régime actuel. *Le Parlement n'est plus, comme autrefois, le centre de la vie politique.* En outre, lorsque les grands débats nationaux sont portés devant lui, il subit la concurrence des médias et les grandes réformes de la vie sociale sont souvent décidées en dehors de lui.

• *Peut-on dire même que le Parlement fait la loi ?* Dessaisi de la définition de la politique de la Nation, il est invité à entériner les projets de loi, rédigés par le Gouvernement (hors cohabitation, en accord avec le président), destinés à la mettre en œuvre. Les lois d'initiative parlementaire sont minoritaires, les Chambres avalisent des textes élaborés en dehors d'elles, en apparence la participation du Parlement à la fonction législative est amoindrie. Cette vision pessimiste – et pas propre à la France – est cependant en partie inexacte : un pouvoir reste aux parlementaires dont ils usent abondamment et avec succès, celui *d'amender* les textes qui leur sont soumis, par-là ils pèsent avec efficacité sur le contenu des lois.

Surtout, le domaine où le Parlement peut légiférer semble se rétrécir. Non pas tant, comme on avait pu le penser en 1958, par la volonté du constituant, mais sous le coup d'*une double limitation :*

- *Par le haut d'abord, pourrait-on dire, par l'effet des règles élaborées par les institutions de l'Union européenne* (dès 1992, le Conseil d'État estimait qu'un texte sur deux était d'origine bruxelloise. Aujourd'hui, c'est peut-être 80 %) et aussi largement par la Convention européenne des droits de l'homme dans le domaine très sensible des droits et libertés fondamentaux (v. *supra* n° 674).

**Les normes émises par l'Union européenne**

Les *directives* sont obligatoires, elles s'adressent aux États qui disposent d'un certain délai et parfois d'une certaine marge d'appréciation pour les transposer, c'est-à-dire les rendre applicables en droit interne.

*Les règlements* sont obligatoires, ils s'adressent à des catégories de personnes sur le territoire des États, auxquelles ils s'appliquent directement.

*Les recommandations* n'ont pas de caractère contraignant pour leurs destinataires.

**Les rapports du droit européen avec le droit interne français**

Les *traités européens* peuvent entraîner une révision de la Constitution : Maastricht en 1992 ; Amsterdam en 1999.

*Les directives* doivent recevoir des mesures d'application de la part des États membres. Le droit français cède donc devant les directives, le Parlement est lié par elles. Le Conseil ne contrôle pas, en principe, la constitutionnalité des lois de transposition sauf contrariété avec une règle ou un principe inhérents à l'identité constitutionnelle de la France.

*Les règlements* n'ont pas besoin d'être repris dans un acte national, ils s'appliquent uniformément de façon directe dans tous les États membres. Ici aussi le droit français s'incline devant la norme européenne, le Parlement est dessaisi (v. *supra* n° 687).

En outre, les décisions de la Cour de justice de l'Union européenne, comme celles de la Cour des droits de l'homme de Strasbourg, peuvent mettre en échec des normes et décisions prises par les autorités françaises, Parlement compris.

- Par le bas ensuite : la mise en œuvre de la politique de décentralisation étend le pouvoir normatif des collectivités territoriales (v. *supra* n° 33). En ce sens, par exemple, les lois de pays, intervenant dans des domaines relevant du législateur, imaginées pour la Nouvelle-Calédonie, lui échappent. De même, les collectivités d'outre-mer peuvent maintenant intervenir dans des domaines jusqu'alors réservés au législateur.

Mais il faut rester mesuré : la décentralisation restreint en général le pouvoir réglementaire de l'État et non le pouvoir législatif. Ce n'est plus tout à fait vrai depuis la révision du 28 mars 2003.

• En outre, le fait que le Gouvernement ait presque toujours trouvé depuis 1958 l'appui d'une majorité fidèle au Parlement – au sein de l'Assemblée nationale tout au moins – a contribué à transformer le *contrôle du Parlement.*

Peut-on véritablement parler de contrôle de l'exécutif lorsque celui-ci est assuré de voir ses actes approuvés par les représentants ? En pratique, le contrôle a pris un sens nouveau, il résulte de ce que la politique de la Nation est exposée et débattue au grand jour. Le débat parlementaire amorce le contrôle du Gouvernement par l'opinion. Au Parlement, *l'opposition tient le premier rôle*. En face d'un Gouvernement qui dispose du budget, de l'Administration, de l'armée, de la diplomatie, *sa meilleure arme est la parole*, le Parlement lui offre une tribune officielle pour dénoncer la politique de la majorité, tenter de l'infléchir, définir la sienne, convaincre et conquérir. Mais, dans la tradition française, à la différence de ce qui se passe dans nombre de pays étrangers (GB, Allemagne), l'opposition se croit tenue d'adopter une attitude de critique systématique de toutes les initiatives gouvernementales, elle vote à peu près toujours contre tous les textes présentés, même les plus justifiés ou les plus techniques. En même temps, le Parlement est le lieu où le *Gouvernement dialogue avec sa majorité*. Les textes mettant en œuvre sa politique sont soumis à celle-ci, elle peut les amender et être associée ainsi à la réalisation de son programme.

Certes il y a déclin, mais le rôle du Parlement a évolué.

**836. De la démocratie représentative à la démocratie supplétive. –** D'un autre côté, aujourd'hui, le Parlement ne se présente plus comme l'unique interlocuteur de l'exécutif, ou même son interlocuteur privilégié. Il n'a pas le monopole de la représentation, à côté de lui se sont multipliés et renforcés des groupements, syndicats, associations, qui prétendent défendre et représenter des intérêts sectoriels et qui interviennent directement auprès du Gouvernement et de l'Administration pour la satisfaction de leurs revendications.

L'influence du Parlement sur la marche des affaires a décru, le phénomène est notoire, aussi les représentants des intérêts, les groupes de pression de toute nature, se sont tournés vers les véritables centres de décision. Les élus de la Nation sont court-circuités dans des procédures de participation, les décisions les plus spectaculaires de la vie nationale sont souvent acquises par la *pression organisée des forces sociales, quand ce n'est pas de la rue*, sur le pouvoir exécutif, plutôt qu'à l'issue d'un débat au sein du Parlement. Le dialogue, ou l'affrontement, avec le Gouvernement se révèle plus payant que les interventions dirigées vers les parlementaires.

Cette « démocratie supplétive », pour reprendre l'expression de R.-G. Schwartzenberg, bafouant la représentation nationale, est condamnable. L'élection donne à cette dernière seule la légitimité nécessaire pour définir l'intérêt général.

**837. La question de la démocratie participative. –** Face à la crise de la démocratie représentative, des tentatives d'instaurer des formes de démocratie participative en vue d'associer les citoyens aux décisions publiques et à la fabrication de la loi se développent. Il en est ainsi, notamment en matière de bioéthique. La mise en place, en octobre 2019, de la « Convention citoyenne pour le climat » en est l'illustration la plus avancée. Cette convention va élaborer 149 propositions que le président

Macron va s'engager à reprendre, dans leur grande majorité, sous forme de projet de loi. La reprise partielle de certaines de ces propositions en 2021 dans un projet de loi ordinaire et dans un projet de loi constitutionnelle (v. *supra* n° 646), jugés très insuffisants par les membres de la conférence et le refus du Parlement de s'estimer tenu par ces propositions, démontrent la limite de l'exercice. Il convient d'ajouter que si la démocratie participative, notamment au niveau local, peut s'avérer prometteuse, au niveau national ce type d'exercice pose plus de question qu'il n'en résout, notamment, sur la représentativité et la légitimité de ces groupes de citoyens et sur le rôle joué en leur sein par les groupes de pression et les lobbys de tous ordres.

**838. Le Parlement français aujourd'hui. –** La crise des Parlements est universelle, aussi à travers le monde cherche-t-on à redéfinir le rôle de l'institution située au cœur du régime démocratique. Qu'en est-il en France ? Le malaise y est réel et ses manifestations peuvent se ramener à deux principales.

*L'image du Parlement et des parlementaires n'est pas bonne.* L'opinion, au sein de laquelle s'agite un vieux fonds d'antiparlementarisme, s'offusque de l'absentéisme et des travées vides des Chambres, elle s'indigne d'une amnistie sélective pour les « fausses factures », elle s'interroge sur la nécessité d'acquisitions immobilières réalisées par l'Assemblée... Le millier de parlementaires apparaît comme peu consciencieux dans l'exercice de son mandat alors qu'en même temps il bénéficie de facilités et de privilèges immérités. La plupart des députés privilégient ce qu'ils appellent « le travail sur le terrain » dans leur circonscription et beaucoup ne viennent à Paris que pour assister aux réunions hebdomadaires de leur groupe. La création d'une fonction de déontologue de l'Assemblée nationale, la législation sur le cumul des mandats (v. *infra* n° 847), le renforcement des incompatibilités (v. *infra* n° 847), l'obligation de déclaration du patrimoine et d'intérêts (v. *infra* n° 848), la création de la Haute Autorité de la transparence de la vie publique (v. *infra* n° 1004) visent à lutter contre ce discrédit. Ils s'inscrivent dans un mouvement de moralisation de la vie politique, révélateur à la fois de dérives et de nouvelles exigences, particulièrement prégnantes dans un temps de crise économique. Ce mouvement ne doit pas, cependant, conduire à discriminer systématiquement ceux qui ont le mieux réussi dans leur vie professionnelle et à créer une classe politique « hors-sol » de la vie économique.

*Le rôle du Parlement est mal compris et lui-même a de la peine à le définir.* Certes, le Parlement vote des lois – 74 en moyenne par an depuis 1959, ce qui n'est pas négligeable et incite même certains à parler d'inflation législative, alors que les lois ne sont pas plus nombreuses qu'auparavant mais plus longues – et les amendements des parlementaires modifient beaucoup de dispositions des projets gouvernementaux. Mais les débats sont souvent soit formels, soit brouillons, soit précipités. En même temps le Gouvernement dispose de procédures lui permettant d'imposer ce à quoi il tient et il n'hésite pas à s'en servir. Par ailleurs, les jeux sont faits avant tout débat : la discipline de vote, sauf lorsque le Gouvernement ne dispose plus d'une réelle majorité parlementaire (2016), impose sa contrainte. Les parlementaires ont beaucoup perdu de leur liberté d'appréciation individuelle, les « groupes » leur dictent leur conduite. Comment ne pas comprendre que les élus préfèrent rester dans leur circonscription à cultiver leurs électeurs, plutôt qu'à faire de la figuration dans leur assemblée, où un « boîtier » peut voter pour tout son groupe dans le sens convenu ? Quant au contrôle du Gouvernement il n'a guère de signification aussi longtemps qu'une formation politique, ou une alliance, apporte en permanence son soutien à l'exécutif : les motions de censure n'aboutissent pas, les commissions d'enquête sont rares et leurs rapports prudents, les réponses aux questions des parlementaires esquivent les difficultés sans pouvoir engager la responsabilité du Gouvernement.

En présence de ce constat désabusé, une réflexion se développe régulièrement sur la façon de restaurer ce rouage essentiel de la démocratie qu'est le Parlement. Les présidents des assemblées - en particulier Ph. Séguin, L. Fabius, J. L. Debré, et B. Accoyer à l'Assemblée nationale et G. Larcher au Sénat - y ont tenu une place remarquée. Le Parlement lui-même n'est pas resté passif, il a pris des initiatives et modifié ses règlements pour améliorer ses moyens d'information et mieux contrôler le Gouvernement (délégations parlementaires, missions d'information, questions...). La révision constitutionnelle du 4 août 1995 a introduit dans la Constitution des dispositions, concernant le régime des sessions ou la fixation de l'ordre du jour, tendant à un renforcement des pouvoirs du Parlement. Un consensus s'est en définitive établi sur la nécessité de réduire quelque peu la domination de l'exécutif sur le fonctionnement des institutions. En effet, à partir du moment où la stabilité et l'efficacité des institutions sont avérées, il semble possible, voire nécessaire, de rééquilibrer ces institutions, en faveur du Parlement à condition de ne pas affaiblir l'exécutif et de maintenir un système permettant l'émergence d'une majorité parlementaire stable et cohérente. C'est à partir de ce constat que le comité Balladur a proposé une profonde réforme dont les éléments essentiels ont été repris dans la loi constitutionnelle du 23 juillet 2008.

Il s'agit de renforcer tant la fonction législative du Parlement que sa fonction de contrôle. On retrouvera ces dispositifs dans les développements qui leur sont consacrés. On en indiquera très schématiquement le sens ici. S'agissant de la fonction législative, la réforme nécessite à la fois de limiter le pouvoir d'intervention du Gouvernement, limitation de la possibilité de faire adopter une loi sans vote (art. 49, al. 3), et d'améliorer l'efficacité du travail parlementaire (meilleure maîtrise de l'ordre du jour, renforcement du rôle des commissions...). La revalorisation du rôle du Parlement passe également par le renforcement de ses pouvoirs de contrôle (sur certaines des nominations prononcées par le président de la République, sur la politique européenne...). Surtout est inscrit dans la Constitution le principe selon lequel non seulement le Parlement vote la loi (ce qui figure aujourd'hui à l'art. 24), mais aussi contrôle l'action du Gouvernement et évalue les politiques publiques. Cette dernière affirmation traduit l'évolution de la fonction parlementaire, alors que la loi est essentiellement d'origine gouvernementale ou européenne. La reconnaissance de cette fonction d'évaluation n'aura de sens que si le Parlement se l'approprie effectivement.

En fait, de manière schématique, on peut considérer que le renforcement de la fonction législative du Parlement devrait essentiellement bénéficier aux parlementaires de la majorité. En effet, il est normal que la majorité sortie des urnes dont sont issus tant ces parlementaires que le Gouvernement puisse mettre en œuvre son programme. La fonction de contrôle et d'évaluation devrait en premier lieu revenir aux parlementaires de l'opposition. En ce sens, le président du groupe majoritaire à l'Assemblée nationale a pu se poser, sinon en rival, du Premier ministre, du moins en interlocuteur naturel. C'est ainsi que J.-F. Copé, devenu chef du parti majoritaire, a pu lancer le concept de « coproduction législative » (coproduction de la loi entre le Gouvernement et le groupe majoritaire).

La réforme de 2008 n'a cependant pas suffi à rendre au Parlement l'exercice d'un réel pouvoir. Ainsi, la gauche au pouvoir a reproduit et développé les méthodes qu'elle dénonçait lorsqu'elle était dans l'opposition. L'annulation par le Conseil constitutionnel (décis. n° 2012-655 DC) de la loi sur le logement social alors que la commission des lois du Sénat n'avait pu se prononcer en est une des illustrations les plus marquantes. Par ailleurs, durant le premier mandat d'E. Macron, le Parlement a vu son rôle encore réduit du fait, notamment, de la crise sanitaire. Les conditions de travail se sont dégradées. Ainsi le projet de loi relatif à la crise sanitaire a connu des délais d'examen très courts (texte déposé le 20 juillet 2021 sur le bureau de l'Assemblée nationale et adoption définitive le 25 juillet 2021), sans que le Conseil constitutionnel considère que la clarté et la sincérité du débat parlementaire n'en aient été affectées (décis. n° 2021-824 DC).

Les résultats des élections législatives de 2022, marqués par le fait que le président de la République ne dispose à l'Assemblée que d'une majorité relative, auraient dû renforcer le rôle politique de l'Assemblée nationale, la situation politique ne le permet pas vraiment (v. *supra* n° 744).

# Section 1
# Organisation du Parlement

**839. Bibliographie.** – Pierre Avril, Jean Gicquel, Jean-Éric Gicquel, *Droit parlementaire*, LGDJ, Domat, 5e éd., 2014.

**840.** Le Parlement est bicaméral, il est composé d'une Assemblée nationale et d'un Sénat. Mais ce bicaméralisme est *inégalitaire*, l'Assemblée dispose de prérogatives qui sont refusées au Sénat. Celui-ci est pourtant dans une position plus éminente que celle du Conseil de la République, mais elle est moins prestigieuse que celle du Sénat de 1875.

**841.** *La situation particulière du Sénat.* Le Sénat ne peut être dissous et peut siéger lorsque l'Assemblée est dissoute (v. *supra* n° 768) ;

- le mandat de ses membres (six ans) est plus long que celui des députés (cinq ans) et que celui du président de la République (cinq ans) ;
- il peut bloquer une révision constitutionnelle (v. *supra* n° 126), ce qui est contestable, d'où la proposition du comité Balladur visant à ce qu'un projet de loi constitutionnelle adopté par l'une des assemblées à la majorité des trois cinquièmes puisse être soumis, par le président de la République, à référendum. Une telle réforme n'a aucune chance d'obtenir l'assentiment du Sénat, sauf à procéder à une révision par la procédure du recours direct au référendum de l'article 11 C.
- son accord est nécessaire à l'adoption d'une loi organique le concernant ou aménageant le droit de vote des étrangers citoyens des États membres de l'Union européenne (art. 88.3) ;
- il connaît en premier des projets de lois ayant pour objet principal l'*organisation des collectivités territoriales* (art. 39), mais non leur libre administration ou leurs ressources ;
- son président assure la suppléance du président de la République et, protocolairement, il a le pas sur celui de l'Assemblée.

Mais élu au suffrage indirect, sa légitimité est plus faible et ses prérogatives sont souvent moindres que celles de l'Assemblée : le Sénat ne peut mettre en cause la responsabilité du Gouvernement ; il dispose d'un délai plus bref pour examiner le projet de budget et la loi de financement de la Sécurité sociale ; le Gouvernement peut, dans la procédure législative, donner le dernier mot à l'Assemblée nationale ; le Sénat ne peut demander une session extraordinaire...

**842. Les rapports du Sénat, de l'exécutif et de l'Assemblée. –** Le Sénat s'est révélé un partenaire difficile et des nuages se sont accumulés sur lui à tel point que son existence a été un moment menacée.

Le général de Gaulle a trouvé en effet au Sénat des censeurs de sa politique beaucoup plus vigilants que chez les députés. Par libéralisme, par attachement à la tradition républicaine, par conviction, le Sénat a vivement critiqué les initiatives du général lorsqu'elles lui paraissaient peu orthodoxes par rapport à la Constitution et à la tradition. Pendant les neuf ans de sa présidence du Sénat, G. Monnerville devait apparaître comme l'un des opposants les plus tenaces du chef de l'État.

Aussi, en 1969, le général de Gaulle proposa-t-il une révision de la Constitution, retirant à la seconde Chambre son caractère parlementaire. Le Sénat aurait été fusionné avec le Conseil économique, certains de ses membres seraient élus et d'autres nommés. Les pouvoirs de la nouvelle assemblée auraient été purement consultatifs, elle ne pourrait plus ni voter la loi ni contrôler le Gouvernement. Cette réforme aurait réalisé une proposition du discours de Bayeux de 1946. L'échec du référendum devait entraîner la démission du général de Gaulle.

Par la suite, les relations entre le Sénat et l'exécutif se sont améliorées mais il faudra attendre 1974 pour qu'une majorité favorable au

Gouvernement entre dans la seconde Chambre. Jusqu'en 1981, l'exécutif lui marque alors une considération accrue.

De 1981 à 1986, de 1988 à 1993, de 1997 à 2002, puis à partir de 2014, sa majorité est différente de celle de l'Assemblée, le Sénat est une *chambre d'opposition* et parfois même de résistance. Mais son opposition ne peut être trop intransigeante au risque de le faire apparaître comme peu respectueux de la volonté de la Nation, exprimée lors de l'élection de l'Assemblée. Le Sénat ne peut systématiquement bloquer les projets de lois, chercher à gagner du temps, repousser par une question préalable toute discussion ; s'il veut être un *contre-pouvoir actif*, il lui faut faire preuve d'un minimum de prudence, accepter des compromis, voter des textes proposés par le Gouvernement, quitte à les amender dans un sens qui lui soit favorable (v. la révision constitutionnelle de 1992).

En revanche, dans les périodes où les deux Chambres ont la même majorité, les relations sont en général confiantes. Ainsi, pendant la session 2002-2003, toutes les lois ont été adoptées d'un commun accord entre elles, 92 % des amendements du Sénat ont été retenus et sur 41 lois, 8 avaient pour origine une proposition du Sénat. On se félicite de son expertise technique, on relève que, s'il est plus distancié de l'arène politique, son attitude est souvent plus souple et plus ouverte que celle de l'Assemblée et qu'il s'intéresse plus à l'exécution de la loi une fois celle-ci votée.

Le 25 septembre 2011, pour la première fois, une majorité de gauche (177 socialistes et écologistes contre 171 sénateurs de droite et centristes) prend les rênes du Sénat. Plus de la moitié des sénateurs sont élus pour la première fois. Contrairement à ce que l'on aurait pu penser, alors que la majorité parlementaire et présidentielle est à droite jusqu'en mai 2012, le nouveau Sénat ne développe pas ses activités de contrôle, mais son activité législative, sous forme de propositions de loi, dans le contexte de l'élection présidentielle. C'est également dans ce contexte que l'on assiste à une politisation accentuée de la vie sénatoriale. À partir de 2012, le Gouvernement dispose d'une faible majorité au Sénat qui ne lui permet pas toujours de faire adopter ses projets. En 2014, la majorité du Sénat est à droite. Depuis 2017, il constitue la seule force institutionnelle d'opposition.

## §1. Règles communes aux deux Chambres

**843.** Un certain nombre de règles d'organisation sont communes aux deux Chambres.

### A. Le statut du parlementaire

**844.** La V$^{e}$ République ne s'éloigne pas ici de la tradition parlementaire française.

Les représentants de la Nation bénéficient d'un statut qui leur confère un certain nombre de privilèges leur portée est en définitive limitée.

Il faut seulement permettre aux parlementaires de faire leur métier, de se consacrer à leur mandat, de travailler avec l'unique souci de l'intérêt général. Des menaces pèsent sur leur indépendance, liées à la nature et à l'importance de leurs pouvoirs, aux conséquences de leurs décisions. Ils doivent être protégés contre les entraves à l'exercice de leurs fonctions et contre les pressions, défendus contre eux-mêmes aussi.

La liberté des membres du Parlement dans l'exercice de leur mandat a été consacrée par le Conseil constitutionnel (décis. n° 2018-767 DC).

Dans sa conférence de presse du 25 avril 2019, le président Macron a évoqué la possibilité de limiter le nombre de mandats dans le temps des parlementaires.

## 1. La suppléance

**845.** Il a déjà été traité de la suppléance (v. *supra* n° 790). Sa création constitue l'innovation la plus notable du statut du parlementaire. Chaque candidat député ou sénateur se présente devant le corps électoral avec un suppléant destiné à le remplacer jusqu'aux prochaines élections générales s'il cesse d'exercer son mandat : décès, prolongation au-delà de six mois des fonctions de parlementaire en mission ou pendant l'exercice d'une fonction ministérielle et jusqu'au terme de celle-ci. En revanche, au cas de *démission* du titulaire, celui-ci n'est pas remplacé par son suppléant mais une élection partielle est organisée.

## 2. Les incompatibilités et le problème du cumul

**846.** Certaines fonctions sont incompatibles avec un mandat parlementaire : *elles n'empêchent pas de se présenter à l'élection (à la différence des inéligibilités)* mais si le candidat est élu, il doit choisir, dans un délai très bref, entre elles et son mandat.

Cette prohibition tient à la volonté d'assurer l'indépendance du représentant de la Nation, le cumul de son mandat avec d'autres fonctions menaçant sa disponibilité et sa liberté, l'exposant à des pressions, à des tentations, à des compromissions.

Le parlementaire qui exerce des activités professionnelles, doit les faire connaître au bureau de son Assemblée dans les deux mois de son élection. Dans ce délai, il doit démissionner de lui-même de celles qui seraient incompatibles. De toute façon, le bureau appréciera s'il y a incompatibilité, en cas de désaccord le Conseil constitutionnel sera invité à trancher. Après la décision de celui-ci, le parlementaire dispose de quinze jours pour régulariser, s'il y a lieu, sa situation. S'il ne le fait pas il sera *démis d'office* de son mandat. La procédure est complexe, mais elle garantit à la fois les intérêts du parlementaire et la nécessaire indépendance du représentant.

Le projet de réforme institutionnelle annoncé en mars 2018 prévoyait de limiter à trois le nombre de mandats successifs dans un même mandat de député ou de sénateur.

L'énumération des fonctions incompatibles avec un mandat parlementaire est compliquée. On doit distinguer :

### a. L'incompatibilité avec une activité publique

**847.** Peut-on cumuler plusieurs mandats électifs ?

- Le cumul horizontal est prohibé :
  - cumul de deux mandats nationaux : député et sénateur, président de la République et parlementaire, député et parlementaire européen... ;
  - cumul de mandats locaux d'un même niveau : conseiller municipal dans plusieurs communes, conseiller général dans deux départements...
- *Les cumuls verticaux*, eux, ne sont pas aujourd'hui, et jusqu'en 2017, interdits, ils sont simplement limités. Les députés et sénateurs ne peuvent détenir que deux mandats, c'est-à-dire un seul *autre* mandat électif, s'il s'agit d'un siège de conseiller régional, de conseiller général, de conseiller de Paris ou de Corse, de conseiller municipal d'une commune de plus de 1 000 habitants. Ce nombre est porté à deux (soit trois au total), si l'un de ceux-ci est exercé dans une commune de moins de 1 000 habitants.

En cas d'élection à un mandat incompatible, le parlementaire dispose de trente jours pour choisir. S'il ne le fait pas le mandat le plus récent prendra fin de plein droit.

En 1998, 85 % des députés cumulaient, avec un ou plusieurs mandats, et 78 % des sénateurs ; au printemps 2002, 50 % des députés étaient maires et 47 % des sénateurs. Le cumul de mandats électoraux *empêche les parlementaires de se consacrer entièrement aux affaires de la Nation* ; ils sont écartelés entre leurs responsabilités locales et le travail parlementaire, s'il s'agit d'une grande ville, son administration serait déjà lourde pour un individu sans autre obligation... Au surplus, la situation *ne facilite pas le renouvellement du personnel politique.* Le cumul entraîne des *conflits d'intérêts* malsains, dans lesquels l'élu local sera tenté de faire prévaloir l'intérêt de la circonscription sur l'intérêt général qu'il a vocation à défendre en tant que parlementaire. À l'inverse, visant à permettre aux parlementaires de se consacrer entièrement à leur mandat, cette incompatibilité stricte est moins justifiée pour les sénateurs, en raison du fait que le Sénat représente les collectivités territoriales et, de manière générale, elle est susceptible de couper l'élu de ses électeurs et de leur territoire.

La loi organique n° 2014-125 du 17 février 2014 rend incompatibles les mandats exécutifs d'une collectivité territoriale (maire, maire d'arrondissement, président, vice-président d'un conseil départemental ou d'un conseil régional, membre de l'exécutif d'une collectivité d'outre-mer ou d'un établissement public de coopération intercommunale ou président ou vice-président de l'assemblée délibérante d'une collectivité territoriale).

- Les fonctions publiques *non électives* sont incompatibles, sauf quelques exceptions (notamment les professeurs et les maîtres de conférences –

décision n° 2013-30 I du Conseil constitutionnel - de l'enseignement supérieur). Il ne serait pas convenable, en effet, qu'un élu de la Nation soit soumis au pouvoir hiérarchique d'un agent public et se trouve ainsi sous la dépendance de l'exécutif. Comment un parlementaire fonctionnaire pourrait-il, des bancs de l'Assemblée, critiquer ou contrôler le ministre dont il prendra, peut-être dès le lendemain, les ordres et dont dépend en définitive sa carrière ? Mais les fonctionnaires ont la possibilité de *se faire mettre en congé* de leur administration lorsqu'ils sont élus, ce qui explique qu'ils soient très nombreux, trop même, dans les assemblées (233/577 en 1999 à l'Assemblée nationale). Dans d'autres pays (Grande-Bretagne), un fonctionnaire qui se présente aux élections doit démissionner.

L'interdiction du cumul s'étend aux fonctionnaires internationaux, aux dirigeants des entreprises nationalisées et des établissements publics nationaux. Elle frappe aussi les membres du Conseil constitutionnel et du Conseil supérieur de la magistrature. Rappelons, enfin, que le mandat parlementaire n'est pas cumulable avec un portefeuille ministériel.

Mais le Gouvernement peut charger un parlementaire, d'une *mission temporaire* sans qu'il soit obligé de renoncer à son mandat, ceci pour 6 mois au maximum. Il est assez fréquent qu'un parlementaire se voit confier une telle mission.

## b. Incompatibilité avec une activité privée

**848.** Le principe est inverse pour les activités privées, elles sont autorisées sauf exceptions. Le mandat parlementaire ne doit pas devenir une véritable profession - vue très détachée des réalités -, aussi l'élu doit-il pouvoir poursuivre son activité privée ou, tout au moins, conserver un lien avec elle. Un médecin pourra rester inscrit au Conseil de l'Ordre ; un pharmacien continuera à exploiter son officine ; un notaire, à gérer son étude ; un agriculteur à exploiter ses terres...

En 2012, de nombreux nouveaux parlementaires n'ont eu qu'un parcours politique (assistant parlementaire, collaborateur de cabinet ministériel, permanents d'un parti...) à l'issue de leurs études et n'ont pas exercé d'autres activités professionnelles. La volonté de réduire la possibilité pour un parlementaire de concilier son mandat parlementaire avec une activité professionnelle au nom de la moralisation de la vie politique contribuerait à accentuer cette rupture entre le monde politique et la « société civile ».

Mais, pour éviter que le mandat parlementaire ne favorise trop les affaires de l'élu, des restrictions sont mises à l'exercice de la *profession d'avocat* et le cumul n'est pas possible avec un emploi dans une entreprise ayant des liens financiers (subventions, garanties d'emprunts...) avec les personnes publiques. La loi organique du 11 octobre 2013 étend les incompatibilités, notamment à la présidence des autorités administratives indépendantes et à la direction des sociétés qui exercent un contrôle effectif sur des entreprises ayant des liens financiers avec des personnes publiques.

Ajoutons que les lois organiques du 11 mars 1988 et 15 janvier 1995 obligent les parlementaires à établir lors de leur prise de fonction, puis au terme de leur mandat, un *état de leur patrimoine*. Ces déclarations concernent également les intérêts que les parlementaires pourraient avoir par exemple dans certaines sociétés privées. Il s'agit de mettre en évidence d'éventuels conflits d'intérêts. La loi de 2013-507 du 11 octobre 2013 définit les conflits d'intérêts comme « toute situation d'interférence entre un intérêt public ou des intérêts publics ou privés, qui est de nature à influencer ou paraître influencer l'exercice indépendant impartial et objectif d'une fonction ». La loi organique n° 2013-906 du 11 octobre 2013 précise que les déclarations des parlementaires doivent être adressées à la Haute autorité de la transparence pour la vie publique, ces déclarations étant consultables par les électeurs à la préfecture et transmises à l'administration fiscale.

## 3. Les immunités

**849.** Le souci d'assurer l'indépendance du parlementaire se manifeste encore par les règles concernant les poursuites qui pourraient être exercées contre lui. Le parlementaire est à l'abri des pressions, menaces, arrestations qui pourraient compromettre le libre exercice de son mandat. *Les immunités protègent son mandat et non sa personne.*

### a. L'irresponsabilité

**850.** Les parlementaires ne peuvent être poursuivis pour les actes intervenus *dans l'exercice de leurs fonctions* : propos, opinions, votes ; il faut qu'ils puissent exprimer sans crainte ce qui leur paraît la vérité ou le bon choix.

Cette irresponsabilité est *absolue*, elle couvre aussi bien les poursuites civiles que les poursuites pénales. Ainsi, par exemple, un parlementaire ne peut être poursuivi pour diffamation commise dans un discours à la Chambre.

L'irresponsabilité est *perpétuelle*, elle peut être invoquée même après que le député a cessé d'exercer son mandat.

Cependant, cette immunité a des limites :

- elle couvre exclusivement les actes commis dans l'exercice des fonctions. Elle laisse donc de côté tout ce qui se rattache à la vie privée, *ou publique* en dehors de la Chambre (ex. déclaration dans les médias) et ici la diffamation, en particulier, est assez souvent poursuivie et punie ;
- elle ne concerne pas les voies de fait commises à la Chambre sur un autre parlementaire ou sur un journaliste, par exemple.

Dans une série d'arrêts rendus le 27 juin 2018 (voir notamment n° 18-80086 et 17-84804), la chambre criminelle de la Cour de cassation affirme qu'un parlementaire peut être poursuivi pour détournement de fonds publics (s'agissant par exemple de l'utilisation des indemnités de mandat ou relatives à l'emploi d'assistants parlementaires). Selon la Cour, il a la qualité d'une personne chargée d'une mission de service public au sens de l'article 432-15 du Code pénal.

### b. L'inviolabilité

**851.** La protection du parlementaire s'étend, grâce au principe de l'inviolabilité, aux actes *commis en dehors des fonctions*. Il s'agit d'éviter que les adversaires politiques du parlementaire ne le déstabilisent par des poursuites, ne l'empêchent de siéger en le faisant arrêter alors qu'aucune infraction pénale ne sera en définitive démontrée ou, plus simplement, ne fassent pression sur lui par la menace de poursuites ou d'arrestation. L'inviolabilité ne concerne que les crimes et les délits et non les contraventions et les poursuites civiles.

Son régime, qui variait selon que le Parlement était ou non en session, a été unifié par *la révision constitutionnelle du 4 août 1995*. Les grandes lignes de la réforme sont les suivantes :

- Les *poursuites* contre un parlementaire sont libres (pas de contrôle préventif obligatoire par son Assemblée), c'est le plus important ;
- Une mesure privative, ou restrictive, de liberté (*arrestation*, assignation à résidence...) ne peut être décidée par le juge qu'avec l'accord du *bureau* de la Chambre (et non plus de la Chambre elle-même). Sauf crime, flagrant délit ou exécution d'une condamnation définitive ;
- Mais la *Chambre* elle-même peut faire cesser aussi bien une mesure privative de liberté que des poursuites ;
- La suspension des poursuites ne joue alors que *jusqu'à la fin de la session* (et non jusqu'à la fin du mandat du parlementaire comme la pratique qui s'était instituée précédemment).

La nouvelle procédure restreint le privilège des parlementaires – ce qui est une bonne chose – dans la mesure où des poursuites peuvent maintenant être exercées sans qu'il soit nécessaire d'obtenir au préalable « *la levée de l'immunité parlementaire* ». Une certaine solidarité se manifestait en effet entre les élus, qui rendait celle-là difficile à obtenir et l'opinion avait du mal à comprendre que les parlementaires ne soient pas soumis à la règle commune. Ceci d'autant plus que les affaires auxquelles ils se sont trouvés mêlés se sont multipliées.

## 4. L'indemnité parlementaire

**852.** Les parlementaires touchent un traitement appelé indemnité parlementaire. L'indemnité est alignée sur le traitement moyen des plus hauts fonctionnaires ; depuis 1993, elle est imposable. À l'Assemblée nationale, elle se monte, en 2020, à 7 239 euros bruts mensuels. À cette somme viennent s'ajouter une indemnité pour frais de mandat de 5 373 euros dont ils doivent justifier de l'utilisation et un crédit de 10 581 euros pour la rémunération de collaborateurs. Au Sénat, afin d'assurer la participation des sénateurs aux travaux de la Haute Assemblée, il est prévu, depuis mai 2015, une retenue de la moitié du montant trimestriel de l'indemnité de fonction en cas d'absence à plus de la moitié, soit des votes, soit des réunions statutaires de commissions, soit des questions d'actualité, dans le trimestre.

## 5. La déontologie dans les assemblées parlementaires

**853.** L'Assemblée nationale s'est dotée de l'institution d'un déontologue. Il est nommé, sur proposition du président de l'Assemblée nationale, par un vote favorable des trois cinquièmes des membres du Bureau.

Le déontologue doit être consulté sur les règles adoptées par l'Assemblée nationale pour prévenir et faire cesser les conflits d'intérêts dans lesquels peuvent se trouver les députés. Il peut être saisi par tout député qui souhaite, pour son cas personnel, le consulter sur le respect des principes énoncés dans le code de déontologie et sur les conditions dans lesquelles il peut prévenir ou faire cesser une situation de conflits d'intérêts dans laquelle il pourrait se trouver. Ses avis sont strictement confidentiels. Le déontologue reçoit les déclarations de dons et avantages et les déclarations de voyage à l'invitation de tiers que les députés doivent lui adresser. S'il ne lui appartient pas d'autoriser ces dons ou ces voyages, il peut, le cas échéant, leur faire des recommandations. Lorsqu'il constate un manquement aux règles définies dans le code de déontologie, le déontologue en informe le député concerné ainsi que le président de l'Assemblée nationale. Il fait au député toutes les recommandations nécessaires pour lui permettre de se conformer à ses obligations. En cas de refus du député de reconnaître le manquement constaté ou de se conformer à ses obligations, il doit saisir le président afin que le Bureau se prononce sur le manquement et les suites éventuelles à y donner (publicité de ses conclusions et prononcé d'une peine disciplinaire). Le déontologue s'assure également du respect des règles relatives aux représentants d'intérêts fixées par le Bureau et saisit le président de l'Assemblée nationale en cas de manquement, ce dernier pouvant adresser au représentant d'intérêts concerné une mise en demeure qui peut être rendue publique. En outre, si le déontologue constate qu'un député, un collaborateur parlementaire ou un membre des services de l'Assemblée nationale a répondu favorablement à une sollicitation effectuée par un représentant d'intérêts en méconnaissance des règles arrêtées par le Bureau, il en avise la personne concernée et, sans les rendre publiques, lui adresse des observations. Lorsque le Bureau définit le régime de prise en charge des frais de mandat et arrête la liste des frais éligibles, il doit consulter préalablement le déontologue. Ce dernier est également chargé du contrôle de ces frais de mandat. Il peut également être saisi par tout fonctionnaire des services de l'Assemblée nationale ou collaborateur parlementaire qui souhaite, pour son cas personnel, le consulter sur une question d'ordre déontologique en lien avec ses fonctions.

Le Sénat a institué un Comité de déontologie parlementaire. Placé auprès du président et du Bureau du Sénat, le Comité a un rôle de conseil en matière de prévention et de traitement des conflits d'intérêts des sénateurs, ainsi que sur toute question déontologique concernant l'exercice du mandat des sénateurs et le fonctionnement du Sénat. Après chaque renouvellement triennal du Sénat, le président du Sénat désigne les membres du Comité ainsi que son président. Le Comité comprend un sénateur issu de chaque groupe politique. Le président est choisi parmi le principal groupe majoritaire, tandis que le vice-président est le membre issu du principal groupe d'opposition. Le Comité a un rôle de conseil au sein du Sénat. Il est ainsi obligatoirement consulté sur les modifications des textes réglementaires sénatoriaux relatifs à la déontologie parlementaire, et notamment relatifs à la prévention et la cessation des conflits d'intérêts des sénateurs et au régime de prise en charge et de contrôle des frais de mandat et à la liste des frais éligibles. Dans l'exercice de sa mission déontologique, le Bureau du Sénat - comme le président du Sénat - peut solliciter un avis du Comité de déontologie parlementaire en vue de l'éclairer en matière de déontologie et de prévention des conflits d'intérêts soit sur une question générale, soit sur la situation personnelle d'un sénateur. Parallèlement, un sénateur peut solliciter le conseil du Comité de déontologique parlementaire sur sa situation personnelle. Le Comité est également chargé de s'assurer du respect des règles relatives aux représentants d'intérêts en saisissant, le cas échéant, le président du Sénat pour qu'il mette en demeure le représentant d'intérêt ayant contrevenu aux règles et en adressant des observations non publiques à la personne contactée par ce représentant d'intérêt. Il vérifie que les dépenses des sénateurs prises en charge par le Sénat correspondent à des frais de mandat.

## B. Le contentieux électoral : rôle du Conseil constitutionnel

**854.** Les résultats des élections législatives ou sénatoriales peuvent être contestés, des irrégularités dénoncées, qui mettent en cause l'élection de certains candidats. Qui va être juge de ces litiges ?

La tradition s'était instituée en France, depuis les états généraux de l'Ancien Régime - et s'était poursuivie sans interruption - de faire juger par les assemblées elles-mêmes la régularité de l'élection de leurs membres. Elles procédaient automatiquement à *vérification de tous les mandats*. Cette procédure semblait conforme à la fois à la souveraineté nationale et au principe de la séparation des pouvoirs. L'utilisation faite de leur compétence par les assemblées est sa plus sûre condamnation. Jamais la majorité n'a invalidé un de ses membres. Bien plus, en 1956, onze députés poujadistes furent invalidés dans des conditions scandaleuses et, plutôt que d'organiser de nouvelles élections, l'Assemblée nationale proclama élus leurs adversaires malheureux qui n'avaient obtenu qu'une minorité des voix.

La Constitution de 1958 a innové en confiant au *Conseil constitutionnel* le contentieux des *réclamations* contre les résultats de l'élection (le contrôle n'est plus automatique). Il doit être saisi, par un électeur ou un candidat de la circonscription, dans les dix jours des résultats ; le recours n'est *pas suspensif*, pour faire échec aux contestations abusives, les candidats dont l'élection est contestée peuvent, en attendant le verdict, siéger dans leur assemblée. Le Conseil constitutionnel peut annuler ou réformer les résultats, c'est-à-dire modifier le décompte des voix et il pourrait proclamer élu un candidat autre que celui arrivé en tête avant que l'irrégularité eût été corrigée. Jusqu'à présent, il a préféré alors annuler purement et simplement l'élection. Depuis 1958, 71 élections ont été annulées, dont 4 au titre de celles de 2007 (deux pour non-respect des règles relatives au financement des campagnes électorales), 7 au titre des élections de 2012 et 5 au titre de celles de 2017.

La procédure devant le Conseil est contradictoire et il s'est largement inspiré des principes dégagés par la juridiction administrative pour le contentieux des élections locales. Ce caractère contradictoire de la procédure a été renforcé pour le contentieux des élections législatives de 2007, avec notamment le développement du recours à l'audition des parties ou de leurs conseils, l'audition de témoins, la publication du rôle des séances du Conseil, la notification des décisions à toutes les parties intéressées. Son intervention donne des résultats plus équitables que celle des assemblées autrefois, les élus de la majorité sont aussi souvent invalidés que ceux de l'opposition.

À l'issue du contentieux électoral, le Conseil publie un rapport. Ainsi dans son rapport sur les élections de 2007 (www.conseil-constitutionnel.fr/decision/2008/20080529.htm), le Conseil a rappelé qu'il était impératif de procéder à un nouveau découpage des circonscriptions électorales du fait des écarts démographiques et souhaité un assouplissement des règles relatives au financement de la campagne électorale, qui peuvent conduire au prononcé d'une inéligibilité pour une durée de deux ans, pour des irrégularités vénielles.

L'article 25 de la Constitution prévoit qu'une commission indépendante se prononce par un avis public sur les projets de texte et propositions de loi délimitant les circonscriptions pour l'élection des députés ou modifiant la répartition des sièges de députés ou de sénateurs. À l'occasion de l'examen de la loi mettant en œuvre cette disposition, le Conseil a renforcé ses exigences relatives au principe d'égalité devant le suffrage (décis. n° 2008-573 DC).

## §2. La désignation des députés

**855.** L'Assemblée nationale est composée de 577 députés. 555 sont élus dans la métropole et 22 en outre-mer. La loi constitutionnelle de 2008 prévoit que le nombre de députés ne peut excéder ce chiffre. Il prévoit également que des députés représenteront les Français de l'étranger. Elle est renouvelée en bloc, tous les cinq ans (son mandat se termine le « troisième mardi de juin de la cinquième année qui suit son élection ». Loi du 15 mai 2001), ou à la suite d'une dissolution. La période qui s'écoule entre la première réunion d'une Assemblée nouvellement élue et la fin de son mandat s'appelle une « *législature* ». Depuis juin 2017 la Ve République est dans la XVe législature.

Conformément à la tradition française les règles concernant la désignation des parlementaires relèvent de la loi ordinaire (v. *supra* n° 268).

## A. Les candidatures

**856.** Un certain nombre de conditions sont requises des candidats à l'Assemblée nationale. Il faut avoir les qualités exigées pour être électeur.

Il n'est pas nécessaire de justifier d'une attache quelconque avec la circonscription où l'on a choisi de se présenter. Ce libéralisme est une conséquence du principe de la souveraineté nationale. Il permet à des formations politiques de « parachuter » de l'extérieur des candidats qui découvrent leur circonscription à l'ouverture de la campagne électorale. Il reste que les attaches locales sont un sérieux atout.

On distingue les inéligibilités *personnelles* (repris de justice, étrangers, mineurs...) de celles liées à la *fonction*. Ces dernières constituent des *inéligibilités relatives*, empêchant un candidat de se présenter dans certaines circonscriptions seulement. Par exemple, certains fonctionnaires d'autorité : préfet, recteur, commandant de région militaire... ne peuvent, pendant un certain temps, poser leur candidature là où ils ont exercé leurs fonctions. Mais un député peut briguer un siège au Sénat et réciproquement ; s'il est élu il devra choisir entre ses deux mandats (incompatibilité, v. *supra* n° 846). Le projet de loi organique soumis à l'examen du Conseil d'État en juin 2019 prévoit une limitation dans le temps du nombre de mandats de député : pas plus de trois mandats successifs ; le texte prévoit également d'étendre cette limitation du cumul des mandats dans le temps aux exécutifs locaux (sauf pour les maires des communes de moins de 9 000 habitants).

Enfin, rappelons que tout candidat doit se présenter avec un *suppléant*.

Le *financement de la campagne* est réglementé (v. *supra* n° 261). Un plafond est fixé aux dépenses des candidats - de l'ordre de 40 000 euros - ; elles sont remboursées par l'État à concurrence de 50 % pour les candidats ayant obtenu plus de 5 % des suffrages au premier tour. Pour sauvegarder l'indépendance des élus, les personnes morales - sauf les partis - ne peuvent contribuer au financement et un particulier ne peut effectuer un versement dépassant une certaine somme. En outre, ces fonds sont recueillis et gérés par un *mandataire financier* ou une association de financement électoral, dont le candidat ne peut être membre. La violation de ces règles peut entraîner l'annulation de l'élection (v. *supra* n° 854).

Les partis, qui ont présenté des candidats ayant obtenu au moins 1 % des suffrages exprimés dans cinquante circonscriptions au moins, reçoivent une subvention (1,60 €) par suffrage obtenu.

## B. Le scrutin

**857.** Le scrutin doit être organisé dans les soixante jours qui précèdent l'expiration des pouvoirs de l'Assemblée nationale, ou dans un délai de vingt à quarante jours après une dissolution. La consultation a lieu le même jour, un dimanche, dans tous les départements.

Le mode de scrutin adopté est *le scrutin majoritaire uninominal à deux tours*. Pour être élu au premier tour, un candidat doit obtenir la majorité absolue des suffrages exprimés *et* représentant au moins le quart des électeurs *inscrits*. On recherche par-là un minimum de représentativité pour l'élu. Si le siège n'a pu être attribué lors du premier scrutin, un *second tour* est organisé le dimanche suivant, à la majorité relative. Seuls les candidats ayant obtenu au moins 12,5 % des suffrages des électeurs *inscrits* lors du premier tour peuvent y participer. Toute candidature nouvelle entre les deux tours est exclue. Si un seul candidat a obtenu 12,5 % des voix, son concurrent immédiat peut se présenter. Cette réglementation favorise les grands partis et la bipolarisation, les petites formations se trouvent éliminées en pratique.

Les élections de juin 2022 ont donné les résultats suivants :

- Nouvelle union populaire écologique et sociale (Nupes, coalition de partis de gauche) : 131 sièges
- Divers gauche : 22 sièges
- Ensemble (majorité présidentielle) : 245 sièges
- UDI : 3 sièges
- Les Républicains : 61 sièges
- Divers droite : 11 sièges
- Rassemblement national : 89 sièges
- Divers (dont régionalistes) : 15 sièges

Ce scrutin a été marqué par une très forte abstention (53,77 % au second tour) à laquelle il faut ajouter 3,53 % de bulletins blancs ou nuls. 51 % des députés sont des nouveaux élus (ils étaient 74 % en 2017).

Le projet de réforme institutionnelle soumis à l'examen du Conseil d'État en juin 2019 prévoit que 20 % des députés seront élus au scrutin proportionnel. Les listes devraient être paritaires. Mais ce projet n'a pas abouti.

## §3. La désignation des sénateurs

**858.** Le Sénat assure la représentation des collectivités territoriales. Cela explique à la fois son recrutement et son rôle spécifique.

Le Sénat est composé de 331 sénateurs dont 13 pour l'outre-mer et 12 représentant les Français établis hors de France qui sont élus par l'Assemblée des Français de l'étranger, des conseillers consulaires et des délégués qui complètent l'effectif en fonction de la population de la circonscription ainsi que par les députés de la circonscription (loi 2013-659 du 22 juillet 2013). La loi constitutionnelle du 23 juillet 2008 prévoit que le nombre de sénateurs ne peut excéder 348. Le projet de loi organique soumis en juin 2019 à l'examen du Conseil d'État prévoit de réduire le nombre des sénateurs à 261 ; le Gouvernement s'était engagé à ce que tous les départements soient représentés.

Les sénateurs sont élus pour six ans, ils se renouvellent par moitié. À cette fin, les départements ont été répartis en deux séries en suivant l'ordre alphabétique. Pour le Sénat aussi, l'élection a lieu dans les soixante jours précédant la fin du mandat des sénateurs de la série concernée. Les inéligibilités sont les mêmes que pour les députés. Il faut avoir 24 ans au moins pour être candidat (depuis 2011, 30 ans auparavant).

L'originalité des élections sénatoriales réside dans le système électoral adopté.

*Les sénateurs sont élus au scrutin indirect*, la circonscription est le département. Le collège électoral comprend : les députés, les conseillers régionaux, les conseillers départementaux et surtout les délégués des conseils municipaux qui sont les plus nombreux (95,5 % du collège). Le nombre des délégués municipaux varie selon que la commune a moins de 9 000 habitants (de 1 à 15 selon la population de la commune), de 9 000 à 30 000 (tout le conseil municipal) ou plus de 30 000 (tout le conseil + un délégué supplémentaire par tranche de 1 000 habitants).

Par ailleurs, le nombre de sénateurs varie (de 1 à 12) selon la population du département et le mode de scrutin selon le nombre de sénateurs à élire dans le département. Si le département élit moins de trois sénateurs, *le scrutin est majoritaire*, les candidats se présentent isolément ou par listes. Si des sièges restent à pourvoir à l'issue du premier tour, un second tour est organisé l'après-midi même du premier, la majorité relative suffit alors. Si le département dispose de trois sénateurs ou plus, *le scrutin est proportionnel*, les candidats devant se regrouper par listes complètes ; 180 sénateurs sont élus à la représentation proportionnelle. Disposition exceptionnelle dans notre droit, le vote est obligatoire.

Ce système est très vivement attaqué du fait, en particulier, des irrégularités considérables de représentation qu'il entraîne : de 1 siège pour 62 235 habitants en Creuse à 1 siège pour 299 480 dans le Var (sur la base du recensement de 1999), et on souligne, en particulier, à quel point il favorise la France rurale. Une augmentation du nombre de sièges (de 321 à 346) a été décidée par la loi organique du 30 juillet 2003. Le Conseil constitutionnel a invalidé une disposition limitant la surreprésentation des petites communes rurales (décis. n° 2000-431 DC). Cette censure a été opérée au regard de la disposition constitutionnelle selon laquelle le Sénat représente les collectivités territoriales (art. 24 C). Il doit donc les représenter telles qu'elles sont et le système adopté ne doit pas fausser cette représentation.

Après le renouvellement de 2020, le Sénat est composé de la façon suivante :

- Les Républicains : 148 ;
- Socialiste écologiste et républicain : 65 ;
- Union centriste : 55 ;
- Rassemblement des démocrates progressistes et indépendants : 23 ;
- Rassemblement démocratique et social européen : 15 ;
- Communiste, républicain, citoyen et écologiste : 14 ;
- Indépendants République et territoire : 13 ;
- Écologistes, solidarité et territoires : 12
- Non-inscrits : 2.

# Section 2
# La vie du Parlement

**859.** Le fonctionnement d'assemblées regroupant plusieurs centaines de personnes doit, pour des raisons d'efficacité, obéir à des règles strictes.

## §1. Les sessions

**860.** L'idéal démocratique semble commander que les représentants de la Nation puissent siéger et délibérer en permanence, qu'ils puissent décider de se réunir quand bon leur semble. Ce fut le cas des Assemblées révolutionnaires à partir de 1793. Mais la tradition monarchique inaugurée par la Grande-Bretagne est favorable au régime des sessions qui permet d'éviter au Gouvernement d'être sous le contrôle constant du Parlement, avec la perte de temps et de liberté que cela suppose. La durée des sessions apparaît ainsi comme l'un des instruments de mesure du rapport des forces entre le Gouvernement et le législateur. Pendant les inter-sessions en effet le contrôle parlementaire est très affaibli.

Suivant la tradition, les deux Chambres se réunissent simultanément.

### A. La session ordinaire

**861.** *La révision constitutionnelle du 4 août 1995* a profondément modifié le régime précédent. Alors que la Constitution avait prévu deux sessions ordinaires annuelles – l'une de printemps et d'une durée de quatre-vingt-dix jours, l'autre d'automne de quatre-vingts jours – la révision a institué *une session ordinaire unique* qui commence le premier jour ouvrable d'octobre pour se clore le dernier jour ouvrable de juin.

La réforme poursuit l'objectif de renforcer le Parlement en face de l'exécutif. Le Gouvernement est maintenant exposé au contrôle des assemblées, de façon continue, pendant neuf mois. On pouvait espérer aussi que le programme de travail étant étalé sur une plus longue durée et le nombre de séances hebdomadaires étant concentré sur quelques jours par semaine (trois), les parlementaires seraient plus assidus et l'absentéisme réduit. Les exténuantes séances de nuit auraient pu disparaître ou tout au moins être moins fréquentes (en pratique il n'en a rien été) et les sessions extraordinaires se raréfier. Enfin, la réforme devait favoriser un meilleur contrôle par le Parlement des institutions de l'Union européenne (v. *infra* n° 933) dans leurs fonctions normatives.

Dans cette perspective le nombre de *jours de séance* pendant la session est fixé à cent vingt. Chaque assemblée décide des heures, jours et semaines de travail – elle peut donc se mettre en vacances, ou se réunir à son gré dans la limite de cent vingt jours.

Cependant la règle des cent vingt jours n'est pas immuable. Le Premier ministre peut en effet, après avoir consulté le président de l'Assemblée concernée, décider, *pendant la période de session*, de la tenue de jours supplémentaires de séance. La même décision peut être prise à l'initiative des parlementaires et à la majorité des membres de chaque assemblée. Ces séances ne s'imputent pas sur le contingent normal de cent vingt jours.

Le bilan de la réforme apparaît décevant, elle est très critiquée par les parlementaires. Elle n'a pas bouleversé les relations des Chambres et du Gouvernement, l'absentéisme n'a pas diminué et les conditions de travail ne se sont pas substantiellement améliorées.

## B. Les sessions extraordinaires (art. 29)

**862.** Le Parlement peut être convoqué en dehors de la session ordinaire.

Une session extraordinaire doit être organisée sur un ordre du jour précis. On ne peut sans raison réunir le Parlement en dehors de la session ordinaire, il faut faire connaître la, ou les, questions qui justifient la convocation des parlementaires. Les débats ne pourront porter que sur l'ordre du jour.

- *L'initiative* de la session appartient au Premier ministre et à l'Assemblée nationale (et non au Sénat) et, selon l'origine de l'initiative, les règles applicables seront différentes :
  - *initiative du Premier ministre :* la durée de la session n'est pas limitée et le Premier ministre peut en demander une nouvelle dès le lendemain de la clôture de la précédente ;
  - *initiative de l'Assemblée nationale :* elle est prise à la majorité des membres la composant, la session ne peut durer plus de douze jours, et sera close avant si son ordre du jour est épuisé. Par ailleurs, l'Assemblée ne peut demander l'organisation d'une nouvelle session extraordinaire moins d'un mois après la fin de la précédente. On veut éviter qu'on ne revienne par ce biais à la permanence de la session.
- *La convocation* de la session extraordinaire est prononcée par le président par décret, mais il ne peut la décider que sur la demande du Premier ministre ou de l'Assemblée. *Le président de la République pourrait-il refuser de déférer à cette demande ?*

Le général de Gaulle a estimé, en 1960, qu'il disposait d'un pouvoir discrétionnaire de refuser la convocation d'une session extraordinaire. À la demande présentée par l'Assemblée nationale, il opposa que des pressions s'étaient exercées sur les parlementaires pour obtenir la tenue d'une session extraordinaire, la prohibition du mandat impératif lui servit alors de prétexte pour justifier son refus. L'Assemblée elle-même s'est ralliée à cette interprétation puisqu'elle rejeta une motion de censure contre le Gouvernement Debré, considéré comme responsable, pour l'avoir contresignée, de la décision du président. Au mois de mars 1979, V. Giscard d'Estaing saisi d'une requête analogue lui donna satisfaction, tout en réservant son pouvoir d'apprécier l'opportunité de ce type de demande. De son côté, F. Mitterrand, sondé sur ses intentions en décembre 1987 par J. Chirac, qui souhaitait l'organisation en janvier 1988 d'une session extraordinaire pour débattre de la privatisation de Renault, fit publier un communiqué déclarant que cette convocation relevait « *de la seule compétence et de la seule appréciation du président* ». J. Chirac préféra y renoncer plutôt que de se heurter à un refus. De nouveau le 30 juin 1993, F. Mitterrand, tout en autorisant la session extraordinaire demandée par le Premier ministre, a refusé d'inscrire à son ordre du jour l'un des textes proposés ; celui concernant la révision de la loi *Falloux* (sur la liberté de l'enseignement).

Dans la pratique, le Parlement s'est très fréquemment, et même aujourd'hui presque systématiquement, réuni en session extraordinaire. Toutes ses réunions, sauf une ont été convoquées à l'initiative du Premier ministre.

### C. Les sessions de plein droit

**863.** La Constitution prévoit trois hypothèses (outre la session ordinaire), où le Parlement se réunit de plein droit :

- la mise en vigueur de l'article 16 ;
- l'élection d'une nouvelle Assemblée après dissolution. Celle-ci se réunit le deuxième jeudi suivant son élection. Les parlementaires se retrouvent au Palais Bourbon ou au Palais du Luxembourg sans convocation formelle. Le constituant a prévu ainsi, en particulier, l'hypothèse où le président de la République voudrait ajourner la réunion du Parlement et le contrôle des élus de la Nation jusqu'à la date de la session ordinaire. Les représentants ne sont pas soumis à son bon vouloir, la règle se justifie d'autant mieux que l'exécutif est à l'origine de la situation ;
- la lecture, hors session, d'un message du président. On parle alors de « session spéciale ».

## §2. L'aménagement interne du travail parlementaire

### A. Le règlement des assemblées

**864.** Le principe est que les assemblées sont maîtresses de leur règlement. Celui-ci s'analyse comme une *résolution* votée par chaque assemblée. Il a valeur permanente, il n'a pas à être élaboré, modifié ou validé à chaque législature. Le règlement est soumis à la Constitution et à la loi, mais l'expérience montre que dans le passé les assemblées ont souvent négligé cette limite, affichant par-là leur prétention à la souveraineté parlementaire. Il forme le noyau du droit parlementaire.

La Constitution a limité les pouvoirs des assemblées. Elle prévoit que les règlements doivent être *soumis, avant leur mise en application, au Conseil constitutionnel* (v. *infra* n° 956). Celui-ci juge de leur conformité à la

Constitution (art. 61). Ainsi est établi un contrôle de la constitutionnalité des règlements des assemblées. Le Conseil a exercé son rôle avec rigueur et n'a pas hésité à annuler plusieurs dispositions (quatorze pour l'Assemblée nationale, douze pour le Sénat en 1959 et beaucoup d'autres depuis) qui ne lui paraissaient pas conformes à la Constitution.

Ce rappel au respect de la Constitution est un témoignage supplémentaire de la disparition de la souveraineté parlementaire patiemment édifiée par les assemblées de la IIIe et de la IVe Républiques.

La révision constitutionnelle de 2008 a donné lieu à une refonte profonde du règlement des assemblées.

## B. Les organes du travail parlementaire

**865.** Un certain nombre d'organes se sont mis en place dont le statut est à peu près identique d'une Chambre à l'autre.

### 1. La présidence des assemblées

**866.** Les deux Chambres élisent un président. L'Assemblée nationale au début de chaque législature, le Sénat lors de chaque renouvellement triennal. La majorité absolue des suffrages exprimés est exigée aux deux premiers tours, relative au troisième.

- Le rôle du président s'exerce tout d'abord *à l'égard de l'assemblée* et il rappelle celui du speaker de la Chambre des communes. Il assure en effet la présidence des débats, lourde tâche dont il peut se décharger sur l'un des vice-présidents élus en même temps que lui. Il intervient dans les débats ; c'est lui qui les organise, donne la parole aux parlementaires qui se sont inscrits, leur demande éventuellement de conclure s'ils s'attardent, clôt la discussion lorsqu'il estime que la Chambre est suffisamment éclairée. C'est lui aussi qui dispose de la police de l'assemblée et assure en particulier le maintien de l'ordre dans les locaux grâce, au besoin, à un contingent militaire commandé par un général et par l'appel éventuel à la force armée extérieure.

La fonction demande beaucoup de diplomatie, d'autorité et surtout d'*impartialité*. Joseph-Barthélemy disait de lui qu'il n'est plus l'homme d'un parti mais « *l'homme de la Chambre* ». Pour symboliser cette indépendance, son élection a lieu au scrutin secret et il ne prenait traditionnellement pas part aux votes. Cet usage ne semble pas s'imposer. Ainsi, le président Accoyer a cependant participé au vote du Congrès sur la révision constitutionnelle de 2008, comme l'avait fait en 1999 L. Fabius à l'occasion du vote de deux lois constitutionnelles relatives à la parité hommes-femmes et la Cour pénale internationale. Il préside les séances du haut du « perchoir ». Dans l'ordre des préséances, le président du Sénat vient après le Premier ministre et juste avant le président de l'Assemblée nationale.

- La Constitution confie aux présidents des assemblées des *attributions propres*, étrangères au fonctionnement des Chambres. Ils peuvent saisir le Conseil constitutionnel, ils nomment chacun trois membres de cette institution ; ils sont obligatoirement consultés sur la mise en application de l'article 16, sur la tenue de jours supplémentaires de séance et sur l'exercice du droit de dissolution. Enfin, on sait que le président du Sénat assure la suppléance du président de la République.

Actuellement, Yaël Braun-Pivet préside l'Assemblée nationale et G. Larcher, le Sénat.

## 2. Le bureau

**867.** Chaque assemblée est dirigée par un bureau. Celui-ci est présidé par le président de la Chambre, ses membres - vingt-deux pour l'Assemblée, seize pour le Sénat - sont élus pour une année à l'Assemblée et pour trois ans au Sénat, au scrutin de liste majoritaire (en réalité par *accord* entre les présidents de groupe, v. *infra* n° 868) en faisant une place à l'opposition de façon à refléter la composition de la Chambre.

- Le bureau est un organe collégial disposant de certaines *attributions collectives* : il se prononce sur l'arrestation d'un parlementaire, il tranche sur la recevabilité financière d'une proposition ou d'un amendement, il est responsable de l'administration de l'assemblée...
- Ses membres exercent, en outre, des *attributions spécialisées*. Les vice-présidents (six) aident le président à diriger les débats ; les questeurs (trois) ont autorité sur les services administratifs et sur la vie financière et matérielle de l'assemblée ; les secrétaires (douze) sont responsables de la rédaction des procès-verbaux des séances et constatent les votes.

## 3. Les groupes

**868.** Les parlementaires se sont, dès l'origine, regroupés selon leurs affinités politiques. Sous la IIIe République, cette situation de fait s'est transformée en consécration juridique de l'existence des groupes. *Ceux-ci constituent la transposition des partis dans l'univers parlementaire.*

Les règlements des assemblées confèrent des prérogatives aux groupes, aussi leur formation est-elle soumise à certaines règles. À l'Assemblée nationale et au Sénat, il faut l'adhésion de quinze députés (depuis 2009) ou dix sénateurs pour former un groupe. Les élus ne sont pas obligés d'adhérer à un groupe, ils peuvent rester non-inscrits ou se faire « rattacher » à un groupe formé par un parti dont ils ne sont pas membres mais dont ils se sentent proches. Mais un parlementaire ne peut adhérer à plusieurs groupes. L'exigence d'un nombre minimum d'inscrits - les rattachés n'entrent pas en ligne de compte - est destinée à éviter la multiplication des groupes (quatorze en avril 1958 dans l'Assemblée de la IVe) et par-là à simplifier le fonctionnement du Parlement. À l'Assemblée nationale, il existe aujourd'hui dix groupes : un nombre record sous la Ve République : Renaissance (172 membres), le Rassemblement national (89), La France insoumise (75), Les Républicains (62), Modem (48), Socialistes (31), Horizon (30), Écologistes (23), Gauche démocratique et républicaine (22), Libertés, indépendants, Outre-mer et territoires (16).

Les membres d'un même groupe siègent côte à côte aux places désignées en accord avec le président de la Chambre, ils disposent de locaux pour se réunir. Leur rôle est important pour la composition du bureau, des commissions, la désignation des rapporteurs, la fixation de l'ordre du jour et du temps de parole... Ils assurent une sorte de tutelle des élus, leur imposant des initiatives, ou, au contraire, les freinant ou s'y opposant. La réforme de 2008 a conduit à renforcer le rôle du président du groupe majoritaire à l'Assemblée nationale qui dispose, notamment, d'une majorité au sein de la conférence des présidents.

## 4. La conférence des présidents

**869.** Elle participe, à l'Assemblée comme au Sénat, à l'organisation du travail et joue un rôle de liaison entre chaque Chambre et le Gouvernement.

Y siègent le président et les vice-présidents, les présidents des commissions permanentes (et, à leur demande, des commissions spéciales), les présidents de groupe, le président de la Délégation pour l'Union européenne, le rapporteur général de la Commission des finances et le ministre chargé des Relations avec le Parlement. *Le Gouvernement peut y compter sur l'appui de la majorité.*

La conférence décide de la *fixation de l'ordre du jour* (v. *infra* n° 872).

Par ailleurs elle *peut* décider d'organiser la discussion (fixation de la durée du débat, répartition du temps entre les groupes, limitation du nombre des interventions...).

## 5. Organes divers

**870.** Les assemblées ont créé une série d'organes : la Commission des affaires européennes, l'Office parlementaire des choix scientifiques et technologiques, l'Office d'évaluation des politiques de santé et aussi des groupes d'études et des groupes d'amitié avec des pays étrangers... Ces organes donnent une certaine souplesse au fonctionnement des assemblées, leur permettant de ne pas rester enfermées dans les commissions prévues par la Constitution ou par la loi. Elles informent les parlementaires et facilitent leur contrôle.

Le règlement de l'Assemblée nationale a créé en 2009 un Comité d'évaluation et de contrôle des politiques publiques. Ce comité pourra donner son avis sur les études d'impact associées à un projet de loi.

La Commission des affaires européennes s'ajoute aux huit commissions permanentes. Sa mission est de suivre les travaux des institutions de l'Union européenne et d'informer et de conseiller l'Assemblée et le Sénat, en particulier d'instruire les propositions d'actes communautaires de nature législative (v. *infra* n° 933). Elle peut procéder à des auditions (ministres, parlementaires européens français) et être à l'origine d'une proposition de résolution sur des actes communautaires, par laquelle la Chambre demandera par exemple au Gouvernement de refuser ou d'amender un acte communautaire.

*La Commission, qui succède à une Délégation, joue un rôle moteur dans l'activité des assemblées consacrée à l'Europe.*

## C. Les séances des assemblées

**871.** Les assemblées fixent leurs séances comme elles l'entendent. Depuis la révision de 1995, elles ont décidé de se réunir trois jours par semaine : mardi, mercredi, jeudi, ce qui a eu pour effet de multiplier les séances de nuit. L'exigence d'un *quorum* n'existe que pour les votes (majorité absolue du nombre des députés) et il faut que sa *vérification* soit demandée, sinon il n'en est pas tenu compte. Les séances sont normalement publiques. Ce principe est principalement garanti par la publication des débats au *Journal officiel* et par les commentaires dans la presse des journalistes qui assistent aux séances. La retransmission de certaines séances à la télévision permet aux citoyens de mieux connaître le fonctionnement du Parlement. Deux chaînes parlementaires ont ainsi été créées.

### 1. La fixation de l'ordre du jour

**872.** L'ordre du jour constitue le calendrier des débats de l'assemblée, son programme de travail. La *conférence des présidents* joue un rôle capital dans son établissement.

Jusqu'alors, il fallait distinguer entre un ordre du jour prioritaire fixé par le Gouvernement et un ordre du jour complémentaire, traduction juridique du fait que les assemblées ne sont plus, aujourd'hui, entièrement maîtresses de l'organisation de leur travail.

La loi constitutionnelle de 2008 modifie profondément cet équilibre en posant le principe selon lequel l'ordre du jour est fixé par chaque assemblée et en prévoyant que l'ordre du jour prioritaire ne concerne que la moitié des séances (deux semaines sur quatre) ainsi que les projets de lois de finances, les projets de lois de financement de la Sécurité sociale, les projets relatifs aux états de crise ou à la déclaration de guerre et les projets transmis par l'autre assemblée, depuis six semaines, au moins.

- Depuis 2008, une semaine de séance sur quatre est réservée par priorité au contrôle de l'action du Gouvernement et à l'évaluation des politiques publiques.
- Toujours depuis 2008, un jour par mois est réservé à un ordre du jour arrêté à l'initiative des groupes parlementaires qui ne disposent pas de la majorité au sein de l'assemblée considérée.

Ainsi, une partie de l'ordre du jour fait l'objet d'une négociation entre le Gouvernement et le groupe majoritaire. Il n'en reste pas moins que l'ordre du jour, dont l'assemblée a la maîtrise, ne doit pas nécessairement être employé à discuter de propositions de loi. Le vote des projets de loi est l'un des instruments pour mettre en œuvre le programme politique choisi par les électeurs. Or le pouvoir gouvernemental consiste justement à déterminer et à conduire la politique de la Nation (v. *supra* n° 695).

## 2. Les débats

**873.** Le président de chaque Chambre assure la *direction* des débats et peut proposer des *mesures disciplinaires* allant jusqu'à l'exclusion temporaire d'un représentant qui aurait violé le règlement.

La conférence des présidents fixe le temps global qui sera consacré à la *discussion générale* d'une loi (c'est-à-dire à ses orientations, son opportunité). Ce temps est ensuite réparti entre les groupes en proportion de leurs effectifs, et chaque groupe désigne ses orateurs. En principe ne peuvent prendre la parole que les parlementaires inscrits à l'avance pour intervenir - sauf pour une brève interruption - ou, à tout moment, les membres du Gouvernement ou encore les présidents de commission. En théorie aussi les orateurs ne parlent de la tribune que pour les interventions importantes et ne doivent pas lire leurs discours, cette règle n'est guère respectée. Le débat général terminé, on passe à *l'examen du texte lui-même*, en procédant article par article : tout représentant peut intervenir mais son temps de parole est limité à cinq minutes.

*Les votes* peuvent prendre plusieurs formes : à mains levées (le plus fréquent) ; par assis et debout ; vote public ordinaire avec utilisation d'un système électronique ; vote public à la tribune.

En principe, *le vote est personnel* (art. 27) : on a voulu éviter l'absentéisme mais le vote électronique permet de tourner la prohibition de sa délégation. Il suffit de laisser à un collègue (le « boîtier ») la clé de la boîte à partir de laquelle chaque parlementaire vote de sa place. L'article 27 de la Constitution est ainsi allègrement violé. Certaines dispositions constitutionnelles seraient donc facultatives ? La Constitution est-elle bien d'ordre public ? Le Conseil constitutionnel a répondu implicitement par la négative en 1987. Il a estimé qu'une loi avait été régulièrement adoptée en dépit du fait que le principe du vote personnel n'ait pas été respecté, ce qui revient à dire que le législateur peut ne pas tenir compte de la Constitution. Curieuse position. Depuis 1995, le vote personnel est appliqué (approximativement) à l'Assemblée nationale. Il est assez largement ignoré au Sénat. En 2012 il a été nécessaire de procéder à une seconde délibération d'un projet de loi, alors qu'un sénateur disposant d'une délégation de vote des membres du groupe écologiste avait omis de participer au scrutin public.

# Section 3
# Les attributions du Parlement

**874.** À côté d'attributions diverses, dont la plupart ont déjà été évoquées (révision de la Constitution, prorogation de l'état de siège et de l'état d'urgence, déclaration de guerre. V. *supra* n° 754), le Parlement a essentiellement deux attributions : le vote de la loi et le contrôle du Gouvernement.

## §1. L'élaboration de la loi

**875. Bibliographie.** – Bertrand Mathieu, *La loi*, Dalloz, 2010. – « La loi », *Pouvoirs* 2005, n° 114. – Jean-Luc Warsmann, *Simplifions nos lois pour guérir un mal français*, Rapport au Premier ministre, La Documentation française, 2009. – Pierre Albertini, *La crise de la loi*, LexisNexis, 2015.

**876. On parle beaucoup de la crise de la loi**. Quelques éléments appuient ce diagnostic : les maux qui affectent la loi peuvent tenir à la loi elle-même. La loi peut d'une part être, techniquement et formellement, de mauvaise qualité. D'autre part, la substance même de la loi peut en altérer la portée.

*1° Des dispositions législatives trop nombreuses.* Ce n'est pas tant le nombre de textes qui a augmenté que la taille moyenne de ces textes. Pendant la XII^e^ législature (2002-2007), 436 lois (dont 222 ratifications de traités) ont été promulguées ; 54 de ces textes avaient pour origine une proposition. Sous la XV^e^ législature (2017-2022), 354 lois ont été adoptées dont 114 d'origine parlementaire.

Le recueil des lois, publié par l'Assemblée nationale, était composé de 418 pages en 1960, 862 pages en 1975, 263 pages en 1985 et environ 1 800 pages en 2000. Si le nombre de lois promulguées tend à diminuer (de 35 % entre la session 2014-2015 et la session 2015-2016), la dimension des lois n'a cessé d'augmenter (trois textes de lois, loi Macron, Avenir de l'agriculture, Nouvelle organisation territoriale, adoptés durant la session 2014-2015, totalisent près de cinq cents articles). Cette évolution s'inscrit dans le cadre plus large d'une inflation normative. Les lois, les ordonnances et les décrets réglementaires comprenaient 22,8 millions de mots en 2002, 44,1 millions en 2022.

Les causes de cette situation sont nombreuses et assez bien connues. Elles sont rappelées par le Conseil d'État dans son rapport public de l'année 2006 : l'interventionnisme croissant du législateur dans l'ensemble des domaines de la vie sociale ; l'obligation d'insérer en droit interne des dispositions de droit international, notamment communautaire ; les demandes des groupes de pression...

2° *La loi « jetable ».* Cette expression, employée par le Conseil d'État, traduit mieux que tout autre la dévalorisation de la loi au travers de l'atteinte portée à son caractère permanent. Il est commun de relever que chaque ministre souhaite attacher son nom à une loi. Par ailleurs le « rendement médiatique » du projet de loi est élevé. En l'espèce, c'est l'effet d'annonce qui est le plus important. La technicité de la loi est également un facteur déterminant pour son instabilité. En toute hypothèse, il est anormal qu'un texte soit modifié très peu de temps après son édiction.

3° *La loi illisible.* L'adage « Nul n'est censé ignorer la loi » n'a plus aucun sens. Aucun citoyen ne peut prétendre connaître tout le droit auquel il est soumis, plus grave encore, aucun juriste ne peut prétendre maîtriser l'ensemble du droit. Cette impossibilité de maîtriser, même dans ses grandes lignes, l'ensemble de la législation applicable ne tient pas seulement à la multiplicité et à la plasticité des textes, mais aussi à leur faible qualité rédactionnelle. Appelée « légistique », la science législative n'a pas progressé.

Le caractère peu lisible d'une loi ou d'un ensemble législatif porte atteinte à son effectivité qui réside notamment dans sa compréhension par celui qui doit la respecter et par celui qui doit l'appliquer. La loi peut ne pas être seulement difficile d'accès, elle peut également être mal rédigée.

4° *Des lois « non législatives ».* La pratique montre que le législateur est souvent conduit à édicter des dispositions appartenant au domaine réglementaire. Le Gouvernement et les parlementaires ont tendance à truffer, tout au long de la procédure, le texte en discussion de dispositions réglementaires par voie d'amendements. Paradoxalement, il est plus facile de faire adopter une disposition par voie d'amendement lors de la procédure législative que par décret. Le Conseil constitutionnel, en se refusant à sanctionner le non-respect des articles 34 et 37 C, a sa part de responsabilité dans cette situation (v. *infra* n° 884).

5° *La loi molle.* Comme le relève le Conseil d'État (v. Rapport public, 1991), le « premier élément de la dégradation de la norme réside dans le développement de textes d'affichage, un droit mou, un droit flou, un droit à l'état gazeux. » Cette évolution de la loi, particulièrement caractéristique de sa dilution, a suscité d'autres métaphores. J. Foyer a ainsi appelé « neutrons législatifs » ces déclarations d'intention dépourvues de contenu normatif.

6° *La loi émotionnelle.* L'un des principaux problèmes auxquels est confrontée la loi, et plus généralement le système normatif, c'est la gestion du temps. La loi s'inscrit souvent dans le temps de l'émotion et non pas celui de la réflexion. Lorsqu'une question suscite une réaction collective de l'opinion publique, la réponse est le plus souvent législative.

7° *La loi inappliquée.* L'absence d'application de la loi ou le retard dans son application, tiennent essentiellement à la carence du Gouvernement. La situation s'est cependant améliorée. Durant la session 2014-2015, le délai moyen de publication des décrets d'application était de cinq mois et vingt-six jours.

8° *Les thérapies de la loi.* La thérapie de la loi est une question tout à fait présente dans le débat juridique et politique. Les assemblées parlementaires prennent conscience du fait que c'est leur propre déclin qui accompagne celui de la loi. Sous la présidence de Pierre Mazeaud, notamment, le Conseil constitutionnel s'est engagé dans une jurisprudence visant à améliorer la qualité de la loi (v. A.-L. Valembois, *La constitutionnalisation du principe de sécurité juridique en droit français*, LGDJ, 2005) et le comité Balladur s'est montré très attentif non seulement à la revalorisation du rôle du Parlement, mais aussi à l'amélioration de la qualité du travail législatif. Ainsi le Conseil constitutionnel a fait de l'accessibilité et de l'intelligibilité de la loi un objectif de valeur constitutionnelle (décis. n° 99-421 DC). En ce sens, il a censuré dans la décision n° 2005-530 DC l'ensemble du système de plafonnement des avantages fiscaux pour complexité excessive. Dans la décision n° 2005-512 DC du 21 avril 2005, le Conseil considère que le législateur doit édicter des règles suffisamment précises et non équivoques afin de prémunir les sujets de droit contre l'arbitraire et d'éviter que les autorités administratives ou juridictionnelles ne se substituent au législateur. Par ailleurs, il convient de développer l'évaluation et l'expérimentation législatives. Ainsi, entre 2007 et 2012, quatre-vingt-neuf rapports portant sur l'application des lois ont été publiés contre trente-cinq entre 2002 et 2007.

## A. Le domaine de la loi

**877.** On aborde ici une matière particulièrement complexe dans la mesure où non seulement la pratique, mais aussi l'interprétation juridique donnée progressivement par le Conseil constitutionnel, jouent un grand rôle.

En 1958, le *constituant consacre une définition matérielle de la loi,* la loi se caractérise par les matières sur lesquelles elle porte : *certaines matières sont réservées à la loi.*

Pour comprendre la portée de cette « *révolution* », il faut revenir à la situation antérieure.

Jusqu'en 1958, les actes votés par le Parlement sont tous des lois. *On a de la loi une conception formelle* et, surtout, le *domaine de la loi est général.* Le Parlement peut se saisir de toutes les questions qui l'intéressent pour y légiférer, il n'y a pas de limite au champ d'action ouvert aux représentants élus de la Nation : la loi est l'expression de la volonté générale, celle-ci est souveraine, elle peut se manifester sur n'importe quel sujet et quand elle veut.

Ces caractères de la loi étaient considérés comme acquis depuis la Révolution. L'élaboration de la Constitution de 1958 est entreprise à un moment où ils sont singulièrement ébranlés. Le Parlement, en effet, ne parvient plus à faire face aux occasions, et même aux obligations, de légiférer et, depuis quarante ans, il se débarrasse d'une charge trop lourde en déléguant son pouvoir au Gouvernement.

- La Constitution de 1958 énumère les matières qui relèvent du domaine de la loi et leur *liste est limitative* :
- Elle comprend tout d'abord un certain nombre de domaines dispersés dans le texte : articles 3, 35, 53, 66, 72 à 74...
- Mais c'est surtout l'article 34 qui donne l'énumération des domaines essentiels de l'action du législateur. La liste des matières réservées à la loi par cet article s'est élargie lors de l'élaboration de la Constitution bien au-delà de ce que souhaitait le projet gouvernemental, sous la pression en particulier du Comité consultatif constitutionnel et du Conseil d'État. *En définitive, le domaine de la loi est très large et laisse peu de choses de côté.*

### 1. La théorie : l'article 34

**878.** Théoriquement, la Constitution apporterait une double limitation au pouvoir législatif du Parlement : une première *verticale* (répartition des domaines entre interdits et ouverts au législateur), complétée par une autre *horizontale* (distinction dans les domaines ouverts au Parlement entre ceux où il peut descendre dans les détails et poser des règles et ceux où il doit rester dans les hauteurs et affirmer des principes).

### a. Les domaines où le législateur fixerait les règles

**879.** Dans un certain nombre de matières lui appartenant, le législateur aurait un rôle large, descendant loin dans les détails. Un « domaine noble » aurait été circonscrit, composé des *matières les plus importantes*. Le droit d'y poser des règles est réservé à l'organe paraissant présenter le plus de garanties, c'est-à-dire au Parlement. On y trouve tout ce qui touche *le statut des personnes*, leurs libertés, leurs droits civiques et aussi les décisions de principe de l'*organisation économique et sociale*, comme par exemple les nationalisations, les impôts, la création de catégories d'établissements publics... On peut citer encore *la détermination des crimes, des délits et des peines, ainsi que le statut des magistrats, le régime électoral du Parlement et des collectivités locales...*

Sans être exclue ici, l'intervention du pouvoir réglementaire ne pourra qu'être résiduelle et porter sur des détails non traités par le Parlement. Elle sera parfois inutile, le texte pouvant s'appliquer directement.

### b. Les domaines où le législateur déterminerait les principes fondamentaux

**880.** Dans d'autres domaines, l'intervention du législateur serait moins poussée et minutieuse, elle resterait à un certain niveau de généralité. La collaboration avec le Gouvernement est alors indispensable pour que la loi soit applicable. Les domaines visés sont importants certes mais les principes et les intérêts en cause sont considérés comme *moins vitaux, plus techniques* ou complexes. La délibération des représentants de la Nation est une garantie pour les citoyens, mais la loi peut se contenter de poser des principes, le Gouvernement aura ensuite à les mettre en œuvre.

Dans cette seconde catégorie on trouve :

- l'organisation de la défense nationale,
- l'administration des collectivités locales,
- l'enseignement et le régime de la propriété et des droits réels,
- le droit du travail, le droit syndical et de la Sécurité sociale,
- la prévention des atteintes portées à l'environnement, l'accès aux informations relatives à l'environnement détenues par les autorités publiques et la participation aux décisions publiques ayant une incidence sur l'environnement (loi constitutionnelle du 1$^{er}$ mars 2005).

### c. Enfin, le domaine législatif n'est pas figé pour toujours

**881.** L'article 34 *in fine* prévoit la possibilité de l'élargir par une loi organique, c'est-à-dire en réalité de compléter la Constitution. La frontière n'est pas étanche, la Constitution laisse par-là ouverte la porte aux adaptations, mais *le passage n'est possible que dans un sens* : du réglementaire au législatif. La révision de 2005 a étendu le domaine du législateur à l'environnement et celle de 2008 à la liberté, au pluralisme et à l'indépendance des médias.

## 2. La pratique

### a. L'absence de distinction horizontale réelle entre les deux domaines législatifs

**882.** *Dans la pratique*, la frontière entre les règles et les principes n'a jamais été respectée par le Parlement ou imposée par le Gouvernement – pourtant auteur des projets de lois et par hypothèse porté à défendre son domaine – pas plus qu'elle n'a été retenue par le Conseil constitutionnel ou le Conseil d'État. De manière générale, le rôle du législateur ne peut être que de fixer les grandes lignes, il n'a pas à entrer dans les détails. En même temps, sa compétence n'est pas totale : si « *la mise en cause* » lui appartient, « *la mise en œuvre* » relève de l'exécutif. La séparation des pouvoirs commande cette répartition des tâches, le Parlement doit respecter la marge d'autonomie de l'exécutif, il ne peut fixer toutes les règles, la compétence réglementaire ne peut totalement disparaître. Les précisions, les explicitations sont nécessaires, elles sont l'œuvre du Gouvernement dans l'exercice du pouvoir réglementaire. *S'il existe bien un partage horizontal, il ne varie pas selon les domaines mais il sépare le Parlement et le pouvoir réglementaire, il ne joue pas à l'intérieur du pouvoir législatif.* Mais, à l'inverse, le Parlement ne doit pas rester dans les « nuées » (J. Rivero), les lois ne sont pas des déclarations d'intention dont la réalisation est renvoyée à l'exécutif, elles doivent avoir un contenu normatif, ne pas être trop générales.

### b. L'absence de séparation verticale : il n'y a pas de domaine interdit au législateur

**883.** En principe la contrepartie du domaine réservé au législateur serait que tout ce qui reste en dehors lui serait fermé, il y aurait bien une séparation verticale. Le principe traditionnel de la compétence générale du législateur serait renversé. La compétence de droit commun, normale, serait maintenant celle du Gouvernement, le législateur n'aurait qu'une *compétence d'attribution*, d'exception. Cette règle est posée sans équivoque par **l'article 37-1 de la Constitution –** disposition en définitive plus capitale que l'article 34 : « *les matières autres que celles qui sont du domaine de la loi ont le caractère réglementaire.* »

Dans la pratique pourtant, la portée de cette règle est limitée et contestée.

Le domaine de la loi est défini très largement par le constituant, donc la compétence normative directe de l'exécutif est résiduelle et peu étendue (environ 1 % des décrets), on a du mal à définir le contenu du domaine du pouvoir réglementaire autonome.

*L'intervention du législateur dans le domaine réglementaire n'est pas inconstitutionnelle en elle-même, il appartient au Gouvernement de défendre, s'il le juge bon, le domaine que lui ouvre l'article 37-1.* Il dispose pour cela des procédures des articles 41 et 37, alinéa 2, étudiées ci-après. L'absence de réaction du Gouvernement contre un empiétement du Parlement signifie qu'il accepte l'intervention de celui-ci au-delà du domaine de l'article 34 et des articles 3, 35, 72, etc. Cette interprétation découle d'une décision du Conseil constitutionnel du 30 juillet 1982 : « *par les articles 34 et 37, alinéa 1, la Constitution n'a pas entendu frapper d'inconstitutionnalité une disposition de nature réglementaire contenue dans une loi, mais a voulu, à côté du domaine réservé à la loi, reconnaître à l'autorité réglementaire un domaine propre et conférer au Gouvernement, par la mise en œuvre des procédures spécifiques des articles 37, alinéa 2, et 41, le pouvoir d'en assurer la protection contre d'éventuels empiétements de la loi.* »

Le domaine de la loi n'est donc pas restreint, il n'y a pas vraiment de limitation verticale. *Si le Gouvernement ne s'y oppose pas, « est loi ce que veut le Parlement »* (J. Foyer), il n'y a pas de domaine interdit au législateur ; corrélativement, il n'est pas de domaine réservé au pouvoir réglementaire et celui-ci ne saurait être considéré comme le législateur de droit commun. Dernière conséquence, qui n'est pas la moins importante sur le plan théorique : *la définition de la loi n'est plus matérielle mais* **organique et formelle** : *la loi est l'acte élaboré par le Parlement.* En définitive, la « révolution » annoncée n'a pas eu lieu.

Cette interprétation produit des conséquences regrettables. En effet, l'intervention du Parlement dans le domaine du règlement participe de l'inflation législative et de la « dévaluation » de la loi. Certes, une délimitation très stricte des deux domaines est difficile et elle pourrait conduire à ce que la loi soit peu lisible, renvoyant sur de nombreux points qu'elle aborde à des règlements. C'est pourquoi dans un souci de sécurité juridique on pourrait imaginer que l'intervention du législateur dans le domaine réglementaire doive être justifiée par un souci d'intelligibilité de la loi ou de présentation cohérente d'une politique.

Mais l'absence de limitation verticale ne concerne que les interventions du législateur, le pouvoir réglementaire ne peut s'en prévaloir, pour lui la limitation subsiste. En effet, l'ensemble du domaine délimité par l'article 34 reste réservé au législateur.

Le Gouvernement ne peut – sauf délégation expresse sur la base de l'article 38 autorisant des ordonnances – y intervenir **directement** mais seulement pour l'exécution de la loi. Les compétences du législatif et de l'exécutif (réglementaire) y sont complémentaires mais se situent sur deux plans différents, celle du pouvoir réglementaire étant dominée et subordonnée à l'autre. Si le Gouvernement sortait de sa compétence, ses décisions pourraient être annulées, ou écartées, par le Conseil d'État.

## 3. Le contrôle de la répartition des compétences

**884.** Pour assurer le respect de la règle posée à l'article 37, il fallait prévoir un contrôle de l'activité législative du Parlement. Celui-ci est confié au *Conseil constitutionnel.* Ce dernier est alors dans son rôle classique de défenseur de l'exécutif (v. *infra* n° 965).

**885. L'article 41. –** Le Conseil pourra être saisi, *au cours de la procédure législative* d'une proposition de loi ou d'un amendement, estimé irrecevable par le Gouvernement comme ne faisant pas partie du domaine de la loi. L'article 41 donne au Gouvernement, et au président de l'assemblée concernée, le droit de soulever *l'irrecevabilité*. Dans la pratique, un ministre saisira, dans un premier temps, *en cours de discussion* le président de l'assemblée concernée. Si cette tentative de règlement amiable échoue, c'est-à-dire si ce dernier ne donne pas raison au Gouvernement dans les huit jours, le Conseil constitutionnel peut être appelé à se prononcer par le Gouvernement ou par le président de l'Assemblée. Il s'agit d'un *contrôle préventif* dont l'utilisation est peu à peu *tombée en désuétude* (aucune à l'Assemblée nationale depuis 1980) car il crée au sein du Parlement un climat conflictuel peu propice aux entreprises de l'exécutif. La révision de 2008 permet aux présidents des assemblées de saisir le Conseil constitutionnel. Cette nouvelle disposition est justifiée par le fait que c'est souvent à l'initiative, ou avec l'accord du Gouvernement, que le législateur intervient dans le domaine réglementaire. Mais elle tend à remettre en cause le fondement de la décision du Conseil de 1982 (v. *infra* n° 965) qui considérait que la protection du domaine réglementaire était une prérogative réservée au Gouvernement et dont il usait librement.

Par ailleurs, depuis la décision du Conseil constitutionnel du 30 juillet 1982, on considère que l'article 61, alinéa 2 (saisine du Conseil constitutionnel) ne peut pas être utilisé pour défendre le domaine de l'article 37, alinéa 2 (c'est-à-dire le domaine réglementaire) *entre le vote de la loi et sa promulgation*, il est alors trop tard. En revanche, saisi entre le vote et la promulgation, le Conseil peut déclarer que telle ou telle disposition de la loi ne relève pas du domaine législatif, ce qui permettra au Gouvernement de la modifier sans recourir à la procédure de déclassement de l'article 37, alinéa 2 C (décis. n° 2005-512 DC, v. *infra* n° 965). Le Conseil l'a décidé clairement pour l'hypothèse d'une saisine par des parlementaires, la formulation très générale de sa décision permet d'en étendre la portée au cas de saisine du Premier ministre, des présidents des assemblées mais non, semble-t-il, du président de la République qui agit en gardien de la Constitution et non en défenseur de l'exécutif. Mais il est bien entendu que le Conseil peut être saisi à ce moment pour *constater d'autres inconstitutionnalités que la violation de l'article 37-1*. À compter du 1er octobre 2015 a été établi au Sénat un mécanisme de contrôle de la recevabilité des amendements, sénatoriaux ou gouvernementaux, au titre de l'article 41. Il permet au président du Sénat de soulever, le cas échéant, l'irrecevabilité.

**886. L'article 37-2.** – Il fallait penser à régler aussi la question des normes qui auraient été élaborées en contradiction avec les principes posés aux articles 34 et 37, alinéa 1. *Peut-on autoriser l'exécutif à les modifier* a posteriori ?

Une distinction est faite par l'article 37, alinéa 2, selon que la loi est antérieure, ou non, à 1959 :

- Les dispositions législatives antérieures à 1959, qui auraient aujourd'hui une nature réglementaire, peuvent être modifiées par décrets pris après avis conforme du *Conseil d'État*. La loi peut alors être amendée par un règlement.

- Si la loi est postérieure à l'entrée en vigueur de la Constitution de 1958, le *Conseil constitutionnel* pourra être invité par le Gouvernement à déclarer que la loi promulguée, et donc devenue définitive, est intervenue en réalité dans un domaine relevant du règlement, qu'elle a donc un caractère réglementaire et peut être modifiée par décret. Cette « délégalisation » fait tomber la présomption de caractère législatif résultant de la forme législative donnée au texte, mais elle n'a pas pour effet de l'annuler : le texte est irrégulier en la forme mais il reste applicable avec valeur réglementaire. Le Conseil a eu à se prononcer sur une centaine de lois (sur 3 500 votées depuis 1959). Généralement, il ne s'agissait pas de la revendication politique d'un domaine usurpé par le Parlement mais d'une formalité technique préalable à l'élaboration d'un décret réorganisant une matière ou procédant à une codification ; l'unité ou la cohérence du règlement projeté suppose qu'il puisse toucher à des dispositions jusqu'alors contenues dans une loi.

**887. En conclusion. -** Les acteurs, Gouvernement, Parlement, Conseil constitutionnel surtout, se sont accordés pour ignorer les articles 34 et 37 et permettre au Parlement de légiférer sans en tenir compte. Si les articles 34 et 37 ont été négligés, c'est aussi pour une raison pragmatique : on s'est aperçu que la voie réglementaire n'était pas nécessairement plus rapide que la procédure législative. La première suppose des passages en commission, des avis multiples, elle nourrit des conflits entre les services, entraîne des arbitrages, d'où lenteurs, complications, compromis. Au contraire, si le Gouvernement le souhaite, la loi peut être votée rapidement, il a les moyens d'accélérer la procédure et d'imposer ses vues.

La rançon de cet échec est que le Gouvernement, avec la complicité du Parlement et la bénédiction du Conseil constitutionnel, a eu tendance à abuser des facilités de la situation.

Aussi une réaction se développe-t-elle aujourd'hui : pour faire cesser un certain laxisme et revenir à une conception plus rigoureuse de la législation. En plusieurs directions :

- *Imposer un plus grand respect du partage constitutionnel entre la loi et le règlement*. Les lois se sont beaucoup allongées, mêlant, jusqu'aux détails, dispositions législatives et réglementaires. La qualité de la loi a baissé, elle est de plus en plus « bavarde » et de moins en moins claire. En ce sens, le Conseil constitutionnel lui-même a mis l'accent sur « *la clarté et l'intelligibilité de la loi* », principe de valeur constitutionnelle, dont il s'efforce, certes avec modération, d'imposer le respect.
- *Rappeler que la loi a pour vocation d'énoncer des règles*. Le Parlement, en effet, a tendance à élaborer des lois que ne créent ni obligations, ni droits. Ces lois « reconnaissent » certains faits historiques,

proclament la « repentance » de la République ; pour d'autres : la réalité de la Shoah, le génocide du peuple arménien, le caractère positif de la colonisation, le caractère de crime contre l'humanité de l'esclavage... Le législateur se fait historien, définit des vérités, donne l'interprétation officielle. Ce n'est pas son rôle. Le Conseil constitutionnel rappelle que la *loi doit avoir un contenu normatif*. Elle « commande », elle ne constate, ni ne déclare, ni ne « recommande », elle n'expose pas de simples orientations, elle n'a pas un caractère incantatoire. Ces dispositions manifestement dépourvues de caractère normatif sont contraires à la Constitution (sauf, bien entendu, les lois de programme et la loi de financement de la Sécurité sociale).

Ces prises de position doivent être approuvées. Il faut souhaiter qu'elles se confirment et mettent fin au laisser-aller. Constitue un pas en ce sens la déclaration d'inconstitutionnalité par le Conseil constitutionnel de la loi pénalisant la négation des génocides reconnus par la loi (décis. nº 2012-647 DC).

C'est d'ailleurs pour éviter la confusion entre la norme et la prise de position politique que la réforme constitutionnelle de 2008 a prévu que le Parlement puisse voter des résolutions (v. *infra* nº 936). Il a été également ajouté à l'article 34 la possibilité pour le législateur de voter des lois de programme déterminant les objectifs de l'action de l'État. Ces lois sont programmatiques et non normatives, c'est-à-dire qu'elles ne contiennent pas de règles juridiques impératives.

## B. Le vote de la loi

**888.** On peut distinguer :

- les lois constitutionnelles,
- les lois organiques,
- les lois référendaires,
- les lois de finances,
- les lois d'habilitation,
- les lois autorisant la ratification d'un traité,
- enfin, les lois ordinaires.

Il faut aussi évoquer les « lois fourre-tout », regroupant diverses dispositions d'ordre social (DDOS) ou d'ordre économique et financier (DDOEF), les lois de... simplification du droit, etc., très hétérogènes ; elles n'ont pas d'originalité procédurale.

On envisagera ici avant tout les *lois ordinaires*. Les prérogatives de l'exécutif se manifestent avec beaucoup de force dans leur élaboration. En même temps, une véritable collaboration s'établit entre le Gouvernement et le Parlement. C'est une innovation de la Constitution.

La procédure législative peut se décomposer en trois phases :

- l'initiative de la loi,
- la discussion de la loi,
- la promulgation de la loi.

## 1. L'initiative législative

**889.** L'initiative des lois appartient au Premier ministre et aux parlementaires.

### a. L'initiative du Premier ministre

**890.** Le Premier ministre dépose un *projet de loi* au nom du Gouvernement. Une procédure particulière doit être suivie.

Le *Conseil d'État* doit examiner tous les projets de lois avant qu'ils viennent en conseil des ministres. Son avis est purement *consultatif*, il est rendu public depuis 2015. L'examen du Conseil porte, en principe, sur la *régularité* des dispositions du projet. Le Conseil s'interrogera en particulier sur l'appartenance de ces dispositions au domaine législatif, il pourra ainsi attirer l'attention du Gouvernement sur le fait que certains articles entrent dans le domaine réglementaire. Mais l'examen *s'étend aussi, dans une certaine mesure, à leur opportunité*. Une tradition constante l'autorise en effet à aller bien au-delà d'un simple avis technique : il défendra la cohérence du système normatif, une certaine conception de la bonne administration, ou une certaine éthique démocratique, mais il s'interdit de porter un jugement sur les motifs de politique conjoncturelle, c'est-à-dire sur le fait de savoir si le Gouvernement a raison ou non de vouloir légiférer ainsi. De façon inédite, le Conseil d'État a rendu un avis sur la conformité à la Constitution de dispositions que le Gouvernement souhaitait insérer par voie d'amendement sur le projet de loi de programmation militaire (avis n° 394761 du 4 mai 2018).

Le projet de loi doit faire l'objet d'une délibération en *conseil des ministres*. La décision du conseil des ministres prend la forme d'un décret, *signé par le Premier ministre*, autorisant celui-ci à déposer un projet de loi. L'initiative vient donc du Gouvernement tout entier, le président ne peut s'y opposer (tout au moins juridiquement).

L'avis du Conseil économique, social et environnemental *peut* être demandé. Le Gouvernement n'a aucune obligation, en général, de le consulter et son point de vue est sollicité à titre purement consultatif (v. *infra* n° 1001).

Le projet est déposé devant l'une ou l'autre Chambre (sauf pour les lois de finances et celles touchant l'organisation territoriale).

Le projet de loi doit être accompagné d'une *étude d'impact*. Les dispositions de l'article 39, issues de la révision constitutionnelle de 2008, mises en œuvre par la loi organique du 15 avril 2009, prévoient que les projets de loi font l'objet d'une étude d'impact. Le Conseil constitutionnel a limité la portée de cette procédure en déclarant inconstitutionnelle l'obligation de mettre en œuvre l'étude d'impact dès le début de l'élaboration des projets de loi (décis. n° 2009-579 DC) et en limitant la possibilité de soulever le caractère lacunaire d'une étude d'impact (décis. n° 2018-770 DC). Cette disposition poursuit plusieurs objectifs : limiter l'inflation législative, améliorer la qualité des textes et faciliter le contrôle et l'évaluation. Ces études doivent contenir un certain nombre de dispositions (objectifs, options possibles, articulation avec le droit européen, état du droit, textes à abroger, conséquences économiques sociales financières, environnementales...). Le Conseil constitutionnel s'est également montré restrictif en censurant une disposition prévoyant que le Gouvernement devrait faire connaître la liste prévisionnelle et les orientations des textes d'application. Le non-respect de cette obligation peut être sanctionné par le Conseil constitutionnel si la conférence des présidents de la première assemblée saisie constate que cette exigence est méconnue. Ces études d'impact devraient également permettre un véritable contrôle a posteriori des effets de la législation. Cependant, beaucoup d'entre elles sont lacunaires. Ainsi, en 2020, le Conseil d'État a émis un avis critique sur les projets de loi relatifs à la réforme des retraites en raison, notamment, de l'insuffisance des études d'impact.

## b. L'initiative parlementaire

**891.** Députés et sénateurs peuvent prendre l'initiative d'une loi. On parle alors de *proposition de loi*. Alors que les projets portent, en général, sur les grandes orientations, les propositions tendent plutôt à régler des difficultés concrètes, des problèmes quotidiens.

### α. *La pratique de l'initiative parlementaire*

**892.** Les propositions de loi jouent un rôle secondaire dans la production législative. Si les parlementaires en déposent beaucoup, elles sont moins souvent discutées et adoptées. Le dernier alinéa de l'article 39 C issu de la révision constitutionnelle de 2008 prévoit que les présidents des assemblées puissent soumettre, pour avis, au Conseil d'État, des propositions de loi (sauf opposition de l'auteur de la proposition). Cette disposition vise à améliorer la qualité de la loi.

La prépondérance des projets s'explique par le fait majoritaire et par le rôle essentiel tenu par le Gouvernement dans l'élaboration de la loi, mise en œuvre d'un programme auquel adhère la majorité de l'Assemblée nationale.

Les nouvelles dispositions relatives à la détermination de l'ordre du jour, prévoyant notamment que l'ordre du jour deux semaines sur quatre est déterminé par les parlementaires et celui d'un jour de séance par mois laissé à l'initiative des groupes d'opposition ou minoritaires devrait conduire à une conception plus constructive de l'initiative parlementaire. Pour les parlementaires de la majorité, une opportunité est offerte de peser sur les orientations et les priorités du Gouvernement. Pour ceux de l'opposition, de tenter de faire adopter un texte, *a priori* relativement consensuel. Mais les premières expériences montrent que le Parlement a du mal à assumer ses nouvelles fonctions. En effet, la majorité et l'opposition ont, en France, une culture du conflit plus que du débat. L'opposition, au travers de propositions de loi, cherche à mettre en difficulté la majorité qui, de son côté, par son absence lors des débats et par le recours à des procédures de reports de vote, ne joue pas le jeu. Il n'en reste pas moins que le rôle de l'opposition consiste essentiellement à développer ses activités de contrôle et non à faire adopter des lois. Il en est ainsi dans la plupart des démocraties. Cependant entre 2007 et 2012, quatre-vingt-neuf propositions de loi ont été discutées à l'initiative de l'opposition contre vingt-trois entre 2002 et 2007.

La proposition de loi présente, par rapport au projet, des avantages de rapidité qui, dans certains cas, peuvent se révéler utiles. En effet, elle n'est soumise ni à l'avis du Conseil d'État, qui est cependant possible, ni à l'adoption par le conseil des ministres, ce qui permet de gagner du temps. Aussi arrive-t-il parfois que le Gouvernement demande à des amis politiques de prendre l'initiative d'un texte dont il souhaite l'adoption rapide. Bon nombre de propositions *inscrites à l'ordre du jour* sont ainsi, en fait, rédigées par l'exécutif.

### β. *Les limites à l'initiative parlementaire : les articles 41 et 40*

**893.** L'initiative des parlementaires connaît deux limites.

1° Elle ne peut porter, en principe, que sur les matières réservées au législateur par la Constitution. Comme on l'a vu (v. *supra* n° 884) si cette restriction n'est pas respectée, le Gouvernement peut soulever l'irrecevabilité de la proposition ou d'un amendement (art. 41).

2° *L'initiative des députés est supprimée en matière de dépense. L'article 40* de la Constitution leur refuse le droit de proposer une *diminution de recettes ou l'augmentation d'une dépense.* Traditionnelle depuis le XVIIIe siècle en Grande-Bretagne, cette limitation a été introduite en France par la Constitution de 1946. Elle se justifie par la volonté d'éviter que le budget, traduction chiffrée du plan d'action gouvernemental, ne soit remis en cause par l'initiative anarchique et éventuellement démagogique des parlementaires – certaines dépenses sont parfois extrêmement populaires et encore plus les diminutions d'impôt.

L'article 40 permet d'opposer une *irrecevabilité* à toute proposition de loi, ou d'amendement, augmentant de façon certaine et directe une charge de l'État, ou diminuant ses ressources.

L'irrecevabilité peut être soulevée par le Gouvernement, mais aussi par tout parlementaire (à la différence de celle de l'article 41 : v. *supra* n° 884). S'agissant des propositions, le contrôle est exercé d'office, au moment de leur dépôt, par une délégation du bureau de l'Assemblée ou du Sénat, de sorte que la proposition contraire à l'article 40 n'est pas imprimée ; après leur distribution, la recevabilité des propositions est appréciée par le bureau de la Commission des finances en cas d'opposition. Pour les amendements, c'est le président qui se prononce en séance suivant l'avis du président de la Commission des finances (sur décision de la Commission des finances au Sénat).

En cas de contestation, le Conseil constitutionnel accepte de se prononcer dans le cadre du contrôle de conformité de l'article 61 (v. *infra* n° 956), mais il le fait comme « juge d'appel » de la décision des assemblées, c'est-à-dire à la condition que l'irrecevabilité ait été soulevée au cours de la discussion.

En pratique, le nombre des décisions sans implication financière étant limité, une interprétation rigoureuse de l'article 40 restreindrait sévèrement la liberté des parlementaires. Aussi le Gouvernement utilise-t-il avec une certaine souplesse cette « guillotine sèche » qu'est l'irrecevabilité, tant contre les amendements que contre les propositions de loi. Il peut en faire une utilisation politique, laissant aboutir les amendements populaires de ses amis, ou même les reprenant à son compte (couvrant ainsi l'inconstitutionnalité). Les parlementaires supportent mal cette limitation.

## 2. La discussion de la loi

**894.** Projets ou propositions peuvent être déposés indifféremment en premier devant l'une ou l'autre Chambre, à l'exception cependant des *lois de finances* - ou budgétaires - et des *lois de financement de la Sécurité sociale*, pour lesquelles existe une priorité de la Chambre basse. De leur côté les projets concernant l'organisation des collectivités territoriales doivent être déposés devant le Sénat (v. *supra* n° 840). De toute façon il est fréquent que le Sénat soit saisi en premier (44,2 % des projets en 2005-2006) car l'Assemblée est très encombrée (v. *supra* n° 890).

Le texte est ensuite examiné selon une procédure où peuvent se produire certains incidents.

### a. La procédure normale

#### α. *L'examen en commission*

**895.** C'est ici que se déroule l'essentiel du travail législatif, les jeux sont largement faits lorsque la loi vient en séance publique.

• Les commissions

**896.** L'habitude s'est prise, bien avant la Vᵉ République, de créer des formations restreintes destinées à préparer le travail des Chambres, à examiner les textes avant leur discussion, à éclairer les parlementaires à l'ouverture du débat sur leur signification et leur contenu. Les commissions sont de véritables « laboratoires législatifs » (Joseph-Barthélemy).

Projets et propositions sont examinés soit par une commission permanente, soit par une commission spéciale.

• Les commissions permanentes

**897.** Ces commissions ont une existence constitutionnelle mais les assemblées se voient privées du droit de les créer à leur guise, **elles doivent, constituer jusqu'à huit commissions législatives permanentes**. Les Chambres sont libres de définir leur domaine, mais celui-ci est nécessairement large car on veut éviter une spécialisation trop poussée. L'Assemblée a organisé une commission des Affaires sociales, une commission des Affaires étrangères, une commission de la Défense nationale et des Forces armées, une commission des Finances, de l'Économie générale et du Contrôle budgétaire, une commission des lois, une commission des Affaires économiques, une commission du Développement durable et de l'Aménagement du territoire et une commission aux Affaires culturelles et à l'Éducation. Le Sénat a regroupé les matières d'une façon différente.

Les commissions sont constituées chaque année à l'Assemblée nationale et tous les trois ans au Sénat, par accord entre les groupes. Les places restantes sont réparties entre les non-inscrits à un groupe. Chaque parlementaire fait partie d'une commission et d'une seule. Chaque commission est dirigée par un bureau composé d'un président, de vice-présidents et de secrétaires. La commission des Finances dispose en outre d'un rapporteur général. À l'Assemblée tous les postes de président sont habituellement entre les mains de parlementaires de la majorité, ce qui est dans la logique du système mais le président Sarkozy a proposé que la présidence de la commission des Finances soit attribuée à l'opposition en vue de reconnaître le rôle de celle-ci dans le contrôle parlementaire. Cette disposition a été pérennisée à l'occasion de la réforme du règlement de l'Assemblée nationale.

• Les commissions spéciales

**898.** D'après l'article 43 de la Constitution, tout projet ou proposition de loi peut être soumis à l'examen d'une commission spéciale, sur la demande du Gouvernement ou de l'assemblée qui en est saisie. *Temporaire*, elle est dissoute après que le texte dont elle avait été saisie a fait l'objet d'une décision définitive (adoption ou rejet).

En pratique, *il est relativement rare qu'une commission spéciale soit formée*, la voie normale est celle de l'examen par l'une des commissions permanentes. D'ailleurs, le recours à la commission spéciale n'est pas sans risque pour le Gouvernement : elle est composée de spécialistes, très intéressés par le texte présenté, qui peuvent faire des propositions contrariant les vœux de l'exécutif.

Le règlement de l'Assemblée nationale prévoit que la constitution d'une commission spéciale est de droit lorsqu'elle est demandée par un ou plusieurs présidents de groupe dont l'effectif global représente la majorité absolue des membres composant l'Assemblée nationale.

En 2020, deux commissions spéciales ont été créées à l'Assemblée nationale pour examiner le projet de loi portant diverses dispositions urgentes pour faire face à l'épidémie de Covid-19 et celui portant sur le respect des principes de la République, deux commissions spéciales ont été également créées au Sénat pour examiner le projet de loi « bioéthique » et celui portant sur la simplification administrative.

• Fonctionnement des commissions

**899.** Les commissions, permanentes ou spéciales, sont saisies des projets et propositions par le président de leur assemblée. Un rapporteur est désigné – en général au sein de la majorité – qui présente le texte à ses collègues et exposera ensuite les conclusions de la commission devant la Chambre. *La commission pourra suggérer des amendements au texte examiné.*

La discussion en séance s'ouvrira sur le texte modifié par la commission, sauf pour les lois de finances, les lois de financement de la Sécurité sociale et les lois de révision constitutionnelle, par lesquelles la discussion porte en séance sur le texte du Gouvernement. Avant la réforme de 2008, et s'agissant de l'ensemble des projets de loi, la discussion à la Chambre s'ouvrait sur le texte initial du Gouvernement. La réforme valorise le travail en commission et renforce le rôle du rapporteur. Il est alors plus difficile au Gouvernement de revenir en séance, et par voie d'amendements, à son texte initial.

Si, par son objet, le texte intéresse d'autres commissions permanentes, il leur sera communiqué *pour avis*.

La loi organique du 15 avril 2000 prévoit que les modalités selon lesquelles les ministres sont entendus à leur demande à l'occasion de l'examen d'un texte en commission sont adoptées librement par chaque assemblée sans qu'existent nécessairement des règles communes. Les ministres peuvent également être invités sans être obligés de déférer à cette requête. Dans sa décision n° 2019-785 DC, le Conseil constitutionnel a affirmé qu'une commission ne peut exiger d'un ministre qu'il se rende devant elle pour être auditionné. La participation du Gouvernement aux travaux de la commission est de droit. Les débats, *en principe*, ne sont pas publics, aussi un bon travail est-il effectué ici, car les parlementaires se soucient plus du contenu et de la qualité du texte que de l'écho donné à leurs opinions. La réforme de 2008 a entraîné un doublement du temps de réunion des commissions à l'Assemblée nationale.

### β. *L'inscription à l'ordre du jour*

**900.** Le débat en commission terminé, le texte et le, ou les, rapports sont imprimés et distribués pour qu'ils viennent en discussion devant la Chambre.

### γ. *La discussion devant la Chambre*

**901.** Le débat s'ouvre alors sur le texte soumis aux parlementaires ; après la discussion générale, on débat article par article et le dialogue principal s'établit entre le ministre concerné et le rapporteur de la commission. Le temps de parole peut être limité (v. *supra* n° 873). L'inflation législative et la faible qualité de certains textes de loi tiennent souvent à la rapidité avec laquelle ils sont débattus et leur utilisation comme réponse à tel ou tel fait divers qui a suscité une réaction émotionnelle dans l'opinion publique (accident d'ascenseur, enfant mordu par un chien...). En ce sens, prendre le temps de la réflexion peut contribuer à ralentir le débit législatif. C'est pourquoi la révision constitutionnelle de 2008 prévoit que la loi ne pourra être débattue qu'au terme d'un délai de six semaines après son dépôt, sauf s'agissant des lois de finances, de financement de la Sécurité sociale et des textes pour lesquels le Gouvernement a décidé d'engager la procédure accélérée, le délai est alors, dans ce dernier cas, de quinze jours. En juin 2013, le président de la commission des lois de l'Assemblée nationale, Jean-Jacques Urvoas, précisait que près des 2/3 des projets de loi dont la commission a été saisie ont été concernés par cette procédure. En 2014-2015, 91 % des projets de loi ont été adoptés selon la procédure accélérée (57 % des propositions de loi).

Par ailleurs des procédures impartissant des délais pour l'examen d'un texte en séance peuvent être mises en œuvre par les règlements de chaque assemblée dans le respect du droit d'expression de tous les groupes parlementaires (loi organique du 15 avril 2009). Cette procédure, dite du temps programmé, tend à se développer. Son usage est parfois contesté lorsqu'il est appliqué à l'occasion de réformes emblématiques comme celle concernant le mariage entre personnes de même sexe (2013).

#### δ. *La transmission à l'autre assemblée*

**902.** Après adoption par l'assemblée saisie en premier, le texte est transmis à l'autre Chambre pour qu'elle l'adopte selon la même procédure (commission + ordre du jour + débats). Pour que la loi soit adoptée, le même texte doit avoir été approuvé dans des termes identiques par les deux Chambres (sauf exception. V. *infra* n° 906). Le délai d'examen (sous les réserves applicables à certaines lois en première lecture) est alors de quatre semaines.

### b. Les incidents ; amendements, navette, vote bloqué

#### α. *Les motions de procédure : irrecevabilité, question préalable et renvoi en commission*

**903.** Irrecevabilité et question préalable ont pour effet d'entraîner le rejet du texte, ou d'un amendement, soumis à la Chambre.

- *L'irrecevabilité* : elle permet de soulever un problème juridique. Il existe plusieurs types d'exception d'irrecevabilité.
  - *Le Gouvernement* peut l'invoquer sur la base de l'article 41 de la Constitution, ce qui pourra provoquer l'intervention du Conseil constitutionnel (v. *supra* n° 884).

Comme on le sait, le Gouvernement peut aussi soulever l'irrecevabilité de l'article 40 (en matière financière) (v. *supra* n° 893).

  - *Les parlementaires* eux-mêmes peuvent soulever une exception d'irrecevabilité, prévue par le règlement de leur assemblée, avant même l'ouverture du débat, pour attirer l'attention de leurs collègues sur un, ou plusieurs, aspects du texte qu'ils estiment contraire à la Constitution, mais ce n'est en général qu'un prétexte. Cet incident donne lieu à un vote de l'assemblée et, si celle-ci décide d'ouvrir quand même le débat, il laisse souvent prévoir que ses auteurs saisiront le Conseil constitutionnel sur la base de l'article 61 après le vote de la loi. L'exception est rarement adoptée : deux fois à l'Assemblée nationale, en 1978 et en 1998 (à propos du PACS) !
- *La question préalable* : à l'initiative d'un *parlementaire*, la Chambre est invitée à décider qu'« il n'y a pas lieu à délibérer », si la question obtient la majorité, le texte proposé est repoussé. Il peut s'agir de l'expression de la mauvaise humeur des représentants devant l'ordre du jour défini par le Gouvernement ou de leur refus de débattre d'un texte violant la Constitution ou plus simplement apparaissant comme inopportun.

La question préalable manifeste un désaccord *politique*, et non juridique comme l'irrecevabilité. Mais il arrive que le Sénat approuve une question préalable sur un texte qui a son accord, pour éviter un débat et gagner du temps, il renonce à son rôle d'amélioration de la loi (question préalable *positive*) ; c'est un véritable détournement de procédure qui souligne le caractère instrumental du droit constitutionnel. La loi sera ainsi considérée comme adoptée, sur le texte de l'Assemblée, sans avoir été débattue au Sénat.

- Quant au *renvoi en commission*, il est provoqué, après la discussion générale, par une motion qui oblige la commission compétente à présenter un nouveau rapport. La Chambre manifeste ainsi son mécontentement, la discussion est suspendue, mais, pour éviter une obstruction parlementaire, le Gouvernement fixe la date à laquelle le nouveau rapport devra être présenté. Cette procédure est d'utilisation très rare.

Ces procédés sont en général utilisés par l'opposition pour gagner du temps, pour faire de l'obstruction aux projets gouvernementaux. Ils permettent une guérilla. Ils n'ont pratiquement aucune chance d'aboutir en raison du fait majoritaire. Aussi l'Assemblée a-t-elle limité le temps de parole pour abréger les débats.

### β. *Les amendements*

• Le principe

**904.** Il est prévisible qu'au cours de la procédure des modifications au texte seront proposées par la commission compétente, par des parlementaires ou par le Gouvernement lui-même.

• *Procédure.* Le droit d'amendement est réglementé pour éviter que le débat ne soit freiné et aussi pour s'opposer à des retouches apportées, dans le tumulte et la précipitation, dont la qualité technique et même l'opportunité pourront apparaître ensuite contestables. Les amendements des membres du Parlement cessent d'être recevables après le début de l'examen du texte en séance publique. Mais le règlement de chaque assemblée peut prévoir une date antérieure. Selon la jurisprudence du Conseil constitutionnel (v. décis. n° 2008-564 DC), en première lecture (devant chaque assemblée), le droit d'amendement ne peut être limité « *que dans le respect des exigences de clarté et de sincérité du débat parlementaire, que par les règles de recevabilité ainsi que par la nécessité pour un amendement de ne pas être dépourvu de tout lien avec l'objet du texte déposé sur le bureau de la première assemblée saisie* ». Cette jurisprudence a été constitutionnalisée, en 2008, à l'article 45, alinéa 1 de la Constitution. En revanche, après la première lecture, les amendements ne sont recevables que s'ils sont en relation directe avec une disposition restant en discussion (principe de l'« entonnoir », décision du 19 janvier 2006). Le Gouvernement *peut* s'opposer à tout amendement qui n'a pas été préalablement soumis à la commission compétente (art. 44, al. 2). Là encore, il s'agit d'une prérogative considérable qui est très rarement utilisée : le Gouvernement préfère faire rejeter l'amendement.

- *Contenu*. La procédure d'amendement peut être utilisée pour éviter les contraintes de la procédure normale, sa lenteur (Conseil d'État + conseil des ministres + commission + inscription à l'ordre du jour). Ainsi, entre juin 2012 et septembre 2014, le Gouvernement a fait adopter 1 767 amendements.

Par ailleurs, il arrive que le Gouvernement ou un de ses amis tentent d'introduire dans la loi un amendement qui, à l'analyse, se révèle comme ayant peu de rapport avec le texte discuté. On profite du débat pour faire approuver des dispositions qui n'ont rien à voir avec son objet. Le Conseil constitutionnel condamne cette pratique (dite des « cavaliers ») en exigeant que pour être recevable, *un amendement ne soit pas dépourvu de tout lien avec le texte en discussion*. Ainsi, dans sa décision 719 DC, le Conseil a censuré d'office vingt-huit articles de loi issus d'amendements dépourvus de tout lien avec le texte déposé, sur les trente-neuf qu'il contenait.

- La pratique

**905.** *Le droit d'amendement assure dans la pratique la participation des parlementaires à l'œuvre législative*. S'ils ont une initiative réduite de la loi, ils peuvent agir sur le contenu de celle-ci. Plusieurs milliers d'amendements sont déposés chaque année (contre moins de 1 000 en 1969). Une proportion importante – venant en priorité des commissions et de la majorité – d'entre eux est adoptée : 12 166, venant des parlementaires, à l'Assemblée, pendant la XI$^{e}$ législature. On a calculé que chaque article de loi faisait en moyenne l'objet d'une modification et demie et que chaque loi était, en moyenne toujours, retouchée 23 fois. Grâce aux amendements, le Parlement n'est pas une Chambre d'enregistrement de la volonté gouvernementale. Durant la XV$^{e}$ législature, 200 173 amendements ont été déposés en séance publique, 16 084 ont été adoptés. Mais une très faible proportion des amendements *adoptés* vient de l'opposition (souvent moins de 1 %).

L'expérience prouve aussi que le droit d'amendement constitue à l'Assemblée nationale un *moyen d'obstruction* extrêmement efficace. Largement utilisé par la gauche en 1980, lors des débats sur la loi « sécurité et liberté », il a permis, entre 1981 et 1986, à l'opposition de droite de retarder l'adoption des grandes réformes législatives voulues par la majorité de gauche (nationalisations, réforme de l'Université, presse, etc.). Les milliers d'amendements parfois déposés (le record : plus de 137 000 au projet relatif au secteur de l'énergie, en septembre 2006 !) donnent droit, en principe, chacun à cinq minutes de temps de parole. Comme on l'a déjà souligné, l'opposition a, dans une certaine mesure, la maîtrise du temps, avec efficacité surtout en fin de session.

C'est pourquoi la révision constitutionnelle de 2008 et la loi organique du 15 avril 2009 prévoient que les règlements des assemblées peuvent instituer des délais pour l'examen d'un texte en séance et dans ce cas mettre aux voix sans discussion les amendements des parlementaires. Le règlement de l'Assemblée nationale se réfère à la notion de « temps législatif programmé » pour mettre en œuvre cette procédure. Il s'agit pour la conférence des présidents de fixer un temps maximum (30 jours ou 50 jours, une fois par session à la demande de l'opposition). Le but est d'éviter que l'opposition puisse conduire des manœuvres d'obstruction. Sous la XIIIe législature, depuis 2009, il a été recouru 27 fois à cette procédure. Ainsi, l'agenda parlementaire est plus prévisible et la majorité peut faire adopter les textes auxquels elle attache une importance particulière.

La maîtrise du temps parlementaire et les techniques de lutte contre l'obstruction sont la contrepartie de la suppression du libre usage par le Gouvernement du recours à l'engagement de sa responsabilité sur un texte qui permet, devant l'Assemblée nationale, de mettre fin au débat.

### γ. *La navette et la Commission mixte paritaire*

**906.** Il n'est pas certain que la Chambre saisie en second lieu acceptera d'emblée sans modification le texte transmis par l'autre assemblée. Comment faire cesser le conflit entre les deux Chambres ?

• Le principe

**907.** *En principe*, les deux Chambres sont sur un pied d'égalité et une navette sans fin peut s'établir entre elles, le texte retouché par l'une n'étant accepté par l'autre que sous réserve de nouvelles modifications, ou sans ces retouches. *Une Chambre ne peut faire prévaloir son point de vue.*

Cette situation risquant d'être insupportable et de condamner le Parlement à l'impuissance, la Constitution a prévu des procédures permettant au *Gouvernement* de sortir de l'impasse. C'est un des aspects de *la rationalisation du parlementarisme*.

Le Gouvernement peut en effet, après deux lectures par chaque assemblée, ou même une seule s'il estime qu'il y a urgence (procédure accélérée) et si les conférences des présidents ne s'y opposent pas conjointement, recourir à la *Commission mixte paritaire* (CMP). La procédure accélérée remplace la procédure d'urgence. Alors que durant la session 2008-2009, 70 % des textes ont été soumis à la procédure d'urgence, 26 % des textes l'ont été à la procédure accélérée du 1er mars 2009 au 1er février 2010. Cette procédure a été demandée 115 fois par le Gouvernement de 2012 à 2014. Le Gouvernement a cependant tendance à abuser de cette procédure qui devrait rester exceptionnelle, afin de ne pas priver la navette entre les deux assemblées de son sens. La réunion d'une CMP est une *faculté* et non une obligation, le Gouvernement est libre de laisser se poursuivre la navette s'il le désire, reculant indéfiniment peut-être l'adoption d'un texte pour lequel il manifeste peu d'enthousiasme. La Commission sera donc créée à son initiative, il est maître du déroulement de la procédure. La révision de 2008 ouvre, s'agissant d'une proposition de loi, la même faculté aux présidents des assemblées agissant conjointement.

La Commission est composée de sept députés et de sept sénateurs. Son rôle est de rechercher un compromis *sur les dispositions restant en suspens*, ce qui est acquis reste acquis. Le Gouvernement n'est pas présent à ses délibérations, c'est le seul stade de la procédure dont il soit exclu. Son absence est d'ailleurs de nature à favoriser un accord entre les parlementaires.

- Que peut-il se passer après la réunion de la CMP ?

**908.** À l'issue de la discussion en Commission mixte, plusieurs cas de figure sont concevables :

- aucun accord n'est intervenu au sein de la Commission : le Gouvernement *peut* soit laisser la navette se poursuivre, soit *demander à l'Assemblée de trancher définitivement,* se passant ainsi de l'accord du Sénat.

Mais alors, auparavant, une ultime tentative doit être faite pour parvenir à un texte commun : une « nouvelle lecture » est demandée à chaque Chambre. En cas de persistance du désaccord, le Gouvernement se tournera vers l'Assemblée, en utilisant au besoin le vote bloqué (v. *infra* n° 909) ;

- un accord est intervenu : il ne convient pas au Gouvernement, celui-ci n'a *pas l'obligation* de le soumettre aux assemblées, la navette se poursuit. Le cas est assez rare ;
- l'accord obtenu au sein de la CMP convient au Gouvernement : il soumettra le texte ainsi élaboré aux assemblées. Celles-ci n'ont *pas le droit alors de le modifier,* sauf rares exceptions acceptées par le Gouvernement ; c'est logique, il ne faut pas revenir sur l'accord réalisé en CMP. De son côté, le Gouvernement ne doit pas en profiter pour faire adopter, par voie d'amendements, des mesures nouvelles non débattues par les Chambres avant la CMP ;
- mais les Chambres, ou l'une d'elles, *peuvent ne pas approuver le texte de la CMP :* le Gouvernement *peut alors donner le dernier mot à l'Assemblée* dans les mêmes conditions que ci-dessus (nouvelle lecture), la Chambre basse voit dans ce cas sa liberté limitée, elle ne peut que : reprendre le texte de la CMP ou revenir au dernier texte voté par elle, ou enfin y insérer certains amendements adoptés par le Sénat.

On soulignera que le Premier ministre contrôle la procédure. À chaque stade, il dispose de prérogatives redoutables. Il peut inciter, selon son gré, les assemblées à s'entendre, ou laisser se prolonger leur désaccord, ou en finir en demandant à la Chambre basse de décider seule.

Mais le Gouvernement ne peut donner le dernier mot à l'Assemblée sans être passé au préalable par la procédure de la CMP. Il faut laisser à la représentation nationale la possibilité de parvenir à un accord.

En principe, le nombre des Commissions mixtes paritaires et des « derniers mots » donnés à l'Assemblée s'élève lorsque le Sénat a une majorité différente de celle de l'Assemblée. La collaboration entre les Chambres est alors difficile et les règles de rationalisation du parlementarisme deviennent bien utiles. Tel fut le cas entre 1981 et 1986. Au contraire pendant la « première cohabitation » la quasi-totalité des lois furent votées sans « dernier mot ». Pourtant, durant la XI$^{e}$ législature (1997-2002), ce fut encore le cas des deux tiers des lois, ce qui prouve que même avec des majorités opposées les deux Chambres peuvent travailler ensemble. Il est très rare que le texte arrêté en CMP ne soit pas, en définitive, adopté. Lors de la session 2014-2015, sur les 41 textes (hors conventions internationales) définitivement adoptés, 14 l'ont été avec la procédure du dernier mot. Sur les 12 CMP réunies d'octobre à décembre 2015, la moitié n'est pas parvenue à un accord.

#### δ. *Le vote bloqué (art. 44-3)*

**909.** Le vote bloqué constitue lui aussi une arme entre les mains du Gouvernement. Celui-ci peut demander à l'Assemblée, comme au Sénat, de se prononcer non, article par article – procédure normale – mais par un vote unique sur l'ensemble du texte, *ou sur une partie du texte*, « en ne retenant que les amendements proposés ou acceptés par lui » (art. 44-3). Il peut donc porter sur une partie ou sur le tout.

Il est destiné à éviter que le texte initial ne soit défiguré ou dénaturé au cours de la discussion ; *chaque disposition sera débattue* mais il n'y aura qu'un vote d'ensemble. Le vote bloqué met fin au débat. Il constitue une arme d'une grande souplesse et efficacité puisque le Gouvernement peut l'imposer avant tout débat ou en cours de discussion, il peut aussi être demandé sur le texte élaboré par la Commission mixte paritaire (v. *supra* n° 906). En outre, sa portée peut être limitée à certaines dispositions du texte auxquelles l'exécutif tient plus particulièrement.

Le vote bloqué a été utilisé pour faire aboutir des discussions qui s'enlisaient, pour raffermir la cohésion de la majorité parlementaire, pour faire taire l'expression par les parlementaires de leurs états d'âme. En fait, il est plus dirigé contre la majorité que contre l'opposition, il est d'autant plus utile que la majorité est étroite et fragile. Il est devenu rare aujourd'hui. Il fut cependant utilisé trente fois en 2003 lors des débats sur la réforme des retraites.

#### ε. *L'engagement de responsabilité sur un texte (art. 49, al. 3)*

**910.** Cette procédure, qui relève théoriquement de la fonction de contrôle du Parlement sur le Gouvernement (v. *infra* n° 939), permet en fait au Gouvernement de faire adopter un texte sans vote de l'Assemblée nationale, les députés n'ayant comme alternative que de renverser le Gouvernement.

Le recours à cette procédure est drastiquement limité par la révision de 2008. En effet, il ne peut concerner que les lois de finances, les lois de financement de la Sécurité sociale et, en outre, au choix du Gouvernement, un texte par session.

Les étapes procédurales décrites ci-dessus rendent compte de façon imparfaite du processus d'élaboration de la loi. Une part importante – la plus importante ? – de la discussion se passe dans les couloirs des assemblées, de façon informelle, et dans les réunions des groupes.

## c. Les procédures exceptionnelles[1]

### α. *La procédure budgétaire : la loi de finances*

**911. Bibliographie.** – « La LOLF et la Ve République », *Revue française de finances publiques* 2007, n° 97.

**912.** Le vote du budget est un des temps forts de l'année parlementaire. Il est l'occasion pour les représentants de la Nation d'examiner les projets du Gouvernement, d'approuver ou de désapprouver sa politique.

Le constituant de 1958, en réaction contre les pratiques antérieures, a entendu organiser de façon rigoureuse le débat budgétaire, pour que le Gouvernement connaisse les moyens financiers de sa politique avant le début de l'exercice budgétaire, qui coïncide avec l'année civile.

Le projet de budget doit être déposé sur le bureau de l'*Assemblée nationale* le premier mardi d'octobre. Les études d'impact ne sont pas exigées s'agissant de ces projets de loi, sauf en ce qui concerne les dispositions qui pourraient aussi être inscrites dans une loi ordinaire. Il s'agit d'éviter un détournement de procédure conduisant le Gouvernement à utiliser de préférence la procédure budgétaire afin d'éviter ces contraintes. En revanche, l'absence de ces documents ne peut empêcher l'inscription à l'ordre du jour desdits projets. Les délais d'examen par les deux Chambres sont limités et *le budget doit être voté au bout de soixante-dix jours*. Le projet de réforme institutionnelle prévoit de limiter ce délai à cinquante jours. L'Assemblée nationale dispose d'un délai de quarante jours pour procéder à une première lecture du projet. Si, avant le terme de ce délai, le projet est adopté, il est transmis au Sénat qui dispose, à son tour, de vingt jours pour une première lecture. Si, au contraire, l'Assemblée n'a pas voté le projet après quarante jours, il est transmis par le Gouvernement au Sénat « en l'état » – c'est-à-dire en tenant compte des amendements approuvés par les députés –, le délai de première lecture du Sénat étant ramené à quinze jours. À la fin du délai accordé au Sénat, le texte, adopté ou non par lui, est transmis à l'Assemblée et examiné selon la procédure d'urgence pour que le budget soit approuvé dans les soixante-dix jours. Ce laps de temps écoulé, si le budget n'est pas approuvé, le Gouvernement **peut le mettre en vigueur par ordonnance**. Le Parlement peut cependant empêcher que le budget ne lui soit imposé en le rejetant.

Tout est donc prévu pour que le budget soit voté avant la fin de l'année. Cette procédure a atteint ses objectifs puisque, depuis 1959 (sauf en 1979 pour le budget de 1980, à cause d'une décision du Conseil constitutionnel déclarant le budget non conforme à la Constitution), les dépenses et les recettes ont toujours été votées à temps.

L'affaiblissement du rôle budgétaire du Parlement doit être souligné car il rompt avec une tradition bien établie du régime parlementaire. On a résumé cette procédure dans la formule : « litanie, liturgie, léthargie ». Pour réagir et mieux informer le Parlement, depuis 1996 un débat d'orientation budgétaire est organisé *au printemps* à l'Assemblée et la loi organique relative aux lois de

1. Pour les lois organiques, v. *supra* n° 82.

finances (LOLF) du 1er août 2001 a profondément modifié la présentation et la procédure budgétaires. C'est une réforme d'une grande importance qui a substitué à une logique de moyens, une logique de projets et de résultats.

Rappelons que les « cavaliers » sont interdits (v. *supra* n° 904).

Par ailleurs l'article 34 C, dans sa rédaction issue de la loi du 23 juillet 2008, prévoit que des lois de programmation (adoptées selon la procédure législative ordinaire), définissent les orientations pluriannuelles des finances publiques. Elles doivent s'inscrire dans l'objectif d'équilibre des comptes des administrations publiques, qui est ainsi constitutionnalisé... mais seulement sous la forme d'un objectif.

### β. *Les lois de financement de la Sécurité sociale*

**913.** Elles ont été créées par la révision constitutionnelle de 1996.

Comme pour les lois de finances, l'initiative en appartient au seul Gouvernement et elles sont soumises en premier lieu à l'Assemblée nationale au plus tard le 15 octobre. Elles ne sont pas soumises à l'obligation relative aux études d'impact préalables, sauf exceptions similaires à celles qui prévalent pour les lois de finances (v. *supra*, n° 911). Le Parlement dispose de cinquante jours pour les adopter : vingt jours pour l'Assemblée, quinze pour le Sénat, quinze pour la navette. Ici aussi si la procédure n'a pas abouti au terme du délai, le Gouvernement peut les mettre en œuvre par *ordonnance*.

Destinées à rechercher l'équilibre financier de la Sécurité sociale, en présentant les prévisions de recettes et les objectifs de dépenses, ces lois *n'ont guère de caractère normatif*, elles décrivent plus qu'elles n'engagent. Il s'agit d'esquisser un contrôle du Parlement sur les dépenses sociales de la Nation, qui dépassent en volume le budget de l'État. Les débats autour de ces lois permettent cependant au Parlement d'être associé à la définition de la politique sociale et de la politique de santé. Ces informations sont précieuses pour les parlementaires lors de la discussion du budget général de l'État.

En réalité, l'esprit de cette loi a été largement détourné pour la transformer en DDOS (v. *supra* n° 888) permettant de faire approuver, sous forme de « cavaliers », au gré des besoins des ministères un ensemble de mesures hétéroclites que le Conseil constitutionnel ne cesse de censurer.

- Les lois-cadres d'équilibre des finances publiques

**914.** Un projet de loi constitutionnelle relatif à l'équilibre des finances publiques a été voté par l'Assemblée nationale le 10 mai 2011.

L'introduction de règles relatives à l'équilibre financier se justifie de plusieurs points de vue.

D'une part, alors qu'outre les dispositions constitutionnelles, la Constitution contient des règles relatives aux valeurs, aux droits individuels, aux droits sociaux, il est logique qu'au regard des exigences contemporaines figure dans la Constitution un volet économique.

La réforme constitutionnelle de 2008 a introduit dans la Constitution la notion de comptes des administrations publiques. Cette notion englobe non seulement le budget de l'État, mais aussi les finances sociales et celles des collectivités locales. Quelles que soient les approches nationales, relatives notamment à l'organisation de l'État et à la répartition des compétences, au regard des niveaux européen et international, l'approche ne peut être que globale.

De ce point de vue le monopole des lois de finances et des lois de financement de sécurité sociale s'agissant des recettes s'impose non seulement pour permettre à ces textes d'assurer la cohérence des finances publiques, mais aussi de permettre au Conseil constitutionnel d'exercer un contrôle sur un ensemble constitué des dépenses et des recettes.

L'articulation du nouveau système est la suivante

Il existe d'abord un objectif d'équilibre des comptes des administrations publiques.

Les lois-cadres d'équilibre des finances publiques doivent respecter cet objectif et ce respect doit faire l'objet d'un contrôle.

Les lois-cadres d'équilibre des finances publiques fixent un maximum des dépenses et d'un minimum des recettes qui s'imposent aux lois de finances et aux lois de financement de sécurité sociale.

Les lois de finances et de financement de la sécurité sociale doivent respecter ces règles et le contrôle en est assuré par le Conseil constitutionnel.

La loi organique du 17 décembre 2012 relative à la programmation et à la gouvernance des finances publiques a pour objet de mettre en œuvre le traité sur la stabilité et la gouvernance au sein de l'Union européenne et monétaire. Ces dispositions prévoient que la loi de programmation, fort peu contraignante, fixe les objectifs à moyen terme des administrations publiques et détermine les trajectoires des soldes des comptes des administrations publiques et créent un Haut Conseil des finances publiques chargé de donner un avis sur les prévisions macroéconomiques du Gouvernement.

### γ. *Les lois de ratification des traités internationaux*

**915.** Le président doit être autorisé par le Parlement à ratifier les traités internationaux. L'autorisation est donnée par une loi, adoptée sans procédure spéciale, sans possibilité d'amendement et dont le vote, en général, constitue une simple formalité. Près de la moitié des lois sont des lois de ratification : 210 sur 431 pendant la XI^e^ législature (1997-2002). Ces projets de loi de ratification ne sont pas soumis aux règles relatives aux études d'impact.

Les traités peuvent être soumis au Conseil constitutionnel pour vérifier leur conformité à la Constitution, sur la base de l'article 54 (v. *infra* n° 959).

### δ. *Les lois expérimentales*

**916.** Afin de surmonter une jurisprudence constitutionnelle (2002), une loi constitutionnelle du 28 mars 2003 a opéré une modification de l'article 37-1 de la Constitution afin de prévoir que le législateur puisse autoriser des collectivités territoriales *à déroger, pour un temps limité et un objet précis, à des lois régissant l'exercice de leurs compétences*, par exemple en leur confiant la gestion des collèges. Au terme prévu pour l'expérience, une évaluation sera faite de ses résultats, le Parlement tirant les enseignements de cette évaluation pour généraliser ou supprimer l'expérience.

La conséquence de cette innovation est une restriction à l'uniformité des règles applicables aux collectivités territoriales et une atteinte à l'égalité devant la loi, à sa généralité, pour les citoyens selon le lieu où ils habitent ou travaillent.

#### ε. *La procédure abrégée*

**917.** La réforme constitutionnelle adoptée en 2008 ouvre la voie à l'adoption de certaines lois selon une procédure abrégée en prévoyant que le droit d'amendement peut s'exercer en séance ou en commission (art. 44 C). Ainsi la loi organique, à laquelle renvoie cet article, renvoie au règlement des assemblées la faculté d'établir une procédure permettant un débat des textes en commission et un vote, sans discussion d'amendements, c'est-à-dire une ratification, en séance. Cette procédure est destinée qu'à gagner du temps pour l'adoption de textes consensuels, s'agissant par exemple de la ratification de traités.

Le Gouvernement, le président de la commission ou un président de groupe peuvent s'opposer au recours à cette procédure.

### d. La promulgation et la mise en application de la loi

**918.** Une fois adopté par le Parlement, le texte est transmis pour promulgation au président de la République (v. *supra* n° 767). La loi est ensuite publiée au *Journal officiel* et sous forme électronique, elle devient obligatoire le lendemain de sa publication ou à la date qu'elle fixe.

Si certaines lois sont d'application directe (entre 30 et 40 %), la promulgation n'est pas, en général, suffisante pour rendre la loi applicable. La loi reste trop abstraite, trop générale. Le Gouvernement devra prendre une série de mesures pour lui donner effet, on est alors au cœur de son rôle d'exécution des lois (v. *supra* n° 811). Ce pouvoir du Gouvernement ne doit pas être sous-estimé. Par mauvaise volonté ou passivité, du fait aussi de la complexité des règles d'application à élaborer, des détails à aménager, l'application d'une loi peut être retardée parfois de plusieurs années et même indéfiniment bloquée. Cela permet aux administrations qui ne sont pas d'accord avec la loi, souvent les Finances, de la mettre en échec. En principe, les décrets d'application doivent être publiés dans les six mois, mais en pratique, il faut dix mois en moyenne et dans bien des cas ils n'interviennent jamais. Pour réagir contre cette situation, l'Assemblée a décidé que six mois après la publication d'une loi, le rapporteur ferait un rapport sur sa mise en application, et de nouveau six mois plus tard, si les textes ne sont toujours pas intervenus. En 2019, le Sénat a modifié son règlement en vue de confier aux rapporteurs des projets et propositions de loi la mission de suivre l'application de la loi après sa promulgation. Le Conseil d'État a par ailleurs condamné l'État à une astreinte pour ne pas avoir édicté les actes réglementaires nécessaires à l'application d'une loi (décis. *Villemain* du 28 juin 2002).

## §2. Le contrôle du Gouvernement

**919.** Le contrôle du Parlement sur le Gouvernement constitue l'un des traits parlementaires du régime. Le rôle des Parlements ne s'est-il pas d'ailleurs déplacé vers le contrôle ? Celui-ci ne peut s'exercer que si les parlementaires sont informés, tenus au courant des intentions et des actes du Gouvernement. *L'information est la condition du contrôle.*

Les procédés d'information des parlementaires sont variés :

- *les déclarations de politique générale*, ou sur *une question d'actualité* : faites par le Gouvernement, elles sont suivies ou non d'un débat. Devant l'Assemblée nationale, elles peuvent être à l'origine de la mise en cause de la responsabilité du Gouvernement ;
- *la participation des membres du Gouvernement aux débats* : celle-ci a tendance à se raréfier depuis le début de la V$^{e}$ République, le ministre chargé des relations avec le Parlement représente souvent seul le Gouvernement.

La prise en compte du caractère essentiel de cette fonction se traduit par l'insertion dans la Constitution, à l'occasion de la réforme de 2008 et à la suite de la proposition du comité Balladur, déjà formulée par le comité Vedel en 1991, de la formule suivante : « *Le Parlement vote la loi, contrôle l'action du Gouvernement et évalue les politiques publiques* » (art. 24 C). En ce sens, l'article 48 C prévoit qu'une semaine de séance sur quatre est réservée par priorité au contrôle de l'action du Gouvernement et à l'évaluation des politiques publiques. Ainsi, entre 2008 et 2012, trente-cinq débats ont été consacrés à l'évaluation et au contrôle, dont dix-huit à l'initiative de l'opposition. Le vote de résolutions, également rendu possible par cette réforme, peut également constituer une forme de contrôle de l'action gouvernementale. Il n'en reste pas moins que cette fonction de contrôle reste sous utilisée et qu'en la matière, changer les textes ne suffit pas si les habitudes ne se transforment pas également. Une plus grande médiatisation de ce travail de contrôle contribuerait à le valoriser. Comme l'avait relevé l'ancien président du groupe UMP à l'Assemblée nationale, J.-F. Copé (Commentaire 2010), « nous passons beaucoup de temps à voter les lois, très peu de temps à contrôler leur application ».

### A. Le temps parlementaire réservé au contrôle du Gouvernement et à l'évaluation des politiques publiques

**920.** Le fait pour la Constitution de confier explicitement au Parlement une mission de contrôle de l'action du Gouvernement et d'évaluation des politiques publiques et de réserver une semaine sur quatre de séance à l'exercice de cette fonction constitue incontestablement une novation importante issue de la révision de 2008.

Sa réussite est conditionnée par plusieurs éléments. Il convient d'abord que les parlementaires, et notamment ceux de l'opposition, s'investissent dans cette mission, aujourd'hui peu valorisée. Il est également nécessaire que ce temps soit « sanctuarisé » et les procédures recentrées sur cette fonction de contrôle et d'évaluation. Il doit en être ainsi, non seulement du recours aux procédures classiques des questions (v. *infra*), mais aussi de l'articulation entre le contrôle, *ex ante*, des études d'impact, et le contrôle, *ex post*, résultant de l'évaluation de l'application de la loi, des relations avec la Cour des comptes qui dorénavant assiste le Parlement dans le contrôle de l'action du Gouvernement, dans le contrôle de l'exécution des lois de finances, de l'application des lois de financement de la Sécurité sociale ainsi que dans l'évaluation des politiques publiques. Entre également dans cette mission le suivi des rapports des commissions d'enquête.

À l'Assemblée nationale, le Comité d'évaluation et de contrôle des politiques publiques, présidé par le président de l'Assemblée, et doté de deux rapporteurs, l'un de la majorité, l'autre de l'opposition, peut faire à la conférence des présidents des propositions sur l'ordre du jour de la semaine de contrôle et d'évaluation. Il bénéficie de l'assistance de la Cour des comptes. Il s'est intéressé, notamment, au principe de précaution et au développement des autorités administratives indépendantes.

En juillet 2018, l'Assemblée nationale a lancé des études économiques confiées à des centres de recherche publics afin d'obtenir des expertises indépendantes.

Les lois de règlement (qui arrêtent, chaque fin d'année budgétaire, le montant définitif des dépenses et des recettes de l'État, ratifient les opérations réglementaires ayant affecté l'exécution du budget, fixent le résultat budgétaire et décrivent les opérations de trésorerie) se prêtent particulièrement bien à cet exercice d'évaluation. Ainsi, l'examen du projet de loi de règlement de 2017 s'est structuré autour de la réunion de dix-huit commissions d'évaluation des politiques publiques en présence des ministres concernés par chaque mission. À l'issue de ces réunions, des propositions de résolution ou des recommandations ont été formalisées par les rapporteurs spéciaux compétents.

## B. Les questions des parlementaires

**921.** Le procédé des questions permet aux parlementaires de ne pas être tributaires, en matière d'information, de la bonne volonté du Gouvernement. Les représentants prennent l'initiative de demander des explications.

Une question est, en principe, une demande d'information adressée à un ministre sur un sujet précis. La réponse ne peut donner lieu à un vote mettant en cause la responsabilité du Gouvernement.

Le projet de réforme institutionnelle annoncé en mars 2018 prévoit d'augmenter le temps accordé à l'évaluation des politiques publiques.

## 1. Les questions écrites

**922.** En principe, la procédure parlementaire n'est pas écrite. Si on y recourt ici, c'est pour faire gagner du temps au Parlement et laisser au Gouvernement le loisir de préparer une réponse.

Un parlementaire sollicite par écrit un renseignement d'un ministre déterminé. Celui-ci dispose d'un délai d'un mois pour répondre. Si, pour des raisons d'intérêt public, ou du fait de difficultés matérielles pour réunir la documentation technique nécessaire à la réponse, le délai est insuffisant, le ministre peut obtenir un nouveau délai d'un mois au maximum. À défaut de réponse, la question peut être « signalée » et le ministre doit alors répondre dans les dix jours.

Les questions écrites sont largement utilisées non seulement pour contrôler la politique du Gouvernement et la bonne marche de l'Administration (les deux tiers émanent des membres de l'opposition) mais surtout pour obtenir des renseignements juridiques et administratifs au profit des électeurs. Leur abondance et leur technicité font que généralement il n'y est pas répondu *dans les délais*. Seulement un quart des questions reçoivent des réponses dans les délais. Pendant la XII^e^ législature (2002-2007), l'Assemblée a connu 117 971 questions écrites, et obtenu 92 682 réponses. En même temps, cette procédure est prise très au sérieux par les ministères, un membre du cabinet de chaque ministre est chargé de recueillir les éléments du dossier et de préparer la réponse. Les réponses aux questions écrites sont publiées au *Journal officiel*.

## 2. Les questions orales

**923.** Elles sont liées au fait que les ministres sont présents aux débats des assemblées, un dialogue s'établit. Depuis 1958, on a eu du mal à trouver un système qui combine de façon satisfaisante le contrôle du Gouvernement et l'information des parlementaires. À l'origine, pour protéger l'exécutif contre un éventuel harcèlement par ces derniers, les questions ont été enfermées dans des règles très strictes. L'actuelle rédaction de l'article 48 C prévoit qu'une semaine au moins, y compris pendant les sessions extraordinaires, est réservée aux questions.

On distingue :

### a. Les questions orales sans débat

**924.** C'est un *dialogue*. L'auteur de la question dispose d'un temps très court pour poser sa question et il peut répliquer très brièvement encore après la réponse. Le ministre peut reprendre la parole. Le temps total de parole est réparti entre les groupes.

Ces questions rencontrent un médiocre succès. Alors que les députés peuvent, pour une fois, intervenir à peu près librement, ils n'en profitent pas et n'utilisent pas tout le temps dont ils disposent. 1 696 questions ont ainsi été posées à l'Assemblée entre 1997 et 2002, devant des bancs vides, en présence d'un ou deux secrétaires d'État supposés omniscients.

### b. Les questions orales avec débat

**925.** L'exposé de la question se fait plus longuement (dix minutes) et des orateurs autres que l'auteur de la question peuvent intervenir après la réponse du ministre. Un véritable débat s'organise. Ces questions, ont disparu depuis 1994 à l'Assemblée. Le Sénat, qui ne peut mettre en cause la responsabilité politique du Gouvernement, y recourt de temps en temps (16 fois entre 1997 et 2002).

### c. Les questions au Gouvernement

**926.** Conventionnelles à l'origine (c'est-à-dire nées d'un accord tacite entre le Parlement et le Gouvernement), elles ont été constitutionnalisées par la révision de 1995 (v. *supra* n° 871).

Le temps d'intervention est réparti entre les groupes proportionnellement à leurs effectifs. Les questions sont posées alternativement par un parlementaire de la majorité et un parlementaire de l'opposition, l'auteur de la question dispose de deux minutes trente secondes pour l'exposer depuis son banc, en principe sans lire un texte. On ne peut reprendre la parole après la réponse du ministre. Au Sénat, la séance choisie est celle du jeudi après-midi, deux fois par mois. Ces séances sont retransmises par les chaînes parlementaires.

En principe aussi, tous les ministres doivent être présents. Mais la pratique montre que les absences sont nombreuses et surtout que peu de ministres assistent à toute la séance.

À l'initiative de P. Séguin, à l'Assemblée, les règles de ces questions ont été durcies en 1993 : les ministres ne les connaissent pas à l'avance, elles sont « spontanées », et le temps des interventions est strictement limité. C'est une erreur. Pour être utiles des réponses doivent pouvoir être préparées – les ministres ne sont pas omniscients –, et il faut un temps suffisant pour les développer.

## C. Les commissions d'enquête

**927.** Ces commissions existent dans nos assemblées depuis la monarchie de Juillet. Leur statut actuel est issu de la loi du 20 juillet 1991 qui a supprimé la distinction précédente des commissions d'enquête et des commissions de contrôle : il n'y a plus que des commissions d'enquête.

**928. Création. –** Ces commissions sont créées dans une Chambre par une *résolution* adoptée à la majorité.

La révision constitutionnelle de 2008 a conduit à insérer dans la Constitution un article 51-2 selon lequel des commissions d'enquête peuvent être créées pour recueillir, dans les conditions prévues par la loi, des éléments d'information pour l'exercice des missions de contrôle et d'évaluation. Le règlement de l'Assemblée nationale prévoit que le président d'un groupe d'opposition ou d'un groupe minoritaire pourra obtenir une fois par session l'inscription d'office, à l'ordre du jour, d'une séance de contrôle, d'un débat sur une résolution tenant à la création d'une commission d'enquête.

La demande ne pourra être rejetée qu'à la majorité des trois cinquièmes des membres de l'Assemblée. Cette disposition s'inscrit dans un ensemble de dispositions visant à renforcer les droits de l'opposition. Ainsi, la fonction de président ou de rapporteur revient de droit à un membre de l'opposition (ou un membre du groupe ayant obtenu la création de la commission). Cependant, la majorité ne joue pas toujours le jeu en amendant parfois substantiellement les propositions de résolution de l'opposition. Le seul obstacle à la création d'une telle commission à la demande de l'opposition devrait être le respect des exigences constitutionnelles, par exemple l'impossibilité de mettre en cause le chef de l'État (en 2009 une proposition de résolution ayant pour objet d'enquêter sur les sondages réalisés par l'Élysée a été rejetée pour ce motif).

**929. Composition. –** La commission est composée de 30 députés ou de 21 sénateurs au maximum. Ses membres sont désignés à la représentation proportionnelle des groupes ; si l'opposition est donc représentée elle n'est pas majoritaire mais, à l'Assemblée nationale, le poste de président ou de rapporteur lui est attribué depuis 2003.

**930. Objet. –** La commission est formée pour recueillir des informations soit sur des faits déterminés (« affaire », « scandale »...) soit sur la gestion d'un service public ou d'une entreprise nationale. Son examen ne peut concerner des faits donnant lieu à des poursuites judiciaires, ce qui peut affaiblir l'intérêt du travail de ces commissions. Si une information judiciaire est ouverte après la création de la commission, celle-ci doit mettre fin immédiatement à ses travaux (encore faut-il que l'Assemblée estime que l'objet de l'information judiciaire est identique à celui de l'enquête de la commission). Le Gouvernement ayant l'initiative des poursuites judiciaires a par-là la possibilité d'interrompre, s'il le souhaite, les investigations d'une commission d'enquête, dans la pratique il ne s'en sert pas.

**931. Fonctionnement. –** Elles sont *temporaires*, la durée de leurs pouvoirs est de six mois au maximum.

- Les commissions d'enquête sont autorisées à *citer des témoins*, avec le concours de la force publique si besoin est. Elles ont, en outre, le droit de se faire communiquer par l'Administration tous les documents non couverts par les règles traditionnelles du secret.
- Pendant longtemps, au contraire de bon nombre de systèmes étrangers (EU, GB, RFA), leur fonctionnement était placé sous le signe du secret, Leurs travaux, les auditions et les conclusions sont en principe publiques, sauf si l'assemblée décide le contraire à la majorité.

Malgré ces obstacles, certaines commissions ont eu un grand retentissement : sur les sectes (1994), sur la justice après le procès d'Outreau (2005)...

Leur efficacité n'est pas négligeable.

En définitive, il faut bien comprendre que la demande de création d'une commission d'enquête ne correspond pas à un souci gratuit de s'informer, de savoir. C'est, en général, un acte politique destiné à gêner l'adversaire en exploitant un fait, une situation, un dossier, auxquels s'intéresse l'opinion publique. Le fait d'obtenir sa création est déjà un succès.

Les commissions permanentes peuvent créer des *missions d'information*, en principe destinées à suivre l'exécution d'une loi mais qui peuvent aussi jouer un rôle d'enquête, ainsi en 1999 sur la présence du loup en France ! La conférence des présidents de l'Assemblée nationale peut également décider de créer une mission d'information, par exemple sur les OGM ou sur le port de la burqa. Cette dernière mission a débouché, en 2010, sur le vote d'une résolution et le dépôt d'un projet de loi. Au total 170 rapports d'information ont été publiés de mars 2009 à mars 2010.

**932.** Des commissions d'enquête ont été créées à l'Assemblée nationale et au Sénat, à l'occasion d'actes de violence commis par un conseiller de l'Élysée lors des manifestations du 1er mai 2018. Cette affaire a eu des incidences politiques importantes au point de reporter l'examen du projet de loi de révision constitutionnelle. L'« affaire Benalla », du nom du conseiller, a conduit, plus largement, à mettre en cause les fonctions de l'intéressé au sein du cabinet présidentiel. Les investigations menées par la commission des lois du Sénat, instituée commission d'enquête, ont posé d'intéressantes questions relatives à la séparation des pouvoirs. Séparation entre la fonction de contrôle parlementaire et la fonction judiciaire d'abord : M. Benalla faisant l'objet de poursuites judiciaires et la règle étant que les commissions d'enquête ne peuvent investiguer sur des faits à l'occasion desquels ont été engagées des poursuites judiciaires ; la commission a estimé qu'elle pouvait enquêter sur « les conditions dans lesquelles des personnes n'appartenant pas aux forces de sécurité intérieure ont pu ou peuvent être associées à l'exercice de leur mission ». Le périmètre ainsi défini, s'est posée, ensuite, la question de la capacité d'une commission parlementaire d'enquêter sur l'organisation des services de l'Élysée et d'auditionner les membres du cabinet ; c'est alors l'irresponsabilité politique du chef de l'État qui est en cause. Les principaux collaborateurs du chef de l'État n'en ont pas moins été entendus, mais aucune question n'a été posée sur une décision ou un acte du président. Cette procédure a cependant suscité une polémique entre le chef de l'État et le garde des Sceaux d'une part et le président de la commission des lois et le président du Sénat d'autre part.

En 2020, ont été créées, à l'Assemblée nationale et au Sénat, des commissions d'enquêtes relatives à la gestion de la crise sanitaire.

## D. Le contrôle de la politique européenne

**933.** Dans la tradition française, la conduite de la politique étrangère est affaire de gouvernement, et sous la Ve République en priorité domaine réservé au président de la République. Les débats la concernant ne donnent lieu devant le Parlement qu'en de rares occasions à des échanges passionnés.

Les choses évoluent aujourd'hui avec la construction de l'Europe. Des inquiétudes se manifestent régulièrement sur les incidences de la politique définie à Strasbourg ou à Bruxelles sur la souveraineté, l'indépendance et la liberté de la France. Les élus de la Nation déplorent d'être mal informés et très souvent tenus à l'écart des décisions envisagées, ou mis en présence de celles déjà prises. On se plaint aussi du « déficit démocratique » des institutions européennes, c'est-à-dire de leur faible représentativité alors que leur poids s'accroît régulièrement. Plusieurs mesures ont été adoptées pour mieux associer le Parlement à ces décisions et amorcer son contrôle.

- Depuis la révision constitutionnelle de 1992 (art. 88-4 C modifié en 1999 et 2008), le Gouvernement soumet à l'Assemblée nationale et au Sénat dès leur transmission au Conseil de l'Union européenne les projets ou propositions d'actes des Communautés européennes et de l'Union européenne.

## 1. Procédure

**934.** Le Parlement français peut intervenir en aval sur les projets et les propositions d'actes de l'Union européenne qui lui sont obligatoirement transmis, en se prononçant le cas échéant par des résolutions (art. 88-4), l'élargissement de l'Union peut faire intervenir le Parlement dans les conditions propres à une révision de la Constitution (art. 88-5). Le Parlement peut également s'opposer à la modification des règles d'adoption d'actes de l'Union européenne sous certaines conditions fixées par le traité de Lisbonne (art. 88-7).

Une des modalités d'intervention du Parlement doit être mise en exergue. Elle permet à l'Assemblée nationale ou au Sénat d'émettre un avis motivé sur la conformité d'un projet d'acte européen au principe de subsidiarité, cet avis est transmis aux présidents du Conseil, de la Commission et du Parlement européens. Les assemblées peuvent, dans ce cadre, saisir, par l'intermédiaire du Gouvernement la Cour de justice de l'Union européenne si elles estiment que le principe de subsidiarité n'est pas respecté. Le recours est de droit à la demande de 60 députés ou de 60 sénateurs (art. 88-7).

Alors que les premières dispositions citées visent à associer les assemblées parlementaires à certaines décisions prises par la France, cette dernière disposition s'inscrit dans une logique un peu différente, elle vise à donner au Parlement un outil d'intervention en cas de conflit entre la France et l'Union européenne en matière de répartition des compétences. Elle n'a cependant pas connu une grande postérité.

## 2. Remarques

**935.**

• ce système institue un contrôle *a priori*, en amont, c'est-à-dire avant que la norme européenne ne soit adoptée ;

• la résolution n'est pas contraignante, c'est un simple « vœu », le Parlement joue un rôle consultatif, d'avis, et il ne sera pas toujours informé de la suite qui lui est donnée. Cependant la commission peut adresser un dossier aux députés français au Parlement européen, leur faisant connaître la position de l'assemblée sur une question dont ils auront à débattre ;

• S'agissant du contrôle en amont, si des centaines d'actes ont déjà été transmises aux commissions, les résolutions sont peu nombreuses car les chambres n'estiment pas toujours possible et utile de définir leur position : pendant la XIIe législature à l'Assemblée, les commissions ont adopté vingt-sept résolutions et seulement six l'ont été par l'Assemblée en séance. La procédure est longue, les résolutions ne sont pas impératives, le Parlement français n'est pas toujours en session, que faire s'il y a urgence ? Au surplus la procédure ne suspend pas celle engagée à Bruxelles ; pourtant depuis 1994 a été instituée la *réserve d'examen parlementaire* qui permet d'interrompre pour un mois, à la demande du Gouvernement, le débat européen tant que les assemblées n'ont pas achevé l'examen du texte. De manière générale, l'investissement des institutions françaises en amont lors de la préparation des textes européens est insuffisant. Cette situation conduit trop souvent à une contestation *a posteriori* de certains de ces textes peu efficace.

En outre, les parlementaires ont entrepris, par le vote d'une loi organique, de renforcer leur *contrôle sur le financement du budget de l'Union européenne* (part française : 16,6 milliards d'euros en 2005). Le Gouvernement devra leur fournir des informations détaillées sur le montant de la participation française et sur les projets de textes budgétaires européens. La transparence n'est-elle pas nécessaire lorsque sont en jeu des sommes aussi considérables ?

## E. Le vote de résolutions

**936.** L'article 34-1 de la Constitution, issu de la révision de 2008, prévoit que les assemblées peuvent voter des résolutions. Mais le Gouvernement peut s'opposer à l'inscription à l'ordre du jour de résolutions dont il estime que leur adoption ou leur rejet serait de nature à mettre en cause sa responsabilité ou à constituer à son égard des injonctions.

Les résolutions avaient été interdites au Parlement afin que ce dernier n'y recoure pas pour opérer une mise en cause indirecte de la responsabilité du Gouvernement. La faculté donnée au Parlement d'y recourir vise essentiellement à permettre au Parlement de s'exprimer sur certaines questions (par ex. ce que l'on a appelé les « lois mémorielles » visant tel ou tel fait historique ou tel ou tel jugement de valeur) sans emprunter la voie législative et encombrer la loi de dispositions dépourvues de portée normative. Ces résolutions peuvent également être proposées afin de permettre au Parlement de prendre position sur telle ou telle question d'actualité. C'est ainsi que l'interdiction du voile intégral a fait l'objet d'une résolution parlementaire explicitant les valeurs qui sont en jeu, alors qu'un projet de loi définit le périmètre de l'interdiction et les sanctions. Si l'opposition peut y recourir pour dénoncer tel aspect de la politique gouvernemental, la loi organique encadre leur pratique. Ainsi le Gouvernement doit être avisé de toute proposition de résolution, ou de toute modification qui y serait apportée par son auteur, afin de pouvoir s'y opposer. Deux propositions de résolution ayant le même objet ne peuvent être inscrites à l'ordre du jour de la même session ordinaire. Ces résolutions sont votées et examinées en séance, elles ne peuvent faire l'objet d'aucun amendement.

## F. La mise en cause de la responsabilité du Gouvernement

**937.** Les méfaits de l'instabilité gouvernementale ont pesé sur l'élaboration des dispositions de la Constitution concernant la responsabilité du Cabinet. Les auteurs du texte ont cherché à rationaliser, ici aussi, le parlementarisme en essayant d'éviter une mise en cause trop facile de la responsabilité du Gouvernement. Ces précautions se sont révélées moins utiles à partir du moment où l'exécutif dispose d'une majorité stable à l'Assemblée nationale.

Trois procédures peuvent être utilisées.

### 1. La question de confiance (art. 49-1)

**938.** Si l'expression ne figure pas dans la Constitution, la procédure existe.

Le Premier ministre peut, *après délibération du conseil des ministres*, engager **devant l'Assemblée nationale** – *et non devant le Sénat* – la responsabilité du Gouvernement sur son programme ou sur une déclaration de politique générale (qui peut porter sur un aspect particulier de l'action gouvernementale).

La décision est acquise, favorable ou défavorable, à la ***majorité des suffrages exprimés***. Si la confiance est refusée, le Premier ministre doit remettre au président de la République la démission du Gouvernement.

Le Premier ministre peut ainsi solliciter la confiance de l'Assemblée nationale soit au moment de la constitution de son Gouvernement, soit ultérieurement, au moment où il le juge nécessaire. Ainsi parfois pour ressouder la majorité autour d'un Gouvernement usé. Il le fait au nom de l'ensemble de l'équipe gouvernementale.

La question de confiance a été relativement peu posée (et toujours accordée) depuis 1958 : quarante-deux fois, le plus souvent sur une déclaration de politique générale. Il est vrai que cette procédure est plus périlleuse pour le Gouvernement (en raison du calcul de la majorité), celui-ci préfère laisser les députés déposer une motion de censure. François Fillon a présenté une déclaration de politique générale le 24 novembre 2011, à l'occasion de la formation de son troisième Gouvernement. Jean Marc Ayrault s'est prêté à l'exercice le 3 juillet 2012, Bernard Cazeneuve, le 13 décembre 2016, Édouard Philippe, le 4 juillet 2017 et le 12 juin 2019, Jean Castex, le 15 juillet 2020, Elisabeth Borne, le 6 juillet 2022.

### 2. La motion de censure spontanée (art. 49-2)

**939.** C'est une arme offensive entre les mains des *députés*.

La responsabilité du Gouvernement est mise en cause à leur initiative.

La *procédure* est la suivante :

- la motion doit être signée par un dixième au moins des membres de l'Assemblée nationale (soit : 58 députés). Exigence destinée à éviter une guérilla menée par quelques parlementaires ;
- le vote ne peut avoir lieu que 48 heures après le dépôt de la motion. Un délai de réflexion est imposé à la Chambre dont les travaux peuvent se poursuivre ;
- surtout, la majorité exigée pour que la motion soit adoptée est de la moitié des membres *composant* l'Assemblée nationale, soit 289 voix. Ne sont comptés que les votes favorables à la motion, *les absents et les abstentionnistes sont donc réputés avoir voté pour le Gouvernement.* Ici se manifeste très précisément la volonté de rompre avec la pratique du régime précédent, où une majorité relative réussissait à obliger un Gouvernement à démissionner.

Le vote d'une motion de censure comporte deux *conséquences* :

- en cas de succès de la motion, le Gouvernement doit démissionner. En principe, il ne peut qu'« expédier les affaires courantes » en attendant la nomination d'un nouveau Gouvernement ;
- un député ne peut pas être signataire de plus de trois motions de censure pendant une même session ordinaire, ou de plus d'une pendant une session extraordinaire. On veut éviter que le Gouvernement ne soit harcelé par un groupe de députés, sans espoir de succès, mais pour lui faire perdre du temps ou le déstabiliser.

*Les règles de la motion de censure spontanée sont beaucoup plus favorables au Gouvernement que celles de la question de confiance*, en particulier le mode de calcul différent de la majorité. Plutôt que de courir le risque d'être renversé à la majorité relative sur une question de confiance, le Premier ministre préfère attendre que les parlementaires prennent l'initiative de s'interroger sur la confiance faite par l'Assemblée au Gouvernement. Aussi les motions de censure déposées dans ces conditions sont-elles plus fréquentes que les votes sur la confiance, le dernier exemple est celle intervenue le 8 juillet 2009 qui a obtenu 225 voix. Rappelons qu'une seule a réussi depuis 1958 : le 5 octobre 1962 contre G. Pompidou (v. *supra* n° 128). L'objet de la motion est de provoquer un débat public, de dramatiser, voire de pratiquer l'obstruction.

En même temps, il faut comprendre que l'existence de cette procédure peut jouer un *rôle dissuasif*, ainsi le président de la République ne pourrait former un Gouvernement qui n'ait pas la confiance de l'Assemblée, ce Gouvernement serait renversé sans tarder.

## 3. La motion de censure provoquée (art. 49-3)

### a. Le principe

**940.** La Constitution prévoit enfin, à l'article 49-3, une technique originale de mise en cause de la responsabilité gouvernementale : c'est à la fois la forme la plus raffinée et la plus brutale de la rationalisation du parlementarisme.

Le Premier ministre peut, en effet, *après délibération du conseil des ministres*, engager la responsabilité du Gouvernement devant l'Assemblée nationale *sur le vote d'un texte.*

À ce premier stade, rien de très original par rapport à la tradition parlementaire. L'innovation réside dans la suite de la procédure.

*Le texte est, en effet, considéré comme adopté – sans être voté – si une motion de censure, déposée dans les vingt-quatre heures, n'est pas approuvée par l'Assemblée.* Les travaux de l'Assemblée sont suspendus pendant ce délai et cette motion n'est pas prise en compte pour le calcul du nombre de motions que peut signer un député au cours d'une session ordinaire ou extraordinaire (v. ci-dessus).

Il y a là une *combinaison de la question de confiance et de la motion de censure.*

Le Gouvernement disposait ainsi d'un moyen de pression exceptionnel et redoutablement efficace, pour contraindre le Parlement à décider, pour faire cesser, au sein de sa majorité, une fronde parlementaire ou l'obstruction des députés de l'opposition.

La conséquence la plus remarquable de cette situation est qu'*une loi peut ainsi être adoptée sans être votée par le Parlement.*

La révision constitutionnelle de 2008 limite considérablement le recours à cette procédure. Elle ne peut plus être utilisée que pour les lois de finances, les lois de financement de la République et un autre texte (projet ou proposition) une fois par an. Cette dernière dérogation peut paraître un peu étrange. En effet, si le recours à la procédure de l'article 49-3 C est utile, il peut l'être plus de deux fois par an, ou aucune fois certaines années. Cette limitation drastique du recours à la procédure de l'article 49, alinéa 3 a été accompagnée de procédés permettant d'empêcher l'opposition d'abuser du droit d'amendement pour bloquer le débat parlementaire (dépôt de milliers d'amendements visant, par ex., le lieu, le jour, voire l'heure, où s'appliquera telle ou telle disposition).

## b. La pratique

**941.** La procédure de l'article 49-3 a été utilisée de façon épisodique jusqu'en 1981, plus souvent jusqu'en 1993 et exceptionnellement depuis. Au total cent fois depuis 1958. Cette procédure a été utilisée en février, juin et juillet 2015 par le Gouvernement Valls à l'encontre de sa propre majorité sur le projet de loi « pour la croissance, l'activité et l'égalité des chances économiques » (loi « Macron ») et, dans les mêmes conditions, en mai 2016, à l'occasion de la loi dite « travail ». Elle a alors été utilisée trois fois, à l'occasion de chacune des lectures devant l'Assemblée nationale. Cette procédure a été utilisée en mars 2023 pour faire adopter en dernière lecture à l'Assemblée nationale le projet de loi portant sur la réforme des retraites. Il s'agissait à la fois de surmonter l'obstruction parlementaire et l'absence de majorité en faveur du texte.

Quoi qu'il en soit, aucune motion de censure déposée sur la base de l'article 49-3 n'a été adoptée. La crainte de la dissolution y est peut-être pour quelque chose.

*Le Sénat*, on le sait, ne peut mettre en cause la responsabilité du Gouvernement. Mais l'article 49-4 permet au Premier ministre de lui demander *d'approuver une déclaration de politique générale*. Ce geste, pratiqué à dix-huit reprises, est destiné à se concilier les bonnes grâces de la Haute Assemblée et à se réclamer de son soutien lorsque l'Assemblée est d'humeur frondeuse. J.-M. Ayrault, lors de la formation de son second Gouvernement, n'a pas demandé au Sénat d'approuver sa déclaration de politique générale, du fait de la faible majorité dont il dispose dans cette assemblée. En juin 2019, pour la première fois sous la Vᵉ République, le Sénat a rejeté une déclaration de politique générale présentée par le Premier ministre en application du quatrième alinéa de l'article 49 de la Constitution.

On a vu aussi (v. *supra* n° 714) que la mise en cause de la responsabilité du Gouvernement n'est pas possible pendant la suppléance du président de la République et limitée lorsque l'article 16 est en vigueur (v. *supra* n° 755).

Enfin, il faut souligner qu'il n'existe pas de possibilité pour le Parlement de mettre en cause *la responsabilité politique individuelle d'un ministre*, comme cela se rencontre dans des pays étrangers.

La Vᵉ République a été marquée par un déclin de la responsabilité politique du Gouvernement devant le Parlement. En revanche les alternances, à répétition depuis 1981, ont montré que le *Gouvernement était responsable devant les électeurs*, comme jamais dans notre histoire démocratique.

# CHAPITRE 4

# Le « pouvoir » juridictionnel

**942. Bibliographie.** – Jacques Krynen, *L'État de justice, L'emprise contemporaine du juge*, t. II, Gallimard, 2012. – Bertrand Mathieu, Michel Verpeaux, *Le statut constitutionnel du parquet*, Dalloz, 2012. – Bertrand Mathieu, *Justice et politique : la déchirure ?*, LGDJ, 2015. – « La justice : regards critiques », *Pouvoirs* 2021, n° 178. – Rapport d'information du Sénat sur la judiciarisation de la vie publique, janv. 2022, n° 592.

**943.** S'il est inhabituel d'inscrire le pouvoir juridictionnel au sein des pouvoirs dont la séparation est constitutionnellement assurée sous la Ve République, l'existence de ce pouvoir est une réalité qui se traduit par celle d'un système juridictionnel complexe et fondé sur l'indépendance des organes qui le composent.

## Section 1
## L'existence d'un pouvoir juridictionnel

**944.** La Constitution ne fait pas référence à l'existence d'un pouvoir juridictionnel, pas même d'un pouvoir judiciaire, elle parle seulement de l'autorité judiciaire (art. 64).

La réalité d'un pouvoir juridictionnel en France résulte à la fois d'une situation socio-politique et d'une reconnaissance par le Conseil constitutionnel. On relèvera d'ailleurs que le président de la République emploie cette expression lors de la rentrée solennelle de la Cour de cassation en janvier 2009.

## §1. Un contexte social et politique favorable à l'émergence d'un « pouvoir » juridictionnel

**945.** Indépendamment de la formulation constitutionnelle, la justice tend à s'ériger en un véritable pouvoir. Cette évolution se manifeste de plusieurs manières. D'une part, le développement d'un droit fondé essentiellement sur les droits fondamentaux renforce incontestablement la figure du juge (v. *supra*, n° 163 et s.). D'autre part, la pénalisation de la vie sociale tend à se développer. Elle est manifeste dans le domaine politique, comme en témoigne l'affaire dite du « sang contaminé », ou le développement de la mise en cause de responsables politiques dans des affaires économiques ou de financement de la vie politique. Il en est de même du développement de la pénalisation de certains comportements, en matière de relations entre les sexes, de relations de travail (lois sur le harcèlement moral ou sexuel, l'homophobie...), voire en matière de prise de position politique ou idéologique (par ex. lois mémorielles). Sur le plan international, l'érection d'entités, comme l'humanité, en sujets de droit et l'affaiblissement de l'idée de souveraineté conduisent à une internationalisation du droit pénal, dont la Cour pénale internationale représente l'une des traductions les plus éclatantes.

L'une des questions les plus importantes, mais aussi des plus difficiles, est celle des rapports entre le pouvoir politique et le pouvoir juridictionnel. En France, l'équilibre n'est manifestement pas trouvé.

La question n'est pas seulement celle de l'indépendance de l'autorité judiciaire (vis-à-vis du pouvoir politique), mais aussi celle, plus exigeante et plus difficile à résoudre, de l'impartialité des magistrats (au regard d'engagements politiques, syndicaux, idéologiques...). Ces deux exigences combinées, et donc distinctes, sont rappelées par le Conseil constitutionnel (par ex. décision n° 2016-544 QPC).

## §2. La reconnaissance par le juge constitutionnel de l'existence d'un pouvoir juridictionnel

**946.** S'agissant des juridictions judiciaires et administratives, le Conseil constitutionnel a posé les fondements de l'existence d'un véritable pouvoir juridictionnel dans sa décision 80-119 DC du 22 juillet 1980. Il a en effet considéré qu'« *Il résulte des dispositions de l'article 64 de la Constitution, en ce qui concerne l'autorité judiciaire et des principes fondamentaux reconnus par les lois de la République en ce qui concerne la juridiction administrative, que l'indépendance des juridictions est garantie ainsi que le caractère spécifique de leurs fonctions sur lesquelles ne peuvent empiéter ni le législateur, ni le Gouvernement* ». Il en a déduit que ni le législateur, ni le

Gouvernement, ne pouvaient censurer leurs décisions, leur adresser des injonctions ou se substituer à elles dans le jugement des litiges. L'on retrouve ici un certain nombre des éléments qui peuvent caractériser l'existence d'un pouvoir : un organe indépendant, doté d'une mission spécifique, dans laquelle ne peuvent, en principe, intervenir les autres pouvoirs. Incontestablement, le pouvoir juridictionnel est ici placé sur le même plan que le pouvoir législatif et le pouvoir exécutif. Concernant les juridictions financières, le Conseil constitutionnel a également reconnu leur indépendance dans sa décision n° 2001-448 DC. Cette reconnaissance concerne, en l'espèce, la Cour des comptes qui contrôle les comptes publics et assiste le Parlement et le Gouvernement dans le contrôle de l'exécution des lois de finances et dont la loi de révision constitutionnelle de 2008 renforce le rôle auprès du Parlement dans l'évaluation des politiques publiques.

Il convient d'intégrer à ce pouvoir d'autres ordres constitutionnels : l'indépendance du Conseil constitutionnel résulte de son statut constitutionnel (décis. n° 2008-566 DC), en particulier ses décisions ne sont susceptibles d'aucun recours et s'imposent à toutes les autorités administratives et politiques (art. 62 C) et il est aujourd'hui admis qu'il remplit une fonction juridictionnelle.

À côté des ordres juridictionnels, judiciaire, administratif et constitutionnel, il existe une juridiction d'une nature particulière, dont l'existence est expressément prévue par la Constitution : la Cour de justice de la République, chargée de juger de la responsabilité pénale des ministres pour les actes accomplis dans l'exercice de leurs fonctions. L'indépendance de la Cour de justice de la République a été reconnue par le Conseil constitutionnel dans sa décision 93-327 DC du 19 novembre 1993. Il s'agit d'un ordre juridictionnel politique.

## Section 2
## Le Conseil constitutionnel et le contrôle de constitutionnalité

**947. Bibliographie. -** Henry Roussillon, Pierre Espuglas, *Le Conseil constitutionnel*, Dalloz, 8e éd., 2014. - « Le Conseil constitutionnel », *Pouvoirs* 1991, n° 13, et 2003, n° 105. - Pierre Avril, Jean Gicquel, *Le Conseil constitutionnel*, Montchrestien, 6e éd., 2011. - Michel Verpeaux, Maryvonne Bonnard (dir.), *Le Conseil constitutionnel*, La Documentation française, 2007. - Bertrand Mathieu, Jean-Pierre Machelon, Ferdinand Mélin-Soucramanien, Dominique Rousseau, Xavier Philippe, *Les grandes délibérations du Conseil constitutionnel*, Dalloz, 2014.

**948.** La Constitution de 1958 a rompu avec la tradition française attachée à la souveraineté de la loi et défavorable au contrôle de la constitutionnalité. *Elle a institué un contrôle par voie d'action* (v. *supra* n° 156).

Pourquoi cette rupture ? La prise de conscience des inconvénients de l'absence de contrôle – et en particulier des facilités abusives ouvertes au législateur – dans un pays qui se veut un État de droit, fournit une première raison. Il faut y ajouter une démystification de la loi, dépouillée de son aura sacrée d'expression de la volonté générale pour être ramenée à « l'opinion d'une majorité passagère ». En somme, il s'agit de corriger la dérive des régimes précédents vers la souveraineté parlementaire (v. *supra* n° 504).

Le système mis en place est relativement efficace, même s'il connaît certaines limites.

**949. Attributions en dehors du contrôle de constitutionnalité.** – Le contrôle de la constitutionnalité n'est que l'un des aspects du rôle du Conseil. Le constituant lui a confié en effet plusieurs autres attributions importantes. Leur étude sera faite plus loin, mais pour fixer les idées, il n'est pas inutile de les énumérer rapidement dès maintenant :

- *attributions électorales :* le Conseil veille sur la régularité des référendums des articles 11 et 89 – consulté il rend des *avis* – et des élections présidentielles – dont il proclame les résultats – il statue sur les contestations concernant les élections législatives et sénatoriales ; dans cette hypothèse, il exerce les fonctions d'un juge ordinaire, récemment le Conseil a renforcé le caractère juridictionnel de la procédure et notamment la place du contradictoire ;
- *attributions consultatives :* le président de la République le consulte avant de mettre en vigueur l'article 16 de la Constitution et sur les mesures prises par lui sur la base de cet article 16 ;
- il constate enfin éventuellement que *le président de la République est empêché* de remplir ses fonctions (maladie, captivité, disparition...).

Ces attributions *ne font pas cependant du Conseil constitutionnel le gardien de la Constitution,* ce rôle est en effet réservé au président de la République (art. 5).

Le Conseil n'a qu'une *compétence d'attribution,* c'est-à-dire que la Constitution fixe limitativement les domaines où il est compétent, il ne peut en sortir, même s'il est parfois sollicité en ce sens. Dans une décision du 14 septembre 1961, il a ainsi décliné toute compétence pour donner un avis au Premier ministre.

L'ensemble des attributions du Conseil se situe au confluent du droit et de la politique.

## §1. Les membres du Conseil constitutionnel

**950.** Par sa composition, le Conseil constitutionnel se rapproche des organes politiques, mais le statut de ses membres tend à assurer leur indépendance.

## A. Composition du Conseil

**951.** Le Conseil est composé de membres nommés et, éventuellement, de membres à vie.

- *Les membres nommés sont au nombre de neuf.* Trois sont choisis par le président de la République, trois par le président de l'Assemblée nationale, trois par le président du Sénat. Ce recrutement associe l'exécutif en la personne du chef de l'État et le législatif à travers les présidents des deux Chambres du Parlement. La réforme adoptée en 2008 prévoit que ces nominations soient soumises à la procédure d'avis des commissions parlementaires sur les propositions des autorités compétentes. Cette procédure a été utilisée pour la première fois en mars 2010.
- Sont appelés à y siéger aussi des *membres à vie et de droit*, qui sont les anciens présidents de la République. Leur présence, qui pouvait être envisagée favorablement tant qu'il s'agissait de présidents dans le style de la III^e^ ou de la IV^e^ République, et alors que le Conseil constitutionnel n'était pas considéré comme une véritable juridiction, est contestable s'agissant d'hommes mêlés à l'action politique, aussi directement responsables des affaires de la Nation que l'ont été les anciens chefs d'État de la V^e^ République. La présence des anciens présidents de la République peut être jugée, aujourd'hui, inadaptée à ce qu'est devenue la juridiction constitutionnelle. Le comité Balladur (2007) et la Commission Jospin (2012), ont estimé nécessaire de mettre fin à cette situation.
- Le général de Gaulle n'a jamais pris séance au Conseil, au contraire, parfois, de V. Auriol et R. Coty. N'ayant plus aucun mandat politique, V. Giscard d'Estaing a décidé au printemps 2004 de venir siéger et J. Chirac y a siégé depuis 2007. De manière contestable, le premier a décidé de ne pas siéger pour les questions prioritaires de constitutionnalité et le second ne siège plus depuis sa condamnation. N. Sarkozy n'y siège plus depuis l'invalidation de ses comptes de campagne (2013). Depuis le décès de V. Giscard d'Estaing, en 2020, plus aucun ancien président ne siège au Conseil constitutionnel.
- *La présidence* du Conseil est assurée par l'un des membres, désigné par le président de la République (pas nécessairement parmi ceux qu'il a nommés). En cas de partage des voix, son point de vue l'emporte. Ce président est actuellement L. Fabius.
- La composition du Conseil constitutionnel a toujours été marquée par un équilibre (inégal) entre les membres issus de la vie politique et les juristes professionnels. Le Conseil constitutionnel, dans sa composition actuelle, comprend un certain nombre de juristes (notamment deux conseillers d'État, une procureure générale et deux anciens avocats et sénateurs). Si la présence de personnalités ayant exercé des fonctions politiques au sein du Conseil constitutionnel est souhaitable du fait de la spécificité de l'acte contrôlé, à savoir la loi, expression de la volonté générale, l'absence de conditions liées à des compétences juridiques

est contestable, au regard, notamment, de la situation qui prévaut dans la plupart des pays comparables.

## B. Statut des membres

**952.** Les membres *nommés* du Conseil constitutionnel le sont *pour neuf ans*. Pour garantir la continuité de l'institution, et de sa jurisprudence, ils sont renouvelés *par tiers*. Tous les trois ans, les trois autorités qui disposent du pouvoir de nomination désignent chacune une nouvelle personnalité.

Aucune condition de recrutement n'a été imposée. Tout au plus peut-on estimer que les membres doivent être citoyens français et jouir de leurs droits civiques, mais aucune compétence ou expérience juridique n'est requise. Dans la pratique on constate cependant que la plupart ont, au moins, reçu, dans le passé, une formation juridique. Les membres du Conseil constitutionnel ne peuvent être révoqués, mais *ils ne peuvent pas non plus être renouvelés* dans leurs fonctions, ils ne peuvent accomplir qu'un seul mandat. La rigueur de cette dernière règle a été atténuée en faveur de celui qui a succédé à un membre du Conseil démissionnaire, ou décédé, dans les trois dernières années de son mandat. Un renouvellement pour neuf ans est alors possible, ce qui porte à douze ans, dans ce cas, la durée maximum des fonctions. Cinq membres du Conseil ont bénéficié jusqu'à présent de cette possibilité.

Pourquoi se prive-t-on ainsi de l'expérience acquise par ces personnalités au long des neuf années de leur mandat ? On a voulu renforcer par-là l'indépendance du Conseil. On a pensé que la perspective d'une nouvelle désignation risquerait d'inciter parfois un membre du Conseil à éviter les occasions de déplaire – c'est un euphémisme – à celui qui peut le nommer à nouveau. D'ailleurs, dans ce genre d'institutions, ou bien on procède à des désignations à vie (Cour suprême américaine) ou on interdit le renouvellement des fonctions.

- La préoccupation d'assurer l'*indépendance* des membres du Conseil se traduit aussi par une série d'interdictions de cumul : avec des fonctions gouvernementales ou un siège au Conseil économique, et avec tout mandat électif et donc parlementaire (LO 19 I 1995). Ils sont en outre soumis aux incompatibilités professionnelles des parlementaires (v. *supra* n° 846) et ne peuvent occuper des postes de responsabilité dans un parti politique.
- Il pèse d'autre part sur les membres du Conseil constitutionnel une *obligation de réserve* : ils ne peuvent prendre de positions publiques sur des questions relevant de la compétence du Conseil. Cette règle est interprétée de plus en plus largement, en particulier par V. Giscard d'Estaing, membre de droit, à l'occasion de la campagne présidentielle de 2007, et c'est regrettable. A. Juppé est également intervenu, par sa présence, dans la campagne des élections municipales à Bordeaux en 2020. Les membres du Conseil devraient être très attentifs à éviter tout ce qui pourrait être relevé comme mettant en cause leur objectivité.

Enfin, à leur entrée en fonctions, ils prêtent serment d'impartialité et de respecter *le secret des délibérations*. Cette dernière obligation aussi est parfois quelque peu transgressée. Les anciens présidents de la République sont dispensés du serment.

Ce secret ne vaut que pour les 25 dernières années (loi organique du 15 juillet 2008). En effet, le Conseil constitutionnel a décidé d'ouvrir ses archives et en a confié en 2008 le dépouillement à l'Association française de droit constitutionnel.

## §2. Les formes du contrôle

**953.** Comment est saisi le Conseil constitutionnel ? Comment procède-t-il pour instruire et juger le litige ?

Le contrôle ne porte pas sur toutes les lois et la possibilité de le déclencher est assez étroitement limitée.

### A. Le contrôle *a priori* sur saisine politique

#### 1. Les saisines interdites

**954.** Instituer en France un contrôle de la constitutionnalité était une innovation considérable, aussi a-t-on restreint le nombre de ceux qui peuvent le déclencher.

- *Les particuliers ne peuvent saisir le Conseil*, c'est une règle assez générale dans les systèmes de contrôle par voie d'action. Cependant les citoyens peuvent demander, à l'occasion d'un litige, à tout juge de saisir le Conseil constitutionnel.
- *Le Conseil ne peut se saisir lui-même.* La possibilité d'*auto-saisine* aurait donné au Conseil une autorité considérable, il veillerait lui-même au respect de la Constitution sans être obligé d'attendre pour agir qu'on veuille bien l'en prier. Un projet déposé en ce sens en 1974 par le Gouvernement a échoué devant l'opposition du Parlement. On verra que le Conseil a partiellement tourné la prohibition de l'auto-saisine (v. *infra* n° 975).

#### 2. Le contrôle impossible

**955.** *Lorsque le peuple adopte une loi par référendum*, selon la procédure prévue par l'article 11 de la Constitution, le Conseil n'est pas compétent pour se prononcer sur sa constitutionnalité, il ne peut contrôler que les lois adoptées par le Parlement.

Cette limite ne figure pas dans la Constitution mais résulte de l'interprétation que le Conseil en a donné par sa décision du 6 novembre 1962. Il avait alors été saisi par le président du Sénat d'un recours contre la loi, votée par le peuple, qui modifiait le régime de l'élection du président de la République. Le Conseil a estimé qu'il ne pouvait contrôler une loi correspondant, du fait de sa procédure d'adoption, « *à l'expression directe de la souveraineté nationale* ». Il admet par-là que lorsque le peuple exprime directement sa volonté, il est affranchi de tout contrôle et n'est donc pas assujetti au respect de la Constitution.

Cette solution, confirmée en 1992 (Maastricht III), nous paraît politiquement fort sage : le Conseil peut-il désavouer le peuple souverain ? En même temps elle peut permettre de tourner la censure du Conseil en soumettant au référendum une loi dont on sait qu'elle n'est pas conforme à la Constitution. Ainsi pour la loi sur la Nouvelle-Calédonie, soumise au référendum en 1988, dont une disposition au moins n'aurait probablement pas franchi l'obstacle du contrôle par le Conseil.

De même le Conseil a estimé qu'il n'était *pas compétent* pour se prononcer sur une *loi de révision constitutionnelle adoptée par le Congrès* (26 mars 2003). La Constitution l'autorise, en effet, à connaître seulement des lois organiques et des lois ordinaires (art. 61).

Au total, le Conseil ne peut se prononcer sur une loi de révision constitutionnelle, qu'elle soit approuvée par référendum ou par le Congrès. Cette jurisprudence doit être approuvée. En effet, le constituant peut toujours mettre fin à une jurisprudence du Conseil constitutionnel en modifiant la Constitution (il l'a fait en 1993 à propos du droit d'asile). Il serait, en effet, contraire au principe démocratique que le juge puisse avoir le dernier mot. Telle est pourtant la situation en Allemagne et en Italie, alors que le juge se reconnaît la faculté de contrôler les lois de révision constitutionnelle au regard de certaines dispositions de la Constitution considérées comme immuables.

## 3. Le contrôle obligatoire (art. 61, al. 1)

**956.** La Constitution prévoit que certains textes verront leur constitutionnalité obligatoirement contrôlée par le Conseil avant leur mise en vigueur. Il s'agit :

- des *lois organiques*, ce qui est normal puisque par définition elles portent sur des matières constitutionnelles (v. *supra* n° 83) ;
- du *règlement* de l'Assemblée nationale et de celui du Sénat. Ce contrôle est logique dans la mesure où le règlement intérieur aménage l'organisation et le fonctionnement du Parlement et ne doit pas aller à l'encontre des dispositions constitutionnelles. Le risque n'est pas théorique puisque le Conseil a déclaré dès 1959, et à plusieurs reprises depuis, inconstitutionnelles certaines dispositions du règlement de chacune des assemblées. Celles-ci durent s'incliner (v. *supra* n° 84). S'agissant des propositions de loi référendaire d'initiative parlementaire et populaire (v. *supra* n° 235), le Conseil constitutionnel vérifie, dans le délai d'un mois, les conditions de présentation, de délai et de conformité à la Constitution de la proposition. Il vérifie également la régularité des opérations de recensement des votes si la proposition est soumise au peuple.

## 4. Le contrôle facultatif (ou provoqué) des articles 61, alinéas 2 et 5[1]

### a. Principe

**957.** Certains textes *peuvent* être déférés au Conseil.

#### α. *Les lois ordinaires (art. 61, al. 2)*

**958.** Le Conseil peut être appelé à vérifier la constitutionnalité de n'importe quelle loi. On parle de « *contrôle de conformité* ». L'initiative du contrôle (*la saisine*) avait été attribuée en 1958 :

- *au président de la République*. Celui-ci s'en est servi en 2015, concernant la loi sur le renseignement. Le président Macron a saisi, en mai 2020, le Conseil constitutionnel du projet de loi prorogeant l'état d'urgence sanitaire (décis. n° 2020-800 DC), probablement pour ne pas laisser au président du Sénat, autre saisissant, le bénéfice politique de l'opération. De manière générale, il n'a rien à gagner à saisir le Conseil qui risque de le désavouer. En désaccord avec une loi, il incitera selon la conjoncture, le Premier ministre à le faire (hors cohabitation), ou soixante parlementaires de l'opposition (si cohabitation) ;
- *au Premier ministre* (onze utilisations) ;
- au président de l'Assemblée nationale (cinq fois) ;
- au président du Sénat (cinq fois).

Le constituant n'avait pas été très généreux en limitant ainsi la saisine. Peut-être n'avait-il pas envisagé que ces quatre autorités puissent avoir un intérêt commun à fermer les yeux sur des atteintes à la Constitution. Il n'y eut que neuf recours sur la base de l'article 61, alinéa 2 jusqu'en 1973.

Aussi la réforme constitutionnelle du 29 octobre 1974 a-t-elle élargi considérablement la saisine en autorisant :

- 60 députés ou 60 sénateurs à saisir le Conseil.

Ainsi était réalisée la plus importante modification de la Constitution depuis la révision de 1962. Son effet le plus direct est d'ouvrir le contrôle de la constitutionnalité à l'*opposition*. Celle-ci est placée sur un pied d'égalité avec la majorité qui par l'intermédiaire du Premier ministre au moins avait toujours eu la possibilité de déclencher le contrôle.

La droite comme la gauche en ont largement profité lorsque la cohabitation les maintenait dans l'opposition. Dans les faits d'ailleurs, les formations de l'opposition monopolisent presque la possibilité ouverte par la réforme de 1974. L'opposition trouve aisément 60 signatures pour demander au Conseil de constater la violation de la Constitution. Mais *la minorité de la majorité* s'en est servie aussi (quatre fois) pour tenter de remettre en cause des dispositions

1. Depuis la révision de 1998 le Conseil est aussi compétent pour contrôler les « lois du pays » adoptées par le Congrès de Nouvelle-Calédonie (art. 77 C). V. *supra* n° 54 et *supra* n° 308. De même, la révision de 2003 a habilité le Conseil à vérifier qu'une loi ne soit pas intervenue dans le domaine de compétence d'une collectivité d'outre-mer (art. 74). Particularité remarquable : *les autorités de la collectivité* peuvent saisir le Conseil.

législatives qu'elle avait refusé d'approuver ; ainsi pour la loi sur l'IVG (1974) et celles sur la bioéthique (1994).

#### β. *Les traités internationaux (art. 54)*

**959.** Ils peuvent aussi être déférés au Conseil, pour vérifier qu'ils ne sont pas contraires à la Constitution, par le président de la République (neuf fois depuis 1958), le Premier ministre ou le président de l'une des assemblées, ainsi que, *depuis la révision constitutionnelle de 1992*, par 60 députés ou 60 sénateurs ; on parle alors de « *contrôle de compatibilité* ».

### b. Déroulement de la procédure

**960.** Le Conseil doit être saisi *avant* la promulgation de la loi ou la ratification du traité. On a donc intérêt à faire vite, car le président de la République pourrait promulguer sans délai, empêchant tout contrôle postérieur ; mais depuis 1958 il n'a jamais usé de cette possibilité. Dans la pratique, un usage s'est établi suivant lequel la promulgation est suspendue si des parlementaires informent le secrétariat général du Conseil constitutionnel de leur intention de soumettre la loi au contrôle. Depuis l'origine un seul recours a été rejeté comme tardif (en 1997).

*Le Conseil dispose d'un délai d'un mois pour statuer sur une loi* (*pas de délai pour les traités*). Il n'est pas souhaitable en effet, le recours étant suspensif (c'est-à-dire que la loi ne peut être promulguée tant qu'il n'a pas statué), que l'entrée en vigueur de la loi soit retardée longuement.

En cas *d'urgence*, invoquée par le Gouvernement et appréciée par le Conseil, celui-ci doit se prononcer *dans les huit jours* ; le Gouvernement n'abuse pas de cette possibilité d'abréger le délai : trois fois depuis 1959. Le Conseil constitutionnel s'est prononcé le 11 mai 2020 sur la loi prorogeant l'état d'urgence sanitaire, alors qu'il avait été saisi par le président de la République et le président du Sénat le 9 mai, saisines complétées par celles de parlementaires le 10 mai.

Ces délais très brefs posent des problèmes au Conseil qui peut se trouver encombré par de nombreux recours qu'il a du mal à instruire. C'est le cas en particulier à la veille des vacances parlementaires où beaucoup de textes sont votés en quelques jours, suscitant une vague de recours. La question se pose d'ailleurs de savoir ce qui se passerait si le Conseil ne statuait pas dans le délai ? Le délai de promulgation de quinze jours prévu par la Constitution recommencerait-il à courir ? Le président de la République pourrait-il promulguer la loi sans attendre ?

La procédure est *écrite* – sans intervention d'avocat et les requêtes peuvent ne pas être motivées – et secrète, le public n'est pas admis aux audiences. Le Conseil a renforcé le caractère contradictoire de la procédure en établissant un règlement intérieur (v. *infra* 977-1).

## c. Portée de la décision du Conseil

**961.** Après une décision constatant la conformité de la loi à la Constitution, la loi est promulguée. Mais que se passe-t-il après que le Conseil a déclaré une disposition inconstitutionnelle ?

### α. *Le sort de l'acte inconstitutionnel*

**962.** *S'agissant d'un traité :* si le Conseil estime que le traité – ou certaines de ses dispositions – est inconstitutionnel, le Parlement ne peut autoriser sa ratification, ce qui veut dire qu'il ne pourra être mis en vigueur sur le territoire français. *À moins, bien sûr, que la Constitution ne soit modifiée préalablement* (situation rencontrée à propos de la ratification des traités de Maastricht, d'Amsterdam et de celui créant la Cour pénale internationale), ou le traité renégocié.

*S'agissant d'une loi* : Le Conseil *n'annule pas* la loi (non encore promulguée, elle n'a d'ailleurs pas encore d'existence juridique), il déclare qu'*elle n'est pas conforme à la Constitution.* En conséquence, la disposition inconstitutionnelle ne pourra être promulguée (ou appliquée s'il s'agit de dispositions du règlement d'une des assemblées).

Si un article ou une partie seulement de la loi a été déclaré non conforme à la Constitution, l'interdiction de promulguer pourra dépasser la disposition déclarée inconstitutionnelle et s'étendre à d'autres articles que ceux contestés, voire à l'ensemble de la loi. Il en est ainsi lorsque le Conseil précise expressément que la disposition inconstitutionnelle est *inséparable* d'une partie, ou de la totalité, de la loi. Il est logique en effet que, si le texte repose sur la disposition inconstitutionnelle, si celle-ci commande une partie, ou la totalité de la loi, les autres articles, tout en étant conformes à la Constitution, soient considérés comme privés de leur point d'appui et qu'il n'y ait pas lieu de les promulguer. Le Conseil n'use d'ailleurs que rarement de cette possibilité, une hypothèse célèbre concerne la loi sur les nationalisations en 1982 (décis. 16 janvier 1982).

Lorsque la disposition déclarée inconstitutionnelle n'est pas considérée comme inséparable du reste de la loi, un choix s'ouvre :

- le président promulgue la loi à l'exception du passage non conforme ;
- *le texte de la loi est modifié* pour tenir compte des observations du Conseil et il est soumis à nouveau au Parlement sous forme de projet ou de proposition de loi. Une fois adopté par les deux Chambres, il pourra être déféré encore une fois au Conseil, invité à examiner s'il n'est toujours pas conforme à la Constitution. C'est ce qu'on appelle improprement le contrôle « à double détente »[2]. Ce fut le cas pour la loi de 1982 sur les nationalisations (décis. 11 février 1982) ;
- *le président de la République peut demander aux assemblées une « nouvelle délibération » de la loi* ou des articles contestés (art. 10 de la

2. L'expression est impropre car, tirée du vocabulaire des armes, elle désigne une arme dont le coup est déclenché en deux temps : pour que la comparaison soit exacte il faudrait parler de « contrôle à répétition ».

Constitution), ou une « *nouvelle lecture* » (art. 23 de l'ordonnance du 7 novembre 1958). Il laisse aux parlementaires (ou au Gouvernement) l'initiative de se conformer par voie d'amendement à la décision du Conseil et évite, s'il s'agit d'un projet, d'avoir à repasser devant le Conseil d'État et le conseil des ministres (v. *supra* n° 890). Le nouveau texte pourra être soumis à son tour au Conseil comme dans l'hypothèse précédente.

### β. *Autorité des décisions du Conseil*

**963.** À qui s'imposent les décisions du Conseil ? Toutes les dispositions de sa décision ont-elles la même autorité ?

- Tout d'abord, il faut noter que les décisions du Conseil ne sont pas susceptibles de recours (sauf l'hypothèse d'une erreur matérielle), on ne peut lui demander de réexaminer sa décision, ou former un appel devant une autre institution, elles sont définitives.
- Les décisions s'imposent au président, au Parlement, comme au Gouvernement et aux administrations. Une loi inconstitutionnelle ne peut être promulguée et appliquée.
- Les décisions s'imposent aussi aux juges, en particulier au Conseil d'État et à la Cour de cassation. Ceux-ci, à l'origine, ont manifesté quelques réticences pour se plier à la jurisprudence du Conseil, surtout le Conseil d'État. Aujourd'hui ces résistances sont tombées et les deux cours suprêmes n'hésitent pas à se référer aux décisions du Conseil.
- Il reste à se demander à quoi s'attache l'autorité des décisions du Conseil ? Celles-ci sont composées d'un dispositif - ce que le Conseil décide : la loi est constitutionnelle ou non - et des motifs - l'exposé des raisons qui fondent la décision.

Le dispositif a une valeur obligatoire, la décision sur le caractère conforme ou non de la loi à la Constitution s'impose à tous, mais sa portée se limite à la loi examinée et non aux lois voisines ou parentes.

*Pour les motifs la situation est différente :*

- l'autorité de la décision s'attache seulement « *aux motifs qui* (...) *sont le soutien nécessaire et* (...) *constituent le fondement même* » de la décision ;
- Mais l'autorité des décisions du Conseil constitutionnel est appréciée à l'aune de l'autorité des décisions des juges judiciaires ou administratifs. En réalité, l'autorité des décisions du Conseil constitutionnel est spécifique. Elle est fondée sur l'article 62 de la Constitution. L'on pourrait légitimement considérer qu'elle s'étend à l'interprétation de la règle constitutionnelle (autorité de chose interprétée). Une telle reconnaissance contribuerait à la sécurité juridique en évitant le risque d'interprétation divergente entre les trois ordres de juridiction (constitutionnel, administratif et judiciaire). Malgré quelques réticences la question prioritaire de constitutionnalité (v. *infra* n° 967) conduit les juridictions judiciaires et administratives à

reconnaître, de fait, l'autorité de chose interprétée des décisions du Conseil constitutionnel.

#### γ. *Le Conseil n'est pas souverain*

**964.** Lorsque le Conseil a déclaré un traité, une loi ou certaines de ses dispositions, non conformes à la Constitution, la question est-elle définitivement réglée ? En d'autres termes, si le Gouvernement tient à la réforme doit-il y renoncer pour toujours, le Conseil a-t-il le dernier mot ?

La réponse est non. Le Gouvernement a toujours la possibilité d'*entreprendre une révision de la Constitution* pour faire disparaître l'obstacle et reprendre ensuite la procédure. Cela s'est produit à plusieurs reprises, en particulier pour permettre la ratification des traités de Maastricht et d'Amsterdam. Le Conseil n'est pas alors mis en échec, ou désapprouvé. Par sa décision, le Conseil indiquait seulement au Gouvernement que la loi n'était pas conforme à la Constitution et implicitement que s'il souhaitait réaliser la réforme, il lui faudrait réviser la Constitution. Certains (L. Favoreu) ont pu écrire que le Conseil jouait un rôle d'« aiguilleur » : il orientait le législateur vers une révision constitutionnelle. *Le Conseil n'est pas souverain*, il s'incline devant la volonté du constituant (v. *supra* n° 955).

## B. Les contrôles des articles 41 et 37, alinéa 2

**965.** Deux autres procédures font intervenir le Conseil pour obtenir le respect de la Constitution par le législateur. Elles sont liées à la distinction des domaines législatif et réglementaire (v. *supra* n° 877) :

- celle de l'*article 41* qui permet au Gouvernement ou aux présidents des assemblées de faire écarter au cours du débat parlementaire une proposition ou un amendement qui n'entre pas dans le domaine de la loi. L'article 41 offre la possibilité d'intervenir au cours de la procédure d'élaboration de la loi, sans attendre son vote, pour empêcher une violation des dispositions de la Constitution *concernant le domaine de la loi* (et seulement d'elles). Cette procédure permet en quelque sorte de « tuer dans l'œuf » l'inconstitutionnalité. C'est un moyen de défense du domaine réglementaire. Le Gouvernement (ou les présidents des assemblées) oppose une *irrecevabilité* et, en cas de désaccord, la question est portée devant le Conseil constitutionnel (v. *supra* n° 884) ;
- celle de l'*article 37, alinéa 2*, permettant au Gouvernement d'obtenir du Conseil l'autorisation de modifier par décret une loi intervenue depuis 1958 dans un domaine qui ne relève pas du législateur. Ici le Conseil constitutionnel répare *a posteriori* l'irrégularité qu'a constituée le vote du Parlement dans un domaine où la Constitution ne lui reconnaît pas le pouvoir d'intervenir (v. *supra* n° 884). C'est son rôle initial, le constituant l'a créé dans cette intention. Aussi, dans un premier temps, le Conseil est-il apparu comme un *organe régulateur* de l'activité des pouvoirs publics à travers la combinaison des articles 61, 41 et 37, alinéa 2. La Constitution a en effet défini des domaines d'action séparés pour le Gouvernement et le Parlement, et le Conseil devait empêcher les

empiétements du législatif sur l'exécutif en déclarant inconstitutionnelles les propositions de loi déposées par les parlementaires dans des domaines relevant du Gouvernement. De même, il pouvait autoriser le Gouvernement à modifier par décret une loi votée par le Parlement dans un domaine qui n'était pas le sien. Le Conseil prenait figure ainsi de gardien des prérogatives de l'exécutif contre le Parlement, il serait « *un canon braqué contre le Parlement* ».

Cette image doit être singulièrement nuancée, car on a assisté dès 1960 à une extension constante du domaine législatif avec la complicité du Gouvernement et sous l'œil bienveillant du Conseil. Jusqu'en 1974, en effet, la décision de saisir le Conseil supposait, en fait l'accord du Gouvernement et celuici n'a pas toujours montré beaucoup de zèle à défendre son domaine réservé. Cette attitude s'explique en premier lieu par des raisons techniques : on risque de désarticuler une loi, de la rendre incohérente, en en retirant les dispositions de nature réglementaire. Elle se justifie ensuite politiquement : elle permet d'ouvrir au Parlement un débat public sur un problème délicat pour ne pas être accusé de l'avoir réglé sans concertation dans le secret des bureaux.

La réforme de 1974 n'y a rien changé et, bien plus, *précision capitale*, dans une décision du 30 juillet 1982 (blocage des prix et des revenus), le Conseil a décidé que si le Gouvernement n'avait pas lui-même engagé la procédure de l'article 41 contre une proposition de loi, ou un amendement, empiétant sur son domaine, les parlementaires ne pouvaient, après le vote, demander au Conseil de déclarer la loi non conforme à la Constitution. *Il appartient au Gouvernement seul de défendre son domaine*. Il n'y est pas obligé, mais s'il le fait, ce doit être *en cours de débat* (art. 41) ; *une fois la loi votée, il est trop tard, l'article 61 n'est pas destiné à lui permettre – ou aux parlementaires – de défendre* a posteriori *la répartition des compétences*. En revanche, le Conseil estime que le *législateur* ne peut renoncer au profit du pouvoir réglementaire à des matières qui lui sont attribuées par la Constitution (v. par ex. 16 janvier 1982, sur les nationalisations). Aujourd'hui il est parfois considéré que cette évolution va trop loin. D'une part, le Conseil a considéré qu'à l'occasion de l'examen de la constitutionnalité d'une loi selon la procédure de l'article 61, il pouvait déclasser une disposition réglementaire en lui reconnaissant ce caractère. D'autre part, la révision constitutionnelle de 2008 permet qu'au cours de la procédure non seulement le Gouvernement mais aussi le président de l'Assemblée saisie puissent soulever le caractère réglementaire d'une disposition discutée devant le Parlement, dans le cadre de la procédure de l'article 41 C. C'est une inflexion sensible en faveur du caractère objectif de la distinction entre le domaine de la loi et celui du règlement.

*Aujourd'hui, le Conseil constitutionnel apparaît de plus en plus comme le défenseur du Parlement* contre un Gouvernement tenté d'abuser des moyens, procéduraux en particulier, dont il dispose : pouvoir d'amendement par exemple (décis. 23 janvier 1987, *amendement Seguin*).

Comme on le voit, le contrôle du Conseil sur une loi peut se situer dans le temps à trois moments différents :

- lors de la discussion devant le Parlement : article 41 ;
- après le vote de la loi, mais avant sa promulgation : article 61, alinéa 2 ;
- après la promulgation de la loi : article 37, alinéa 2.

Mais la procédure et la portée de sa décision ne sont pas les mêmes dans chaque cas.

## C. Le contrôle *a posteriori* : la question prioritaire de constitutionnalité (QPC)

**966. Bibliographie.** – « La question prioritaire de constitutionnalité », *Pouvoirs* 2011, n° 137. – Christine Maugüe et Jacques-Henri Stahl, *La question prioritaire de constitutionnalité*, Dalloz, 2017. – Bertrand Mathieu, « Chroniques trimestrielles à la Semaine juridique », éd. G. ; *La question prioritaire de constitutionnalité, la jurisprudence*, LexisNexis, 2013. – Bertrand Mathieu et Dominique Rousseau, *Les grandes décisions de la question prioritaire de constitutionnalité*, LGDJ, 2013.-Rapport conjoint Conseil d'État, Cour de cassation sur la mise en œuvre de la procédure de QPC, mai 2018, http://www.conseil-etat.fr/Actualites/Communiques/Bilan-quantitatif-et-qualitatif-de-la-question-prioritaire-de-constitutionnalite-QPC

**967.** L'instauration d'un contrôle *a posteriori* de la constitutionnalité des lois se justifie notamment pour deux raisons. La première tient au fait qu'il est anormal que le citoyen puisse invoquer devant un juge les droits que lui reconnaît n'importe quelle convention internationale, mais non ceux inscrits dans la Constitution. Par ailleurs, il existe des principes propres à l'ordre juridique national (laïcité, une certaine conception du principe d'égalité...) qui ne bénéficient pas d'une protection conventionnelle. Le Conseil constitutionnel n'étant pas saisi de certaines lois (lois mémorielles, comme celles relatives à l'existence de tel ou tel génocide, lois catégorielles en faveur des femmes ou des homosexuels, par exemple) pour des raisons de conformisme politique, ces lois peuvent contenir des dispositions inconstitutionnelles.

Deux solutions étaient alors possibles. L'une aurait consisté en ce que les juges ordinaires, administratifs et judiciaires abandonnent la théorie jurisprudentielle dite de la « loi écran » qui tend à considérer que le juge ne peut à l'occasion d'un litige mettre en cause, directement ou indirectement, la constitutionnalité de la loi qu'il doit appliquer. Cette jurisprudence, bien que fermement défendue, notamment par le Conseil d'État, était fragile. En effet, la faculté que se reconnaît le juge d'écarter toute loi contraire à une convention internationale a fait tomber le mythe de la souveraineté de la loi et l'argument tenant à l'exclusivité du contrôle par le Conseil constitutionnel peut être discuté. Ce contrôle n'aurait cependant pas été sans risques de divergences d'interprétation entre les différentes juridictions.

La seconde solution, préconisée par R. Badinter, par le comité Vedel dans les années 1990 et par le comité Balladur en 2007, tend à permettre au justiciable de soulever devant le juge l'inconstitutionnalité (contrariété aux droits et libertés constitutionnels) de la loi qui lui est appliquée (exception d'inconstitutionnalité), le juge renvoyant alors cette question au Conseil constitutionnel (question préjudicielle) qu'il est le seul à pouvoir trancher.

Le mécanisme retenu par la loi constitutionnelle du 23 juillet 2008 prévoit que si une telle question est soulevée devant un juge, celui-ci doit renvoyer la question soit au Conseil d'État, soit à la Cour de cassation. Ces hautes juridictions pouvant renvoyer à leur tour cette question au Conseil constitutionnel qui peut abroger la loi.

L'instauration d'un tel contrôle de constitutionnalité *a posteriori* fait connaître de grands développements au droit constitutionnel jurisprudentiel des droits et libertés et développe son appréhension et sa connaissance par les avocats et les magistrats, notamment.

La procédure telle qu'établie par la loi organique du 10 décembre 2009 est la suivante. Cette nouvelle procédure conduit à ce que le contrôle de constitutionnalité ne soit plus réservé aux politiques mais ouvert à n'importe quel justiciable.

*Tout justiciable peut soulever devant toute juridiction* (sauf devant la cour d'assises statuant en premier ressort), *à l'occasion de n'importe quel litige, en première instance, en appel ou en cassation une question portant sur la constitutionnalité d'une disposition législative applicable au litige ou qui sert de base aux poursuites. Il doit invoquer,* non pas n'importe quelle disposition constitutionnelle, mais *des droits ou des libertés qui lui sont reconnus par la Constitution.* Par exemple un automobiliste condamné pour une infraction routière invoque la contrariété de la loi en vertu de laquelle il est poursuivi, au principe de la présomption d'innocence ou de la proportionnalité et de la nécessité des peines. Le juge saisi, sauf s'il s'agit de la Cour de cassation ou du Conseil d'État, se borne alors à vérifier que la disposition contestée n'a pas déjà été déclarée conforme à la Constitution par le Conseil constitutionnel et que la question n'est pas dépourvue de caractère sérieux.

La première condition vise, pour des raisons de sécurité juridique, à ce que l'on ne puisse remettre en cause trop facilement une décision du Conseil constitutionnel. Tel peut cependant être le cas si le justiciable invoque un changement de circonstances de droit ou de fait. Le changement de circonstances de droit peut tenir à l'adoption d'une nouvelle disposition constitutionnelle, postérieurement à la décision du Conseil qui valide la disposition législative. Par exemple une disposition législative jugée conforme à la Constitution mais antérieure à la Charte constitutionnelle de l'environnement adoptée en 2005 pourra être contestée au regard des droits et libertés contenus dans cette Charte. De même s'agissant de dispositions relatives à la garde à vue, le Conseil constitutionnel a estimé que le développement très important du nombre de gardes à vue et la modification des dispositions relatives aux autorités susceptibles de décider d'une garde à vue constituent un changement de circonstances justifiant le réexamen (qui conduit à l'abrogation différée) de dispositions jugées partiellement contraires à la Constitution. La seconde condition vise seulement à filtrer les questions fantaisistes ou dilatoires.

*La juridiction saisie doit se prononcer sur la question de constitutionnalité de manière prioritaire,* c'est-à-dire qu'elle n'examine pas l'affaire au fond avant que cette question de constitutionnalité soit tranchée soit par un rejet soit par une transmission, sans délais, c'est-à-dire dans les plus brefs délais, au Conseil d'État ou à la Cour de cassation, selon l'ordre juridictionnel dont elle relève. Si elle transmet la question, la juridiction doit, sauf un certain nombre de dérogations prévues par la loi organique surseoir à statuer sur le fond de l'affaire. Cette décision n'est pas susceptible de recours, mais elle peut être contestée à l'occasion d'un appel ou d'un recours en cassation contre la décision rendue au fond. Dans l'hypothèse où concomitamment à la question de constitutionnalité est soulevée une question de conventionnaliste, c'est-à-dire une contrariété également au droit de la Convention européenne des droits de l'homme ou au droit de l'Union européenne, le juge doit traiter prioritairement la question de constitutionnalité, mais il peut poser, concomitamment, une question préjudicielle à la Cour de justice de l'Union européenne. Soit la question est rejetée, soit le Conseil constitutionnel juge la disposition contestée conforme à la Constitution et les questions de conventionnaliste seront traitées. En effet on peut imaginer qu'une disposition jugée conforme à la Constitution soit néanmoins contraire à la Convention européenne de sauvegarde des droits de l'homme, soit la disposition est jugée contraire à la Constitution, et elle est abrogée, c'est-à-dire qu'elle sort de l'ordre juridique. Ce caractère prioritaire de la question de constitutionnalité est essentiel car il marque la prééminence de la Constitution dans l'ordre juridique interne.

Le Conseil d'État ou la Cour de cassation, va examiner alors, dans un délai maximum de trois mois, si la question est nouvelle ou présente un caractère sérieux. Elle est nouvelle notamment si est invoquée une disposition constitutionnelle sur laquelle le Conseil constitutionnel ne s'est pas prononcé ou s'il s'agit d'une question de société (par ex. mariage entre personnes de même sexe). Elle est sérieuse si elle conduit à un doute légitime. Si l'une de ces conditions est remplie la juridiction concernée transmet la question au Conseil constitutionnel qui dispose lui-même d'un délai de trois mois pour se prononcer.

*Si le Conseil constitutionnel déclare la disposition contraire à la Constitution, il l'abroge, c'est-à-dire qu'elle disparaît pour l'avenir de l'ordre juridique.* Mais le Conseil peut reporter dans le temps les effets de cette abrogation, pour des raisons de sécurité juridique, ou faire profiter le requérant des effets de l'abrogation. À la suite de la reconnaissance par le Conseil d'État de la responsabilité de l'État du fait des lois inconstitutionnelles (CE, 24 décembre 2019, n° 425981), le Conseil constitutionnel indique désormais qu'il a « le pouvoir de s'opposer à l'engagement de la responsabilité de l'État du fait des lois inconstitutionnelles ou d'en déterminer les conditions ou limites particulières (décis. n° 2020-828/829 QPC). Dans l'hypothèse où le Conseil constitutionnel reporte les effets dans le temps d'une décision d'annulation, il peut être conduit à établir une « législation transitoire » afin, dans l'attente de l'intervention du législateur, d'éviter un vide juridique (v. par exemple décis. n° 2021-895/901/902/903 QPC). Il pourra aussi être conduit à donner de la disposition dont il est saisi une interprétation conforme à la Constitution, sauf si la disposition a fait l'objet d'une interprétation constante (c'est-à-dire bien établie) de la part du Conseil d'État ou de la Cour de cassation, auquel cas il se bornera à juger de la constitutionnalité de la loi dans l'interprétation retenue par ces juges. Peuvent être invoqués l'ensemble des droits et libertés inscrits directement dans la Constitution (libre administration des collectivités territoriales...) dans la Déclaration de 1789 (liberté, égalité, garanties des droits en matière répressive...) dans le Préambule de la Constitution de 1946 (dignité, droit de grève...) dans la Charte de l'environnement (droit à l'information ou à a participation...). En revanche, les règles de procédure, alors même qu'elles peuvent constituer des garanties démocratiques, sont insusceptibles d'être invoquées dans le cadre de la procédure de la question prioritaire de constitutionnalité.

Ainsi les droits et libertés fondamentaux seront, si tel est le choix du justiciable, d'abord défendus dans l'ordre interne, et ce n'est que dans l'hypothèse où cette protection s'avérerait insuffisante au regard des normes conventionnelles que la question se poserait à ce niveau, notamment devant les juridictions européennes, et sous réserve des dispositions inhérentes à l'identité constitutionnelle de la France (par ex. le principe de laïcité).

Cependant l'articulation entre le droit constitutionnel et le droit européen se précise. Ainsi le Conseil constitutionnel a renvoyé à la Cour de justice de l'Union européenne une question préjudicielle (v. *supra* n° 693) relative à l'interprétation d'une norme européenne. Cette interprétation étant nécessaire pour apprécier la constitutionnalité de la disposition qui lui était soumise (décis. n° 2013-314P QPC).

Cette nouvelle procédure de contrôle de constitutionnalité de la loi a engendré quelques frictions entre le Conseil constitutionnel et la Cour de cassation. Cette dernière craignait de perdre le monopole de l'interprétation de la loi et la figure d'une cour suprême. Cependant on peut estimer que, globalement, la Cour de cassation joue le jeu.

La question prioritaire de constitutionnalité a globalement renforcé la fonction juridictionnelle de contrôle de la loi, qu'il s'agisse du Conseil d'État, de la Cour de cassation et du Conseil constitutionnel, la faculté que la Constitution reconnaît au Conseil constitutionnel de fixer les effets de sa décision (art. 62) l'a conduit à une intervention que l'on peut parfois juger excessive dans la fonction législative.

La nouvelle procédure de la QPC a conduit à un renforcement de la protection des libertés individuelles. Il en est ainsi en matière de garde à vue (v. *supra*) ou d'hospitalisation d'office (décis. n° 2010-71 QPC). Le Conseil se montre, dans ces deux hypothèses, également soucieux des exigences de la sécurité juridique. Elle a conduit le Conseil constitutionnel à encadrer les dispositions législatives relatives à l'état d'urgence (décis. n° 2015-527 QPC, n° 2016-535 QPC et n° 2016-536 QPC). La procédure de la QPC a rencontré un véritable succès. De mars 2010 à mars 2013, environ mille cinq cents questions prioritaires de constitutionnalité ont été posées ou renvoyées au Conseil d'État et à la Cour de cassation. Plus de 20 % de ces questions ont été transmises au Conseil constitutionnel qui a conclu dans environ 25 % des cas à des abrogations totales ou partielles. Elle a également renforcé le pouvoir normatif du Conseil constitutionnel au détriment du Parlement (v. *infra* n° 984).

## §3. La jurisprudence du Conseil constitutionnel

**968. Bibliographie.** – Bertrand MATHIEU, Michel VERPEAUX, *Contentieux constitutionnel des droits fondamentaux*, LGDJ, 2002. – Dominique ROUSSEAU, *Droit du contentieux constitutionnel*, Montchrestien, 9e éd., 2010. – Guillaume DRAGO, *Contentieux constitutionnel français*, PUF, 3e éd., 2011. – Louis FAVOREU, Loïc PHILIP, *Les grandes décisions du Conseil constitutionnel*, Dalloz, 2011.

**969.** Comment le Conseil a-t-il utilisé ses pouvoirs ? Comment a-t-il compris son rôle ?

Le Conseil a résumé, dans une décision du 23 août 1985, le principe sur lequel est fondée sa mission : « *La loi (...) n'exprime la volonté générale que dans le respect de la Constitution* ». Cela signifie que la loi n'est pas automatiquement l'expression de la volonté générale, la volonté du législateur n'est volonté générale que si elle est conforme à la Constitution. Par ce rappel de la soumission du Parlement à la Constitution, le Conseil confirme la rupture, voulue par le constituant de 1958, avec un passé (IIIe et IVe Républiques) où ce principe avait été bien oublié. Aujourd'hui, il n'est de loi que conforme à la Constitution ; le Conseil est le gardien de cette conformité, mais depuis cinquante ans ses méthodes se sont perfectionnées alors que parallèlement son rôle évoluait. On évoquera dans le titre suivant et de manière sommaire sa jurisprudence s'agissant de la protection des droits et libertés fondamentaux et de sa place dans le système institutionnel.

### A. Le perfectionnement des méthodes du Conseil constitutionnel

**970.** La multiplication des dossiers qui lui ont été soumis a permis au Conseil d'affiner ses méthodes.

#### 1. L'ouverture du contrôle

**971.** Le Conseil a étendu son contrôle de plusieurs façons :

##### a. La multiplication des normes de référence

**972.** Le Conseil ne se borne pas à vérifier la conformité de la loi à la Constitution au sens strict, c'est-à-dire à ses articles, il estime – et c'est l'apport essentiel de la décision du 16 juillet 1971 – que la loi doit aussi respecter d'autres textes et des principes qui font corps avec la Constitution et auxquels le Conseil peut aussi « *se référer* » pour en imposer le respect au législateur.

C'est à partir de cette extension des normes de référence que le Conseil constitutionnel est devenu le gardien des libertés. En effet, le rôle du Conseil s'est infléchi à partir de 1971. Il fait alors preuve d'audace en se posant en gardien des libertés, ce qui n'était pas dans l'intention du constituant de 1958.

L'occasion choisie fut en 1971 un projet de loi relatif à la liberté d'association. Une loi avait été votée à l'initiative du Gouvernement qui modifiait la procédure de déclaration des associations. **La décision du Conseil en date du 16 juillet 1971 est la plus importante qu'il ait jamais rendue**. Le Conseil estime en effet que la Déclaration des droits de 1789 et le Préambule de la Constitution de 1946 étant visés dans le Préambule de la Constitution de 1958 (« *le peuple français proclame solennellement son attachement aux droits de l'homme* (...) *tels qu'ils sont définis par la déclaration de 1789, confirmée et complétée par le Préambule de la Constitution de 1946* ») *le contrôle de la constitutionnalité doit porter sur la conformité de la loi à ces textes*. Par là, il a étendu d'autant plus largement – le doublant – le champ de son contrôle que les principes proclamés en 1789 et en 1946 sont souvent vagues et parfois contradictoires. Bien plus, le second texte se référant aux « principes fondamentaux reconnus par les lois de la République », *il estime devoir en assurer également le respect*. En l'espèce, le Conseil décida que la liberté d'association était l'un de ces principes fondamentaux qui s'imposent au législateur et sanctionna comme inconstitutionnelle l'atteinte qui lui avait été portée par le Parlement.

De façon non prévue à l'origine, le Conseil est ainsi devenu un gardien des libertés. Pouvait-il d'ailleurs rester sur le seuil de leur domaine au prétexte qu'elles ne sont pas énoncées dans le texte même de la Constitution ? *Si un contrôle du législateur se justifie, c'est bien ici*. Le Conseil l'a compris et a saisi la référence du Préambule pour dépasser le rôle d'arbitre des conflits entre l'exécutif et le législatif et s'affirmer comme *un défenseur des citoyens. Ce nouveau rôle éclipse aujourd'hui, tout en la laissant subsister, sa première mission.*

Ainsi ces normes de référence, très disparates, comprennent :

- la Constitution du 4 octobre 1958 ;
- la Déclaration des droits de l'homme du 26 août 1789 ;
- le Préambule de la Constitution du 7 octobre 1946 ;
- la Charte de l'environnement. De manière inédite, le Conseil constitutionnel s'est fondé sur les dispositions du Préambule de la Charte de l'environnement pour juger que la protection de l'environnement, patrimoine commun des êtres humains, constitue un objectif de valeur constitutionnelle en censurant des dispositions législatives susceptibles de produire effet en dehors du territoire national. Pour la première fois, le Conseil reconnaît à une disposition constitutionnelle des effets extraterritoriaux (décis. n° 2019-823 QPC) ;
- *les principes fondamentaux reconnus par les lois de la République* (c'est-à-dire, en réalité, essentiellement de la IIIe République). Aucune liste de ces principes ne figure dans un document à valeur normative, leur contenu est lui-même incertain ; le Conseil les dégage et les délimite assez librement en s'appuyant sur la législation républicaine antérieure à 1946. Ils sont au nombre de onze. Parmi les plus connus on peut citer : la liberté d'association et la liberté de l'enseignement. Mais le Conseil se montre prudent dans leur reconnaissance ;

– *les principes de valeur constitutionnelle*. À la différence des précédents ils ne reposent pas sur un texte précis, le Conseil les « découvre » dans l'« esprit » d'un certain nombre de dispositions. La construction est très audacieuse, le Conseil y recourt très rarement depuis 1989. Il a cependant procédé ainsi, d'une manière qui a pu être jugée contestable, s'agissant de la reconnaissance du principe de non-rétroactivité en matière de rétention de sûreté (décis. n° 2008-562 DC). Dans sa décision n° 2022-843 DC, le Conseil se réfère aux « intérêts fondamentaux de la Nation » pour juger que leur préservation doit être conciliée avec celle de l'environnement.

## b. Qu'en est-il des autres normes ?

**973.** *Les lois organiques* n'ont pas valeur constitutionnelle mais le Conseil les protège contre les lois ordinaires. La Constitution prévoit en effet qu'une loi organique est élaborée en suivant une procédure spéciale. Une loi ordinaire contraire à une loi organique, déférée au Conseil, ne serait pas sanctionnée pour non-conformité à la loi organique, elle serait déclarée inconstitutionnelle pour avoir modifié cette dernière sans suivre la procédure prévue pour cela par la Constitution. Une loi organique ne peut être modifiée que par une loi organique.

Ne font pas partie, non plus, des normes de référence : *les traités internationaux*. « *Une loi contraire à un traité n'est pas, pour autant, contraire à la Constitution* » (CC, 15 janvier 1975, *IVG*). Il n'y a pas de « *contrôle de la conventionnaliste* », mais le Conseil suggère aux tribunaux ordinaires de s'y livrer (ce que la Cour de cassation a fait dès 1975, *Société Jacques Vabre* et le Conseil d'État en 1989, *Nicolo*). Les tribunaux ordinaires peuvent donc refuser d'appliquer une loi si celle-ci est contraire à un traité international. Ceci est conforme à l'article 55 de la Constitution conférant aux traités une autorité supérieure à la loi.

On notera aussi que le Conseil se refuse (CC, 10 juin 2004) à contrôler une loi qui se borne à transposer une directive communautaire (v. *supra* n° 686), sauf si elle est en contravention avec une règle ou un principe inhérents à l'identité constitutionnelle de la France.

La jurisprudence du Conseil relative à la transposition des directives européennes, le conduit, dans ce cadre particulier et sous couvert des dispositions spécifiques de l'article 88-1 (elles ne concernent que le droit de l'Union européenne), à exercer un contrôle de conventionnaliste de la loi. Par ailleurs, du fait de la grande proximité de la plus grande partie des règles constitutionnelles et des règles conventionnelles relatives à la protection des droits et libertés fondamentaux, le Conseil constitutionnel est conduit, de manière implicite mais très prégnante, à se référer aux textes et aux jurisprudences européens pour interpréter les normes constitutionnelles et les rendre compatibles. Il ne faut pas non plus oublier que le droit comparé joue également un grand rôle dans l'interprétation que fait le juge des normes constitutionnelles nationales. Tout cela contribue à une certaine forme d'homogénéisation du sens donné aux droits et libertés reconnus par des textes différents tant, parfois, par le contenu, que par leur champ d'application.

En revanche, les lois ne sont pas subordonnées aux règlements des assemblées parlementaires, ni aux lois référendaires intervenues dans le domaine de la loi ordinaire.

### c. L'extension du domaine des actes contrôlés

**974.** On retiendra deux exemples :

- Le Conseil qui, avant la révision de 1992, ne pouvait contrôler, sur saisine parlementaire, la constitutionnalité d'un traité, avait accepté d'examiner, à la demande de parlementaires, *la loi autorisant la ratification de ce traité* ; par cette voie détournée il en était arrivé à contrôler le traité lui-même.
- Le Conseil a accepté *de vérifier la constitutionnalité d'une loi déjà promulguée* à travers celles de ses dispositions qui pouvaient être reprises dans une loi nouvelle la modifiant, la complétant ou affectant son domaine.

### d. L'élargissement du contrôle à l'ensemble de la loi

**975.** Le Conseil décide *souvent* de contrôler les dispositions de la loi autres que celles qui lui sont soumises. Il statue « *ultra petita* ». Il estime, en se fondant sur l'article 61 (« *les lois peuvent être déférées...* »), que son contrôle porte sur l'ensemble du texte. Il pratique ainsi *une forme d'autosaisine* et effectue une sorte de « troisième lecture » (après celle des assemblées) de la loi. L'étendue du contrôle échappe alors aux auteurs de la saisine (19-20 janvier 1981, *Sécurité et Liberté*). Mais, depuis la mise en œuvre de la QPC, il se borne, le plus souvent, à apprécier la constitutionnalité des dispositions législatives contestées, sauf « cavaliers législatifs » (v. *supra* n° 103).

## 2. L'approfondissement du contrôle

**976.** Le Conseil pousse ses investigations très en profondeur.

### a. L'évocation de moyens nouveaux

**977.** Le Conseil ne s'estime pas lié par l'argumentation des auteurs de la saisine – d'ailleurs ceux-ci n'ont pas l'obligation de préciser leurs critiques et le Premier ministre, comme les présidents des assemblées, ne motivent pas, le plus souvent, leur requête. Non seulement, on vient de le voir, il peut mettre en cause des dispositions qui n'avaient pas été contestées mais il peut faire valoir des griefs d'inconstitutionnalité qui n'avaient pas été évoqués. De même, dans le cadre de la question prioritaire de constitutionnalité, le Conseil constitutionnel peut soulever d'office d'autres moyens que ceux invoqués par le requérant (règlement du Conseil constitutionnel du 4 février 2010).

### b. Le contrôle de proportionnalité

**978.** L'instrument utilisé pour vérifier si le législateur a correctement concilié les principes en cause, c'est-à-dire s'il a réalisé un équilibre entre les exigences constitutionnelles impliquées qui ne conduise à la dénaturation d'aucune d'entre elles, est le principe de proportionnalité. Il existe différentes formes de contrôle de proportionnalité, mais, en théorie tout du moins, le Conseil constitutionnel exerce, quel que soit le mécanisme utilisé, un contrôle minimum.

Le principe de proportionnalité peut être utilisé soit pour assurer la conciliation entre différentes exigences constitutionnelles, ou d'intérêt général, soit comme condition d'application d'un principe constitutionnel, soit comme exigence constitutionnelle autonome.

La quasi-totalité des décisions du Conseil constitutionnel traduisent de manière plus ou moins explicite ce premier mécanisme de contrôle. Dans la décision 97-389 DC, le Conseil se livre ainsi à un exercice délicat de contrôle de proportionnalité visant la conciliation opérée par le législateur entre deux exigences constitutionnelles, le respect de l'ordre public et la défense de la liberté individuelle.

Par ailleurs, bien qu'en tant que tel et en tant que principe de portée générale, l'exigence de proportionnalité ne soit inscrite dans aucun texte constitutionnel, le Conseil tend à faire de la proportionnalité une exigence autonome que le législateur doit respecter indépendamment de toute conciliation entre des principes constitutionnels (décis. n° 2009-599 DC).

**979.** Cependant le Conseil constitutionnel veille à ce que soit respectée la liberté du choix politique en précisant qu'il ne dispose pas d'un pouvoir de décision et d'appréciation identique à celui du Parlement (décis. n° 2000-433 DC). Le droit, notamment constitutionnel est un cadre dans lequel doit s'inscrire la décision politique, il ne la prédétermine pas. Cette réserve peut cependant le conduire à ne pas examiner la constitutionnalité au fond de dispositions qui concernent des éléments essentiels de la vie en société au prétexte, justement, qu'il s'agit de questions de société. Tel est le cas, par exemple, en matière de droit de la famille (décis. n° 669 DC, mariage entre personnes de même sexe) ou de bioéthique (décis. n° 674 DC, recherche sur l'embryon).

## 3. Élargissement de la portée des décisions : la déclaration de conformité avec réserve

**980.** En principe le Conseil ne se borne pas à déclarer qu'une loi, une ou plusieurs de ses dispositions, est conforme ou non à la Constitution. Dans la pratique, s'inspirant ici encore de l'exemple du Conseil d'État (CE, 26 décembre 1925, *Rodière*), il va plus loin et donne dans sa décision l'interprétation qu'il estime correcte de la loi (et non d'un traité) ; il rend ce qu'on appelle une « **décision de conformité avec réserve** ». Il dit en quelque sorte : « *si telle disposition de la loi veut bien dire ceci, alors elle est conforme à la Constitution* », sous entendu : si elle devait être interprétée différemment alors elle serait inconstitutionnelle. Ce discours ne s'adresse pas seulement au Parlement mais il concerne surtout aussi, de façon plus réaliste, le Gouvernement et les juges. Le premier est mis en garde contre l'élaboration de règlements d'application de la loi non conformes à l'interprétation qu'en donne le Conseil constitutionnel. Le second est invité à faire respecter cette interprétation. On a pu dire qu'« *elles enlevaient au texte son venin* ». À travers elles, le Conseil a tendance à réécrire la loi – le Conseil apparaît comme *colégislateur* – et elles correspondent à une intervention dans l'exécution de cette loi.

Cette pratique évite le vide juridique qu'aurait pu ouvrir une opposition pure et simple à la loi et ménage la susceptibilité du législateur, ou du Gouvernement qui est à l'origine du texte.

### 4. La juridictionnalisation du contrôle

**981.** Alors que le constituant n'a jamais voulu reconnaître au Conseil constitutionnel le statut d'une cour constitutionnelle, le Conseil veille à juridictionnaliser sa procédure, notamment, en matière contradictoire. Après avoir adopté un règlement relatif aux QPC, le Conseil a adopté un règlement relatif au contrôle *a priori* (décis. n° 2022-152 ORGA, 11 mars 2022). Ainsi ce contrôle qui est, sous l'angle de la saisine, de nature essentiellement politique, se trouve en quelque sorte banalisé et juridictionnalisé par l'établissement de telles règles procédurales.

## B. La place du Conseil constitutionnel dans le système institutionnel

### 1. La politique saisie par le droit

**982.** Cette formule de L. Favoreu rend bien compte de l'évolution. *Le comportement des acteurs* a joué un rôle considérable dans l'évolution du Conseil. La réforme de 1974, ouvrant la saisine aux parlementaires – et au premier chef à ceux de l'opposition – a bouleversé l'activité du Conseil. Le Parlement, et à travers lui le Gouvernement, qui, par les projets de loi, est à l'origine de la plupart des textes législatifs, sont donc soumis au contrôle permanent d'un organe impartial et indépendant, ce qui est de nature à bouleverser la vie politique. Le Gouvernement ne peut plus comme auparavant imposer une loi inconstitutionnelle avec l'appui de sa majorité et la bénédiction des présidents des assemblées.

- L'existence d'un contrôle joue un rôle *préventif, ou de dissuasion*, capital. Déjà le Conseil d'État, qui examine les projets de loi avant leur adoption par le conseil des ministres, attire l'attention du Gouvernement sur le fait que certaines dispositions du projet lui paraissent non conformes à la Constitution. Mais il s'agit d'un simple avis que le Gouvernement n'est pas obligé de suivre.

Aujourd'hui le Gouvernement sait que tout ne lui est pas permis et qu'il a, avec le Conseil constitutionnel, un censeur qui peut s'opposer à toute violation de la Constitution. Les projets de loi sont donc mieux préparés, plus prudents. L'exécutif pratique une *autocensure* pour éviter les conséquences fâcheuses, aux yeux de l'opinion, de la sanction par le Conseil d'une atteinte à la Constitution. Lors des débats devant le Parlement, le Gouvernement le rappelle à sa majorité pour la discipliner et il est attentif aux critiques de l'opposition sur la constitutionnalité du texte, il n'hésitera pas à déposer des amendements pour tenir compte de ses objections. Malgré tout, des projets de lois sont encore régulièrement censurés par le Conseil, soit que l'inconstitutionnalité ait échappé au Conseil d'État soit, plus souvent, que le Gouvernement n'ait pas tenu compte de son avis. En revanche, contrairement à une idée reçue, les amendements d'origine parlementaire ne sont pas plus souvent entachés d'inconstitutionnalité que les textes gouvernementaux (8 % des dispositions censurées).

- En même temps, *la réforme de 1974 a eu pour effet de banaliser le recours au Conseil*. Les mœurs politiques françaises incitent les perdants à le saisir, après un débat parlementaire passionné ou un scrutin serré, sans toujours se soucier d'une argumentation juridique solide. Ne pas le faire serait paraître renoncer à défendre son point de vue jusqu'au bout, adhérer à la politique de la majorité.

Il ne s'agit pas tant en effet de faire respecter la Constitution que de rechercher un avantage politique : gêner ou discréditer l'adversaire. La saisine relève moins d'une éthique juridique que d'une stratégie politique. Pourtant l'opposition aujourd'hui ne saisit plus systématiquement le Conseil ; des lois importantes et contestables ne lui ont pas été déférées : ainsi en 1986, la suppression de l'autorisation administrative de licenciement, ou - par manque de courage - la loi de 2005 sur la répression de l'homophobie, ou encore le nouveau Code pénal et de procédure pénale. Les opposants se rendent compte que leur recours sera impopulaire ou que les solutions dégagées par le Conseil à leur initiative se retourneraient contre eux, et gêneront leur liberté d'action, lorsqu'une nouvelle alternance les ramènera au pouvoir.

Il ne faudrait cependant pas voir dans la saisine parlementaire un acte purement politique et symbolique. Depuis quelques années les saisines sont de plus en plus nombreuses. Ainsi, en 2009, le Conseil a rendu 23 décisions relatives à la constitutionnalité de lois ordinaires ou organiques, alors que 32 lois (hors lois de ratification d'un traité) ont été adoptées. Par ailleurs, la procédure de la question prioritaire de constitutionnalité conduit à ce qu'une loi inconstitutionnelle ne puisse être maintenue dans l'ordre juridique du fait d'un consensus politique.

## 2. La constitutionnalisation des différentes branches du droit

**983.** Alors que l'État légal traduit une conception politique ayant trait à l'organisation fondamentale des pouvoirs, l'État de droit vise essentiellement à assurer la protection des droits des citoyens (R. Carré de Malberg).

Ces droits fondamentaux, notamment constitutionnels - mais il existe d'autres sources formelles à ces droits fondamentaux, notamment le droit européen -, irriguent l'ensemble du système juridique, le droit privé comme le droit public. En effet, en étendant aux droits fondamentaux le champ des normes que le législateur doit respecter au-delà de la Constitution elle-même, le Conseil a accru, dans des proportions considérables, le nombre des **règles de fond** ayant une valeur constitutionnelle : la loi doit respecter la liberté des citoyens de s'associer, le pluralisme de l'information, l'égalité des hommes et des femmes, etc. À l'occasion de lois intervenues dans les différentes branches du droit (pénal, social, civil, fiscal...), le Conseil a dégagé des règles qui s'imposent au législateur, *il a fait pénétrer le droit constitutionnel dans chaque branche du droit*, il leur donne leurs fondements constitutionnels, par-là il contribue à l'unification du droit français autour de la Constitution au sens large. Le développement d'un contrôle *a posteriori* de la constitutionnalité de la loi amplifie ce mouvement.

### 3. L'intervention du Conseil constitutionnel dans l'exercice de la fonction législative

**984.** Le Conseil constitutionnel peut cependant être conduit à intervenir directement dans la fonction normative. Il en est ainsi s'agissant des réserves dont le Conseil peut assortir une déclaration de conformité à la Constitution (v. *supra* n° 980) ou lorsqu'à l'occasion d'une QPC, le juge constitutionnel maintient dans l'ordonnancement juridique une disposition qu'il a déclarée inconstitutionnelle (v. *supra* n° 966). Plus directement, il peut également substituer temporairement une disposition nouvelle à la disposition constitutionnelle déclarée inconstitutionnelle. Il en est ainsi s'agissant de la composition d'une juridiction commerciale maritime, le Conseil fixe lui-même la composition de cette juridiction (décis. n° 2010-10 QPC). De même dans sa décision n° 2019-827 QPC, le Conseil précise que si des dispositions législatives ne permettant pas la réhabilitation d'un condamné à mort dont la peine a été exécutée ne sont pas contraires à la Constitution, le législateur serait « fondé à instituer une procédure » permettant à ses ayants droit d'agir en ce sens.

Cette immixtion peut être plus indirecte. Ainsi, le Conseil d'État a été conduit à traiter d'une question qui n'avait pas été abordée lors de la révision constitutionnelle de 2008, à savoir celle de la responsabilité du fait d'une disposition législative inconstitutionnelle. La question se posait naturellement à partir du moment où la responsabilité du législateur pouvait être engagée du fait d'une loi contraire à un traité (décis. n° 279522, 8 février 2007). Dans sa décision du 24 décembre 2019 (n° 425981), le Conseil d'État considère que la responsabilité peut être engagée à la date de la promulgation de la disposition en cause et non à celle de la déclaration d'inconstitutionnalité ou à la date à laquelle cette déclaration produit effet, sauf décision contraire du Conseil constitutionnel. Par respect pour le législateur, mais un peu hypocritement, cette responsabilité n'est pas fondée sur la faute du législateur mais sur le respect de la hiérarchie des normes.

# Section 3
# Les juridictions administratives et judiciaires

**985.** S'agissant du Conseil d'État, si le statut de ses membres et ses fonctions ne sont pas inscrits dans le texte de la Constitution, son indépendance et la spécificité de ses fonctions sont reconnues par le Conseil constitutionnel. L'indépendance de ses membres est rappelée par l'article L. 131-2 du Code de la justice administrative (loi du 20 avril 2016).

## §1. Le Conseil supérieur de la magistrature et l'indépendance de l'autorité judiciaire

**986. Bibliographie.** – Rapport du Conseil supérieur de la magistrature, 2011, La Documentation française, 2012.

**987.** L'article 64 de la Constitution prévoit que le président de la République est garant de l'indépendance de la magistrature et qu'il est assisté par le Conseil supérieur de la magistrature.

La réforme constitutionnelle de 2008 a modifié tant la composition que les compétences de cet organe. Elle visait trois objectifs : assurer l'indépendance de la magistrature, éviter le corporatisme judiciaire, assurer un mécanisme satisfaisant de responsabilité des magistrats. Le renforcement de l'indépendance de la magistrature se traduit par le fait de retirer la présidence du Conseil supérieur de la magistrature au président de la République, pour la confier aux deux plus hauts magistrats de l'ordre judiciaire. La volonté de dissiper les critiques relatives au corporatisme du corps conduit à ce que les magistrats soient minoritaires au sein des deux formations du Conseil supérieur de la magistrature (celle chargée des magistrats du siège et celle chargée des magistrats du parquet), sauf pour les formations disciplinaires. Par ailleurs, le Conseil supérieur de la magistrature devra donner son avis pour les nominations de l'ensemble des membres du parquet.

### A. La composition du Conseil supérieur de la magistrature

**988.** Le Conseil est composé de trois formations : une formation compétente à l'égard des magistrats du siège, une formation compétente à l'égard des magistrats du parquet et une formation plénière.

Le Conseil se compose de personnalités nommées : deux par le président de la République, deux par le président de l'Assemblée nationale, deux par le président du Sénat, auxquelles s'ajoutent un conseiller d'État et un avocat. Ces personnalités sont membres de toutes les formations du Conseil. Il se compose également de magistrats élus par leurs pairs. Les personnalités nommées par les trois autorités de l'État doivent être préalablement entendues par les commissions des Lois des assemblées parlementaires qui peuvent s'opposer à la majorité des trois cinquièmes à leur nomination. Aujourd'hui parmi ces personnalités figurent trois professeurs de droit, un ancien garde des Sceaux, un ancien chef de cabinet du président de la Cour européenne des droits de l'homme et un ancien membre du Conseil constitutionnel par ailleurs ancien magistrat.

La formation compétente à l'égard des magistrats du siège comprend les personnalités précitées, cinq magistrats du siège, et un magistrat du parquet. La formation compétente à l'égard des magistrats du parquet comprend, outre les personnalités précitées, cinq magistrats du parquet et un magistrat du siège.

La formation plénière comprend trois des magistrats du siège, trois des magistrats du parquet et les personnalités précitées.

Le Conseil se réunit également en formation commune réunissant l'ensemble des membres, mais cette formation, qui n'a pas d'existence juridique, se borne à traiter de questions d'organisation interne, elle permet d'établir des relations entre l'ensemble des membres et d'harmoniser certaines pratiques.

La formation du siège et la formation plénière sont présidées par le premier président de la Cour de cassation, la formation du parquet, par le procureur général près ladite Cour. Le « Comité chargé de proposer au président de la République des réformes constitutionnelles » (« comité Balladur ») avait prévu que le Conseil supérieur, jusqu'alors présidé par le président de la République, soit présidé par une personnalité n'appartenant ni au corps judiciaire ni au Parlement. Cette proposition n'a pas été retenue.

Sauf en matière disciplinaire, le ministre de la Justice peut participer aux réunions des différentes formations du CSM. Tel n'a jamais été le cas depuis la réunion du nouveau CSM en janvier 2011.

## B. Les compétences du Conseil supérieur de la magistrature

**989.** Le Conseil exerce trois types de compétence :

### a. La nomination des magistrats

**990.** Le Conseil supérieur de la magistrature donne un avis conforme pour la nomination de l'ensemble des magistrats du siège.

Pour le plus grand nombre de ces magistrats, les nominations sont proposées par le ministre de la Justice. Cependant pour les nominations aux fonctions les plus importantes (présidents de TGI et de cour d'appel, membres de la Cour de cassation) le choix appartient au Conseil supérieur, qui sélectionne les candidats et auditionne ceux qu'il retient. Le ministre est lié par le choix du CSM.

Le Conseil supérieur donne un avis simple mais obligatoire pour l'ensemble des magistrats du parquet. La réforme de 2008 a étendu cet avis aux procureurs généraux près les cours d'appel et la Cour de cassation. Il peut entendre les candidats aux fonctions les plus importantes. Les deux candidats à l'élection présidentielle de 2012 ont pris position en faveur d'un avis conforme du Conseil supérieur de la magistrature pour les nominations des membres du parquet.

### b. La discipline des magistrats

**991.** La formation compétente à l'égard des magistrats du siège est conseil de discipline des magistrats du siège. Elle peut prononcer des sanctions. Elle comprend outre les membres de cette formation, le magistrat du siège appartenant à la formation du parquet.

La formation compétente à l'égard des magistrats du parquet est conseil de discipline des magistrats du parquet. Elle peut proposer des sanctions au ministre de la Justice. Elle comprend, outre les membres de cette formation, le magistrat du parquet appartenant à la formation du siège.

Chaque formation désigne un ou des rapporteurs chargés d'instruire les poursuites disciplinaires.

La réforme constitutionnelle de 2008 a institué une procédure disciplinaire sur saisine des justiciables. Ainsi chaque justiciable peut, par courrier adressé au CSM, se plaindre du comportement d'un magistrat auquel il a eu à faire. Il ne peut critiquer une décision de justice, mais seulement mettre en cause le comportement du magistrat susceptible de constituer une faute disciplinaire. Il ne peut saisir le CSM tant que le magistrat reste saisi du litige. Il ne peut mettre en cause un magistrat que dans un délai d'un an après l'intervention d'une décision de justice définitive. Pour chaque formation est désignée une, ou plusieurs commissions des requêtes qui examine ces plaintes. Le CSM a déjà enregistré de nombreuses plaintes, mais nombre d'entre elles sont irrecevables. Cette réforme présente cependant des difficultés techniques pour le justiciable qui ne parvient pas toujours à respecter les conditions de recevabilité. On pourrait imaginer que de telles requêtes soient transmises par voie d'avocat, mais resterait à financer une telle mesure. Par ailleurs, de manière plus générale, la question de la responsabilité des magistrats mérite d'être reconsidérée, à l'aune, notamment, du rôle joué par les juges dans nos institutions.

### c. La fonction consultative

**992.** Le CSM peut être saisi, en formation plénière de demandes d'avis formulées par le président de la République ou par le ministre de la Justice. Ce dernier peut le saisir de questions relatives à la déontologie des magistrats et au fonctionnement de la justice. C'est ainsi que le CSM a rédigé un code de déontologie des magistrats.

## C. Le projet de réforme du Conseil supérieur de la magistrature

Alors qu'il était à peine en fonction depuis deux ans, un projet de révision constitutionnelle concernant le Conseil supérieur de la magistrature a été déposé par le Gouvernement. Il visait à permettre au Conseil de s'autosaisir pour avis de certaines questions, de lui conférer compétence pour donner un avis conforme en matière de nomination des membres du parquet. La modification des conditions de nomination des membres du parquet a été votée, en termes identiques, par les deux Chambres du Parlement, mais faute de majorité suffisante, le Congrès ne sera pas réuni. D'autres dispositions, notamment celles qui visaient à réintroduire une majorité de magistrats au sein du Conseil et à modifier le mode de nomination des membres non-magistrats ont fait l'objet de controverses. La réflexion sur ces questions doit prendre en compte le fait que l'indépendance nécessaire des magistrats n'implique pas une autogestion de la magistrature, qui serait au surplus une autogestion syndicale. Elle doit également s'attacher à ne pas rompre le lien entre la justice et la légitimité démocratique incarnée par les élus. En revanche, la question d'un renforcement du rôle du Conseil dans la nomination des juges du siège et la répartition des compétences entre le Conseil supérieur de la magistrature et la Direction des services judiciaires du ministère de la Justice, qui n'ont pas été abordées par le projet, mériteraient une analyse approfondie.

Le projet de révision constitutionnelle engagé en 2018 se borne à prévoir un avis conforme du CSM pour la nomination des membres du parquet et l'alignement de leur régime disciplinaire sur celui des magistrats du siège.

## D. Les débats sur l'indépendance de la magistrature et le statut du parquet

**993.** Un débat s'est engagé sur le renforcement de l'indépendance de la magistrature, dans un contexte d'exacerbation de conflits entre les juges et le président de la République. Au-delà de cet épiphénomène, des questions importantes sont posées, comme celles relatives à l'indépendance du parquet. Chargés d'appliquer la politique pénale du Gouvernement, les magistrats du parquet sont installés dans un lien de subordination à l'égard du pouvoir gouvernemental, même si cette subordination reste largement théorique. Il n'en reste pas moins que les membres du parquet sont nommés par l'exécutif avec un avis simple du Conseil supérieur de la magistrature. Il convient cependant de noter que les gardes des Sceaux, depuis le gouvernement Fillon, se sont engagés à respecter les avis du Conseil supérieur de la magistrature rendus en la matière. Par ailleurs, la Cour européenne des droits de l'homme a considéré (affaire *Moulins c/ France*) que les procureurs français n'appartiennent pas à l'autorité judiciaire, d'une part, car ils se trouvent dans un lien de subordination vis-à-vis du Gouvernement, d'autre part, et surtout, car ils exercent des fonctions de poursuite et ne peuvent, de ce fait, être reconnus comme garants de la liberté individuelle. La Cour de cassation s'est alignée sur la position de la CEDH, alors que le Conseil constitutionnel a rappelé dans sa décision n° 2010-80 QPC que les membres du parquet appartiennent constitutionnellement à l'autorité judiciaire. Ils recherchent la protection des intérêts de la société (décis. n° 2016-555 QPC du Conseil constitutionnel). De même, dans sa décision n° 2021-907 QPC, le Conseil constitutionnel a jugé qu'étaient conformes à la Constitution les modalités de communication au gouvernement par les procureurs généraux des rapports particuliers contenant des informations pouvant porter sur certaines procédures judiciaires en cours. Il juge que ces dispositions assurent une conciliation équilibrée entre le principe d'indépendance de l'autorité judiciaire et les prérogatives que le gouvernement tient de l'article 20 de la Constitution, soulignant ainsi le rôle « d'interface » entre les deux « pouvoirs » du parquet. La question de la réforme du statut du parquet, soit vers plus d'indépendance, soit vers une séparation d'avec les magistrats, est régulièrement débattue.

## §2. La répartition des compétences entre les juridictions de l'ordre judiciaire et celles de l'ordre administratif

**994.** La répartition des compétences entre les deux ordres juridictionnels obéit à un certain nombre de principes constitutionnels. Il existe ainsi une réserve de compétence au profit de chacun de ces deux ordres de juridiction.

Selon le Conseil constitutionnel, si la séparation des autorités administratives et judiciaires est seulement un principe de valeur législative, il existe un principe fondamental reconnu par les lois de la République, en l'espèce, la loi du 24 mai 1872, selon lequel « *à l'exception des matières réservées par nature à l'autorité judiciaire, relève en dernier ressort de la compétence du juge administratif l'annulation et la réformation des décisions prises, dans l'exercice de prérogatives de puissance publique, par les autorités exerçant le pouvoir exécutif, leurs agents, les collectivités territoriales de la République, ou les organismes publics placés sous leur autorité ou leur contrôle* » (v. décis. n° 86-224 DC, 23 janvier 1987 et n° 89-261 DC, 28 juillet 1989).

Cette formule implique l'existence de réserves de compétence tant au profit du juge judiciaire que du juge administratif, alors même que, selon le juge constitutionnel, il est possible sous certaines conditions, et dans l'intérêt d'une bonne administration de la justice, d'unifier les règles de compétence au sein de l'ordre juridictionnel principalement intéressé.

La réserve constitutionnelle de compétence du juge administratif est beaucoup plus restreinte que le champ de ses compétences actuelles. Ainsi, cette réserve de compétence ne concerne que le contentieux de l'annulation et de la réformation des actes administratifs et non le contentieux de pleine juridiction.

La réserve constitutionnelle de compétence du juge judiciaire concerne, selon les décisions précitées du Conseil constitutionnel, les matières réservées par nature à l'autorité judiciaire. Ces matières sont réservées aux juridictions judiciaires en vertu de principes constitutionnels. Il s'agit tout d'abord de la liberté individuelle, au titre de l'article 66 C, c'est-à-dire la sûreté ou le droit de ne pas subir des mesures de police arbitraires. Le juge judiciaire est également le gardien de la propriété privée. Cette compétence est fondée sur un principe fondamental reconnu par les lois de la République (v. décis. n° 89-256 DC, 25 juillet 1989). Enfin, relèvent de la compétence judiciaire l'état et la capacité des personnes (v. implicitement décis. n° 89-261 DC).

Alors que l'état d'urgence et le renforcement de la législation visant à lutter contre le terrorisme accroissent les pouvoirs de police administrative (qui vise à prévenir les infractions, alors que la police judiciaire a pour mission de rechercher leurs auteurs), cet accroissement implique une augmentation du champ de compétences du juge administratif chargé du contentieux des mesures de police administrative. Au regard du périmètre retenu par le Conseil constitutionnel de la notion de liberté individuelle, au sens de l'article 66 de la Constitution (ce que les Anglo-Saxons appellent l'« *Habeas corpus* »), le juge judiciaire revendique une compétence plus large en matière de protection des libertés individuelles (v. le discours du premier président Louvel devant la commission des lois du Sénat le 1er mars 2016). Ainsi, à la suite des mesures prises dans le cadre de la loi du 23 mars 2020, déclarant l'état d'urgence sanitaire, les juges administratifs et, notamment, le Conseil d'État ont été saisis de nombreux recours contre certaines mesures d'application et les décisions (ou l'absence de décisions) du gouvernement en la matière, par la voie de la procédure du référé liberté qui permet au juge de statuer très rapidement par voie d'ordonnance.

De son côté, le Conseil d'État intervient plus directement dans la conduite de la politique gouvernementale. Dans une décision du 1er juillet 2021 (n° 427301), il a enjoint au Premier ministre de prendre toutes mesures utiles permettant d'infléchir la courbe des émissions de gaz à effet de serre dans un délai de neuf mois. De même, il exerce un contrôle de légalité sur les instructions internes à l'administration (CE, 12 juin 2020, n° 418142).

# Section 4
# La Cour de justice de la République

**995.** La révision constitutionnelle du 19 juillet 1993 et l'ordonnance du 23 novembre 1993 ont modifié le régime adopté en 1958.

Une Cour de justice de la République a été créée pour tenter de corriger les défauts du système initial, donnant compétence à la Haute Cour (v. *supra* n° 720) et qui *aboutissait à l'irresponsabilité de fait* des ministres pour les actes commis dans l'exercice de leurs fonctions. La compétence de la Haute Cour n'était pas satisfaisante : elle ne permettait pas aux particuliers d'obtenir justice - car ils ne pouvaient pas la saisir - ; les parlementaires, en outre, faisaient preuve de peu de zèle pour poursuivre les ministres et dans certaines « affaires » l'impunité de ceux-ci produisait un effet désastreux dans l'opinion.

## §1. Composition de la Cour

**996.** Elle comprend des parlementaires et des magistrats :

- douze parlementaires, élus pour moitié par l'Assemblée et par le Sénat en leur sein, après chaque renouvellement total ou partiel de la Chambre (soit cinq ans pour les députés, trois ans pour les sénateurs). Un accord se fait pour que ces désignations soient le reflet de la composition de chaque assemblée ;
- trois magistrats du siège de la Cour de cassation. L'un d'entre eux, élu par ses membres, assure la présidence de la Cour. La présence des magistrats est l'une des innovations importantes de la réforme de 1993.

## §2. Rôle de la Cour

**997.** La Cour juge les membres du Gouvernement pour les actes criminels ou délictueux accomplis dans l'exercice de leurs fonctions. Les actes n'ayant qu'un lien indirect avec les fonctions, ceux relevant de la vie privée ou de l'exercice de mandats locaux, ou encore commis « à l'occasion » de l'exercice des fonctions ministérielles, relèvent, rappelons-le, eux, des juridictions ordinaires (v. *supra* n° 795 et Cass. crim., 26 juin 1995 et 6 février 1997, *D.* 1998, 178).

Cependant, ce sont les juridictions ordinaires qui décident si les infractions commises ont été, ou non, accomplies à l'occasion de l'exercice des fonctions ministérielles. On pourrait imaginer que cet examen soit confié à une instance spécifique.

## §3. Procédure devant la Cour

**998.** *La saisine :* « Toute personne », qui s'estime lésée par un crime ou un délit commis par un membre du Gouvernement, peut saisir une « *commission des requêtes* », composée de trois magistrats du siège de la Cour de cassation, deux conseillers d'État et deux conseillers maîtres à la Cour des comptes.

La commission des requêtes examine le dossier et décide soit son classement (c'est-à-dire qu'elle estime qu'il n'y a pas lieu de donner suite à la requête), soit de transmettre la plainte au procureur général de la Cour de cassation pour qu'il saisisse la Cour de justice. Si le procureur général a l'*obligation* de saisir la Cour, il peut, dans ses réquisitions, faire connaître son sentiment sur le fond de l'affaire et préconiser, par exemple, un non-lieu (v. l'affaire du sang contaminé).

• La Cour peut être aussi saisie d'office par le procureur général de la Cour de cassation, sur avis conforme de la commission des requêtes. Ceci pour le cas où aucune personne (physique ou morale) n'aurait spontanément déclenché la procédure. Ainsi le procureur général, J. L. Nadal, a été saisi par des députés socialistes et a saisi lui-même la commission des requêtes de questions concernant le ministre de l'Économie, C. Lagarde (mai 2011).

- *L'instruction* : une fois la Cour saisie l'affaire est confiée à une *commission d'instruction*, composée de trois conseillers à la Cour de cassation, qui mène l'instruction, auditionne le membre du Gouvernement et décide de la suite à donner : renvoi à la Cour ou abandon des poursuites.
- Le *jugement* : la Cour juge en étant liée par le Code pénal pour la qualification comme crime ou délit des faits reprochés ; en outre, elle ne peut prononcer d'autres peines que celles prévues par le législateur pour le type d'infraction retenu. La décision peut être déférée en cassation à la Cour de cassation.

On notera la prudence de cette réforme, par :

- l'existence d'un double filtre pour éviter les requêtes abusives : commission des requêtes et commission d'instruction, avec la présence de magistrats dans l'une et l'autre (recherche de l'indépendance) ; on a voulu éviter que des ministres ne soient, en quelque sorte, persécutés par des adversaires politiques ou personnels, dont les plaintes répétées finiraient par leur enlever la tranquillité d'esprit nécessaire à leur mission. Le filtre est efficace : la commission des requêtes a été saisie de centaines de plaintes, dont elle a écarté la quasi-totalité ;
- l'institution d'un contrôle de la Cour de cassation qui peut annuler un arrêt de la Cour et faire recommencer la procédure de jugement ;
- l'impossibilité pour les particuliers de se porter partie civile qui les contraint à saisir les juridictions ordinaires s'ils demandent une indemnité que la Cour n'est pas compétente pour accorder ;
- on soulignera surtout que les poursuites ne sont plus subordonnées à l'approbation préalable des assemblées et que les succès sont rares.

## §4. Les affaires soumises à la Cour de justice de la République

**999.** La Cour de justice de la République s'est réunie pour la première fois en 1999 pour connaître de l'affaire dite « du sang contaminé ». Des transfusions sanguines pratiquées en 1983-1984 ont transmis le sida à plusieurs centaines de personnes, dont beaucoup d'hémophiles. Sur plaintes des victimes ou de leurs parents trois ministres, L. Fabius, E. Hervé et G. Dufoix, étaient poursuivis. Seul E. Hervé a été déclaré coupable du délit d'atteinte à la vie de deux transfusés mais il fut dispensé de peine. Les deux autres ministres ont été relaxés.

Ce procès, hautement médiatisé, a fait apparaître qu'en dépit de progrès par rapport à la situation antérieure, le nouveau statut de la Cour de justice était encore loin d'être satisfaisant :

- la procédure est extrêmement *longue* : quinze ans entre les faits et le jugement, lui-même intervenu cinq ans après les plaintes déposées en 1994 ;
- les victimes ne peuvent *se constituer partie civile*, ce qui signifie qu'elles n'ont pas accès au dossier, que leurs avocats ne peuvent intervenir et qu'une indemnité ne pourra leur être accordée qu'à l'issue d'une autre instance devant une juridiction civile ;
- lorsque, comme c'était le cas, d'autres personnes – les conseillers des ministres par exemple –, sont mêlées aux actes reprochés, *elles relèvent des tribunaux ordinaires* ; elles seront jugées au cours d'un procès distinct, dont les conclusions peuvent être différentes de celles de la Cour de justice ;
- lorsque l'affaire prend un tour passionnel, comme ce fut le cas, les juges parlementaires seront suspectés de s'être prononcés à partir de leurs options politiques et non de façon impartiale ;
- enfin, *le glissement de la responsabilité politique vers la responsabilité pénale est à craindre* et il est dangereux. Veut-on criminaliser la vie politique ? Les ministres ne devraient-ils pas être poursuivis uniquement pour des fautes volontaires, la corruption par exemple, et non pour des erreurs qui relèvent de la responsabilité politique ? Ainsi, la commission d'instruction a renvoyé, le 17 décembre 2015, C. Lagarde, ancien ministre de l'Économie, devant la Cour, pour une décision de recourir à l'arbitrage dans l'affaire opposant un chef d'entreprise (B. Tapie) à une banque (Le Crédit lyonnais). Elle a été condamnée pour imprudence (et dispensée de peine) par une décision du 19 décembre 2016 de la Cour de justice de la République. Le projet de révision constitutionnelle de 2018 vise à limiter la portée de cette jurisprudence en précisant que la responsabilité des membres du Gouvernement « ne peut être mise en cause à raison de leur inaction que lorsque celle-ci résulte d'une décision qu'ils ont prise ».

Dans le cadre de la crise sanitaire de 2020, à la suite de 99 plaintes (octobre 2020) contre plusieurs ministres, dont deux premiers ministres, pour « abstention de combattre un sinistre », neuf informations judiciaires ont été ouvertes. L'établissement d'un « passe sanitaire » a été à l'origine du dépôt de 16 000 plaintes contre le Premier ministre, le ministre de la Santé, celui de l'Éducation nationale et celui des Transports.

D'autre part, en décembre 2020, l'ancien ministre de l'Intérieur, M. Castaner a fait l'objet d'une plainte à propos d'une personne morte à son domicile en marge d'une manifestation.

Le renvoi du garde des Sceaux, É. Dupond-Moretti, devant la Cour de justice de la République en 2021 représente un cas inédit de conflit d'intérêts entre le pouvoir politique et le « pouvoir » juridictionnel (v. *supra* n° 795).

Le développement de ces procédures traduit une intrusion de plus en plus marquée de la justice dans le cœur de la décision politique. Ce renforcement de la responsabilité pénale est aussi la contrepartie d'un effacement de la responsabilité politique, ce qui n'est pas sans poser de sérieuses questions en termes de séparation des pouvoirs entre la justice et la politique.

Le projet de révision constitutionnelle présenté au Conseil d'État en juin 2019 prévoyait la suppression de la Cour de justice de la République et la compétence de la cour d'appel de Paris pour juger de la responsabilité pénale des ministres. Les poursuites seraient filtrées par une commission des requêtes comprenant trois magistrats du siège de la Cour de cassation, deux membres du Conseil d'État et deux magistrats de la Cour des comptes.

Une autre solution consisterait à prévoir un mécanisme de responsabilité politique individuelle des ministres devant l'Assemblée nationale (v. *supra*, n° 796).

# CHAPITRE 5

# Les autres institutions constitutionnelles

**1000.** Un certain nombre d'autres institutions, mentionnées par la Constitution ou dont le statut relève d'exigences constitutionnelles, doivent être évoquées brièvement.

## Section 1
## Le Conseil économique, social et environnemental

**1001.** Il repose sur la volonté d'associer à l'élaboration de certaines décisions non plus des représentants de citoyens abstraits mais des hommes engagés dans la vie économique et sociale, apportant leur compétence et avec elle une vision différente des problèmes concrets de la vie nationale. Déjà, la Constitution de 1946 avait institué un Conseil économique ; l'idée fut reprise en 1958 sous la forme, cette fois, d'un Conseil économique et social. Ses attributions et son objet ont été modifiés par la loi constitutionnelle du 23 juillet 2008 et par la loi organique du 15 janvier 2021.

### §1. Composition

**1002.** Ses membres représentent les différents milieux professionnels, à tous les niveaux de responsabilité : agriculteurs, chefs d'entreprise, employés, ouvriers, fonctionnaires, coopérateurs, spécialistes des relations avec l'outre-mer, artisans, cadres, commerçants... Certains sont nommés par les organisations professionnelles les plus représentatives (CGT, CFDT, FO, FNSEA), les autres par le Gouvernement. En tout, il comprend 175 membres, ils sont désignés pour cinq ans.

## §2. Attributions

**1003.** Les attributions du Conseil économique, social et environnemental (CESE) sont purement consultatives. *Ce n'est pas une assemblée parlementaire.*

Il donne des *avis* :

- obligatoirement et à la demande du Gouvernement, sur les plans économiques et sociaux ainsi que les lois de programme ;
- facultativement et à la demande du Gouvernement ou du Parlement, sur tout problème de caractère économique social ou environnemental et à la demande du Gouvernement seulement, sur les projets de loi de programmation pluriannuelle des finances publiques ;
- à la suite d'une saisie par voie de pétition par 130 000 personnes. À l'occasion du projet de loi concernant le mariage entre personnes de même sexe, une pétition ayant recueilli 700 000 signatures a été déposée et rejetée par le bureau du CESE. Ce rejet justifié tant par la prudence du CESE que par une maladresse dans la rédaction de la pétition ne contribuera pas à relever son prestige.
- la réforme de 2021 vise à instiller des mécanismes de démocratie participative au sein du CESE. Ainsi, la loi permet au CESE d'organiser des consultations publiques sur des sujets économiques, sociaux ou environnementaux, de sa propre initiative, à la demande du gouvernement ou du président de l'Assemblée nationale ou du Sénat. Le CESE peut également faire participer aux travaux de ses commissions, avec voix consultative et pour une mission déterminée, des conseils consultatifs de collectivités locales ou encore des citoyens tirés au sort. Dans sa décision n° 2020-812 DC, le Conseil constitutionnel a jugé que le nombre de participants d'instances consultatives locales ou du public ne saurait que « constituer une part limitée du nombre des membres d'une commission ».

# Section 2
# Les autorités administratives indépendantes

**1004.** Depuis la fin des années 1970, le Gouvernement et le législateur ont développé une tendance à se défausser de leur responsabilité sur des organes indépendants concernant la régulation de secteurs sensibles comme celui de la communication, de l'information ou de la Bourse. D'autres autorités indépendantes, comme le Médiateur de la République, ont été mises en place. D'autres organes qui n'ont pas le statut d'autorité administrative indépendante, en ce qu'ils ne prennent pas véritablement des décisions, obéissent d'une certaine manière à la même logique, c'est-à-dire substituer à la légitimité démocratique une légitimité des sages et des experts. Il en est ainsi, par exemple, du Comité consultatif national d'éthique. Ce développement s'inscrit dans un contexte dans lequel les autorités de l'État n'ont plus le monopole de la régulation, comme en témoigne, dans d'autres domaines, le rôle joué par les grandes entreprises, les organisations internationales, gouvernementales ou non, les institutions financières... Si les autorités administratives indépendantes ne sont pas directement prévues par la Constitution, la jurisprudence constitutionnelle a largement contribué à préciser leur statut et leur pouvoir. Leur existence ne semble pas relever d'une exigence constitutionnelle, mais leurs compétences et leur fonctionnement obéissent à des règles constitutionnelles.

Si l'utilisation du terme d'autorité pour les désigner répond bien au pouvoir de décision, voire de sanction, qui leur est accordé, leur indépendance doit être relativisée. En effet, cette indépendance résulte plus de l'indépendance qui caractérise les membres de ces organes, que de l'indépendance de l'organe lui-même au regard des autres pouvoirs. En effet, créés par le législateur, ces organes peuvent être remplacés par lui, voire supprimés, à condition cependant que cette modification ne prive pas de garanties légales une exigence constitutionnelle (décis. n° 86-217 DC, 18 septembre 1986).

Pour exercer leurs missions, certaines autorités administratives ont reçu deux sortes d'attributions : un pouvoir de réglementation et un pouvoir de sanction. L'un est l'autre s'exercent dans des conditions dont le Conseil constitutionnel a fixé le cadre (notamment décis. n° 86-217 DC, n° 89-260 DC et n° 2009-580 DC).

La loi constitutionnelle du 23 juillet 2008 prévoit que les nominations opérées par le président de la République devront être soumises à la procédure d'avis des commissions parlementaires.

Parmi ces autorités, il convient de donner une place particulière à la Haute Autorité pour la transparence de la vie publique, crée par la loi 2013-907 du 11 octobre 2013. Cet organisme reçoit notamment des déclarations de situations patrimoniales et d'intérêts des membres du Gouvernement, des parlementaires, des élus locaux, des membres de cabinets ministériels et de la présidence de la République, des membres des autorités administratives indépendantes et des personnes exerçant un emploi ou des fonctions à la discrétion du Gouvernement et nommées en conseil des ministres. Elle donne également son avis sur les questions de déontologie et elle émet des recommandations. Elle comprend, outre son président nommé par le président de la République, deux conseillers d'État, deux personnalités qualifiées nommées par le président de l'Assemblée nationale et celui du Sénat.

La commission d'enquête du Sénat sur les autorités administratives indépendantes, dans un rapport intitulé « un État dans l'État » (n° 126, octobre 2015), a dénoncé les dérives de ce mode de gestion de certaines compétences étatiques. Elle a ainsi relevé la prolifération de ces autorités (42), le caractère contextuel (événement médiatique, scandale...) de leur création et la défiance à l'égard du pouvoir politique démocratique dont elles sont l'expression. Elle a également préconisé un certain nombre de réformes visant, notamment, à rétablir un contrôle politique sur ces autorités.

Par ailleurs, les règles édictées par ces autorités revêtent une portée normative de plus en plus forte et leur contrôle s'inscrit dans le développement du contentieux des normes de *soft-law*, c'est-à-dire, en principe, dépourvues d'effets contraignants, édictées par les autorités administratives (CE, 12 juin 2020, n° 418142).

## Section 3
## Le Défenseur des droits

**1005.** La loi constitutionnelle du 23 juillet 2008 crée un « Défenseur des droits des citoyens » (art. 71-1 C) qui pourra être saisi par toute personne s'estimant lésée par le fonctionnement d'un service public. Il a pour fonction de veiller au « *respect des droits et des libertés par les administrations de l'État, les collectivités territoriales, les établissements publics, ainsi que par tout organisme investi d'une mission de service public, ou à l'égard duquel la loi organique lui attribue des compétences* ». Le Défenseur des droits est nommé par le président de la République pour un mandat de six ans non renouvelables. Cette nomination est opérée avec un contrôle parlementaire dans les conditions prévues par l'article 13 C. Il rend compte de son activité au président de la République et au Parlement.

**1006.** Le Défenseur des droits est défini par la loi organique n° 2011-333 du 29 mars 2011 comme une autorité constitutionnellement indépendante. Il appartient, ainsi, comme le relève le Conseil constitutionnel (2011-626 DC) à la catégorie des autorités administratives indépendantes, mais ne constitue pas un pouvoir public constitutionnel.

Il remplace la Commission nationale de déontologie de la sécurité, le Défenseur des enfants, la Haute Autorité de lutte contre les discriminations et pour l'égalité et le Médiateur de la République.

Le Défenseur des droits peut être saisi directement par des personnes physiques et morales, ou par l'intermédiaire d'un membre du Parlement. Il peut également se saisir d'office.

Ont été créés trois collèges qui assistent le Défenseur des droits pour l'exercice de ses missions en matière de défense des droits de l'enfant, de déontologie dans le domaine de la sécurité, de lutte contre les discriminations. Ces collèges sont dirigés par des adjoints du Défenseur des droits nommés par le Premier ministre sur proposition du Défenseur. Le Défenseur des droits dispose, notamment, de moyens d'enquête, et de la faculté d'engager des poursuites pénales et disciplinaires, sans préjudice des compétences des juridictions pénales et du Conseil supérieur de la magistrature, s'agissant de la discipline des magistrats. Il peut intervenir sous forme de recommandations.

# Conclusion sur la V^e République. Le débat sur la nature du régime

**1007.** Un débat s'est ouvert dès l'origine, que la révision constitutionnelle de 1962 devait faire rebondir, sur la nature du régime institué en 1958 : *Le régime est-il parlementaire ou présidentiel ?*

La doctrine, c'est-à-dire les professeurs et autres spécialistes du droit constitutionnel, est très attentive à ce genre d'interrogation. L'idéal pour elle est de réduire chaque régime politique à un modèle type d'où elle pourra ensuite déduire des règles de fonctionnement, ce qui lui permettra de rappeler au besoin les gouvernants au respect des principes et de dénoncer les déformations que la pratique pourrait faire apparaître. Constater que des institutions n'entrent dans aucun des modèles existants est un aveu d'impuissance et la doctrine ne serait pas loin parfois de porter un jugement sévère sur un régime qui résiste à toute classification. Cette aspiration des théoriciens du droit constitutionnel ne doit pas se substituer toutefois à la démarche pragmatique consistant à se demander comment un régime fonctionne et pourquoi il réagit ainsi. Dans le cas présent, l'analyse est d'autant plus complexe que la pratique constitutionnelle s'est très tôt détachée des textes, auxquels les présidents successifs n'ont pas donné une interprétation immuable et que les cohabitations successives ont encore obscurci la question.

Il est admis pourtant que la Constitution de 1958 peut faire l'objet de « deux lectures », c'est-à-dire de deux interprétations.

## 1. Une lecture présidentielle tout d'abord

**1008.** *Le régime institué en 1958 serait présidentiel.* Le mode de désignation du président de la République va sans conteste dans ce sens. Et la réforme constitutionnelle de 1962 instituant l'élection du chef de l'État au suffrage universel renforce encore cette interprétation. Le peuple ne désigne pas un président au suffrage universel direct pour que celui-ci reste spectateur de la vie politique ou, comme le disait le général de Gaulle, pour « *inaugurer les chrysanthèmes* ». L'élu doit décider, donner son avis, quitte à mécontenter certains. V. Giscard d'Estaing l'a rappelé avec force en 1978 : « *Certains ont voulu dénier au président de la République le droit de s'exprimer. Curieuse République que celle qui serait présidée par un muet* », dans des circonstances importantes « *que penseraient et que diraient les Français si... leur président se taisait* » (discours de Verdun-sur-le-Doubs, 27 janvier 1978). F. Mitterrand reprenait le même thème le 28 avril 1985 : « *On n'élit pas un président pour qu'il reste inerte, pour qu'il ne fasse rien.* »

Le prestige d'un président élu dans ces conditions est sans rapport avec celui des chefs d'État parlementaires habituels. La longueur de son mandat, même réduite aujourd'hui, est en outre elle-même supérieure à celle, par exemple, du président américain.

M. Duverger a cependant montré (*Échec au roi*, Paris, 1977) que l'élection du chef de l'État au suffrage universel ne suffisait pas à elle seule à caractériser un régime de présidentiel, sept pays d'Europe occidentale ont adopté cette procédure en même temps qu'ils se donnaient des institutions de type parlementaire : l'Allemagne de Weimar, l'Autriche, le Portugal en 1973, la Finlande depuis le début du siècle dernier...

Les pouvoirs du chef de l'État, d'autre part, sont devenus si considérables qu'il apparaît, sauf en cas de cohabitation, comme le véritable chef du Gouvernement, le Cabinet l'assiste plus qu'il n'est indépendant de lui. D'ailleurs, il ne se contente pas de choisir le Premier ministre, il intervient dans la désignation des membres du Cabinet, un lien direct s'établit ainsi entre eux et lui. La pratique qui permet au président de démettre le Premier ministre et de se substituer au Gouvernement, dans les domaines qui lui sont confiés par la Constitution, confère elle aussi au chef de l'État un rôle qui se rapproche de celui du président dans un régime présidentiel. En période de concordance des majorités tout au moins.

## 2. Une lecture parlementaire ensuite

**1009.** D'autres caractères permettent de classer aussi bien la V^e^ République dans les régimes parlementaires.

- Le premier argument, le plus fort, est la présence d'une responsabilité politique de type parlementaire. La Chambre basse peut – et elle l'a fait – renverser le Gouvernement et l'exécutif peut dissoudre l'Assemblée nationale – et il l'a fait. Ces moyens d'action sont dans le droit fil du régime parlementaire. Dans tous les cas, le Gouvernement est le reflet de la majorité parlementaire.
- La procédure d'élaboration de la loi institue une collaboration entre l'exécutif et le législatif qui est de l'essence même d'un régime parlementaire. Si le Parlement perd une partie de ses prérogatives dans cette procédure par rapport aux régimes précédents, le principe de la collaboration demeure.

## 3. Appréciation critique

**1010.** Le débat est toujours ouvert et probablement sans issue. Le régime conjugue des aspects présidentiels et parlementaires. Pour rendre compte de cette réalité, les auteurs se réfèrent à des catégories hybrides empruntant des traits à l'un et à l'autre type de régime. On parlera ainsi de présidentialisme, de régime semi-présidentiel (Duverger), de parlementarisme majoritaire (par référence à la situation britannique).

En réalité, un régime qui présente des virtualités aussi différentes peut être sollicité dans des sens opposés par les circonstances, la pratique, la personnalité du président, ses rapports avec la majorité de l'Assemblée. On est en présence alors d'un régime-caméléon avec toute la souplesse que cela suppose mais aussi les incertitudes sur les principes à retenir pour régler les difficultés imprévues.

À ce titre, il est tentant de rechercher si la nature du régime n'est pas tributaire de la composition de l'Assemblée. Proche du régime présidentiel lorsque le président s'appuie sur une majorité stable à l'Assemblée nationale, les procédures de responsabilité politique prévues par la Constitution étant alors sans objet, le régime pourrait redevenir parlementaire au cas où le président ne peut plus compter sur le soutien de la majorité des députés.

Mais cette interprétation elle-même n'est pas satisfaisante. Dans le premier cas, en effet, un des aspects majeurs du régime présidentiel manque : la séparation tranchée avec, en particulier, l'indépendance du législatif. Le modèle le plus proche alors n'est pas le régime présidentiel, mais le parlementarisme majoritaire à l'anglaise.

Dans la seconde hypothèse, le régime serait alors parlementaire, le Premier ministre étant réellement responsable devant l'Assemblée. Mais on ne peut exclure qu'il n'y ait *pas de majorité stable* disposée à soutenir le Gouvernement. Les députés pourraient alors faire dériver le système vers une sorte de régime d'assemblée dans le style de la IIIe et de la IVe Républiques. À terme ils pourraient acculer à la démission un président qui voudrait user des pouvoirs propres que lui reconnaît la Constitution. Mais rien ne prouve qu'un nouveau président, fort de l'investiture populaire, se laisserait imposer une tutelle de l'Assemblée, pourquoi serait-il un président postiche ne cherchant pas à mettre en œuvre une politique définie par lui ?

En définitive, le régime est resté parlementaire, un parlementarisme dualiste, ou moniste selon la situation de cohabitation ou non et où le plus souvent les mécanismes de la responsabilité devant l'Assemblée sont seulement en sommeil et constituent une menace suffisante pour dissuader le chef de l'État de suivre une politique trop personnelle. Que pourrait-il faire, en effet, si le Parlement renversait le Premier ministre qu'il lui propose ou repoussait son budget ? Et le Gouvernement, lorsqu'il n'est pas celui du président, doit veiller à la cohésion de sa majorité, même en période de fait majoritaire. On ne saurait nier cependant que l'exécutif, et surtout le président de la République (pour celui-ci, hors cohabitation), n'ait pris dans ce système une place sans commune mesure avec la tradition parlementaire ; même dans la Constitution de 1875, l'exécutif était moins puissant qu'il ne l'est aujourd'hui. Il est à peine paradoxal d'affirmer, que hors cohabitation, *la France est la seule vraie monarchie en Europe*. Ce renforcement doit être interprété à la lumière de l'évolution du rôle de l'État et de l'exécutif dans tous les pays du monde. La multiplication des interventions de l'État dans la vie quotidienne entraîne nécessairement un accroissement de la puissance des chefs de l'Administration, et donc du Gouvernement, le Parlement assailli de demandes ne parvient plus à légiférer, les décisions sont de plus en plus prises par l'exécutif. La prépondérance de celui-ci dans le régime français actuel n'est qu'une manifestation particulièrement spectaculaire d'un phénomène général. L'intéressant est qu'elle se soit réalisée au profit du chef de l'État jusqu'en 1986, du Premier ministre de 1986 à 1988, puis de 1993 à 1995, du président de 1995 à 1997 et de nouveau du Premier ministre de 1997 à 2002, du président depuis.

En réalité, le caractère démocratique de ce régime tient au fait que gouverne celui qui a remporté les élections les plus récentes : le président de la République, s'agissant des élections présidentielles, ou le Premier ministre, s'agissant des élections législatives. Il n'en reste pas moins que ce schéma est quelque peu malmené par la concordance de calendrier de ces deux élections.

Par ailleurs, la situation de 2022, comme celle de 1998, sont originales en ce que la légitimité du président est affaiblie, sans être remise en cause, par l'existence à l'Assemblée nationale d'une majorité relative de députés le soutenant, sans qu'une majorité alternative se dessine. Dans cette hypothèse, le Parlement retrouve toute sa place et il appartient au président de chercher des soutiens, soit en tentant de former une coalition soit en négociant projet par projet. Cette situation est celle qui prévaut dans certains pays européens, notamment en Allemagne. Dans cette hypothèse, c'est, théoriquement, le Premier ministre qui est « à la manœuvre ».

Devant ces incertitudes, beaucoup d'hommes politiques et de spécialistes du droit constitutionnel ont appelé à une *VI^e^ République*. Mais ils ne sont pas d'accord sur le contenu à lui donner : les uns militent pour le régime présidentiel, les autres pour un régime parlementaire classique. Il n'y a pas lieu, à notre avis, d'élaborer une nouvelle Constitution, l'actuelle a montré des facultés d'adaptation remarquables et a permis au pays d'être toujours gouverné, même lorsque, comme aujourd'hui, le pouvoir politique est confronté à de multiples difficultés.

En réalité, si des réformes sont nécessaires, permettant, notamment, l'expression de formes de démocratie directe et visant à rétablir la confiance entre le peuple et ses élus, les réponses à la crise que la France, comme d'autres pays occidentaux, connaît, ne sont pas essentiellement institutionnelles.

Aujourd'hui, sur le terrain politique, l'absence de véritable opposition susceptible de permettre une alternance conduit à une sorte de bipartisme imparfait (la République en marche v. le Rassemblement national) du fait que le principal parti d'opposition est marqué à la droite de la droite, comme ce fut le cas dans les années 1960-1970 en Italie, alors que le parti communiste était le principal parti d'opposition à la démocratie chrétienne (v. G. Galli, *Bipartistimo imperfetto,* Milano, 1966). Dans les deux cas, l'alternance est plus incertaine car plus radicale. Cette situation est encore rendue plus complexe du fait d'une forme de tripartisme avec l'émergence d'un courant marqué à la gauche de la gauche (La France insoumise), lors des élections présidentielles et législatives de 2022.

# Index

*(Les chiffres renvoient aux numéros de paragraphes)*

## A



## B



## C

## D

## J



## L



## M



## N



## O



## P

## Q



## R

# Table des matières

## DEUXIÈME PARTIE – LES RÉGIMES POLITIQUES

# MANUELS

## *Collection dirigée par Bernard AUDIT et Yves GAUDEMET*

D. Amson : *Histoire constitutionnelle française, De la prise de la Bastille à Waterloo*, t. 1, 2010.
D. Amson : *Histoire constitutionnelle française, De la bataille de Waterloo à la mort de Louis XVIII*, t. 2, 2014.
D. Amson : *Histoire constitutionnelle française, De la mort de Louis XVIII à l'installation du nouveau régime (1824-1830)*, t. 3, 2016.
J.-J. Ansault : *Procédures civiles d'exécution*, 2e éd., 2022.
Ph. Ardant et B. Mathieu : *Droit constitutionnel et institutions politiques*, 35e éd., 2023.
B. Basdevant-Gaudemet et J. Gaudemet : *Introduction historique au droit, XIIIe-XXe siècle*, 4e éd., 2016.
A. Batteur et L. Mauger-Vielpeau : *Droit des personnes, des familles et des majeurs protégés*, 12e éd., 2023.
H. Belrhali : *Droit de la responsabilité administrative*, 2e éd., 2020.
B. Bertrand et J. Sirinelli, *Droit du contentieux de l'Union européenne*, 2022.
N. Binctin : *Droit de la propriété intellectuelle*, 7e éd., 2022.
J.-R. Binet : *Droit de la bioéthique*, 2e éd., 2023.
J.-B. Blaise et R. Desgorces : *Droit des affaires*, 12e éd., 2023.
R. Bonhomme et M. Roussille : *Instruments de crédit et de paiement*, 14e éd., 2021.
C. Boussard et C. Le Berre : *Droit administratif des biens*, 2e éd., 2019.
C. Boutayeb : *Droit institutionnel de l'Union européenne. Institutions, ordre juridique, contentieux*, 7e éd., 2022.
C. Boutayeb : *Droit matériel de l'Union européenne*, 6e éd., 2021.
M. Bouvier, M.-Ch. Esclassan et J.-P. Lassale : *Finances publiques*, 22e éd., 2023.
B. Brachet : *Le système fiscal français*, 7e éd., 1997.
Ph. Braud : *Sociologie politique*, 15e éd., 2022.
C. Broyelle : *Contentieux administratif*, 11e éd., 2023.
F. Buy, J.-M. Marmayou, D. Poracchia et F. Rizzo : *Droit du sport*, 7e éd., 2023.
F. Buy, M. Lamoureux et J.-C. Roda : *Droit de la distribution*, 2e éd., 2019.
O. Cachard : *Droit du commerce international*, 3e éd., 2018.
D. Carreau et P. Juillard : *Droit international économique*, 4e éd., 1998.
M. Chagny et L. Perdrix : *Droit des assurances*, 4e éd., 2018.
J.-Ph. Colson et P. Idoux : *Droit public économique*, 9e éd., 2018.
G. Cuniberti : *Grands systèmes de droit contemporains*, 4e éd., 2019.
I. Dauriac : *Droit des régimes matrimoniaux et du PACS*, 5e éd., 2017.
A. Decocq et G. Decocq : *Droit de la concurrence, Droit interne et droit de l'Union européenne*, 9e éd., 2021.
A. Decocq et G. Decocq : *Droit européen des affaires*, 2e éd., 2010.
B. Delaunay : *Droit public de la concurrence*, 3e éd., 2023.
E. Derieux : *Droit des médias (Droit français, européen et international)*, 9e éd., 2023.
P. Deumier : *Introduction générale au droit*, 7e éd., 2023.

E. DREYER : *Droit pénal spécial*, 2e éd., 2023.
J.-Y. FABERON et J. ZILLER : *Droit des collectivités d'Outre-Mer*, 3e éd., 2007.
B. FAGES : *Droit des obligations*, 13e éd., 2023.
F. FAVENNEC-HÉRY, P.-Y. VERKINDT et G. DUCHANGE : *Droit du travail*, 8e éd., 2022.
J. FERNANDEZ : *Droit international pénal*, 2e éd., 2022.
N. FRICERO et P. JULIEN : *Procédure civile*, 5e éd., 2014.
M. FROMONT et H. MAURER : *Droit administratif allemand*, 1995.
A. GAILLET, Th. HOCHMANN, N. MARSCH, Y. VILAIN et M. WENDEL : *Droits constitutionnels français et allemand, Une perspective comparée*, 2019.
Y. GAUDEMET : *Droit administratif*, 24e éd., 2022.
O. GOHIN et J.-G. SORBARA : *Institutions administratives*, 9e éd., 2022.
G. GOUBEAUX et P. VOIRIN : *Droit civil*, 2 vol., t. 1, 42e éd., 2022, t. 2, 32e éd., 2022.
C. GRIMALDI : *Droit des biens*, 3e éd., 2021.
F. HAMON et M. TROPER : *Droit constitutionnel*, 44e éd., 2023.
J. HEINICH : *Droit des sociétés*, 2023.
J. HUET et E. DREYER : *Droit de la communication numérique*, 2011.
J.-J. ISRAEL : *Droit des libertés fondamentales*, 1998.
J.-C. JAVILLIER, M. MOREAU et J.-M. OLIVIER : *Droit du travail*, 7e éd., 1999.
L. JANICOT et M. VERPEAUX : *Droit des collectivités territoriales*, 3e éd., 2023.
J.-Y. KERBOURC'H, C. WILLMANN et J.-P. CHAUCHARD : *Droit de la sécurité sociale*, 10e éd., 2022.
P. KINDER-GEST : *Droit Anglais*, vol. 1 : *Institutions politiques et judiciaires*, 3e éd., 1997.
J. LAROCHE : *Politique internationale*, 2e éd., 2000.
F. LECLERC : *Le droit des contrats spéciaux*, 2e éd., 2012.
D. LEGEAIS : *Droit des sûretés et garanties du crédit*, 15e éd., 2022.
J. LEROY : *Droit pénal général*, 9e éd., 2022.
J. LEROY : *Procédure pénale*, 7e éd., 2021.
B. MATHIEU et M. VERPEAUX : *Contentieux constitutionnel des droits fondamentaux*, 2002.
J. MESTRE, M.-È. PANCRAZI, I. GROSSI, L. MERLAND, N. VIGNAL, A.-S. MESTRE-CHAMI et J. WATHELET : *Droit commercial*, 31e éd., t. 1, *Activité commerciale, Structures d'entreprise (commerçants, sociétés et autres groupements)*, 2021, t. 2, *Contrats, sûretés et moyens de paiement, Fonds de commerce et droits intellectuels, Commerce international, Prévention et traitement des difficultés*, 2021.
M.-L. MOQUET-ANGER : *Droit hospitalier*, 6e éd., 2021.
M.-L. NIBOYET, G. DE GEOUFFRE DE LA PRADELLE et S. FULLI-LEMAIRE : *Droit international privé*, 8e éd., 2023.
H. OBERDORFF : *Droits de l'homme et libertés fondamentales*, 9e éd., 2023.
F. PÉROCHON, M. LAROCHE, F. REILLE, T. FAVARIO et A. DONNETTE : *Entreprises en difficulté*, 11e éd., 2022.
A. RENUCCI et J.-F. RENUCCI : *Droit et protection des données à caractère personnel*, 2022.
J.-F. RENUCCI : *Droit européen des droits de l'homme*, 9e éd., 2021.
L. RICHER et F. LICHÈRE : *Droit des contrats administratifs*, 12e éd., 2021.
J. RIDEAU : *Droit institutionnel de l'Union européenne*, 6e éd., 2010.
J.-J. ROCHE : *Relations internationales*, 10e éd., 2023.
C. SANTULLI : *Introduction au droit européen*, 2e éd., 2022.

J.-C. Soyer : *Droit pénal et procédure pénale,* 21e éd., 2012.
F. Stasiak : *Droit pénal des affaires,* 2e éd., 2009.
L. Trotabas et P. Isoart : *Droit public (droit constitutionnel, droit administratif, finances publiques, droit administratif spécial),* 24e éd., 1998.

PEFC™
10-31-1316
Certifié PEFC
Ce produit est issu de forêts gérées durablement et de sources contrôlées

IMPRIM'VERT®

Imprimé en France sur des papiers provenant exclusivement de l'Union européenne et issus de forêts gérées durablement par Dupliprint, 733 rue Saint-Léonard, 53100 Mayenne

Ce livre est imprimé sur un site sous management environnemental certifié **AFAQ ISO 14001**

Achevé d'imprimer en août 2023
Numéro d'impression : 2984326D
Dépôt légal : août 2023